GLÖCKELBERG

GESCHICHTE EINER BÖHMERWALDGEMEINDE

Zusammengestellt und herausgegeben
von Franz Petschl

Ludwig Stark Verlag

CIP-Kurztitelaufnahme der Deutschen Bibliothek

Franz Petschl (Hg.)
GLÖCKELBERG
Erdmannhausen: Ludwig Stark Verlag, 1992
ISBN 3-925617-16-7

Zu beziehen bei:

Franz Petschl	Horst Wondraschek
Schillerstr. 19	Hoppichlerstr. 25
7141 Erdmannhausen	A-4040 Linz
(Für Deutschland)	(Für Österreich)

Das Buch enthält 206 Fotos und 62 Grafiken
Alle Beiträge, die nicht vom Herausgeber stammen, sind mit Namen bezeichnet
oder im Literaturnachweis angegeben

Copyright: Franz Petschl, Schillerstraße 19, 7141 Erdmannhausen
Tel.: 07144/35870
Printed in Germany. Alle Rechte, auch das der Übersetzung, vorbehalten.
Abdruck, auch auszugsweise, nur mit Genehmigung des Verlages
Gesamtherstellung: Ludwig Stark Verlag, Erdmannhausen
Tel. 07144/36840 * FAX 07144/36693
ISBN 3-925 617-16-7

Inhaltsübersicht

Seite

Hütet das Erbe!	15
Glöckelberg -Gesamtansicht (Seidel)	15
Karl Heiraffl	
Heimatliebe	16
Aufnahmen von Glöckelberg (Foto Wolf-Seidel)	17
Gemeindegebiet nach der Katastralmappe	18
Gedenkbuch der Pfarre Glöckelberg 1870	19
Heinrich Pascher	
Gemeinde-Gedenkbuch	20
Von der Entstehung des Ortes	21
Entstehung von Hüttenhof	24
Entstehung von Josefsthal	28
Da stand ein Dorf	31
Glöckelberg nach der Zerstörung. Der Eiserne Vorhang.	32
Glöckelberg 1988	33
Johann Micko	
Der Paß von Glöckelberg	34
Bilder von der Paßstraße	36-39
Walter Franz	
Ergänzungen zur Paßstraße	43
Entstehung des Böhmerwaldes	45
Bärnstein (Foto)	46
Der Name Böhmerwald	48
Aufnahmen von Ulrichsberg und Glöckelberg	50
Heimatland - Heimatlandschaft	52
Die wichtigsten Pässe des Böhmerwaldes	53
Die Moore und ihre Entstehung	54
Die Moldau	55
Das Moldauherz -Vorder und Hinterstift	56
Das Wuldalied	58
Der Stausee bei Oberplan. Anlegestelle.	59
Einweihung des ›Wuldalied-Denkmals‹	60
Der Moldau-Stausee	61
Die Seen im Böhmerwald	62
Das Klima im Böhmerwald	63
Städte und Märkte im Böhmerwald	65
Burgen, Ruinen und Schlösser	65

Bilder der Heimat

Aufnahmen von Krummau	66
Schloß Krummau	67
Die Rosenberger von Südböhmen	67

Rosenberg	68
Wittinghausen	69
Der Plöckensteiner See	73
Das Stifterdenkmal auf dem Plöckenstein	73
Am Dreiländermark	74
Glöckelberger Wandergruppe am Plöckensteiner See	75
Jakobitreffen am Dreisessel	75
Am Hochficht - Skipiste zum Holzschlag -	76
Der Stingelfelsen	77

Walter Franz
Der ›Große See‹ im südlichen Böhmerwald	78

Johann Mayerhofer
Waldwanderweg zum Hochficht	80
Das Touristenhaus im Holzschlag	84

Aus der Heimatgeschichte
Rudolf Kubitschek
Besiedlung des südlichen Böhmens	85
Der ›Deutsche‹ Südböhmens	86
Älteste Landkartenaufzeichnung vom südlichen Böhmerwald	87

Alois Essl
Geschichte von der Entstehung der Gemeinde Glöckelberg	90
Allgemeine Lage. Das Gebirgsdorf.	92
Glöckelberg, ein gesunder winterlicher Ort	93
Gewässer in Glöckelberg	95
Menschenspuren in Glöckelberg	97
Grundablösung. Verträge	98
Pachtvertrag	106
Totenfälligkeit im Böhmerwald	107
Religionsverhältnisse von Glöckelberg (bis 1787)	108
Die Kirche von Oberplan	111
Kirchengeschichte von Glöckelberg	112
Aufnahmen von Kirche und Friedhof	117
Beerdigung von Pfarrer Dr. Alois Essl	120
"Der Pforra va Glöckelberg"	123
Der Engel von Dachau	124
Seelsorger zu Glöckelberg	127
Geburts-, Tauf- und Trauungsschein	128
Burschenverein "Edelweiß" (1910)	130
Hochzeitsgruppen	131

Josef Dichtl
Unsere Matriken — 132

Walter Franz
Bekannte Sudetendeutsche in Österreich — 132

Franz Petschl
Geschichte der Schule von Glöckelberg — 134
Volksschule und Lehrkörper — 141
Grundschule in Hüttenhof und Schöneben — 142
Jahrgang 1915 und 1924 — 143
Bürgerschule in Oberplan — 144

Erste Bewohner von Glöckelberg
Sprache der Glöckelberger — 145
Richter in Glöckelberg und Hüttenhof — 146
Diverse Ereignisse 1840-50 — 155
1850-60 — 157
Vom Jahr 1860 an — 160
Erwerbsverhältnisse — 162
Gewerbe- und Geschäftsbetriebe, Handwerker — 164
Holzhauer — 167
Siebreifenherstellung — 169
Aus dem Alltagsleben — 170
Die Grenze am Rotbach (Foto) — 174
Eduard Brazda
Die Konsumgenossenschaft in Oberplan — 175
Bilder von Vereinen und Spielgruppen — 178
Ortspläne — 182-85
Hausbesitzerliste — 186
Das letzte Haus von Glöckelberg wird gebaut — 212
Die geschichtliche Entwicklung — 213
1914-1918 / 1918-1938 / 1938-1945 — 214
Die Vertreibung — 221
Das Recht auf unsere Heimat — 224

Gemeinde Glöckelberg
Das Gemeinde(Amts-)siegel, verschiedene Stempel — 228
Gemeinde(Orts-)vorsteher — 232
Zeugnisse und Heimatschein — 235
Das Postwesen in Glöckelberg — 239
Postdokumente und Poststempel — 240
Postmeister — 242
Funktions- und Berufsausübung im Öffentlichen Dienst — 243
Volkszählung — 244
Landwirtschaft in der Gemeinde Glöckelberg — 248

Freiwillige Feuerwehr Glöckelberg 246
Gemischte Gewerbegenossenschaft Glöckelberg 251
Allgemeindes über die Lebensumstände in der Gemeinde 252

Der Schwarzenbergsche Schwemmkanal 254
Josef Rosenauer 259
"'s Nuibaun Tännlin" 264

Kaiser Franz Josef- und Kriegerdenkmal 265
Gefallene der Gemeinde 268

Verbindungen zur Nachbargemeinde Oberplan 271
Adalbert Stifters Großmutter stammte aus Vorderglöckelberg 272
Ahnentafel Adalbert Stifters 274

Ortsgeschichte von Hüttenhof 276
Die Martersäule von Hüttenhof 283
Die Kaltenbronner Hütte 284
Die Schlägler Glashütten 287

Walter Franz
Glasfabrik Josefsthal
Ortsgeschichte 295
Bilder von der Glashütte 300
Berufe, die mit der Glashütte zu tun hatten 300
Wasserkraft: Bärnloch und Hüttenbach 309
Nach der Vertreibung 315
Familie Heinrich Rodinger 317
Das "Graue Manndl" von Josefsthal 319
Der Dorfbrunnen von Josefsthal 324
 325

Skipioniere und Skitouristik 327
Bilder vom Wintersportplatz Josefsthal-Glöckelberg 328
Der erste Skifahrer am Hochficht 333
Wenzel Schink 335
Wichtige Daten 1938-1950 337
Nachrichtenwesen 1945-1947 341
Besuch in der alten Heimat 342

Von der Arbeit in der Heimat 347
Die Holzschuherzeugung im Böhmerwald 348
Das Holzschwemmen und die Flößerei auf der Moldau 349
Wie Bäume zu Papier wurden 351
Das Graphitwerk in Schwarzbach 352

Die Bleistifterzeugung	354
Bei den Glasmacherleuten	355
Die Verarbeitung des Flachses	356
Die Weberei im Böhmerwald	357

Volkskundliches aus früherer Zeit — 358

Die Kleidung unserer Vorfahren	359
Sitten und Gebräuch, Allerheiligen, Allerseelen	367
Weihnächtsbräuche, Der Maibaum	
Kirtag in Glöckelberg, Sonnwendfeier, Fronleichnamsprozession	369
Die Ratscher-Buam	373
Berichte, Erzählungen, Erinnerungen	374
Strahlenkreuz über Glöckelberg 1947	375
Vertreibung	376
Abschied va dahoam	377

Hermine Kimbacher (geb. Springer)

Glöckelberg	378

Rosl Schwarzbauer

Erinnerungen an meine Jugendzeit	378

Walter Schwarzbauer

Wie ich ein Glöckelberger wurde	382
Die Heimkehr	383

Die Hegerei in Glöckelberg

Forstmänner-Sippe Paleczek	384
Wilderer- und Jagdgeschichten	385
Fuchsleber auf dem Glöckelberger Feuerwehrball	389
Der Schmuggel im südlichen Böhmerwald	391
Aus unserer Waldheimat	394
Wounn's Winta wird im Böhmerwald	398
Das letzte Weihnachtsfest daheim	399
Die wiedergefundenen Glocken	402

Grete Rankl

Ins Schauen versunken	402
Unvergessliche Heimat im Böhmerwald	403
Heimat, das kann keiner sagen	405

WIR HÜTEN DAS ERBE

Die Entstehung der Glöckelberger-Stube in Ulrichsberg	406
Ansprache von Ernst Hable am 28.7.1983	
zum 1. Glöckelberger Treffen in Ulrichsberg	411
2. Treffen der Glöckelberger in Ulrichsberg	414
Ansprache Ernst Hables am 27.7.1985 im Pfarrsaal	414
Bilderwände in der Glöckelberger Stubn	420

Der Müllersepp ist gestorben	422
Einweihung des Gedenksteins in Schöneben	424
200 Jahre Kirchweihe Glöckelberg	426
Einweihung und Kranzniederlegung 25.7.1987	433
Bilder von der Einweihung	434
In memoriam Ernst Hable	435
Einweihung der Göckelberg-Stube im alten Amtshaus	436
Festrede zur Einweihung der Heimatstube	438

Patenschaft Ulrichsberg-Glöckelberg 1989

Ansprache zur Übergabe der Patenschaftsurkunde von Walter Franz	440
Ulrichsberg nimmt sich der Glöckelberger an	445

Aus Völkerhass und Zerstörung soll Versöhnung wachsen

Aus Völkerhass und Zerstörung soll Versöhnung wachsen	445
1989/1990 brachte die große Wende	445
Brief des Bischofs	447
Aufruf und Bericht von Horst Wondraschek	449
Bilder von Kirche und Grabsteinen	452
Allerseelen	455
Taufe in Glöckelberg	457
Völkerverbindende Veranstaltung	458
Einladung zum Glöckelberger Treffen	459
Glöckelberg: Sinnbild der Versöhnung im Böhmerwald	461
Erinnerung an Pater Engelmar Unzeitig	462
Herr gib Frieden	463
›Tief drin im Böhmerwald‹	464
Messe für den Ehrendomherrn Dr.Dr. Alois Essl	465
Die renovierte Kirche	466
Literaturnachweis	468

Vorwort

Die Verheerungen des letzten Weltkrieges in unserem Vaterland waren so gewaltig, daß viele von einer gemordeten Heimat sprechen können. Ja, für Millionen ist das Wort ›Heimat‹ nur noch eine Erinnerung an Glück und Frieden. Schmerzlich sind diese Verluste. Doch sie öffnen uns wieder mehr die Augen für die Quellen, die uns neue Kraft und frischen Mut geben. Es ist wieder die ›Heimat‹.

Man hat uns nach dem Zusammenbruch des Reiches gewaltsam aus ihr vertrieben, und wir mußten uns eine neue Heimat suchen und erwerben. Deshalb werden wir trotzdem unsere schöne Böhmerwaldheimat nie vergessen. Wir haben in der Fremde erkannt, welch heilige Kraft die Heimat birgt und wie tief wir in ihr verwurzelt sind. Die Heimat ist das Vermächtnis unserer Vorfahren, und sie zu erhalten ist daher für uns alle eine wichtige Aufgabe.

Es ist nun die Pflicht von uns älteren, die wir die Heimat, den Kampf um sie und um das Deutschtum noch voll erlebt haben, aufzuzeigen und alles zu sammeln, was noch zu retten ist von dem kostbaren und unvergänglichen Gut, um es der Nachwelt zu erhalten.

Dies war auch der sehnliche Wunsch unseres Ernst Hable: daß sein begonnenes Werk der Heimatbetreuung weitergeführt und vollendet wird. Ich mußte ihm noch kurz vor seinem Tode versprechen, daß ich mich um das Heimatbuch der Gemeinde Glöckelberg kümmere.

So habe ich versucht, aus Aufzeichnungen, die wir in den letzten Jahrzehnten mühsam gesammelt haben, und vor allem aus den Heimatmappen, die Herr Walter Franz mit Fleiß und großer Sorgfalt für die Gemeinde Glöckelberg erstellt hat, das Wichtigste zu einem Heimatbuch zusammenzustellen. Sehr viel Wissenswertes konnten wir aus dem Pfarrgedenkbuch und den geschichtlichen Aufzeichnungen von Pfarrer Dr. Alois Essl und aus dem Gemeinde-Gedenkbuch von Herrn Oberlehrer Heinrich Pascher entnehmen. Sie haben beide sehr gewissenhaft und vorbildlich alles aufgeschrieben.

Da der Druck hohe Kosten verursacht, mußte ich viele Berichte kürzen und leider auch sehr viele Bilder weglassen. Auf der Suche nach Sponsoren wurde ich sehr enttäuscht. Doch wo ein Wille ist, ist auch ein Weg. Die entscheidende Unterstützung kommt nun aus den eigenen Reihen der Böhmerwäldler. Vor allem dürfen wir Herrn Horst Wondraschek, der sich für die Erhaltung und Instandsetzung unserer Kirche und die Kultivierung des Friedhofes große Verdienste erworben hat, auch für seine maßgebliche Unterstützung beim Buchdruck recht herzlich danken.

Besonders bedanken möchte ich mich bei meinen ehemaligen Schülern, Herrn Rudolf Holzwarth, der mich als Fachmann beraten konnte, und vor allem bei Frau Regina Ludwigs, die in unermüdlicher Arbeit meine Konzepte ins Reine schrieb. Gedankt sei dabei auch ihrem Arbeitgeber, der Familie Probst, die in großzügiger Weise die modernen Maschinen und das Material zur Verfügung stellte. Ein aufrichtiger Dank gebührt auch Herrn Ludwig Stark, der uns das Heimatbuch zu einem sehr günstigen Preis herstellte. Recht herzlich danken möchte ich auch Herrn Bürgermeister i.R., Herrn Helmut Krauss, der mich zur Herausgabe dieses Buches ermutigend unterstützte, und meinem Freund Helmut Martin, der fachmännisch die ersten Korrekturen durchführte.

Vielen Dank möchte ich allen sagen, die unermüdlich für unsere Heimat tätig sind, allen voran Erna und Silvester Petschl, sowie Johann Jungbauer. Otto Micko, Rudolf Krenn und Adolf Friedl haben mir beim Schreiben manch guten Dienst erwiesen. Die tatkräftige Mitarbeit vieler Landsleute zeigt deutlich, wie groß auch heute noch die Liebe zur verlorenen Heimat ist.

Herzlich danken möchte ich auch der Gemeinde Ulrichsberg, dem Heimatort meiner Mutter, für die Übernahme der Patenschaft und die Bereitstellung eines Raumes im alten Amtshaus zur Einrichtung der Glöckelberger Stube, und ebenso dem Kloster Schlägl für die vielen Unterstützungen.

Nach der großen Wende 1989/90 ist Glöckelberg inzwischen ein Sinnbild der Versöhnung geworden. Wenn wir in diesem Sinne alle am Aufbau eines friedlichen Europas mitwirken, erweisen wir unserer Heimat einen großen Dienst.

Erdmannhausen, im Sommer 1992

Franz Petschl

Zum Geleit

Wer sich heute bemüht, die alte ehemals deutsche Gemeinde Glöckelberg im Böhmerwald, bestehend aus den Teilorten Vorderglöckelberg, Glöckelberg, Josefsthal und Hüttenhof, in einem Autoatlas oder auf einer Straßenkarte ausfindig zu machen, wird meistens vergeblich suchen.

Statt dessen liest der Reisende, der heute nach der Öffnung der Grenze das ehemalige militärische Grenzsperrgebiet der CSFR, in dem die Gemarkung Glöckelberg liegt, besucht, Pvedi, Zvonkova, Zad. Zvonkova, Josefuv Dul und Hut'sky Dvur - Namen, die für deutsche Zungen schwer auszusprechen sind.

Nur die wenigsten Reisenden wissen, daß es sich um Reste einer Ortschaft handelt, die bis 1946 von Deutschen bewohnt war, deren Vorfahren vor über 350 Jahren durch friedliche Rodung der Urwälder Heimat schufen. Daß mehr als 45 Jahre nach der Vertreibung ein Heimatbuch über Glöckelberg erscheinen kann, zeugt von der Heimatliebe der Glöckelberger und von ihren vielfältigen geistigen Bindungen an den Heimatort.

Mit diesem Buch dokumentieren sie neben ihrer Treue zur angestammten Heimat und dem Bekenntnis zu ihrer wechselvollen Geschichte auch das unbeirrbare Festhalten an ihrem Rechtsanspruch. Selbstbestimmungsrecht und das Recht auf die Heimat müssen auch für uns Deutsche gelten. Die gerade von den Sudetendeutschen so vorbildlich vollzogene Eingliederung in die neue Heimat steht dieser Forderung entgegen.

Als Heimatbetreuer für den ehemaligen Kreis Krummau im Böhmerwald, zu dem Glöckelberg gehört, begrüße ich die Herausgabe dieses Bandes. Beim Lesen des Buches werden die Gedanken der älteren Menschen in die Heimat zurückwandern, freudige Erinnerungen wecken, aber es soll nicht nur die Wurzeln ihrer Herkunft aufzeigen, sondern ihnen behilflich sein bei der Widerlegung einer einseitigen Geschichtsauslegung, der wir immer noch ausgesetzt sind. Sie sollen das Unrecht der Vertreibung erkennen, das in seiner Tragweite bis zu einem notwendigen Ausgleich mit dem tschechischen Nachbarn bestehen bleibt, den herbeizuführen Aufgabe der Jugend sein wird. Das Wissen um die Heimat und ihrer Geschichte wird dabei nützen. Ich danke den verantwortlichen Mitarbeitern, die in ihrer mühsamen Arbeit eine Verpflichtung gegenüber der angestammten Heimat sehen.

Eine freundliche Annahme und Verbreitung wäre dafür die richtige Anerkennung.

Ingo Hans
Heimatkreisbetreuer Kr. Krummau/Moldau
Bundesvorsitzender des Deutschen Böhmerwaldbundes e.V.

Ein Blumensträußchen auf jene Gräber...

Miloslav Vlk
arcibiskup pražský

Als ginge ich den Kreuzweg unserer Kulturentwicklung, so kam mir jener unvergessliche Tag im Sommer 1990 vor. Ich besichtigte mit einer Reihe von Freunden von diesseits und jenseits der Grenze einige Orte im Grenzgebiet der Budweiser Diözese: vernichtete, halbzerstörte Kirchen mit zerfallenen Dächern und beschmierten Wänden - beredsame Zeugen unserer jüngsten Vergangenheit. Ein Bild der Beziehung zu kulturellen und geistigen Werten, ein Zeichen der inneren Verkommenheit des Menschen...Dies alles tat mir sehr leid!

Den vielleicht tiefsten Schmerz empfand ich, als wir Glöckelberg suchten. Wir wußten, daß es hier irgendwo sein müßte, gewesen ist, hier irgendwo sollte sie sein - die Kirche. Fast undurchdringliches Gebüsch überall ringsum, hohe, wilde Gewächse - als ob die jungfräuliche Natur selbst es nicht mehr ansehen könnte und sich bemühte, die menschliche Armseligkeit zu verdecken, hüllte sie alles mit ihren Ästen ein.

Als wir uns mühsam durch das Gebüsch bewegten, spürte ich plötzlich unter meinen Füßen, daß aus der Erde ein Teil eines Grabsteins ragte. Da und dort im Gestrüpp lagen verstreut Kreuze, zugewachsene Gräber. Ich gedachte nicht nur der Toten, die dort in Frieden ruhen, sondern vor allem der Hinterbliebenen. Mir kamen Friedhöfe zu Allerseelen in den Sinn, mit Blumen übersäte Gräber, und am Abend die flackernden Lichter - alles das erinnert an Leben und Liebe. Dagegen hier - vernichtete und verlassene Gräber! Stacheldraht verwehrte es Hinterbliebenen, einen Blumenstrauß hinzulegen, ein Licht anzuzünden, dem Vater, der Mutter oder vielleicht auch einem Kind.

Ich empfand, daß in diesem Gebiet so viel Unheil und Schmerz begraben liegt, daß man es kaum ausdrücken und ermessen kann. Ich begriff, daß nur die Liebe, die stärker ist als der Tod (Hld 8,6) so tiefe Wunden heilen kann, Wunden am Leib unserer Geschichte, Wunden in den Herzen der Menschen - offene Wunden. Nur Liebe und Verzeihen können aus diesem Teufelskreis von Bosheit und Haß befreien. Ein Teufelskreis, welcher ständig Friedhöfe der Menschlichkeit, der Kultur und der zwischenmenschlichen Beziehungen schafft, der auseinanderreißt und tötet.

Vielleicht entstand oder zumindest reifte gerade hier, an dieser Stelle, auf diesem Friedhof, der Gedanke, auf diesen Ruinen der Menschlichkeit einen Ort des Verzeihens und der Versöhnung, eine Stätte des Gebetes und Friedens zu erneuern. Zeichen einer anderen Lebenseinstellung, eines anderen Stils! Durch das Verdienst derer, die ihre Wurzeln, die Stätten ihrer Jugend, ihre Kirche und ihre Toten lieben, und unter Mithilfe jener von uns, die begreifen, daß die Vergangenheit wieder gutgemacht werden muß, begann Neues zu entstehen.

Als ich im Mai 1992 wieder nach Glöckelberg kam, sah ich schon Zeichen einer neuen Welt. Fester konnte ich glauben, daß eben aus Liebe, aus Verzeihen und Versöhnung, in deren Licht man dann die Gerechtigkeit besser erfahren kann, sogar ein neues Europa geboren werden kann..

Miloslav Vlk m.p.
Erzbischof von Prag und
Primas von Böhmen

Ein Dankeswort an Walter Franz

Autor der "Heimatmappe von Glöckelberg Josefsthal und Hüttenhof" und der "Glashüttengeschichte Josefsthal"

Der Autor dieser beiden Publikationen, Walter Franz, wurde am 12. November 1921 in Josefsthal, Gemeinde Glöckelberg/Südböhmen als 8. Kind des Unterbeamten in der Glashütte Josefsthal, Richard Franz und seiner Gattin Agnes, geb. Micko aus Glöckelberg, geboren und verbrachte auch dort seine Jugendzeit bis zu seinem 17. Lebensjahr. Nach dem Pflichtschulbesuch und der 4 Klassen Bürgerschule, davon 3 Klassen in Oberplan und eine 4. Klasse in B. Krummau 1936/37 und der Landwirtschaftlichen Fachschule in Oberplan 1937/1938 meldete er sich freiwillig im November 1938 zum Reichsarbeitsdienst (RAD). Er wurde Ende August 1939 zur Luftwaffe überstellt und war von 1939 bis 1945 ununterbrochen an den verschiedenen Fronten in Polen, Balkan, Dänemark, Italien und Rußland im Einsatz. Noch im März 1945 an der Kurlandfront (Baltikum) schwer verwundet, wurde er mit dem letzten Truppentransport aus dem Kessel in das Luftwaffenlazarett Kaufbeuren/Allgäu überstellt. Von dort schlug er sich, um der amerikanischen Gefangenschaft zu entziehen, Ende April 1945 ohne Marschpapiere und Soldbuch über Innsbruck, Salzburg und Linz bis nach Josefsthal durch. Er erlebte die amerikanische Besetzung seiner Heimat und meldete sich erst Anfang Juni 1945 freiwillig im USA-Kriegsgefangenenlager Honetschlag bei O., wo er am 7. Juni 1945 entlassen wurde. Sein Eintritt in die Österreichische Zollwache 1947 vollzog sich vorher auf abenteuerliche Weise, da er mehrmals illegal die Grenze nach Österreich überschritt und wiederum ohne Ausweispapiere durch die russische Besatzungszone nach Wien zur Aufnahmeprüfung fuhr. Seine Rückreisen nach Josefsthal zu seiner Familie über die Grüne Grenze erfolgten stets nachts durch unwegsame Waldgebiete über Schöneben, Hochficht und Kronberg. Vor Eintritt in die Österreichische Zollwache arbeitete er einige Monate 1945/46 bei der tschechischen Forstverwaltung und der Staatsbahn (CSD) beim Gleisbau und im Winter 1946/47 in der Flachsfabrik Vorderstift bei Oberplan. Von März 1947 bis Ende 1950 stand er dann als österreichischer Grenzbeamter bei Pyhrabruck/ Gmünd/Niederösterreich und von 1951 bis 1983 an der ungarischen Grenze in Eberau, Heiligenkreuz i. L. und Inzenhof/Bgld. im ununterbrochenen Grenzüberwachungsdienst; zuletzt als Dienststellenleiter ab 1970 einer Zollwachabteilung. Auf Grund seiner tadellosen Dienstverrichtung bei der Österreichischen Zollwache, weit über das übliche Ausmaß hinaus, wurde er mit vielen Erinnerungsmedaillen ausgezeichnet. Bei den alljährlichen Zollwach-Skimeisterschaften errang er stets die ersten Ränge und war immer der älteste Wettkampfteilnehmer. Er führte stets ein geordnetes Familienleben, von seinen drei Kindern samt Schwiegerkindern sind fünf davon im Lehrerberuf tätig, ein Sohn ist Bankangestellter. Leider ist ihm 1966 seine Frau gestorben und in Graz begraben. Seine zweite Frau ist Steirerin aus Pöllau, wo er nun auch seinen seit 1983 wohlverdienten Ruhestand verbringt. Ein besonderes Anliegen ist ihm die Erstellung der "Heimatmappe Glöckelberg-Josefsthal-Hüttenhof", an der er nun schon viele Jahre arbeitet. Sie umfaßt auf ca. 500 Seiten alle Belange seiner Heimatgemeinde bis zur Gründungszeit um 1650 zurück und wurde in mühevoller Arbeit mosaikartig aus alten Unterlagen, Erzählungen und Jugenderinnerungen zu Papier gebracht, um den späteren Generationen einen historischen Überblick und Nachschlagwerk zu hinterlassen. Diese Mappe ist vorläufig in der Heimatstube Glöckelerg im Alten Rathaus zu Ulrichsberg/Oberösterreich hinterlegt. Er freut sich, daß Auszüge aus diesen Mappen nun auch in Buchform allen Landsleuten zur Verfügung stehen. Aber auch noch andere Publikationen, wie "Die ferne Nähe - Der Böhmerwald zwischen Mühl und Moldau" und "Heimatgedenkstein Glöckelberg in Schöneben" sind von ihm erstellt worden und befinden sich ebenfalls in der Heimatstube in Ulrichsberg. Als gebürtiger Österreicher (heimatzuständig nach Brand, Bez. Gmünd/Niederösterreich) und somit von den schweren Schicksalsschlägen seiner Lands- leute 1945/46 weniger betroffen, setzt er sich als freiwilliger Mitarbeiter der Glöckelberer Heimatstube und der Böhmerwäldler Monatszeitschrift "Hoam" vorbehaltslos für die Anliegen seiner Landsleute in Wort und Tat ein, und dafür gebührt ihm Dank und Anerkennung.

Hütet das Erbe!

Hütet der Heimat geheiligtes Erbe,
Schützet es treulich im Dunkel der Nacht!
Tragt es im Herzen, auf daß es nicht sterbe,
Haben doch Ahnen uns einstmals bedacht!

Laßt es nicht sinken wie irdische Habe,
Pfleget es wachsam, wie edelstes Gut,
Es ist die einzig verbliebene Gabe,
Es ist die Quelle zum Glauben, des Muts!

Pflanzet und wecket und gebt es der Jugend,
Brennet es ein wie die Zeichen des Leids,
Es ist das Kleinod der Urvätertugend,
Lasset es sprechen für ewige Zeit.
Unsterblich seien der Urahnen Werke,-
Hütet, o hütet das heilige Erbe!

Heimatliebe
Von Heiraffl Korl

Ganz tief im Herzen der Menschen
Da glüht und brennt ein Licht:
Die Liebe ist's zur Heimat,
Und du vergißt sie nicht-.

Wo einst der Ahnen Roden
Den Wald zur Flur gemacht,
Im Wind die Felder wogen
Mit schwerer Ährenpracht.

Wo dir der Bäume Rauschen
Erzählt von Lieb' und Glück,
Der Bächlein munt'res Plauschen
Ruft's Kinderland zurück.

Dorthin nur geht dein Sehnen,
Solange du bist fort.
Die Wege sich auch dehnen,
Dein Ziel ist dieser Ort.

Und legst du müder Wand'rer
Dein Haupt zur letzten Ruh,
Wie friedlich ist dein Schlummer,
Deckt dich die Heimat zu.

Siehst du nun aus der Ferne
Dies Paradies im Traum;
Heimat, tief im Herzen,
Dein Bild füllt jeden Raum.

KARTE II
Gemeindegebiet
nach der
Katastral-Mappe
(1894)

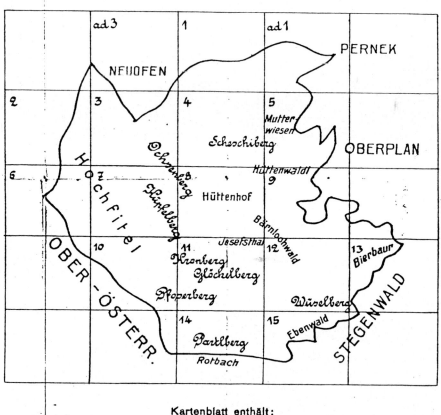

Kartenblatt enthält:

1. Mutterwiese;
2. Hochfichtel;
3. Hochfichtel, Ochsenberg;
4. Ochsenberg, Totenkopfauwiesen, Mutterwiesen, Philippbirglberg, Scheschiberg, Neu-Acker, Zimmerauwiesen;
5. Ochsenberg, Mutterwiesen;
6. Hochfichtel;
7. Hochfichtel, Ochsenberg, Kupfelberg;
8. Ochsenberg, Kupfelberg, Bärnlochwald, Neu-Acker;
9. Bärnlochwald, Hüttenwaldl;
10. Hochfichtel, Kupfelberg;
11. Pfoserberg, Kölberweide, Holzschlagl, Kronberg;
12. Bärnlochwald, Wuselberg, Riebelwiesen, Doctorwiesen;
13. Demelberg, Bierbaur, Schafferberg;
14. Pfoserberg, Dürau, Partlberg;
15. Lerchenau, Riebelwiesen, Ebenwald.

Heinrich Tascher
Oberlehrer.

Bei der Gemeindeausschußsitzung am 4. Dezember 1927 mußte ein Chronist für die hiesige Gemeinde bestimmt werden. Nach längeren Verhandlungen kam eine Obereinkunft zu dem oben beschriebenen um sein Übernahme dieses Amtes zu bewegen und verpflichtet. Des alten Herkommens soll der Chronist einiges über seine Person anführen. Er wurde am 5. November 1883 in Kaplitz geboren und kam am 1. Oktober 1903 als provisorischer Aushilfslehrer nach Glöcklberg, weil der dort angestellte Lehrer Viktor Wagner, ein gebürtiger Andreaser, auf ein Jahr beurlaubt wurde, um eine häusliche Stelle beim deutschen Consul in Tanger (Nordafrika) annehmen zu können. Im Schuljahre 1904/05 kam der Chronist an die Schule in Goiau, wirkte dort als Lehrer bis zum Schluß des Schuljahres 1908/09 und kam am 1. September 1909 wieder als Lehrer J. Kl. nach Glöcklberg, war ist er bis zur Zeit tätig, worden, als 1. Jänner 1919 nach seiner Rückkehr aus dem

Franz Schacherl Gem. Vorst.
Hochholdinger Johann J.Y.O. Stelle.
Johann Pöschl Gem. V. St.
Wenzel Heringer
Wenzl Müller
Johann Wagner
Johann Philipp

Gemeinde-Gedenkbuch

In der Gemeindeausschußsitzung am 4. Dezember 1927 mußte ein Chronist für die hiesige Gemeinde bestimmt werden. Nach langen Verhandlungen kam eine Abordnung zu dem obengefertigten, um ihn zur Übernahme dieses Amtes zu bewegen, was er auch tat. Nach altem Herkommen soll der Chronist einiges über seine Person anführen. Er wurde am 5. November 1883 in Kaplitz geboren und kam am 1.10.1903 als provisorischer Aushilfslehrer nach Glöckelberg, weil der hier angestellte Lehrer, Viktor Wagner, ein gebürtiger Budweiser, auf ein Jahr beurlaubt wurde, um eine Hauslehrerstelle beim deutschen Consul in Tanger (Nordafrika) annehmen zu können. Im Schuljahr 1904/1905 kam der Chronist an die Schule in Gojau, wirkte dort als Lehrer bis zum Ende des Schuljahres 1908/1909 und kam am 1.9.1909 wieder als Lehrer 1. Klasse nach Glöckelberg. Hier ist er bis heute tätig, wurde am 1. Januar 1919 nach seiner Rückkehr aus dem Weltkrieg provisorischer Schulleiter und am 1.10.1919 definitiver Oberlehrer der hiesigen Schule. Seine Arbeit als Chronist wurde ihm durch die ortsgeschichtlichen Arbeiten des jetzigen Pfarrers Alois Essl sehr erleichtert, welcher eine Ortsgeschichte verfasste und in vier Heftchen im Jahre 1917 herausgab. Bei dieser Arbeit benützte er Auszüge aus dem Schwarzenbergischen Archiv in Krumau. Aufzeichnungen aus dem Oberplaner Pfarrbuch und aus den Grundbüchern des Bezirksgerichts dortselbst. Weiters wurden von dem Chronisten benützt: die Schulchronik, das hiesige Pfarrgedenkbuch und manches durch Nachfragen bei den Leuten erfahren. Eine sehr wertvolle, ausführliche Arbeit wurde vom Pfarrer Alois Essl unter Mithilfe vom Archivbeamten Dr. Tannich in Krumau und Pater Stepnicka in Oberplan unter dem Titel "Drei Glashütten als Besiedler und Roder von Böhmerwaldteilen" (unser Gebiet) in der Festschrift zur Feier des 50-jährigen Bestandes des Staats-Obergymnasiums veröffentlicht. Die vorhin erwähnten Heftchen werden dem Gemeindegedenkbuch als Beilagen beigegeben, um die Anfangsgeschichte unserer Ansiedlung kürzer fassen zu können, um Raum im Buch für spätere erst kommende Ereignisse zu fassen. Mögen es immer mehr gute als böse sein - das wünscht der Chronist seiner zweiten Heimat.

Von der Entstehung des Ortes

"Thun kund und zu wissen, wie daß wir auf unserer Herrschaft Krumau vor etlich und dreißig Jahren ein neues Dorf, welches wir hernach Glöckelberg haben nennen lassen, erbauten." Im ›Totenfalls-Befreiungsdekret‹ vom 25. Februar 1705, ausgestellt von Johann Christian, Herzog zu Krumau und Fürst zu Eggenberg, ist dieser Satz enthalten. *"Der Ort Glöckel- berg entstand durch Ansiedlung von Holzhauern, davon die ersten im Jahre 1670 errichtet. Im Jahre 1705 zählte er 30 solcher Wohnungen."* So schreibt J. G. Sommer in seinem Werke "Das Königreich Böhmen. Statistisch-topographisch dargestellt." 9. Band, Budweiser Kreis; Prag 1841. Aus diesem ersehen wir, daß unser Ort in der Zeit der sogenannten Neukolonisation, welche nach dem 30.jährigen Krieg (1618-1648) einsetzte und welche die Grenzwälder besiedelten, aus "purem Walde" entstanden ist. Die Schreibweise der Namen ist im Wechsel der Zeit verschieden. Wir finden in den Schriften "Glöckelberg" (1794-97), "Gloeckelberg," Glöklberg, Glöckelberg (1803-05), Glöcklberg (1804-07), Klöklberg (1848). Nach dem Ministerium des Innern nach dem Gesetz vom 4.4.1920, Zahl 266, Sammlung der Gesetze von Verordnungen amtlich festgesetzten Namen heißt unser Ort "Glöckelberg" einsprachig. Der Name stammt ab von der Form der Berge unseres Gebietes, die sich wie "auf die Erde aufstehende ungeheure Glocken ansehen." Die Säumer sagten daher: "Gehen wir in die Glöckelberge" Über die Herkunft des Namens berichten auch zwei Sagen:

1. Fürst Johann Christian von Eggenberg bereiste die Gegend. Es begegneten ihm Weiber, welche Gras trugen. Darunter waren auch Blumen. Der Fürst frug, was sie tragen. Da antworteten sie "Glöckeln vom Berge." Er beschloß nun, den Ort Glöckelberg zu nennen. Vor dieser Zeit dürfte die Ansiedlung "die Waldhäuseln" bezeichnet worden sein.

2. Auf einer Wiese weideten Rinder. In dem weichen Grunde soll ein Stier mit seinen Hörnern eine Glocke hervorgescharrt haben. Bevor noch die ersten Wohnungen hier errichtet worden sind, war hier eine großangelegte Kohlenbrennerei, errichtet vom Gründer des Ortes, deren Erzeugnisse weit geliefert wurden.

Vier Männer der Ortschaft Melm bei Oberplan betrieben diese Arbeit. Sie hießen Kaimb, Mugrauer, Schwarz (Erbauer des zweiten Häuschens von Glöckelberg) und Müller. Die Arbeit dieser Männer muß schwer gewesen sein, denn sie mußten die Riesenstämme mit der Axt umlegen, denn erst im 18. Jahrhundert brachte man die ersten Sägen aus Tirol in den Böhmerwald. Zur Verbesserung ihrer Lage erlaubte nun diesen Männern der Grundherr, daß sie sich neben den Köhlerhütten Wohnhäuser erbauen unter der Bedingung, die "Reite" (abgetriebene Waldplätze) urbar zu machen. Emsig wurden nun und in der Folgezeit die umliegenden Sümpfe möglichst trocken gelegt, die Steine ausgegraben - heute sieht man noch breite Mauern aus Steinen um die Felder am Bartl- und Kronberg von den Rodern zusammengetragen, um tragbaren Grund zu bekommen. Die ersten erbauten Häuser waren: das gegenwärtig heißende Kasparn-Hiasl und Adam Jogl. Nach diesem entstanden zuerst die Althäuser, dann die Vorderhäuser, auch Vorderglöckelberg und viel später die Neuhäuser. Die Bewohner hatten viel zu leiden unter dem Unwetter, besonders unter Schneeverwehungen und auch unter Raubtieren, die damals die Wälder bewohn- ten. Daran erinnert uns z. B. die Kapelle in Sonnenwald und die Flurnamen Bärnloch, Bernkopfau, Wolfsgrube u.s.w. Die Hauptbeschäftigung der ersten Ansiedler war also die Arbeit im Walde (Holzfällen, Scheiterhacken, Ausziehen der Scheiter und des Langholzes aus dem Walde). Daneben ging die Urbarmachung den Umständen entsprechend vorwärts. So werden im Jahre 1730 noch als "Waldsassen" genannt: "Sebastian Poidinger, Franz Pranghofer, Martin Resch, Kaspar Kaim und 1734 Mathias Flatinger." Über die ersten Bewohner schreibt die Schulchronik: "Schon die ersten Bewohner bekannten sich zur römisch-katholischen Religion, waren aber voll des lächerlichsten Aberglaubens. Gutmütig, einträchtig, leisteten sie gerne einander Hilfe. Sie begnügten sich mit geringer Kost und einfacher Kleidung, waren fleißig und ehrlich, offen und wahrheitsliebend, treue Untertanen; ein Handschlag war ihnen heilig. Zählte der Ort im Jahre 1705 schon 30 Häuser, so wurde nach diesem Jahr (Aufhebung der Totenfälligkeit) der Ort immer größer. Der Wald gab Verdienst, darum ließen sich auch Fremde hier nieder, denn es gab Gelegenheit Boden urbar zu machen. Auch der Viehbestand nahm immer mehr zu, es wurden zum Hüten des Viehs eigene fürstliche Weideplätze angewiesen. Später hatten die Alt- und Neuhäuser getrennte Weiden und eigene Hirten (Hirtenhäusl Nr. 31 und 44). Einer der ersten Hirten war 1787 Valentin Lambacher (Heft 3 der Beilage, Seite 72 und 73).

Der Boden, auf dem nachher Glöckelberg entstand, gehörte zum Dotationsgebiet Goldenkron. Später kam das Gebiet in den Besitz der Rosenberger und nach deren Aussterben im Jahre 1611 in kaiserlichen Besitz. Kaiser Ferdinand II. schenkte es am 23. Dezember 1622 seinem Oberst-Hofmeister Hanns Ulrich, Freiherr von Eggenberg (gestorben 1634) *"für die unverdrossenen Fleißes, ungespart Leib's und Gueth's willig, treulich und nützlich geleisteten Dienste."* Ein Enkel dieses Freiherrns ist der Gründer Glöckelbergs. 1716 starb das Geschlecht der Eggenberger aus und dessen Besitzungen kamen unter die Herrschaft des Fürsten Schwarzenberg, weil die Frau des letzten Eggenbergers, Marie Ernestine, eine Schwarzenberg war. Da bei der Besiedlung der Ortsteile in der jetzigen Gemeinde alles fürstlicher Schwarzenbergischer Grund war, so waren sie Untertanen dieser Herrschaft, ferner unterstanden sie auch dem königlichen Kreisamt in Budweis. Von Seiten der Grundobrigkeit wurde dann dieser Auftrag erteilt, für den Ort einen Richter zu bestimmen. Der erste Richter war nach 1678 Michael Haidler, Besitzer des Neubauern Häusl, der ein Wagner war. Er starb am 3. April 1705 als "Altrichter". Dem Richter zur Seite standen 2 Geschworene. Der zweite Richter war Paul Hofmann 1703-1725, dessen Frau Agnes, Tochter des Stefan Schwarz, des Erbauers des zweiten Häusl's in Glöckelberg war (gestorben 1731). Der dritte Richter war Wenzl Koller (1725-1728). Nach ihm dürfte Jakob Haidler, Sohn des Michael, Richter bis 1768 gewesen sein. Dann folgte Heinrich Wegscheider. In den Jahren 1781, 1786, 1797 war Mathias Poferl Richter, (Kirchenbau). Außerdem konnten noch folgende Richter in Glöckelberg festgestellt werden: 1790 Andreas Poidinger, 1801 Felix Dolzer, 1808 und 1819 Johann Hable Nr.12, 1800 Jakob Kaim Nr. 47, 1830 Johann Poidinger Nr.15, 1834 Mathias Wegscheider Nr. 45, 1836 Johann Mayrhofer Nr.17, 1839 Franz Kary, 1844 Jakob Wegscheider, 1847 Johann Honetschläger. (Die Zahlen bedeuten das Erscheinen des Richters in einer Urkunde). Zu den Bewohnern, welche sich mit der Verarbeitung des Holzes und mit Landwirtschaft und Viehzucht beschäftigten, traten auch solche, welche das ehrsame Handwerk betrieben. Bald erscheint das Wagnergewerbe, denn die Glashütten brauchten Quarz, auch mußten die Erzeugnisse der Hütten verfrachtet werden. Glöckelberger Fuhrleute kamen zum Teil auf wochenlangen Fahrten nach Oberösterreich, Wien, Steiermark und brachten Waren als Gegenfracht nach Hause. So wie Glas, verfrachteten sie auch Graphit aus den Schwarzenbergischen Werken. Von verschiedenen Handwerkern werden genannt: Miller Georg 1675, Wagner in den Neuhäusern; Markus Haberth 1681 Maurer in Glöckelberg, Michael Haidler 1678 -Wagner (1. Richter); Adam Stifter 1689 Müller und 1691 Sägschneider in Hinterglöckelberg; Georg Chare (1688) Wagner in Vorderhäusl; Gregor Pangerl 1699 Wagner; Johann Sepp 1702 und Jakob Ridler 1710 Blausieder in Sulstadt, wahrscheinlich Sudstätte, woraus der heutige Name Zudlstadt entstanden sein mag und womit mehr scherzhalber eine Häusergruppe in Vorderglöckelberg bezeichnet wird. Die "Blausieder" besorgten das Blaufärben der Hausleinwand, welche zum Anfertigen der Kleider damals hauptsächlich verwendet wurde. Daher wurde zur Herstellung der Leinwand die Weberei betrieben, entweder als Hausweberei oder als selbständiges Gewerbe. Für die kalte Jahreszeit machte man sich Kleider aus einem Erzeugnis von Leinwand gemischt mit Wolle, eine Art groben Lodens, Duratei genannt. 1720 erscheint Adam Prix als Müller in Glöckelberg, 1724 Ambros Rabhansl als Wagner; 1730 Georg Schwarzbecker als Maurer. 1751 Simon Müller als Weber in Vorderglöckelberg; 1756 Leopold Prix als Müller in Hinderglöckelberg; 1786 Johann Lehrer - Maurer; 1797 Jakob und Heinrich Prix als Müllermeister und Wenzl Prix als Hammerschmied. Als Zimmerleute werden genannt: 1798 Valentin Pangerl,1811 Raimund Sommer. Wagnermeister: 1787 Johann Philipp, 1797 Bartl, Pleschl,1817 Lorenz Frischl. Bindermeister: 1809 Lorenz Fux. Weber: 1800 Josef Dulzer (aus Stögenwald); 1809 Valentin Michetschläger, 1811 Anton Pranghofer, 1809 Josef Micko Nr. 34, 1811 Thomas Majerhofer, 1821 Franz Pangerl Nr. 52. In Josefsthal 1830 Michael Pritsch und Johann Pröll. Schneider: 1827 Prokop Stiepany,1812 Josef Posset aus Bayern. 1814 Johann Graf Nr. 44 Maurer: Simon Honetschläger Nr. 53, 1813 Thomas Honetschläger. Bäckermeister: 1803 Mathias Lehrer. Schuhmacher: 1800 Mathias Hochholdinger (das Marktgericht Aigen nennt ihn am 18.06.1800 Aholdinder) aus Aigen. 1819 Mathias Winkler, 1822 Kaspar Lambacher. Fleischhauer: 1819 Mathias Poferl Nr. 27. Uhrmacher: 1816 Adalbert Wegscheider Nr. 46. Wirt: 1820 Josef Schacherl. Schmiede: Kaspar Springinsfeld aus Kalsching gebürtig, kam aus der Waffenfabrik Steyr im Jahre 1866 Nr.28. 1868 verkaufte er sein Werkzeug an Jakob Skola aus Mahons bei Netolitz 1870-71. Schröder: Zur Zeit der Gewerbefreiheit arbeitete Josef Kary (Häusler) mit zwei Gesellen; später verpachtete er seine Werkstätte an den Schmied Blaha, gestorben in Stuben. In der Zeit des Kirchenbaues herrschte auch sonst rege Bautätigkeit, so daß alle drei Schmiede viel Arbeit hatten. Eine sogenannte Gemeindeschmiede bestand auch vorher nicht. Einfache Arbeiten wurden in Hüttenhof (heute noch Maurerschmied) verrichtet. Zum Beschlagen der Pferde mußte man in die Stift bei Oberplan, wo im jetzigen Gasthaus zur Moldau eine Hufschmiede war.

In Hüttenhof

1794 Lorenz Motl, 1810 Gregor Mayer/Christopf Roth,1811 Michel Biel, 1812 Georg Nagel als Aschenbrenner auf der Alpe (Hochfichtgebiet). Schuster: Josef Stutz, Simon Hofmann (1795) aus Stubenbach), 1804 Mathias Grobauer, 1812 Kaspar Lang. Zimmermann: 1809 Josef Poidinger. Schneider: 1821 Mathias

Hablik, Müller: 1792 Mathias Gayer - Fischers-Sohn aus Ruben erhielt vom Fürsten die Erlaubnis, eine Mühle zu bauen. Die Häuser, die von den Besiedlern des Ortes errichtet wurden, sind aus Holz erbaut worden, um sich gegen Feuchte und Kälte zu schützen. Das Dach war aus Schindeln, Stroh oder Bretteln, die mit Stangen und Steinen beschwert wurden. Stroh und Schindeln werden heute noch verwendet, Dächer mit den "großkopferten Schindelnägel" (Steine) sieht man

Vorderglöckelberg

jetzt nimmer. Reste von Holzhäusern findet man heute noch, meistens die Wohnstuben, während man Stallungen feuersicher umbaute. Als man die Häuser später aus Stein baute, nahm die Feuchtigkeit in den Wohnungen zu, da durch die Grundfesten die Feuchtigkeit in den Mauern in die Höhe steigt und eine Isolierschicht damals noch nicht angewendet wurde. Feuchtigkeit enthält unser Boden sehr viel, denn die hohe Lage bringt rauhe, niederschlagsreiche Witterung, besonders durch die ausgedehnten Wälder viel Schnee. Trotz der ungesunden Feuchte der Wohnungen bringt es die Beschäftigungsweise der Leute auf Feld und Wald im Verein mit der frischen, reinen Gebirgsluft mit, daß die Leute meist ein hohes Alter erreichen. Leute mit 90 bis 100 Jahren waren früher keine so große Seltenheit, und auch jetzt noch sind besonders die Männer mit 70 Jahren noch rüstig und arbeitsfähig (Glasarbeiter ausgenommen).

Die Enststehung von Hüttenhof

Bevor noch ein Ansiedler auf dem jetzigen Gemeindegebiet festen Fuß gefaßt hatte, bestand dort, wo heute die Ortschaft Hüttenhof steht, eine Glashütte. Sie stand früher als die Hütte in "Schwarzenberg" in Oberösterreich (errichtet 1639) und hieß "Planer Glashütten". Meist aber wurde sie "Kaltenbrunner Glashütte" genannt, von einem kalten Brunnen, der heute dort noch rauscht. Erbauer dieser

Hütte ist Niklas Preyssler, der sie gegen eine jährliche Abgabepflicht von 6.000 durchsichtigen und 15.000 gemeinen Waldscheiben, zwei Schock Wein- und ein Schock Biergläser, Wiesen-und Weidenzins, noch zur Zeit als die Herrschaft Krummau kaiserlich (1600-1622) war, hatte auf eigene Kosten errichten dürfen. Von diesem übernahm sie sein Sohn Christof. Dieser suchte die Hütte zu verkaufen, um sich im Gebiet der Stadt Schüttenhofen anzukaufen. Weil er aber über die Hütte kein verbrieftes Recht in der Hand hatte und sich nur auf mündliche Zusicherung der Grundobrigkeit berufen konnte, fand er keinen Käufer. Endlich kam ein solcher namens Gregor Prambhoffer, der aus Loipoldschlag in Oberösterreich stammte. Vor Abschluß der Kaufverhandlungen starb aber Preyssler und Gregor Prambhoffer, der seit 1630 die Hütte auf eigene Rechnung betrieben hatte, wollte der Witwe Anna gegenüber den Kauf nicht aufrecht halten. Im Jahre 1632 übernahm aber dann doch Gregor Pramphoffer die Glashütte um 500 Gulden und entschädigte die Witwe für die zwei Jahre. Sie bekam dafür 1 Paar Ochsen, eine Kuh und Glaswaren im Werte von 12 Gulden nach eigener Auswahl. Erst der Sohn Gregors, Balthasar (Waldhäuser) mit Namen, erhielt am 9. Dezember 1646 vom Fürsten Johann Anton zu Eggenberg eine Urkunde über Totenfälligkeitsbefreiung und dergleichen ausgestellt. An diesen Balthasar erinnert die heute noch vor dem alten, aus der aufgelassenen Glashütte entstandene Meierhof (Hüttenhof, daher der Ortsname) befindliche Bildsäule mit der Jahreszahl 1649. Er war ein vermögender Mann und starb am 3. Juli 1679. Bei seinem Begräbnis in Oberplan wurden acht Seelenämter und eine Leichenpredigt gehalten. Die Totenbahre verblieb acht Tage lang in der Kirche, und es mußten die ganze Zeit vier Kerzen brennen. Er hinterließ ein Vermögen von 3393 Gulden, 32 Kreuzer, davon 2.558 Gulden und 52 Kreuzer Bargeld, welches unter seinen acht Erben verteilt wurde. Die Hütte samt Wirtschaft (5 Paar Ochsen, 6 Melkkühe und 4 Stück Jungvieh) übernahm bereits am 21. März 1666 sein Sohn Zacharias um 700 Gulden gegen ein entsprechendes Ausgedinge. Im Jahre 1670 brannte die Glashütte ab. Mit namhafter Unterstützung der Herrschaft wurde sie wieder erbaut. Er bekam 14.000 Schindeln, 140 Bretter und 1000 Ziegel. Streitigkeiten mit dem Miesauer Hüttenmeister (diese Hütte ist die Vorläuferin der Ernstbrunner Hütte) über das Aschenbrennen in den ihnen zugewiesenen herrschaftlichen Wäldern führte zur Überprüfung ihrer Verpflichtungen. Große Gebiete hatte die Hütte dem Walde abgezwungen, wovon sich ein großer Viehstand ernähren konnte. Hüttenmeister Zacharias besaß selbst 22 Ochsen, 10 Kühe und 10 Stück Jungvieh, seine Gesellen zusammen 29 Kühe. Für diese Futterfläche hatte die Hütte bis jetzt nur 16 Gulden und 20 Kreuzer zu entrichten, wobei der Hüttenmeister von seinen Gesellen je 1 Gulden und von jedem Stück Vieh 30 Kreuzer nahm. Der neue Gereuterzins wurde nun auf 150 Gulden hinaufgesetzt, für 1 Kuh mußte 1 Gulden gezahlt werden, dazu noch Glaswaren jährlich um 50 Gulden. Bei der damaligen Geschäftskrise im Glasgewerbe war das dem kranken Hüttenmeister zu viel, er suchte an, diesen, seiner Meinung nach unerschwinglichen Jahreszins, herabzusetzen. Mittlerweile starb er am 30. April 1686 und hinterließ seine Frau mit sieben Kindern. Von dem beweglichen Vermögen von 3052 Gulden bekam jedes 381,30 Gulden, die Witwe doppelt so viel. An Vieh war vorhanden: 1 Pferd (50 Gulden), 8 Zugochsen (a' 45 = 108 Gulden), 1 Paar kleine Ochsen (24 Gulden), 7 junge Öchsel (22 Gulden), sowie 12 Kühe (a' 9 Gulden = 108 Gulden), 3 Kälber um 18 Gulden, 6 heurige Kälber um 16 Gulden. Infolge des hohen Zinses und des schlechten Geschäftsganges sah sich die Witwe nach einem Käufer um. Anfangs 1688 übernahm die Hütte Mathias Mayer. Auch unter ihm wurde die Lage nicht besser, so daß er die Hütte samt Wirtschaft und Einrichtung im Februar 1692 dem

Hüttenhof

Mathias Wimmer um 966 Gulden und 40 Kreuzer verkaufte. Dieser Hüttenmeister konnte aber nicht einmal die Abgabe bar bezahlen. Zwei Oberplaner Bürger, Ambros Prix und Andreas Reininger, bürgten für ihn. Wimmer brachte die Hütte vollends herab, zahlte weder Schulden noch Zinsen, hatte kein Holz, so daß er den Ofen manchmal nicht anheizen konnte. Nun wurde die Hütte am 23. Jänner 1693 in eigener Regie übernommen. Zum technischen Leiter wurde Ferdinand Hauer bestimmt; er war der erste Hüttenschreiber. Für die Viehwirtschaft wurde ihm ein Schaffner und Schaffnerin mit Gesinde beigegeben. Niedrig waren die Preise des Viehs, welches von Johannes Leder, Primator, und Sebastian Stifter, Marktrichter in Oberplan, bewertet wurden; so z.B.1 Paar Pferde 16 Gulden, 6 Paar Ochsen 341 Gulden, 4 trächtige Kühe gar nur 45 Gulden.

Insgesamt übernahm die Herrschaft 6 Paar Ochsen, 8 Kühe, 2 Stiere, 4 Kalbinnen und 9 Kälber. Diese waren das beste Inventar des herrschaftlichen Hüttenhofes, Ferdinand Hauer war ein tüchtiger Hüttenschreiber, steigerte den Ertrag und führte den Betrieb bis 1703 und wurde in der Folge Hüttenmeister in Buchers bei Gratzen. Von Hauer übernahm Gregor Prambhofer, ein Sohn des Zacharias, das Amt als Hüttenschreiber. Auch unter ihm stand die Hütte im regen Betrieb, So wurden im Jahre 1709 erzeugt: 570 Schock Solintafelgläser zu 650 Gulden, 21.000 Stück Kreidegläser für 310 Gulden, 89.000 Stück ordinäre Gläser für 890 Gulden, 4.000 doppeldurchsichtige Scheiben für 80 Gulden. 42.000 einfache Scheiben für 420 Gulden, 36 Truhen Waldscheiben für 315 Gulden, 1.683.000 weiße und blaue Petterln (Perlen) für 418,12 Gulden, im Ganzen um 3.083 Gulden und 12 Kreuzer Glaswaren. Niemand ahnte, daß die Zeit der arbeitsamen Hütte abgelaufen wäre. Mit Rücksicht auf die stark abgelichteten Grenzwälder erwog man den Plan, die Hütte aufzulassen. Auf Bitten der Arbeiter, die in größte Not geraten wären, wurde die Arbeit immer wieder forgesetzt, bis zu 3. Mai 1714. Der Hüttenschreiber Gregor Prambhofer verblieb noch in der Wohnung bis Georgi 1719. In diesem Jahre verstarb er in einem Dorfe bei Eferding in Österreich. Verklungen war das kunstreiche Schafffen der arbeitenden Hütte. Der Wald, der vor den Hüttenmenschen zurückgewichen war, drang wieder vor. Viel später erklang auf's neue der Axtschlag und es bevölkerte sich wieder die Landschaft. Es entstanden Häuser auf den von den Glasarbeitern einst gerodeten Waldflächen. Die neue Zeit verschlang sogar den Hüttenhof mit seiner Viehwirtschaft, denn der Rosenauer Schwemmkanal kam immer näher vom Pernstein heran. Der Hof mußte zerstückelt werden, Wiesen und Äcker verteilt werden, um Holzhauer ansiedeln zu können, damit sie für das Schwemmwerk die nötige Holzmenge liefern konnten. Die Aufteilung des Hofes geschah im Jahre 1792, wo der Hüttenhof "rabisiert" (nach dem Hofrat Raab) wurde. Das Hofgebäude wurde an fünfzehn Holzhauer verteilt und neue Häuser außerhalb des Hofes erbaut. Felder und Wiesen wurden unter 33 Holzhackern zerstückelt und mit diesen Dominikalisten ein Pachtvertrag abgeschlossen. Diese neue Ortschaft erhielt nun ein eigenes Gericht und wurde eine selbständige Ortsgemeinde.

Es konnten folgende Richter festgestellt werden: Erster Richter war Adam Osen, Sohn des Bartholomäus aus Pichlern 1791. Von 1796-1818 war Sebastian Springer Richter - von ihm rührt der Hausname "Altrichter" Vom Jahre 1819 an war Kasper Neubauer Richter. Von 1826-1833 Simon Teufel (infolge einer Kreisregierungsverordnung vom 24, Februar 1851, Z 1931, wurde die Umänderung des Namens in Jungbauer bewilligt), 1834-1838 Johann Wegscheider, 1840 Franz Springer, 1845 Sigmund Koller. Der letzte Richter war 1850 Wolfgang Grill. Das damalige Gemeindesiegel ist rund. In der Mitte sind die lateinischen Buchstaben ›G‹ (Gemeinde) und ›H‹ (Hüttenhof). Vor dem ›G‹ steht ein Holzhauer mit einer Hacke in erhobener Hand, nach dem ›G‹ steht eine Fichte. Auf dem unteren Teil ist ein laufender Hase dargestellt.

Die Entstehung von Josefsthal

Die jüngste Ansiedlung unserer Gemeinde ist die Glashütte Josefsthal. Sie entstand, als die Stift-Schlägel'sche Glashütte im Jahre 1822 im nahen Sonnenwald aufgelassen wurde. Der damalige Glasmeister Johann Plechinger trat ab, Wiesen und Äcker wurden durch Auktion den verbliebenen Ansiedlern zur Benützung überlassen. Sein Schwiegersohn Leopold Schmudermayer schloß am 10. September 1822 einen Hüttenbauvertrag mit dem Fürsten Schwarzenberg. Zufolge dieses Kontraktes wurde dem Leopold Schmudermayer die Errichtung eines Glashüttenwerkes samt allen dazugehörenden Nebengebäuden im Bärnlochwalde unterhalb des Schwemmkanals bewilligt, und zwar auf eigene Kosten. Bauholz bekam er aus der nächsten Umgebung zum Preis der bestehenden Untertanentaxe mit 1/4 als Unterstützungsbeitrag als Abschreibung. Die Begünstigung bezog sich auf den Bau der Glashütte, des Sandbuchers, der Schleifmühle, Wohn- und Wirtschaftsgebäudes für den Unternehmer und zehn Wohnhäuser für 20 Hüttenfamilien und Glasmacher. Für diese verlangte die Herrschaft einen jährlichen Grundzins von 5 Gulden. Die Hütte wurde nur zu dem Zwecke bewilligt, daß die in den Kanalschlägen zurückbleibenden unschwemmbaren Abfälle und Rückstände, dann die zu Boden liegenden oder noch stehenden dürren, anbrüchigen und alten Stämme der Verwesung entrissen und durch Aufarbeitung die nachfolgende Kultur vorbereitet wurde. Das Holz für den Hüttenbetrieb mußte durch eigene Arbeiter, nicht fürstliche Holzhacker, aufgebracht werden, und zwar jährlich 1500 Klafter in 2 1/2-schuhigen Scheitern. Der Preis für die ersten zehn Jahre war für ein Klafter hartes Holz 1 Gulden, weiches Holz 45 Kreuzer, für anbrüchiges 24 Kreuzer. Kanal und Moldauschwemme konnte benützt werden. Die Hüttenleute bekamen Holz gegen Bezahlung, und für die Viehhaltung wurden 60 Strich Wiesengründe gen Zins zugewiesen. Die Hüttenfamilien waren als Untertanen robotpflichtig, die Fremden zahlten Schutz- geld. Nun wurde die Hütte aufgebaut, doch ein Wirbelwind riß das Dachwerk herunter. Die in der Hütte befindlichen Personen kamen zwar verwun- det, aber lebend davon. Doch bald stand die Hütte wieder. Am 2. Dezember 1822 wurde sie vom Ortsseelsorger unter großer Beteiligung eingeweiht und am 3. Dezember wurde unter Musikbegleitung mit der Arbeit begonnen. Die neue Glashütte bekam nach dem Namen des Grundherrn Josef, Fürst von Schwarzenberg, den Namen "Josefsthal." Von Leopold Schmudermayer (gestorben 31. Juli 1824, Gattin Theresia, gestorben 13. Juni 1826) wurden seine vielseitigen Kenntnisse, Kunstfertigkeiten, chemische Praxis und ungemeine Umsicht gerühmt. 1824 und 1825 wurden die nötigen Wohnungen für Bläser und Schleifer, die Holzsäge und Gasthaus gebaut. Auf Leopold Schmudermayer folgte sein Sohn Johann, der am 15. März 1842 starb. Im Jahre 1838 ehelichte er Maria, Tochter des Josef Zulehner, Bürger und Leinwandhändler in Aigen Nr. 6. Witwe Maria Schmudermayer heiratete 1845 Franz Rizy, der die Hütte bis 1863 inne hatte. In diesen Jahren kaufte Karl Stölzle, Glasfabrikant in Nagelberg, für seine Tochter Amalie, vermählt mit Josef Palfinger, Sohn des Bürgers und Weißgerbers Josef Palfinger in Schärding die Hütte. Der Besitzer der Hütte starb am 31. März 1892. Am 7. Jänner 1893 ging die

Glasfabrik (1822-1930)

Josefsthal (1930-1948)

Hütte in die Regie-der Gläubiger unterfürstlicher Aufsicht über. Direktor wird Karl Belohoubek. Am 8. Oktober 1894 wurde der Betrieb eingestellt und 200 Personen zogen fort. Bei der ersten exekutiven Feilbietung am 5. November 1895 fand sich kein Lizitant. Am 5. Dezember 1895 wurde sie an Stölzle um 8.001 Gulden verkauft und am 19. Mai 1896 der neuerbaute Ofen in Anwesenheit der Verwaltung E. Wagner und Joh. Fuchs und sämtlichen Arbeitern feierlich eingeweiht. Als die Sonnenwälder Hütte Ende Dezember 1900 ihren Betrieb endgültig einstellt, baut man in Josefsthal für die in Schwarzthal (Bezirk Kaplitz) auch aufgegebene Hütte einen Glasstreckofen für 3 Tafelmacher, der aber nicht in Betrieb kam. Im Jahre 1902 wurde eine neue Schleife mit Benzinbetrieb und am 25. Mai 1913 ein Pantograph eingerichtet. Erzeugt wurde Serviceglas, Überfangartikel und alle Gattungen von Vasen. Die Lieferungen erfolgten bis 1922 in die ganze Welt. Als im Jahre 1898 am 19. März Rudolf Stölzle starb, wurde das Unternehmen in eine Aktien- gesellschaft umgewandelt - ab 1. Jänner 1899. Im Jahre 1907 kam Julius Wotzel als Verwalter nach Josefsthal. Die Hütte war nun ununterbrochen von 1896 bis 31. Dezember 1916 in Betrieb. Da fast alle Arbeiter einrücken mußten, wurde sie am 31. Dezember 1916 stillgelegt bis 12. November 1919. Dann wurde der Betrieb wieder voll aufgenommen: 1 Glasofen, 3 Schleifereien, 1 Ätzerei, 1 Malerei, 1 Verschmelzerei und eine Absprengerei. Infolge hoher Löhne und Steuern und Regie wurde die Hütte am 29.12.1922 wieder außer Betrieb gesetzt. Bis zu dieser Zeit waren 181 Arbeiter beschäftigt, und zwar 15 Glasmacher, 34 Helfer, 12 Einträger, 2 Auslehrer, 2 Schmelzer, 6 Schürer, 3 Drechsler und Gehilfen, 3 Schartenlasierer, 3 Packer, 3 Absprenger, 2 Verschmelzer, 1 Maschinist, 1 Clincher, 4 Sortierer, 2 Glasmaler, 2 Ätzer, 8 Schleifmeister, 15 Schleifergehilfen, 9 Lehrjungen, 20 Fabrikarbeiter, 1 Pochermann, 3 Hafenmacher, 1 Kistenmacher, 1 Holzwollhobler, 1 Brettschneider, sechs Kutscher, 1 Tischler, 1 Aufseher, 2 Nachtwächter, 1 Schmied, 1 Schlosser und 15 Tagelöhner. Am 24. Mai 1929 ist der Verwalter Wotzl hier gestorben, und am 31. Mai 1921 kam Otto Beran als Verwalter nach Josefsthal bis April 1925. Die untere Schleife war seit 7. November 1924 wieder in Betrieb mit vier Meistern, 5 Gehilfen und 6 Lehrlingen. Durch die Stilllegung des Ofens hat der Ort und auch die Umgebung viel eingebüßt, besonders spüren das die Geschäftsleute. Der letzte Leiter, Heinrich Rodinger, bemühte sich, wenigstens die Schleiferei zu erhalten.

Da stand ein Dorf
Von Josef Jungwirth

Als ich das letztemal die Heimatflur durchstreifte
Und ganz allein die alten Wege ging -

Es war im Juni, als das Korn noch reifte
Und fern am Himmel ein Gewitter hing -
Ließ ich auf einen Stein zur Rast mich nieder,
Vor mir das Kreuz, das ich beim Suchen fand.
Die Zeit von früher kam dabei mir wieder,
Da ich als Kind dem Heiland Blumen wand.

Hier war die Stelle, wo zum Felder-Beten
Das ganze Dorf vereint zusammenkam,
Die Muttergottes, deren Hilfe wir erflehten,
wenn unser Bittgang seinen Anfang nahm.
Hier war der Hohlweg, den ich oft gegangen,
das karge Feld, von dem ich Steine las.
Der Hof, die Bäume, wo die Kirschen hangen,
Die Bank zum Ausruhn, wo ich gerne saß.

Das Dorf verschwunden und die Menschen auch,
Erloschen unsrer Väter frommer Brauch.
Und war geworden, was vor langer Zeit
Der Waldprophet uns allen prophezeit:
Einst wird der Hirte seine Herde treiben,
von Zeit zu Zeit besinnend stehen bleiben,
Den Stecken stoßen in das leere Land
Und zeigen mit erhobner stummer Hand:

Da stand ein Dorf, wo jetzt die Schafe grasen,
Da stand ein Haus, wo jetzt mein Stecken ruht,
Da stand ein Hof, wo jetzt des Waldes Rasen,
Da stand ein Stall, wo jetzt der Vögel Brut.

Die Kirche verschwindet im Urwald   Kronberg mit Villa Marie (Janda)

GLÖCKELBERG NACH DER ZERSTÖRUNG
Aufgenommen am 27. Juni 1990 von Franz Petschl

Vorderglöckelberg   Schwedin   Wuslberg

DER ›EISERNE VORHANG‹

Glöckelberg 1988 Aufnahme von Franz Jachim

Der Paß von Glöckelberg

(Entnommen aus "Waldheimat" Nr. 4, 10.Jahrgang, April 1930)

Von Johann Micko

Wo der Hauptkamm des Böhmerwaldes nach dem gewaltigen, ganz bewaldeten Gebirgsstocke des Dreisesselgebirges, Plöckensteins und Hochfichtels niedriger werdend sich südöstlich in dem massigen, ungegliederten und wenig gangbaren Bernstein (Bärenstein) fortsetzt, bildet er zwischen dem Hochfichtl und dem Bärnstein, eigentlich zwischen ihren Vorbergen, dem 1.100 Meter hohen Sulzberg und dem 1046 Meter hohen Pfoserberg, eine breite und flache Mulde, die ihre Gewässer nach Westen zum Eidexbache bzw. dem Klafferbache und der Großen Mühl zur Donau, weiter zum Schwarzen Meer, nach Osten aber zum Rothbache bzw.der Moldau und Elbe zur Nordsee sendet und daher ein Teil der Hauptwasserscheide von Europa bildet. Ein diesbezüglicher Gedenkstein aus Granit befindet sich neben der Straße von Aigen im Mühlkreis nach Grünwald. Diese Einsattelung zwischen den hohen, unwegsamen Gebirgszügen, nach dem nächsten anliegenden größeren Orte "Paß am Glöckelberg" genannt, liegt an seiner tiefsten Stelle immerhin noch 920 m über dem Meere, ist da waldfrei und von einigen, wenn auch mageren Wiesen und Feldern bedeckt. Unweit davon hat sogar ein Ansiedler aus Glöckelberg, Jakob Jungbauer, gewöhnlich "Tuifl Kospa" genannt, vor beiläufig 100 Jahren (ca. 1890) seine Heimatstätte aufgeschlagen, die bei Witterungsunbilden als Zufluchtstätte von Jägern, Waldarbeitern, Gendarmen, Finanzleuten und Schmugglern weithin bekannt ist. Das mit gutem Trinkwasser versorgte Anwesen gehört zu dem 12 Nummern zählenden, 1 km südwärts gelegenen Dörfchen Schöneben, das, obwohl zur Gemeinde Ulrichsberg in Oberösterreich gehörig, dennoch durchwegs mit Leuten aus Glöckelberg in Böhmen besiedelt ist. Die früher in jeder Hinsicht belanglose Grenze zwischen den K.u.K-Kronländern Böhmen und Oberösterreich hat nach dem Umsturze vom Jahre 1918 als Grenze zwischen den selbständigen Republiken der Tschechoslowakei und Österreich eine entscheidende Bedeutung erhalten. Sie folgt vom Plöckenstein zum Hochfichtl und Pfoserberg der Wasserscheide, biegt aber kurz vor dem Sattel auf den Röhrenwiesen links ab zu den Quellen des Rothbaches, der 6 km weit die Reichsgrenze bildet, die bis 2 km (früher) an die Moldau herantritt und jetzt in den Moldaustausee (Lipno) mündet, um dann den Grenzrücken zu überqueren. Der mündlichen Überlieferung nach soll die Grenze früher über den Sattel, Schöneben, den Sulzberg und den Pernstein gegangen sein; bei den Friedensverhandlungen in Versailles 1918/19 war sie so beantragt. Daß diese von den Tschechen beantragte Grenzziehung nicht zustande kam, dürfte auf die großen Waldbesitzungen des Stifts Schlägl/Oberösterreich, die bis zum Rothbach reichten, zurückzuführen sein. Es ist nur natürlich, daß diese niedrige Stelle im Gebirge als Übergang von den beiderseitigen Anwohnern frühzeitig benützt wurde. Unter den vielen Übergängen von Böhmen nach Oberösterreich hatte der von Glöckelberg in früheren Zeiten, eine ganz besondere Bedeutung, weil er auch die Verbindung mit Bayern, insbesondere mit Passau herstellte. In der Luftlinie sind von der böhmisch-österreichischen Grenze bei Glöckelberg bis zur österreichischen-bayrischen Grenze bei Anger nur 10 km. Schon im Mittelalter war dieser Paß wichtig, weil er neben dem "Goldenen Steig", der von Passau nach Prachatitz führte, berufen war, Südböhmen mit Salz aus den Salzburger Werken, die in Passau ihren Stapelplatz hatten, zu versorgen.

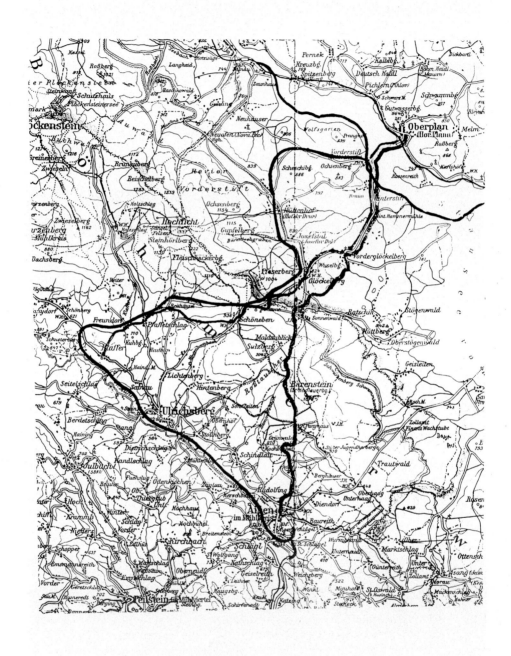

Der Paß von Glöckelberg

Der Paß von Glöckelberg

Dieser Salzhandel hat wahrscheinlich schon in Zeiten, von denen keine Kunde mehr zu uns kam, bestanden, weil Böhmen kein Salzvorkommen hat und die ungeheuren Lager in Salzburg-Berchtesgaden am nächsten lagen.

Nur zwei Urkunden aus den frühesten Zeiten bestätigen uns den großen Verkehr auf dieser Straße, dem Goldenen Steig von Passau nach Oberplan. Am 1. Juli 1349 verlieh Kaiser Karl IV. dem Ort Oberplan das Marktprivilegium samt Stock und Galgen, sowie die "freie Straße" nach Passau. Oberplan hatte schon damals eine Salzniederlage. Am 15. Oktober 1479 bewilligt König Wladislaw von Böhmen über die Bitten der Herrn von Rosenberg die Fortsetzung der Salzstraße von Passau nach Oberplan auch nach Friedberg und Krummau. Daher ist später die Rede von einem Seitenzweige des "Goldenen Steiges", nämlich Passau-Oberplan-Krummau, der aber nicht über den heute noch fast ungangbaren Plöckenstein, sondern über den Paß von Glöckelberg die Richtung nahm. Vom Passau führte der Weg über Tyhrnau-Hauzenberg und Breitenberg in Bayern durch das nördlichste Stück von Oberösterreich über Anger-Freundorf und Pfaffetschlag, von hier 2,5 km abwärts nach Glöckelberg und dann über Hinterhammer und Vorderstift nach Oberplan.

Der Weg hieß in Böhmen die "Planer Straße", in Bayern die "Passauer Straße" und in Oberösterreich die "Klafferstraße." Letzterer Name scheint vom Klafferbache zu stammen, der auf dem Sattel zwischen Plöckenstein und Hochfichtel entspringt, die bekannte Sommer- und Winterfrische Holzschlag berührt, unseren Weg zwischen Pfaffetschlag und Freundorf quert und in die Große Mühl mündet. Auf einer Anhöhe daneben liegt das Dorf Klaffer. Drei Kilometer nördlich von Breitenberg liegt Schwarzenberg, gegenüber das Dorf Klafferstraß, welches aber kaum von der Straße berührt sein dürfte. Die heutige Straße von Oberplan aus folgt im großen und ganzen der alten. Vom Markt abwärts über die eiserne Moldaubrücke (gesprengt im Mai 1945) nach Vorderstift und beim Spitzwirt vorbei zu der uralten Hinterhammermühle, den Hügel aufwärts über das Böhmbachl zu den zerstreut liegenden Häusern von Vorderglöckelberg und dann weiterhin über das Pfarrbachl aufwärts an den freundlichen und ebenfalls zerstreut liegenden Häusern des Pfarrortes Glöckelberg (als Sommerfrische und Winterstation bekannt) vorbei, wo die Straße den Schwarzenbergischen Schwemmkanal beim Kreuzwirt kreuzt. Oberhalb führt die neue Straße an den Abhängen des Bartlberges, um sich vor dem Dürraubachl zu treffen. Die neue Straße geht gerade aus am Rand des Waldes bei dem böhmischen Zollamte über die Brücke des Rothbaches, der die Reichsgrenze bildet, um vor dem österreichischen Zollamte die Höhe hinan zum "Kastl" zu kommen. Das "Kastl" ist eine jetzt fast verfallene Kapelle mit einem Vordache als Treff- und Orientierungspunkt überall bekannt, von ängstlichen Gemütern nachts womöglich gemieden. (Es ist zu bedauern, daß im Gebiete des sonst so freigebigen Klosters Schlägl ein seit jeher im Stande gehaltenes Wahrzeichen der Gegend zu Grunde gehen muß.)

Die alte Straße führte nach dem Dürraubache rechts der neuen Straße etwas in den Wald hinein zum "Battelbrunnen", dann gleichlaufend mit der anderen, noch jetzt erkennbaren, um kurz vor dem Grenzbache die neue zu überqueren und einige Schritte unterhalb der Brücke auch über den Bach. Hinter dem österreichischen Zollamte steigt sie aufwärts zum Wege von Sonnenwald nach Schöneben, dem sie bis zum Kastl folgt.

Gleich dahinter biegt die alte Planer Straße im Wäldchen links ab in einen Hohlweg, führt am Rande einer Wiese aufwärts bis gegen das Jungbauern-Haus, wo sie die neue Straße kreuzt, um sich dann gänzlich von ihr zu trennen. Die alte

Straße, kaum mehr bemerkbar, läuft in der Richtung gegen Pfaffetschlag in der Schintau weiter und verliert sich dann im Walde. Als letzter Rest ist unweit davon ein viel begangener Fußpfad geblieben, der "Schwärzer-(Schmuggler-)Steig". Vor des Jungbauern Einschichte biegt die neue Straße links ab und etwas aufwärts (auf 5 Km um 300 Meter fallend) über die Berghäuser und Lichtenberg nach Ulrichsberg und weiterhin nach dem uralten Aigen und dem berühmten Prämonstratenser-Stift Schlägl. In der ältesten Zeit wird sich der Verkehr bei dem Mangel baren Geldes nur auf den Tauschhandel beschränkt haben; wie auf den anderen goldenen Steigen holten die Säumer das unentbehrliche Salz und brachten dafür Getreide, Schmalz und anderes. Selbstverständlich werden nebenbei auch andere Waren getauscht worden sein. So ging es jahrhundertelang.

In den Wirren und Schrecknissen des 30-jährigen Krieges war niemand seiner Habe und seines Lebens sicher, der Handel hörte auf. Nach dem Kriege war Böhmen so entvölkert und so verarmt, daß der frühere Verkehr sich nicht mehr entwickeln konnte. Als zudem, um den Absatz des österreichischen Salzes zu heben, der Bezug des bayrischen Salzes im Jahre 1692 verboten wurde, hatte die letzte Stunde der "Goldenen Steige" geschlagen. (Gleichwohl könnte noch heute die Finanzwache vom Bayrischen Salze berichten.)

Nach den bösen Zeiten kamen aber doch wieder bessere, die Straße blieb nicht verödet, ein lebhafter Grenzverkehr mit Oberösterreich stellte sich ein. Böhmen lieferte Pferde, insbesondere Füllen. Nach den Pferdemärkten in Elhenitz und Budweis zogen lange Reihen hintereinander mit Strohbüscheln verbundener Füllen hinaus. Nach den Märkten in Schtekna, Netolitz und Oberplan kam viel Jungvieh zum Vertriebe. Im Herbst zogen täglich mehrere Scharen bis zu 70 Gänsen, die in der Budweiser und Krummauer Gegend aufgekauft wurden, nach Oberösterreich, wo man keine Gänsezucht betreibt. Glaswaren aus den Fabriken Josefsthal bei Glöckelberg und Sonnenwald gingen in ganzen Fuhren hinüber. Schon vor 100 Jahren und noch bis in die 1880er Jahre, wie der Verfasser selbst noch gesehen hat, gingen täglich schwere Frachtwägen mit je drei Fässern voll Graphit von Schwarzbach nach Passau. Die Straße von Schwarzbach nach Vorderglöckelberg wurde dazu gebaut.

Dagegen lieferte Österreich täglich Wagenladungen Mehl und Getreide; Butter und Käse brachten Händlerinnen in ihren Körben, auch Obst, das man sich auch selbst aus den wärmeren Lagen holte. Überhaupt war früher ein lebhafter Verkehr mit Linz, woher die Kaufleute die Waren auf der Achse bezogen und wo die Söhne dieser Gegend studierten. Sogar den Bau der Eisenbahn über den Glöckelberger Paß, der die Endstation Aigen der Mühlviertelbahn mit der Station Oberplan der Budweis-Salnauer-Bahn verbinden sollte, plante man im Mühltale aufwärts weit über Klaffer hinaus, dann am Eidexbach aufwärts zur Sattelhöhe, in den Wäldern abwärts zwischen den Häusern von Glöckelberg über Josefsthal und Hüttenhof zum Bahnhof in Vorderstift. Die Linie war schon trassiert und ausgesteckt. Jetzt wird sie nie mehr gebaut werden. Die Fahrpost zwischen Glöckelberg und Ulrichsberg wurde 1870 errichtet und 1908 wieder eingestellt; vorher und seitdem vermitteln den Verkehr Fußboten. Mit dem Umsturze im Jahre 1918 hörte plötzlich jeglicher Verkehr auf. Die früher kaum beachtete Landesgrenze wurde nun Reichs-(Staats-)grenze und gefürchtete Zoll- grenze. Wegen des Fehlens von Zollämtern konnte man jahrelang überhaupt keine Ware über die Grenze bringen. Erst im Jahre 1925 wurde am Grenzbache ein österreichisches und 1927 gegenüber ein tschechoslowakisches Zollamt gebaut, beide ganz einsam gelegen. Der Verkehr hat sich aber noch nicht eingestellt, eine unsichtbare Wand scheidet die Länder. Die Straße ist leer und nur im Sommer

Paßstraße nach Oberplan

Blick von Oberplan nach Glöckelberg (Spitzhübel)

Blick von Ulrichsberg nach Glöckelberg
Paßstraße über Schöneben

von Touristen belebt. Für die Wichtigkeit des Passes von Glöckelberg spricht der Umstand, daß außer der Verbindung mit Bayern noch ein zweiter Übergang nach Oberösterreich besteht, der im Gegensatz zum ersten, nicht in einem Gebirgseinschnitte, sondern, was eine große Seltenheit ist, direkt über den Hauptkamm des Böhmerwaldes, einige Meter unter dem Gipfel des 1077 Meter hohen Pernsteins führt.

Oberplan, im Tale der Moldau, ist der wirtschaftliche Mittelpunkt dieses Teiles von Südböhmen bis Prachatitz und Winterberg, der von jeher in reger Verbindung mit Oberösterreich stand. (Krummau liegt zu weit ab, sein Verkehr nahm den Weg an der Moldau über Rosenberg und Hohenfurt nach Leonfelden und im Haselgraben weiter nach Linz.) Aigen im Tale der Großen Mühl ist (mit Haslach und Rohrbach) der wirtschaftliche Mittelpunkt des nördlichen Mühlviertels. Was war natürlicher, als der Verkehr zwischen den beiden uralten Marktflecken, wenn auch unter schwierigen Verhältnissen. Der Weg konnte nur über die Gegend von Glöckelberg führen, da der Umweg über Schwarzbach-Untermoldau und Oberhaag viel zu weit war, abgesehen von den vielen sumpfigen Stellen. In der Luftlinie sind von Oberplan nach Glöckelberg 7 Kilometer, von da nach Aigen 8 Kilometer, über Untermoldau aber 24 Kilometer.

Der Weg ab Oberplan folgt der Straße bis Vorderglöckelberg, zweigt dort links ab und führt durch den "Ebenwald" und dann unterhalb des Schwarzenbergischen Schwemmkanals nach Sonnenwald/Oberösterreich. Diese Abzweigung besteht noch, wird aber nur mehr streckenweise von Fuhrwerken benützt, aber noch vor einigen Jahren von Oberplan aus markiert. Die jetzige Straße teilt sich in Glöckelberg beim Kreuzwirt (nahe dabei das Vaterhaus des Verfassers). Die eine leitet auf dem uralten Saumwege gegen Westen nach Passau, die andere genau gegen Süden nach Aigen und Linz. Die zerstreuten Häuser von Glöckelberg ziehen sich am Kanal 2 Kilometer weit südwärts bis zur Reichsgrenze am Rothbache. Gegenüber liegt das Dörfchen Sonnenwald, nach der aufgelassenen Glashütte (letzter Pächter Wagendorfer) gewöhnlich nur "Althütten" oder "Schlögler Glashütte" genannt, mit einem Forsthause. Die ganze Ansiedlung ist Eigentum des Prämonstratenser-Stiftes Schlägl, eingemeindet zu dem 2 Stunden entfernten Markte Aigen, eingeschult und eingepfarrt nach Glöckelberg. (Nebenbei sei bemerkt, daß der Verfasser während seines Studiums in Linz bei einem Statthaltereidiener wohnte und über dessen Verwendung einer Landtagsverhandlung auf der Galerie beiwohnen konnte. Aufhorchend vernahm er den Namen Glöckelberg. Es handelte sich um den Antrag, Sonnenwald aus Glöckelberg auszuschulen. Der Antrag wurde vertagt und ist es heute noch nach mehr als einem halben Jahrhundert. Erst ab dem Jahre 1937/1938 wurden die Kinder von Sonnenwald und Schöneben in einer eigenen Schule (sie wurde neu erbaut) unterrichtet.

Von Sonnenwald steigt der Weg im feuchten, finsteren Fichtenwalde ziemlich steil aufwärts zu 1018 Meter hoch gelegenen "Brückel", einer sumpfigen Hochfläche, wo der Fahrweg, des Wassers wegen, mit Querbäumchen belegt ist; dann geht er durch Wiesen und Wald sanft abwärts rechts des Pernsteins (Bärnstein oder Schindlauer Berg) zum einsamen Panyhaus (Grünwald); von da fällt der Weg auf 3 Kilometer Länge 350 Meter nach Aigen. Dieser schlechte Weg wurde in früheren Zeiten auch befahren, sogar mit Glasfrachten von Sonnenwald nach Linz, später fuhr man über Schöneben und Ulrichsberg.

Im 7. Bande der "Beiträge zur Landes- und Volkskunde des Mühlviertels" wird berichtet, daß das Salz von Passau nach Oberplan merkwürdigerweise auf diesem Hochweg kam und zwar von Passau auf der Donau abwärts nach Obernzell, dann über Griesbach und Wegscheid in Bayern, über Kollerschlag, Peilstein und Aigen in Oberösterreich, über den Pernstein nach Glöckelberg und Oberplan im Böhmen. Warum dieser Umweg gemacht wurde, war nicht zu erfahren, vielleicht aus Sicherheits- oder zollpolitischen Gründen. Heute noch ist der hohe Übergang von Glöckelberg nach Aigen im Sommer ein vielbegangener Weg, aber im Winter voller Gefahren der Witterung.

Am Waldrande oberhalb Sonnenwald steht eine Kapelle. In derselben ist ein Bild mit nachstehender Schrift: "Im Jahre 1600 ritt Jakob Veith, bürgerlicher Weißgerber in Aigen, nach Oberplan. Als er durch den langen Wald ritt, verfolgten ihn zwei grimmige Wölfe. Er schoß seine Pistole ab, aber noch wütender verfolgten sie ihn bis zu dieser Stelle". Zur Danksagung seiner Errettung ließ er diese Kapelle errichten, welche seitdem von seinem Stamm erhalten wird. Daß sich in den stundenweiten Wäldern am Passe von Glöckelberg die wilden Tiere sehr lange halten konnten, ist begreiflich. Des Verfassers Großmutter Elisabeth, geboren 1790 im bekannten "Doktorhause" in Vorderglöckelberg, soll öfters erzählt haben, daß sie in ihrer Jugend noch Hirsche, Wildschweine und Bären aus dem nahen Bärenlochwalde herauskommen sah. Auch eine direkte Nachricht über den letzten Bären des Böhmerwaldes stammt aus Glöckelberg. Des Verfasses Vater Engelbert, erzählte, daß es, als er an die 20 Jahre alt war, also um 1850, einmal hieß, im Ebenwalde sei ein Bär. Mit allerhand Waffen brach man auf, um den Bären zu erlegen.

In der Mitte des Waldes war früher ein Feld, der "Dinkelacker". Als man an eine große Soiherstaude (Salweidenstrauch) kam, ertönte daraus ein mächtiges Gebrumme, der Bär war dort. Alle nahmen Reißaus und flüchteten. Der Bär wurde 1856 bei Salnau erlegt und ist im Schlosse Frauenberg ausgestopft zu sehen. Eine Merkwürdigkeit des Passes von Glöckelberg sind die beiden Hochmoore, wie sie in der Ausdehnung im südlichen Böhmerwald nicht mehr vorkommen. Hier nennt man sie "Au". Eine, die Föhrenau, ist östlich des Dorfes am Ebenwald, die andere, die dürre Au, ober dem Dorfe rechts der Straße, vor dem tschechischen Zollamte. Der Verfasser kannte sie noch in ihrer Unberührtheit, bestanden mit einzelnen, kleinen Birken und Kiefern, der Boden bedeckt mit Heidelbeer- und Rauschbeergebüsch, auch mit scharfen Gräsern, gefürchtet wegen der zahlreichen Kreuzottern. Sie enthielten mächtige Torflager, oft bis zu 3 Meter hoch. Von der nahen Glasfabrik Josefsthal wurden beide Lager, zuerst das obere, ausgebeutet; im Sommer der Torf gestochen und getrocknet, im Winter zugefahren und zu Gas verbrannt. Heute sind die Lager erschöpft, mit großer Mühe sucht man darauf Wiesen und Felder anzulegen.

Der "Paß von Glöckelberg" hatte seiner Lage gemäß auch eine geschichtliche Bedeutung als Durchzugs- und Kampfgebiet. Der Westabhang des Wuselberges zwischen Vorderhäuser und Neuhäuser heißt die "Schwedin" oder auch "Schwewin". Nach der Überlieferung sei dort im 30jährigen Kriege ein Lager der Schweden gewesen. Bestärkt wird diese Meinung dadurch, daß man auf den dortigen Feldern häufig kleine Hufeisen, Teile von Schwertern, Münzen und dergleichen ausgeackert hat, wie der Verfasser in seiner Jugend selbst gesehen hat. Am Tor der Schröderschmiede in Glöckelberg waren solche kleine Hufeisen angebracht. Leider hat damals niemand auf eine Sammlung der Funde aufmerksam gemacht. Daß die Schweden in der Gegend waren ist geschichtlich. Anfang 1648 drang General Königsmark in Böhmen ein, besetzte Prag, seine Truppen rückten plündernd gegen Südböhmen vor, überfielen die Klöster Kugelweit und Goldenkron und brandschatzten am 20. September die Stadt Krummau. Die Besatzung von Wittinghausen bereitete sich auf einen Angriff vor.

Adalbert Stifter beschrieb im "Hochwald" die Zerstörung von Wittinghausen so wunderbar. Oberlehrer Wöß in Klaffer/Oberösterreich schrieb dem Verfasser, daß in der dortigen Gegend allgemein die Überlieferung herrscht, daß die Schweden dorthin einen Einfall planten, daß sie aber bei Glöckelberg zurückgeschlagen wurden. Es hat daher der Flurname "Schwedin" seine geschichtliche Berechtigung. In diesem Zusammenhang sind auch die "Schwedenschanzen" unweit des Haager-Hofes in Oberhaag, nordöstlich von Aigen, an der wichtigen Straßenverbindung von Aigen/Oberösterreich nach Untermoldau und Krummau/Böhmen zu erwähnen. Auch diese wurden zur Abwehr eines Schwedenangriffes aus Böhmen kommend, um die gleiche Zeit errichtet.

Erklärung: Schwedenschanzen/Oberhaag: Im Jahre 1610 von Passauer Truppen in den böhmischen Unruhen erbaut. Erneuert und auch benützt in den Bauernkriegen und letztmalig 1646-48 gegen die in Budweis und Krummau stehenden Schweden mit bis zu 4000 Mann besetzt. Am 1. August 1639 suchten mehrere Kompanien kaiserlicher Reiter mit Gewalt Quartiere in Kalsching, auch in Höritz, Oberplan und Friedberg, weshalb der Schlägler Hofrichter eine Wachverstärkung für den Paß von Untermoldau -Haager Berg/Schwedenschanzen für notwendig hielt.

Nach dem im Schwarzenbergischen Archiv in Krummau liegenden Grundbuche von Glöckelberg wurden die ersten Häuser "auf grünen Anger" im Jahre 1670 erbaut. Das sind die sogenannten "Althäuser", der südliche Dorfteil am Fuße des "Bartlberges". Die Häuser um die Kirche sind die sogenannten "Neuhäuser" (Nuihaisa).

Der Name Glöckelberg stammt nicht von den hier häufig vorkommenden Glockenblumen, den "Glöckeln", auch nicht von einer Glocke, die ein Stier auswühlte, sondern er ergibt sich aus der Geschichte des Ortes. Die Berge der Gegend sind massig breit, ohne bedondere Gipfelbildungen; nur der letzte Berg gegen Oberösterreich steigt von allen Seiten gleichmäßig auf bis 912 Meter. Professor Willkomm nennt ihn eine pyramidale Felskuppe. Die vorüberziehenden Säumer nannten ihn wohl auch nach der Form der ihren Saumtieren anhängenden Glökkel den Glöckelberg. Die ersten Häuser lagen am Fuße des Glöckelberges, sie hießen "am Glöckelberg" und dann kurzweg "Glöckelberg".

Neben dem wichtigeren Dorfe verlor der Berg seinen Namen und heißt nach dem Hausnamen des früheren Pächters des Gipfels der "Bartlberg". Es gibt zu denken, daß der Handelsweg Passau-Oberplan jahrhundertelang bestand und in dem an 4 Stunden langen Abschnitte Oberplan-Klaffer gar keine Raststation bestanden und an den sanften Hängen in der Mitte der Strecke bei Beginn der Steigungen sich niemand ansäßig gemacht haben sollte. Darauf weise auch eine alte Überlieferung hin, daß in den an der Straße liegenden Häusern (jetzt Nr.34, 38, 40, 45 und 47) in früheren Zeiten große Stallungen für die Zugtiere der Händler und für die eigenen Vorspannochsen waren. (Als im Jahre 1819 das Haus Nr. 38 des Oswald Micko gänzlich umgebaut wurde, machte der Besitzer vor dem Abbruche die Handwerker aufmerksam, daß die Stallungen 60 Rinder faßten.) Unverbürgten Nachrichten zufolge, soll die Nr. 47 "beim Jokom" (Geburts und Sterbehaus des bekannten 1848er Reichstagsabgeordneten Michl Kaim) schon 1604 bestanden haben.

Man kann daher mit ziemlicher Sicherheit annehmen, daß schon lange vorher hier eine Absiedlung bestand am Kreuzpunkte zweier Handelswege. In den Wirren des 30jährigen Krieges dürfte der schutzlose, entlegene Ort wie soviel Hunderte andere zugrunde gegangen sein, so, daß niemand mehr übrig blieb und später eine neue Siedlung gegründet werden mußte. Die vom Kaiser Rudolf II.

1611 ins Land gerufenen berüchtigten Passauer Hilfstruppen, sowie das bayrische Hilfskorps 1624 dürften den Weg nach Krummau über das heutige Glöckelberg genommen und wie der Feind gehaust haben.

Im Jahre 1703, im spanischen Erbfolgekrieg, in dem Bayern und Spanien zusammengingen, wurden die Übergänge nach Bayern durch umgehauene Bäume ungangbar gemacht. Der "Verhau" beim Zollamt Glöckelberg erinnert noch daran. Einen der letzten Truppendurchzüge sah Glöckelberg im Jahre 1866 nach der Schlacht bei Königgrätz. Eines schönen Herbsttages hieß es plötzlich: "Der Feind kommt"! - und ängstlich versteckte man Geld und Wertsachen. Aber wohlgeordnet zogen die Truppen in ihren weißen Waffenröcken dahin, Bagage- und Krankenwägen mitführend. Als man hörte, daß die Soldaten Hunger haben, holten die Leute aus den umliegenden Häusern alles vorrätige Brot herbei, und auch der Verfasser trug als 5jähriger Knabe einen Laib. Da aber der Mannschaft keine Rast in Glöckelberg gegönnt war, wurde das Brot während des Marsches und auf den Wagen von Mann zu Mann weitergegeben.

Heute sind die Straßen einsam, der Schwemmkanal ohne Wasser, die anliegenden Glasfabriken Josefsthal und Sonnenwald stillgelegt. Aber das Beste kann der hochgelegenen Gemeinde von Glöckelberg nicht genommen werden: ihre herrliche Lage, inmitten der ausgedehnten Wälder, ihre reine, herbe Gebirgsluft, ihr frisches radiumhaltiges Quellwasser und der arbeitsfreudige, gesunde, heitere Sinn seiner deutschen Bewohner. Darum wird der freundliche Ort schon seit vielen Jahren von seinen Freunden und Liebhabern immer wieder aufgesucht. Der Paß von Glöckelberg mit Josefsthal und Hüttenhof hat eine bewegte Vergangenheit, aber auch eine verheißungsvolle Zukunft!

So geschrieben im Jahre 1931 von seinem Verfasser!

Ergänzung durch W. Franz:

Nach 1866 sind jedoch noch weitere Truppendurchzüge über den Paß von Glöckelberg erfolgt und zwar:

A.) Am 1.10.1938 besetzte die Deutsche Wehrmacht die im "Münchner Abkommen" festgelegte Zone I in der damaligen CSR. Infanterie, RAD und Flak-Truppen überquerten um 14 Uhr von Ulrichsberg her die Staatsgrenze bei Glöckelberg. Zuvor wurden alle in Glöckelberg stationierten CSR-Gendarmerie- und Finanzwachangehörige mit ihren Familien ins Landesinnere gebracht. Die deutschen Truppen marschierten bis zur Sprachgrenze bei Krummau. Der Bezirk wurde dem Gau Oberdonau angegliedert.

B.) Drei Tage später folgte das "Sudetendeutsche Freikorps". Es bestand aus ca. 200 sudetendeutschen Männern und Jugendlichen der umliegenden deutschen Ortschaften, die in der "Tschechenkrise" nach Österreich (Oberdonau) flüchteten, um sich einer Einberufung zum tschechischen Militär zu entziehen. Untergebracht waren sie in Rohrbach, Aigen und zuletzt in Ulrichsberg. Sie wurden mit einer grünen Jacke eingekleidet und waren teilweise bewaffnet. Vor dem Einmarschtage wurden Teile davon für den Grenzsicherungsdienst gemeinsam mit dem deutschen Zollgrenzschutz an der Staatsgrenze zur CSR eingesetzt. Alle Angehörigen wurden noch am gleichen Tage zu ihren Familien und Eltern formlos entlassen.

C.) Am frühen Vormittag des 2. Mai 1945, es war ein Mittwoch, besetzten US-Truppen auf der Paßstraße von Ulrichsberg und Bayern kommend, mit Infanterie und Panzer die Ortschaften Glöckelberg, Josefsthal und Hüttenhof. Ihr Vormarsch ging weiter entlang der Paßstraße nach Vorder-Glöckelberg (Abzweigung nach Schwarzbach)-Vorderstift-Oberplan und weiter nach Kalsching-Krummau bis nach Budweis. Zu Kampfhandlungen kam es gegen deutsche Truppen jedoch nicht mehr in den drei Ortschaften. Zu einer kleinen Verzögerung dieses Vormarsches kam es dadurch, weil die Moldaubrücke in Vorderstift am Vortage gesprengt wurde. In Josefsthal wurde von der US-Flak (Standort Dicklsäge) noch auf ein deutsches Kampfflugzeug (JU 87), das aus dem Protektorat Böhmen und Mähren nach Bayern flog, geschossen und in Hüttenhof (Wieshäuser) wurden die letzten Kanonenschüsse des 2. Weltkrieges auf die noch von deutschen Truppen besetzten Ortschaften Pernek und Oberplan abgefeuert und dann war Ruhe. Zwei Monate später räumten die US-Truppen das von ihnen besetzte Gebiet von Südböhmen und zogen mit ihrem gesamten Kriegsgerät von Neuofen, Oberplan und Krummau auf der Paßstraße von Glöckelberg über die Staatsgrenze in Richtung Ulrichsberg und Schwarzenberg weiter nach Bayern ab, wobei auf der Kanalstraße zwischen Hüttenhof und Josefsthal ein US-Panzer durch Motorschaden Feuer fing und gänzlich ausbrannte. Der Panzer wurde zurückgelassen und stand noch 1948 auf der Kanalstraße unterhalb der Sandgrube. Dieser Abmarsch der Amerikaner erfolgte am Sonntag, dem 15. Juli 1945. Vorher wurde jedoch der gesamte Bezirk Krummau von tschechischen Truppen besetzt, die Verwaltung von Tschechen übernommen, die deutschen Bürgermeister abgesetzt und an deren Stelle Ortskommisare eingesetzt, eigene Lebensmittelkarten für "Deutsche" ausgegeben und einschneidende Maßnahmen gegen alle Deutschen getroffen. Die ersten Vertreibungsaktionen der deutschen Ortsbevölkerung begann gemeinsam mit US-Militär (Oberplan) über das Lager in Krummau und später nach Bayern.

D.) Nach dem Abkommen der Siegermächte des 2. Weltkrieges wurde das Mühlviertel, besetzt von US-Truppen, von diesen im Sommer 1945 geräumt und der Roten Armee als neue Besatzungszone übergeben, wobei ebenfalls sowjetische Truppen auf der Paßstraße von Ulrichsberg kommend, die Grenzstation (Zollamt) Schöneben besetzten und dort bis zur Aufstellung der neuen österreichischen Zollwache (1946/47) Grenzkontrolldienst verrichteten. Sowjetische Versorgungskolonnen fuhren von Krummau und Budweis kommend über die Paßstraße in das obere Mühlviertel, wobei im Winter die deutsche Ortsbevölkerung die verwehten Straßenstücke freischaufeln mußte. Ab 1949 ist die Paßstraße über die Grenze auf Grund der Nachkriegsverhältnisse gesperrt, das tschechische Zollgebäude wurde abgetragen, die tschechische Finanzwache und Gendarmerie abgezogen, eigene Grenztruppen installiert und Grenzsperren mit elektrisch geladenem Stacheldraht, sowie Wachtürme errichtet. Der Ort selbst mit 123 Häusern wurde in den Jahren 1950/52 dem Erdboden gleichgemacht, aber vorher noch die gesamte deutsche Ortsbevölkerung von ihrem Hab und Gut vertrieben - umgesiedelt - wie es so schön heißt!

Im Ort bleiben nur drei oder vier Gebäude stehen, die der tschechischen Grenztruppe als Unterkunft dienten. Die Kirche ist dem Verfall preisgegeben, und der gesamte Gemeindebereich wurde zur Sperrzone erklärt. Der Zutritt war für alle Personen verboten.

Allgemeines über die südböhmischen Landessteigen (Von W. Franz)

Im 14. und 15. Jahrhundert vermittelten den Handelsverkehr Böhmens die "Landestege oder Steige". Schon zur Römerzeit zogen auf diesen Wegen römische Kaufleute durch Böhmen bis zum Baltischen Meer (Ostsee), wo sie den in der Nähe bei Ludorgis gewonnenen Bernstein, der damals Goldeswert hatte, holten. Dem regen Handelsverkehr mit den Römern diente zur Zeit Marbods der

"Egerer-Tauser- und Prachatitzer" oder "Goldene Steig" mit vielen Nebenarmen. Auf diesen Landeswegen wurden Goldschmiede- und Gürtlerarbeiten, Waffen, feine und farbige Tücher, Samt, Damast, Häute, Salz, Pfeffer, Safran, französische Weine, Zinnober, verschiedene Metalle usw. eingeführt und Gerste, rotes sowie weißes Malz, Kornbranntwein, Bier, Pferde, Rinder, Gänse, Wachs, Pelzwerk, Leinwand, Silber usw. ausgeführt. Es heißt auch, daß ein lebhafter Sklavenhandel auf diesen Wegen betrieben wurde. Längs den südlichen Landessteigen ist die römische Kultur nach Böhmen gedrungen. Behufs Erweiterung der wichtigeren Wege wurden Wälder angekauft, gerodet und mit Holzhauern angesiedelt, welche von allen Abgaben befreit waren. An diesen Steigen haben sich deutsche Kolonisten aus Schwaben, Passau, Oberösterreich und der Schweiz niedergelassen. So haben Wallinger aus dem Kanton Oberwallis 1298 die Stadt Wallern gegründet. Später drang längs dieser Wege von Passau und Regensburg der katholische Glaube nach Südböhmen ein.

Entstehung des Böhmerwaldes

Der Böhmerwald, ein Teil des ältesten Gebirges von Mitteleuropa, einstmals vielleicht dreimal so hoch wie das heutige Massiv, ist vor etwa 600 Millionen Jahren entstanden. Vor ca. 250 Millionen Jahren durchdrangen junge Granitadern das "alte Dach" aus Gneisgestein. Ihre verwitterten Granitreste krönen heute noch die Berggipfel vom Dreisesselberg, Plöckenstein, Hochficht und Bärnstein. Infolge von unvorstellbarem Druck und Schub im Erdinnern entstand vor ca. 200 Millionen Jahren durch Auffaltung unsere Alpenwelt, und zugleich durch das damalige tropische und suptropische Klima wurde unser Böhmerwald zu einem Mittelgebirge umgeformt. Riesige Naturkräfte formten in Jahrmillionen das bis dahin geschlossene Massiv in einzelne Oberflächenformen. Die Senkungszonen des Moldau- und Mühltales bildeten allmählich den Hauptkamm des Böhmerwaldes, zugleich auch die Wasserscheide zwischen Nordsee und Schwarzem Meer. Die endgültige Ausformung unserer Landschaft vollzog sich in der Eiszeit vor etwa einer Million Jahre. Gletscher bildeten an den Nordhängen des Böhmerwaldes typische Karseen, wie den Plöckensteiner See, Schwarzsee, Arbersee und andere.

Die Bildung unserer Landschaft war aber immer noch nicht endgültig vollzogen: Durch den extremen Wechsel von Nachtfrost und Tageshitze gemeinsam mit Verwitterungsvorgängen wurde das massive Gestein gesprengt und bildete die noch heute deutlich sichtbaren Blockpfeiler, Blockburgen auf den Berggipfeln, Blockhalden oder "Steinerne Meere" genannt. Auf den Südhängen und im Vorland sind verstreute Steinblöcke zum Teil in die Erde versunken und vom Erdreich schon teilweise bedeckt. Und auf diesen Gebilden wächst der ganze Wald, dessen Vegetationsdecke sich immer mehr schließt. Und neben diesen Steingebilden entstanden in großen Geländemulden, wo es keinen Wasserabfluß gab, Hochmoore - die Wasserspeicher des Böhmerwaldes in beachtlicher Größe. Die verschiedensten Gehölze wie Fichte, Tanne, Föhre, Kiefer, Buche, Eiche, Linde, Esche und Latschen bedecken diesen Boden und bilden zusammen mit vielen anderen Niedrighölzer, und vielen Beerenarten unseren eigentlichen Wald. Es würde den Rahmen dieser Darlegungen sprengen, noch mehr zur Entstehungsgeschichte des Böhmerwaldes niederzuschreiben. Für Interessenten dieses umfangreichen Wissensgebietes sei an die Darstellungen, wie sie in dem Buch "Der Böhmerwald" von Alois Sonnleitner (Oberösterreichischer Landesverlag) erschöpfend beinhaltet sind, hingewiesen. Weit weg von allem menschlichen Zutun wucherte und wuchs dieser Wald langsam heran. Er hatte Urwaldcharakter und bedeckte auf riesengroßen Flächen die Bergrücken des gesamten Böhmerwaldmassivs. Um sich ein annäherndes Bild über den Zustand dieses Waldes vor einhundert Jahren zu machen, möchte ich nachstehende

Bärnstein

Schilderung von Friedrich Bernau aus dem Jahre 1881 vermerken: *"Mit scheuem Fuß betreten wir diesen dichten Forst, dessen breitästige Baumriesen nur spärlichen Sonnenstrahl zu uns eindringen lassen, und je weiter wir vorschreiten, desto unwegsamer wird der Pfad, desto wilder die Wildnis Granitgeröll, von Flechten und Moosen trügerisch bedeckt, macht unsere Schritte unsicher, abgebrochene Strünke starren in die Höhe. Jahrelang durch Windbrüche übereinandergeworfen, mächtige Stämme liegen aufgetürmt auf dem oft sumpfigen Boden, und aus den vermoderten Baumleichen, nur auf den aufwärts gekehrten Wurzeln noch erkennbar, ist eine neue Generation emporgestiegen, kühn, kräftig, hoch, daß das Auge die Wipfeln dieser Giganten kaum zu erreichen vermag."*

Und so mag es damals auch in unseren Wäldern ausgesehen haben. Vor 1800 begann die Rodung geeigneter Plätze, zunächst einfach niedergebrannt, weil nur Bau- und Brennholz benötigt wurde. Für die Glashütten wurde das Holz zwar verbrannt, aber es brachte echten Nutzen: Pottasche für den Glasfuß und Brennholz zum Schmelzen der Masse. Große Waldschläge entstanden auf den Hängen des Hochfichtmassives. Auf deren kahlgewordenen Flächen wurden Almwiesen zur Nutzung für Vieh angelegt und eine Käserei errichtet. Verfallene

Mauerreste zeugen heute noch von dieser Almwirtschaft. Alte Bilder und Aufnahmen zeigen ganz deutlich die fast baumlosen Bergwiesen oberhalb der Orte Josefsthal, Glöckelberg und Hüttenhof. Nach dem Ende dieser Almwirtschaft wurden diese großen kahlen Flächen von Menschenhand wieder aufgeforstet. Ein prächtiger Waldbestand zeigt heute noch, einen geschlossenen, kilometerbreiten Waldgürtel, der sich weit über Böhmen, Oberösterreich und Bayern ausbreitet. So möge unser Wald noch viele Jahrhunderte und noch länger als ein Geschenk Gottes den Menschen, den Tieren und der Pflanzenwelt als Grundlage ihres Daseins dienen. Der Wald war ein Segen für unsere Menschen, die in ihm ihr Domizil errichteten. Es wurde alles genutzt, was er zu bieten hat: Er erwärmte die Stuben, schenkte Beeren und Pilze in Fülle, er gab Arbeit für die Holzhauer, Langholzfuhrwerker, Schwemmkanalleute und Hegersleute, Sägewerke, Tischler und viele andere Gewerbetreibende. Zuletzt loben alle Glashüttenarbeiter und Angestellten dieser Betriebe, ja selbst alle Beschäftigten der Papierindustrie loben auch den Wald. Aber auch der Fremdenverkehr hatte seinen Anteil im Sommer sowie im Winter. Unsere Hochfichtregion war im Winter ein beliebtes Skiparadies und im Sommer ein herrliches Wandergebiet. Dieser zunehmende Fremdenverkehr ernährte so manchen Wäldler auf verschiedenste Art und Weise.

Zur Entstehung des Böhmerwaldes

Die heutige Gestalt des Böhmerwaldes ist das Ergebnis eines Wandels, der sich im Verlauf der Erdgeschichte vollzogen hat. Kräfte aus dem Erdinnern haben ihn gehoben und gefaltet, dann wirkten Verwitterung, Abtragungen, Verfrachtung und Ablagerung. Die Kräfte haben die Deckschichten beseitigt und die Tiefengesteine Gneis, Glimmerschiefer und Granit freigelegt, und sie wirken weiter.

Das gegenwärtige Aussehen des Böhmerwaldes ist gleichsam eine Momentaufnahme im Ablauf der Erdgeschichte, in der nicht nach Menschenaltern, sondern nach Jahrmillionen gerechnet wird. Das Landschaftsbild des Böhmerwaldes wird beherrscht von den Bergen, die meist die Form von abgerundeten, bewaldeten Rücken haben, oft gekrönt von Berggipfeln aus Felsen und Blockmeeren. Diese Kämme bauen sich kulissenartig in verschiedenen Blautönen hintereinander auf.

Er besteht aus mehreren Gebirgskämmen, die parallel von Nordwesten nach Südosten verlaufen. Man nennt dies die herzynische Streichungsrichtungen des Gebirges. Der Dreisessel-Plöckensteinkamm, ein Teil des Hauptkammes, setzt sich fort über den Hochficht, den Bärnstein, St. Thomaberg bis zum Sternstein bei Leonfelden, womit auch das herzynische Streichen endet.

Neben den vorherschenden Kämmen gibt es auch Querrinnen-Riegel, die senkrecht auf die Gebirgsrichtung verlaufen. Einer davon geht vom Arber über die Seewand zum Brückelberg. Der herzynische Streichungsrichtung des Böhmerwaldes schließen sich der "Pfahl", ein 200 Kilometer langer Quarzgang, die Donau von Regensburg bis Passau und dazwischen der Bayrische Wald an.

Die höchsten Berge des Böhmerwaldes

Arber	1457 m	Rachel	1452 m	Plöckenstein	1378 m
Lusen	1370 m	Kubany	1362 m	Dreisessel	1311 m
Osser	1282 m	Schreiner	1263 m	Seewand	1343 m
Lakaberg	1339 m	Hochficht	1337 m	Chum	1188 m
Fuchswiese	1235 m	Brücklberg	1234 m	Hochwald	1050 m
Antigl	1253 m	Sternstein	1125 m	Kiesleiten	1111 m
Libin	1091 m	Bärnstein	1077 m	Schöninger	1084 m
Jägerhütte	1041 m	St. Thoma	1032 m		

Der Name "Böhmerwald"

In den ältesten überlieferten Schriftquellen, in den Werken griechischer und römischer Dichter und Denker, bei Aristoteles, Strabo, Cäsar und Tacitus wird des Böhmerwaldes als einem Teil der "Hercynia silva", der weiten Waldgebirge Mitteleuropas, gedacht. Zum erstenmal nennt dann der große griechische Erdbeschreiber Claudius Ptolemäus auch den Böhmerwald unter dem Namen "Gabreta hyle"; der Name wird für keltisch gehalten und bedeutet dann "Geißwald" oder "Steinbockwald". In seiner berühmten "Germania" (88 nach Christi) berichtet der bedeutendste Geschichtsschreiber der römischen Kaiserzeit, Publius Cornelius Tacitus, daß einst in Süddeutschland die Helveter und östlich davon die Bojer gewohnt haben, beides keltische Stämme. Und er fügte hinzu: "..manet adhuc Boihaemi nomen significatque loci veterem memorian quamvis mutatis cultoribus"(*d.h.: geblieben ist noch jetzt der Name Böhmen und bewahrt so die Erinnerung an die Vergangenheit des Landes, wenn auch deren Bewohner gewechselt haben.*) Denn die Bojer waren ausgewandert. Vom Zeitalter der Geburt Christi an siedelten germanische Grenzleute in Böhmen die Markomanen, die wohl auch der Moldau der Namen "Wildahwa, Wildache, Wildwasser (mundartlich der Oberlauf noch heute "Wuida" genannt) gegeben haben.

Im 6. Jahrhundert wanderten dann auch die Markomannen zusammen mit anderen germanischen Stammesteilen aus, wahrscheinlich nach Süden, wo sie uns als Baiern, als "Baiwari", "Leute aus Baiahaima", wieder begegnen. Anstoß und Ablauf dieser Wanderbewegung sind jedoch sehr umstritten. Die Bayern jedenfalls, die seit dem 6. Jahrhundert zwischen Enns und Lech siedeln, sind unser Stammvolk, dem wir nach Blut und Rede, Sitte und Brauch angehören. Der alte Name Baiahaima, Heimat der Bojer, blieb weiterhin am Moldaustrand haften, auch nach der Einwanderung der Slawen. Er wurde zu "Beheima" und schließlich zu "Böheim" und "Böhmen" zusammengezogen. Der deutsche Name des Landes ist also uralt und reichlich tausend Jahre früher bezeugt als die slawische Bezeichnung "Cechy".

Die Bayern selbst nannten den großen Grenzwald im Norden ihres neuen Siedlungsgebietes ursprünglich nur "Nordwald". Wir finden diesen Namen zuerst in einer Urkunde König Ludwigs des Deutschen vom Jahre 853 und dann bis ins hohe Mittelalter in unzähligen Urkunden und Chroniken, auch in der bedeutungsvollen Schenkungsurkunde von 1010, wo vom "silva quea vocatur Nortuualt" die Rede ist. Schon bald trat aber auch der Name des Böhmerwaldes zum Grundworte "Wald"; man sprach jetzt nicht vom "Wald im Norden", sondern vom "Wald gein Beheim", vom Böhmerwald. Zuerst finden wir den neuen Namen, der also ursprünglich eine Richtungsbezeichnung ist, in der berühmten Raffelstetter Zollordnung, einem während der Ungarnwirren im Auftrag von König Ludwig dem Kind in Raffelstetten an der Donau bei Enns in den Jahren 903-906 erteilten Weistum, als *"Silva Boemica"* genannt.

Damit meinte man, wie wir heute wissen, den Mühlviertel-Wald nicht, aber einen Wald in Böhmen. Doch nicht nur in unzähligen hochmittelalterlichen Urkunden wird der Grenzwald so genannt, auch in der berühmten, im Bombenhagel des letzten Weltkrieges vernichteten Abstorfer Weltkarte aus der Zeit um 1234, zuletzt in Hannover verwahrt und wahrscheinlich von dem aus England stammenden und in welfischen Diensten stehenden Ebstorfer Probst Gervasius von Tilbury geschaffen, finden wir neben der *"Wlta"* (Moldau) den *"Bohemica silva"*. Aber schon die Kaiserchronik aus dem 12. Jahrhundert nennt da, wo sie vom Treffen bei Kulm im Jahre 1126 spricht, den deutschen *"Beheimewalt"*: *Do was der Beheime walt allenthalben virhaget, daz dar nieman mohte durchkomen. Er ne haete den lip ze stelle virlorn.*

Und in der Slawenchronik des Arnold von Lübeck findet sich der Bericht, wie im Jahre 1204 der Böhmenkönig Ottokar I. von Pfalzgraf Otto von Wittelsbach in die Flucht geschlagen wurde, *"persecutus est usque ad silvam quea Boemerwald dicitur."* Der Name scheint also damals schon allgemein bekannt gewesen zu sein, und wirklich enthalten ihn auch alle alten Kartenwerke. In der Deutschlandkarte nach Nikolaus Cusanus von 1491 finden wir noch die lateinische Bezeichung *"silva Bohemiae"* in der Gegend von Passau, und das gesamte Grenzgebirge wird *"silva Bohemia et montes"* geheißen. Eine seltene deutsche Reisekarte aus der Zeit um 1500, nach Art des Erhard Etzlaub gezeichnet, nennt bereits den Grenzwald *"Bohemer Walt"*.

Und der große Humanist und Vater der bayrischen Geschichtsschreibung, Johannes Thurmair, genannt Aventin (1477-1534), zeichnet in seiner Karte von *"Obern und Nidern Bairn"* von 1523, der ersten Landkarte von ganz Bayern, den *"behemisch waldt"* nördlich der Donau ein, und zwar mit dem Zusatz *"Hercynie et Bohemie pars"*, woraus hervorgeht, daß der Böhmerwald nicht bloß ein Teil Böhmens ist. Der Name Bayerwald, der in unseren Tagen mit der uralten Bezeichnung *"Böhmerwald"* in Fehde liegt, gehört dem frühen 19. Jahrhundert an. Bei den Humanisten des 16. Jahrhunderts, die den Böhmerwald immer wieder in ihren Schriften erwähnen, gilt der Name für das ganze Böhmen umschließende Waldgebirge. So heißt es schon bei Sebastian Frank in seinem *"Weltbuch"* (1534): *"Der Böhmerwald aber vmbzeunt das Böhmerland in sich rings vmb und heysst Latinisch Silva Grabeta"*. Und der Kartograph Sebastian Münster schreibt in seiner weitverbreiteten, oft nachgedruckten Weltbeschreibung von 1544 *"Cosmographey":* *Der Böhmerwald vmgibt vnd beschleußt das Böhmerlandt gleich alß ein natürliche Ringkmavr, vnd liegt das Landt schier mitten in dem Teutschland; dann die teutsche Sprach, wie gesagt ist, geht gerings darumm"*. Der schöne, klangvolle Name *"Böhmerwald"* ist tausend Jahre alt und nicht etwa eine mehr oder weniger glückliche Neueinführung.

Glöckelberg vom Moldaublick aus gesehen

Kronberg　　　　　　　　Bartlberg　　　　　　　　Oberplan

Alpenaussicht vom Hochficht

Das Heimatland

Bei der Betrachtung einer Landkarte von Mitteleuropa fällt ein Land auf, das in seiner Form, im Aufbau der Gebirge, im Verlauf der Gewässer eine große Regelmäßigkeit zeigt. Es ist Böhmen, unser Heimatland! Das Land hat die Form eines auf der Spitze stehenden Quadrates und ist auf allen vier Seiten von Randgebirgen umgeben, vom Böhmerwald, vom Oberpfälzer Wald, vom Erzgebirge, Isergebirge, Riesengebirge, Adlergebirge und von der Böhmisch-mährischen Höhe. Diese Mittelgebirge nennt man mit einem Sammelnamen die Sudeten, die Länder Böhmen, Mähren und Schlesien, die Sudetenländer und die Deutschen, die in diesen Ländern vor der Vertreibung gelebt haben, die Sudetendeutschen.

Die oben erwähnte Regelmäßigkeit im Aufbau des Landes Böhmen zeigt sich auch bei der Gestaltung des Flußsystems. Die in den Randgebirgen entspringenden Flüsse streben alle der tiefer gelegenen Mitte des Landes zu, wo sie von der Moldau gesammelt und der Elbe weiter der Nordsee zugeführt werden.

Böhmen war durch Jahrhunderte als Reichsland ein Lehen des Deutschen Reiches, und der böhmische König war einer der sieben Kurfürsten des Reiches.

Von 1806-1918 war es ein österreichisches Kronland. Es ist daher eine Verpflichtung der Sudetendeutschen, den Namen Böhmen (und auch Mähren sowie Schlesien) zu gebrauchen und zu erhalten. Die Fragen: "Wo bist du geboren? Woher stammen die Eltern?" sollten wir immer mit "Böhmen" beantworten und nicht mit CSR!

Die Heimatlandschaft

Das Land Böhmen ist natürlich nicht überall gleichartig, wenn man den geologischen Aufbau, die Bodengestalt, das Klima, die Fruchtbarkeit und, daraus hervorgehend, die wirtschaftlichen Verhältnisse in Betracht zieht. Da gibt es die Mittelgebirge an den Grenzen, die Hügel- und Beckenlandschaften im Inneren. Eine dieser Landschaften ist der Böhmerwald, das böhmisch-bayrische Grenzgebirge im Südwesten des Landes, die Heimat der Böhmerwäldler. Der Böhmerwaldgau wird vom 49. Breitengrad durchschnitten, an dem auch Regensburg, Karlsruhe und Paris liegen. Der Böhmerwald ist ein Mittelgebirge, seine höchsten Erhebungen, der Arber 1457 m und der Rachel 1450 m, liegen in Bayern, die tiefsten Stellen um 500 m finden wir bei Gratzen und Neuern. Der von den Böhmerwäldlern bewohnte Teil nimmt, beginnend vom Hauptkamm, den Osthang des Gebirges ein und reicht bis zu den Vorbergen, die von den Tschechen bewohnt sind. Im Westen grenzt der Böhmerwald an Bayern, im Süden an Österreich, im Osten ans Wohngebiet der Tschechen. Hier haben wir eine Volkstums- oder Sprachgrenze. Die Stadt Budweis mit ihrer deutschen Minderheit und mit den deutschen Bauerndörfern der Umgebung wurde immer als zum Böhmerwaldgau gehörig betrachtet. Dieser bildet einen Gebirgsstreifen, der beim Landestor Furth-Taus beginnt und immer breiter werdend bis Gratzen reicht. Seine Länge beträgt 140 Kilometer und die größte Breite 40 Kilometer. Die Zahl der Bewohner betrug vor der Heimatvertreibung 190.000, die Bevölkerungsdichte 54 auf einen Quadratkilometer.

Die Pässe

Pässe sind zugängliche Einschnitte in einem Gebirgskamm, die einen Übergang ermöglichen. Bei der großen Längenausdehnung des Böhmerwaldes haben sie eine wichtige verkehrstechnische Bedeutung. "Fäden spinnen sich seit urdenklichen Zeiten durch die Pässe des Böhmerwaldes nach dem bayrischen Donauland, und das Moldauland tritt über das österreichische Granitplateau mit der österreichischen Donau in Beziehung."(Hassinger)

Die wichtigsten Pässe des Böhmerwaldes.

1. Die breite Senke von Furth im Walde, die den Böhmerwald vom Oberpfälzer Wald trennt, wird von den Eisenbahnlinien Regensburg-Cham, Straubing-Cham und von einer Straße überschritten, die sich in Furth gabelt. Eisenbahn und Straße gehen in Richtung Pilsen weiter.

2. Eine Eisenbahnlinie und eine Straße, welche von Deggendorf kommen, überqueren im engen Paß von Eisenstein die Grenze. Auch sie haben Pilsen zum Ziel.

3. Eine breite Senke finden wir zwischen dem Dreisessel und den Kämmen gegen den Lusen. Sie wird von der Straße Passau - Freyung benützt, die bei Kuschwarda die Grenze überschreitet und nach Winterberg weitergeht. Über diese Senke geht auch die Bahn von Passau über Waldkirchen-Haidmühle nach Wallern.

4. Eine Straße führt von Passau kommend über Ulrichsberg (Klafferstr.) nach Glöckelberg und weiter nach Oberplan und Krummau/M. Eine zweite Straße führt von Aigen/M. über den Haagerberg nach Untermoldau und ebenfalls nach Krummau und Budweis. Die Grenzstationen beider Straßen sind seit 1950 gesperrt.

5. Der kürzeste Weg von Linz nach Böhmen führt durch den Haselgraben über Leonfelden nach Hohenfurth.

6. Von Linz aus ging auch die Pferdeeisenbahn, die erste Eisenbahn auf dem Kontinent, nach Budweis (eröffnet 1827). Sie wurde später durch eine Dampfeisenbahn ersetzt. Diese und die alte Reichsstraße überqueren im Kerschbaumer Sattel die hier nicht mehr hohen Grenzberge.

7. Bei Gratzen, wo sich das Bergland zur Ebene senkt, finden wir noch eine Landespforte bei Pyhrabruck, die von der Straße Weitra-Gratzen-Budweis und von der Eisenbahn (Gmünd) Wien-Budweis benützt wird. Die Grenzstation Pyhrabruck ist ebenfalls seit 1950 gesperrt und daher ohne Reiseverkehr. Die Fußgänger und Säumer mit ihren Traglasten vermieden zu ihrer Zeit die meist versumpften Talfurchen, sie zogen die Höhenwege vor. So wurde z.B. der niedrige Paß von Haidmühle, der von der Kalten Moldau durchflossen wird, erst durch den Bahnbau im Jahre 1910 mehr erschlossen. Der "Goldene Steig" ging daneben über die Höhen von Bischofsreuth und Böhmisch-Röhren.

Die Moore

Zum Bilde unserer Heimat gehören auch die vielen Moore, die, wenn sie als Torfstiche oder Ödungen auftreten, der Landschaft ein eigenartiges, düsteres Aussehen geben. Nördlich von Wallern heißen sie Filze, südlich davon Auen. Nach H. Schreiber (1859-1936), dem bedeutenden Moorforscher aus Wallern, gibt es im Böhmerwald 5382 Hektar Moorland, davon ist etwa die Hälfte Ödland, ein Viertel wird landwirtschaftlich genutzt (meist Wiesen), ein Viertel davon ist Wald auf Flachmooren. Die größten Moore finden wir an der Moldau bei Wallern mit 402 Hektar, bei Gratzen (Julienhain 325 Hektar, Böhmdorf 122 Hektar), die Schachlau bei Untermoldau 304 Hektar, der Weitfäller Filz bei Stubenbach 106 Hektar. Im Jahre 1924 wurde noch an 70 Stellen Torf gewonnen.

Entstehung der Moore

Am Ende der Eiszeit, als die Gletscher, von denen die höchsten Berge bedeckt waren, abschmolzen, entstanden in den Einsattelungen der Gebirgskämme und in den breiten Flußtälern Seen und flache mit Wasser gefüllte Mulden. Als es wärmer wurde, wuchsen an den Ufern mancherlei Sumpfpflanzen (Schilfrohr). Alljährlich versanken die abgestorbenen Pflanzenteile im Wasser, wo sie unter Luftabschluß vertorften. Im Verlaufe der Jahrtausende bildeten sich am Grunde des Wasserbeckens Torfschichten, die schließlich bis an die Oberfläche anwuchsen und das Wasser verdrängten. Man bezeichnete diesen Vorgang als "verlanden", und er kann auch heute noch an Seen und Mooren beobachtet werden. Die auf diese Weise entstandenen Torfschichten bestehen durchwegs aus abgestorbenen Pflanzenresten und haben eine verschiedene Mächtigkeit (einen halben bis 9 Meter). Der Torf ist nicht gleichmäßig gebildet. Es gibt verschiedene Schichten: Riedtorf (aus Schilfrohr), Waldtorf (aus Birken, Kiefern und Latschen), Moostorf (Torfmoos und Wollgräser).

Unsere Moore sind gleichsam ein Urkundenbuch, aus dem die Erdgeschichte jener Zeiten herauszulesen sind, über die es noch keine schriftlichen Urkunden gibt (Vorzeit). Das Moor konserviert alles, was hineinfällt durch Luftabschluß und chemische Einwirkungen, also auch hölzerne Gerätschaften, Leichen mit der Kleidung usw. Aus unseren heimischen Mooren kann man z. B. die Geschichte unseres Waldes seit der Eiszeit verfolgen durch Bestimmung der Bäume aus den Holzresten in den Torfschichten, deren Alter und Aufeinanderfolge man ungefähr kennt. Sogar der winzige kleine Pollenblütenstaub hat sich in den Mooren erhalten und läßt sich bestimmen, da jede Pflanze eine besondere Form des Pollens aufweist. Die Moore liefern uns aber auch den Beweis, daß es nach der Eiszeit Klimaschwankungen geringeren Ausmaßes gegeben hat. So sagt uns der Riedtorf, der aus Schilf besteht, daß es damals wärmer gewesen sein muß, weil das Schilfrohr im Böhmerwald selten vorkommt. Es sei noch erwähnt, daß sich auf unseren Mooren Vertreter der eiszeitlichen Pflanzenwelt erhalten haben, z. B. Zwergbirke.

Das Flußnetz

Die fließenden Gewässer leisten einen wesentlichen Beitrag zur Gestaltung des Landschaftsbildes, indem sie bei der Talbildung mitwirken und den bei der Verwitterung entstehenden Gesteinsschutt abtransportieren. Das Bestreben der Bäche und Flüsse, die tiefsten Stellen am Rande des Gebirges auf dem möglichst kürzesten Wege zu erreichen, bestimmt im allgemeinen ihren Lauf. Jede Landkarte zeigt uns, daß die Gewässer selten einen geraden Lauf haben. Es stellten sich ihnen Hindernisse entgegen, wie Felsen, Hügel und Berge, denen sie ausweichen müssen, wobei es zur Bildung von Windungen kommt. Solche Flußschlingen sind besonders schön ausgebildet an der Moldau bei Kienberg, Rosenberg, Krummau, an der Donau bei Schlögen, an der Ilz bei Hals.

Bei sehr geringem Gefälle hat es der Fluß schwer, die tiefsten Stellen zu finden, er pendelt in vielen Windungen in der Talau herum, kommt in Sackgassen (tote Arme). Diese Mäanderbildung ist im Moldautal zwischen Oberplan und Untermoldau zu beobachten.

Eine Laune der Natur hat es gewollt, daß eine solche Flußschlinge die Form eines Herzens (Moldauherz) angenommen hat, dessen Form aber im Moldaustausee versunken ist. Es gibt Längs- und Quertäler. Erstere sind bei der Gebirgsbildung entstanden und verlaufen in der Richtung des Gebirges. Das Moldautal von Aussergefild bis Kienberg, das Tal des Kießlingbaches, das Regental von Regen bis Cham, das Mühltal bis Aigen sind Längstäler. Quertäler verlaufen senkrecht zur Gebirgsbildung, sie heißen auch Durchbruchs- oder Erosionstäler. Die Moldau bei Kienberg, die Flanitz bei Sablat, die Wottawa bis Schüttenhofen, die Angel bis Neuern, der Regen bis Regen und die Ilz mit Ihrem Quellflüssen fließen in Quertälern. Eigenartig ist die braune Farbe und die Durchsichtigkeit des Wassers aller aus dem Böhmerwald kommenden Gewässer. Sie rühren von dem Gehalt an Humussäuren, die die Abflüsse der Moore und Filze enthalten. Beim Zusammenfluß der drei Flüsse in Passau sticht die Ilz mit ihrem braunen Wasser recht deutlich von den anders gefärbten Wassern der Donau und des Inns ab.

Die europäische Wasserscheide verläuft über den Kamm des Böhmerwaldes. Vom Westhang fließen alle Gewässer in die Donau und damit ins Schwarze Meer. Die Moldau sammelt alle Gewässer des Osthanges und führt sie der Elbe zu, die in die Nordsee mündet. Die Ruine Wittinghausen steht genau auf dieser Wasserscheide. Als sie noch ein Dach hatte, flossen die Dachtropfen von der einen Seite in die Donau, von der anderen in die Moldau.

Die Moldau

Die Moldau ist der Hauptfluß des Böhmerwaldes. Sie sammelt alle Gewässer des Ostabhanges und führt sie der Elbe und damit der Nordsee zu. Sie entspringt am Abhang des Schwarzberges (1307 m) in der Nähe des am höchsten gelegenen Dorfes Buchwald (1125 m). Die Quelle liegt 1172 m hoch. Bis Außergefild ist ihr Lauf nach Norden gerichtet. Von hier an fließt sie in einem Längstale nach Südosten und folgt damit der Streichungsrichtung des Böhmerwaldes. Das Tal ist zuerst eng, ab Obermoldau an wird es breiter, weitet sich von Oberplan an immer mehr aus, bis es bei Untermoldau eine Breite von mehreren Kilometern annimmt. Das Moldautal bei Kienberg ist die bedeutendste tektonische Talfurche

Vorder-Glöckelberg   Glöckelberg

Hinterstift

des Böhmerwaldes, d. h. dieses Längstal ist schon bei der Gebirgsbildung entstanden, wurde also vom Fluß nicht gebildet, wohl aber benützt. In diesem Tale finden sich auch die größten Moore (Torflager) des Böhmerwaldes, so bei Wallern (402 Hektar) und bei Untermoldau (304 Hektar). Bei Kienberg endet das südöstliche Streichen der Gebirgszüge. Die Moldau findet hier kein vorgebildetes Tal mehr, dem sie folgen könnte. Sie muß sich selbst einen Weg bahnen. Steile Felsen zwingen sie, Umwege zu machen. Die Hänge des engen, schluchtartigen Tales sind mit Felsblöcken bedeckt, die oft abstürzen und das Flußbett ausfüllen. Dieses Durchbruchstal der Moldau, Teufelsmauer genannt, ist eine landschaftliche Sehenswürdigkeit unserer Heimat, aber auch ein schwer zu überwindendes Verkehrshindernis bei der Flößerei. Daniel behauptet, die Moldau hätte, bevor sie den Durchbruch bei Kienberg erzwungen hat, einen natürlichen Stausee gebildet. Schreiber verneint dies. Nachweislich gab es aber einen großen natürlichen Stausee.

Bei Hohenfurth ändert die Moldau ihre Richtung und biegt nach Norden ab. Der Fluß folgt von hier an bis zu seiner Mündung der natürlichen Abdachung des böhmischen Kessels von Süden nach Norden. Das Tal ist bis Krummau eng, der Fluß wird oft durch Felsvorsprünge abgelenkt. Es ist wenig Platz für menschliche Siedlungen, die zwei größten, Rosenberg und Krummau, waren in der Ausdehnung beengt.

Moldaublick (1040 Meter)

Betrachtung des Gefälles: Von der Quelle bis zu Eisenbahnbrücke bei Wallern ist das Gefälle stark, aber regelmäßig, für den Überlauf normal, bei einer Länge von 35 Kilometer = 442 Meter. Vom Bahnhof Salnau bis Lippen sind es auch 35 Kilometer, das Gefälle beträgt aber hier nur 23 Meter. Es ist abnorm gering. Auf der kurzen Strecke von Lippen bis Steindhammer (8 Kilometer) am Ende der Teufelsmauer fällt die Moldau um 143 Meter! Wir können hier gerade von einem Gefällknick, von einer Gefällstufe sprechen.

Das Lied "Af d'Wulda", das unsere Landsleute Wallner und Milz uns geschenkt haben, ist zu einem Volkslied geworden. Sie haben darin ihrer tiefen Liebe zur Heimat Ausdruck verliehen. Smetana hat mit der gleichen Liebe seine Tondichtung "Vltava" (Moldau) geschrieben. Das ist doch ein Beweis, daß eine Licbe zur gemeinsamen Heimat möglich ist! Mußte das Verbrechen der Austreibung begangen werden?

Das Wuldalied
Worte von Anton Wallner, Draxlmühle beiOberplan
Weise von Lois Milz

Auf d'Wulda, auf d'Wulda,

scheint d'Sunn a so gulda,

geh i hin über d'Bruck, furt,

schwimman die Scheider,

tol aus ullwal weider

un koans kimmt mehr z'ruck

Muaß außi a schwimma,

Oba draußt bleib i nimma,

Mei Hoamat is s'Best.

Vom Böhmerwald kriagn,

Will i Brautbett und d'Wiagn

und a Truha auf d'Letzt.

Worte von Anton Wallner (1925) geb. 28. Januar 1867 in Oberplan 96 - Draxlmühle. Weise und Satz von Alois E. Milz, geb. 15.Mai 1908 in Wien IX.
Dr. Anton Wallner, geb. 28. Januar 1867 in Oberplan 96, Draxlmühle, gestorben am 16. Februar 1953 in Graz. Gymnasium Budweis, Universität Prag. Hier auch als Einjährig-Freiwilliger. Dann in Innsbruck und 1895 Laibach. Wandte sich dem Lehramte für Deutsch und Französisch zu. Dr. phil. Seit 1905 Professor in Graz. Vertiefte sich in das Studium der altdeutschen Dichtung und hat als Forscher viel Anerkennung erworben.

Anlegestelle der Fähre über den Stausee

Blick nach Vorderstift

Blick über denStausee von Oberplan nach Glöckelberg

Anlegestelle Oberplan

Blick Richtung Pernek

27.7.1990

Einweihung des "Wuldalied - Denkmals" Moldaublick, 28.07.1990

Gestaltung des Denkmals: Frau Gerlinde Hasenberger

Zu großem Dank verpflichtet sind wir dem Kloster Schlägl für die Genehmigung vom 20. November 1989, den Gedenkstein aufstellen zu dürfen, sowie unserer Patengemeinde Ulrichsberg für die tatkräftige Unterstützung

Der Moldaustausee

Zu den stärksten, weil sichbarsten Eingriffen des Menschen in die Natur gehört der Bau von Talsperren. Solange der elektrische Strom in der Kraftversorgung der Wirtschaft eine überragende Rolle spielt, wird das aufgestaute Wasser, das den Strom auf die billigste Art erzeugt, den Bau von Staudämmen notwendig machen.

Der Plan, eine Talsperre an der Moldau anzulegen, wurde schon seit dem Jahre 1906 erwogen. Er scheiterte immer an den großen Schwierigkeiten und Kosten, die die Grundablösung erfordert hätten. Die Tschechen nahmen den Plan auf. Für sie war die Grundablösung kein Problem, denn vorher wurden alle Deutschen enteignet und vertrieben.

Das kleine Dorf Lippen bei Kienberg wurde erst bekannt, als die elektrische Bahn von Zartlesdorf über Hohenfurth nach Kienberg gebaut wurde, die den Abtransport der Erzeugnisse der Papierfabrik und dem Holze diente. Sie endete in Lippen. An der Lippner Schwebe wurde der Staudamm gebaut, der die Wasser der Moldau bis Salnau anstaut. So entstand der größte Stausee in der CSSR. Die Tschechen nennen ihn daher mit einiger Übertreibung das "Böhmische Meer". Die außerordentliche Länge von 42 Kilometer ist die Folge des geringen Gefälles der Moldau in diesem Teil ihres Laufs. Das aufgestaute Wasser fällt durch 170 Meter tiefe, senkrechte Schächte zum unterirdischen Kraftwerk, in dem zwei Francis-Turbinen eine Gesamterzeugung von 120.000 Kilowatt liefern. Aus den Turbinen fließt das Wasser in einem dreieinhalb Kilometer langen, unterirdischen Kanal in die Moldau zurück und betreibt oberhalb von Hohenfurth ein Kraftwerk mit einer Kaplanturbine.

Veränderungen im Landschaftsbild

Zwischen Lippen und Friedberg ist der See schmal, denn zu beiden Seiten wird das Moldautal durch Hügel und Berge eingeengt. Die schöne gotische Kirche von Heuraffel steht jetzt fast am Ufer. Die an der Moldau gelegenen Teile von Friedberg sind unter Wasser. In der Ebene zwischen Untermoldau und Oberplan breitet sich der See so aus, daß er einen überwältigenden Eindruck macht. Die Dörfer Sarau, Fleißheim und Mayerbach sind in den Fluten versunken, ebenso der größte Teil des Marktes Untermoldau mit der Kirche. Für die Bewohner der genannten Orte mag der Gedanke an ihre versunkenen Wohnstätten schmerzlich sein, aber in diesen Fällen kann man noch die Notwendigkeit einsehen, denn beim Bau von größeren Talsperren werden immer menschliche Siedlungen in Mitleidenschaft gezogen.

Die Zerstörung vieler Dörfer außerhalb des Bereiches der Talsperre wie Kapellen, Reichenau, Glöckelberg, Josefsthal, Hüttenhof, Ratschin usw. ist ein sinnloses, barbarisches Vorgehen der Tschechen. Eine langgestreckte Ausbuchtung des Sees reicht im Olschtale bis gegen den Olschhof hin. Die Straße von der Station Stuben nach Schwarzbach überquert auf einem Damm diesen Teil. Von dieser Station mußte die Bahnstrecke in einer Länge von 12 Kilometer aus dem Moldautal verlegt werden. So geht jetzt knapp vor Oberplan die Bahn vorbei, überquert auf einer neuen Brücke den Stausee und trifft bei Salnau wieder auf die alte Strecke. Das vielbewunderte Moldauherz ist in den Fluten verschwunden.

Von zwei Punkten des Grenzgebirges hat man eine schöne Aussicht auf das "Böhmische Meer", vom Bärnstein, der von Aigen zu erreichen ist und vom

"Moldaublick", zu dem man von Ulrichsberg auf der Straße nach Glöckelberg fährt und von Schöneben rechts abbiegt. Die Forstverwaltung des Klosters Schlägl hat in entgegenkommender Weise die Aussicht durch Abholzen freigemacht. Diese zwei Aussichtspunkte werden viel besucht, nicht nur von unseren Landsleuten, sondern auch von sehr vielen Fremden aus allen Ländern.

Die Seen

Die Seen im Böhmerwald bilden mit ihrer eigenartigen Schönheit einen Schmuck der Landschaft. Auf das Wäldlervolk hatten sie eine geheimnisvolle Wirkung, was aus den vielen Sagen ersichtlich ist, die sich mit ihnen befassen. Auch Adalbert Stifter konnte sich ihrem Reiz nicht entziehen. Der Plöckensteiner See, den er zum Schauplatz seiner Novelle *"Der Hochwald"* machte, schilderte er mit folgenden Worten: *"Oft entstieg mir ein- und derselbe Gedanke, wenn ich an diesen Gestaden saß: als sei es ein unheimlich Naturauge, das mich hier ansehe - tiefschwarz - überragt von der Stirne und Braue der Felsen, gesäumt von der Wimper dunkler Tannen, drin das Wasser regungslos wie eine versteinerte Träne."* Alle Böhmerwaldseen haben viel Gemeinsames. Sie liegen alle in der gleichen Meereshöhe um 1000 Meter und sind von einer steilen Felswand eingeschlossen. Diese "Seewand" ist am wenigsten ausgebildet beim Schwarzensee und beim Teufelsee, am schönsten jedoch am Plöckensteiner See. Die einheitliche Gestaltung läßt auf eine gleiche Entstehung schließen. Die Böhmerwaldseen sind in der Eiszeit entstanden. In dieser erdgeschichtlichen Periode waren die höchsten Rücken des Böhmerwaldes mit Gletschern bedeckt. Auf ihrer Wanderung ins Tal, wo sie abschmolzen, vertieften sie schon vorhandene Hohlformen. Man nennt diesen Vorgang "aushobeln". Dies wurde möglich durch den Gesteinsschutt (Moränen), den die Gletscher am Grunde mitführten. Am Rande des Seebeckens blieb ein Teil der Moräne liegen und bildete einen Blockwall (Steinerne Meer)! Man nennt solche von Gletschern gebildeten Hohlformen "Kare" und die so entstandenen Seen "Karseen". Sie finden sich überall in den Hochgebirgen, besonders in den Alpen.

Unseren schönen Seen droht die Gefahr der Verlandung. Ursachen sind:

1.) *Die Verschlammung.* Ununterbrochen geht ein Schlammregen auf den Grund nieder, er besteht aus Sinkstoffen, die von den Felswänden abgeschwemmt werden, dann noch von pflanzlichen und tierischen Seebewohnern.

2.) *Die Oberflächen-Verwachsung.* Von den Ufern aus und an seichten Stellen bilden sich Inseln von Schwungrasen, die langsam zusammenwachsen und somit die Seefläche verkleinern. Im Verlaufe von langen Zeiträumen wird aus dem See eine ebene, sumpfige Moorwiese entstehen. Beim Kleinen Arbersee und beim Lakasee ist diese Entwicklung deutlich zu sehen.

Die Seen des Böhmerwaldes

Schwarzer See	18,4 Ha	40,0 m Tiefe	1008 m Meereshöhe
Teufelsee	9,7	36,0	1030
Plöckensteinsee	9,7	18,5	1090
Gr. Arbersee	4,3	15,0	934
Rachelsee	3,7	13,5	1050
Stubenbacher See	3,6	15,0	1079
Kl. Arbersee	2,5	6,0	925
Lakkasee	2,5	4,0	1096

Das Klima

Das Klima ist das durchschnittliche Wetter, das sich aus langfristigen Beobachtungen von Lufttemperatur, Winden und Niederschlägen ergibt. Es hat einen großen Einfluß auf die Fruchtbarkeit eines Landes und somit auf die Landwirtschaft. Länder, die etwa das gleiche Klima haben, bilden eine Klimaprovinz. Der Böhmerwald liegt an der Grenze zwischen der westeuropäischen Klimaprovinz, die unter dem Einfluß des Atlantischen Ozeans steht, und der osteuropäischen. Erstere ist ein Ozeanisches Klima mit geringen Temperaturgegensätzen zwischen Sommer und Winter, bewirkt durch den ausgleichenden Einfluß des Meeres, der in Osteuropa fehlt. Hier tritt im Sommer eine starke Erwärmung, im Winter eine starke Abkühlung ein (Kontinentales Klima). Die Westwinde sind im Böhmerwald vorherrschend, sie bringen vom Atlantischen Ozean feuchte Luftmassen mit.

Kommen diese z.B. im Donautal mit 10 Grad an, so kühlen sie sich beim Übersteigen des Bayrischen Waldes und des Böhmerwaldes ab, und dieser Wärmeverlust hat ausgiebige Regen zur Folge. Der Osthang des Böhmerwaldes, also unsere Heimat, hat wenig Niederschläge, er liegt im Regenschatten. Der vom Kontinent kommende Ostwind bringt im Sommer Schönwetter, zu den anderen Jahreszeiten ist er kalt. Das Volk im Bayrischen Wald und im Böhmerwald nennt den Ostwind "Böhmischer Wind". Im Winter ist er sehr gefürchtet. Je höher ein Ort liegt, desto mehr Niederschläge hat er. Das Klima im Böhmerwald ist daher rauh und im Winter schneereich. Der Schnee bleibt oft bis in den April hinein im Walde liegen.

Städte und Märkte

Die Städte in unserer Heimat sind, wenn man von Budweis absieht, durchwegs klein. Ihre Einwohnerzahl bewegte sich von 9000 (Krummau) bis 1082 (Rosenberg). In dieser Beziehung unterscheiden sie sich kaum von den Märkten; Eisenstein hatte 1880, Oberplan 1700 Einwohner. Städte: Budweis, Krummau, Winterberg, Wallern Kaplitz, Neuern, Beneschau, Bergreichenstein, Gratzen,

Hohenfurth, Rosenberg, U. Reichenstein Märkte: Eisenstein, Oberplan, Kalsching, Friedberg, Höritz, Deschenitz, Neumarkt, Strobnitz, Oberhaid, Rosenthal, Reichenau/M. Kuschwarda, Buchers, Heilbrun, Sablat, Untermoldau, Priethal, Brünnl.

Die Städte und Märkte waren noch vor 100 Jahren, viel mehr als heute, wirtschaftliche Mittelpunkte der Umgebung. Auf den Jahr- und Viehmärkten, konnten die Dorfbewohner alles einkaufen, was sie brauchten. Sie waren auf diese Märkte angewiesen, denn auf den Dörfern gab es keine Geschäfte und keine Handwerker, außer Schmied und Wagner. Erst in den dreißiger Jahren wurde eine Konsumgenossenschaft mit Verkaufsstellen in bestimmten Orten errichtet. Neben Handel und Gewerbe betrieben die Stadtbewohner auch Landwirtschaft, sie waren "Ackerbürger". Man unterscheidet die "gewachsenen Städte", die in den altbesiedelten Teilen von Deutschland entstanden sind, also im Westen. Sie haben sich ohne Plan um einen Kern (Kirche, Burg) entwickelt, sind unregelmäßig und eng, besonders, wenn sie von Mauern umgeben waren. Die "gegründeten Städte" sind im Zuge der Ostkolonisation planmäßig und weiträumig angelegt worden. Unsere Städte und Märkte gehören in letztere Gruppe. Dies gilt besonders für die im Jahre 1265 von König Ottokar II. gegründete Stadt Budweis. Sie hat einen quadratischen Marktplatz und ein gradliniges, sich rechtwinkelig schneidendes Straßennetz. Quadratische Marktplätzte haben auch Krummau, Kaplitz, Gratzen und Prachatitz.

Die Märkte weisen sehr weiträumige, meist rechteckige Marktplätze auf, wie Kalsching, Friedberg, Oberplan, Höritz, Untermoldau, desgleichen die Städte Hohenfurth, D. Beneschau, Bergreichenstein und Winterberg. Laubengänge finden wir in schöner Lückenlosigkeit auf dem Marktplatz in Budweis, vereinzelt in Krummau und Prachatitz.

Schöne Rathäuser

Das Wahrzeichen der deutschen Städte des Mittelalters ist das Rathaus. Wie die Kirche Ihre Bekenner um sich scharte, so hat es das Rathaus mit den Bürgern getan. Einträglich stehen sie meist nebeneinander und geben dem Marktplatz sein Gepräge und seine baulichen Höhepunkte. Das Rathaus sitzt wie ein besonders Ausgezeichneter im Gedränge der Häuser und ist Ausdruck des Selbstbewußtseins und des Bürgerstolzes, solange die Bürgerschaft in den Zünften und Innungen eine einzige und festgeschlossene Gemeinschaft bildete. Die Städte in unserer Heimat sind ausgesprochene Kleinstädte, und trotzdem haben viele Rathäuser gebaut, die sich sehen lassen können und die man in ihnen nicht vermuten würde. Das geschah überall dort, wo die wirtschaftlichen Verhältnisse über eine längere Zeit so günstig waren, daß man es sich leisten konnte, einen solchen Bau aufzuführen, z.B. in Bergreichenstein (Goldbergbau), in Prachatitz (Salzhandel), in Krummau (Herrschaft der Rosenberger), in Budweis.

Neben den Rathäusern finden wir in unseren Städten auch die Häuser wohlhabender Bürger, die ihren Reichtum zur Schau stellten, indem sie Bauten aufführten, die sichtbar aus der Reihe der üblichen Bürgerhäuser hervorstachen.

Burgen, Ruinen, Schlösser

Neben den landschaftlichen Schönheiten unserer Heimat sind es die Burgen, Ruinen und Schlösser, die das Landschaftsbild betimmen und den Beweis dafür erbringen, daß unsere Heimat kein armes Waldland, sondern eine reiche Kulturlandschaft ist. Sie sind Blickfänge für den Wanderer, von Sage und Poesie umwoben, von vergangener Pracht zeugend. Für den zu seiner Zeit herrschenden Adel waren Burgen und Schlösser nicht nur Verwaltungssitze, sondern auch Kulturstätten, aus denen die Denkweise und Lebensart ihrer Bewohner ersichtlich sind. Sie stellen Baudenkmäler und Museen dar und beherbergen oft wertvollen Kunstbesitz, Familienerbgut, Kunstgewerbe und Waffen (Krummau, Gratzen, Rosenberg). Manche Schlösser enthalten Archive, die eine Fundgrube für die kulturellen und sozialen Verhältnisse in der Heimat sind (Krummau, Gratzen, Winterberg). Eine Burg war der befestigte Wohnsitz eines Adeligen im Mittelalter. Die Verteidigung wurde erleichtert durch die Ausnützung einer von der Natur gegebenen Lage auf einem Berg. Solche Höhenburgen sind Wittinghausen, die Karlsburg, die Kunzwarte, Winterberg. Noch leichter war die Verteidigung, wenn man die Burg auf einem Berg oder Höhenrücken baute, der von einem Fluß umflossen wurde und einen steilen Abhang hatte (Rosenberg, Krummau). Dazu kam die künstliche Befestigung durch zinnengekrönte Mauern, Gräben und Wälle.

Die ältesten Burgen unserer Heimat waren verhältnismäßig einfache Bauten wie Wittinghausen, Oppolz, die Kunzwarte. Eine größere Anlage ist die Karlsburg. Einen schönen Bergfried enthält die alte Burg in Rosenberg, den sogenannten Jakobinerturm mit einem Burgverlies in seinem unterirdischen Teil. Diese einst so stolzen Burgen sind heute unbewohnte Ruinen und dem Verfall preisgegeben. Nach Erfindung des Schießpulvers boten die Burgen keinen Schutz mehr, und die Zeit des Rittertums war vorbei.

Es kam die Zeit der Schlösser. Diese waren der Wohnsitz eines Fürsten. Es ist ein umfangreicher Bau, oft eine Gebäudegruppe. Verteidigungsanlagen gab es keine. Das Schloß sollte nur Macht und Reichtum des Besitzes zur Schau stellen, diente also nur der Repräsentation Manches Schloß ist dort gebaut worden, wo früher die alte Burg gleichen Namens stand (Krummau, Winterberg, Frauenberg, Rosenberg). Einige Städte haben sich im Schutze der Burgen entwickelt (Gratzen, Rosenberg, Krummau, Winterberg). Auf dem Raziberg bei Polletitz muß ein burgähnlicher Bau gestanden sein, denn Grundmauern, Graben und Wall sind noch deutlich zu sehen. Das hölzerne Gebäude muß einem Brand zum Opfer gefallen sein. Solche Holzburgen, von denen nur geringe Reste erhalten geblieben sind, gab es mehrere. Als besondere Seltenheit haben wir im Böhmerwald eine Kirchenruine. Es ist dies die Ruine der ehemaligen gotischen Kirche in Kugelweit bei Kalsching, die im Verlaufe des 30-jährigen Krieges teilweise zerstört und nicht mehr aufgebaut wurde. Ähnliche Schicksale sind allen Kirchen in Dörfern, die von den Tschechen dem Erdboden gleichgemacht wurden, beschieden. Sie werden in ca. 100 Jahren ebenfalls nur mehr Ruinen sein.

Schloß Krummau (Von Dr. Karl Neubauer, 1925)

An der Südseite des Planskerwaldes, dort, wo die Moldau in ihren engen, bergumsäumten Oberlaufe drei Krümmungen macht, deren Schlingen sich fast berühren, spiegelt sich in den ernsten, dunkelbraunen Flußwellen eine altersgraue, auf steil abfallendem Fels emporragende Feste. ›Chrumbenowe‹, Krummau, wurde nach der Örtlichkeit das Schloß, sowie die von ihm beherrschte Stadt benannt, deren Grund durch einen die Windungen der Moldau verbindenden Mühlgraben zu einer Insel umgewandelt ist.

Die Anfänge der Geschichte dieses Ortes sind in sagengeschmücktes Dunkel gehüllt. Das eine nur steht fest, daß Krummau eine Gründung des weitverzweigten Wittigonen-Geschlechtes ist, das in Südböhmen bald nach seinem Auftauchen reich begütert war und in allen Zweigen die Rose im Wappen führte. Die Stadt, die in dem engen, rings von Wald umgebenen Talkessel sehr malerisch gelegen ist, erhält durch ihre schmalen Gassen und die Bauart zahlreicher Häuser ein altertümliches Gepräge. Ihr schönstes Denkmal ist die gotische Erzdechanteikirche, die unter Peter I. im Jahre 1310 begonnen, aber erst 1439 eingeweiht wurde. Das Schloß besteht in seiner heutigen Gestalt aus mehreren hohen Steinbauten verschiedenen Umfanges und Alters und umfaßt im ganzen fünf Höfe und mehr als 300 Gemächer. Besonders bemerkenswert sind der mit schönen Wandgemälden versehene Tanzsaal, die alte Schloßkapelle und das Theater. Das mächtige, langgestreckte Schloß mit dem Parke durch die sogenannte Mantelbrücke, die eine tiefe Schlucht überbrückt, sehr kunstvoll verbunden, macht einen gewaltigen Eindruck. Seine schönste Zierde aber ist der abseits auf einem schroffen Felsen thronende romanische Turm, den eine schöne Säulengalerie schmückt und eine

Krummau an der Moldau

kupferne Kuppel deckt. Die Zeiten, in denen die Burg eine Rolle spielte, sind längst vergangen. Mit ihnen ist auch der lebendige Glanz von ihr gewichen. Aber ihre große Vergangenheit, die jeder Stein zu verkünden scheint, übt auch heute noch tiefen Eindruck: Sie ist ein riesiges Denkmal, ein unvergängliches Wahrzeichen mittelalterlich-lehensherrlicher Macht, und wenige Schlösser können sich mit der "grauen Witwe der Rosenberger" vergleichen.

Die Rosenberger von Südböhmen (Von Dr. Valentin Schmidt)

Die "Herren von der Rose" leiteten ihre Abkunft von Wittigo I. dem Älteren (1169-1194) her. Ihnen gehörten mehrere Zweige an und zwar, die von Rosenberg, Krummau, Neuhaus und Landstein, die man unter dem Namen "Wittigonen" zusammenfaßt. Ihr Besitz erstreckte sich nördlich von der Donau bis über Tabor hinaus, vom Böhmerwald bis hinein in das westliche Mähren. Der mächtigste Zweig war der der Rosenberger, die sich nach der im Jahre 1250 zum erstenmal erwähnten Burg Rosenberg nannten. Neuhaus bestand 1223, Krummau 1255, Landstein 1259 und Gratzen 1279. Das Geschlecht der Rosenberger stand in so hohem Ansehen, daß man sie "kleine Könige" hieß; nicht selten wählten sie ihre Frauen aus königlichen oder fürstlichen Familien. Ulrich von Rosenberg strebte selbst nach der Krone, wie vor ihm der Krummauer Wittigone Zawisch von Falkenstein. Wilhelm von Rosenberg machte sich sogar Hoffnungen auf den polnischen Thron. Wiederholt wurden sie Gegner ihrer Landesfürsten; so schlossen sie sich dem Kaiser Rudolf von Habsburg gegen König Ottokar II. an. Sie waren überhaupt ein kampffrohes Geschlecht. Schon der Stammvater Wittigo I. unternahm einen Kreuzug ins Heilige Land. Peter von Rosenberg einen solchen gegen heidnische Preußen. Heinrich von Rosenberg fiel an der Seite seines Königs in der Schlacht bei Crecy. Eine große Zahl prächtiger, starker Burgen verdankt ihnen ihre Entstehung. Um die Burgen entwickelten sich bald Städte, deren Ansiedler durch Verleihung zahlreicher Vorrechte gefördert wurden. In die fast unberührten Gegenden des südlichen Böhmerwaldes beriefen sie deutsche Ansiedler, die das sogenannte deutsche Recht-Kaufrecht erhielten und Märkte und Dörfer gründeten. Auch die Kirche fand an ihnen Gönner. Sie stifteten zahlreiche Klöster, erbauten Pfarrkirchen und beschenkten sie reichlich mit Gütern und Zinsen. Die Frauen der Rosenberger stickten Gewänder, Teppiche für die Kirchen, ja zwei Frauen gründeten sogar für die Krummauer Kapläne eine Bücherei. Auch die Errichtung von Schulen vernachlässigten sie nicht. Wiederholt machten sie Schenkungen zu Schulzwecken. Wilhelm von Rosenberg stiftete das Jesuitengymnasium in Krummau, Peter Wock eine höhere Schule für die böhmischen Brüder in Sobieslau. Sie unterstützten Studierende aus Südböhmen, die auf italienischen und deutschen Hochschulen ihre Bildung holten. Kunst und Wissenschaft fanden unter ihnen auch fernerhin sorgfältige Pflege. Sie gründeten eine Steinmetzzeche nach dem Muster der Passauer Bauhütte und beriefen später italienische Baumeister an ihren Hof. Auswärtige Maler wirkten in Südböhmen und es entstand eine südböhmische Malerschule. Goldschmiede, Zinn- und Glockengießer, Kupferschmiede und andere fanden hier immer Arbeit. In Wittingau gründeten sie eine große Bücherei, deren Bestände allerdings später verschleppt wurden. Dichter und Sänger verkehrten auf den Burgen der Wittigonen, namentlich in Neuhaus, dessen Wandgemälde Szenen aus den deutchen Heldengedichten darstellten. Der Krummauer Zawisch von Falkenstein war selbst Minnesänger, und Anna von Neuhaus war die Gattin des Minnesängers Hugo von Montfort. Große Feste, Turniere und andere Veranstaltungen lockten immer Freunde und Fremde in die gastlichen Burgen, in denen eine ständige, wohlgeübte Kapelle ihre Weisen ertönen ließ. Auch für das wirtschaftliche Leben leistete das Geschlecht Hervorragendes. Abgesehen davon, daß sie die Herrenhöfe zu Musterwirtschaften gestalteten, förderten sie die Bienen- und die Viehzucht, die Teichwirtschaft, den Gemüse- und den Obstbau, die Fischerei und die Jagd und betrieben im 15. und 16. Jahrhundert auf ihren Gütern den Bergbau auf Gold und Silber. Namentlich fand auch das Brauwesen unter ihnen einen großen Aufschwung. Es war darum für Südböhmen ein empfindlicher Verlust, als der letzte Rosenberger Peter Wock im Jahre 1611 ins Grab stieg. Die Herren von Neuhaus waren schon 1604 mit Joachim Ulrich ausgestorben, die von Krummau mit Wock im Jahre 1300, die von Landstein mit Wilhelm um das Jahr 1400. Lange noch betrauerten die Untertanen das Absterben der Rose, deren Träger stets milde, väterlich gesinnte Herren waren. Ganz vergessen sind sie auch heute nicht. So manche Sage hat sich noch im Gedächtnis der dankbaren Südböhmen über ihr Geschlecht erhalten.

Rosenberg (Von Hans Waltenberger, 1925)

Unweit der Stelle, wo die dunklen Fluten der Moldau, dieser ernsten Tochter des düsteren Böhmerwaldes ihren Weg nach Norden nehmen, umrahmt von herrlichen Wäldern, liegt Rosenberg, eine der ältesten Städte Böhmens, der

Stammsitz des einst tief in die Geschicke Böhmens eingreifenden Geschlechtes der Herren von der Rose. In einem wunderbaren Kessel des Moldautales, überragt von der Burg mit dem sagenreichen Hungerturm, erheben sich die Häuser der Stadt, die ihrer freundlichen Lage wegen alljährlich von vielen, den Sommer zur Erholung benützenden Stadtbewohner besucht wird. Zu beiden Seiten des Flusses,

der den Ort in zwei Windungen durchrauscht, liegt die Stadt, am rechten Ufer die Vorstadt Latron mit den beiden dem Herrn Buquoy gehörigen Schlössern, welche die Schönheit der Lage der Stadt noch erhöhen. Die malerische Landschaft sowie die mitelalterliche Burg machen Rosenberg zu einem der anziehendsten Orte des südlichen Böhmens und die zahlreichen, den Böhmerwald durchziehenden Wanderer versäumen nicht, auch Rosenberg in ihren Reiseplan aufzunehmen. Die in der Nähe der Moldaubrücke stehende gotische Pfarrkirche, deren Gewölbe prächtiges Netzwerk ziert, birgt auch den Leichnam des Siegers der Schlacht am Weißen Berge (bei Prag), des kaiserlichen Feldherrn Karl Bonaventura von Buquoy, der bei der Belagerung der Festung Neuhäusl in Ungarn am 10. Juli 1621 den Tod fand. Mitten durch den Ort den Windungen des Flusses folgend, zieht eine schöne Straße, die außerhalb der Stadt von einer herrlichen Allee beschattet wird. Verfallen sind zwar die einst die Stadt umgebenden Mauern, verklungen ist der Waffenhall der eisengepanzerten Ritter, die oben auf dem Schloßberg in dem mächtigen Herrschersitz mit seinen riesigen Hauptseiten und Türmen thronten, entschwunden ist die prächtige Zeit des Rittertums, die ihren Glanz auch auf die Stadt warf, deren Geschicke so innig mit den Geschicken der Herren von der Rose verbunden sind - doch eins ist der Stadt nebst der Erinnerung an diese Zeit als Vermächtnis geblieben: sie gilt als die geschichtlich bedeutsamste Stadt Südböhmens.

Wittinghausen
Die älteste Wittigonenburg im Böhmerwald
(Von Josef Dichtl)

"Es liegt ein Schloß in Österreich, das ist gar wohl erbauet ... darinnen liegt ein junger Knab auf seinen Hals gefangen... sein Vater kam von Rosenberg wohl vor dem Turm gegangen..."

Wenn wir in unserer Jugendzeit diese ergreifende Ballade sangen, was lag näher, als an unsere ehrwürdigen Rosenberger Burgen an der Moldau zu denken, deren älteste Wittinghausen zur Zeit ihrer Erbauung tatsächlich in Österreich lag, weil der Moldaufluß die uralte Landesgrenze bildet. Bewußt hatten die Wittigonen an

Wittinghausen

diesem wunderbaren Platze des Böhmerwaldes, von dem aus ihre Güter in Österreich und im Böhmerwald gleichsam zu übersehen waren, in der Form eines fränkischen Wohnturms spätestens in den Jahren 1220 bis 1230 errichtet. Interessant sind bei alten Burgen immer die frühesten Abbildungen. Wenn sie, wie beispielsweise bei der Krummauer Burg, Verteilung der Rosenwappen aus dem Jahre 1545 bis 1550, in den Einzelheiten auch ungenau sind, vermitteln sie doch einen guten Einblick in ihre Baugeschichte. Getreuer als die Krummauer Burg dürfte die Ansicht von Wittinghausen einzuschätzen sein, wie sie uns freilich in Miniaturform, in der Vischerschen Karte von Oberösterreich aus dem Jahre 1669 überliefert ist. Die Darstellung stimmt mit den 1845 vorhandenen und noch zugänglichen Resten der Burg überein. Bis 1990 war die Anlage wegen Grenznähe für zivile Besuche gesperrt. Auf dem Burgturm befindet sich eine militärische Flugmeldestelle gegen Tiefflieger, und in unmittelbarer Nähe beim früheren Hegerhaus (962) wurde eine große Radaranlage der tschechischen Armee errichtet. Laut Aufzeichnung der Kunsttopographie des Bezirkes Kaplitz war sie, wie auch in dem Kartenbild ersichtlich, fünfeckig, 80 Meter lang und 60 Meter breit, von einer Schanzmauer umgeben, die an den Ecken mit Türmen, im ganzen fünf, verstärkt war. Vor den Wehrmauern aus Bruchsteinen waren als weiterer Schutz tiefe Gräben aufgeworfen. Der Zutritt zur Burg war lediglich von der Ostseite über eine Fallbrücke möglich, die in einem der Türme festen Rückhalt hatte. Die Schießscharten, von hölzernen Wehrgängen erreichbar, sind zum Teil erhalten, ebenso von der eigentlichen Burg 1,20 Meter starke Mauern des 13,40 x 16,40 großen Palas, in dessen südwestlicher Ecke sich der einstens dreigeschossige Bergfried, zugleich Wohnturm, mit 2,20 Meter dickem Mauerwerk, erhebt. Ihm ist ein Treppenhaus angeschlossen, wahrscheinlich ehemals ein Stiegenturm, von dem man über eine weitere Zugbrücke in den in äußerster Not schützenden Burgfried gelangen konnte. Dessen Dach ist auf dem Bild ein Satteldach, das 1725 zum letzten Male erneuert wurde. Auf der Westseite sind im zweiten Stock des Wohnturmes Reste eines Erkers zu sehen. Aus dem Jahre 1649, also ein Jahr nach Ende des langen Krieges, hat sich im Archiv in Krummau ein Inventar der Burg erhalten. Nach demselben war das große Tor noch intakt, die Aufhebebrücke mit zwei hölzernen Seitengittern, weiters der Schlagbaum noch vorhanden. Bei der Renovierung im Jahre 1934 wurde einer der beiden Burgbrunnen wieder ausgegraben. Seine Mauern waren noch sehr gut erhalten, in 4,5 Meter Tiefe kam das Wasser. Der zweite Brunnen befand sich vor dem Tore. Zu ihnen gehörten drei Wassereimer aus Eichenholz. Auf der Stiege war hinter einem kleinen Türl das Gefängnis. Die Zimmer des Kornetten (Kommandanten) der 200 Mann starken Eggenbergschen (auf Krummau) Besatzung und des Oberhauptmannes waren leer. Im Inventar wurden keinerlei Möbel aufgeführt. Doch fanden sich an Waffen vor: 10 messingene Stückel samt Lafetten, 32 Musketen, 11 Hellebarden, 30 Buschen Lunten, 661 eiserne Kugeln, große und kleine, 129 Granatkugeln, so nicht eingefüllt, achteinhalb große, sechseinhalb kleine Pulverfässer, 412 Kartätschen (mit Bleikugeln gefülltes Artilleriegeschoß) und anderes. Wie jede Burg hatte auch Wittinghausen einen eigenen Wirtschaftshof. Er wurde später unter 25 Holzhauer verteilt. Der im Lande weitum sichtbare Würfel hieß bis zuletzt Sankt Thoma. War diesem Heiligen eine frühe Burgkapelle geweiht, die sich im Verlaufe des Ausbaues der Siedlungen für die Gläubigen als zu klein erwies? Oberösterreichische Edle waren bei der Besiedlung dieses "deutschen Gerichts" beteiligt. 1277 erschien erstmals das Gut Wittinghausen. Die außerhalb der Burg errichtete Kirche, die 1348 zum ersten Male genannt wird, wurde dem Leiden Christi geweiht. In der Josephinischen Zeit wurde sie gesperrt, nachdem sie in einem unbekannten Jahr ihre Pfarrechte an die Pfarrei Reichenau bei Haslach (zwischen 1384 und 1406 entstanden) abgetreten hatte. Später wurde sie als Filialkirche wieder eröffnet. Eine zu Ende des 15. oder zu Beginn des 16. Jahrhunderts entstandene Mariendarstellung, sitzende Gottesmutter mit Jesukind, ähnlich dem Gnadenbild von Maria Gojau, in der Alesgalerie in Frauenberg, wohin sie nach 1945 verbracht wurde, gibt noch Kunde von der ehemaligen Burgkirche in Wittinghausen, die heute dem Verfall preisgegeben ist. Der Burg selber wurde durch die Erzählung Adalbert Stifters ein unverlierbares Gedächtnis in der Weltliteratur zuteil. Burg Wittinghausen wird als Stammburg der in Böhmen zu großer Macht und hohem Ansehen gekommenen Wittigonen angenommen. Stifter setzte der so oft besuchten Burgruine, "von dem Tale aus wie ein luftblauer Würfel anzusehen", in seinem ›Hochwald‹ und ›Witiko‹ unvergängliche Denkmale.

Der Plöckensteiner See (Aus dem "Hochwald" von Adalbert Stifter)

"Ein Gefühl der tiefsten Einsamkeit überkam mich jedesmal, so oft ich zu dem märchenhaften See hinaufstieg. Ein gespanntes Tuch ohne einzige Falte, liegt er weich zwischen dem harten Geklippe, gesäumt von einem dichten Fichtenbande, dunkel und ernst, daraus manch einzelner Urstamm, den ästelosen Schaft emporstreckt wie eine einzelne altertümliche Säule. Gegenüber diesem Waldbande steigt ein Felsentheater lotrecht auf wie eine graue Mauer, nach jeder Richtung denselben Ernst der Farbe breitend, nur geschnitten durch zarte Streifen grünen Mooses und sparsam bewachsen von Schwarzföhren, die aber von solcher Höhe so klein herabsehen wie Rosmarinkräutlein. Auch brechen sie häufig aus Mangel des Grundes los und stürzen in den See hinab, daher man, über ihn hinwegschauend, der jenseitigen Wand entlang in gräßlicher Verwirrung die alten, ausgebleichten Stämme liegen sieht, in traurigem, weißleuchtendem Verhack die dunklen Wasser säumend. Rechts treibt die Seewand einen mächtigen Granitgiebel empor, Plöckenstein geheißen; links schweift sie sich in ein sanftes Dach herum, von hohem Tannenwald bestanden und mit einem grünen Tuche des feinsten Mooses überhüllet. Da in diesem Becken buchstäblich nie ein Wind weht, so ruht das Wasser unbeweglich, und der Wald und die grauen Felsen und der Himmel schauen aus seiner Tiefe heraus wie aus einem ungeheuren schwarzen Glasriegel. Über ihm steht ein Fleckchen der tiefen, eintönigen Himmelsbläue. Man kann hier tagelang weilen und sinnen, und kein Laut stört die durch das Gemüt sinkenden Gedanken als etwa der Fall einer Tannenfrucht oder der kurze Schrei eines Geiers. Oft entstieg mir ein und derselbe Gedanke, wenn ich an diesem Gestade saß: - als sei es ein unheimlich Naturauge, das mich hier ansehe - tief schwarz überragt von der Stirne und Braue der Felsen - gesäumt von der Wimper dunkler Tannen - drin das Wasser regungslos wie eine versteinerte Träne."

Das Stifterdenkmal auf dem Plöckenstein: Willibald Böhm, 1925 Das sinnigste Denkmal, das unserem hervorragensten Heimatdichter Adalbert Stifter errichtet wurde, ist der von dem Jugendbildner und Schriftsteller Jordan Kajetan Marjus, einem gebürtigen Friedberger, gegründete, in dem Jahren 1876-1877 aus Granitquadern aufgebaute, 15 Meter hohe Obelisk (Spitzsäule) auf der Plöckenstein-Seewand. Aus einer mit Fichten und Knieholz dicht bewachsenen Höhe von 250 Metern. Unwillkürlich fühlt man beim Anblicke des feierlichen Ortes den Pulsschlag der Natur und sieht im Geiste den Dichter am Ufer des Sees sitzen, andächtig und tiefergriffen zu dem erhabenen Hochaltar der Gottheit blickend ...

Wer einmal diese weihevolle Stätte gesehen, der wird sie und den Dichter des "Hochwaldes" nie vergessen.

Plöckensteiner See mit Stifterdenkmal (1090 Meter)
Plöckensteiner See

Wo hätte man dem größten Manne der Heimat ein besseres Denkmal gesetzt als auf der Felsstirn über dem Plöckenstein-See? Die granitene Säule zeigt wie ein Finger zum Himmel empor und trägt den Namen „Adalbert Stifter" und seine Worte: „Auf diesem Anger, an diesem Wasser ist der Herzschlag des Waldes."

Plöckenstein-See.

Der
Plöckensteiner
See

Blick vom
Adalbert-Stifter-
Denkmal

Am Dreieckmark
(Dreiländergrenze)

1. Jakobitreffen 1958 auf dem Dreisesselberg

Eine Wandergruppe aus Glöckelberg vor dem Blockhaus am Plöckensteiner See

Hochficht
Südseite

Skipiste nach Holzschlag

Im Hintergrund das Plöckensteinmassiv

Der Bärnstein war ein beliebtes Wanderziel

Jakobitreffen am Dreisessel

Vor dem Stinglfelsen

Auf dem Stinglfelsen

Der "Große See" im südlichen Böhmerwald

Am 18. Juni 1892 wurde in Budweis von Ing. W. Daniel aus Pilsen ein Vortrag über den einstigen "Großen See" im südlichen Böhmerwald gehalten, wozu nachfolgend einige Daten wiedergegen werden sollen, um eine gewisse "Paralelle" zu dem im Jahre 1950 künstlich angelegten Moldaustausee (Lipno) zu erstellen. Die angefertigten Skizzen beider Moldauseen zeigen deutlich auf, daß fast kein Unterschied zwischen dem natürlich entstandenen See gegenüber dem künstlich geschaffenen See besteht, nur daß der natürlich entstandene See viel größer war und sich bis Obermoldau erstreckte. Beide Stauanlagen, die natürliche, sowie die künstliche, befinden sich fast an dem gleichen geographischen Punkt bei Lippen-Teufelsmauer-Kienberg.

Daten

Zwischen dem Gefälle der unterhalb Kurschwada in die Moldau einmündenden Bächen bis in die Umgebung bei Friedberg liegt die breite Talmulde der Moldau in einer Ausdehnung von 44 Kilometern, welche mit ausgedehnten Filzen (Mooren) überdeckt ist und deren Untergrund aus Ton, Schotter und mächtigen Torf- und Moorlagern besteht. Diese Verhältnisse sind aus der Gestaltung der Bodenerhebungen des Böhmerwaldes entstanden, dessen Hauptrücken die Wasserscheide zwischen dem Donau- und Elbegebiet bildet. Weil nun dieses von Norden nach Süden ziehende obere Flußtal durch zwei Bergrücken mit einem Kessel abgeschlossen wurde, mag dereinst infolge Zusammenflusses der Bergwässer dieser Kessel einen großen See, den höchstgelegenen Mitteleuropas, gebildet haben. Die Einsattelungen der diese Mulde umgebenen Höhenzüge erweisen die Ablaufhöhe der Seewässer in die anschließenden Täler, und zwar

gegen Süden: ins Stromgebiet der Donau, am Rosenhügel und bei Heuraffel

gegen Norden: ins Stromgebiet der Elbe, in das Flanitztal und bei Wallern

gegen Südosten ins jetzige Flußbett der Moldau, nördlich und südlich vom Kienberge.

Der Seespiegel dürfte vor dem Durchbruche des Moldaubettes am Kienberge 800 Meter über dem Meere gelegen sein. Alle diese Untersuchungen rechtfertigen die Behauptung, daß ein so großer See hier gewesen sein muß, welcher erst mit dem Durchbruche des Flußbettes durch die Teufelsmauer auf die jetzige (1892) Fläche der Moldau trockengelegt worden ist. Außer diesem 44 Kilometer langen, 7 bis 22 Kilometer breiten Hauptsee, dessen Tiefe 90 bis 100 Meter betragen hatte, sind noch andere Seen in der Nähe von Kuschwarda, Kaltenbach und Außergefield gewesen, wie auch heute noch der Plöckensteinsee (1090 Meter über dem Meere) besteht. Im Laufe der Zeit sind bei diesen kleineren Gebirgsseen die natürlichen Talsperren durch die Abflußwässer ausgekolkt oder wegen wirtschaftlicher Ausnützung durchstochen worden. Dieser einstige große See, sowie alle übrigen kleineren Seebecken und Weiher, deren Bestand zum Teil noch in die Zeit der ersten Bewohner des Böhmerwaldes reichen müßte, bildeten einen natürlichen Regulator bei anhaltendem Regen und Wetterstürzen dieses Quellengebietes. Von einem vor Jahrtausenden bestandenen See rührt unzweifelhaft der sich südöstlich von Kuschwarda ausbreitende "große Weiherfilz" im Ausmaße von 68 Hektar her, der auch gegenwärtig noch erhaltenen Teichdamm sichergestellt erscheint. Dieser

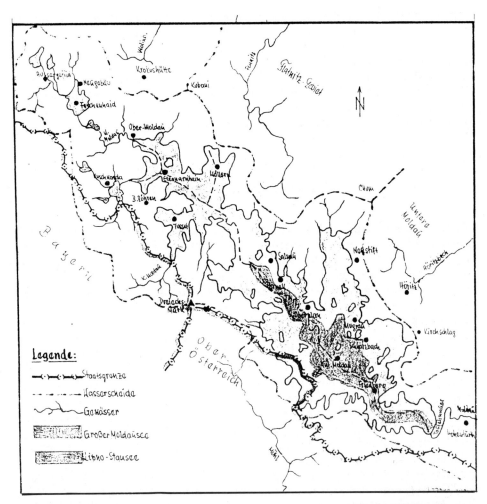

"Moldau-Stausee" Skizze: Walter Franz

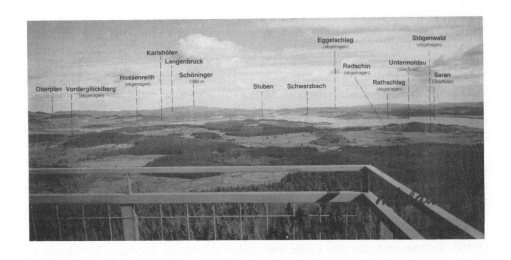

Damm ist bereits vor dem Jahre 1581, wie das im herrschaftlichen Archive zu Winterberg verwahrte Urbar beweist, durchbrochen gewesen. Diesen schon in früheren Zeiten aufgelassenen Weiher im Ausmaße von etwa 145 Hektar, der einstmals von sieben Bächen gespeist wurde, wollten die jeweiligen dortigen Herrschaftsbesitzer, so im Jahre 1672 Fürst Johann zu Eggenberg, im Jahre 1722 Fürst Adam Franz zu Schwarzenberg und im Jahre 1875 Fürst Johann Adolf zu Schwarzenberg, wieder herstellen, um den "Weiherfilz" in ein größeres Wasserbecken zu Holzschwemmzwecken umzuwandeln.

Waldwanderung zum Hochficht
(Johann Mayerhofer, Hüttenhof)

Diesen, unseren Wald wollen wir nun betreten, aber als stehe er vor uns in heiteren Sommertagen, wie damals, als wir noch daheim waren. Gleich hinter dem Hause, das beim "Woldschuasta" heißt, führt eine Waldstraße, von den Leuten das "Olmastraßl" genannt, bergan in den Wald. Ein noch junger Fichtenbestand nimmt uns auf. Uns entgegen, dem Olmastraßl entlang, fließt ein munteres Bergbächlein, der "Almabach". Über lauter Steine muß das klare Wasser springen, ehe es unser Dörflein und das Sonnenlicht erreicht, denn die Sonne hat es nur wenig gesehen. Nur selten bricht sie durch das dichte Geäst, unter denen das Bächlein fließt. Dem Bergwasser und dem Berg entgegen, kommt man alsbald zu einer Querstraße, das "Erste Straßl" genannt. Diese Stelle, wo das Almerstraßl über diese quer laufende Straße geht, heißt man bei der "Neuen Bruck". Hoch über dem Almbach führt eine Holzbrücke, die, wenn sie oft morsch geworden ist, immer die "neue Bruck" geheißen wurde. Rechts von dieser Stelle, ein Stück an der Querstraße zurück, tritt aus dem Berghang ein wildes Steingeröll hervor, umwachsen von Heidelbeergestrüpp und umstanden von mancher Fichte, deren Wurzeln die hier so spärliche Erde suchen oder sie wie in Umklammerung um die Steine legen. Diese Erhebung aus dem Waldhang heißt der "Ochsenberg". Auf der gegenüberliegenden Seite ist der "Gupfelberg". Neben dem Almbach, der neuen Bruck und dem ersten Straßl wölbt sich dieser Berg empor. Er ist zwar auch steinig, aber wo er gegen den Wald westwärts fast zu einer Ebene ausläuft, ist sein Grund schwarzerdig, fast moorig. So führt ein hundert Schritte oberhalb der neuen Bruck eine Holzzieherbahn links ab vom Almerstraßl über dem Almbach an einer augen Waldstelle vorbei, man nennt diese Stelle hier das "Rundscheiblat-Mous", eine größere baumlose Fläche, umstanden von Fichten, die aber nächst dieser Stelle nur von sehr kümmerlichen Wuchse sind und voll von den grünen Flechten. Unweit von diesem moorigen Platz führt die Holzzieherbahn noch an ein solches Moos, es ist aber unbedeutend in seiner Größe. So nennt man das erstgenannte Moorland auch das "Große Moos", das letztere das "Kleine Moos". Das Almstraßl führt den Wanderer nun weiter durch stille Fichtenhaine, immer bergan und immer tiefer und weiter in die Waldreviere hinein. Der Almbach fließt hier weit seitlich von dem Almstraßl, so daß man das Geplätscher seines Wassers kaum mehr hört. Nach kurzem Weg überschreitet man einen Arm des Almbaches, der als Zufluß so gut als der eigentliche Bach gelten mag. Das Bächlein ist hier noch sehr jung, denn man kommt immer näher zu seinen Quellen. Dort, wo man das Wasser des Almbaches überschreitet, ist man an einen Platz angelangt, den jedes Kind unseres Dorfes kannte und den die Leute seit vielen Jahren so nannten, hier heißt es "beim Bildlbam". An einer Tanne hängt seit einiger Zeit, der sich selbst alte Leute nicht mehr erinnern können, ein Heiligenbild. Es stellt Jesus am Kreuze dar. Das Bild samt Rahmen ist bis in die letzte Zeit in gutem Zustand gewesen, trotz allen wilden Wetterstürmen. Niemand im Dorf wußte, wann dieses Bild hier aufgehangen wurde und nicht zu welcher Bedeutung es hier hänge. Nur unser alter Nachbar will sich noch erinnern, daß dieses Bild einst ein Weib, die "Almerhanna", die mit ihrem Manne in einem Häuschen droben im Walde wohnte, aufgehangen haben soll.

Über hundert Schritte Wegestück weiter zweigt ein gut ausgetretener Weg (Waldsteig) vom Almerstraßl links ab, den man den "Mous-Hials-Weg" nennt und der bis zum "Schreinerweg" geht und als Holzzieherbahn benutzt wurde. Das Almerstraßl durchkreuzt abermals eine Querstraße, das "Zweite Straßl". Der

Auf der in dieser alten Landkarte eingezeichneten Alpe (Alm) hüteten der "Almermoun" und sein Weib, die "Almerhanna" für die Fürst Schwarzenbergische Herrschaft die Schafe.

Waldboden oberhalb des Zweiten Straßls ist auig, von vielen Gräben durchzogen, in denen das Wasser sich sammelt, das unterhalb des Straßls der Anfang des Almbaches wird. Das Almerstraßl endet im zweiten Straßl. Oberhalb diesem ist es nur mehr ein Waldsteig, der sich durch Fichtengeäst und hohes Heidelbeergestrüpp windet, und schon steht man vor einer "Balzhütte". Vor dieser, aber unterhalb dieses rasigen Waldsteiges, quillt aus dem Berghang ein silberhelles, klares Quellwasser in einem hölzernen Wasserground. Es ist eine Quelle des Almbaches, sein Wasser fließt zum Schwemmkanal, entweder zur Donau und in das Schwarze Meer oder zur Elbe in die Nordsee. Einen Steinwurf oberhalb der Balzhütte begegnet man einem Steingeröll, das aber teilweise noch Mauerwerk erkennen läßt. Hier war einst ein Wohnhäuschen samt einem Schafstall. Allda, wo heute der junge Fichtenbestand ist, war früher Wiesenland, eine Alm. Die Fürst Schwarzenberg'sche Herrschaft hatte hier einen Schafstall. Den Hirt dieser Schafherde hießen die Leute "Almermoun" und sein Weib die "Almerhanna". Etliche Jahre haben diese Menschen hier oben auf der Alm gelebt und gehaust, fast abgeschnitten von der Welt, besonders im Winter, wo sie eingeschneit waren in dieser Schneewüste. Als aber der Schafstall auf der Alm von der Herrschaft aufgelassen wurde, da zogen die Hirtenleute von der Alm herab ins Dorf. Sie müssen aber noch auf der Alm gewohnt haben nach der Auflassung des Schafstalles, denn mein Großvater hat noch bei den Almleuten geschlafen, als er im Heuert auf den Almwiesen war. Der Neuacker am Bergl, der nun zum Haus beim "Buhin(a)" gehörte, war früher den Almhirtenleuten zugeteilt.

Die Almer-Hanna soll in unserem Hause gestorben sein. Noch wurde oft erzählt von den Almwiesen und dem Heuert auf der Alm. Beschwerlich muß es gewesen sein, den Mähern das Essen auf die Alm zu bringen. In schweren irdenen Töpfen mußte die Suppe auf den Berg getragen werden, denn damals gab es noch nicht die leichten Kannen. Beschwerlich war auch die Abfahrt mit dem Heu. Ein jüngeres Fichtenbäumchen wurde hinten an den Wagen gehangen und schleifte auf dem Boden und bremste so die Heufuhre, denn gar steil ging es gegen Tal auf der Almstraße. Aber später hatte die Herrschaft den Plan, diese Almwiese mit Fichten zu bepflanzen, und aus den Wiesen ist Wald geworden. Von dem Heuert auf der Alm wurde noch oft erzählt, wie sie dabei oben so manches Gewitter erlebt haben, die oben auf dem Berg noch furchtbarer toben, da die Gewitterwolken dort fast auf der Erde daherwallen. Auch wurde erzählt, wie sie von der Alm aus über die Gewitter gesehen haben, wenn ein solches im Tal und über unserem Dorfe stand, auf dem Berge aber heller Sonnenschein war. Von der Stelle, wo einst der Schafstall stand, führt der rasige Waldsteig zuerst steil bergan. Vorher zweigt noch ein schmaler Gehsteig nach rechts ab, der der "Aschenweg" genannt wird. Bald aber läuft der einsame Waldsteig in fast ebenes Gelände aus. Hier spürt man schon die Wildnis des höheren Bergzuges. Die Fichten sind nicht mehr schlank und hoch wie in den unteren Beständen, sondern kurz und von krüppelhaftem Wuchse. Die Äste mancher Bäume reichen fast zur Erde, an Stellen liegen die vom Sturm entwurzelten Bäume im wirren Verhack von Geäst und Wurzelballen. Sie vermodern hier, denn fast nie kommt ein Mensch in dieses entlegene Waldgebiet, um das Holz zur Nutzung ins Tal zu bringen. Der Wald lebt, wächst, wandelt sich hier wie vor tausend Jahren in gleicher Natürlichkeit. Die Vegetation ist nicht mehr so reichlich wie in den unteren Waldstrichen. Außer den Farnkräutern findet man selten ein Waldgras oder ein Kräutlein. Wenige Lichtstrahlen der Sonne dringen durch das dichte Fichtengeäst, bis man aus diesem Waldesdunkel geradezu ins Licht heraustritt, wir haben den Kamm des Berges erreicht.

Hohe Farne hängen vorerst über dem Waldweg, bis man vollends auf dem Kammweg wandert, wo dicht das Kraut der Heidelbeere hoch emporwächst. Bis zum Jahre 1918 bildete der Kamm dieses Waldberges die Landesgrenze von Böhmen und Oberösterreich, seit diesem Jahr aber die Staatsgrenze zwischen der CSR und dem klein gewordenen Staate Österreich. Längs des Kammweges stehen die kurzstämmigen, vom Sturm schier zerfetzten Fichten, gleichsam wie eine Schutzmauer der unteren Waldbestände gegen die wilden Wetterstürme des Winters. Aus dieser Waldespracht ragt hie und da ein vom Sturm längst abgebrochener Strunk einer Fichte empor, noch ein Gewirr nadelloser Äste auf sich tragend, oder es liegt auf einer Waldblöße, die der Sturm geschlagen, manch modernder Baum im hohen Farn, nur noch die ausgebleichten Äste emporstreckend. Dem Kamm entlang windet sich der schmale Gehweg durch hohes Kraut der Heidelbeere, so überwachsen, daß man kaum den Waldsteg erkennt, an wetterzerfurchten Fichten und an mancher verkrüppelten Vogelbeerstaude vorbei, bis er an einen grauen Felsen anstößt, an den Gipfel des Berges, auch Hochfichtel genannt. Fast versteckt zwischen den Fichten steigt dieser granitene Felsenberg empor. Dieser Berg war gar oft das Ziel meiner Wanderungen. In der Waldeinsamkeit und auf ihm weilend, mußte ich unwillkürlich eines schönen Satzes gedenken: Hier stehe ich - rund um mich ist alles Nacht. Ist alles Wunder. Mit tiefer Ehrfurcht schau ich die Schöpfung an. Ich habe die Schönheit des Waldes nicht nur im Sommer gesehen, sondern auch, wenn im Winter die Stürme die von Kälte erstarrten Fichten umbrausten und den Schnee von den Ästen schüttelten und ihn wild um die Stämme trieben. Aber an klaren Wintertagen, wo der Wald eingeschneit war, oft die Fichten am Kamm des Hochficht von einem Mantel des Harschschnees so dicht eingehüllt waren, daß nicht ein einziges grünes Zweiglein daraus hervorstand. Kleinere Bäumchen neigten ihre Wipfel unter der Last des Schnees, aber kein Ast stand aus dieser Schneemasse, so standen sie da, wie seltsam stumme Gestalten aus einem Fabelreich. Wenn an solchen heiteren Wintertagen die leuchtende Sonne und der blaue Himmel über dem eingeschneiten, ruhenden, schweigenden Bergwald stand und unzählige Schneekristalle auf den verschneiten Bäumen, empfand ich Feierlichkeit, die ob dieser Einsamkeit webt. Draußen im fremden Land geht mein heißes Sehnen nach euch, ihr lieben, schönen Waldberge, fort möchte ich aus der öden Fremde, heim in die Stille und Ruhe und Geborgenheit dieser Wälder. Wie oft bin ich die einsamen Waldsteige gegangen. So führt ein solcher vom Felsen des Hochtfichtes hinab über den Berghang, der aber schon österreichisches Land ist, zu einem Felsen, dem Stingelfelsen, der aus nassem Grund seine Felsengestalt emportreibt. Unübersehbare Waldesmassen breiten sich noch weit nordwärts aus. Die Wälder des Bergzuges, der vom Plöckenstein gegen den Dreisesselberg geht, blauen an heiteren Sommertagen herüber. Gegenüber dem Hochficht und dem Stingelfelsen steigt ein mächtiger Bergwald empor, der Zwiesel genannt. Schon fast am Fuße des Hochfichtes - auf oberösterreichischen Seite - liegt an der Berglehne ein kleines Holzhauerdörflein namens Holzschlag. Auf den Matten dieser Waldblöße kleben die kleinen Häuschen der Holzhauer. In dem schmalen Talstreifen, der sich zwischen dem Berge des Hochfichtes und dem Zwiesel durchzwängt, waren beim Forsthaus früher auch die Stallungen, in denen etliche der Hüttenhöfler ihre Ochsen eingestellt hatten, als sie in diesem Ort als Holzfuhrleute einen Winter verbrachten. Unsere Nachbarn - es waren dies der alte "Wiesandresei" und der alte "H(aun)sirgl" - erzählten oft bei uns von dem Holzfuhrwerk und dem Winter in Holzschlag. Da in diesen Jahren nicht viel Holz aus dem Vorderstifter Revieren zu verfrachten war, zogen etliche Hüttenhöfler nach Holzschlag mit den Ochsengespannen. Aber ein außerordentlich reicher Schneewinter erschwerte den

Fuhrleuten die Arbeit. Immer wieder drückten die Schlitten mit den Holzladungen in den Schnee, und immer wieder mußte der versunkene Schlitten mit den Holzladungen durch Baumwinden herausgehoben werden. Erst spät in der Nacht kamen sie von Ablageplatz in die Stallungen zurück. Die ganze Woche blieben sie von daheim aus, am Sonntag aber mußten sie das Heu für die Ochsen in die Säcke füllen, das über die Woche lang gebraucht wurde. Da sich diese plagvolle Arbeit nicht gelohnt hat, kamen die Hüttenhöfler später nicht mehr nach Holzschlag. Als Holzfuhrleute, als Holzzieher und auch als Holzhauer kamen die Hüttelhöfler früher in entferntere Waldungen, wie in den Oberwald und später sogar nach Nordböhmen. In den Forsten des Almwaldes kannten sie jede Zieherbahn, jede Waldschneise und fast jede Stelle des großen Waldes.

Das Touristenhaus in Holzschlag/Hochficht
Bericht aus dem Jahre 1927

Am 3. November 1926 fand die feierliche Eröffnung des in Holzschlag vom Stifte Schlägl neuerbauten Touristenhauses statt. Um 10.00 Uhr Vormittag zelebrierte der hw. Prälat des Stiftes Schlägl, Benedikt Sobotka, in der lieben Kapelle die heilige Messe, bei der unter der bewährten Leitung des Herrn Chordirektors Adolf Trittinger die Sängerknaben von Schlägl eucharistische Gesänge von Bonoin, Motetten von Aichinger, Palestrina und Liszt für vierstimmigen Oberchor in gewohnt vollendeter Weise zu Gehör brachten. Sodann nahm der hw. Herr Abt die Einweihung des neuen Gebäudes vor. In herzlicher Ansprache übergab seine Gnaden das neue Touristenhaus dem Pächter Herrn L. Wöß aus Lichtenberg. Herr Stiftschaffner Hugo begrüßte alle zur Einweihung erschienenen Gäste: Herrn Oberförster Smitka aus Neuofen als Vertreter der Forstdirektion Oberplan, die Vertreter der Pfarrämter Ulrichsberg und Schwarzenberg, sowie die Gemeindevertretungen von Ulrichsberg und Klaffer, den Klerus, sowie die Forstbeamten des Stiftes Schlägl und eine große Anzahl von Festgästen.

Der Redner wünschte, daß das neue Haus nicht bloß Einheimischen, sondern auch recht vielen Touristen zur Freude und Erholung gereichen möge. Bei dem Mittagessen führte sich die Frau Pächtersgattin als ausgezeichnete Köchin ein. Die Touristen werden somit im neuen Hause nach ihren sportlichen Vergnügungen gewiß eine gute Aufnahme finden.

Das Gebäude selbst ist ca. 100 Schritte westlich von Forsthause am Wege zum Plöckensteiner See gelegen, 25 Meter lang, 10 Meter breit, auf gemauertem Unterbau, in welchem ein Massenquartier, die Kellerräume, Waschküche, Pferdestallungen und anderes untergebracht sind.

Zu ebener Erde sind ein schönes, geräumiges und sehr freundliches Gastzimmer mit Aussicht auf die Alpen (Großer Priel und Umgebung), die Küche, Schankzimmer, Wohnung des Pächters und drei Fremdenzimmer mit je zwei Betten. Im darauffolgenden Jahr sollen die Mansardenzimmer ausgebaut werden, wodurch noch 12 Räumlichkeiten geschaffen werden.

Das Blockhaus, dessen innere Wände aber alle unter Verputz verlegt sind, wurde von der Bauunternehmung Franz Resch in Aigen gebaut, sämtliche Einrichtungsgegenstände, von welchem die Vertäfelungen des Extrazimmers und das Stiegengebäude aus Lärchenholz einen besonders guten Eindruck machen, wurden von Herrn Gustav Simmel, Tischlermeister in Schlägl, verfertigt. Das

Haus ist 900 Meter über dem Meer, im herrlichen von Walde rings eingeschlossenen Klafferbachtale gelegen. Vom Gastzimmer und den Eckmansardenzimmern hat man eine herrliche Aussicht über das Klaffertal bis zu den Alpen.

Nach dem zweiten Weltkrieg wurde das Haus renoviert und neue Etablierungen vorgenommen. Es ist ein begehrtes Ausflugsziel der Böhmerwaldwanderer.

Aus der Heimatgeschichte
Die Besiedlung des südlichen Böhmens. Von Dr. Rud. Kubitschek

Vor Zeiten schied Böhmen, Bayern und Österreich ein unermeßlicher Wald, den die Deutschen "Nordwald", die Einwohner von Böhmen den "Bayrischen oder Passauer Wald" nannten; oft wurde er auch "Böhmerwald" genannt. Quer durch diese Markwälder, die weit ins Innere Böhmens und bis an die Tore Passaus und Nürnbergs reichen, führten seit den ältesten Zeiten aus dem Inneren Böhmens Steige ins deutsche Land hinaus zur Donaustraße, auf denen bald friedliche Händler und bald darauf Kriegsscharen zogen. In das rauhe, von Urwäldern und Sümpfen bedeckte Gebirge aber wagte sich noch lange Zeit kein Mensch. Vom Zeitalter der Geburt Christi an saßen im Lande Böhmen germanische Grenzleute, die Markomannen. Gegen das 6. Jahrhundert wanderten diese über den Böhmerwald westwärts nach Bayern aus und wurden von den Nachbarn jetzt Leute aus Böhmen, also Bayern, genannt. Dieses Volk ist unser Stammvolk, dem wir nach Blut, Rede, Sitte und Brauch angehören. In die verlassenen Gegenden Böhmens aber rückten die Slawen nach, die sich allmählich im ganzen Lande immer weiter Lande ausbreiteten. Bis hart an den Saum des Böhmerwaldes reichten die Gaue heran, an einigen Stellen drangen sie auch in den Grenzwald ein, doch ihre Siedlungen waren schwach bevölkert und weit zerstreut, auch konnten die Slawen nur mit Mühe und Not des harten Bodens Herr werden. Das ungeheure Wald- und Ödland war Königsgut, mit welchem der böhmische Landesfürst nach Lust und Laune schalten und walten konnte; er beschenkte aus den ungerodeten und unbesiedelten Markländereien gerne die Großen des Landes für ihre Dienste und stattete Kirchen und Klöster reich mit Grund und Boden im Grenzwalde aus. So kamen im 12. Jahrhundert die Rosenberger Herren in den Besitz weiter Strecken des Böhmerwaldes. Reichen Grundbesitz erlangten auch die Zisterzienserklöster Hohenfurt und Goldenkron, die um die Mitte des 13. Jahrhunderts im Grenzwald entstanden. Aber auch den neuen Herren trug das wüste Land nichts ein. Als um die Wende des 12. und 13. Jahrhunderts vielen Deutschen ihre alte Heimat zu eng wurde und hunderttausend und abermals hunderttausend "gen Osten fuhren", um in der Fremde ihr Glück zu versuchen, da riefen böhmische Könige, Adelige und Äbte bayrische Bauern, Bürger und Bergleute aus den Donaugegenden auf Ihre Güter im Böhmerwalde, daß sie ihnen mit der starken deutschen Faust den Wald rodeten und das Land mit dem schweren deutschen Pfluge fruchtbar machten. Die Roder, die nach deutschem Rechte lebten und einen Richter aus ihrer Mitte hatten, bekamen von den Grundherren Waldumläufe und Ackerhufen als freies Eigentum und zinsten dafür in barem Gelde, führten den Zehent an die Kirche ab und leisteten die königliche Landessteuer. Verbriefte Rechte zeichneten sie vor der armen und unfreien slawischen Bauernbevölkerung aus, was auch der Keim für den späteren Deutschenhaß war. Damals hub im Böhmerwalde die schier übermenschliche

Arbeit an, überall wurde urbarer Boden den Wäldern und Sümpfen abgerungen. Planmäßig legte König Premysel Ottokar II. die Stadt Budweis mit Hilfe der Deutschen an. Um die neuerstandenen Burgen Gratzen, Krummau, Rosenberg und Wittigshausen arbeiteten die Rosenberger Herrn an dem Ausbau des Landes. An ihr Gebiet grenzte im Süden das Hohenfurter Stiftsgut an, und im Westen besaßen die Goldenkroner Mönche ein weites Gebiet. Männer in Kutten, die auch in den Dingen der Welt kluge Köpfe waren, leisteten die schwerste Arbeit im Roden und Urbarmachen. Etliche andere Adelige rodeten mit den Rosenbergern um die Wette in der Winterberger und Kaplitzer Gegend. Diese Burgen, Städte und Klöster waren die festen Punkte, wo sich die deutschen Roder sammelten und den Grenzsteigen und Flußläufen entlang tiefer in die Wälder eindrangen. Aus "grüner Wurzel" entstand Hof an Hof, Dorf an Dorf, jedes Dritte heißt Schlag, Stift oder Reut, und die wenigen slawischen Siedungen waren bald eingedeutscht. An den riesigen Steinmauern die unsere Felder umsäumen, klebt noch heute Blut und Schweiß der Roder. Damals wurde der Böhmerwald durch Fleiß und Arbeit deutsches Land und ist es bis heute (1945) geblieben.

Der "Deutsche" Südböhmens

Die Deutschen Südböhmens waren ein gesunder, kräftiger, fleißiger und genügsamer Menschenschlag bayuwarischer Herkunft. Rauh wie die Gegend des Böhmerwaldes war ihr Charakter; doch lag ihrem naturwüchsigen, derben Wesen eine durchaus unverdorbene Gesinnung zu Grunde. Der Südböhme war ehrlich, rechtschaffen und hielt sein Manneswort. Gemeiner Diebstahl war sehr selten, das gesetzliche Einschreiten der Behörden daher minimal. Die Liebe zur angestammten Heimat lebte tief in seinem Herzen. Nicht so lebendig waren sein Volksbewußtsein und Opferwilligkeit für völkische und gemeinnützige Zwecke, insbesondere nach dem 1. Weltkrieg. Doch änderte sich dies zum Positiven, als klar wurde, daß der Panslavismus immer mehr in die deutschen Randgebiete Böhmens seine Fänge ausstreckte. Er war gottesfürchtig, es bedrückte sein Gemüt, wenn er Sonn- oder Feiertags die Heilige Messe versäumen mußte. Der Südböhme liebte Gesang und Musik, sowie ungebundene Heiterkeit und fröhliches Treiben. Des Lebens ernsten und heiteren Wechsel besangen manche Lieder voll tiefen Gemüts. Das junge Volk kleidete seinen Witz und Spott in "Schnaderhüpfel", die nach Tanzweisen gesungen wurde.

Am besten hatte der Bauer seine Eigenart bewahrt. Wie zäh die bäuerliche Bevölkerung am Alten hing, bewiesen die Hausnamen; doch geriet der Aberglaube, der viel kostbares altes Volksgut barg, allmählich in Vergessenheit. Der Landwirt zeigte in kleinen Dingen zuweilen beharrlichen Starrsinn und ließ sich von seinen allemal gefaßten Entschlüssen nur schwer abbringen, was die unendlich langen und kostspieligen Gerichtsprozesse oft wegen Lappalien immer wieder bekundeten, deren Kosten oft ganze Existenzen vernichteten. Auf seinem Hof fühlt er sich als freier, unabhängiger Mann und Gebieter gegen Familien und Gesinde. Im Umgang war er ernst und mißtrauisch, insbesondere wenn diese nicht seine Sprache redeten. Alles "Herrische" war ihm zuwider. Er kannte wenig Bedürfnisse und war sparsam mit seinen Anschaffungen wegen seiner Geldknappheit. Sein gutes Herz zeigte sich in Unglücksfällen stets hilfsbereit. Infolge der Abgeschiedenheit vom übrigen Weltgetriebe mangelte es dem Wald- und Gebirgsbauern an Anregungen von außen. Auch würdigte er den Wert der

ARCHIDUCATUS AUSTRIAE SOPERIORIS GEOGRAPHICA DESCRIPTIO
facta ANNO 1667 von Mathäus Vischer (1628-96)

M. VISCHER, ein geborener Tiroler, war Pfarrer von Leonstein im oberösterreichischen Traunviertel. Im Auftrag der oberösterreichischen Landesstände in Linz sollte VISCHER eine Landesaufnahme erstellen; er griff aber nicht auf ältere Kartenwerke zurück, sondern bereiste selbst mit einem Gehilfen das Land, um es zu vermessen. Diese VISCHER-KARTEN von Oberösterreich, Niederösterreich und der Steiermark sind Höhepunkte europäischer Kartographie im 17. Jahrhundert. Als ursprüngliche Grenze galten meist die Flußläufe; erst später hat man aus Gründen der leichteren Verteidigung die Gebirgskämme als solche vorgezogen. So galt im 12. Jahrhundert (1111, 1113 und 1122 und 1154, sowie auch noch 1208) die Moldau als Grenze Oberösterreichs gegen Böhmen. Um das Jahr 1255 wurde beiläufig die jetzige Grenze festgesetzt. Der Grenzverlauf zwischen Bayern und Oberösterreich gegenüber Böhmen ist nur andeutungsweise mit einer gestrichelten Linie eingezeichnet und verläuft in ungefährer Richtung der heutigen Grenze, doch ab Schöneben mehr westlich entlang der Wasserscheide bis östlich an St. Oswald vorbei. Der jetzige große Waldbesitz vom heutigen Stift Schlägl ist eindeutig drüber der eingezeichneten Grenzlinie dieser Karte, also in Böhmen. Eine Grenzlinie zwischen Bayern und Oberösterreich (Mühlviertel) ist auf dieser Karte nicht eingezeichnet.

Auch die Säumerwege von Passau nach Böhmen sind vermerkt:

1. Passau-Huntern-Rörnbach-Frayung-Creutzberg-Mauth-Fünsterau (Guldenesteg)

2. Freuyung (Abzweigung)-Kleinphilippsreit-Kuschwartahauser-Röhrnhäuser-Woldauerbettelhütten-Oberwoldau

3. Freyung (Abzweigung)-Leopoldsreit-Bischoffsreit-Wallern

In der linken Kartenecke ist unterhalb der Stadt Passau als Eckverzierung eine Zeichnung, die einen überdachten Glasofen im Betrieb zeigt, wo eine Person mit Glasmacherpfeife ein Glasgebilde formt und zwei weitere Personen dabei Hilfsdienste leisten, dahinter Gebäude und Wald.

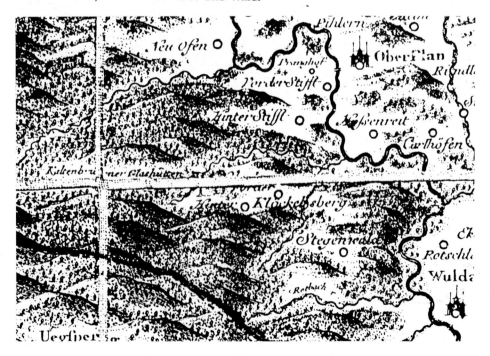

Bekannte Orte in alter Schreibweise:

Bayern und Oberösterreich			Böhmen		
Gravenau	=	Grafenau	Klökelsberg	=	Glöckelberg
Huetern	=	Hütthurm	Hoch fürchtet	=	Hochficht
Uegsperg	=	Ulrichsberg	Dreysessel	=	Dreisessel
Chlost Schlegel	=	Stift Schlägl	Wuldau	=	Untermoldau
Große Michl	=	Große Mühl	Oberwuldau	=	Obermoldau
Hölles Edt	=	Hörleinsödt	Fryberg	=	Friedberg
Einfüsl	=	Afiesl	Hanenschlag	=	Honnetschlag
Hak höf	=	Haagerhof	Ogulderhey	=	Ogfolderhaid
Eygen	=	Aigen	Lyssi sylva	=	Lissi
Grainat	=	Neureichenau (?)	Stegenwald	=	Stögenwald
Capel	=	Oberkappel	Häusler bey der böhmisch röhren	=	Böhmisch Röhren
			Humwöldler	=	Humwald
			Salenau	=	Salnau

**Titelblatt der Originalschrift
"Geschichte der Entstehung der Gemeinde Glöckelberg"
Von Pfarrer Dr. Alois Essl**

Geschichte der Entstehung der Gemeinde Glöckelberg
Von Pfarrer Alois Essl (1917)

Allgemeine Lage

Die Orts- und Katastral-Gemeinde Glöckelberg hat die Ortschaften Glöckelberg, Hüttenhof und Josefsthal zugeteilt: nach den Ortsrepertorium 1913: Glöckelberg mit 115 Häusern und 773 Einwohnern, Hüttenhof mit 77 Häusern (jetzt 78) und 524 Einwohnern und Josefsthal mit 20 Häusern und 295 Einwohnern. Sie hat somit die Gesamthäuserzahl: 212 und die Bevölkerung: 1610. Nach der Volkszählung von 1910 hatte Glöckelberg: 121 Häuser, 761 Einwohner. Parteien mit771 Köpfen, 21 Pferde, 556 Rinder, 143 Schweine, 5 Ziegen, 700 Geflügel, 22 Bienenstöcke; Hüttenhof: 78 Häuser, 105 Parteien mit 544 Köpfen, 2 Pferde, 447 Rinder, 109 Schafe/Ziegen/Schweine, 674 Geflügel, 18 Bienenstöcke; Josefsthal: 20 Häuser (4 unbewohnt), 56 Parteien mit 295 Köpfen, 6 Pferde, 14 Rinder, 6 Schweine, 9 Ziegen,173 Geflügel. Insgesamt: 218 Häuser, 322 Parteien mit 1610 Einwohnern, 29 Pferde, 1017 Rinder, 249 Schweine, 16 Ziegen, 1547 Geflügel, 40 Bienenstöcke. Bei der Volkszählung 1900 waren es 1583 Einwohner. Glöckelberg liegt in der k.u.k. Bezirkshauptmannschaft Krummau (früher Kreis Budweis), somit im Kronland Böhmen.

"Dieses Dorf liegt an der äußersten Grenze Böhmens, mitternächtlich, gegen Österreich ob der Enns gegen Mittag und gegen Abend an das Bistum Passau und ist, wenn man nach beiden Ländern durch diese Gegend reisen will, der letzte Ort." So schreibt Schullehrer Josef Jenne im Jahre 1807 im Pfarrgedenkbuch (P.G.B.), Seite 6. Es ist auf der rechten Seite des oberen Moldautales, nicht weit von der Stelle, wo Böhmen, Oberösterreich und Bayern (diese drei Länder) an der Dreieckmark zusammenstoßen. Wenn wir das Tal der Moldau überschreiten ... jenseits der Moldau blickt auf uns der Plöckenstein herab, einem ausgebrannten Vulkan vergleichbar, da die runde Schlucht, in der sich der Plöckensteiner See befindet, weiterhin sichtbar ist. Der ganze Grenzzug läßt sich vom Tal gut übersehen, wie sich der lange Grenzrücken bei Glöckelberg zum Paß absenkt. Dieser Paß bildet deshalb die natürliche Grenze des Böhmerwaldes *(lt. Johann Krejci: Der Böhmerwald, Prag 1860)*. Als Katastralgemeinde grenzt Glöckelberg im Norden an die Gemeinde Neuofen, im Nordosten an die Gemeinde Pernek, im Osten an die Gemeinde Oberplan, im Südosten an die Gemeinde Stögenwald, im Nordwesten an die Gemeinde Ulrichsberg/Oberösterreich, im Südwesten an die Gemeinde Aigen/Oberösterreich.

Glöckelberg-Gebirgsdorf

"Die Lage des Ortes ist wegen dem hohen Gebirge gegen Untergang gar nicht gut" (so Schullehrer J. Jenne). Durch das Tal der Moldau wird dieser Teil des Böhmerwaldes in 2 Teile deutlich getrennt. An der ganzen Südwestseite erstreckt sich der Hauptrücken (Granitstock) des Böhmerwaldes...die südlichste und höchste Kuppe, der *Plöckenstein* (1378 m) ... Vom Plöckenstein erstreckt sich in westlicher Richtung längs der Landesgrenze ein felsiger Rücken von einer halben Meile Länge bis zum *Dreisesselberg* (1311 m); nach der im Jahre 1765 erfolgten Abtretung eines Teiles der Herrschaft Ranariedl von Österreich an das Bistum Passau ist der Grenzpunkt dieser drei Länder die Dreieckmark (zwischen Plöckenstein und Dreisessel) ... Südöstlich von Plöckenstein, durch eine Gebirgseinsattelung (Roßbach nach Böhmen, der Klafferbach nach Ober-

Österreich), von ihm getrennt, erhebt sich der *Reischelberg* ... ein ziemlich ausgedehnter Gebirgsstock ... sein südöstlicher Gipfel ist der Hochficht (auch Hochfichtel, Hochfichtet) - 1337 m, der letzte eigentliche Hochgebirgsgipfel des Böhmerwaldes auf seinem Zuge von Nordwest bis Südost. Vom Hochficht verläuft der Hauptkamm in den Hochwiesmatrücken (Die Wiesmat und dann über Schöneben und den *Schindlauer Berg* - 1077m zum Passe von Unterwuldau - 780 m). Der nordöstliche Abhang des Reischelberges heißt der Ochsenberg (1134 m); die östliche Abdachung des Hochficht wird seiner vielen Kuppen wegen der kupfete Berg (Kupfelberg, 1115 m), der östliche Ausläufer des Wiesmat aber der Fosenberg (Pfoserberg) - 1087 m, genannt. Damit ist der Böhmerwald schon mitten im Gebiet der Gemeinde Glöckelberg, welche 824 m Meereshöhe hat. Sie liegt also nicht weit von der Dreiländerecke, von den Bergen, wo der Böhmerwald auf österreichischer im Gegensatz zur bayrischen Seite seine höchsten Erhebungen hat. Dabei ragt der Reischelberg mit seinen Abhängen hoch und majestätisch noch über kleinere Gruppen von niedrigen Bergen empor: Partlberg (auch Bartl-Glöckel-Berg genannt) gegen Süden, Christianhübl, Ebenwald, Wuselberg und Schindelbrunnerberg gegen Südost, Kronberg, Bärnlochwald, Hüttenwald, Baderwald, Philipjaglwald, Scheschibergl gegen Osten: im Gemeindegebiete.

Tunnel durch eine große Schneewehe an Kronberg
1922/23 war diese Schneewand über 10 Meter hoch

Glöckelberg. Ein gesunder, winterlicher Ort

Die Häuser von Glöckelberg unterliegen einer unabfindlichen Feuchte. Wegen des hohen Gebirges ist auch die Witterung öfters sehr ungestüm, besonders zur Winterszeit, wo der Schnee gewaltig und viel fällt, und meistens auf den Höhen noch im siebenten Monat liegt. Doch ist überhaupt die ganze Gegend überaus gesund. Da viel Schnee fällt, die vielen Wälder die Niederschläge langsam abfließen lassen, viele Regentage sind, so gibt es viel Feuchte. Man mag durch die Wälder und Berge eilen, so murmeln die Gewässer, sind Abzugsgräben zur Trockenhaltung der Wälder. Eilt man durch die Wiesen, so sind auch da viele Schrunzen, Gräben und Wasserläufe. Um gegen die Feuchte und Kälte geschützt zu sein, waren die Häuser aus Holz zusammengezimmert; ihr Dach war aus Schindeln, Stroh oder Brettern, die mit Stangen und Steinen beschwert wurden. Schlechter war es, als die Häuser aus Steinen gemauert wurden, aus den Grundfesten dringt, da die Mauern von denselben nicht isoliert sind, die Feuchte in die Wände und macht die Wohnungen ungesund. Reste von Holzhäusern waren noch z. B. in Glöckelberg: bei Haus Nr. 55 (Besitzer:Franz Posset), bei Haus Nr.78 (Besitzer: Josef Honetschläger), bei Haus Nr. 67 (Gemeinde-Armenhaus); in Josefsthal: der Pocher (Bewohner: Karl Bauer); in Hüttenhof: bei Haus Nr. 48 (Besitzer: Wenzel Koller), bei Haus Nr. 53 (Besitzer: Josef Jungbauer), bei Haus Nr. 55 (Franz Springer), bei Haus Nr. 61 (Lorenz Neubauer), bei Haus Nr. 50 (gehörig zu Nr. 75, Besitzer: Katarina Maierhofer). Die Lebensweise (als Landwirt auf den Feldern, als Holzhauer in den Wäldern), dazu die frische, reine Gebirgsluft bringen es mit sich, daß die Leute recht gesund sind. Entweder sterben die Kinder klein an Kinderkrankheiten (Fraisen, Frißl), oder sie erreichen durchschnittlich ein hohes Alter, die Fabrikarbeiter in der Glasfabrik ausgenommen. Es wurden z.B.

106 Jahre alt: Adam Pangerl, Ausnehmer in Glöckelberg Nr. 47, gestorben am 06. Mai 1771

103 Jahre alt: Stephan Schwarz, Erbauer des 2. Häusls in Glöckelberg, gestorben am 20. September 1732

100 Jahre alt: Katharina Karrin, Ausnehmerin in Glöckelberg Nr.6, gestorben am 11. März 1810

Jakob Maierhofer, Ausnehmer in Glöckelberg Nr. 17, gestorben am 26. Februar 1819

Mathias Kaim, Ausnehmer in Glöckelberg Nr. 48, gestorben am 29. Oktober 1824

Maria Poferl, Ausnehmerin in Hüttenhof Nr. 23, gestorben am 13. März 1857

99 Jahre alt: Thomas Meierhofer, Ausnehmer in Glöckelberg Nr. 17, gestorbenam 03. Januar 1865,

98 Jahre alt: Simon Springer, Ausnehmer in Hüttenhof Nr. 52, gestorben am 01.Januar 1876

97 Jahre alt: Thomas Petschl, Ausnehmer in Hüttenhof Nr. 42, gestorben am 16. Januar 1901

Katharina Wegscheiderin, Ausnehmerin in Glöckelberg Nr. 57, gestorben am 26. Juli 1809

Brigitta Neubauer, Hüttenhof Nr. 17, gestorben am 29 April 1826

Kaspar Mayerhofer, Ausnehmer in Hüttenhof, gestorben am 15. April 1843

Barbara Neubauer, Hüttenhof Nr. 5, gestorben am 03. Oktober 1909

95 Jahre alt: Paul Micko, Ausnehmer in Glöckelberg Nr. 34, gestorben am 08. April 1796

Kilian Honetschläger, Ausnehmer in Glöckelberg Nr.11, gestorben am 07. Dezember 1798

Johann Jodl, Ausnehmer in Hüttenhof Nr. 34, gestorben am 02. Februar 1886.

Daran schließen sich viele 94- bis 86jährige Bewohner. Männer mit 70 Jahren sind auch jetzt ganz gut erhalten und arbeiten und haben ein Aussehen wie 50oder 60jährige. Die gesunde Lage, dieser Umstand wie die schöne Lage im Gebirge, die den Ort über die Frühjahrs- und Herbstnebel der Moldau und der Torfauen erhebt, die schönen fürstlich Schwarzenberg'schen Waldwege (neu angelegt der Saitz-Weg, am 27. August 1914, der Johann Theresien-Weg, das neue Straßl nach Neuofen) - die billigen Lebensmittel, die vielen Waldbeeren und Schwämme, die für Ski-Fahrer wie geschaffenen sanften Hänge der Berge im Winter: brachten es mit sich, daß Winter wie Sommer Glöckelberg vor dem Krieg ein vielbesuchter und viel durchreister Erholungsort (Sommerfrische) wurde. Bei den vielen Niederschlägen sind Gewitter häufig, manchmal sehr böse - gewesen, verbunden mit Hagelschlag und Zünden (Einschlagen). Im Jahre 1808 wurde am 23. Juli Margaretha Hofmann (23 Jahre alt) aus Glöckelberg Nr. 42 vom Blitz erschlagen. Gar rauh muß der Winter in den Zeiten gewesen sein, wo noch wenig ausgerodet und teilweise noch Urwald zwar; findet man doch auch jetzt noch im Juni in den Schluchten des Hochficht und Almberges Schnee, und können sich Ausflügler zur allgemeinen Freude noch mit Schneebällen bewerfen. Ist doch der Mai (manchmal) auch noch so gut und macht den Zau(n)steck'n ein'n Hut. Erfrierungen von Körperteilen wie Ohren (selbst beim bloßen Kirchengehen von Hüttenhof nach Glöckelberg), Nasenspitze, Zehen und dergleichen, sind auch jetzt noch häufig. Die Matriken melden z.B. als erfroren Katharina Stutzin aus Neuofen Nr. 27 am 1. Feber 1828 (40 Jahre alt), Johann Heck, Cordons-Gemeinen der 3. Abteilung in Böhmen (59 Jahre alt auf dem Wege von Oberplan nach Glöckelberg im Feber 1795, Johann Friedl, Ausnehmer in Glöckelberg Nr. 22 (67Jahre alt) am 6. Jänner 1818. Im Jahre 1881, den 11. Mai, schreibt z. B. Franz Poferl (Besitzer von Hüttenhof Nr. 71), ist ein vollkommener Wintertag gewesen mit Schnee und Sturm. Im Jahre 1894 meldet das Pfarrgedenkbuch: Wie anfangs Mai letzten Jahres, so hat sich das Wetter auch am Schlusse desselben Monats derart abgekühlt, daß am 28. Mai früh die Berge ringsumher ganz beschneit waren; (im Jahre 1895) obzwar der vergangene Winter an Stürmen und Schnee reich genug war und weit in den April hinein donnerte, konnte er sich dennoch nicht trennen von den hiesigen Bergen und Wäldern. Am 15. Mai ist es kalt geworden, am 16. Mai hat es schon geschneit und am 18. Mai war ein fußhoher Schnee, so daß die Ulrichsberger Post denselben Tag mit einem Gaßlschlitten bis Vorderstift fahren konnte. Dieser Schnee dauerte 3 Tage lang; (im Jahre 1897) am 24. Jänner fing es an zu schneien und durch eine volle Woche schneite es ununterbrochen stark und es stürmte, so daß selbst der Postverkehr bis auf das Allernotwendigste beschränkt wurde. Am 30. Jänner, um

8.00 Uhr früh, brach infolge des vielen Schnees in der Glasfabrik Josefsthal ein Teil des Daches am mittleren Gebäude ein. So wurde auch das "Heisei-Haus" im Winter 1899-1900 vom Schnee teilweise eingedrückt. Der viele Schnee und die vielen Niederschläge speisen die vielen Wasser in der Gemeinde Glöckelberg.

Gewässer in Glöckelberg

1.) Der **Vorderglöckelberger-Bach**, auch **Wuselberger-Bach** genannt, entspringt unterhalb des Waldes Schindelbrunnerberg in den Zinswiesen, durchschneidet bei Vorderglöckelberg die Straße nach Oberplan und fällt nahe beim Hinterglöckelberger Bache in den Hinterhammerbach.

2.) Der **Hinterglöckelberger-Bach** oder **Klausen-Bach** (Pfarrbachl) entspringt unterhalb des Dorfes Hinterglöckelberg (Althäuser) in der Ferchenau, durchschneidet die Straße, die von Glöckelberg nach Vorderglöckelberg führt, geht durch die Zinswiesen und fällt unterhalb des Bärnlochbaches in den Hinterhammerbach.

3.) Der **Roth-Bach** (Rothbach) entsteht unter der Schönebene in Sonnwald in Ober-Österreich aus mehreren kleinen Gewässern, bildet in der Gemeinde Glöckelberg den Grenzbach gegen Oberösterreich (Die Grenze): durchschneidet die Straße von Glöckelberg nach Schöneben und Ulrichsberg, trennt dann die Ortschaft Sonnenwald von Glöckelberg ab und kreuzt den Schwarzenberg'schen Schwemmkanal und fließt gegenüber Untermoldau in die Moldau.

4.) Der **Mühl-Bach** entspringt in den Sumpfwiesen zwischen den Hängen des Pfoserberges (Kathariner-Wiesen) und des Kronberges, durch schneidet die Straße, welche Glöckelberg mit Ulrichsberg verbindet und ergießt sich immer südlich fließend, vor dem Bartlberg in der Dürau in den Rothbach.

5.) Der **Bärnloch-Bach** hat seine Quellen am Hochficht und fließt immer östlich an den Südhängen des kupfeten (Kupfel)-Berges vorbei zur Glasfabrik Josefsthal, wo selbst seine Wasserkraft mehrfach ausgenützt wird, durchschneidet dort den Kanalweg (Weg entlang des fürstlichen Schwemmkanals), erhält hier den Namen "Hütten-Bach", begrenzt nach Nord-Ost-Ost den Bärnlochwald und fällt nachdem er sich mit dem Hinterglöckelberger - (Klausenbach) vereinigt hat in den Hinterhammerbach. Über Josefsthal zweigt sich ein Teil als Mühlgraben ab zur Hüttenhof-Mühle, vereinigt sich hier mit dem Almbach.

6.) Der **Hinterhammer-Bach** hat seinen Ursprung unweit von der Alm am Hochficht. Als **Alm-Bach** oder **Alpenbach** eilt er zwischen den Hängen des Ochsen- und Kupfelberges der Ortschaft Hüttenhof zu, als **Mühl-Bach**, weil er die dortige Mühlen treibt, geht er durch den Schwemmkanal und Kanalweg, nimmt vor dem Hüttenwaldl den Zimmerau-(Forellen)bach und hinter denselben den **Krammerbach** auf, vereinigt sich mit dem Bärnloch- und dem Hinterglöckelberger Bache, durchquert den alten Kirchenweg nach Oberplan (neue Brücke) und geht dann mit dem Vorderglöckelberger Bache auf die zum Markte Oberplan gehörige Hinterhammer-Mühle (daher sein Name) mit dem Mühlgraben-Bache zur Hinterhammer-Mühle, in die Moldau.

7.) Der **Hefenkrieg-Bach**, von seinem Ursprung unterhalb des Reischelwaldes mit einem, sowie unterhalb des Hochfichts mit dem zweiten Arme, durchschneidet nach Vereinigung beider Arme den Schwemmkanal und fällt, nachdem er noch drei starke Wasserläufe (Ländlau-Bach, Geiger-Bach und Brentetau-Bach) aufgenommen hat, unterhalb der Hefenkriegmühle unweit der Haltestelle Pernek noch unterhalb der Spitzenberger Straßenbrücke in die Moldau (gegenüber Spitzenberg).

8.) Der fürstlich Schwarzenberg'sche Schwemmkanal, dieser Schwemmkanal wurde im Jahre 1789 von Fürst Johann Schwarzenberg begonnen und vom beeideten Landvermesser *Rosenauer* auf dessen Kosten erbaut. Er verbindet die Moldau mit der Donau. Im Jahre 1821 wurde er unter Fürst Josef II. zu Schwarzenberg erweitert und ein 419 Meter langer Tunnel in den harten Granit gebohrt. Er beginnt eine Stunde südlich von Neuthal in einer Seehöhe von 925 Meter; mit dem Glöckelberger Gemeindegebiet verläßt er in 860 Meter Meereshöhe Böhmen und geht in Oberösterreich durch Sonnenwald; betritt wieder böhmischen Boden; überschreitet den Paß von Unterwuldau (780 Meter Seehöhe), der bei Haslach in Oberöstereich in die Große Mühl fließt. Der Kanal ist 1 Meter tief und 2 Meter breit, hat ein Gefälle von 3 Millimeter. Am linken Ufer des Kanal verläuft ein schöner Fahrweg (58 Kilometer lang).

Nicht weit von der Stelle, wo der Hefenkriegbach diesen Kanal durchquert, kommt er ins Glöckelberger Gemeindegebiet. Im Sommer ist er daselbst an einigen Stellen, wenn nicht Schwemmzeit ist, fast wasserleer. Seit Neuofen durch die "Ries'n" (erbaut um 1887) mit der Moldau bei Salnau in Verbindung ist, wird er weniger mehr benützt. Seine letzte Benützung dürfte so um 1928/1929 stattgefunden haben.

Der Schwemmkanal teilt Hüttenhof und Glöckelberg in 2 Teile in fast nord-südlicher Richtung. Da sich Kinder, wenn er Wasser oder Scheiter führt, gern bei demselben umhertreiben, so haben sich auch dadurch schon verschiedene Unfälle ereignet. So ertranken: am 23.06.1827 Josef Pankratz, ein zweijähriges Glasmacherkind in Josefsthal Nr. 6. Am 22.06.1845 Maria Auer, ein dreijähriges Kind aus Hüttenhof. Am 19. April 1809 Franz Haßner, Häußler in Hüttenhof Nr. 3, 43 Jahre alt. Am 16.Mai 1883 Maria Philipp, ein vierjähriges Mädchen, ebenfalls aus Hüttenhof. Am 05. Mai 1870 Albert Poferl, Inwohner in Hüttenhof Nr. 23, 68 Jahre alt. Es geht das Sprichwort um: "Geht der Schnee übern Kanal weg, so wird es Frühling."

Josef Rosenauer, geboren zu Kalsching in Böhmen im Jahre 1739 widmete sich nach beendeten unteren Schulen dem Forstdienste und versah die Stelle eines Forstadjunkten.

Es befand sich damals in Böhmen an der Grenze von Bayern und Oberösterreich an der östlichen Abdachung von dem Dreisesselberges und des Plöckensteins, ein Waldkomplex von über 24.000 Joch Urwald, welcher seit Jahrtausenden in ihrem Wechsel von Zugrundegehen und Neuerstehen unangetastet und für den Besitzer wie für das allgemeine Wohl nutzlos dastanden. Da sprach Rosenauer, um diese ungeheuren Waldungen nutzbar zu machen, den Gedanken aus, die natürlichen Moldauzuflüsse dieses mächtigen Gebirgsstockes abzufangen und in das Wassergebiet der Donau zu leiten. Dadurch ward ein natürlicher Weg geschaffen, große Holzmengen in die holzarmen Gegenden des oberösterreichischen Mühlflusses und nach diesem bis in die Donau und bis Wien zu führen. Fürst Johann Adam griff diese Idee seines Forstadjunkten auf, schickte ihn nach Wien, wo er sich an der Ingenieur-Akademie die nötigen Kenntnisse in der Mathematik und Physik aneignete. Mit diesem Wissen ausgerüstet, kehrte Rosenauer nach Krummau zurück und schritt im Jahre 1787 an die Ausführung des großartigen, volkswirtschaftlich so wichtigen Werkes, durch welches seit dem Ende des vorigen Jahrhunderts eine Menge von mehr als 2 Millionen Klafter Holz in die oben geleitet wurden. Nachdem Rosenauer das Nivellement von den Ufern des Mühlflusses bis an die Endpunkte jener Urwaldungen hinauf in einer Länge von beinahe 40.000 Klafter vollendet hatte, begann er im Jahre 1788 mit 1200 Personen die Arbeiten und brachte im Verlaufe von nicht ganz 2 Jahren das Riesenwerk zustande. Laurenz Pröll, Geschichte des Prämonstratenserstiftes Schlägl, Linz 1877, schreibt: Fürst Schwarzenberg hatte am 01. August 1788 den Kaiser gebeten, daß ihm auch die Stift Schlägl'schen Wälder, die damals seit 24. Mai 1787 unter Staatsadministration standen, überlassen werden möchten. Das erreichte er wohl nicht; aber das Stift wurde durch ein Hofkanzleidekret vom 07. August und durch ein Dekret vom 29. Dezember 1789 angehalten, mit ihm einen Kontrakt zu schließen, wonach es durch 30 Jahre zur Kanalschwemme jährlich 5000 Klafter um den Preis: hart 4 fl., weich 2 fl. 15 Kreuzer a' Klafter zu liefern hatte.

Menschenspuren in Glöckelberg

Die Gegenden des Böhmerwaldes, welche Glöckelberg bilden, gehörten zum landesfürstlichen Eigentum. Glöckelberg lag nämlich im Dotationsgebiet des Stiftes Goldenkron. Dieses Kloster stiftete am 06. April 1263 König Ottokar II. von Böhmen, teils um die Einkünfte der königlichen Kammer zu mehren, teils um dem Deutschtum neben der Stadt Budweis einen festen Stütz- und Mittelpunkt zu geben. Die Gegenden um Krummau, Polletitz, Kalsching, Stein, Oberplan sowie andere, waren bereits kultiviert, allein der bei weitem größere Teil war noch wüstes Wald- und Sumpfland. So auch Glöckelberg. Daß sich durch Glöckelbergs Gebiet Wege und Stege fanden, meldet uns die Abschrift des Marktprivilegs (für Oberplan vom 11. Juni 1349) König Karls IV., welche aus dem 15. Jahrhundert stammt und im fürstlich Schwarzenberg'schen Archive ist. In dieser Abschrift wird die ›freie Straße‹ (Saumhandel) nach Passau über das Dorf *Klaffer* in Oberösterreich erwähnt. Die Straße führte am Fuße des Bartl-(Partl)Berges an die Grenze nach Oberösterreich. Die Oberplaner betrieben also über Glöckelberg nach Klaffer und von da nach Passau einen blühenden Handel mit Getreide und Salz.

Grundablösung

Glöckelberg

In dem Ort Glöckelberg war bis zum Jahre 1797 fast alles fürstlich, d.h. gehörte unter die Herrschaft Krummau der Fürsten zu Schwarzenberg. Während aber in Hüttenhof meistens nur die Häuslstelle mit wenig Grund übernommen wurde, waren hier die abgelösten Felder-, Wiesen- und Hutweidenflächen viel größer. Die Kontrakte sind am 01. Jänner 1797 ausgestellt und wurden von Seiner Durchlaucht Fürst zu Schwarzenberg zu Wien, 14. März 1799 genehmigt und vom K. Kreisamt in Budweis mit Bezug auf die hiesige Gubernial-Verordnung dato 15. Juli 1792, Nr. 19.064 bestätigt. Hier eine Abschrift eines solchen Vertrages:

Grundablösung bei Haus Nr. 26 (wurde vom jetzigen Besitzer Franz Schacherl zur Verfügung gestellt. Mathias Poferl hatte sich um die Kirche sehr verdient gemacht).

Zufolge eines am 17. April 1792 von Seite des Wohllöblich k. Kreisamtes in Beyseyn des Unterthans-Advokaten aufgenommenen Kommissionprotokolles ist zwischen den Hochfürstlichen Schwarzenbergischen Wirtschaftsdirektorialamte der Herrschaft Krummau an einem und dem Mathias Poferl aus dem dominikal-Glöckelberg am anderen Theile folgender Vertrag errichtet worden:

1.

Werden dem benannten Mathias Poferl nach Maßgabe der beyder oben angeführten kreisämtlichen Kommission zur Richtschnur angenommenen Kontrakte und Zinsgereuterbücher die am Ende der gegenwärtigen Vergleichurkunde beschriebenen Grundstücke mit dem dabey bemerkten Flächeninhalte in das erbliche nutzbare Eigenthum überlassen, dargestellt, daß

2.

der angehende emphyteutische Eigenthümer für die Erbzinsgründe, wovon Grund und Boden so wie alle mit der Dominikalität verbundenen Rechte immer obrigkeitliche bleiben, den vergleichsmäßig bestimmten Kaufschilling zusammen mit achtzigvier Gulden 51 1/2 kr. in zehnjährigen gleichen Fristen unter ausdrücklicher Haftung des eingekauften Erbzinsgrundes bezahlen soll.

3.

Wird derselbe, seine Erben und Nachkommen schuldig seyn, nicht nur den bisherigen Geldzins, mit dem von jedem Strich Feld und Wiese zu 1 kr verglichenen Grundzins 7 fl 19 kr; an Hauszins fl 30 kr; an Robotgelde 1 fl-kr; an Totenfälligkeitsablösung-fl 36 kr; zusammen mit neun Gulden 25 3/4 kr jährlich als einen unsteigerlichen Erbzins durch künftige ewige Zeiten in den sonst gewöhnlichen Terminen pünktlich und ohne Widerrede abzuführen, sondern auch die bisherige Naturalschuldigkeiten, und zwar an der Naturalrobot 7 Tage zu verrichten, hartes Holz 3 1/4 und weiches 14 1/4 böhmische Klafter zu verhacken, und an Maurachen-Schocke abzuliefern.

4.

Alle auf diese erbzinsliche überkommene Grundstücke jetzt und künftig ausfallende, und von der Obrigkeit nach der Landespartizion zu subrepartirende ordentliche und außerordentliche Landeslasten, wie sie immer Namen haben mögen, wird der Besitzer als emphyteutischer Eigenthümer selbst tragen, und der Obrigkeit, welche die Abfuhr für die ganze Herrschaft zu leisten hat, in der bestimmten Zeit abzuführen. Wogegen derselbe auch die für die jedesmalige Lieferung oder andere Landeslasten ausfallende Bonifikation zu beziehen haben wird.

5.

Was auf diesem käuflich überlassenen Erbzinsgründen, als Wiesen und Hutweiden an stehendem Gehölze gegenwärtig vorhanden ist, wird dem Erbzinsmanne käuflich überlassen. Er wird dafür den nach vorhergegangener forstmäßigen Abschätzung ausfallenden Geldbetrag mit Gulden und Kreuzer längstens in fünfzehnjährigen Fristen zu bezahlen schuldig seyn. Was aber von nun an auf diesen Erbzinsgründen an Gehölze wachsen wird, bleibt dem emphyteutischen Besitzer und seinen Nachkommen als ihr nicht weiter abzulösendes Eigenthum überlassen.

6.

Wird dem Erbzinsmann zur Pflicht auferlegt, die überlassene Erbzinsgründe von den übrigen angrenzenden und uneingekauften Grundstücken durch Errichtung der Steinmauer oder Aufwerfung der Gräben genau abzusondern. Wenn er, oder die künftigen Besitzer sich anmassen, diese Vermarkung wie immer zu verrücken, oder zu verfälschen, werden sie ohne weiteres mit Entziehung des vermarkten Erbzinsgereutes bestraft werden.

7.

Wenn es entweder das allgemeine Beste des Landes oder der Privatnutzen und der Bedarf der Obrigkeit notwendig machen, einen oder den anderen von den überlassenen Erbzinsgründen über kurz oder lang zu einem anderen Gebrauch, z. B. zur Waldverhögung zu verwenden, so wird in einem solchen Falle der Obrigkeit das Einziehungsrecht dieses Grundstückes frey stehen. Doch wird der Besitzer, welchem ein solches Gereut im Notfalle abgenommen wird, durch Verleihung eines anderen Gereutes in das nutzbare erbliche Eigentum nach Willkür und Auswahl der Obrigkeit mit Zuziehung unparteiischer Schätzmänner entschädigt werden.

8.

Wird ein erbliches Zinsgründstück von dem Besitzer in fremde Hände, d. h. an solche Leute, die nicht seine Anverwandten sind, käuflich überlassen, so bleibt der Obrigkeit gegen den von einem fremden Käufer angetragenen Ablösungbetrag das Einstandsrecht vorbehalten.

9.

Der gegenwärtige Erbzinskontrakt wird für dieses erste Mal unendgeldlich in dem neuen Dominikalgrundbuche einverleibt. Bey allen künftigen Veränderungen des Eigentums aber wird jeder antretender Besitzer die überkommenen Erbzinsgründe wegen Entrichtung der patentmäßigen Taxgebühr bey dem Dominikalbuch sich gehörig zuschreiben zu lassen verbunden seyn. Der abtretende Besitzer wird in Kauf- und Tauschandelsfällen schuldig seyn, vorläufig die obrigkeitliche Bewilligung anzusuchen.

10.

Da der Erbzinsmann nach Überkommung des erblichen nutzbaren Eigenthums nunmehr auch Realhypothek zu leisten im Stand seyn wird; so sollen alle Einverleihungen von Schuldforderungen, Zessionen etc. wie auch die Ausdittierungen derselben, und überhaupt alle Handlungen, wo es auf die Erwerbung eines dinglichen Rechtes ankommt, nach vorher ausgesuchter und erhaltener Bewilligung der Dominikalgerichtsbarkeit gegen Entrichtung der Taxen bei dem Dominikalgrundbuche geschehen.

11.

So wie die Obrigkeit die in diesem Vertrage festgesetzten Bedingnisse genau zu halten versichert, so gelobt und verspricht auch anfangs genannter Erbzinsmann für sich und seine Nachkommen, diese Bedingnisse auf das pünktlichste zu erfüllen, sich als ein treuer und gehorsamer Unterthan gegen die Obrigkeit und als christlicher, fleißiger Hauswirth zu betragen, dergestalt, daß, wenn er oder seine Nachkommen diesen Verbindlichkeiten auch nur in einem Punkte nachzuleben unterläßt, die Obrigkeit an den gegenwärtigen Vertrag von Stunde an nicht mehr gebunden, sondern berechtigt seyn soll, den Erbzinsgrund seinen Erben oder nächsten Verwandten, in deren Ermangelung aber einen anderen wohlverhaltenen Manne zu übergeben, und sich seiner als eines Kontraktbrüchigen Mannes zu entledigen. In dieser Absicht ist gegenwärtiger Vertragsaufsatz zweifach von dem Wirtschaftsdirektoialamte, und dem Erbzinsmanne gehörig unterfertigt, das obrigkeitliche Amtssigill beygedrückt, ein Exemplar davon dem Grundbuche einverleibet, das zweyte dem Erbzinsmanne zur genauen Nachachtung übergeben, und ihm folgende Grundstücke erbeigentlich zugeschrieben worden.

Es folgen nun die Aufzählung der Grundstücke.

So geschehen auf der Hochfürstlichschwarzenbergischen Herrschaft Krummauer Wirtschafts-Direktorialamtes-Kanzley, den 01. Jänner 1797 (L.S.).

Fr. Götz m. p. **Mathias Poferl**
Direktor Josef Watzl, Zeuge
Franz Watzl Mathias Gabriel Zeig
G. Verwalter von Schwarzbach

Da jene, so eigenhändig drey Kreuzl gemacht, des Schreibens unkundig sind, so wurde zur Unterschreibung erbeten

Wenzel Berger

Lehrer zu Schwarzbach

Gegenwärtiger Kontrakt wird nach seinem ganzen Inhalt von Grundobrigkeitswegen hiemit bestätigt.

Wien, der 14. März 1799

(L.S.) Josef, Fürst zu **Schwarzenberg**.

Vorstehender Kontrakt wird von königlichen Kreisamtswegen, mit Bezug auf die hohe Gubernialverordnung dato 15. Juli 1792, 19.064 an mit bestätigt. K. Kreisamt Budweis, am 37. März 1799

(L.S.) **Wenzel Graf Cavriani**

Bei der Grundübernahme im Jahre 1797 hatten alle Häusler bloß 7 Robot-Tage (Thomas Mayerhofer allein - Nr.18, alt 73 - hatte 13 Robottage). Der Kaufschilling betrug im Orte Glöckelberg für Grund und Gehölz im ganzen 4449 fl und 28 kr, der Gereuterzins 374 fl und 89 3/4 kr. Hauszins hatte jeder Häusler 30 kr, Robot-Zins 1 fl und Totenfälligkeits-Ablösung 36 kr zu zahlen. Jeder hatte eine bestimmte Menge hartes (zusammen 116 1/4 Klafter) und weiches (zusammen 530 1/2 Klafter) Holz zu machen. Abgelöst wurden zusammen: Felder im Ausmaß von 323 1/2 Strich, Wiesen 706 1/4 Strich, Hutweiden (mit Gehölz) 197 3/4 Strich. Die Giebigkeiten der Schule Glöckelberg - 32 Häusler hatten a 1 fl 40 kr (zusammen 44 fl 80 kr) zu zahlen - wurden am 23. Dezember 1852 abgelöst; die Giebigkeiten der Pfarre Oberplan - 32 Häusler hatten a 1 fl 29 kr (zusammen: 38

fl 49 kr) zu zahlen - am 06. Feber 1854; die Giebigkeiten der Krummauer Herrschaft aber am 02. März 1854 - dieser betrug zusammen 3424 fl 25 kr und war verschieden bei jedem Häusl. Die auf jedes Häusl entfallende Giebigkeit ist bei folgenden Verzeichnis der Ansiedelungen dem letzten Besitzer in Klammern angefügt. All diese Beträge waren an die Herrschaftskassa abzuliefern.

Glöckelberg

I. Abgelöst im Jahre 1797

Nr.1

Thomas Studener, 1802 Peter St. 1850 Adalbert St., jetzt Johann St. (123 fl, d.h. vor 1805), Hausname: Schaffer Peter

Nr.2.

Ausnahmestübl zu Nr. 1

Nr. 3

Heinrich Pangerl, 1812 Andreas P., 1856 Jakob P., Johann P., J. Erhart, jetzt Michael Jungbauer, (203 fl 40 kr) Giebigkeitsablösung der Herrschaft Krummau im Jahre 1854)

Nr. 4

Ausnahmestübl zu Nr. 3

Nr. 5

(alt: 6). Lorenz Karre (Chary), 1833 Franz K., 1872 Johann Kari, jetzt Franz Johann Kary, (245 fl 40kr) Hausname: Böhm

Nr. 6

Im Jahre 1801), Hausname: Böhm-Kajtan

Nr.7

(alt: 10), Mathias Studener, 1803 Adalbert Müller, 1851 Vinzenz M.,

Josef M. Wenzel M., Franz X. Müller, jetzt Hermann Stutz, (152 fl) Hausname: Migl

Nr. 8

Johann Honetschläger, 1808 Franz H., 1814 Wenzel Müller, 1837 Andreas Müller, Jakob M., Lichtenauer L. Hermann Zaunmüller, Franz Z. jetzt Witwe Maria Zaunmüller, (99 fl 55 kr), Hausname: Kili

Nr. 9

(Im Jahre 1800), Hausname: Benhardl

Nr. 10

(alt: 13), Franz Müller, 1828 Andreas M. Ferdinand M., jetzt Ludwig Müller, (242 fl 25 kr), Hausname; Dokter

Nr. 11

Ausnahmestübl zu Nr. 10

Nr. 12

Albert Müller, 1810 Johann Hable, 1883 (?) Johann H. Johann H., jetzt dessen Witwe Maria Hable, (197 fl, 50 kr), Hausname: Wusl

Nr. 13

Im Jahre 1840, Hausname: Fuchs-Heger

Nr. 14

(alt: 17), Sebastian Stutz, 1839 Martin Stutz, 1854 Andreas Müller,1871 Franz M., 1872 Leopold M., jetzt Leopold Müller, (126 fl 50 kr) Hausname: Flidri

Nr. 15

(alt: 18), Andreas Poldinger, 1808 Johann P., 1844 Michael P., 1873 dessen Witwe Anna Poldinger, jetzt Wenzel Pangerl, (161 fl 10 kr), Hausname: Poldinger.

Nr. 16

(alt 19), Thomas Lehrer, 1794 Prokop Stiepani des Mathias von Irresdorf, 1829 Franz St., 1870 Ludwig St., jetzt Johann Stiepany,(210 fl.), Hausname: Stiepany

Nr. 17

(alt: 20), Jakob Mayerhofer, 1793 Thomas M., 1823 Johann M., Matthias M., jetzt Ludwig Thaller, (115 fl 15 kr), Hausname: Baur

Nr. 18

(alt: 73), Thomas Mayrhofer (lt. Kontrakt vom 20.10.1797 wird ihm die eigenmächtig erbaute Chaluppe belassen und als Eigentum einverleibt, 1803 Franz M., 1827 Adalbert M., 1858 Jakob M., Anton Lehrer Engelbert Pachner, jetzt dessen Witwe Anna (7 fl 15 kr), Hausname: Bergjogl, Engelwert

Nr. 19

(alt:21), Georg Froschauer, des Jakob aus Probolden bei Polletitz, 1829 Franz Fr., Andreas Fr., jetzt Johann Fr. (50 fl 15 kr), Hausname: Strohbaur

Nr. 20

Mathias Fux, 1808 Lorenz F., 1847 Adalbert F., 1858 Johann F., (59 fl 30 kr), Hausname: Binder

Nr. 21

(alt: 23), Franz Tomani, 1803-09 Pächter Johann Friedl,1809 Franz T., vom Stiefvater Johann Friedl, 1835 Augustin T., Franz T., jetzt dessen Witwe Emilie Tomani, (109 fl), Hausname: Augustini

Nr. 23

(alt 24), Bened. Lehrer, 1803 Matth. L. 1837 Josef L., 1861 Johann Schacherl, J. Sch., jetzt Adalb. Sch., (93 fl 15 kr), HN: Fux-Albert

Nr. 24

Stephan Filzbauer, 1805 Josef Strempfl vom Stiefvater, jetzt Johann Strempfl, (72fl55kr), Hausname: Steffl

Nr. 25

(alt: 28),Matthias Studener, 1820 Anton St., 1852 Johann St., Maria, dessen Witwe, Adalbert St., jetzt dessen Witwe Veronika Studener, (90fl25kr),Hausname: Hanri

Nr. 26

(alt: 29), Matthias Poferl, 1808 Josef P., 1846 Vinzenz P., Johann P., jetzt Franz Schacherl, (112fl40kr), Hausname: Poferl

Nr. 27

(Im Jahre 1806), Hausname Fux-luis

Nr. 28

(alt: 30), Kaspar Pangerl, 1808 Johann P.,1841 Johann P., 1842 (wieder dessen Vater) Johann P., 1850 Matthias P., Jakob Wöß, Josef Kary, Michael Kaim, Ferdinand Kary, jetzt Adalbert Ilk, Hausname:Binder-Albert

Nr. 29

(alt: 31), Simon Tuschl,1808 Johann T., 1851 Martin Pangerl, 1866 Kajetan und Franz Wegscheider (wurde in zwei Nummern geteilt, d.h. Nr. 107 wurde abgetrennt), jetzt Andreas Wegscheider (99fl), Hausname: Mesner

Nr. 30

Leopold Pangerl, 1806 Josef Schacherl, 1856 Kajetan Sch.,jetzt Jakob Schacherl, (78fl15kr), Hausname: Fux

Nr. 31

(Hirtenhäusl der "Neuhäuser") und Nr. 32 (Schule) und Nr. 330 (Pfarrhaus) werden in dem alten Grundbuche nicht geführt.

Nr. 34 (alt: 32), Thomas Kaim, 1802 Matthias K., 1857 Michael K., Josef und Georg Rauch, jetzt Georg Rauch, (100fl20kr), Hausname: Rauch

Nr. 35

Stübl zu Nr. 34

Nr. 36

Hausname: Josal

Nr. 37

Hausname: Kreuzwirt

Nr. 38

(alt:34), Veit Micko, 1806 Josef Dolzer, 1815 Oswald Micko (von seinem Stiefvater), 1857 Engelbert Micko, jetzt Vinzenz Micko. (127fl20kr), Hausname: Nuibaur

Nr. 39

Stübl zu Nr. 38

Nr. 40

(alt: 37), Johann Philipp, 1808 Matthias Ph., 1847 Anton Ph., 1864 Josef Ph., 1872 Franz Ph., jetzt Julius Müller (Gemeindevorsteher und Bezirksobmann), (156 fl 20 kr) Hausname: Leandl

Nr. 41

Stübl zu Nr. 40

Nr. 42

(Matthäusl) (alt: 62), Jakob Resch, Genoveva Resch, Johann Kari, Josef Resch, 1910 Jakob Zimmermann, 1913 Josefa Schlosser, Hausname: Schlosser oder Resch

Nr. 43

(alt: 39), Gabriel Resch, 1809 Karl R., 1834 Bartl Pangerl (heiratete die Witwe nach Karl Resch), 1843 Gabriel Pangerl, Wenzel Michl Schacherl, jetzt Leopold Schacherl (40fl20kr), Hausname: Post-Puidl

Nr. 44

Hirtenhäusl der "Alt-Häuser" bis zum Jahre 1863.

Nr. 45 (alt: 41) Lorenz Hofmann, 1805 Johann H., 1816 Matthias H., 1866 Franz Petschl, jetzt Wenzel Petschl, (167 fl 25kr) Hausname: Altrichter

Nr. 46

(alt: 43), 1792 Heinrich Wegscheider, 1793 Franz W., 1824 Matthias Wegscheider, 1869 Thomas W., Alios Kaspar, jetzt Josef Schacherl,(128 fl 5kr) Hausname: Wenzel-Sepp oder Häusal

Nr. 47

alt: 44), 1792 Matthias Kaim, 1793 Jakob K., 1843 Albert K., jetzt Jakob Kaim, (117fl35kr), Hausname: Jokob

Nr. 48

Stübl zu Nr. 47

Nr. 49

(alt: 47), Jakob Reitinger, 1805 Philipp R., 1840 Johann R., jetzt Philipp Reitinger, (113 fl 50 kr), Hausname: Odum

Nr. 50

Stübl zu Nr. 49

Nr. 51

(alt: 48), Thomas Pangerl, 1805 Josef P., 1853 Jakob P., Jakop P., 1888 dessen Witwe Maria, jetzt Josef Honetschläger, (198fl15kr), Hausname: Tomel

Nr. 52

(im Jahre 1806) Hausname: Tomel-Koschper

Nr. 53

(alt: 52), Johann Kropsbauer, 1799 Simon Honetschläger, 1808 Johann H., sein Brunder Thomas H., 1841 Johann H., Franz H., jetzt Josef Honetschläger (57fl20kr), Hausname: Radlmacher

Nr. 54

Simon Honetschläger, 1804 Thomas H., Josef Posset (Georg Pos. ist bayrischer Einwanderer von Schönsee), 1842 Johann P., jetzt Franz Posset, (8fl 25 kr), Hausname: Posset

Nr.55

Johann Pranghofer, 1806 Anton Pranghofer, 1841 Franz Pr., 1870 Anton Pr., jetzt Wenzel Pranghofer (153fl30kr), Hausname: Jagl

Nr.56

Stübl zu Nr. 57

Nr. 57

(alt: 56), Florian Wegscheider, 1835 Jakob W., Johann W., jetzt Leopold Wegscheider, (146fl), Hausname: Wegscheider

Nr. 58

Vor 1795 Leopold Prix, 1795 Heinrich P.; er übernimmt nach Heinrich Michael Prix, 1858 die minderjährige Josefa Prix, Karl Zach, Leopold Krenn, jetzt Karl

Krenn (97fl55kr), Hausname: Krein-Mühl

II. Abgelöst im Jahre 1800
Nr. 9 (Zuerst eine Chaluppe ohne Grundstücke), Bernard Müller, 1816 Johann Müller, 1869 Andreas Müller, jetzt Josef Müller (26 fl 40 kr).

III. Abgelöst im Jahre 1801
Nr. 60
(Nach fürstlichem Kontrakt von 07. Juli 1801 wird ihm belassen, die vor meheren Jahren erbaute, nun erweiterte Ausnahmachaluppe). Martin Chare, 1805 Franz Chare, 1847 Kajetan Kare, jetzt Johann Karl, (31 fl 05 kr).

IV. Abgelöst in Jahre 1806
Nr. 27
(laut fürstlichem Kontrakt von 20.10.1806 wird dem Matthias Poferl erlaubt, die Zuschreibung des von seinem Vater erhaltenen Ausnahmestübel) Matthias Poferl, 1867 Matthias P., Josef P., Franz Hable, Wenzel Hable, jetzt Alois Schacherl, (12 fl 03 kr).
Die Katastralgemeinde "Glöckelberg" hat jetzt ein Ausmaß von 5501 Joch, 531 Klafteroder 3165 Ha, 82 Ar, 21 Quadratmeter, mit einem Reinertrag von 9311,73 fl gemäß Parzellenprotokoll vom Jahre 1893. (Ein Niederösterreicher Joch = 1600 Kl. = 276,69 Ar)

Wald besitzen nach dem genannten Parzellenprotokoll nur Haus

Nr.1 Schaffner Peter,	4 Joch, 1293 Kl.	oder = 516,59 Ar;
Nr.5 Böhm	1245 Kl.	oder = 276,69 Ar;
Nr.3 Birabauer	8 Joch, 1563 Kl.	oder = 516,59 Ar;
Nr.7 Migl	1334 Kl.	oder = 47,98 Ar;
Nr.8 Kili	1434 Kl.	oder = 51,61 Ar;
Nr.10 Doktor	2 Joch, 799 Kl.	= 143,83 Ar;
Nr.12 Wusl	1 Joch, 973 Kl.	= 95,54 Ar;
Nr.14 Fliedri	3 Joch, 1408 Kl.	= 223,28 Ar;
Nr.16 Stiepan	809 Kl.	= 29,10 Ar;
Nr.30 Fux	1 Joch, 771 Kl.	= 85,28 Ar;
Nr.51 Thomel	1 Joch, 1281 Kl.	= 103,62 Ar;
Nr.56 Wegscheider	1 Joch, 775 Kl.	= 85,42 Ar;
Nr.60 Zach	1 Joch, 535 Kl.	= 76,79 Ar;

und aus Oberplan:

Nr.51	3 Joch, 205 Kl.	= 180,01 Ar;

Der fürstlich Schwarzenberg'sche Grund beträgt ca. 4.800 Joch oder 2.762 Ha, 24 Ar. Die Bauarea und Hofräume betragen 14 Joch und 943 Klafter = 8 Ha, 39 Ar und 68 Quadratmeter.

Im folgenden ein Pachtvertrag, da die meisten Bewohner fürstlichen Grund im Pacht hatten:

Pachtvertrag

(Vom 01.Jänner 1843. Zur Verfügung gestellt von Johanna Honetschläger, Ausnehmerin - nur die Hauptsache ist abgeschrieben)

Heute am untengesetzten Jahr und Tag ist mit Vorwissen und Bewilligung Seiner Durchlaucht des regierenden Herrn Fürsten zu Schwarzenberg Herzog zu Krummau etc. zwischen höchstdero Herrschaft Krummauer Wirtschafts-Direktorialamte an einem. und dem N.N mit N.N. im Dorfe und Gemeinde Glöckelberg an anderen Theile folgender Pachtvertrag geschloßen worden.

1.

Überläßt das Wirtschaftsdirektorialamt dem gleicherwähnten Pächter die weiter untern beschriebenen obrigkeitlichen Felder, Wiesen und Hutweiden auf sechs nacheinander folgende Jahre; dagegen wird derselbe:

2.

verbunden sein, nicht nur den Pachtzins abzuführen, sondern auch die Grundstücke zu verbessern.

3.

Die landesherrliche gewöhnliche Steuer übernimmt die Herrschaft zu bezahlen. Wenn andere Zahlungen oder Naturallieferungen gelegt werden, so wird der Pächter schuldig sein, den Betrag willig zu leisten ... Wogegen ihm ...

4.

die für solche Naturallieferungen oder dazu gestellte Fuhren ....entweder bar ausgezahlt, oder .... was .... schuldig ist, werden verrechnet werden.

5.

Alles Gehölze ... auf den verpachteten Grundstücken ... gehört bloß der Herrschaft zu ... Holzfrevler ... Wilddieberei ... (verboten).

6.

Wird zwar dem Pächter nicht verwehrt,die ... Pachtgründe ... umzugestalten, z.B. aus einer Wiese ein Feld ... Von jeder Veränderung dem Amte ... Anzeige machen.

7.

Da der Obrigkeit sehr viel daran liegt, daß die Gränzen ... auf keinerlei Weise verrückt werden; so verbindet sich der Pächter, die Gränzsteine oder ... Gränzzeichen ... im guten Stand zu erhalten und ... einen ... Aufwurfgraben oder in sehr gebirgigen ... Gegenden eine ... Mauer ... herzustellen (2 Schuh breit und tief).

8.

Verbindet sich der Pächter, den anliegenden herrschaftlichen Gründen keinerlei ... Schaden zuzufügen ..., mit dem Viehweiden oder Auftrieben seines Viehes die herrschaftlichen Wälder zu vermeiden.

9.

Wenn der pachtende Teil die ... Pachtgründe ... anderen in Afterpacht geben will, ... so muß die Anzeige ... geschehen und ... Erlaubnis angesucht werden ... Jede Verpfändung, Vererbung, Verkauf, Vertauschung ... wird dem Pächter ... verboten.

10.

Es versteht sich, daß ... dem Pächter keine Art von Eigentumsrecht auf die Pachtgründe eingeräumt werde ... jede Beeinträchtigung auch nach eingebrachter Heu- und Grummet-Ernte durch Eintrieb fremder der einheimischer Dorfherden für immer verboten ... Sollte die Obrigkeit ... nach der Heu- und Grummetfechsung mit ihren Schafherden beweiden wollen, so behält sie sich ... das Recht vor.

11.

Wenn er (der Pächter) denselben (Bedingnisse) zuwider handelt, soll diese Pachtung als sogleich aufhören.

Aus der Heimatgeschichte

Glöckelberger Begräbnisgebühren in Oberplan um das Jahr 1780

Eine alte "Stola-Taxordnung" vom 23.04.1773 vereinbart zwischen dem Marktgericht in Vertretung der Oberplaner Gemeinde und den eingepfarrten Dörfern, wozu damals auch Glöckelberg und Hüttenhof gehörten, mit dem damaligen Pfarrer Anton Josef Kitzhofer enthält unter anderem folgende Bestimmungen:

Es waren zu bezahlen:

"Für ein Begräbnis 1.Klasse bei Bürgern, Bauern und Waldhäuslern" - damit waren die Bewohner von Glöckelberg und Hüttenhof-Kaltenbrunner Glashütte gemeint - "dann diese Ausnehmer: 4 Gulden; diese in der 2. Klasse, also weniger feierlich - 3 fl; dasselbe 3. Klasse dann von Inleuten, Hütern samt Requien 2 fl; die Bettel Arme aber nicht dabei Begriffen syin wollen.

Totenfälligkeit im Böhmerwald (WalterFranz)

In fast auf allen bezugnehmenden Schriften, die Erbschaftsangelegenheiten, Erbpacht, Zins und Robot behandeln, wird immer wieder auf den uns unbekannten Begriff "Totenfälligkeit" hingewiesen, weshalb ich versuchen will, diesen Begriff, der für unsere Vorfahren immer wieder von so großer Bedeutung war, näher zu erklären:

Im Mittelalter und im deutschen Sprachgebiete waren die meisten Bauern nicht selbstständige Herren ihrer Besitzungen, sondern sie besaßen ihre Wirtschaft nur im "Erbpacht" und mußten der Herrschaft Zins zahlen und Robot leisten. Wenn nun ein Bauer starb, so fiel seine ganze Wirtschaft oder ein Teil der jeweiligen Grundherrschaft zu, und diese konnte einem Sohne, oder wenn ein solcher nicht vorhanden war, irgend jemand anderem nach Zahlung eines bestimmten Betrages an die Grundherrschaft das Anwesen des Verstorbenen zur Bewirtung übergeben. Im Böhmerwald durften die Bauern der Klostergüter aber auch auf den Rosenbergischen Herrschaften ihre Wirtschaften auf Söhne oder Töchter vererben, aber dafür mußte jedesmal eine größere Abgabe an die

Grundherrschaft bezahlt werden. Starb ein Bauer ohne Hinterlassung einer Nachkommenschaft, so fiel die Erbschaft der Grundherrschaft zu. Dies nannte man die "Totenfälligkeit", in Deutschland auch "Hauptfall", "Besthaupt" (Mortuarum). Um aber auch Verwandten ein Erbe zuweisen zu können, um also überhaupt der Sippe den Besitz zu erhalten, wurden viele Gemeinden bei der Grundherrschaft bittlich, diese Totenfälligkeit aufzuheben.

Im Böhmerwald erhielten die meisten Gemeinden von den letzten Rosenbergern gegen Verdoppelung des Zinses die Bewilligung zur Aufhebung der Totenfälligkeit. Dazu wurde eine Niederschrift (Urkunde) samt Siegel des Grundherrn an die Gemeinde ausgestellt, die Gültigkeit hatte für alle Zukunft, in der der Grundherr oder seine Erben ihre Besitzmacht ausübten. So wurde z. B. für die Dörfer Pfefferschlag und Tonnetschlag bei Prachatitz von Peter Wock von Rosenberg mittels einer in Krummau am 22. Dezember 1597 ausgestellten Urkunde samt Unterschrift und Siegel die Totenfälligkeit aufgehoben.

In dieser Urkunde gibt Peter Wock den Untertanen dieser beiden Dörfern das Recht über ihre Wirtschaften frei verfügen zu können und macht aber auch nähere Bestimmungen für die Testamente und die Verwaltung der Waisengelder. Für diese erbetene Aufhebung wird jedoch Zahlung des doppelten Zinses verlangt. Diese Urkundenurschrift, die nach den Vorschriften der damaligen Zeit in tschechischer Sprache abgefaßt ist, wird im Prager Landesmuseum aufbewahrt. Eine gleichzeitig zum Verständnis für die Gemeinden ausgestellte Übersetzung lag mit vielen anderen alten Urkunden beim damaligen Gemeindeamt in Pfefferschlag. Eine solche Übersetzung war deshalb erforderlich, weil diese Gemeinde deutsch war. Diese Urkunde war sehr umfassend, bestätigte den Untertanen ihre Ergebenheit und Treue zum Grundherrn. Sie offenbarte den guten Willen des Grundherrn, ihre Untertanen, Erben und Nachklommen von der Last der Vererbungsunmöglichkeit zu befreien und den Verzicht auf ihr Recht der Vererbungsunmöglichkeit. In den Bestimmungen wurde der weitere Vererbungsablauf für fast alle eventuellen Möglichkeiten festgelegt, so z.B.: "Sollte jemand plötzlich sterben und seinen letzten Willen nicht kundgemacht haben, so hat alles dem Verwandten zuzufallen. Sollte es keine Verwandten den "Schwerte" nach (Verwandte des Mannes) geben, in diesem Falle hat alles den Verwandten nach der "Spindel" (Verwandten des Weibes) zuzufallen." Diese Totenfälligkeit galt als Vererbungsunmöglichkeit und war eine Art unerträgliche Fessel in der mittelalterlichen Rechtsordnung und Rechtssprechung.

Religionsverhältnisse von Glöckelberg (bis 1787)

Der Schullehrer Josef Jenne schreibt: *"Gleich die ersten Bewohner bekannten sich zur katholischen Religion und gehörten zur Pfarre Oberplan. Sie blieben auch immer katholisch. In der Gemeinde selbst kam auch kein Abfall vom Glauben vor; wohl aber legte hier Johanna Springer aus Leutschau in Ungarn am 13. Mai 1866 das Glaubensbekenntnis ab, wurde also katholisch. Was den Religionsunterricht betrifft, hatten sie keinen anderen als jenen, welchen sie auf der Kanzel oder in der christlichen Lehre, welche im Jahre höchstens zweimal gehalten wurde, erhielten"*. In ihre Pfarrkirche nach Oberplan hatten sie einen Weg von gut 1 1/2 Stunden auf dem Kirchensteig, der von der heutigen Bezirksstrasse links abzweigt und durch die Felder und Wiesen zwischen Vorder-Glöckelberg und Bärnlochwald geht und in das sogenannte, "Neue Straßl" einmündet.

Dieser Weg zur Kirche war oft ungangbar, in dem hoher Wasserstand im Frühjahr und Herbst und Schnee und bittere Kälte den Erwachsenen den Weg erschwerten, und den Kindern, alten Leuten und den Kranken einen Besuch in die Kirche fast ganz unmöglich machten. Es starben daher Leute ohne Empfang der Sterbesakramente, Kinder ohne getauft zu sein. Als Kaiser Josef II. zur Regierung kam und durch Berichte der Kreisämter und durch Gesuche der Ortschaften in den Waldgegenden von diesen Umständen erfuhr, ging er daran, Kirchen und Schulen für diese Gebiete zu schaffen. Auch die Bewohner unserer Orte waren bedacht eine Kirche zu erhalten.

Glöckelberg gehörte also zur Pfarre Oberplan. Dort waren die Taufen und Begräbnisse. Die Pfarre Oberplan gehörte zur Prager Erzdiözese.

In diesem Zeitraum wirkten in Prag: Fürsterzbischof Ernest Adalbert Graf von Harrach (1623-1667), Matthäus Ferdinand Sobek von Billenberg (-1675), Johann Friedrich, Graf Waldstein (-1696), Johann Graf Breuner (-1710), Ferdinand Graf von Khuenburg (-1731), Daniel Josef Mayer von Mayern (-1733), Moritz Gustav Graf von Manderscheid, (-1763), Anton Peter Graf Prichowsky von Prichowitz (-1793). Pfarrer waren in dieser Zeit in Oberplan: Veit Johann Massauer (1665 -1675), Johann Alex Durbon (-1684), Simon Adam Massauer (-1704), Georg Adalbert Hrzesky von Pirkenfels (-1705), Lukas Alois Schmiedt von Krummau (-1709), Matthäus Maximilian Jenne, ein Kalschinger (-1722), Georg Paukner (-1733), Matthias Huml (-1736), Josef Rosenberger (-1743), Josef Anton Selner (-1754), Franz Eichler (-1759), Anton Kitzhofer (-1793).

Die letzte Taufe von Hüttenhof in Oberplan

Johann, Sohn des Kaspar Bramhäusel, Schaffers in Hüttenhof Nr.1 und seiner Frau Elisabeth, geborene Modl: am 18. Dezember 1786.

Die erste Taufe von Hüttenhof in Glöckelberg

Am 8. November 1787, Martin, Sohn des Johann Matuska und der Veronika, die zweite Taufe am 12. August 1788, Rosalia, Tochter des Adam Osen und der Ursula.

Die letzte Taufe von Glöckelberg in Oberplan

Am 30.Juni 1788, Prokop, Sohn der Theresia des Johann Müller in Glöckelberg Nr.2.

Die erste Taufe in Glöckelberg

Am 30.April 1787 Katharina, Tochter des Johann Kropsbauer, Häuslers in Glöckelberg Nr. 52 und der Agnes; die zweite Taufe am 05. Mai.1787, Maria, Tochter des Kaspar Pangerl, Häuslers in Glöckelberg Nr. 30 und der Maria.

Die letzte Hochzeit in Oberplan

Am 19.Februar 1787, Adalbert Mayerhofer, Häuslerssohn in Glöckelberg Nr. 20 und Sofia geb. Pranghofer aus Glöckelberg Nr. 53 und am 19. Juli 1789 Albert Gruber, Inwohner in Hinterstift und Maria geb. Sellner aus Hüttenhof.

Die erste Hochzeit in Glöckelberg

Am 3.Juni 1787, Georg Froschauer, Häuslerssohn in Glöckelberg Nr.21 und Maria geb. Michl, Häuslerstochter und (Hüttenhof), am 6. Juli 1801 Franz Hausbrant, Häusler und Katharina Kaim, Ausnehmertochter.

Letztes Begräbnis in Oberplan

12. Februar 1786, Margareth Osen, Mutter des späteren Richters Adamsen, in

Hüttenhof Nr. 2; am 31. Januar 1787, Elisabeth Schwarzbäkker, Imanswitwe in Glöckelberg Nr.25.

Erstes Begräbnis in Glöckelberg

10. Juni 1787, Maria Tochter des Sebastian Stutz in Glöckelberg Nr.17; und für Hüttenhof am 06. Januar 1789 Wenzel Sillner.

Im Jahre 1786 wurde das Krummauer Vicariat in 3 Sekretariate geteilt: Ottau, Beneschau und Deutsch-Reichenau. Zu letzterem gehörte Oberplan und somit auch Glöckelberg. Im Jahre 1759 und 1770 wurde in Oberplan vom Prager Weihbischof Andreas Kayser visitiert und die Firmung erteilt. Josef Jenne: "Bei allem diesen aber waren diese Bewohner gute Leute. Sie liebten die Eintracht, leisteten einander dienstfreundlichst Hilfe und übten die Nächstenliebe tätigst untereinander aus. Begnügten sich mit geringer Kost und Kleidung, mit wenig Eigentum, waren arbeitssam und fleißig in aller Hinsicht gute Untertanen".

Die Kirche von Oberplan

Am Kirchturm prangt noch das Wappen der Rosenberger. Ulrich II. von Rosenberg (gest. 1462) erwarb unser Gebiet von König Siegmund.

Hier wurden die meisten aus unserer Pfarrgemeinde gefirmt. Oberplan war bis 1857 Mutterpfarre von Glöckelberg.

Kirchengeschichte von Glöckelberg 1787-1990

Schon am 24. September 1785 war nach kaiserlichem Befehl vom königlichen Kreisamt in Budweis an den Abt Siard II. Dengler (gestorben 20. Dezember 1797) des Stiftes Schlägl in Oberösterreich der Auftrag ergangen, zu Glöckelberg, Lagau und Heuraffl neue Pfarreien zu errichten. Dieser wies aber die Unbilligkeit einer solchen Zumutung nach und konnte sich so dem Auftrage entziehen. Zur neuen Pfarre (d.h. Lokalie) in Glöckelberg sollten auch die Orte Ratschin, die Alt- und Unterglashüttener Gemeinden der Unterwuldauer Pfarren kommen. Diese legten aber am 25. März 1787 dem königlichen Kreisamte in Budweis ein Gesuch vor, bei Unterwuldau verbleiben zu dürfen, und nicht zur neuen Lokalie Klöklberg eingepfarrt zu werden, was ihnen auch mit Zuschrift vom 19. Juli 1787, Nr. 987 bewilligt wurde. Im Jahre 1786 also reichten (schreibt Josef Jenne 1. c.) mehrere Gemeinden durch die königlichen Kreisämter beim königlichen Landesgubernium ein, um vom höchsten Hofe die Erbauung der Kirchen, Pfarr- und Schulhäuser zu erlangen. So ließ sich auch der Richter Matthias Poferl, Besitzer des Hauses Nr. 26 in Glöckelberg eine Bittschrift verfassen uns wagte es, zu Fuß und auf eigene Kosten im Namen der ganzen Glöckelberger Gemeinde das demütigste Gesuch vor den Thron des besten Landesvaters (Kaiser Josef II.) zu bringen und erlangte unterm 15. Feber 1787 von seiten einer hohen Landesstelle durch das k.k. Kreisamt die allergnädigste freudenvolle Resolution, die Bewilligung zur Verabfolgung der Baukosten auf die Kirche und Lokalie. Herr Matthias Poferl traf gleich alle Anstalten, und es wurde da, wo jetzt die Schule steht, eine hölzerne Kapelle aus Brettern erbaut, die am 29. April 1787 vom hochw. Herrn Adalbert Wlcek, Dechant zu Deutsch-Reichenau und Krummauer Vicariats-Secretär, benediciert (eingeweiht) wurde. Hochw. Herr Karl Holzinger, Kaplan zu Oberplan, hielt dazu die Festpredigt. *Die erste heilige Messe* las Hochwürden H. Dechant, das Hochamt aber der Seelsorger Höbler.

Im Mai 1787 besuchte tit. H. Gratzer K. Kreisamtsprotokollist als angestellter Kreiskommissär die Lokalie in Glöckelberg, um den Überschlag zu machen, wie viel das aus Mauerwerk auszuführende Pfarr- und Schulhaus kosten dürfte. Da nun bei dieser Lokaliekirche sich weder Kelch noch ein Meßgewand befand, so wurde etwas indessen aus Oberplan ausgeliehen, der Kelch aber von der Schlägler Hütte erborgt und am 28. Oktober 1787 von Seiner Gnaden Abt Syrad Prälat im Stifte Schlägl, gnädigst der Lokaliekirche geschenkt. Dieser Kelch befand sich bis zur Stillegung der Pfarre 1947 in der Kirche. Er ist aus Silber, in Barockstil ausgeführt, neu vergoldet und am 13. Juli 1905 vom Weihbischof Dr. Gottfried Marschall in Wien consercriert. Am Fuße des Kelches befindet sich die Inschrift: A.MDC-XXVII DEO OPTI MAXIMO VE-EIVSQ MATRI-ET STONOR BERTZ = (J.1628. Dem großen und gütigen Gott und seiner Mutter sei Ehre.) Unterm 18.10.1787 erhielt sie dann von Prag das Nötige zur Messe (Meßgewänder, Albe, Humerale, Meßbücher, Leuchter, Altarglöckl, Rochet, Altarpolster). Als die Baugelder angewiesen waren, wurde am 16. Mai 1788 am Feste des heiligen Kirchenpatrons Johannes v. Nepomuk der Grundstein der Kirche geweiht und zwar vom H. Ortsseelsorger über vorhererlangter bischöflichen gnädigsten Erlaubnis. Die Kirche wurde in diesem Jahre bis unter das Dach gemauert und die Dachung daraufgesetzt. Am 16. Juni 1788 hatte diese neue Lokalie die große Gnade, ihren hochwürdigsten gnädigsten Herrn Johann Prokop, Graf von Schaffgotsche, Bischof von Budweis in ihrer Mitte zu sehen, der 86 Kindern (Gläubigen) das heilige Sakrament der Firmung spendete, (die ältesten Firmlinge waren 18 Jahre alt: Johann Schicho und Franz Lehrer). Im Jahre 1789 begann der weitere Bau der Kirche, geriet aber wegen Abgang des Baugeldes ins Stocken. (Am 19. Dezember 1790 trat die Moldau infolge anhaltenden Regenwetters derart aus den Ufern, daß die Dörfer Neuofen, Vorder- und Hinterstift, Radschin und Stegenwald, sowie Gaisleiten hierher in die Kirche gehen mußten. Ebenso geschah es am Palmsonntag des Jahres 1791). Alle Mühe, Gesuche über Gesuche beim königlichen Kreisamte, bei der hohen Landesstelle, selbst bei Hofe blieben ohne Erfolg. Da entschloß sich der Herr Seelsorger Oswald Höbler, diese Sache Seiner Majestät (Kaiser Franz II.) selbst vorzutragen. Auf eigene Kosten reiste ernach Wien, ward - weil sich Seine Majestät bei der Armee in den Niederlanden befand - von seiner königlichen Hoheit Herrn Erzherzog Leopold, Palatin zu Ungarn am 27. Mai 1794 zur Audienz zugelassen; von höchstwelchen nicht nur sein Gesuch huldvoll angenommen, sondern auch augenblicklich erhört wurde. Am 12. Juli schon wurde der Auftrag zum Ausbau der Kirche erteilt und die Baukosten angewiesen. Im Kirchenschiff wurde der Boden gerohrt und geputzt, der Kirchturm, die Türen und Fenster gemacht, der Chor mit Fußboden belegt, der Gang zwischen den Kirchenstühlen gepflastert. Am 19. Oktober konnte die Kirche von hochw. H. Karl Holzinger, bischöflicher Vikär des Deutsch - Reichenauer Vikariates und Pfarrer zu Oberplan samt dem Friedhofe feierlich eingeweiht werden. Wird angenommen, daß von dieser Zeit an dort begraben wurde, so ruhten auf dem alten Friedhof, der sich unter der hölzernen Kapelle neben dem Pfarrhaus befand, 66 Leichen. Totengräber war damals Matthias Ewert (Ebert ?), in Glöckelberg als Inwohner genannt. Obiger Pfarrherr Holzinger hielt auch den letzten Gottesdienst an diesem Tage in der hölzernen Kapelle. Die Festpredigt hatte Hochwürden P. Martin Löfler aus Aigen. Am 03. November 1793 gibt der hochw. Seelsorger eine Beschreibung der Lokalie "Capellantus localis (Orts-Kaplanei) .... Glöckelberg - Dorf .... W; Vorderglöckelberg - ...0; Hüttenhof-Dorf .... N; Distanz Glöckelberg ....1/2 Stunde ... 30 Häuser; Vorderglöckelberg ... 3/4 Stunde ... 9 Häuser; Hüttenhof 3/4 Stunde .. 35 Häuser. - Dominium: Krummau; Distrik (Kreis): Budweis; - Deutschreichenauer Vicariat; abgetrennt von Oberplan."

Der damalige Pfarrer in Oberplan schreibt im Gedenkbuch: "Durch die Errichtung dieser Lokalie wurden bei 400 Seelen der hiesigen Pfarrjurisdiction gänzlich entzogen, nur den Zehent und Stolgebühr ausgenommen; denn diese müßen sie wie vorhin dem Pfarrer in Oberplan entrichten. Ein österliches Beichtregister im Jahre 1806 hat für Glöckelberg schon 61 Hausnummern mit 380 Beichtpflichtigen und für Hüttenhof 51 Hausnummern mit 295 Beichtlingen. Der Melmer Hirte wurde noch nach Glöckelberg gezählt." H. Seelsorger Oswald Höbler und H. Schullehrer Jenne sammelten nun im Jahre 1795 für die Innen-Einrichtung der Kirche mit dem Bemerken: "daß an allem brachten 246 fl. (Gulden) auf, (Spender z.B. Matthias Studener 15 fl., Matthias Pangerl 10 fl. (beide aus Vorderglöckelberg), Elisabeth Hofmann 25 fl., Josef Kaim 100 fl; Anton Wegscheider 10 fl. (diese 3 aus Glöckelberg) und schafften davon an: Die Kanzel (50 fl), den Altar (Haupt)-(30 fl), das Bild (H. Franz Brodt zu Umlowitz 30 fl), die Monstranz (dem Gürtler in Krummau 55 fl) und das Ciborium (24 fl). Den Tabernakel schenkte der Aigner H. Pfarrer. Als Musikinstrument fand sich ein Positiv. Im Jahre 1797 wurde nun vom Pilsner Orgelbauer H. Franz Prokop Noli eine neue Orgel um 300 fl. hergestellt, die am 4. Sonntage im Advente das erstemal beim Gottesdienste gespielt wurde. Gemäß Vertrag vom 19. Juni 1797 stellte er im Manuale her: Principial vierfüßig, Oktav zweifüßig, Quint 1 1/2 Fuß, Mixtura dreifach, alles vom feinsten Zinn, Copel Major vierfuß gedeckt, 8 Fuß intoniert, Flaute vierfuß offen; im Pedal Violinpaß 8 Fuß. Dagegen erhielt er 60 fl. voraus, 100 fl. nach Aussetzung, 40 fl. auf Lichtmeß 1798, 100 fl. mit Ende 1798 *oder mit Anfang des 1799 Jahres. Der Kasten dafür wurde aus Gojau gekauft, wo er in der S. Johannes-Kapelle gestanden ist. H. Richter Matthias Poferl und Schullehrer Josef Jenne brachten die Kosten durch Sammlung von Haus zu Haus auf = 338 fl. Im Jahre 1814 wurde selbe bereits durch einen durchreisenden Orgelbauer gestimmt. Die Seiten-Altäre wurde im Jahre 1798 erbaut um 118 fl 20 kr. Im selben Jahre wurde auf dem Taufbrunnen der Deckel und die 2 Flügel zur Orgel gemacht von Karl Wittmann aus Rosental. Der Richter Matthias Poferl schenkte 2 Trompeten, das Monstranzl zur Kreuzpartikel (von einer Nonne in Wien); eine Trompete, 2 Stück Horn und 2 Geigen wurden gekauft. Im Jahre 1800 wurde eine Glocke von Josef Perner, Glockengießer in Budweis um 250 fl (wäget 310 1/2 Pfund) geliefert, (gesammelt vom H. Schullehrer Josef Jenne) die am 16. Mai, am St. Johannesfeste zum 1. Male geläutet wurde; eine zweite Glocke wurde von der hohen Landesstelle im Werte von 140 fl (Gewicht 150 Pfund) bewilligt, diese 2 Glocken sind beim Brande der Kirche im Jahre 1876 zugrunde gegangen. Die 3.Glocke und das Sterbeglöcklein stammen aus dem Jahre 1827. Am 01.Mai 1800 war vom hochwürdigsten Herrn Bischof Johann Prokop, Graf von Schaffgotsche eine (1.) Glocke zu Ehren des Hl. Johann von Nep. am 12. Dezember 1800 die Glocke (2.) zu Ehren des Venceslaus geweiht worden. Am 21. Mai 1827 wurde die Glocke (3.) zu Ehren des Hl. Florian von Seiner bischöflichen Gnaden Ernst Konstant Ruzicka geweiht. Eine rote Fahne wurde im Jahre 1803 um 40 fl. angekauft. So stand die Kirche von außen und innen fertig da. In einem Inventar vom Jahre 1825 heißt es: Die Kirche ist ganz gemauert; das Dach ist von Schindeln, auch bei dem großen und kleinen Turme, welche beide aus Holz gebaut sind.*

Gering waren die Kirchenbedürfnisse: Eine Kirchenrechnung vom 16. Mai 1788 weist aus: Für Hostien 1 fl 30 kr; für Meßweine 3 fl 30 kr; für Baumöl für die Lampe 14 fl. Die Kirchenwäsche und die übrigen Bedürfnisse werden von den Spendenopfern fremder Leute beschritten.

Kirche

In der Kirche hatte sich die Rohrdecke gesenkt. Bei Erhebung der Baugebrechens war von den Vertretern der Gemeinde eine Vergrößerung (Verlängerung oder Erweiterung) der Kirche angeregt worden. Zweierlei Skizzen wurden entworfen. Die erste erforderte 40.000 fl, die zweite 20.000 fl., zur Ausführung. Da sich ein hochw. Konsistorium für bloße Erweiterung des Gotteshauses aussprach, so wurde letztere Skizze in Erwägung gezogen. Im Mai 1871 wurde die löbliche Gemeinde verständigt, daß beim Erweiterungsbau auf Material und Professionisten 15.448,32 fl. und auf Hand- und Zugarbeiten 5.204 fl. fallen. Mit Minist. Erlaß vom 20. Feber 1874 (Zl:173) wurden die Restaurierungs- und Erweiterungsarbeiten dem Thomas Matejka in Anlegung neuer Grundbücher befohlen, am 10. Juli 1876 geschahen die Lokalerhebungen, wobei auch der Friedhof grundbücherlich eingetragen wurde. Mit den Arbeiten wurde begonnen, doch gefiel der Bau nicht. Man machte bei der hohen k.k. Satthalterei Vorstellungen, ob die alten Mauern das schwere neue Dachwerk werden tragen können. Die Sache zog sich hin, bis ein unglückliches und trauriges Ereignis den schon 7 Jahre dauernden Verhandlungen ein Ende setzte. Am 21. Mai 1876, am fünften Sonntage nach Ostern ward die Kirche um 4 Uhr nachmittags von der Brandkatastrophe des Hauses von Adalbert Petschl miterfaßt. Vier nackte ausgebrannte Mauern blieben übrig. Eine kleine Glocke, die auf dem Dachboden ungebraucht lag, ward gerettet und bildete durch 3 Jahre das Geläut für die Ortschaft und deren Bewohner. Am 23. Mai schon erteilte das hochwürdigste Konsistorium dem Seelsorger die Erlaubnis, an Feiertagen unter freiem Himmel, an Werktagen aber zu Hause das Heilige Meßopfer darbringen zu dürfen.

Am 17. Juli hatte die hohe k.k. Statthalterei nichts dagegen einzuwenden, daß die Sakristei für den Gottesdienst adaptiert werde. Dann aber wurde die Umwandlung der abgebrannten Kirche in eine Notkirche in Angriff genommen, wobei das kräftige Zusammenhalten und Werken der Hüttenhöfler unter der Leitung des H. Michael Jungbauer besonders belobt zu werden verdient. Die Notkirche kostete 89 fl 50 kr + 15 fl 42 kr (für's Innere), zusammen also 104 fl 92 kr. Am 18. Feber 1877 bewilligte die hohe k.k. Statthalterei für sie 30 fl. Das hohe k.k. Ministerium für Kultus und Unterricht bewilligte mit hohem Erlaß von 08. Juni 1876 den Neubau der Religionsfondkirche, ließ die bereits für die Erweiterung des Gotteshauses bewilligten 20.768 fl 81 kr restringieren und bewilligte dem abgetretenen Baupächter Thomas Matejeka als Entschädigung für bereits geleistete Arbeit den Betrag von 1398 fl 63 kr. Den Bau übernahm der städtische Mauermeister Ferdinand Schmall aus Krummau, der einen 2 1/2 % Nachlaß von der Bausumme bewilligte. Ende Mai 1878 wurde der Bau unter der Leitung des praktisch erfahrenen K. Ingenieurs Matthias Krch begonnen und vom Seelsorger mit Erlaubnis des hochw. bischöflichen Konsistoriums vom 04. Juni unter Assistenz des Oberplaner Pfarrers Herrn Gottfried Fuchs und des Defizienten-Priesters Herrn Gabriel aus Oberplan der Grund- und Eckstein feierlich gesegnet. Es ist dies der oberste Stein am Sockel bei dem 3. Pfeiler des linksseitigen Kirchenschiffes. Bis zum 20. September war der Rohbau der Kirche (Dach aus Schindeln) und des Turmes (mit Notdach) vollendet. Am 04. Juni 1879 haben die Arbeiten an dem Kirchengebäude wieder begonnen und waren (die Zimmerleut- und Maurer-Arbeiten) am 26.September vollendet. Für die Inneneinrichtung der Kirche waren 6000 fl bewilligt worden. Am 22. Juli erteilte ein hochw. bischöfliches Konsistorium die Bewilligung zur feierlichen Einsegnung derselben, die hochw. Herr Wenzel Semler, Bezirksvikar, in Anwesenheit von 7 Geistlichen am 05. November vornahm. Die Festpredigt hielt der Kaplan in Höritz P. Herman Stropek. Als am 03. Juli 1880 der hochwürdigste Herr Bischof, Sr. Exzellenz Johann Valerian Jirsik zur Generalvisitation hier eintraf, weihte er das Gotteshaus unter Assistenz von 12 Priestern. Am 28. April 1914 wurde mit dem Niederreissen des alten Pfarrhauses begonnen und am 05. Dezember stand das neue Pfarrhaus zum Einziehen fertig da.

Die Schindeldeckung wurde später gegen eine dauerhafte Schieferbedeckung ausgewechselt. Auch eine Blitzschutzanlage sowie eine Turmuhr wurden erst später montiert. Die Inneneinrichtung stammt durchwegs aus neuerer Zeit. Die Innenmaße betragen 24,5 m in der Länge und 10,5 m in der Breite. Die Kirche ist nach Süden orientiert und der Baustil ist pseudogotisch. Um den Friedhof wurde eine Steinmauer gezogen; das Eingangstor zum Friedhof ist aus Schmiedeeisen. Der Friedhof selbst befindet sich rund um die Kirche. Die Kirche ist nach der Vertreibung der deutschen Ortsbevölkerung ab Herbst 1946 geschlossen und die Pfarre Glöckelberg stillgelegt. Zu Weihnachten (24. Dezember) 1945 wurde abends die letzte Christmette abgehalten. Angeblich wurde das gesamte Inneninventar der Kirche und des Pfarrhauses und alle pfarramtlichen Akten (Geburts- Heirats- und Sterbebücher) beim Pfarramt in Oberplan deponiert. Später wurden diese in das staatliche Zentralarchiv Prag gebracht, wo sie heute mit Erlaubnis und gegen Entrichtung einer Gebühr eingesehen werden könnenn. Die Kirche und der Friedhof selbst war dem Verfall preisgegeben. Der Besuch der Kirche und der Ortschaft war aufgrund der militärischen Sperrzone für alle Fremden verboten. Erst seit 1. April 1990 ist es wieder möglich die verfallende Kirche zu besichtigen.

Letzte Taufe in Glöckelberg:

Am 12. Mai 1946 wurde Walburga Franz, Tochter von Walter und Grete Franz, wohnhaft in Josefsthal Nr. 14, geboren am 06. Mai 1946 in Josefsthal, in der Kirche zu Glöckelberg getauft.

Letzte Hochtzeit in Glöckelberg:

Am 30. Oktober 1945 verehelichten sich Frl. Rosa Poferl, Glöckelberg Nr. 78 mit Walter Schwarzbauer, Glöckelberg Nr. 108 kirchlich um 12 Uhr während der Mittagszeit, um einer Verfolgung durch die Tschechen zu entgehen.

Letztes Begräbnis in Glöckelberg:

Am 04.12. 1946 ist Frau Rosalia Springer, Gattin des Försters i. R.Franz Springer (er war von 1908-1923 Förster in Glöckelberg), in Neuofen verstorben. Der Leichnam konnte wegen Schneeverwehungen erst 14 Tage später nach Glöckelberg gebracht werden. Da es zu dieser Zeit keinen Pfarrer mehr in Glöckelberg gab, wurde der Pfarrer von Oberplan geholt. Auch einheimische Bewohner waren nicht mehr im Ort, so wurden Straßenarbeiter gebeten, den Sarg in das Grab zu legen, dabei ließen sie den Sarg fallen, so daß er sich wie zum Protest im Grab aufstellte. Es ist somit mit Sicherheit anzunehmen, daß Frau Springer als letzte Glöckelbergerin dort begraben wurde.

Die Kirche in Glöckelberg

Der Friedhof von Glöckelberg

Vor dem 1. Weltkrieg

Die Glocke
wird
nach der Weihe
auf den Glocken-
stuhl gezogen
Der Wahlspruch:
"Möcht künden in
Glöckelberg all-
zeit recht viel
Freud und wenig
Leid"
war in die Glocke
eingegossen

So trafen nach der Vertreibung die ersten Besucher
am Palmsonntag 1990 die Kirche wieder an

Unser
lieber
Herr Pfarrer
Dr. Alois Essl

Ehrendomherr
in Glöckelberg

Das Pfarrhaus in Glöckelberg

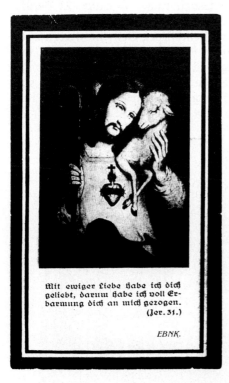 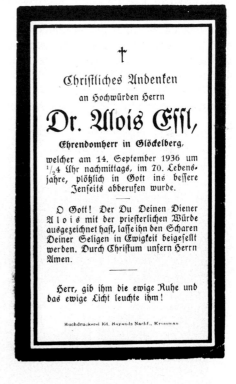

Beerdigung von Pfarrer Dr. Alois Essl

Am Montag, den 14. September 1936 starb der langjährige Seelsorger der hiesigen Pfarre, der Schreiber dieses Pfarrgedenkbuches, Ehrendomherr Dr. Alois Essl, nach kurzem Krankenlager. Wohl merkte man an ihm eine gewisse Müdigkeit, doch wollte er von einer Schonung nichts wissen. Noch am Samstag verrichtete er seine Arbeit in der Kirche und Schule. Sonntag konnte er aber nicht mehr den Gottesdienst besorgen, und Montag nachmittag beschloß er sein arbeitsvolles Leben. Der Verstorbene wurde am 14. Mai 1867 in Ogfolderhaid geboren und kam nachdem er von 1815 - 1899 Vizerektor des bischöflichen Seminars in B. Budweis war, als Pfarrer nach Glöckelberg, als welcher er von 1899 - 1936 wirkte. Bekannt war seine Mildtätigkeit, niemandem konnte er eine Bitte abschlagen, wenn er sie erfüllen konnte, und oft wurde seine Güte ausgenützt, auf Dank rechnete er ohnehin nicht. Ein Auftreten in der Öffentlichkeit war ihm ganz gegen sein Wesen und wo es nur möglich war, blieb er allen diesen Dingen fern. Im Laufe der Jahre seines Hierseins unterrichtete er, der ein guter Zitherspieler war, viele Mädchen, schrieb ihnen ganze Bücher mit Noten und Liedern, natürlich alles unentgeltlich, und kaufte selbst das Instrument, wenn er nicht anders sein konnte. Eine weitere Lieblingsbeschäftigung war das Zusammenstellen von Schmetterlingssammlungen, die er immer wieder ergänzte, so für die hiesige Schule und auch für das Böhmerwaldmuseum in Oberplan. Für die Gemeinde Glöckelberg verfaßte er eine Ortsgeschichte, gab sie im Selbstverlag im Druck heraus und verschenkte die vier Heftchen an Interessenten. Am Donnerstag, dem 17. September, wurde er unter zahlreicher Beteiligung auf dem hiesigen Friedhof zur wohlverdienten, letzten Ruhe bestattet. 23 Berufskollegen von ihm waren erschienen, an deren Spitze Dompropst Praschl aus Budweis als Vertreter des Bischofs. Schule und Lehrkörper, Gemein- devertretung und Ortsschulrat, Feuerwehr, Genossenschaft, Post, Gendarmerie, Finanz und Zollamt, auch die österreichische Abteilung und viele Trauergäste von hier und Umgebung gaben ihn das Geleite zur letzten Ruhestätte, viele Tränen sind geflossen. Nun liegt er mitten in unserem Bergfriedhof neben denen, die ihm vorangegangen und hat nun das, was er sich nicht gönnte; Ruhe und Frieden.

Erstkommunion Geburtsjahrgang 1924

Pfarrer von Glöckelberg von 1899 - 1936
(Zu Ehren von Herrn Pfarrer Dr. Alois Essl)

"Der Pforra va Glöckelberg"
Von Hermine Kimbacher, geb. Springer

Da Pforra va Glöckelberg dös war hulta Moan
wia ma weit und broat nit bold findn koan.
Bundschuah am ruckn, in Schlößlfrack on,
so houn ihn ouft gehn g'sehn, boafassiid'Ploun.

Dej kurzn Kidl, dej jot da Pforra nit megn.
Dej jungan Mejscha hand eam z'neimodern gwejn.
"Sogs dana Muadan", son hot a ouft gmoant,
"sie sul da an Soumat kaffn und stückln dei Kload".

In Kinan hod a 's Zidanspuln g'lent,
hod boscht und hod g'sunga, is um an Tisch g'rennt.
In sana Konzlei in Pforrhof is g'wen.
Köchin Marie is i da Kuchl danebn.

Für Spiel und für Sport hod a wos überi g'hod.
Kina san kema beinoh ulli Tog.
Sej houn si dej Bolln und Springschür ausag'huld.
Da Pforra hot's gkafft und was g'wejn a aff d'Schuld.

Min Göld, do hods da Herr Pforra überhaupt nit g'holn.
"Pforra, i brauhat a G'wond!" dös hod eam nea g'folln,
wann d'leut a soa g'sogt houm, gor frech wia ma scheint.
Do hod da guate Pforra jo niedamol greint.

Glei am Erschtn is a gunga zan Judn am Kanal.
Hod G'wound g'kafft, hod Schusch g'kafft und jiach mol an Schal
Köchin Marie, sei Schwesta is g'wen,
hot g'jammet und g'klogt: Va wos suln ma denn lebn?"

Am Kranzltog houm ma uns Körbein hergricht.
In Guldregn dazu hod da Pforra wieda g'stift.
Fei sölba is a affrigralt in Goachtn af Staudn.
Mia Mwejscha houm g'wort drunt af die guldanen Traubn.

Jo richti, do is jo noa da Pforravoda g'wen.
Houmdn überoll kennt, a draußt af da Schönebn.
In Pforrhouf hod a g'fundn sei Brot.
Seijni Hültschuah hod a mit Soumat ausschlogn g'hod.

Da guadi Pforra is schou longi Zeit g'storbn.
Sei Grob hod a g'fundn in Freithof dohoam.
Vom Bärnstoa oba müassat mas Grobkreuz segn.
Sej homs oba umg'haut, dej wüldn Böhm.

Und wia'r a wird eingrobn, 's Load druckt uns schwar,
do is a gor Dr.Dr. und Domkapitular.
Der Freithof vull Geistli und ulli segn's guat,
am Sorg do liegt jo - wer glaubt's - a roida Huat.

Pforra Luisl, i grüaß Di,
du host uns vül gebn,
uns Leut va Glöckelberg, va Hüttenhof
und a va da Schönebn!

Nächstenliebe im KZ – der »Engel von Dachau«

Zum 40. Todestag von Pater Engelmar Unzeitig CMM am 2. März

"Liebe verdoppelt die Kräfte; sie macht erfinderisch, macht innerlich frei und froh... Das Menschenherz ist auf Liebe abgestellt; nichts kann auf Dauer ihrer Macht widerstehen.« Diese Worte schrieb der Mariannhiller Pater Engelmar (Hubert) Unzeitig, dessen 40. Todestag wir am 2. März gedenken, in einem Brief aus dem KZ Dachau.

Wer war Pater Engelmar Unzeitig? Seine Wiege stand in Greifendorf im Schönhengstgau/Nordmähren (CSSR). Hier wurde er am 1. März 1911 geboren. Schon früh verlor er seinen Vater, der im Jahre 1916 in russischer Gefangenschaft starb.

Mit 17 Jahren meldete sich der junge Mann als Spätberufener bei den Mariannhiller Missionaren in Reimlingen (Diözese Augsburg), machte sechs Jahre später das Abitur und schloß sich dann der Gemeinschaft an. Er studierte in Würzburg Philosophie und Theologie und wirkte nach der Priesterweihe (1939) kurze Zeit in Riedberg bei Linz/Donau.

Seine erste Pfarrstelle erhielt Pater Engelmar 1940 in Glökkelberg im Böhmerwald. Hier wurde er am 21. April 1941 von der Gestapo verhaftet. Er hatte sich dafür ausgesprochen, daß man Gott mehr gehorchen müsse als den Menschen. Nach sechs Wochen Haft wurde er ins KZ Dachau – der »Stadt ohne Gott« – »überstellt«.

Vier von sechs Priesterjahren verbrachte Pater Engelmar in Dachau. Als eines Tages Fleckfieber in das KZ eingeschleppt wurde und seine Opfer vor allem unter den Russen forderte, meldete sich der Geistliche freiwillig zur Pflege der Kranken und Sterbenden (Herbst 1944). Die SS sah – aus Angst vor Ansteckung – tatenlos zu.

Selbstlos und ohne Furcht kümmerte sich Pater Engelmar um die kranken Häftlinge. Er stellte sein eigenes Leben ganz in den Dienst an den hilflosen Gefangenen. Uner-

Die Priesterbaracke im KZ Dachau.

müdlich betreute er die Todgeweihten und spendete Hunderten von ihnen die Sterbesakramente. Dabei wurde er selbst vom Fleckfieber angesteckt. Er starb am 2. März 1945 – wenige Wochen vor der Befreiung des Lagers durch die Siegermächte.

Viele russische Häftlinge waren zuvor durch den Mariannhiller Pater zum Glauben gekommen, unter ihnen ein hoher russischer Kommissar. Um andere Häftlinge vor dem Hungertod zu retten, gab Pater Engelmar von den eigenen Rationen und sammelte auch bei den Mitbrüdern der Priesterbaracke von Dachau für diese Ärmsten der Armen.

Pater Engelmar war ein einfacher Mensch, ohne ruhmreiche Vergangenheit, ohne besondere Beziehungen. Er war eine unauffällige Persönlichkeit, sehr bescheiden, fast schüchtern. Aber größer als die Großen seiner Zeit machte ihn die Liebe, von der wir im 1. Johannesbrief lesen: »Dieses Gebot haben wir von Gott: Wer Gott liebt, muß auch seinen Bruder lieben.« (1 Joh 4,21)

Menschen, die Pater Engelmar ein Stück seines Weges begleiten durften, haben Zeugnis von seiner großen Gottes- und Nächstenliebe gegeben. Ehemalige KZ-Mithäftlinge nannten ihn zu Recht den »Maximilian Kolbe der Deutschen«, gelegentlich auch den »Engel von Dachau« oder einen »Märtyrer der Nächstenliebe«.

Pater Engelmar Unzeitig war ein Märtyrer – und ein Heiliger. Sein Sterben in Dachau erinnert uns an die unzähligen Opfer in den anderen Konzentrationslagern, ob sie nun in Auschwitz, Bergen-Belsen, Buchenwald oder Sachsenhausen waren. Alle Opfer in den vielen KZs – insgesamt gab es in Mitteleuropa 27 mit 329 größeren Außenlagern – verdienen immer wieder unser besonderes Gedenken.

Dr. Reinhard Abeln

Bild links: Pfarrkirche in Greifendorf. Hier wurde Hubert Unzeitig getauft, hier feierte er Primiz. Eingeblendet sind Dorf- und Gauwappen.

Rechts: Todesbescheinigung im KZ – Kopie des Originals. Fotos KNA

"Der Engel von Dachau"
Zum Gedenken an Pater Engelmar

Pfarrer Schneider von Schlierstadt bei Osterburken bemühte sich, die Asche des Verstorbenen zu retten: "Ich sah in P. Engelmar, wie alle meine Mitbrüder, einen Heiligen. Weil ich ihn so schätzte, habe ich mich bemüht, seine Asche zu bekommen. Ich setzte mich mit dem Kapo des Krematoriums in Verbindung. Dieser verbrannte bei seiner Nachtarbeit die Leiche einzeln und brachte mir die Asche in einer Papiertüte ins Lager. Ich nähte sie in ein Säckchen, auf das ich mit Tusche schrieb: Vera cinera beati in Domino defuncti P. Hubert Unzeitig. Ich schloß sie in ein Kistchen ein, auf dem ein ›U‹ eingeschnitten ist. Über Herrn Leo Pfanzer aus der Plantage ließ ich das Kistchen nach Dachau hineinbringen." (Brief von Pfarrer Schneider, 1945). Die Asche wurde am 30. März 1945 ehrenvoll in einer Urne in der Gruft der Mariannhiller Missionare in Würzburg beigesetzt. Diese Urne wurde am 22. November 1968 in die Mariannhiller Herz-Jesu-Kirche in Würzburg übertragen.

Einige Zeugnisse sollen über die Gesinnung und den heroischen Grad der Tugend des Märtyrers von Dachau Kunde geben. Sein letzter Brief:

"Liebe Schwester! Auch ich freute mich sehr, als ich nach langer Zeit von Dir wieder ein Lebenszeichen erhielt. Viel Schuld daran tragen auch vielleicht die gestörten Verkehrsverhältnisse. All das nimmt uns aber nicht die Gelassenheit, da wir uns alle in Gottes Hand wohlgeborgen fühlen, wie der heilige Paulus sagt: 'Wir mögen leben oder sterben, wir sind des Herrn." All unser Tun, unser Wollen und Können, was ist es anders als Seine Gnade, die uns trägt und leitet. Seine allmächtige Gnade hilft uns über die Schwierigkeiten hinweg. Ja - wie die heilige Felizitas sagt, leidet der Heiland selbst in uns und ringt zusammen mit unserem guten Willen um den Triumph Seiner Gnade. So können wir Seine Ehre mehren, wenn wir Seiner Gnadenkraft kein Hindernis entgegensetzen und uns restlos an Seinen Willen hingeben. Liebe verdoppelt die Kräfte, sie macht erfinderisch, macht innerlich frei und froh. Es ist wirklich in keines Menschen Herz gedrungen, was Gott für die bereit hält, die ihn lieben. Freilich trifft auch sie die rauhe Diesseitswirklichkeit mit all dem Hasten und Jagen und dem ungestümen Wünschen und Fordern, mit ihrer Zwietracht und ihrem Haß wie ein beißender Frost. Aber die Strahlen der wärmenden Sonne der Liebe des allgütigen Vaters sind doch stärker und werden triumphieren; denn unsterblich ist das Gute und der Sieg muß Gottes bleiben, wenn es uns auch manchmal nutzlos erscheint, die Liebe zu verbreiten in der Welt. Aber man sieht, daß das Menschenherz auf Liebe abgestimmt ist und daß auf die Dauer ihrer Macht nichts widerstehen kann, wenn sie nur wirklich auf Gott und nicht auf die Geschöpfe gründet. Wir wollen weiter alles tun und aufopfern, daß Liebe und Friede bald wieder herrschen mögen."

Lenz SJ berichtet in einem Brief: "P. Engelmar hat im Lager russisch gelernt, um den Gefangenen aus den Ostgebieten helfen zu können." Da die SS den Typhusblock mied, konnten die Priester ungestört den Sterbenden beistehen. "Da war unser P. Hubert am rechten Platz ..." Das Glück eines priesterlichen Wirkens sprach aus seinem edlen, feingeschnittenen Antlitz. Eines Tages ließ er mich wieder um die Mittagsstunde ans Fenster rufen. Er wollte heiliges Krankenöl für seine Sterbenden. Sein Anblick machte mich diesmal erschrecken. In hohem Fieber glänzten die Augen und die eingefallenen Wangen zeigten scharf gerändert, rote Flecken... Meine Mahnung zur Vorsicht beantwortete er mit einem freundlichen Lächeln ...Und so kam es, was kommen mußte: P. Engelmar hat von Engeln geleitet die Reise in die Ewigkeit angetreten. Zur heiligen Kommunion hat er sicher noch Gelegenheit gefunden. Er starb am 2. März 1945, als ich selbst bewußtlos im hohen Fleckenfieber darniederlag."

Die Glöckelberger Kirche in den 40er Jahren

Seelsorger in Glöckelberg

Ergänzt 1991 von Franz Petschl

Name	geboren am:	angestellt am:	kam von: nach:	gestorben:
1. Köbler Oswald	Ankunft am 1844 als Lokalist Ecabsizinzer. Taufe 1738	das k. Pfarrhaus 1787	Im Jahre 1808 nach Lugau	15.4.1812 Lugau
2. Friedenschuss Franz	… … … …	… Lokalist … Leopoldshof 20. März 1809 Lokalist	Oberplan Obermoldau 1825 moldau	29.1.1848 in Obermoldau
3. Oswald Johann	24. März 1797 in Krestovic	Administrator 1848	15. Sep. 1822	
4. Stifter Andocas	geboren 17.XI.1783	15. August 1825 in Ottstift	nach Antreslag	24.I.1878
5. Hüll Julius	2.4.1806	am 1. März 1850 Admin.	…	26.4.1865 in Tisch.
6. Konzinger Johann	Neudebstadt am 18.II.1808	9.IX.1850 Pfarrer 6.I.1857	… Konsistorial …	10.X.1891 in Glöckelberg
7. Klimes Matthaeus	Kripno am 7.X.1823	Am 30.VIII.1857 H. 28.XI.1863 bis 6.4.1898	… Unterwalden	31.I.1901 in Untermoldau
8. Gross Vinenz	Neuhaus am 17.VIII.1866	Adm. 6.IV.1899	… Glöckelberg	
9. Essl Alois, theol. prof. m. asphaltierten Lokalbau m 14.I.1867 erwarb sich in der als Dechant - war Viserektor - Ehren - Konsistorialrat und Ehrendechant		16.VII.1899	nach Glöckelberg Bucwais	14.9.1936 in Glöckelberg
10. Metzner Georg	1907 in Hotetitz	Verfasser der Ortsgeschichte 26.IX.1936 - IX.39	von Oberplan	Glöckelberg
11. Cramer W. Georg	5.9.1900 in Iserlohn	als Jänner 1940	in seine Heimat Essen	Riedegg
12. Unzeitig Peter Engelmar	1.3.1941 in Greifendorf	1.10.1940 - April 1941	Dachau	2.3.1945 in Dachau
13. Bieberle Lubert Karl der Prior des Stiftes Schlägl		26.4.1941	Riedegg	
P. Cajetan Lang - übernahm einige Wochen die Seelsorge und blieb 2 bis 3 Tage wöchentlich in Glöckelberg				

Deutsches Reich.
Bezirkshauptmannschaft: Krummau
Bezirksgericht: Oberplan
Nr. 1425

Geburts- und Taufschein

Diözese: Budweis
Vikariat: Oberplan
Pfarre: Glöckelberg

Geburts- und Taufmatrik: Buch: III Blatt: 163 Post-Nr.: —

Tag, Monat und Jahr	der Geburt	Am 3. I. 1877 d. i. am dritten Jänner im Jahre: Ein Tausend acht Hundert siebzigsieben
	der Taufe	3. Jänner 1877
Name des Taufenden		Johann Kenzinger, Pfarrer
Name des Täuflings		Agnes Kika
Geburtsort		Glöckelberg N 70 Bezirks-Behörde: Krummau Gericht: Oberplan
Geburtsassistentin		Maria Stepan, geprüft
Religion		röm. katholisch Geschlecht: weiblich Geburt: ehelich
Vater (laut Matrik)		Wenzl Kika, Häusler in Glöckelberg N 70, ehel. Sohn des Lorenz Kika, Häuslers in Hüttenhof N 28 u. der Elisabeth, geb. Springer des Eheweibes auch von da N 35, Bezk. Krummau
Mutter (laut Matrik)		Maria, ehel. Tochter des + Albert Pangerl, Häuslers in Glöckelberg N 70 u. der Maria geb. Studener, des Eheweibes auch von hier N 6, Bezk. Krummau.
Paten (Vertreter, Zeuge) Vor- u. Zuname, Stand und Wohnort		Valentin Strempfl, Häusler in Glöckelberg N 24, mit seinem Eheweibe Thekla.
Anmerkung		

Urkund dessen die beigesetzte Namensfertigung und das beigedrückte Pfarramts-Sigill.

Gegeben vom Pfarramte in Glöckelberg
13. Dezember 1938.

Motzner Georg
Admin.

Československá republika. / Republica čechoslovaca.
Okresní úřad / Districtus officium: Čes. Krumlov.
Okresní soud / Districtus judicialis: Horní Planá
Č. Exh.

Oddací list.
Testimonium copulationis.
Trauungsschein.

Diecése českobudějovická / Dioecesis Boh.-Budv.
Vikariát / Vicariatus: Horní
Fara / Parochia: Glöckelberg

Matriky oddaných / Libri copulatorum: Glöckelberg
Kniha / Tomus: 5
List / Folium: 41
Číslo post. / Num. currens: 9

Den, měsíc, rok oddavek / Dies, mensis et annus copulationis	Dne 17.10.1932 to jest dne siebzehnten Oktober roku: tisícího eintausendneunhundertzweiunddreissig oddáni byli v Glöckelberg	
	Ženich / Sponsus	**Nevěsta / Sponsa**
Jméno a příjmení, stav čili zaměstnání, obydlí, místo narození, číslo domu, někdejší obydlí, okresní soud a úřad, jméno, příjmení a stav rodičů, jejich, čís. domu a náboženství / Nomen, conditio, locus domicil. et nativitatis, nrus domus, prius domicilium districtus jud. et officium district.; nomen, conditio, domicil. et religio parentum	Ludwig Petschl, Schneider=meister, geb.in Glöckelberg 86 ehelicher Sohn des Silvester Petschl, Landwirt und Schneider in Glöckelberg 86 und der Josefa geb. Erhart aus Stegenwald. alle röm.kath. Bezg.Oberplan.Bezh.Krummau.	Aloisia Wenk, geb. Unter stögenwald 3, eheliche Tochter des Josef Wenk, Inwoh. Glöckelberg 75 und der und der Josefa geb.Springer aus Unter stögenwald 3.
Náboženství / Religio	röm.kath.	röm.kath.
Věk - Aetas	6.8.1884. naroz.	9.11.1898. naroz.
Stav / Conditio, an prius jam matrimonio juncti fuer.	verwitwet	ledig
Oddávající kněz / Sacerdos copulans	Alois Essl, Pfarrer.	
Svědkové / Testes copulationis	Leo Petschl aus Glöckelberg Josef Wenk aus Glöckelberg.	
Prohlášky staly se / Proclamationes factae	2.9.u.16.10.1932.	

Na důkaz toho vlastnoruční podpis a pečeť farního úřadu.
In quorum fidem manu propria subscripsi et sigillo parochiali munivi.

Dáno - farní úřad v Glöckelberg dne 2.9.

K žádosti strany se vydává výpis v jazyce zápisu.

Podpis.

Katholischer deutscher Burschenverein "Edelweis" 1910

Goldene Hochzeit 1870-1920

Der "Hochtzeitslader"

Hochtzeitsgruppe vor dem Friedhofstor

Unsere Matriken
(Von Kons.-Rat Josef Dichtl)

Die Kirchenbücher gehen auf die im Konzil zu Trient in Welschtirol 1545-1563 gegebene Vorschrift zurück, Taufe, Trauung und Begräbnis der Katholiken in eigenen Büchern aufzuzeichnen. Es dauerte ein Jahrhundert, bis in unserer Heimat der Konzilbeschluß soviel wie allgemein durchgeführt war. Seit 1751 hat Österreich die Kirchenbücher zugleich zu seinen Geburts-, Trauungs- und Sterberegister gemacht und die Geistlichen als Matrikenführer bezahlt. Für uns sind die Matriken seit Jahrzehnten vor der Vertreibung, in welche man - als deren geistige Vorbereitung - uns als Zuwanderer und germanisierte Slawen hinstellte, auch der Beweis, wie rechtens und ehrlich unsere deutschen Vorfahren ihre Heimat seit Jahrzehnten erworben haben, besaßen, bearbeiteten und vererbten. Dem Familienforscher, nicht erst seit 1933, tat sich im Studium der Matriken diese Welt in unendlich tröstlicher Weise auf. Von 1926 bis 1946 habe ich beispielsweise über 800 Vorfahren und als Pfarrer zahllose Landsleute in den Kirchenbüchern der Heimat erforscht. Von einem enormen familienkulturellen und allgemeinen geschichtlichen Wert sind vor allem für die Zeit, wo die Matriken noch reine Kirchenbücher waren - eine Formel der Eintragung war allerdings auch da schon festgesetzt - viele zusätzliche Bemerkungen der Geistlichen. Ich denke an die Eintragungen der an der Pest verstorbenen in der Pfarre Tisch. Bei der gewissenhaften feuersicheren Aufbewahrung, oft in den gewölbten Räumlichkeiten des Pfarrhofes, gingen äußerst selten Matriken zugrunde. In Höritz und Kalsching sind sie verbrannt. Mit viel Mühe hat man sie, was die damals lebende Generation betraf, rekonstruiert.

1945 übernahm der tschechische Staat unsere Matriken in seine Zentralarchive, wo sie heute mit der Erlaubnis und nach Gebührenentrichtung eingesehen werden können. In den Budweiser Diözesanschematismen sind bei den Pfarreien alle eingepfarrten Ostschaften. Bei älteren Ostschaften in jüngeren Pfarreien und bei umgepfarrten Ortschaften ist es meist nicht leicht, den Matriken-Anschluß zu finden. Unsere unschätzbare historisch-statistische Beschreibung der Diözese Budweis von J. Trajer, 1862, gibt da oft Auskunft. So heißt es beispielsweise Seite 335 bei Ogfolderhaid: Vor der Errichtung der Seelsorge waren Ogfolderhaid, Hundhaberstift, Reit, Michetschlag und Schneidetschlag nach Stein und die anderen Ortschaften nach Andreasberg eingepfarrt.

Bekannte Sudetendeutsche in Österreich
(Von W. Franz)

400 Jahre sind die Sudetenländer, die einstigen Kronländer Böhmen, Mähren und Schlesien mit den österreichischen Erbländern des Donau- und Alpenraumes politisch verbunden gewesen. Viele menschliche und wertvolle Impulse haben die Sudetenländer ihrer großen Heimat Österreich in dieser großen Zeitepoche gegeben, und viele bedeutende Persönlichkeiten Österreichs sind sudetendeutscher Herkunft. Allen wohl voran, und bis Japan hin geschätzt, unser Böhmerwalddichter Adalbert Stifter aus Oberplan in Südböhmen. Die in Mähren geborene Dichterin Alt-Österreichs Maria v. Ebner-Eschenbach, der Egerländer Schriftsteller Bruno Brehm, die weiteren Schriftsteller wie Robert Hohlbaum und Rudolf von Eichthal, Franz Karl Ginzkey, der Verleger Johann Steinbrenner und

der Dichter Franz Werfel, die Dichterin Gertraude Fussenegger und die Schriftstellerin Ilse Tillsch, der Maler Prof. Kubowski, sie alle stammen aus den Sudetenländern. Der bedeutende Kirchenführer aus dem Erzgebirgsdorf Weipert Neugeschrei stammende Theodor Kardinal Innitzer, der in Landskron/Ostböhmen geborene Erzbischof von Wien, Friedrich Gustav Kardinal Piffl, auch sie alle sind Sudetendeutsche. Auch bedeutende Komponisten stellte das Sudentenland, wie Gustav Mahler, er wurde in Kalischt in Böhmen geboren. Franz Schuberts Vorfahren stammen aus Mährisch-Schönberg. der Operettenkomponist Leo Fall war ein Sudetendeutscher und der Bruckner-Lehrer Simon Sechter war ein Böhmerwäldler. Nicht zu vergessen ist der bekannte Komponist Bert Rudolf. Heimat großer Ärzte war auch das Sudetenland, wie der aus Weidenau in Schlesien stammende Prof. Adolf Lorenz ("Vater der Orthopädie"), er ist auch der Vater des Nobelpreisträgers Konrad Lorenz, weiter Männer wie Vinzenz Priesnitz und der aus Schlesien stammende Begründer der bekannten Kur, Johann Schroth. Weltweite Wirkung in der Wirtschaft erlangte der Gründer einer Handelsdynastie Julius Meinl und der Begründer des Nahrungs- und Genußmitteunternehmens Eduard Haas, sowie Josef Schlumpeters Volkswirtschaftsphilosophie. Weitere Pesönlichkeiten in der österreichischen Wirtschaft sind der Hersteller edelster Gläser, Prof Riedl, die Brillenfabrikanten Arnold und Anneliese Schmied (Silhouette) und der Begründer der heutigen Brillenfabrik Opthyl-Carrera Wilhelm Anger. Sie verschafften Österreich Weltgeltung auf ihren Gebieten. Der Stempelfabrikant Justin Wels ist Sudetendeutscher ebenso der Glasfabrikant Swarovski in Tirol. Auch die Gablonzer Schmuckwarenerzeuger erbrachten und erbringen Österreich enorme Summen an Steuern und Devisen. Bedeutsam auf sozialem und politischem Gebiet wurden für Österreich auch Männer wie der frühere Nationalrat Edwin Machunze, der Landeshauptmann von Niederösterreich Siegfried Ludwig oder der Abgeordnete Dr. Höchtl. Große Politik haben Sudetendeutsche gemacht: Viktor Adler, er wurde in Prag geboren, Ferdinand Hanusch (Sozialpolitiker), er stammte aus Oberdorf bei Wigstadtl in Schlesien, Richard Schmitz aus Müglitz wurde Bürgermeister von Wien, Reinhard Kamitz als Wirtschaftswunderdoktor, seine Wiege stand in Halbstadt bei Braunau/Ostböhmen. Aus dem Sudetenland stammen aber auch einige österreichische Politiker bzw. Bundespräsidenten, wie der Erzgebirgler Adolf Schärf und der "Baumeister der Republik Österreich", Karl Renner aus Unter-Tannowitz in Südmähren.

Es war ein gutes Land, aus dem sie alle gekommen sind! Unsere alte Heimat war geprägt von eindrucksvollen Bauten, von prächtigen steinernen Gottesfingern der Kirchtürme über jedem Ort. Aus diesem Sudetenland kam ein Menschenchlag, der überall durch die Charakterzüge von Arbeitsfreude, Strebsamkeit und Aufgeschlossenheit für die Zeitentwicklung geprägt war.

Geschichte der Schule von Glöckelberg
(Von Franz Petschl)

Als der Freiherr Christian von Eggenberg 1670 das Dorf Glöckelberg gründete ,gab es noch keine Schulpflicht, darum konnten die Glöckelberger auch hundert Jahre später, als Josef Fürst zu Schwarzenberg 1797 die Grundablösung durchführte, unter den Vertrag nur "eigenhändig drey Kreuzl" machen, weil sie des Schreibens noch unkundig waren. Erst als Glöckelberg, das hauptsächlich durch Ansiedlungen von Holzhauern und Glasbläsern entstand, mit Hüttenhof zum Kirchdorf vereinigt wurde, dachte man auch an den Bau einer Schule und vor allem einer Kirche. Darüber berichtet Josef Jenne, der zweite Schulleiter von Glöckelberg, 1807 im Pfarrgedenkbuch: *"Im Jahre 1786 reichten mehrere Gemeinden durch die königlichen Kreisämter beim königlichen Landesgubernium ein, um von höchsten Hofe die Erbauung der Kirchen, Pfarr- und Schulhäuser zu erlangen. So ließ sich auch der Richter Matthias Poferl, Besitzer des Hauses Nr. 26 in Glöckelberg, eine Bittschrift verfassen und wagte es, im Namen der ganzen Glöckelberger Gemeinde das demütigste Gesuch vor den Thron des besten Landesvaters (Kaiser Josef II.) zu bringen und erlangte unter 15. Feber 1787 die allergnädigste freudenvolle Resolution, die Bewilligung zur Verabfolgung der Baukosten auf die Kirche und Lokalie."* Matthias Poferl, der übrigens alle Reisen zu Fuß und auf eigene Kosten machte, war ein Mann der Tat. Er traf nach der Rückkehr aus Wien gleich alle Anstalten, und es wurde zuerst dort, wo jetzt die Schule steht, eine hölzerne Kapelle aus Brettern erbaut. Die erste Schulstube richtete er in seinem Hause ein, damit die Kinder von Glöckelberg so rasch wie möglich lesen und schreiben lernen konnten: denn er war sicherlich beschämt, daß auch er den Grundablösungsvertrag noch mit drei Kreuzl unterschreiben mußte. Obwohl bereits im Mai 1787 der Kreiskommisar die Lokalie Glöckelberg besuchte, um den Überschlag zu machen, wieviel das aus Mauerwerk auszuführende Pfarr- und Schulhaus kosten dürfte, verstrichen volle zehn Jahre, bis die Gebäude erstellt wurden. Immerhin hat es der wackere Matthias Poferl erreicht, daß bereits am 29. April 1787 in der hölzernen Kapelle die erste heilige Messe gelesen wurde.

Philipp Bayer, ein Schullehrersohn aus Polletitz, unterrichtete vom Jahre 1788-1790 im Poferlschen Hause und war somit der erste Schulleiter in Glöckelberg. Freilich gab es noch recht viele Schwierigkeiten, denn das Geld war rar. 1789 kam sogar der inzwischen begonnene Ausbau der neuen Kirche ins Stocken, weil kein Geld mehr vorhanden war. Der erste Seelsorger Oswald Höbler und der zweite Schulleiter Josef Jenne mußten viele Bittgänge machen und durch Sammlungen von Haus zu Haus das Geld aufbringen, damit die erste Kirche wenigstens fertiggestellt werden konnte. Am 19.10.1794 wurde in der hölzernen Kapelle der letze Gottesdienst gefeiert und anschließend die neue Kirche eingeweiht. Josef Jenne, ein Schulgehilfe aus Andreasberg, unterrichtete von 1790-1807 in Glöckelberg. Unter seiner Leitung wurde mit dem Bau des ersten Schulgebäudes begonnen, das bereits am 08.10.1797 eingeweiht werden konnte. Nun begann der große Aufschwung in Glöckelberg. Die Bevölkerung nahm ständig zu. Zählte die Pfarrgemeinde im Jahre 1793 rund 400 Seelen, so sind in einem österlichen Beichtregister 1806 für Glöckelberg schon 61 Häuser mit 380 Beichtpflichtigen und für Hüttenhof 51 Häuser mit 295 Beichtpflichtigen eingetragen. Kein Wunder, mußte bereits der dritte Schulleiter von Glöckelberg, Anton Leutgöb, an den Bau eines größeren Schulgebäudes denken. Herr Leutgöb war Provisor in Oberplan und unterrichtete vom Jahr 1807-1851 in Glöckelberg.

1838 baute unter seiner Leitung der Zimmermann Johann Stadler aus Oberplan das neue Schulgebäude, damit eine 2. Klasse errichtet werden konnte. Die Schule war eine Pfarrschule und gehörte zum bischöflichen Schuldistrikts-Aufsichtsamt Deutsch Reichenau, später, ab 1856 zum Oberplaner Vikariat. Im Pfarrgedenkbuch erscheint von 1844-1847 ein Wenzel Weber als "Schulgehilf". Dieser Name (Gehilfe) wurde am 19.10.1848 in den Namen "Unterlehrer" verwandelt. Weiter erfahren wir: Nach 44-jähriger Dienstzeit in Glöckelberg starb am 18. Feber 1851 Herr Anton Leutgöb. Seine Stelle übernahm vom Jahre 1851-1865 als vierter Schulleiter Wenzel Reisinger (geb.in Oberplan am 29. August 1792). Wenzel Weber wurde zum Provisor bestellt, dem die Witwe Leutgöb außer der gewöhnlichen Verpflegung noch 2 fl C.M. (Gulden) wöchentlich bezahlen mußte. Das Schuleinkommen, das sehr bescheiden war, wurde mit Ausnahme der Leichengelder der Witwe belassen. 1852, 1853 und 1856 konnte kein Unterlehrer eingestellt werden, weil kein Gehalt zu ermitteln war. Aus dem Pfarrgedenkbuch erfahren wir weiter: "Um den Schullehrer aufzubessern, versammelten sich am 25.7.1854 die Gemeindevertreter im Pfarrhaus und beschlossen:

1. die Vorderhäuser führen den Dünger auf die Felder des Schullehrers

2. die Althäusler ackern im Herbst und Frühjahr und geben 1 Bund Heu

3. alle Häuser mit schulpflichtigen Kindern geben eine Reiste Flachs, damit das Schulgeld nicht erhöht werden muß."

Weil das Gehalt sehr gering war, mußte die Gemeinde ihre Lehrer mit Naturalien versorgen. Sie stellte neben der Wohnung meistens auch das Brennmaterial und Felder zur Verfügung. Da auch Heu abgeliefert werden mußte, ist zu schließen, daß auch die Glöckelberger Lehrersfamilien Haustiere hielten. Der Spottvers "Was er nicht ißt, das steckt er ein, das arme Dorfschulmeisterlein" beschrieb die Armut der Lehrer der damaligen Zeit. Das Schulgeld betrug im Jahre 1859 pro Haus und Monat 11 Kreuzer. Aus der Pfarrchronik erfahren wir: *"Mit Zuschrift vom 2.11.1863 der hohen k.k.-Statthalterei in Prag an das k.k.-Bezirksamt in Oberplan wurde beanstandet, daß man dem Religionsfonde für die Pfarrschule 7 Klafter Holz aufgebürdet habe (1 Klafter = ungefähr 3 Raummeter). Nach der Errichtungsurkunde aber sei der Normalschulfond und die Herrschaft Krummau verpflichtet, je 7 Klafter Holz für die Schule beizustellen."* Im selben Jahr wird auch Klage geführt über den schlechten Besuch der Sonntagsschule. Für den Wiederholungs- und Fortbildungsunterricht waren bis jetzt zwei Stunden bestimmt. Eine Anordnung vom 14. April 1865 wünscht mehr Stunden und verlangt, "daß besonders die Gewerbelehrlinge dazu herangezogen werden müssen". Die Schulchronik berichtet: *"Am 26. März 1865 starb Schullehrer Wenzel Reisinger, ein sehr tätiger Lehrer und Chorregent. Seine Stellung übernahm Maximilian Zizka (Schischka), geb. 25.07.1817. Er unterrichtete an der Stadtschule in Wallern und trat am 26.05.1865 in Glöckelberg seinen Dienst an. Bis 1888 war er dort Lehrer, also 23 Jahre lang."* Am 14.Mai 1869 erschien das Reichsvolksschulgesetz, und am 1.12.1869 war in Krummau die erste Lehrer-Bezirks-Konferenz.

Zur selben Zeit entstand die Bezirks-Lehrer-Bibliothek und am 1.1.1870 der Landeslehrerverein. Mit Erlaß vom 15. November 1870 wurden die Glasfabrik Sonnenwald und die Ortschaft Schöneben nach Glöckelberg eingeschult, und da die Schülerzahl immer größer wurde, mußte am 6. September 1872 eine dritte Klasse an der Schule errichtet werden, die am 20.April 1873 in die 2. Gehaltsklasse erhoben wurde. Ab 1874 wurde der Industrie-Unterricht eingeführt. Diesen Unterricht erteilte ab 1.4.1878 Frau Maria Schischka als geprüfte Industrielehrerin mit jährlich 165 fl. Gehalt. Diesen Haushaltungsunterricht besuchten die Schüler der Oberstufe. In den beiden Glashütten wurden vor Einführung des Reichsvolksschulgesetzes die größeren Schulkinder selbst zur Nachtzeit im Betrieb verwendet. Dies wurde durch die neuen Schulgesetze unmöglich gemacht. Deshalb drängte der Besitzer der Josefsthaler Hütte darauf, für die Gemeinde die sechsjährige Schulpflicht zu erlangen. Dieses Vorhaben wurde nicht bewilligt. Da die Bewohner Hüttenhofs die Errichtung einer Expositur anstrebten, kam am 18. Oktober 1892 eine Kommission, um die Strecken abzumessen. Es wurde festgestellt:

Hüttenhof (letztes Haus)	Schule Glöckelberg	3.854,16 m
Hüttenhof Mitte (Hof)	Schule Glöckelberg	2.519,56 m
Hüttenhof 1. Haus	Schule Glöckelberg	2.079,72 m

Um die Errichtung der Expositur wurde jahrelang gekämpft. Die Errichtung wurde vom Ministerium bewilligt. Der Ortsschulrat brachte Beschwerde beim Obersten Verwaltungsgericht ein. Der Ortsschulrat erklärte sich bereit, statt der Expositur eine vierte Klasse einzurichten, da ja die Klassen tatsächlich überfüllt waren. Damals hatte:

die 1. Klasse - 1893/1894 - 134 Schüler

die 2. Klasse - 1893/1894 - 88 Schüler

die 3. Klasse - 1893/1894 - 100 Schüler

1896 waren 331 Schüler in der Mutterschule. Am 28.8.1888 kam an die Schule Glöckelberg der Schulleiter von Blumenau, Herr Franz Honzik, geb. 16.8.1857 in Kuschwarda. Unter seiner Leitung wurde mit Erlaß des k.k.L.-Sch.-R. vom 07.11.1896 für Hüttenhof eine Winterexpositur (Außenstelle der Schule) für die unteren fünf Schuljahre angeordnet. Mit Beginn des Schuljahres 1898/99 wurde die vierte Klasse in Glöckelberg errichtet und in Hüttenhof die Schulexpositur (Aussenstelle) eröffnet. Im Jahre 1898 gründete Herr Oberlehrer Honzik den Schulkreuzer - Verein. Die vierte Klasse wurde damals in einem Zimmer des Gemeindehauses untergebracht. Bis zur Erbauung des Schulhauses 1910 in Hüttenhof mußte auch dort ein Lokal gemietet werden, und zwar im Hause des Johann Oser Nr. 62. Da nun infolge der Errichtung der vierten Klasse 2 Klassen außerhalb der Schule untergebracht waren, mußte nun die Frage: Neubau oder Umbau (Zubau) der Schule gelöst werden. Ein Zubau an der Nordseite des Gebäudes wurde beschlossen. Von der Errichtung der fünften Klasse wurde trotz der hohen Schülerzahl abgesehen, dafür aber der Antrag gestellt, die Winterexpositur in eine ganzjährige umzuwandeln, was auch unter gewissen Bedingungen geschah. Der Um- und Zubau war zu Beginn des Schuljahres 1899 und 1900 beendet und konnte seiner Bestimmung zugeführt werden. Baukosten 12.711,84 Kronen. Im Jahre 1906 wurden die Häuser 130 und 132 der Ortschaft Hinterhammer auf eigenes Ansuchen ausgeschult. Da der Zustand des Klassenzimmers in Hüttenhof den schulhygienischen Anforderungen nicht entsprach, drang der Bezirksschulrat darauf, einen Neubau für die exponierte Klasse aufzuführen. In der Ortsschulratssitzung am 10.1.1907 stellte das Mitglied Postmeister Wenzel Tahedl den Antrag, anläßlich der Feier des 60jährigen Regierungs-Jubiläums Kaisers Franz Josef I., der statt rauschender Feste, Werke der Allgemeinheit wünschte, den Neubau als Kaiser Franz Josef I. Jubiläumsschule durchzuführen. Nach einstimmiger Annahme wurde der Bau dem Maurer und Zimmermeister Franz Mayer in Oberplan übergeben. Der Neubau wurde am 13.6.1910 in Angriff genommen, und am 02.01.1911 wurde das erstemal darin unterrichtet. Kosten 17.496,98 Kronen. Der Postmeister Wenzel Tahedl hat sich durch die 18jährige Tätigkeit als Ortsschulinspektor auch um die Schule bleibende Verdienste erworben (Bau der Schulgebäude in Glöckelberg und Hüttenhof). Herr Oberlehrer Honzik, der sechste Schulleiter in Glöckelberg, unterrichtete noch bis zum Jahre 1919. Zu seiner Zeit waren auch die Lehrer Schlosser, Wagner und Weigunian der Schule tätig. Herr Schlosser war vorher Lehrer in Neuofen. In Hüttenhof unterrichtete Herr Hartwig Hruza, schon bevor das Schulhaus gebaut wurde im 1. Stock des "Tanzerhauses". Er mußte aber später wegen Krankheit (Schüttellähmung) frühzeitig in den Ruhestand treten. Es ist selbstverständlich, daß der Weltkrieg 1914-1918 tief auf die Verhältnisse im Schulbetrieb einwirkte. Bei der ersten Mobolisierung brauchte zwar noch kein Lehrer einzurücken, und es konnte zu Beginn des Schuljahres 1914/15 in allen Klassen unterrichtet werden. Der Verlauf de Krieges wurde auch in der Schule beachtet, waren doch viele Väter und Brüder der Schüler im Felde. Die Kinder sammelten mit den Lehrern Himbeer- und Brombeerblätter, Wacholderbeeren, Metalle, Goldsachen, Hadern, Kautschuk, Wolle, Zeitungen, Knochen, Verbandsmaterial, Liebespakete für Weihnachten im Felde, alles im bunten Wechsel, wie es der Krieg erforderte. Die Lehrer wurden aber dann auch zu Arbeiten außerhalb der Schule herangezogen. In den Klassen mußte deshalb Halbtagsunterricht erteilt werden. Der Schulbesuch nahm immer mehr ab, da die Schüler zur Verrichtung von landwirtschaftlichen Arbeiten vom Schulbesuch befreit waren. Später wirkten Nahrungs- und Kleidungs-mangel sehr ungünstig ein. Klassen mußten nach Nodwendigkeit zusammengezogen werden, da die vorhandenen Lehrer in den verschiedensten Kommissionen, selbst in fremden Bezirken tätig und tage- und wochenlang oft vom Dienstort abwesend waren. Die Verhältnisse dauerten auch nach dem Krieg und Umsturz vorerst noch an. Herr Oberlehrer Heinrich Pascher übernahm am Ende des Ersten Weltkrieges als siebter und letzter Schulleiter von Herrn Honzik die Schule und leitete sie bis zum Ende des Zweiten Weltkrieges (1945). Vom Jahre 1919 an übernahm Heinrich Pascher, der nach dreijähriger Frontdienstzeit zurückkehrte, die Leitung der Schule. Nachdem neue Lehrkräfte angestellt wurden, konnte wieder in allen Klassen unterrichtet werden. Langsam besserten sich wieder die Verhältnisse. Schwierig war aber noch immer die Ernährungsfrage, und viele Kinder waren unterernährt. Der Leiter der Schule war nun bestrebt, hier abzuhelfen. Es wurde nämlich die amerikansiche Kinderhilfsaktion unter der Leitung Hoovers ins Leben gerufen. Im September 1919 kam eine Kommission und regelte die Ausgabe der Hoover-Speisung. Es wurden 3 Koch- und Abgabestellen eingerichtet - in Glöckelberg im Hause Wenzel Jungwirth, in Josefsthal in einer leerstehende Wohnung und in Hüttenhof in der Schule. Die vom Arzt bestimmten Kinder erhielten nun nach vorgeschriebenen Rezepten täglich zubereitete Suppen(Reis-, Bohnen-, Erbsensuppe, Milch und Kakao...). Es wurden täglich 200 Portionen - 1919 ... 13 000 Portionen ausgegeben. Später erhielten die bedürftigen Kinder auch Kleider und Schuhe. In den Jahren nach dem Kriege zeigte sich ein Sinken der Schülerzahl, da der Geburtenrückgang infolge des Krieges die Zahl der Schulanfänger minderte. So waren im Jahre 1922 in der ersten Klasse 21 - im Jahre 1923 nur noch 15 Schüler. Dazu kam noch die Abwanderung mehrerer Familien aus Josefsthal, nachdem dort die Glashütte den Betrieb einstellte. So kam es auch hier, wie in vielen anderen Orten, zur Schließung einer Klasse im Jahre 1925. Da die Höchstzahl der Kinder einer Klasse herabgesetzt wurde, konnte bereits im Jahre 1926 wieder eine Parallelklasse zur Oberklasse eingerichtet werden. So zählte die Schule dann drei aufsteigende Klassen, eine Parallelklasse und eine Expositur.

Im September 1929 waren in: Lehrer:

Klasse 1a	16 Knaben und 18 Mädchen	Frau Janda
Klasse 1b	18 Knaben und 34 Mädchen	Frau Zadina
Klasse 2	18 Knaben und 23 Mädchen	Herr Janda
Klasse 3	12 Knaben und 25 Mädchen	Herr Pascher
Exp.Hüttenhof	29 Knaben und 28 Mädchen	Herr Hruza
	109 Knaben 128 Mädchen	

Im September 1930 waren in: Lehrer:

Klasse 1a	34	Schüler	Frl. Koller
Klasse 1b	62	Schüler	Frau Zadina
Klasse 2	41	Schüler	Herr Janda
Klasse 3	37	Schüler	Herr Pascher
Exp. Hüttenhof	57	Schüler	Herr Hruza
	231	Schüler	

1931: 249 Schüler, 1932: 260 Schüler, 1933: 250 Schüler. Im Juni 1930 heiratet Frau Zadina und verläßt den Schuldienst. Dafür übernahmen die Herren Heinz und Guschelbauer die Stelle. Am 10.11.1932 übernahm Frl. Fuchs die Stelle von Frau Janda, sie wurde am 01.02.1933 von Herrn Ponert abgelöst. Jedes Jahr im Winter wurden von Frau Julie Kary 3.000-6.000 Portionen Schulsuppe ausgegeben, die durch Zuweisungen von Spenden bezahlt wurden. In den 20er und 30er Jahren unterrichteten an der Schule in Glöckelberg Herr und Frau Janda (geb. Klepetko), Herr Strnad, Herr Reder, Herr Hruza, Herr Drechsler, Herr Jodl und Frau Zadina. Den Handarbeitsunterricht erteilte zuerst Frau Süß, dann Frau Weiß. Später übernahm ihn Frau Rienmüller bis zur Aussiedlung. Die Schulküche war erst in Gasthaus Kary untergebracht. Frau Rienmüller konnte sie 1933 dann in der Schule selbst errichten. Da die Schülerzahl ständig wuchs, mußte zeitweise auch im Armenhaus ein Klassenzimmer eingerichtet werden. In den 30iger Jahren waren an der Schule in Glöckelberg noch tätig: Herr Franz Ponert: er übernahm später wie auch Herr Lehrer Janda eine Schulleiterstelle in Oberösterreich. Herr Janda unterrichtete in Glöckelberg von 1921-1940. Herr Friedrich Engel unterrichtete von 1930-1932 in Hüttenhof und von 1932-1938 in Glöckelberg. Später unterrichtete in Hüttenhof der Planstellenlehrer August Marx. Herr Guido Rodinger: 1933 und Frau Maria Fuchs: 1932, Frau Hedwig Wimberger: 1935, Herr Koller , Herr Hoffmann Karl:, Herr Hans Maurer (2. WK. gefallen), Frau Kriso:, Fischer:, Raffelsberger, Herr Höpfler, Frau Herbiger: 1936 unterrichtet in der Notschule beim Rauch. Durch die Kriegsereignisse ergab sich dann auch in der Schule ein größerer Wechsel. In den 40iger Jahren erteilte Herr Franz Hruza Unterricht an der Schule in Glöckelberg. Nach der Aussiedlung lebte er mit seiner Schwester am Chiemsee. Kurze Zeit war auch Frau Ine Gabriel aus Oberplan an der Schule tätig. An der einklassigen Grundschule in Hüttenhof unterrichtete einige Jahre Herr Ulmann aus Höritz. Der Lehrer und Pfarrer standen in Glöckelberg im hohen Ansehen, somit hatten sie auch einen guten Einfluß auf das kulturelle Leben in der Gemeinde. So waren z.B. die Lehrer, vor allem die Schulleiter, durchwegs die Organisten und Dirigenten in der Pfarrgemeinde; und sie verstanden es, mit ihrem Spiel, ihren Chören und Musikgruppen die kirchlichen und weltlichen Feste und Feiern schön zu gestalten. Sicherlich denkt noch jeder gerne an manche dieser Höhepunkte wie Fahnenweihe, Glockenweihe, Prozessionen, Sonnwendfeiern usw. zurück. Beliebt waren auch die Theateraufführungen, die meistens von den Lehrern einstudiert wurden. Es wurden auch regelmäßig Kurse für Kochen, Nähen u.a. abgehalten. In Glöckelberg wurde vieles geboten, darum kamen auch viele Gäste aus nah und fern in dieses schöne Bergdorf. Herr Lehrer Janda hat sich als Feuerwehrkommandant durch den Aufbau einer tüchtigen Feuerwehr und den Bau des Feuerwehrhauses grosse Verdienste erworben. Der Drang nach besserer Schulbildung war auch den Glöckelbergern eigen, darum besuchten manche die Bürgerschule in Oberplan. Wer es sich leisten konnte, schickte seine Kinder in die Handelsschule oder auf das Gymnasium nach Krummau, Budweis oder Prachatitz. Einige Glöckelberger besuchten die Lehrerausbildungsanstalt in Krummau. Wer aber von den Glöckelbergern eine höhere Schulbildung anstrebte, mußte meistens große Strapazen auf sich nehmen. Da ein Kostplatz mit Wohnung am Schulort für die karg lebenden Wäldler zu teuer war, traute man den 11-14 jährigen Buben und Mädchen die 1 1/2 bis 2 Wegstunden zum täglichen Besuch der Bürgerschule in Oberplan zu. Wie oft im Jahr mußten sich diese Schüler gegen den Sturm stemmen, Regen, sowie Schneetreiben über sich ergehen lassen, oder bei klirrender Kälte oft ohne Mantel und mit Holzschuhen den 8-9 Kilometer Schulweg meistern. Besonders hart war es für diejenigen, welche die freiwilligen Fächer (Steno, Fremdsprachen und Buchführung) noch am Nachmittag besuchten. Sie mußten vor allem im Winter schon vor 6 Uhr ihren Schulweg antreten und kamen erst in der Dunkelheit am Abend wieder nach Hause, halb erfroren und ausgehungert. Zum Glück erbarmten sich gutherzige Menschen und spendeten in der harten Winterzeit den auswärtigen Kindern eine warme Schulsuppe, denn ein Essen konnte sich kaum einer leisten. Ja, manche hatten in der Zeit der Schliessung der Glasfabrik in Josefsthal und der Weltwirtschftskrise nur ein Stück trockenes Brot als Tageszehrung mit. Aber sie schafften es alle, denn "was einen nicht umbringt, macht einen stärker". Eine gute Schulbildung war ihr Gewinn. Aber auch die Schüler aus Josefsthal und Hüttenhof unterlagen den gleichen Bedingungen des Schulbesuches nach Oberplan. Die Oberplaner Bürgerschule hatte sehr gute Fachlehrer, die sich verständnisvoll um die Kinder annahmen und sie gut unterrichteten. Für viele war der gute "Schulsack" die beste Mitgift aus der verlorenen Heimat. Obwohl Glöckelberg nach dem Ersten Weltkrieg zur CSR gehörte, absolvierten die Kinder von Sonnenwald und Schöneben trotzdem jenseits der Grenze ihre Schulpflicht in der Glöckelberger Schule, in die diese Grenzorte am 15.11.1870 eingeschult wurden. Es blieb also so, wie es zur Zeit der gemeinsamen Monarchie war. Erst als Österreich ans Dritte Reich (1938) angegliedert wurde und die politischen Spannungen zunahmen, wurde 1937 eine Schulklasse im österreichischen Zollhaus in Schöneben eingerichtet und gleichzeitig dort in der Nähe mit dem Bau einer Volksschule begonnen. In dieser Schule, die den Namen des österreichischen Volksschriftstellers "Peter Rosegger" trug, konnte bereits 1938 mit dem Unterricht begonnen werden. Leider war ihr kein langes Leben beschieden. Im Oktober 1938 wurde auch Glöckelberg (Sudetenland) an das Dritte Reich angegliedert. Bedingt durch den Krieg, der 1939 begann, mußten die Kinder von Sonnenwald und Schöneben vom Schulbeginn 1941 bis zum Zusammenbruch 1945 wieder in die Volksschule nach Glöckelberg gehen. Seit dem Ende des Zweiten Weltkrieges besuchen die Schüler der beiden Grenzorte die Volksschule in Ulrichsberg mit Abholung und Zubringung durch Schulbusse der Gemeinde. Das schöne Waldschulhaus von Schöneben wurde später an eine Familie aus Deutschland verkauft. Das Kriegsende im Mai 1945 brachte auch das Unterrichtsende an der Volksschule in Glöckelberg und Hüttenhof. Bis zur vollständigen Aussiedlung (Vertreibung) 1945-1947 aus der Heimat gab es keinen Unterricht mehr, denn in den Schule wurde der Kompaniestab der US-Truppen und einer Panzerkompanie untergebracht. Als dann im Juli 1945 die Amerikaner abzogen, übernahmen die tschechischen Grenztruppen die Schule als Quartier, bis sie 1982 in die neuerbaute Grenzkaserne in Vorderglöckelberg umzogen. Der ehrbare Herr Oberlehrer Heinrich Pascher, der sich mannhaft um seine deutsche Volksschule bis zum bitteren Ende wehrte, wurde von den Tschechen nach Budweis verschleppt und dort, nach Aussagen von Augenzeugen, buchstäblich zu Tode gequält. Während über den Hügeln der zerstörten Häuser schon längst Gras, Sträucher und Bäume wachsen, blieben die Kirche, das Pfarrhaus und die Schule als Zeugen dieses schönen Böhmerwaldes vorerst stehen. Aber auch sie konnten nicht mehr lange dem "Böhmischen Wind" trotzen. Seit 1.April 1990 wird der Besuch von Glöckelberg wieder gestattet. Die ersten Besucher mußten mit Entsetzen feststellen, daß auch später die Schule und das stattliche Pfarrhaus dem Erdboden gleichgemacht wurden.

Schulleiter an der Volksschule Glöckelberg

1. Bayer, Philipp: Von 1788-1790 = 2 Jahre. Schullehrersohn aus Polletitz, unterrichtete im Poferlhaus, da noch kein Schulgebäude stand. Kommt nach Polletitz zurück.

2. *Jenne, Josef:* Von 1790-1807 = 17 Jahre. War Schulgehilfe in Andreasberg. Tatkräftige Mithilfe beim Bau des neuen Schulgebäudes im Jahre 1797. Die Einweihung erfolgte am 08.10.1797. Kam als Musterlehrer nach Oberplan und war auch Lehrer von Adalbert Stifter. Ist am Friedhof bei der Gutwasserkapelle begraben.

3. *Leutgöb, Anton:* Von 1807-1851= 44 Jahre. War Provisor in Oberplan, Mithilfe beim Bau des neuen Schulgebäudes durch Johann Stadler, Zimmermann in Oberplan 1838. Gestorben 19.02.1851.

4. *Reisinger, Wenzel:* Von 1851-1865 = 14 Jahre. Geb. 29.08.1792, gestorben 26.03.1865.

5. *Zizka, Maximilian:* Von 1865-1888 = 23 Jahre. War Lehrer an der Stadtschule in Wallern, (auch dort in Pension).

6. *Honzik, Franz:* 30.08.1888-1919 = 31 Jahre. Geb. 16.8.1857, (nach 4 Klassen Realgymnasium in Budweis, 1 Jahr Technische Hochschule in Wien), war Lehrer in Höritz, dann Oberlehrer in Blumenau. Ging in Pension nach Oberplan und ist dort begraben.

7. *Pascher, Heinrich:* 1919-1945 = 26 Jahre definitiver Oberlehrer, geb. 5.11.1883 in Kaplitz, gestorben im CS-KZ Budweis, verhaftet im Juli 1945 durch CS-Behörde Glöckelberg; letzter Schulleiter in Glöckelberg.

Aus den Akten der Verlassenschaft Prambhofers erfahren wir, daß der Hüttenmeister für seinen Sohn Gregor einen Präcepter (Lehrer, Erzieher) gehalten hatte - 1886 *Jakob Fixl.*

Volksschule Glöckelberg

Lehrkörper der Volksschule Glöckelberg

Die Grundschule in Hüttendorf (Expositur)

Die "Peter-Rosegger-Schule" an der Grenze

Die "Bürgerschule" in Oberplan

Jahrgang 1915

Jahrgang 1924

Dieses Bild zeigt den 8 km weiten Schulweg nach Oberplan
in die Bürgerschule

Glöckelberger
Bürgerschüler
überqueren die
Moldaubrücke
in Vorderstift 1938

Rupert Jungbauer
Walter Schacherl
Franz Auer
Franz Petschl
Franz Fiedler

Erste Bewohner von Glöckelberg
(Von Pfarrer Alois Essl)

Sprache der Glöckelberger

Die Bewohner der Ortschaften Glöckelberg, Hüttenhof und Josefsthal waren aus den umliegenden deutschen Dörfern in Böhmen oder aus Oberösterreich und Bayern gekommen. Sie waren also Deutsche und sprachen die oberösterreichisch-bayerische Mundart. Dabei verblieb es bis zur Vertreibung im Jahre 1945/46. Wenn in der Glasfabrik Josefsthal ein mehr städtisches Wesen vorherrschte, so hatte das seinen Grund in den stets wechselnden Arbeitern, die bald auf dem Lande, bald in der Stadt in Österreich, Böhmen oder Deutschland, je nach der Arbeitsmöglichkeit in den jeweiligen Glasfabriken, lebten. Bei den älteren Siedlungen findet sich überall ein Haus-Name.

Manchmal gibt er an:

Die Beschäftigung

z.B. Bauern (Nr. 17, 19, 38, 62, 99); Binder (Nr. 20), Schneider (Nr. 74, 86) oder Schmied (Nr. 59, 89, 95 und in Hüttenhof Nr. 24, 63)

Taufnamen eines Familienmitgliedes

B. Kili, Nr. 8 (Kilian Honetschläger Nr. 81; Be'nha'dl: Nr.9 (Bernhard Müller); Augustini: Nr. 21, 66, 94; Josal (Matjosal): Nr. 36 (Josef-Matthias); Jokob: Nr. 47 (Jakob Kaim) - in Hüttenhof z.B. Gregal: Nr. 16 (Gregor Philipp); Partl: Nr. 40 (Bartholomäus Nodes); Ur'va'nl: Nr. 48 (Urban Koller);

Taufnamen des Besitzers und den eines Vorfahren

Z.B. in Hüttenhof Petern-Johann: Nr. 3 (Johann, Sohn des Petern Odum-Lorenz: Nr. 61 (Lorenz des Adam); Ur'va'nl-Hans: Nr. 73 (Johann des Urban); Hansjirglmothies: Nr. 5 (Matthias des Johann Georg) - in Glöckelberg: Koschpan Kajetan: Nr. 71 (Kajetan des Kaspar);

Amtliche Stellung eines Vorfahren: Altrichter (in Nr. 45 = Hofmann und Wegschneider waren Richter; (in Hüttenhof) Nr. 35 (Sebastian Springer war Richter).

Richter - Gemeindevorsteher

Da bei der Besiedlung der Ortsteile in der jetzigen Gemeinde alles Fürst Schwarzenbergscher Grund war und selber von der Herrschaft Krummau zu pachten oder zu kaufen war, so waren die ersten Bewohner Untertanen dieser Herrschaft, die auch mit dem königlichen Kreisamt in Budweis über das Wohl und Wehe derselben wachte.

Der Schullehrer Josef Jenne schrieb 1807 im Pfarrgedenkbuch: "So wie die Zahl der Häuser immer mehr und mehr sich vermehrte, so wurde von Seite der Grundobrigkeit dahin angetragen, daß sich die Untertanen auch einen Richter erwählten, wozu Haidler, Besitzer des Neubaurn Häusl, erwählt wurde." Um diese Zeit war die Kaltenbrunner Glashütte bereits im Zurückgehen. Die Ortschaft Glöckelberg erstand um das Jahr 1700 herum zu einer eigenen Gemeinde mit eigenem Gemeinde-Gerichte. Der erste Richter war Michael Haidler, der am

03.IV.1705 als "Altrichter" gestorben ist. So ein Richter hatte ähnliche Befugnisse wie der heutige Gemeinde- Vorsteher, war auch das Bindeglied zwischen Herrschaft und Untertanen (wie der Gemeindevorsteher zwischen k.k. Bezirkshauptmannschaft und Bevölkerung) und hatte 2 Geschworene (wie der Gemeindevorsteher den 1., 2. und 3. Rat) zur Seite. Geschworene waren z.B.: 1787 Martin Kari, 1793 Kasper Bangerl, 1802 Prokop Stiepani, 1805 Jakob Kaim, 1819 Oswald Miko. Der zweite Richter war Paul Hofmann (1703- 25), dessen Frau Agnes, Tochter des Stefan Schwarz, des Erbauers des 2. Häusel in Glöckelberg (gest. 1731). Der dritte Richter: Wenzel Koller (1725-28), dessen Frau Ursula von Hinterstift war; nach ihm dürfte Jakob Haidler, ein Sohn des Michael, Richter gewesen sein - er starb als Ausnehmer 1742. Urban Hofmann, Sohn des Paul, vermählt mit Gertraud perfohl aus Stögenwald, war Richter von ca. 1745-1768; auf ihn folgte Heinrich Wegscheider. In den Jahren 1781, 1786, 1797 war Matthias Poferl (Haus Nr. 26) Richter, der sich um den Kirchenbau sehr verdient gemacht hat.

Außerdem konnten noch folgende Richter in Glöckelberg festgestellt werden: (1790): Andreas Poidinger (Haus Nr. 18, jetzt 15) - (1801): Felix Dulzer, (1805) Josef Dolzer (Dulzer, Nr. 34), (1808 und 1819): Johann Hable (Nr. 12), (1809): Jakob Keim (Nr. 47), (1812): Josef Pangerl, (1816): Josef Poferl (Nr. ?) (1827): Wegscheider (Nr. 45), (1839): Franz Kary, (1836): Johann Mayerhofer (Nr. 17), (1844): Jakob Wegscheider, (1847): Johann Honnetschläger.

Der Richter Franz Kary stellt mit 2 Geschworenen (Johann Hable und Matthias Kaim) der M.A. Stifter ein Sittenzeugnis aus. Amtssiegel der Gemeinde Glöckelberg damaliger Zeit: Das Siegel ist rund. Geteilt ist es in einen kleineren oberen Teil und in einen größeren unteren Teil. Den kleineren oberen Teil bildet eine kleine Glocke, welche unter einem Banderium (verschlungene Bande) von zwei Engeln (einer auf jeder Seite) schwebend mit der Hand gehalten wird. Der größere untere Teil zeigt eine Berglandschaft (mehrere bewaldete Berggipfel) mit einem gotischen Kirchlein. Am Rande herum ist die Umschrift: links oben: Gemeinde; rechts oben: Glöckel und unten in der Quere (gleichsam den Boden bildend) Berg und eine Jahreszahl.

Richter in Hüttenhof

Die Ortschaft Hüttenhof erhielt im Jahre 1792 bei der Verteilung des Meierhofes unter die Holzhauer ein eigenes Gericht, wurde somit selbstständige Ortsgemeinde. Es konnten folgende Richter festgestellt werden: Erster Richter war: *Adam Osen*, Sohn des Bartholomäus aus Pichlern, 1791. Er war verheiratet mit Ursula, Tochter des Augustin Tomani, Häusler in Glöckelberg und Besitzer von Haus Nr.2, jetzt Haus Nr. 20. Dann folgten: 1796-1818 *Sebastian Springer* - von ihm rührt der Hausname "Altrichter" her Nr. 35; - 1819 *Kaspar Neubauer*, - 1826 bis 1833 Simon Teufel (der Familie Teufel hat eine Kreisregierungsverordnung vom 24. II. 1851, Zl. 1931 infolge Erlasses des Ministeriums des Inneren von 10. II. 1851, Zl. 2677 die Umänderung des Namens Teufel in Jungbauer bewilligt). Weitere Richter waren noch: 1834-1838 *Johann Wegscheider*, 1840 *Franz Springer*, 1845 *Sigmund Koller*. Der letzte Richter war 1850 *Wolfgang Grill*. Am 04. Feber 1835 stellt das Gemeindegericht Hüttenhof den Tod des Lorenz Pachner fest, als Richter waren: *Johann Wegscheider* und als Geschworener Georg Schaubschläger (Schaubschlägl). Gemeindesiegel: das die Petschaft zeigt, ist rund. In der Mitte sind die lateinischen Buchstaben: ›G‹ (= Gemeinde), ›H‹ (Hüttenhof). Vordem ›G‹ steht ein Holzhauer mit einer Hacke in erhobener Hand; nach dem ›G‹ steht eine

Fichte. Am unteren Teil läuft (unter dem Holzhauer, den Buchstaben und dem Baum) ein Hase.

1. Hüttenhof

Der am meisten bevölkerte Ortsteil der jetzigen Orts- und Katastralgemeinde Glöckelberg war die Kaltenbrunner Glashütte, kurz auch ›Glashütte‹, im Jahre 1706 auch ›Ploner Glashite‹ (Oberplan) genannt. Es erscheinen als:

a) *Hüttenmeister;* vor dem Jahr 1670 Walthauser (d.i. Balthasar) Prambhoffer (Pranghoffer, gest. 3. VII. 1679), bei seinem Begräbnis in Oberplan wurden 8 Seelenämter und Leichenpredigt gehalten. Die Totenbahre hat in der 'Kürchen' 8 Tage stehen bleiben müssen unter dem Gottesdienste und 4 Kerzen brennen müssen, es gab also damals guten Verdienst. Vom Jahre 1679 der Junghüttenmeister (später Hüttenmeister) Zacharias Pranghoffer (Pronhoffer), vom Jahre 1686 Matthias Mayr (dessen Gattin Agnes, gestorben am 15.IV.1688, war vor 18 Jahren Schulmeisterin noch in Oberplan gewesen und jetzt 1/2 Jahr Hütten- meisterin. Sie wurde mit 12 Seelenämtern begraben); vom Jahre 1692 Matthias Weiner.

b) *Hüttenschreiber:* vom Jahre 1692 Ferdinand Hauer, vom Jahre 1702 Gregor Pranghoffer

c) *Schaffer* in der Glashütte: Wenzel Novak (Novcky, Novakh) bis 1703; Simon Geißler bis 1705, nach Georg Thomandl; Georg Valentin von 1709 bis 1716 (um diese Zeit hören die Taufen in der Glashütte auf;

d) *Glasmacher:* Simon Scheibner (1671) und Maria; (Die beigesetzten Zahlen deuten das Jahr an, in dem der Name in einem amtlichen Dokument steht; daneben die Gattin); weiter noch folgende: Thomas Tzitzmann (1670) kunstreicher Glasergesöll), Johann Greiner (1671 und Klara); Tobias Greiner (1671 und Klara); Gregor Greiner (1672 und Rosina) Andreas Schönberger (1674 und Rosina); Gregor Gayß (1681 und Rosina), Johann Greiner(1681, 1676 und Rosina); Bart Wagner (1682); Wolff (d.i. Wolfgang) Gleisner (1686 und 1701 Glaser); Georg Gay: (1684 kunstreicher Gesell und Barbara); Simon Scheymer (1686) Thomas Khißling (1696 und Klara); Johann Flatinger (1696 und Maria); Christofor Gayß (Geiß 1698); Andreas Bartl (Bärtl) (1699 und Sofia); Hansjörg Jilkh (Jlk 1710 und Sibilla).

e) *Scheibenmacher:* der Glasmacher Baltasar Zitzmann (1681 und Eva) Johann Müllner (1681 aus Glöckelberg und Eva); Georg Wagner (1682); Wolfgang Gleißner (1711 - Glasergesell);

f) *Glasschneider:* Himmer (Hewner, Hafner) Nikolaus (1686 und Elisabeth).

g) *Glasmaler:* Wolf (1683);

h) Glastrager: Michael Scheibner (1679 und Elisabeth); Matthias Pruner (1670 aus Völklabruck); Christofer Khößl (Keßler, Kessel oder Kassal) (1672 und Christina); Paul Mayer (1675 als Glashändler und Glasträger); Hans Schredinger (1686)

i) *Schürer* (Ofenschirer); Stephan Braumbart (1673 und Eva); Veit Klinger (1795)

k) Scheiderhacker (Scheiter-): Stephan Stifftinger (Stifter 1670 und Marta); Johann Mindl (1672 und Agnes); Martin Lang (1677 und Maria); Wenzel Prix (Prüchs 1681 und Maria); Christof Gayß (1683); Laurenz Thomani (Tomani 1698 und Justina); Vitus Koller (1701 und Maria); Adam Jakschy (1706 und

Rosina);

l) *Aschenbrenner:* Philipp Ellinger (1671 und Susanne)

m) *Zinngießer:* Johann Georg Zopf (Zapf 1679 und Maria); Reinhard Burghard (1706 und Barbara).

Außerdem fanden sich dort noch folgende Familien (der Stand, die Beschäftigung konnte nicht festgestellt werden): - nach Alphabet: Wenzel Essl (1692 und Barbara); Wilhelm Greiner (1691 und Regina); Rosina Greiner (1706, eine Binterin); Bartholomäus Gylkh (Gilg, Ilg, 1687 und Maria); Hans Christov Hutschenreiter (ob dieser aus dem Biererbauer-Haus gewesen und eine Glashütte dort gehabt, konnte nicht festgestellt werden (1700 und Margareta) Adam Mayr (1703 und Margareta); Philipp Pangerl (1700 und Elisabeth); Jakob Pleischl (1687 und Gertraud); Ferdinand Preyer (1702 und Maria); Jakob Rastl (1713 und Sybylla); Franz Josef Reichard (1685 und Regina); Johann Schnauter (Claudinger, Knautinger - 1679 und Magdalena); Philipp Steinhackel (1685 und Susanna), Johann Zeits (Heitz, Heintz - 1705 und Veronika); Georg Zich (Zieh - 1711 und Sofia). Als Hofschaffer folgen nach dem Georg Vallentin (und Gertraud), der nach dem Jahre 1716 wieder von den jahren 1722 - 1733 angestellt war, z.B.: Bernhard Gabriel im Jahre 1737? Veit Nahlinger (und Maria) vom Jahre 1741-1747; Johann Jakschy und Maria vom Jahre 1748 -1754 (kam nach Olschhof); Bartholomeus Postl (und Katarina); Thomas Marko (und Barbara), bis 1773, Heinrich Motzko (und lara) um 1779; Josef Widi (vielleicht Wadi) um 1782; zuletzt Kaspar Bramhäusl (Braunhäusl und Elisabeth) um 1786. Um das Jahr 1720 waren in der Auflösung befindlichen Glashütte etwa 25 Personen; um das Jahr 1770 vielleicht nur mehr der Hof mit dem Schaffer, einem Hüter und 2 Chaluppen.

2. Glöckelberg

Bis jetzt konnten folgende Familien bis zum Jahre 1720 herum festgestellt werden. Bei den Häuslern wird die Abstammung bis zum Jahre 1797 (zur Grundablösung) fortgesetzt, so daß durch eine vorhergehende Aufzeichnung (?) dann der ganze Familienverlauf ersichtlich ist. Kaim Jakob (1673), welcher im Jahre 1704 in Glöckelberg im Alter von 100 Jahren starb und Sabina. Kaym Matthias (1676), Holzhacker in Glöckelberg und Regina; ein Sohn Quirin (1736 geschrieben: Kaimb) und Agatha, deren Sohn Lorenz (1741) und Ursula, deren Sohn Thomas (1781) und Katarina Philipp; deren Kinder Matthias und Maria. (Anm.: Das Wort "derer" bezieht sich auf die unmittelbar vorausgehenden Eltern, nämlich Lorenz Kaim und Ursula; so st's auch später zu verstehen! Ein anderer Sohn des Matthias (1676): Andreas (1701) und Regina Karlhöfer, verwitwete Schopper; deren Sohn Kaspar (1730) und Sofia Feyer (Feyrer) von Honetschlag; deren Sohn Matthäus (Matthias 1762) und Margareta Pranghoffer (deren Sohn Jakob, geb. 1769) waren Besitzer von Haus Nr.44, jetzt Nr. 47. Miller Georg (1675), Wagner in den Neuhäusern (auch Waldhäusl genannt und Katharina. Müllner Johann (1674), der im Jahre 1681 Glasscheibenmacher in Glöckelberg genannt wird und Kunigunde. Resch Veit (1675), Holzhacker in New-Heißl (Newhäusl), später ›Doktor Holzschuh‹ genannt und Rosina; ein Sohn Albert (Albrecht 1696,im Jahre 1674 geboren in Hossenreith), Tochter Elisa- beth, die den Simon Müller (Sohn des Sebastian Müller aus Stögenwald) heiratet (1740). Vor Tochter Elisabeth kommt: und Ursula Payerl aus Deutsch-Haidl)! Fortsetzung nach Sebastian Müller: deren Sohn Franz (1788) und Maria Kindermann

Melm), die Besitzer von Haus Nr.13 (jetzt Nr. 10) in Vorderglöckelberg sind. Ein anderer Sohn (des Veit Resch): Valentin (1729) und Maria Pangerl (aus Hinterhammer); deren Sohn Gabriel (1765) und Agnes Kaim (aus Glöckelberg); deren eine Sohn Karl ist Besitzer von Haus Nr. 39 (jetzt Nr. 43) und deren ältester Sohn Jakob ist auf Haus Nr. 62, jetzt Nr. 42. Ein dritter Sohn (des Veit Resch): Bartholomäus (Partl 1697), und die Maria Ulrich erscheinen in Vorderglöckelberg, Namensgebung "Partlberg"? Mugrauer Tobias (1676), Haussasse, und Sabina haben folgende inder: deren Tochter Veronika heiratet (1701) den Plausieder Johann Sepp in Glöckelberg, deren Sohn Thomas (1696) die Anna Bruner(aus Stuben, haben lauter Töchter); deren Sohn Veit (1702) die Maria Schöpfl (von Böhmisch-Haidl); deren Sohn Jakob die Elisabeth Schopper. Wegscheider Georg (1676) und Elisabeth, deren Sohn Andreas (1692), dieser wird "ansessiger" in Hinterglöckelberg genannt; und Maria Nader (aus der Hinterstift), deren Sohn Bartholomäus (1723) und Elisabeth Stiglbauer aus Hinterstift. Diese haben zwei Söhne: der eine, Sohn Anton(1755) und Katharina Klinger, deren Sohn Florian auf Haus Nr. 56, jetzt Nr. 57. Der andere Sohn des Bartholomäus Wegscheider, Heinrich (1755) und Sofia Klinger, deren Sohn Franz (1793)ist auf Haus Nr. 43, jetzt Nr. 46. Haidler Hayler, Hadler) Michael (1678), Wagner, später erster Richter in Glöckelberg und Anna. Josef Jenne, Schullehrer schreibt im Jahre 1807, daß Haidler, der Besitzer des Neubaurn-Häusl, zum ersten Richter des Ortes gewählt wurde. Deren Kinder sind folgend: ein Sohn Matthias (1707) und Maria (des Friedrich Prix) erscheint in Vorderglöckelberg (vielleicht auch Vor- oder Hinterhammer), ein anderer: Jakob heiratet (1705) die Maria des Wenzel Prix aus Glöckelberg; eine Tochter Agatha (1702) aber den Mayerhoffer (Marhoffer) Philipp, ein Sohn des Johann, Häusler in Hinterglöckelberg. Deren Sohn (nämlich des Philipp) Mayerhoffer Jakob und Maria Pangerl haben vier Söhne: den Andreas, der 1779 die Rosalia Schwarzbecker heiratet; den Kaspar, den Franz und Thomas, welch letzterer auf dem Haus Nr. 20 (jetzt Nr. 17) und Nr. 73 (jetzt Nr. 16) erscheint. Schopper Simon (1678, vor em Jahre 1675 noch in Hinterstift) und Barbara, Haussasse, der die Söhne Matthias, Jakob und Philipp (1696 und Regina Karlhöfer) hatte. Schopper Sebastian (1686) und Maria. Philipp Matthias (1678), der im Jahre 1683 Holzmeister genannt wird und Katharina, deren Sohn (?) Urban (1702) in Vorderglöckelberg und Barbara Koller (aus Hinterglöckelberg), deren Sohn Leonhard und Susanna, Häusler in Glöckelberg; deren Söhne Johann, Matthias und Bartholomäus. Ersterer (?) ist auf Haus Nr. 37, jetzt Nr. 40. Paukher (Paukner) Georg (1679) und Anna in den Waldhäusln (d.i. Glökkelberg); dessen Sohn Andreas und Katharina Resch aus Hossenreith. Habert Markus (1691) und Sabina Maurer. Koller Thomas (1681) und Agnes und der Ausnehmer Paulus Koller (gestorben 1713). Schwartzer Veit (1682) und Regina Inmann. Nachlinger (Nahlinger) Uldarich (1684) und Walburga, Haussasse in "Forderhäusl" und deren Sohn Gregor (1715 und Juliana Kern aus Hintring). Bayr Wenzel (1686) und Elisabeth. Kare Matthias (1687 des Urban Kare aus Stuben, Sohn) und Maria Paukhner aus Vordernhäusln. Chare (Kari) Georg (1688, im Jahre 1682 noch in Oberplan) und Katharina, Wagner in "Forderhäusl".Chare (kari) Sebastian (1724) und Margareta, deren Sohn Martin (1751) und Katharina auf Haus Nr. 6, jetzt Nr. 5, die den Lorenz (geboren 1753) und den Franz (geboren 1768) hatten. Fuchs Veit (1688, vorher Ochsenhüter in Vorderstift) und Rosina, und deren Sohn Johann Georg (1731 und Barbara Karlhöfer), der einen Sohn Matthias hatte, der auf Haus Nr. 22, jetzt Nr. 20 erscheint. Lehrer Petrus (+ 1688), dessen Sohn Sebastian (Lerer 1690 und Lisl in Hinterglöckelberg), deren Sohn Matthias (Matthäus 1718) und Sofia Philipp; deren Sohn Heinrich (1756) und Maria, deren Sohn Benedikt (1775) und Maria Müller in Glöckelberg Nr. 24, jetzt Nr. 23. Stifter Adam (1689) und Maria, Müller in Hinterglöckelberg (1719), deren Tochter Maria heiratet den Adam Prix; deren Sohn Leopold (und Regina, geborene Zaunmüller aus Ottetstift) ist Müller in Hinterglöckelberg Nr. 58). Poyner (Poidinger) Nikolaus (1688) aus Böhmdorf (Berndorf), dessen Sohn Josef (1688) und Margareta Gut von Forderhäusl, Schwarztbekker, Haussasse (Waldsasse, Ausnehmer) in Glöckelberg, deren Sohn Karl (1761) und Justina; deren Sohn Andreas (1785) und Barbara Miger (Miko), Häusler in Glöckelberg Nr.18, jetzt Nr.15. Pangerl Simon (1689) von Pichlern und Veronika (des Veit Puffer aus Glöckelberg) in Hinterglöckelberg, deren Sohn Urban (1723) und Katharina Hofmann. Deren erster Sohn heiratet (Sebastian, 1747) die Maria Mayerhofer, ist Besitzer des Hauses Nr. 23 in Neuhäuser. Deren zweiter Sohn Thomas heiratet (1760) die Susanna Matsche (aus Glökkelberg), der mit seinen Söhnen Adalbert. Lorenz, Franz und Josef, Häusler in Glöckelberg Nr. 48 jetzt Nr. 51 und 52, ist. Ein anderer Sohn des Simon Pangerl, nämlich Gregor heiratet (1741) die Rosina Honetschläger, deren Sohn Gregor (1755) die Maria Kaim, deren Sohn Leopold ist Besitzer von Haus Nr. 25 in Unterglöckelberg jetzt Nr.30. Pangerl Gregor, der vor 1684 noch in Pichlern wohnte, war 1699 Wagner in Glöckelberg, seine Frau hieß Ursula. Tusch Wenzel von Penketitz, dessen Sohn Martin Tusch (Tuscher, Tuschl,1690) und Magdalena Haidler in Hinterglöckelberg (1702), deren Sohn Bartholomäus (1733) und Rosina Studener und Maria Zach, Häusler in Glöckelberg; deren Sohn Simon (1775) und Susanna Philipp, sind Häußler in Glöckelberg Nr. 31, jetzt Nr. 29. Gut Jakob, er stirbt 1690 in Vorderhäusl und im Jahre 1704 seine Frau Katharina, die "alte Bierchenpeierin. Deren Tochter Agnes heirater (1690) den Urban Pangerl (er wird Haussasse in Vorderhäusln, Vorderglöckelberg genannt), Sohn des Gregor (1716) die Eva Pangerl von Hinterhammer (er ist der Bierchenbauer, Pirchenbauer, Bürchenbauer, sein Haus 1723 der Pirchenhof in Glöckelberg); deren Sohn Gregor (1754) die Maria Zach von Hinterstift, deren Sohn Heinrich (1791) die Maria Kaim, ist Besitzer von Haus Nr. 3. Klinger Georg (1689) und Agatha Puffer von Oberplan, deren Sohn Matthäus (Matthias 1712) und Maria Poidinger, deren Tochter Katharina heiratet den Anton Wegscheider, deren Sohn Florian ist Häusler in Glöckelberg Nr. 56, jetzt Nr. 57. Lambacher Leonhard (1691) und Maria, Hieter (d.i. Hüter) in Hinterglöckelberg (1703), dessen Sohn Gregor (1722) und Maria Schwartz aus Kriebaum, Hirte; deren Söhne Valentin (1777, und Anna Osen) und Anton (1762, und Appolonia Wegscheider), des letzten Sohn Kaspar (geboren 1796) und Anna Fux, deren 2 Söhne: Johann (geboren 1824 und Josefa Stiepani) auf Haus Nr. 101 und Josef (geboren 1822 und Theresia Mayerhofer) auf Haus Nr. 67. Dichtl Michael, Inmann bei Wagner Georg Chare (?), Frau Katharina sirbt im Jahre 1694, in Vorderhäusel. Schwarz Matthias, (auch Schwarzbeker, Schwarzbekh, 1694 und Maria, deren Söhne Georg (1730 und Margareta Resch) und Josef (1736 und Magdalena Hofmann). Die Tochter von Matthias Schwarz heiratet den Paul Hofmann, der Richter wird. Wird 1704 Hassasse, 1707 Ansessiger genannt. Karlhöffer Peter (1695) und Katharina in Hinterglöckelberg und deren Sohn Johann (1723) und Agnes Schwarz aus Stuben, deren Sohn Quirin (1770) und Maria Planer sind Inleute in Hüttenhof Nr. 2. Fischer Blasius (1692), Sohn des Michael aus Spitzenberg, und Sybilla, des Michael Haidlers Tochter, deren Sohn Georg (1728) und Agnes, deren Tochter Anna heiratet (1765) den Lorenz Hofmann, Häusler (1797) in Glöckelberg Nr. 41, jetzt Nr.45. Pranghoffer Georg (1696, wohnte 1688 noch in Oberplan) und Ursula in Hinterglöckelberg, deren Sohn Franz (1727) und Ursula Tomani von Stuben (Waldsasse, 1737 Häusler), deren Sohn Johann (1760) und Lucia Kare,Häuslerin Glöckelberg Nr. 53, jetzt Nr. 55. Thaller (Taller) Georg und Margareta waren 1690 in Forderhäusl, 1692 in

Oberplan und von 1696-1698 in Hinterglöckelberg. Hannesschläger Paul aus Hossenreuth, sein Sohn Andreas (1696) und Eva Philipp von Vorderhäusern war Haussasse in Forderhäusl (Vorderglöckelberg), deren Sohn KilianHonetschläger (1740) und Sabina Zach aus Hinterglöckelberg, ein Sohn Johann (1778) und Sofia Müller (aus Glöckelberg) waren Häusler in Glöckelberg Nr. 11, jetzt Nr. 8 - Ein anderer Sohn Simon (des Kilian Honetschläger) heiratet die Sibylla (vor 1768) der mit seinen Söhnen Thomas (geboren 1774) und Johann (geboren 1779) auf dem Haus Nr. 52, jetzt Nr. 53 und Nr. 54 erscheint. Hofmann Bartholomäus aus Stuben, deren Sohn Blasius (1696) und Ursula Mugrauer (des Tobias von Glöckelberg), deren Sohn Lorenz (1726) ist Häusler in Glöckelberg Nr. 52, dessen Sohn Veit war 1772 Inwohner.

Hofmann Reinhard, deren Sohn Paul (1698) und Agnes (des Stefan) Schwarz in Hinterglöckelberg, deren Sohn Urban (1731) und Gertraud Perfohl von Stögenwald ist Häusler und Richter, deren Sohn Lorenz (1765) und Anna Fischer (von Glöckelberg) sind Hausbesitzer von Nr. 41, jetzt Nr. 45. Des Ambros Bruner (Pruner) von Glöckelberg, Sohn: Josef Pruner heiratet (1697) die Agnes Friepes (aus Oberplan) und (1698) die Maria Kaim (aus Glöckelberg) und ist (1709) Haussasse Haussessiger) in Hinterglöckelberg, deren Tochter Margaretha heiratet (1742) den Heinrich Wallner, (Sohn des Jakob Wallner aus Stuben), der auch Haussasse (Häusler) in Glöckelberg ist. Ridl Nikolaus, Sohn des Philipp Ridl aus Melm (1700), und Agnes Wegscheider von Glöckelberg. Des Mindl Johann (1673), Scheiterhacker in der Kaltenbrunner Glashütte, Sohn Franz ist (1704) mit seinem Weibe Sofia Zauckho (2. Susanna Karlhöfer), Häusler in Hinterglöckelberg, deren Tochter Maria ist Gattin (1732) des Matthias Flatyna) Flatinger), aldsassen in Glöckelberg). Stifter Adam (1689), Müller in Glöckelberg (1719 Hinterglöckelberg) und Maria, deren Tochter Maria heiratet (1719) den Adam Prix, Sohn des Friedrich Prix aus Vorderhammer, deren Sohn Leopold ehelicht (1755) die Regina Zaunmüller aus Ottetstift, deren Söhne sind: Heinrich, Karl, Michael und Jakob. War Besitzer von Haus Nr. 58. Des Matthias Studener aus Perneck ohn: Lorenz Studener heiratet 1696) die Ursula, (ihre Mutter ist die Margaretha Gut), Tochter des Peter Lehrer aus Hinterglökkelberg, deren (jüngerer) Sohn Gregor (1727) die Agnes Philipp aus Andreasberg, deren Sohn Thomas (1767) die Sofia Tichtl aus Glöckelberg. Deren Söhne sind Peter und Gallus: Haus Nr. 1. Ein anderer Sohn (der ältere) des Lorenz Studener, nämlich Andreas heiratet (1729) die Maria Bruner aus Glöckelberg, deren Sohn Simon (geboren 1736) die Theresia. Letztere haben die Söhne Matthäus (Matthias) und Anton. Besitzer von Haus Nr. 28, jetzt Nr.25. Des Blasius Studener aus Eggetschlag Sohn des Matthias heirater (1772) die Theresia Lang - ist Häusler in Glöckelberg Nr. 10, jetzt Nr. 7, deren Tochter Mariaehelicht (1803) den Adalbert Müller, den Sohn des Franz, Häusler in Stögenwald Nr. 45, deren Kinder sind: Wenzel, Anna, Vinzenz, Peter,Theresia, Rosalia und Maria. Des Simon Pangerl Sohn Karl und Elisabeth Zieh aus Schwarzenberg haben den Kaspar (1740) und Maria Wegscheider (aus Glöckelberg) haben (1777) den Johann Pangerl: Haus Nr. 38, jetzt Nr. 28. Pofferl Sebastian und Agnes, deren Sohn Augustin (1709) und Dorothea, deren Sohn Franz (1736) und Theresia Stüffter aus Hinterstift (2. Maria 1738) Stiglbauer (von Glöckelberg) sind Häusler in Glöckelberg, deren Sohn Matthias (1768, Richter im Jahre 1781), und Magdalena Hofmann aus Glöckelberg, deren Söhne: Josef (und Maria Hable), Häusler auf Nr. 29, jetzt Nr. 26 und Matthias (und Maria Mayerhofer), Besitzer von Haus Nr. 27 (neu). Nuczko, Miger, Mulka, Mika, Miko, Micko Paulus aus Groß Zmietsch und Theresia, verwitwete Poidinger, haben fünf Söhne: Georg (1770 und Magdalena Poferl aus

Glöckelberg), Thomas (und Maria Pangerl aus Glöckelberg), Veit (1788 und Maria Schwarzbäckin (Studener), Besitzer von Haus Nr. 34, jetzt Nr. 38, Thomas (1789 und Kunigunde Springer), Josef (1791) und Maria Stiegelbauer, deren Sohn Matthias mit Katharina Kari auf Haus Nr. 36. Des Georg Augerl (Augl) von Schweinetschlag Sohn Lorenz (1719) und Maria Pangerl auf der Kaltenbrunner Glashütte haben den Benedikt, der (1743) die Kunigunde Mugrauer (des Veit) heiratet und wird Häusler in Glöckelberg, deren Tochter Agnes heiratet (1782) den Johann Kropfbauer, Kropsbauer (des Wenzel Kropfbauer aus Eysengrub bei Höritz), sind Besitzer von Haus Nr. 52, jetzt Nr. 53. Des Sebastian Müller aus Stögenwald Sohn: Simon heiratet (1770) die Elisabeth Resch aus löckelberg. Er ist Weber (1751) und Häusler in Vorderglöckelberg. Seine Söhne sind: Bernhard (1787 vermählt mit Theresia Miko aus Glöckelberg) - besaß Haus Nr. 12, dann Haus Nr. 9, Albrecht (Albert 1777 mit Juliana Kari aus Glöckelberg, (1801) mit Maria Dolzer aus Stegenwald - Sohn Andreas 1806), Simon, Franz (1788 vermählt mit Maria Kindermann aus Melm - besaß Haus Nr. 13, jetzt Haus Nr. 10). Letzterer hatte die Söhne: 1. Wenzel (und Maria Reischl; deren inder z. B. Adalbert, Andreas (geboren 1819), Franz, Gottfried) 2. Valentin, 3. Josef, 4. Johann, 5. Anton, 6. Andreas (1809). Des Thomani (Tomani) Benedikt aus Althütten Sohn Lorenz (1698 und Justina) war Holzhacker in der Kaltenbrunner Glashütte, kam 1712 nach Glöckelberg, dessen Sohn Augustin heiratet (1745) die Agnes Poidinger in Glöckelberg, dessen Söhne sind Karl und Franz (geboren 1746), letzterer ist Besitzer von Haus Nr. 23, jetzt Nr. 21. Des Barthlomäus Stutz aus Pernek Sohn Kaspar Stutz heiratet 1755 die Maria Wagner aus Glöckelberg, deren Sohn Sebastian (1758) die Elisabeth Wegscheider. - Besitzer von Haus Nr. 17, jetzt Nr. 14. Deren Kinder waren: Johann und Maria. Zur Bewachung der Grenze, auch mit Pflichten, welche ähnlich gewesen sein dürften denen der jetzigen k.k. Finanzwache an der Grenze, warern die Kordonisten (im Volksmunde "Überreiter"). Schon 1775 erscheint z. B. in Glökkelberg Nr. 21, jetzt Nr. 19 Georg Mikolin (Mikodin), Soldat des Regimentes Wolffenbüttel, 1777 Paul Przikaski auf Haus Nr. 12, ebenfalls Soldat des Regimentes Wolffenbüttel, Norbert Hoffmann und Georg Seibert auf Haus Nr. 20, jetzt Nr. 17, 1782 Wenzel Steinberger auf Haus Nr. 12, 1785 Wenzel Pertersilka auf Haus Nr. 41, jetzt Nr. 45, 1788 Simon Briel (verehelicht mit Maria Reidinger), 1791 Matthias Scharinger, Korporal (Agnes Leuther), Georg Schida, Wenzel Friegl, 1796 Lorenz Elias, Gefreiter (Margaretha Lehrer); 1797 Josef Holzländer und Johann Mandelik, 1798 Franz Kratochvil, Kanonierkorporal des 1. Regimentes, 1800 Georg Kostial, 1805 (stirbt) Felix Bittermann (Invalide aus dem römischen Reiche, Sofia Pangerl) 1806 (stirbt) Matthias Noschko, 1809 Peter Dürschin und Josef Masra, 1810 Joh. Beza. - Am 30. VI. 1806 kostete ein Niederösterreichischer Centner Steinsalz 11 fl 10 kr, am 30. VI. 1810 aber schon 19 fl - ein Zentner Sudsalz kostete 11 fl 30 kr, im Jahre 1810 aber schon 19 fl 25 kr. Aufgrund dieser namentlich angeführten "Kordonisten" ab 1775 ist anzunehmen, daß schon vorher eine "Zollstätte" oder "Expositur" der Herrschaft Krummau in Glöckelberg bestanden haben muß, da im Jahre 1588 Beamte der königlichen Kammer in Prag der Herrschaft Krummau enpfahlen, in Oberplan (Glöckelberg) eine "Zollstätte" zu errichten, da viele Waren unverzollt ein- und ausgeführt wurden. Diese Empfehlung dürfte auch mit der Gründung des Ortes Glöckelberg in Zusammenhang zu bringen sein, da laut Grundbuch in Oberplan die ersten Häuser dieses Dominikaldorfes gegründet wurden und zwar 1622.

3. Josefsthal

Wie schon vorher (siehe Ortsgeschichte von Josefsthal) erwähnt, wurde die Glashütte von Leopold Schmudermayer (+ 31.VII. 1824) und dessen Gattin Theresia, geborene Blechinger (* 13. VI. 1826) eingerichtet. Es wurden dessen vielseitige Kenntnisse, Kunstfertigkeiten, chemische Praxis, ungemeine Umsicht und Industrie gerühmt. In den Jahren 1824 und 1825 wurden die nötigen Wohnungen für Glaser und Schleifer, die Holzsäge und das Wirtshaus erbaut; Wiesen und Felder von Seiner Durchtlaucht dem Fürsten im Bärnloch angewiesen und die neben dem Kanal bestehende Lärchenbaumallee umgelegt. In den ersten Zeiten erscheinen folgende Arbeiter (die Aufzählungen ist keine vollständige). Die in Klammern beigesetzten Zahlen (Jahreszahl deutet das Jahr an, in dem der Name in einem Amtsakt erscheint. Der Frauenname ist das Weib des Arbeiters):

Beschäftige Arbeiter aus den Jahren 1824/1825

a) *Glasmacher*

Josef Plechinger (Barbara Prexl), Josef Koller (Barbara Prexl), Josef Pankratz (Franziska Plechinger), Josef Bock (A. Maria Tischler), Anton Pankratz (M. Anna Schwingenschlögel), Andreas Holetz (1827 aus der Ernstbrunner Hütte, Anna Blechinger), Franz Blechinger (1827 Elisabeth Simon);

b) *Glas-Tafelmacher*

Matthias Kirsch (Magdalena Graf), Michael Freysmuth (Rosina Nachtmann), dessen Sohn Josef Freysmuth (M. Anna Sommer);

c) *Glasschleifer*

Josef Müller (M. Anna Hocholdinger), Karl Müller, dessen Vater (Margareta Honetschläger);

d) *Glasschneider*

Ignaz Kraml (1824 Theresia Resch);

e) *Schürer*

Josef Feuchtinger (dessen Vater Johann auf der Ernstbrunner Hütte - 1. Theresia Häusler und 2. Margareta Auer), Michael Keim (M. Hofmann), Michael Krois (1830 M. Hofmann), Johann Grois;

f) *Holzhauer*

Franz Graf (Elisabeth Mayerhofer), Sebastian Graf (Barbara Poferl), Franz Prexl (M. Anna Pangerl);

g) *Glasschmelzer*

Philipp Prexl (Elisabeth Pfefer), Jakob Prexl, Georg Feichl (1851);

h) *Faktor*

(1828 Werkführer: Anton Blechinger (Theresia Kiesenbauer);

i) *Bucher*

= (Pocher =) Mann: Wenzel Pröll (1830)

Beschäftigte Arbeiter aus den Jahren 1863

Glasschleifer:

Johann Oberhofer, Josef Müller, Ignaz Winter, Herm. Friedrich, K. Kreiner;

Glasmacher:

Anton Beck, Anton Pankratz, Josef Schneider, Johann Apfelthaler;

Tafelmacher: Michael Freysmuth, Matthias Fechter, Georg Riebl, G.Biebl;

Schmelzer: Sebastian Graf 1858;

Schürer: Johann Groiß, Karl Blechinger, 1860 Johann Blechinger;

Glasschneider: Josef Jungbauer 1859;

Müller: 1844 Mathias Gayer, 1860 Heliodor Stifter;

Formdrechsler: Martin Jarosch.

Familie Schmudermeyer

Leopold Schmudermeyer: Kattunwarenfabrikant in Linz/D.7 gestorben: 31. Juli 1824

Gattin: *Theresia, geb. Blechinger,* gestorben: 13. Juni 1826

Sohn: *Johann Schmudermayer,* im Alter von 32 Jahren Nachfolger von seinem Vater Leopold Schmudermayer. Er starb am 15.03.1842. Im Jahre 1838 hatte er sich mit Maria, eheliche Tochter des Josef Zulehner, Bürger und Leinwandshändlers in Aigen Nr. 6 und der Maria, geborene Schönbeck aus Aigen vermählt. Die Witwe heiratete im Jahre 1845 Franz Rizy, Sohn des Karl Rizy, Pflegers in Waldenfels Nr. 1 und der Anna geb. Dengler aus Aigen, der bis 1863 die Glashütte inne hatte.

Diverse Ereignisse 1840-50

Dieser Zeitraum war eine Art Zeit der Aufregung, teilweise Aufruhres und dergleichen, auch für die Gemeinde Glöckelberg. Der 25. Juni 1844 war für die Pfarrgemeinde ein großer Unglückstag. Von Passau her kam gegen 6 Uhr abends ein fürchterliches Gewitter, wie es seit dem Bestehen der Ortschaften noch niemand erlebt hat. Die Schlossen in der Größe eines Hühnereies, haben in einer viertel Stunde alle Feldfrüchte und alles Gras vernichtet, Hasen und Vögel erschlagen, Fenster und Dächer beschädigt, so zwar, daß die ganze Gemeinde Glöckelberg und Hüttenhof nicht ein Maßl Getreide erntete. Um in Zukunft solches Unglück fern zu halten, läßt die Gemeinde an diesem Tage ein heiliges Amt halten. (Dieses Amt wird bis heute von den Hüttenhöflern bei der Gut-Wasser-Kapelle in Oberplan bezahlt, wohin sich vom Orte eine Prozession begibt). Am 28. Juni 1844 (Direktorialamt in Krummau) wurden größere Reparaturen (Ziegelpflaster auf Kirchenboden, Rohrdecke, Steinplatten, Weißen an Kirche und Pfarrhaus) bewilligt; bei der Kirche für Professionisten 273 fl 21 kr., für Materialien 396 fl 02 kr., für Handlanger und Zufuhr 146 fl 37 kr.; bei dem Pfarrhaus für Professionisten 35 fl 32 kr., für Materialien 117 fl 45 kr.,für Handlanger und Zufuhr 35 fl 50 kr., zusammen also 1.013 fl 07 kr.,wobei auf den Religionsfond 830 fl 40 kr. entfielen. Im Jahre 1846 wurde die Garten-Einschränkung beim Pfarrhaus für das Jahr 1847 bewilligt. Die Arbeiten wurden vom Baupächter Mathias Faschingbauer, Häusler in Hüttenhof durchgeführt.

Im Jahre 1847 fand ein Chorumbau um 147 fl statt. Im Jahre 1848 wurde eine beantragte Friedhofserweiterung abgewiesen. Im Jahre 1847 wurde durch den Krummauer Orgelbauer Franz Jüstl eine neue Orgel um 374 fl hergestellt. (Nach der Schulchronik: Die Orgel, Bälge und ein Violinregister; die alte hatte 4 Register). Von dem Jahre 1844-1847 erscheint Wenzel Weber als Schulgehilf. Dieser Name (Gehilf) wurde am 19. Oktober 1848 in den Namen "Unterlehrer" verwandelt. Am 19. Juni 1840 wurden die Schullehrer um 130 fl C.M. und der Gehilfe um 70 fl C.M. aufgebessert. Auf politischem Gebiete brachte eine Verordnung vom 30.10.1841 die Anpflanzung und Erhaltung von Alleen und nutzbringenden Bäumen bei Aerarial- und Privatstraßen; am 21. Jänner 1847 ward der Vogelschutz neu eingeschärft; mit Gesetz vom 6. Feber 1847 das literarische und artistische Eigentum geschützt gegen Nachdruck. Am 18. Mai 1848 erging eine Circular-Kundmachung wegen Ermittlung der Kandidaten für die Abgeordneten-Wahlen zum constitutionellen nächsten böhmischen Landtag. Der Budweiser Kreis sollte 4 Abgeordnete wählen. Wahlort war Pfarre oder Gemeinde zu 500-2000 Seelen (Wahlmänner). Johann Kaim, Bauer in Meisset-schlag, stammend (dieser errichtete hier auch eine Messenstiftung. Er war geboren am 2. November 1788) aus Glöckelberg, war Abgeordneter. Am 12. Juni 1848 brach in Prag der "Aufruhr" aus. Am 4. September 1848 hielt in Oberplan der hochwürdigste Bischof von Budweis Josef Andreas Lindauer die Firmung ab, wohin sich auch die Glöckelberger begeben mußten. Am 24. Oktober 1848 hat Seiner bischöfliche Gnaden der apostolische Feldvikar Herr Johann Michael Leonhard 30.000 fl. C.M. in 5 % vinc. Staatsobligation - für den Deutsch-Reichenauer Vicariatsbezirk (jetzt Oberplaner Vicariat), die Obligation von 1.000 fl. dtto. 1.XI. 1841, Nr, 168.827 - für Arme gestiftet. Jährlich sollen 2-3 Pfarrgemeinden mit den Interessen bedacht werden; die Pfarrvorsteher sollen im Einverständnis mit den Ortsvorstehern die würdigsten auswählen. Im November 1849 war die erste Verteilung. Zugleich bat dieser hochwürdigste Herr, daß er in den ohnehin üblichen Gebeten der Armen für die Wohltäter eingeschlossen werde. Schon am 30. Dezember 1846 war ein Circulare kundgemacht worden zur Förderung des Zustandekommens freiwilliger Abfindungen zwischen dem Grund- und Zehentholden über die Naturalfrohnen und den Naturzehent. Am 7. September 1848 kam die Aufhebung des Untertanen-Verbandes und der dadurch gewährten Gleichstellung und Entlastung allen Grund und Bodens. Am 4. März 1848: Paragraph 1 Robot und Robotgelder der Inleute der auf untertänigen Gründen gestifteten Häusler ohne Entschädigung aufgehoben; am selben Tage (4.3.1849) gab es eine neue Reichsverfassung und Gemeindegesetz. Am 01.12.1849 machte Sr. K.u.k. Majestät die Worte "Viribus unitis" (mit vereinten Kräften) zum Wahlspruch! Am 26. Jänner 1849 ein provisorisches Dekret des k.k.Justizministeriums über Streitigkeiten bis zur Einführung der neuen Gerichts-Verfassung. (In Krummau erscheint ein Justizamt. 1849 ist Franz Kari Gerichtsdiener).

Glöckelberg und Hüttenhof vereinigt

Am 15. Juli 1850 wurde nach dem neuen Gemeindegesetz der erste Konstitutionelle Ortsvorsteher der freien Gemeinde gewählt, und die Wahl traf Johann Mayerhofer (Haus Nr.17). Von nun an verschwindet der Richter in Hüttenhof, wie überhaupt der Name Richter. Die Reihe der Gemeindevorsteher ist: Johann Mayerhofer (2 Perioden); 1857 Johann Honnetschläger; 1861 Josef Philipp; 1864 Michael Kaim; 1867 Engelbert Micko (2 Perioden); 1873 Josef Poferl; 1876 Thomas Wegscheider; 1879 Franz Petschl; 1882 Johann Schacherl (bis zum 14.V.1886); 1887 Josef Poferl; 1889 Josef Kary; 1892-1905 Julius Müller; 1905 Wenzel Poidinger; von 1907 bis (?) wieder Julius Müller.

1850 - 1860

Im Feber 1850 war der hiesige Seelsorger auf die fürstlich Schwarzenberg'sche Pfarre Andreasberg befördert worden. (Hochw. Herr Andreas Stifter starb dann hier in Pension am 24. Mai 1878). Vom 01.März 1850 administrierte die Seelsorge der wohlehrwürdige Herr Julius Hall, geboren am 2. April 1806 in Prachatitz, der vor dem 11 Jahre in Sablat Kaplan gewesen war, bis zum 15. September 1850. In seine Zeit fallen 18 Begräbnisse, 28 Taufen und 3 Hochzeiten. Während dieser Administratur wurde am 15. Juli 1850 der erste constitutionelle Ortsvorsteher der freien Gemeinde (Hr. Johann Mayerhofer) gewählt. Für diese in einer Gemeinde nun vereinigten Ortschaften: Glöckelberg, Hüttenhof und Josefsthal wurde ein neues Gemeindesiegel angeschafft in runder Form. Die Umschrift war:

Gerichtsbezirk Krummau; der Kern: Ortsgemeinde Glöckelberg: In einer Zuschrift wird deshalb im Jahre 1852 ein Johann Wimmer, Zimmergeselle aus Hüttenhof, Ortsgemeinde Glöckelberg genannt. Gemäß Paragraph 44 der hiesigen Instruktion für die politischen Behörden dito 07. April 1850 gibt den Ehekonzes die Ortsgemeinde. Dies dauert bis zum Jahre 1856, wo der politische Ehekonzes vom k.k. Bezirksamt (Oberplan) (mit Einvernahme des Vorstandes der Ortsgemeinde) bis zum Jahre 1869 erteilt wird. Am 25. September 1850 traf um 9 Uhr morgens der neue Seelsorger, Hochwürden H. Johann Menzinger ein. Geboren am 18. Feber 1803 in Rudolfstadt bei Budweis. Er war 16 Jahre Kaplan resp. Administrator in Riegerschlag gewesen. Derselbe ließ im Jahre 1853 ein neues Pfarrsiegel schneiden. Dasselbe war rund. Die Umschrift war: Sig. Eccl. Lokal. Glöckelbergsis; der Kern: St. Joann.Nepomuk.- Zum Vogtei-Kommisär war im Jahre 1851 statt des Herrn Leopold Rauscher, k.k. Bezirkskommisärs, Herr Dr. Fr. Suchomel, Stadtphysikus zu Krummau ernannt worden. In den Jahren 1853 (Marien-A) und 1856 (Leonardi-A) waren die Seiten-Altäre renoviert worden. Im Oktober 1856 hatten Oswald Micko, Hausbesitzer in Glöckelberg Nr. 38 hundert und am 2. November Johann Krenn, Hammerschmiedesohn (+) zweihundert Gulden für Kirchenzwecke vermacht; die Inwohnerin Marianne Poferl aber 20 fl, wofür die Schulfahne, welche den Kindern bei Processionen vorausgetragen wird, angeschafft wurde. Im Sommer des Jahreswird der Friedhof um 103 fl 1/3 Klafter gegen den Schwemmkanal vergrößert. Grundparzelle und Einfriedung kosteten dem Religionsfond 913 fl. Mit Dekret des k.k. Ministeriums für Kultus und Unterricht vom 9. April 1857 Nr. 5915/1939 wurde die Lokalie Glöckelberg zu einer selbstständigen Pfarrei erhoben und Hr. Johann Menzinger als Proto (Erst) - Pfarrer vom hochwürdigsten Herrn Johann Valerian Jirsik, Bischof von Budweis, am 6.Mai 1857 bestätigt.

Damit entfiel das Stola-Pauschale von 22 fl C.M., welches Glöckelberg an die Mutterpfarre Oberplan jährlich zahlte (Statthalterei-Dekret vom 1.Feber 1857, Zl. 1664). Der neue Pfarrer bezog eine Congrua-Ergänzung von 98 fl C.M. Am 29. August 1858 hielt der hochwürdigste Bischof Johann Valerian Jirsik die General-Visitation ab, wobei 187 Firmlinge das Heilige Sakrament der Firmung empfingen.

Kirchliche und staatliche Verordnungen

Am 20. August 1856 wurden die Vicariate neu abgegrenzt: Das Vicariat Oberplan wurde mit 10 Pfarreien errichtet: 1. Andreasberg, 2. Christiansberg, 3. Glöckelberg, 4. Honetschlag, 5. Oberplan, 6. Ogfolgerhaid, 7. Salnau, 8. Schönau, 9. Schwarzbach, 10. Stein.
Am 20. November 1856 wurde definitiv das Vicariat Oberplan abgegrenzt und umfasste - wie jetzt noch - 12 Pfarreien: Andreasberg, Deutsch-Reichenau, Glöckelberg, Honetschlag, Höritz, Oberplan, Ogfolderhaid, Salnau, Schönau, Schwarzbach, Stein, Unterwuldau.
Am 4. März 1855: Verordnung, daß den Kindern (Schulkindern) das vorsichtige Umgehen mit Zündhölzern eingeschärft werde, da viele Brändedeshalb entstanden sind. Am 14. Jänner 1855, daß der Kaminfeger (nach den neuesten Anordnungen ist einer für den Bezirk Oberplan bestimmt) frei gemäß Dekret vom 6. Dezember 1827 gewählt werden könne - nach Gubernial-Verordnung vom 14. Mai 1831 wurde er von der Gemeinde bestellt. Im Jahre 1858 ist eine Volkszählung. Am 24.04.1859 neues Gemeinde-Gesetz; Neues Geld: (Geld von gelten: eine Ware die als Tauschmittel allgemein bekannt ist, d.h. jedermann als Entgeld für jede Ware genommen wird). In Österreich war seit Mitte des 18. Jahrhunderts der Konventionsfuß (20 Gulden auf die Kölner Mark). Mit 1857 (Wiener Vertrag) wird eine Münz-Reform eingeführt aufgrund des Goldpfundes von 500 g zu 45 fl. (Konvention- Wiener-Währung). Dabei blieb es in Österreich bis zum Gesetz vom 02. August 1882, wo man zur Goldwährung überging (1 Kilo Feingold = 3200 Kronen und 1 Krone zu 100 Heller. Im Jahre 1856 hatte man als Geld 1 und 2 Vereinsthaler a) 1,5 fl, b) 3 fl; Landesmünzen 2 fl, 1 fl (Florin), 1/4 l = Stücke; als Scheidemünzen: aus Silber 20 kr, 5 kr, aus Kupfer: 4 kr (Kreuzer), 1 kr, 1/2 kr. Am 10 November 1859 wurden die 2 kr und Centesimi-Stücke einberufen. Das Gemeindegericht Glöckelberg schreibt am 18. April 1850, daß 118 Steuerschuldige seien mit einem Steuerbetrage von 491 fl 50 kr. Dazu kommt noch Fürst Schwarzenberg in Krummau mit 464 fl 48 kr und die Fabrik Josefsthal mit 57 fl. 40 kr. Folgende Steuern wurden eingehoben:

Grundentlastungssteuer:
Neuhäuser (1.X.1859): 26 fl 96 kr, z.B. Valentin Strempfl (24): 3.91 fl; Johann Studener: 2.43 fl; Vinzenz Poferl (26): 2.91 fl; Vorderhäuser (28.IV.1860): 27 fl 39 1/2 kr. z.B. Albert Studener (1): 5.67 fl; Franz Kari (5): 11.34 fl.
Grund-Erwerb-Landes-Bezirksauslagen:
(1/4 jährig am 12. VIII 1858): Vorderhäuser: 71 fl 36 1/2 kr; z.B. Andreas Müller (14): 4.72 fl+) + 1.17 fl + 98 = 6.87 fl; Johann Studener (79): 0 + 0 + 5 1/2 kr+ 0 = 5 1/2 kr; Althäuser: 85 fl 36 5/10 kr, z.B. Kaspar Pangerl (52): 58 kr + 0 + 20 5/10 + 15 5/10 = 98 kr; Felix Müller (64) 0 + 0+ 6 + 0 = 6 kr; Zach Karl (58): 2 fl 43 5/10 + 2 fl 10 87 5/10+ 4 5/10 = 6 fl 15 5/10 kr; Althäuser: 72 fl 82 kr; Hüttenhof: 21 fl 30 5/10 kr, z.B. Feuchtinger Franz (13) 0 + 2 fl 10 kr + 42 kr + 5 5/10 kr = 2 fl 87 5/10 kr; Ortner Josef (24): 0 + 0 + 10 kr + 0 = 10 kr.
Zuschlag von der Kreisstraße:
Vorderhäuser: 3.90 fl; Althäuser: 5.02 fl; Neuhäuser: 4.24 fl.
Gebäudesteuer:
samt den entfallenden Kriegspferdelieferungskosten (1.XI. 1859) - Althäuser: 39.67 fl, z. B. Engelbert Micko (38): 1.86 fl + 28 kr; Posset Johann (54): 93 kr + 3 kr; Kren Leopold (59): 2.80 fl + 23 kr; Neuhäuser: 47.43 fl, z B. Michl Poldinger

(15): 93 kr + 59 kr; Mathias Poferl (72) 11.20 fl + 41 kr. Schulgeld: (vom Hause 11 kr): am 17.I.1859 für 4 Monate) des Lehrers: Vorderhäuser: 1.43 fl; Althäuser: 2.53 fl; Neuhäuser: 2.42 fl.
Kriegskosten:
(12.VI.1859): Vorderhäuser: 19.52 fl; Althäuser: 26.56 fl; Neuhäuser: 25.31 fl; Josefsthal: 58.77 fl.

Vom Jahr 1860 an

Vom k.k. Bezirksamte in Oberplan (vom 25. Jänner 1862) wird für die Herstellung der Wasserleitung zu der Pfarre und Schule dem Pfarramte über dessen Einschreiten mitgeteilt, daß 14 Stück Röhren a 80 kr (11 fl 29 kr), für Bohren a 20 kr (mit 2 fl 80 kr) und für's Legen 3 fl 20 kr für die Wasserleitung bewilligt wurden. Mit Statthalterei-Gesetz (Decret) vom 16. März 1862, ZI: 13780 wurde der auf den Religionsfond entfallende Betrag per 11 fl 30 kr angewiesen durch die k.k. Sammelkasse in Budweis beim Steueramte in Oberplan und der Pfarre vom k.k. Kreisamt in Budweis verständigt, den auf die Schulgemeinde entfallenden halben Betrag für Materialien per 5 fl 60 kr im Pepartionswege einzuheben und dem Pfarrer auszuzahlen. Am 31. Oktober 1862 wurden die böhmischen Kreisbehörden als solche, nämlich als entscheidende Instanz in Angelegenheit der politischen Verwaltung, aufgelöst: aber zur Unterstützung der Statthalterei bei der Überwachung der Bezirksämter hatte bis zur Einführung des neuen auf der Trennung der Rechtspflege von der Verwaltung beruhenden Organismus der Behörden in jedem Kreisorte der Kreisvorsteher als überwachendes und nötigenfalls vollziehendes Organ des politischen Dienstes zurückzubleiben. Mit Verordnung vom 31. Juli 1868 wurde 13 Bezirkshauptleuten, welche in ihren Amtssitz in dem bisherigen Kreisorte hatten, die Überwachung der ihnen zugewiesenen Bezirkshauptmannschaften mit Ausschluß jedes instandsgemäßen Entscheidungsrechtes übertragen. Am 25. Dezember 1867 erschien das neue Staatsgrundgesetz über die allgemeinen Rechte der Staatsbürger; am 25. Mai 1868 das Gesetz über das Verhältnis der Schule zur Kirche; am 14. Mai 1869 das Reichsvolksschulgesetz.

*

Postamt: Das Jahr 1871 brachte neue Maße und Gewichte, Meter und Kilogramm. Im Jahre 1865 war in Oberplan ein Postamt errichtet worden. Früher wurden die Postsachen durch Fußboten von Krummau abgeholt. Im Jahre 1868 wurde das Postamt in Ulrichsberg errichtet und mit Postdirektionserlaß Linz vom 3. September 1870 Nr. 6356 wurde die Fahrpost beginnend am 16. September 1870). Zwischen Ulrichsberg und Oberplan (H. Lindl von Oberplan vermittelte vorher Briefe) angeordnet, die der damalige Ulrichsberger Postmeister K. Obermüller gegen eine Pauschale von 440 fl übernahm. Vorher war wöchentlich zweimal der Fußbote gegangen. Über Betreiben des Herrn Palfinger, Glasfabrikanten in Josefsthal wurde im Jahre 1871 auch in Glöckelberg, wo sich vorher nur eine Ablage befand, ein Postamt eingerichtet, und dem Gendarmerie-Patental-Invaliden Herrmann Binder (derselbe praktizierte beim Postamte in Salnau, legte am 4. Jänner 1871 die Prüfung in Linz ab und übernahm am 1. März 1871 das Postamt), gegen eine jährliche Bestallung von 100 Gulden und 20 Gulden Amtspauschale übertragen. Dessen Nichte (Gemahl Herrn W. Tahedl) übernahm am 1. August 1892 das Amt mit einer Bestallung von 200 fl (später erhöhte sie sich auf 1800 Kronen) und 60 fl Amtspauschale, der im Jahre 1899 den Telegraphendienst (Errichtungskosten ca. 200 fl) und im Jahre 1901 den Landbriefträger einführte. Die Botenfahrt von Ulrichsberg hatte vom Juli 1874 H. Johann Kanamüller; nach Ableben der Kanamüller Paul Kaspar, der die Witwe Karoline Kanamüller geheiratet hatte. Am 1. März 1908 wurde diese Botenfahrt von Glöckelberg bis Ulrichsberg aufgelassen (nur mehr Fußbote) und vom k.k. Postexpedienten Herrn Wenzel Tahedl eine zweimalige Botenfahrt von Glöckelberg nach Oberplan, (bzw. Bahnhof in Vorderstift) übernommen, derselbe im Jahre 1909 an den Postillion Leopold Schacherl gänzlich abgab. Herr Wenzel Tahedl hat im November 1913 das k.k. Postamt in Kalsching übernommen und hat sich um Glöckelberg durch die Befreiung der Feuerwehr von einer Wechselschuld, die Umwandlung der Gewerbezunft in eine dem Gesetze entsprechende Genossenschaft, die Errichtung der Genossenschaftskrankenkassa und der Raiffeisenkassa, die Gründung der Stierhaltungsgenossenschaft, die 20-jährige Tätigkeit als I.F. Vogtei-Kommisär, die mehrjährige (18) Tätigkeit als Gemeinde-Ausschuß und Ortsschulinspektor durch den Ankauf des Gemeindehauses, die Erweiterung bzw. Bau zweier Schulgebäude und des Pfarrhauses, und als Genossenschaftskommissär bleibende Verdienste erworben.

*

Volks-, Häuser- und Viehzählungen: In einer Beschreibung der Lokalie Glöckelberg vom 3. November 1793 gibt der Ortsseelsorger die Anzahl der Häuser folgend an: Glöckelberg 30 Häuser, Vorder-Glöckelberg 9 Häuser, Hüttenhof 35 Häuser. Der Pfarer von Oberplan schreibt, daß die Seelenzahl der abgetrenten Lokalie 400 betrage. Ein österliches Beichtregister von Jahre 1806 zählt für Glöckelberg 61 Hausnummern mit 380 Beichtpflichtigen, Hüttenhof 51 Nummern mit 295, zusammen 675 Beichtpflichtigen. Im Jahre 1900 ergab die Volkszählung 1583 Einwohner in der Gemeinde. 1910 waren in Glöckelberg 121 Häuser mit 161 Parteien und 771 Köpfen, in Hüttenhof 78 Häuser mit 105 Parteien und 544 Köpfen, in Josefsthal 20 Häuser mit 56 Parteien und 295 Köpfen, zusammen 219 Häuser mit 322 Parteien und 1610 Köpfen. Die Viehzählung 1910 ergab 29 Pferde, 1017 Rinder, 249 Schweine, 16 Ziegen, 1547 Stück Geflügel, 40 Bienenstöcke. Im Jahre 1913 werden angegeben: Glöckelberg 15 Häuser mit 773 Einwohnern, Hüttenhof 77 Häuser mit 542 Einwohnern, Josefsthal 20 Häuser mit 295 Einwohnern, zusammen 212 Häuser mit 1610 Einwohnern. Die Volkszählung im Feber 1921 ergab: Glöckelberg 117 Nummern - 3 unbewohnt, 157 Parteien, 753 Einwohner, Hüttenhof 80 Nummern - 2 unbewohnt, 103 Parteien, 534 Einwohner, Josefsthal 20 Nummern - 4 unbewohnt, 63 Parteien, 252 Einwohner, zusammen 217 Nummern - 9 unbewohnt. 323 Parteien, 1539 Einwohner. Davon waren in Glöceklberg 9 Tschechen-, Gendarmerie- und Finanzwache, in Josefstahl 5 Tschechen-, 1 Glasmacherfamilie. Im Jahre 1921 baute Ignatz Hochholdinger Nummer 117, 1922 baute Rudolf Janda, Lehrer, Nummer 118. 1923 baute Leo Petschl, Schneidermeister, Nummer 119, 1923 baute Eduard Petschl, Nummer 120, 1924 Maria Fuchs, Kriegswitwe 121, 1925 baute Zollamt, Nummer 122. Hausnummer 4 ist demoliert (Vorder-Glöckelberg) und hätte die Nummer vom Zollamt bekommen sollen. Viehzählung in der Gemeinde am 31. Dezember 1925: Pferde 16, Jungvieh bis 3 Monate 53, bis 6 Monate 89, bis 1 Jahr 128, Zuchtstiere über 1 Jahr 8, andere 1 Stück, Kalbinnen nicht zugelassen 35, zugelassen 54, Zuchtkühe 471, andere 25, Ochsen 1-3 Jahre 181, andere 11, über 3 Jahre 26, andere 4, zusammen 1.105 Stück Rinder, Ziegen 54, Schweine 153, Kaninchen 15, Hähne 72, Hühner 1.560, Gänse 32, zusammen 1.664 Stück Geflügel. Schafe 7 Stück, Ziegen 54, Schweine 153, Kaninchen 15, Hähne 72, Hühner 1.560, Gänse 32. Zusammen 1.664 Stück Geflügel.

Erwerbs-Verhältnisse

Wenn von den Glashütten in Hüttenhof (Kaltenbrunner Glashütte) und in Josefsthal abgesehen wird, so waren die Bewohner vor der Grundablöse auf die Wald- (Holz) Arbeit ihres Grundherrn, des größten Waldbesitzers in Böhmen, Seine Durchlaucht des Fürsten Schwarzenberg, Herzogs zu Krummau und die ihnen überwiesenen (d.i. von ihnen kultivierten) Gründe zum Betriebe einer Landwirtschaft angewiesen. Waldsassen (Waldbesohner) (silvicola) werden genannt: Noch im Jahre 1730 Sebastian Piodinger, Franz Pranghofer, Martin Resch, Kaspar Kaim und im Jahre 1734 Matthias Flatinger: ein Zeichen, daß die ersten Ansiedler Waldstrecken oft erst umlegen mußten, um Wiesen und (durch Umgraben) Äcker zu bekommen. Die Arbeit im Wald (Holzfällen, Scheiterhacken, Ausziehen der Scheiter und des Langholzes aus dem Walde, Schwemmen und Führen zur Verladestelle und die Landwirtschaft blieben auch nach den Jahren 1792 und 1797 bis zur Vertreibung im Jahre 1945/46 die Haupt- beschäftigung. Für das Hüten des Viehes wurden eigene fürstliche Weideplätze angewiesen. In späterer Zeit hatten in Glöckelberg die Alt- und Neuhäusler getrennte Weiden und eigene Hirten (Hirten-Häusl: Nr. 31 und 44). Auch Hüttenhof hatte einen eigenen Hirten und ein Hirtenhäusl. In Glöckelberg waren Gemeindehirten: 1787 Valentin Lambacher, 1791 Lorenz Pangerl; Leonhard Lambacher 1691 Hirte in Glöckelberg; 1703 auch noch in Hinterglöckelberg. 1795 Andreas Mayerhofer, 1722 Georg Lambacher (Lampacher), 1739 Bernhard Hofmann, 1774 Maximilian Poidinger, 1778 Jakob Lehrer, 1780 Batholomäus Hofmann. In Hüttenhof waren Gemeindehirten: 1795 Albert Jungbauer, 1803 Thomas Poidinger, 1808 Stifter. Es zahlten z.B. die Althäusler dem Hirten fürs dritte 1/4 Jahr vom ausgetriebenen Vieh samt Neben-Ausgaben z.B. noch:

a: im Jahre 1846 (per Stück 11 1/2 kr), zusammen 19 fl 32 kr: z. B. Matthias Kaim für 8 Stück = 1 fl 55 kr, Johann Honetschläger (Richter) für 5 Stück = 57 1/2 kr., Oswald Micko für 6 Stück = 30 kr., Anton Pranghofer für 7 Stück = 1 fl 10 kr.

Dabei blühte frühzeitig das ehrsame Handwerk:

Ellinger Philipp (1671) = Aschenbrenner in der Glashütte; Miller Georg (1675) = Wagner in den Neuhäusern; Markus Haberth (1681) = Mauererin Glöckelberg; Michael Haidler (1678) = Wagner in Glökkelberg; Adam Stifter (1689) = Müller und Sägschneider (1691) in Hinterglöckelberg; Georg Chare (1688) = Wagner in Forderhäusl (?); Gregor Pangerl (1699) = Wagner in Glöckelberg (?); Johann Sepp (1702) und (1710) Jakob Ridler = Plausieder (?) in Glöckelberg (Su'lstadt) (wahrscheinlich Sudstätte, woraus der heutige Name "Zudlstadt" entstanden sein mag). Adam Prix (1720) = Müller in Glöckelberg; siehe nachfolgende Anmerkung:

Dr. Pröll Laur, nennt Seite 70 im "obermühlviertler Bauernhaus" eine Waldwiese Prixin, welche 1746 Adam Prix auf der Glöckelbergmühle bekam. Ambros Robhansl (1724) = Wagner in Glöckelberg; (1730) Georg Schwarzbecker =

Maurer; Simon Müller = Weber in Vorder-Glöckelberg; Leopold Prix (1756) = Müller in Hinter-Glöckelberg (am 9. IX. 1789 wurde der sogenannte Mühlzwang aufgehoben); Johann Lehrer (1786) = Maurer in Glöckelberg Nr. 4; Jakob und Heinrich Prix (1797) = Müllermeister; Wenzel Prix = Hammerschmied (als Schmiede, vielleicht war er Geselle), (1800) Johann Felix, (1810) Johann Schönbauer = Schmiedegesellen.

Andere Handwerker in Glöckelberg

Zimmerleute: 1798 Valentin Pangerl, 1811 Raimund Sommer.

Wagnermeister: 1787 Johann Philipp, 1797 Bartl Petschl, 1817 Lorenz Tuschl

Bindermeister: 1809 Lorenz Fux

Weber: 1800 Josef Dulzer aus Stögenwald, 1809 Valentin Michetschläger, 1811 Anton Pranghofer, 1809 Josef Micko,(Haus Nr. 34), 1811 Thomas Mayerhofer, 1821 Franz Pangerl Haus Nr. 52, 1830 Michael Pritsch und Johann Pröll, beide in Josefsthal.

Schneider: 1809 Prokop Stiepany, 1812 Josef Posset aus Bayern, 1814 Johann Graf Haus Nr. 44

Maurer: 1812 Simon Honnetschläger Haus Nr. 53, 1813 Thomas Honnetschläger

Bäckermeister: 1803 Matthias Lehrer

Schuhmacher: 1800 Matthias Hocholdinger (das Marktgericht Aigen nennt ihn am 18.VI.1800 Aholdinger) aus Aigen, 1819 Matthias Winkler, 1822 Kaspar Lambacher

Fleischhauer: 1819 Matthias Poferl Haus Nr.27

Uhrmacher: 1816 Adalbert (Albert) Wegscheider Haus Nr. 46

Wirt: 1820 Josef Schacher

Handwerke in Hüttenhof

Flößer (Flößler) 1797 Franz Kindl

Dabei blühte frühzeitig das ehrsame Handwerk: Ellinger Phillip (1671) = *Aschbrenner* in der Glashütte; Miller Georg (1675) = *Wagner* in den Neuhäusern; Markus Haberth (1681) = *Mauerer* in Glöckelberg; Michael Haidler (1678) = *Wagner* in Glöckelberg; Adam Stifter (1689) = *Müller und Sägschneider* (1691) in Hinterglöckelberg; Georg Chare (1688) = *Wagner* in Forderhäusl (?); Gregor Pangerl (1699) = *Wagner* in Glöckelberg (?); Johann Sepp ; *Aschenbrenner* auf der Alpe: 1794 Lorenz Motl, 1810 Georg Mayer und Christof Roth, 1811 Michl Biel, 1812 Goerg Nagel, Schuster: Josef Stutz und Simon Hofmann aus Stubenbach, 1804 Matthias Grobauer, 1812 Kaspar Lang; *Zimmermann:* 1809 Josef Poidinger, *Schneider:* 1821 Matthias Hablik, Müller: 1792 Matthias Gayer

Gewerbe-, Geschäftsbetriebe und Handwerker bis 1945 in Glöckelberg, Josefsthal und Hüttenhof

Gemischtwarenhandlungen: Rauch, Novak, Schwarz, Konsum in Glöckelberg und Hüttenhof, *Gasthäuser:* Kary, Schacherl, Löffler, Poferl in Glöckelberg, Springer, Hocholdinger in Hüttenhof, Moherndl-Hotelbetrieb in Josefsthal, *Fleischhauer:* Kary, Hocholdinger (Glöckelberg); *Bäckerei:* Schacherl, Stiepany (Glöckelberg) Mühlen: Krennmühle am Rothbach, Krennmühle (Hüttenhof) und Genossenschaftsmühle (Hüttenhof); *Siebreifenerzeugung:* Wachtfeitel; *Schuhmacher:* Hable und Poferl (Glöckelberg) und Kößl (Hüttenhof); *Herrenschneider:* Leo Petschl, Ludwigs Petschl (Glöckelberg) und David Schacherl (Hüttenhof), *Damenschneider:* Karl Müller (Glöckelberg); *Pferde-Fuhrunternehmer:* Brüder Krenn, J. und K. Schacherl (Postkutsche) in Glöckelberg, *Auto- & Fuhrunternehmer:* Willi Poferl (Glöckelberg); *Huf- und Wagenschmiede:* Skola, Auer und Schröder, sowie Hammerschmiede von Krenn und Erhard am Rothbach gegenüber Sonnenwald; *Wagnerei:* Lustig (Hüttenhof), Jungbauer und Pofer; *Tischlerei:* Froschauer (Glöckelberg) und Froschauer (Hüttenhof); *Sägewerk:* Dickl (Josefsthal)

Allgemeines über Gewerbe-Geschäftsbetriebe und Handwerker

Wohl eine der ersten und auch einzigen Gewerbebetriebe in Glöckelberg mit elektrischer Energie waren die "Krennmühle" und "Krennschmiede", angetrieben durch die Wasserkraft des Rothbaches (Grenzbach) gegenüber dem oberösterreichischen Grenzweiler Sonnenwald. Diese Betriebe lagen direkt an der früheren Landesgrenze zwischen Oberösterreich und Böhmen (später Staatsgrenze) und gehörten jedoch noch zur Gemeinde Glöckelberg. Die Hammerschmiede Krenn, die mit 2 schweren wasserbetriebenen Hämmern und einer Schleifanlage ausgestattet war, stellte verschiedene Werkzeuge für Landwirte und Gewerbe her. Ein weiterer für die damalige Zeit und Örtlichkeit technisch fortgeschrittener Betrieb, war die von der Familie Poferl betriebene Wagnerei. Sie wurde bereits im Jahre 1911 maschinell eingerichtet, dazu diente ein Motor als Antriebsquelle. Die gesamte Maschineninstallation wurde vom damaligen Ulrichsberger Mühlenbauer Kampinger errichtet. Eine Holzbiegerei ermöglichte es auch, daß man außer den üblichen Wagnererzeugnissen auch Rodel, Holzski und vor allem Zugschlitten für Mensch und Tier, die für den Holztransport eine der wichtigsten Beförderungsmittel waren, herstellte. Die Holzschuherzeugung war ebenfalls ein wichtiger Nebenerwerb für bestimmte Familien, deren Einkommen oft sehr minimal war. Diese Holzschuhmacher gab es in jeder Ortschaft. Sie waren fast gänzlich mit der Herstellung dieser von der Ortsbevölkerung sehr beliebten Fußbekleidung, beschäftigt. Auch im Hotel- und Beherbungsbetrieb (Eigentümer: Deutscher Böhmerwaldbund) der Familie Moherndl in Josefsthal gab es zu dieser Zeit (1931-1945) bereits elektrisches Licht für alle Gebäude. Die dazu erforderliche Kraftquelle war ein Dieselmotor. Elektrisches Licht gab es auch noch in der von Wasserkraft angetriebenen Hofmühlen in Hüttenhof. Versuche von findigen Handwerkern, die reichlich vorhandene Kraft des Windes für ihre Betriebe auszunützen, befanden sich jedoch nur im Anfangsstadium und mußten später aus finanziellen Gründen wieder eingestellt werden. Im Gegensatz dazu wurde die Wasserkraft in reichlichem Ausmaß genützt. Fast jeder Betrieb, ob

Mühle, Säge, Glasschleiferei, Buchet u.a. wurde durch diese billge und vor allem umweltfreundliche Energiequelle in Gang gesetzt, und die Handhabung war denkbar einfach. Bis auf die Glaswarenerzeugnisse, hergestellt in der Glasfabrik zu Josefsthal und diese meistens für den Export bestimmt, sowie dem Stamm- und Schnittholz aus dem Schwarzenbergischen Forstrevieren, welches für die Pötschmühle (Papierfabrik) bestimmt war, auf diesem wirtschaftlichen Gebiete fast alle Erzeugnisse der Gewerbetreibenden und Handwerker ausschließlich für den Bedarf der heimischen Ortsbevölkerung der drei Ortschaften bestimmt. Eine Versorgung anderer Gebiete oder sogar ein Export war nie geplant oder auch nur möglich. Die Anfertigung solcher Waren erfolgte immer nur in Einzelstücken und auf Bestellung, jedoch niemals in Serienherstellung. Ein wichtiger, aber wenig einbringender Nebenerwerb war in den Sommermonaten das Einsammeln von verschiedenen Waldfrüchten wie Himbeere, Schwarzbeere, Preiselbeere, Moosbeere, sowie viele verschiedene Heilpflanzen, insbesondere Arnika und Pilzarten. Meistens wurde dies von der Schuljugend aber oft auch von den gesamten Familienangehörigen besorgt. Der erzielte Erlös stand meistens in keinem Verhältnis zur aufgewandten Mühe und Zeit, doch eine andere Erwerbsmöglichkeit der oft kinderreichen und nach der Auflösung der Glasfabriken in ärmlichen Verhältnissen lebenden Familien gab es nicht. Die meisten der männlichen Bevölkerung war jedoch in den Fürst Schwarzenbergischen Forstbetrieben als Holzhauer tätig. Diese Arbeit war äußerst hart und gefährlich und erstreckte sich meistens auf das ganze Jahr. Diese Arbeit war eine der wenigen, aber sicheren Erwerbsmöglichkeiten vieler Familien, die nebenbei noch eine kleine Landwirtschaft betrieben.

In der
Hammerschmiede
(Krennschmiede)
am Grenzbach

Das stellte Willi Poferl (Wagner) mit seinem Vater in der Wagnerei alles her

Holzschuherzeugung
und Bohren von
Wasserrleitungsrohren

Die "Holzhacker" sind am Werk

Das Brennholz wird im Winter mit dem Hörnerschlitten zum Haus gebracht

Das "Langholz" wurde mit dem schweren Langholzschlitten zum Bahnhof nach Vorderstift gebracht

Siebreifenherstellung bei Familie Wachtfeitl

Aus dem Alltagsleben
(Von Walter Franz)

In der Zeit vom 01.01. bis 16.02.1929 wurde von der Deutschen Landjugend im ›Gasthaus Kary‹ in Glöckelberg ein **Koch- und Haushaltungslehrgang** abgehalten. Als Leiterin fungierte Frau Pranicka aus Prag. Der Lehrgang war sehr gut besucht. Weitere Lehrgänge folgten auch später noch.

*

Sonnwendfeiern: Viele Jahre zurückreichend (dreißiger Jahre) fanden in den Sandgruben am Bartlberg oder am Kronberg alle Sommer bis zum Kriegsanfang zur Sonnenwende im Juni sogenannte "Sonnwend-Feiern" statt. Die Schauspieler kamen aus der einheimischen Bevölkerung. Schauspiel-Themen waren die "Deutschen Heldensagen". Während dieser Spiele in der Sandgrube brannte ein großes Sonnwendfeuer und beleuchtete somit die ganze Szenerie. rundum sah man andere Sonnwendfeuer der umliegenden Ortschaften.

*

Schulsuppen-Aktion: Aufgrund der kurzen Mittagszeit von 12-13 Uhr und der weiten Entfernung war es den Schulkindern aus Vorder- Glöckelberg, Josefsthal und Hüttenhof in den Wintermonaten nicht möglich, zu Hause eine warme Mahlzeit einzunehmen. So beschloß der Gemeinderat in den dreißiger Jahren, für all diese Kinder eine "Schulsuppen-Aktion" auf Kosten der Gemeinde durchzuführen. In der Schule wurde jedem in Frage kommenden Kind eine Blechmarke mit Ziffer ausgehändigt, und die warme Suppe wurde im ›Gasthaus Kary‹ aus mitgebrachtem Eßgeschirr eingenommen. Eine Lehrperson hatte darüber die Aufsicht. Von dieser Schulsuppenaktion wurden jedoch laut Gemeinderatsbeschluß die Schulkinder von österreichischen Staatsangehörigen, die in der Gemeinde wohnten (z.B. Franz, Löffler u.a.) sowie die Schulkinder aus Sonnenwald und Schöneben/Oberösterreich ausgeschlossen. In Anbetracht der kommenden Ereignisse nach Kriegsende von 1945 (Zuflucht nach Österreich) gereichte diese Haltung der damaligen Gemeinderatsmitglieder nicht zu ihrer Ehre.

*

Bademöglichkeiten: Als Sommer-Bademöglichkeiten standen der Jugend und anderen Badefreunden folgende zur Verfügung: Der sogenannte "Hoftümpel", er war an einer günstigen waldfreien Stelle in der Talniederung des angestauten Almbach/Mühlbach angelegt. Dann der sogenannte "Kolmateich" oberhalb von Josefsthal. Er war ein stehendes Gewässer mitten im Wald und von den Sommergästen und der einheimischen Bevölkerung ein beliebtes Ausflugsziel. Das "Freibad" oder "Lehrerbad" am Pfarrerbachl unterhalb von Glöckelberg. Dieses Bad wurde von dem damaligen Bürgermeister Ignaz Lehrer auf seinem Wiesengrund, auf seine Kosten errichtet, und es wurde deshalb auch Eintrittsgeld abverlangt.

Bürgerschulbesuch in Oberplan: wenige Kinder aus Glöckelberg, Josefsthal und Hüttenhof benützten die Gelegenheit, die dreiklassige Bürgerschule in Oberplan zu besuchen. Dieser Schulbesuch war freiwillig. Der Hin- und Rückweg war für diese Kinder äußerst beschwerlich infolge der weiten Entfernung von je 7 Kilometern = 14 km insgesamt und der unberechenbaren Witterzungsverhältnisse, im Sommer mit Gewittern, und im Winter durch Schneestürme, sowie der ärmlichen Beleidung, infolge der Arbeitslosigkeit Ihrer Eltern in den Nachkriegsjahren. Der Schulweg wurde, bis auf ganz einzelne Fälle mit dem Fahrrad, *ausschließlich zu Fuß* zurückgelegt und begann frühmorgens um 5.30 Uhr, Ankuft in Oberplan um 7.30 Uhr, von 8-12 Uhr Unterricht, von 12-13 Uhr Mittagszeit. Der Nachmittagsunterricht war fast täglich von 13-15 Uhr, oft auch bis 16 Uhr angesetzt. Die Schulkinder waren oft *mangelhaft* mit Schuhwerk und Überkleidung ausgestattet und die mitgenommene Tagesverplfegung äußerst bescheiden: 1-2 Stück trockene Brote und fallweise eine Flasche schwarzen Kaffee oder ein Apfel. *Taschengeld* gab es fast keines. Im Winter wurden von den Schülern öfters auch die Ski als Fortbewegungsmittel benützt, wenn nachts durch starken Schneefall die Wege unpassierbar waren. Die Skiloipe führte querfeldein durch unbewohntes Waldgebiet. Dieser Besuch der Bürgerschule in Oberplan verlangte von den Kindern *äußerst körperliche Strapazen und Bescheidenheit,* was sich für den späteren Lebensweg nur als vorteilhaft auswirkte.

*

Forellenfischerei: Der schier unerschöpfliche Forellenreichtum in den Gebirgsbächen von Glöckelberg, Josefsthal und Hüttenhof ermöglichte es, jederzeit beliebige Mengen an Forellen für den notdürftigen Mittagstisch heimzubringen. Der Fischereieigentümer war zwar die Fürst Schwarzenbergische Forstverwaltung, die folgliche Aufsicht oblag dem zuständigen Förster von Glöckelberg und Hüttenhof, doch gelang es diesem fast nie, die "Forellendiebe" dingfest zu machen.In jedem Dorfe gab es daher bestimmte Buben, die diesem "Sport" fast bei jeder Gelegenheit frönten und fast immer wußten, wo sich gerade der Förster aufhielt. Die Fangtechnik war denkbar einfach: Bei niedrigem Wasserstand der Bäche wurde mit der Hand gefischt, ansonsten mit einer billigen Angel an einer einfachen Schnur, die an einer abgeschnittenen Rute befestigt wurde. Als Köder dienten Heuschrecken oder Regenwürmer; soviele Würmer man mit hatte, so viele Forellen wurden eben gefangen. In den Nachkriegsmonaten von 1945 dienten die Forellen oft als einziger Fleischlieferant, da es auf Grund der neuen tschechischen Lebensmittelkarten für die einheimische deutsche Bevölkerung keine Fleischzuteilung gab. Die damalige zwei Monate lange USA- Besatzungszeit war jedoch der Beginn des Fischsterbens: Es wurde von den US-Soldaten nur mehr mit der Handgranate "gefischt", was auch die Forellenbrut nicht überlebte. Auch die im Sommer 1945 begonnene Besatzung des Gemeindegebietes von Soldaten war für den Forellenbestand nicht förderlich, da ebenfalls bedenkenlos mit ähnlichen US-Methoden gefischt wurde. So wurde der Forellenbestand radikal vernichtet und konnte sich fast nicht mehr so richtig erholen. So bleibt für die noch zur Zeit lebenden "älteren Fischerjugend" von damals diese "Forellen-Epoche" eine unvergeßliche Erinnerung aus unserer Böhmerwaldheimat.

Tschechische Finanzwache - Gendarmerie und Grenzverhältnisse: Bedingt durch die geographische Lage der drei Ortschaften zur nahen Staatsgrenze gegenüber Österreich hatte diese Grenze für die Bewohner dieser Ortschaften eine ganz besondere Bedeutung. Man bedenke, daß einzelne Gehöfte, wie die Krennmühle und Krennschmiede direkt am Rothbach, der die Grenze bildet, gelegen sind, und dort ein ständiges Kommen und Gehen herrschte. Der Schmuggel hinüber und herüber konnte daher nie unterbunden werden, obwohl auf beiden Seiten im ZA-Glöckelberg und im ZA-Schöneben 5-6 "Finanzer" ihre Grenzüberwachungsdienst verrichteten. Beliebige Schmuggelgegenstände nach Österreich waren Textilien, Bataschuhe und Vieh, und von Österreich insbesondere Süßstoff (Sacharin), Obst und anderes mehr. Der Grenzstreifdienst der tschechischen Finanzwache erstreckte sich in den tiefen Wäldern von Ratschin und Glöckelberg bis zum Hochficht und zurück über Hüttenhof, Josefsthal und Glöckelberg. Im Winter konnte dieser Grenzdienst nur mit Ski bewältigt werden und erforderte eine ausgezeichnete körperliche Verfassung der Beamten. Dieser Grenzdienst war infolge der extremen Witterungs- und Geländeverhältnisse äußerst schwierig. Der Grenzübertritt von Glöckelberg nach Schöneben wurde von legalen Reisenden auf der Zollstraße über die beiden Zollämter durchgeführt. Ein illegaler Grenzübertritt erfolgte meist durch die dichten Waldungen, entweder über den Pfoserberg und Hochficht oder durch den Ebnerwald in Richtung Sonnenwald-Grünwald. Der "Kleine Grenzverkehr" war nur in einem bescheidenen Ausmaß vorhanden. Das Personal der tschechischen Finanzwache und Gendarmerie war ausschließlich tschechischer Nationalität und kam aus dem Inneren des Landes, versetzt an ihre Grenzdienststellen, bis sie wieder abberufen wurden. Sie gehörten somit nicht zum Bestand der deutschen Grenzbevölkerung und waren Fremde, doch war das Verhältnis zur deutschen Grenzbevölkerung ausnahmsweise freundlich und ohne Probleme, sie waren meistens der deutschen Sprache mächtig. Erst in dem Jahr der Sudetenkrise (1938) herrschte auf beiden Seiten eine spürbare Aversion. In diesen Sommermonaten wurden verschiedene strategische Geländepunkte (Bartlberg, Wuselberg) vom tschechischen Militär mit MG besetzt, was dem guten Verhältnis sehr abträglich war. Es kam aber nirgends zu irgendwelchen Zusammenstößen mit der Bevölkerung.

In den letzten Septembertagen des Jahres 1938 wurde die gesamte tschechische Finanzwache und Gendarmerie samt ihren Familienangehörigen gemäß dem Münchner Abkommen von der Grenze abgezogen und in das Landesinnere verbracht. Dieser Abzug vollzog sich in Ruhe und Ordnung ohne spürbare Gehässigkeit von seiten der deutschen Bevölkerung. Nach diesem Anschluß des Sudetenlandes wurde das Gebiet zum Gau Oberdonau angegliedert und in Glöckelberg "Deutsche Landespolizei" stationiert. Die frühere Staatsgrenze gab es nicht mehr. Teilweise wurden auch die früheren Grenzsteine entfernt. Die beiden Zollhäuser wurden für Wohnzwecke verwendet. Nach dem Zusammenbruch im Jahre 1945 haben in den Sommermonaten Juni und Juli tschechische Finanzwache und Gendarmerie, vornehmlich das gleiche Personal wie vor 1938, ihre alten Posten wieder bezogen, und zugleich wurde eine tschechische Verwaltung installiert. In Josefsthal "Waldheimat", wurden ca. 30 Mann tschechisches Militär stationiert, die die Aufgabe hatten, den Grenzschutz zu übernehmen. Während des Grenzdienstes wurde Anfang Jänner 1946 von diesen Soldaten eine hochschwangere Frau mit ihrem Gatten an der Grenze am Pfoserberg beim illegalen Grenzübertritt (Flucht) nach Österreich angehalten und durch die Nervosität und Übereifer eines tschechischen Soldaten erschossen, als sie eine Böschung hinabglitt. An dem Begräbnis durfte außer ihrem Gatten niemand teilnehmen. In der Grenzbevölkerung einschließlich der älteren tschechischen Finanzbeamten herrschte über diesen unmenschlichen Vorfall große Verbitterung. In dem tschechischen Zollamt in Glöckelberg lagerten große Mengen von Koffern, Rucksäcken und anderes Gepäck, was den Flüchtlingen beim versuchten illegalen Grenzübertritt nach Österreich abgenommen und beschlagnahmt wurde. Die betretenen Flüchtlinge wurden mit einer Eskorte nach Krummau in ein Lager gebracht und dort einer strengen Bestrafung zugeführt. Im Wald zwischen Vorderglöckelberg und Hinterhammer wurde bei einer solchen Überstellung ein tschechischer Gendarm durch einen Flüchtling ermordet, und diese Person floh durch die Wälder nach Österreich. An der Mordstelle wurde von tschechischer Seite für den ermordeten Gendarm eine Gedenktafel errichtet. Die bis Josefsthal stationierten tschechischen Soldaten hißten nach Abzug der US-Besatzungssoldaten sofort die rote Fahne mit Hammer und Sichel neben der tschechischen Staatsflagge, doch wurde sie bei Erscheinen von einer von einer US-Nachhut, die am Kanal von Neuhofen kam, sofort wieder eingezogen und erst nach Verlassen der Ortschaft neuerlich aufgezogen, was bei der deutschen Ortsbevölkerung große Heiterkeit hervorrief. Die tschechischen Soldaten lebten dort in großer Angst und Nervosität: Ein von Glöckelberg kommender Radfahrer mit aufgeblendeten Scheinwerfern löste um ca. 22 Uhr große Verwirrung aus, wobei Familienangehörige sofort noch in dieser Nacht in Richtung Oberplan verbracht wurden und die ganze Besatzung die ganze Nacht in höchster Alarmbereitschaft standen, da man einen Angriff deutscher Partisanen, die es niemals gab, befürchtete. Dies ist historische Tatsache, erzählt von einem tschechischen Briefträger, der deutschfreundlich eingestellt war. Der oben genannte Radfahrer war Herr Walter Franz aus Josefsthal, der seinen Radscheinwerfer bei Nacht (Dunkelheit) ausprobieren wollte.

Während der Vertreibungsaktion wurden an den zwei Sammelstellen beim Kreuzwirt in Glöckelberg und der Versandpackerei in Josefsthal tschechische Finanzwachorgane für die Gepäckkontrolle herangezogen, sie verhielten sich jedoch - zu ihrer Ehre gesagt - sehr loyal und anständig gegenüber den Betroffenen, da es sich durchwegs um ältere Beamte handelte, die seit Jahren vor 1938 in Glöckelberg Dienst verrichteten und fast alle deutschen Personen gut kannten.

Die tschechische Finanzwache wurde in den Jahren bis 1950 jedoch von der Grenze gänzlich abgezogen und zu den Innerlandszollämtern versetzt oder gingen in Ruhestand. An ihrer Stelle wurde eine eigene Grenztruppe mit ausschließlich jungem Personal und in viel grösserer Zahl nach sowjetrussischem Muster errichtet. Diese Truppe war bis ca. 1980 in der Volksschule und im Pfarrhof in Glöckelberg stationiert und anschließend in die neue Grenzkaserne zwischen Glöckelberg und Vorderglöckelberg (Schwedin) verlegt. Das frühere Zollamtsgebäude wurde in den Jahren um 1950 abgetragen und der Grenzübergang gesperrt. Später wurden auch die Schule und der Pfarrhof dem Erdboden gleichgemacht.

997. Böhmerwald. Glöckelberg. Oesterr. und čechisch. Zollhaus
Foto Wolf, Krummau.

Der kleine
Rotbach
wurde 1945
leider wieder
ein trennender
Grenzbach

Die Konsumgenossenschaft in Oberplan (Von Ed. Brazda)

Gegen Ende des Ersten Weltkrieges war die Versorgung der Bevölkerung mit Lebensmitteln vollständig zusammengebrochen. Schon 1916 konnten die Lebensmittelkarten nicht mehr eingelöst werden. Der größte Teil der Bevölkerung hungerte. Auch nach dem Zusammenbruch 1918/19 dauerte der Lebensmittelmangel an. Es blieb nicht aus, daß die Verbraucher auch zu den Verteilern das Vertrauen verloren hatten. Sie schlossen sich mit dem Ziel zusammen, die Lebensmittelversorgung selbst in die Hand zu bekommen und gründeten Konsumvereine. In Oberplan bestand schon vor dem Kriege kurze Zeit ein Kosumverein. Während des Krieges versuchte ein Beamten-Konsum, seine Oberplaner Mitglieder zu versorgen, konnte sich jedoch nicht durchsetzen. Nun war es anders. Die von der andauernden allgemeinen Notlage besonders betroffenen, sozial schwächeren Schichten waren dem Genossenschaftsgedanken durchwegs aufgeschlossen. Fast gleichzeitig wurden in den Jahren 1919/1920 lokale Konsum-Vereine gegründet in Glöckelberg, Hüttenhof, Josefsthal, Pernek, Hintring, Neuofen und auch in Oberplan. Als in Oberplan das erste Ladengeschäft eröffnet wurde (Bäck-Fenzl, Haus Nr. 88), erhielt jedes Mitglied sogleich 1 kg amerikanisches Fett. Eine solche Menge hatte es seit undenklichen Zeiten nicht mehr gegeben. Alle Mitglieder hatten gleiche Rechte. Der Geschäftsanteil betrug 200 Kronen, die meisten Mitglieder zahlten auch den Reserveanteil mit weiteren 200 Kronen.

Geschäftsführung und Verkauf erfolgten ehrenamtlich durch Gründungsmitglieder (Ferdinand Schmidt, Ingaz Kadletz). Schon bald war klar, daß die Arbeit nebenberuflich nicht zu bewältigen war. Es wurde ein Verkäufer eingestellt. Der Gedanke einer Fusion mit den Konsumvereinen der Nachbargemeinden lag nahe und wurde ernsthaft erwogen. Schon 1921/1922 schlossen sich die örtlichen Konsumvereine Oberplan, Pernek, Hüttenhof, Josefsthal, Glöckelberg, Hintring und Neuofen zusammen zur "Konsum und Spargenossenschaft für den Bezirk Oberplan und Umgebung reg. Gen. m.b.H Sitz Oberplan".

Dem 1. Vorstand gehörten an: Ernst Meyer/Oberplan, Karl Fuchs/Oberplan, Wenzel Springer/Hüttenhof. Aufsichtsratvorsitz: Ferdinand Schmidt/Oberplan. Als Geschäftsführer wurde Herr Schreier aus Mährisch Schönberg eingestellt. In der Nähe des Bahnhofes Oberplan (Vorderstift) entstand ein Lagerhaus mit Büroräumen und Gleisanschluß. Bis 1933 hatte die Genossenschaft in 20 Ortschaften Verteilungsstellen. Im März 1933 erfolgte auf Empfehlung des Verbandes deutscher Wirtschaftsgenossenschaften in Prag (Fügnerovo nam. 4) die Fusionierung mit der Konsumgenossenschaft Wallern (18 Filialen). Nach der Fusionierung zählte die Konsum- und Spargenossenschaft "Böhmerwald" reg. Gen.m.b.H. Oberplan (geänderter Firmenname) 38 Verteilungsstellen und durchschnittlich 60 Angestellte und Arbeiter.

Verzeichnis der Verteilungsstellen nach der Fusionierung mit Wallern, März 1933

		Zugang durch Fusion:
1	Oberplan *	Humwald
2	Perneck	Guthausen
3	Hüttenhof	Neutal

4	Hirschbergen	Zuderschlag
5	Glöckelberg *	Siebenhäuser
6	Hintring	Christtianberg
7	Neuofen	Ernstbrunn
8	Neustuben *	Oberhaid
9	Untermoldau	Eleonorenhain
10	Ogfolderhaid*	Kuschwarda
11	Andreasberg	Schattawa
12	Friedberg	Wallern (Bhf.) *
13	Mayerbach	Wallern-Stadt
14	Stein	Sablat
15	Neuhäuser	Ferchenhaid
16	Vorderstift	Neugebäu
17	Höritz	Chrobold *
18	Honetschlag	Prachatitz
19	Schönau	
20	Schwarzbach	

*) Verkaufsstelle im eigenen Gebäude der Genossenschaft.

In der Aufstellung nicht aufgeführt sind die vor 1933 aufgelassenen Verkaufstellen (4) Josefsthal, (13) D. Reichenau bei Friedberg und (11) Radschin. Die Belieferung erfolgte bisher durch zwei eigene Pferdefuhrwerke und private Fuhrunternehmer (Brunner, Janda). Die Wallerer hatten zwei LKW's. In den Jahren 1935/1936 mußten wegen zu geringer Umsätze die Filialen Guthausen, Siebenhäuser, Zuderschlag, Ferchenhaid und Neugebäu aufgelassen werden.

Entwicklung nach dem 1.10.1938

Nach dem Anschluß unserer Heimat an das Reich wurden die im Bezirk Prachatitz liegenden Verteilungsstellen unter Duldung der Parteistellen ausgeplündert und gesperrt. Auch im Bezirk Oberplan waren sämtliche Verkaufsstellen gesperrt, durften aber nach einigen Tagen den Betrieb wieder aufnehmen. In den Büroräumen war über drei Wochen ein Wehrmachtsstab einquartiert. Der Umrechnungskurs, für 10 Kronen = 1 Reichsmark, war denkbar schlecht. Die Angehörigen der deutschen Wehrmacht konnten mit ihrer Reichsmark unvorstellbar billig einkaufen.

Nach 10 Tagen waren die Verteilungsstellen und die Hauptlager vollkommen ausverkauft. Als die Lagerbestände erschöpft waren, wurde der Umrechnungskurs mit Wirkung vom 10. Oktober 1938 von 10:1 auf 8,33:1 umgestellt. Das Gauwirtschaftsamt Linz bestellte Herrn Hans Frumolt zum kommissarischen Leiter für die beiden Genossenschaften Oberplan und Kaplitz. Die Verwaltungsorgane (Vorstand und Aufsichtsrat) waren ausgeschaltet. Die Firmennamen wurden geändert in:

"*Verbrauchergenossenschaft Böhmerwald" in Oberplan reg. Gen. m.b.H*"

Bei Beginn des Zweiten Weltkrieges (01.09.1939) Einberufungen - Rudi Kindermann, Wallern, jüngster Angestellter der Genossenschaft, fiel schon in den ersten Tagen des Polenfeldzuges*) - Kriegswirtschaftsgesetze waren in Kraft - Lebensmittel gab es wieder nur mehr auf Lebensmittelkarten, Mangelwaren auf Bezugsscheine. Die Überwachung der Lebensmittelumsätze und der Lebens mittel- Lagerbestände in den Filialen und am Hauptlager zählte fortan zu den schwierigen Aufgaben dieser Zeit (auf Verstöße stand die Todesstrafe).

Die Verbrauchergenossenschaften werden in das "Gemeinschaftswerk der deutschen Arbeitsfront" eingewiesen.

Gebietsweise werden die Genossenschaften zu "Versorgungsringen" zusammengefaßt, in Ges. m.b.H. umgewandelt und der Dachorganisation, dem "Gemeinschaftswerk der deutschen Arbeitsfront Berlin", unterstellt. Die Geschäftsanteile mußten zurückgezahlt, die Spareinlagen an die örtlichen Kreditinstitute abgeführt werden.

Am 1.3.1943 wurde der "Gemeinschaftswerk-Versorgungsring Böhmerwald" Ges. m.b.H. aus den bisherigen Genossenschaften Oberplan und Kaplitz gebildet. Die Löschung im Genossenschaftsregister war vollzogen.

Die Rücklagen waren in das Vermögen des Gemeinschaftswerkes Berlin übergegangen. Der neuen GmbH beließ man nur ein bescheidenes Betriebskapital. Dasselbe geschah mit dem Hausbesitz, das bedeutete, daß für die Läden in den bisher genossenschaftseigenen Häusern Mieten abgeführt werden mußten. Nach außen hatte sich außer den neuen Firmentafeln nichts geändert. Die Belegschaft blieb dieselbe, die Verteilertätigkeit wurde wie bisher ausgeübt bis zum Ende des Krieges.

Konsum - Spargenossenschaft - Verkaufsstelle Josefsthal

Das Ende 1945

In den Sommermonaten 1945 übernahm ein Tscheche den Betrieb in Oberplan. Die Deutschen wurden abgeschoben. Damit wurde auch dieses bedeutende (wenn auch gleichgeschaltete) Unternehmen unserer engeren Heimat, das ein Vierteljahrhundert die ihm gestellten Aufgaben treu erfüllt hatte, ein Teil der ungeheueren Beute, welche die Siegermächte den Tschechen in den Rachen warfen.

---

* Seit der Gründung waren mit der Geschäftsführung der Konsumgenossenschaft in Oberplan betraut:

1912-1922   Schreier

1922-1923   Franz Praschl

1923-1926   Wilhelm Jindra

1926-1934   Alfred Köcher

1933-1934   Georg Polta (Wallern)

1935-1937   Paul Heide

1937-1938   Theo Wünsch

1938-1940   Johann Frumolt (komm. Leiter)

1940-1943   Eduard Brazda

Vereine

Am 15. Juli 1875 wurden die Statuten des Militär-Veteranen-Vereins genehmigt, der dann am 16. August sein Gründungsfest und am 22. Juli seine Fahnenweihe feierte. Obmann war Josef Palfinger (Glasfabrikant; Franz Petschl, Stellvertreter; Johann Weiß, Musikdirektor und Führer der Vereinsbanda. Im Jahre 1880 zählte der Verein 135 Mann. Der Verein der freiwilligen Feuerwehr wurde mit Erlaß der k.k. Statthalterei vom 12.IV.1887, ZI: 25.765 bewilligt und verfügte damals über zwei Feuerwehrspritzen. Erster Obmann war Josef Stutz und erster Schriftführer war Karl Honetschläger. Der Verein zählte 130 Mitglieder, davon waren 70 Aktive. In weiterer Folge wurde eine Motorspritze und im Jahre 1937 wurde die Feuerwehr mit einem Feuerwehrauto samt Mannschaftssitzen ausgerüstet, die in einem geräumigen Feuerwehrhaus (Depot) untergebracht wurden. Die Feueralarmierung der Mannschaft erfolgte jedoch noch mit Hornsignalen, denn eine Sirene war wegen Fehlens von elektrischem Strom nicht möglich.

Im Jahre 1898 gründete G.H. Oberlehrer Franz Honzik den Schulkreuzer-Verein. Am 13. April 1893 wurde auf Anregung H. Wenzel Tahedl, k.k. Postexpedienten und Kaufmanns und des hochw. H. Pfarrers M. Klimes ein Spar- und Darlehens-Kassa-Vereins nach dem System Raiffeisen gegründet. Er zählte gleich anfangs 55 Mitglieder. Am 9. Oktober 1910 hatte sein Gründungsfest und die Fahnenweihe der von H. Franz Jungbauer, Tischlersohnes in Hüttenhof Nr.17 ins Leben gerufene Kath. Deutsche Burschenvereine Edelweiß. Später folgten noch folgende Vereine:

Gemischte Gewerbegenossenschaft Glöckelberg - Fahnenweihe 1934

Verein der freiwilligen Feuerwehr Glöckelberg

Musikkapelle Glöckelberg

Verein gedienter Soldaten

Glöckelberger Theatergruppe mit dem Stück "Der Sonnwendhof"

Heilig-Dreikönig-Spiel in Hüttenhof

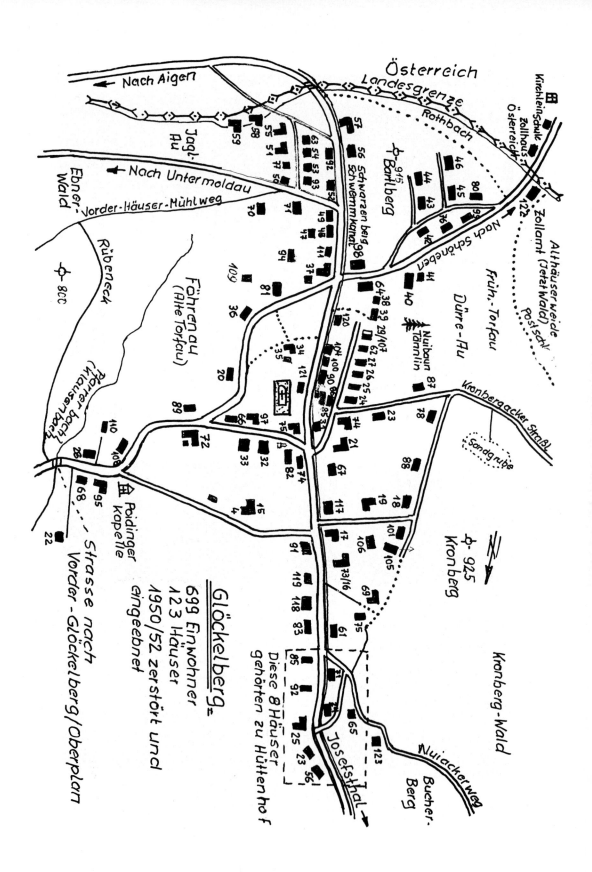

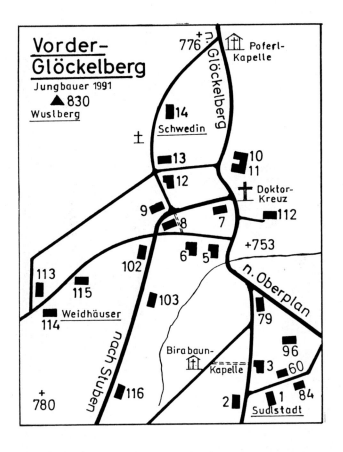

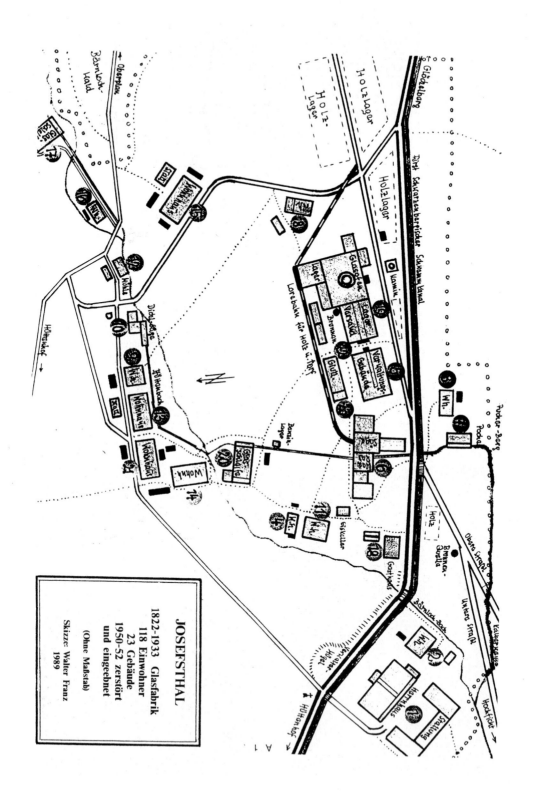

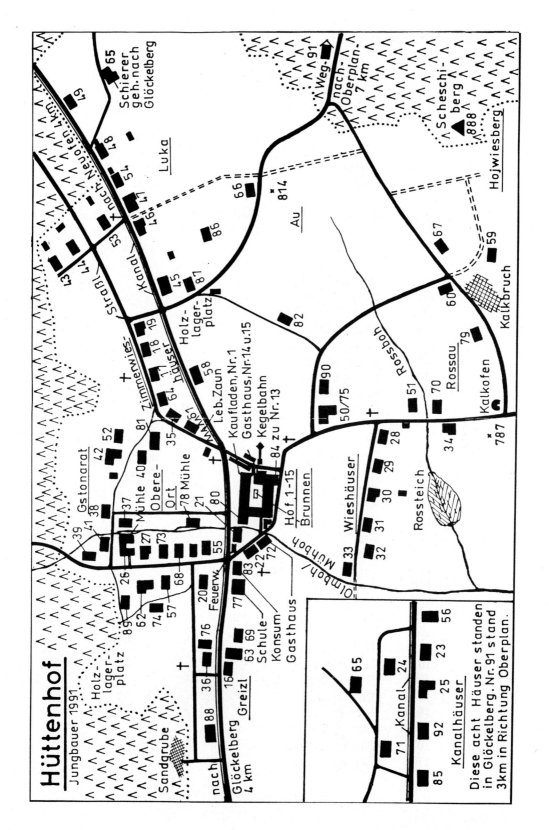

Glöckelberg

Haus Nr.	Erbaut	Besitzer	Hausname	Anmerkungen
1	1780	Studener Thomas	Schoffa Peter	aus Pernek
2	später	Stübl dazu		
	1802	Studener Peter		Sohn
	1850	Studener Adalbert		Sohn
	1879	Studener Johann		Sohn
	1922	Studener Johann		Sohn bis 1946
3	1680	Gut Jakob	Biererbauer	vom Birkenhof
4	1690	Pangerl Urban	Stübl	später bei Nr. 15
	1716	Pangerl Gregor		
	1755	Pangerl Franz		
	1776	Pangerl Mathias		
	1791	Pangerl Heinrich		
	1812	Pangerl Andreas		
	1850	Pangerl Jakob		
	1905	Pangerl Johann		
	1906	Erhard Johann	gekauft	aus Vorderst.
	1917	Jungbauer Michl	Ausimon Michl	aus Hüttenh. gekauft
5	1687	Kary Mathias	Böhm	aus Böhm Stuben
	1722	Kary Sebastian		
	1750	Kary Martin		
	1782	Kary Lorenz		
	1833	Kary Franz		
	1872	Kary Johann		
	1907	Kary Franz Johann		
	1935	Kary Jordan		bis 1946
6	1801	Kary Lorenz	Böhmkaitan	Böhm Stübl
	1803	Kary Martin		
	1820	Kary Franz		
	1833	Kary Franz		
	1847	Kari Kajetan		
	1872	Kari Johann		
	1919	Kari Franz		
7	1676	Philipp Mathias	Migl	früher Miglan
	1707	Philipp Urban		

Haus Nr.	Erbaut	Besitzer	Hausname	Anmerkungen
7	1803	Müller Adalbert		aus Stögenw.
	1851	Müller Vinzenz		
	1872	Müller Josef		verk. später
	1879	Müller Wenzel		aus Radschin
	1893	Müller Xaver		
	1895	Stutz Hermann		aus Hüttenhof
	1923	Stutz Johann		Sohn b. 1946
8	1696	Hohenschläger Andr.	Küli	
	1740	Hohenschläger Kilian		
	1775	Hohenschläger Johann		
	1808	Honetschläger Franz		aus Stögenw.
	1814	Müller Wenzel		kauft
	1837	Müller Andreas		Sohn
	1880	Müller Jakob		
	1902	Zaummüller H.	Schwarzmüller	aus Pichlern
	1913	Zaummüller Franz		fiel 1914 (Ser)
	1922	Pachner Karl		heiratet Witwe
9	1800	Müller Bernhard	Bernhardl	früher Doktor
	1816	Müller Johann		
	1869	Müller Andreas		
	1900	Müller Josef		
	1932	Pihali Adolf	kauft	aus Mutzkern
10	1679	Resch Veit	Dochta	Dochta-Bund-
+ 11	1707	Resch	Albert	schuh
	1729	Resch Martin		
	1741	Müller Simon	kauft	aus Stögenw.
	1788	Müller Franz		
	1828	Müller Andreas		
	1875	Müller Ferdinand		
	1909	Müller Ludwig		
	1943	Müller Karl		
12	1702	Stiegelbauer Adam	Wusl	
	1745	Stiegelbauer Mathäus		
	1766	Friedl Mathias		kauft
	1777	Müller Adalbert		kauft
	1794	Hable Johann		aus Melm- heiratet Tochter

Haus Nr.	Erbaut	Besitzer	Hausname	Anmerkungen
12	1810	Hable Johann		
	1830	Hable Johann		
	1884	Hable Johann		
	1922	Hable Rudolf		
13	1794	Müllner Adalbert	Fuchsheger	
	1810	Hable Johann		
	1840	Hable Josef		
	1862	Müller Andreas		
	1870	Watzl Mathias		kauft
	1876	Pangerl Johann		kauft
14	1705	Prix Friedrich	Fliedrie	
	1708	Paidler Mathias		Schw.Sohn
	1718	Wagner Georg		kauft
	1755	Stutz Kaspar		kauft
	1783	Stutz Sebastian		Sohn
	1839	Stutz Martin		Sohn
	1854	Müller Andreas		kauft
	1871	Müller Franz		Sohn
	1872	Müller Leopold		Bruder
	1909	Müller Leopold		Sohn gefall.
	1921	Philipp Johann		heiratet Witwe He
15	1620	Pointner Josef	Poidinger	aus Böhmdorf
	1660	Pointner Sebastian		
	1720	Studener Anton		Schw.Sohn
	1762	Lumtucher Anton		kauft
	1783	Poidinger Andreas		
	1808	Poidinger Johann		
	1844	Poidinger Michael		
	1873	Poidinger Anna		Witwe des Michael
	1875	Poidinger Wenzel		Sohn des Michael
	1888	Pangerl Wenzel		Sohn vom Ziererbau
	1904	Pangerl Franz		starb i.d.CSR
16	1705	Schwarzbecker Math.	Stiepan	
	1725	Schwarzbecker Nikolaus		
	1747	Lehrer Anton		kauft

Haus Nr.	Erbaut	Besitzer	Hausname	Anmerkungen
16	1770	Lehrer Thomas		Sohn
	1794	Stiepani Prokop		Schw.Sohn
	1829	Stiepani Franz		
	1870	Stiepani Ludwig		
	1906	Stiepani Johann		
	1931	Stiepani Otto		verkauft
	1932	Müller Otto		aus Rindles
17	1705	Studener Lorenz	Baurn	
	1727	Studener Gregor		Sohn
	1743	Matsche Thomas		kauft
	1760	Maierhofer Jakob		Sohn
	1793	Maierhofer Thomas		Sohn
	1823	Maierhofer Johann		
	1868	Maierhofer Mathias		
	1902	Thaler Ludwig		aus Salnau
	1945	Müller Adolf		aus Stögenw.
18	1797	Maierhofer Thomas	Bergjogl	
	1803	Maierhofer Franz		
	1827	Maierhofer Adalbert		
	1850	Maierhofer Jakob		
	1900	Maierhofer Rosa		
	1901	Lehrer Anton		kauft
	1903	Pachner Engelbert		kauft
	1916	Pachner Lorenz		Sohn
19	1702	Mindl Franz	Strohbauer	
	1732	Fladina Mathias		
	1740	Pangerl Gregor		
	1762	Michl Mathias		Schw. Sohn
	1788	Froschauer Georg		
	1829	Froschauer Franz		
	1869	Froschauer Andreas		
	1901	Froschauer Johann		
	1938	Froschauer Rudolf		
20	1705	Karlshöfer Peter	Binder	
	1731	Fux Georg		Schw.Sohn
	1762	Fux Mathias		
	1808	Fux Lorenz		
	1847	Fux Adalbert		
	1858	Petschl Johann		

Haus Nr.	Erbaut	Besitzer	Hausname	Anmerkungen
20	1880	Fuchs Johann		
	1923	Fuchs Wenzel		
21	1705	Hofmann Blasius	Augustini	
	1719	Maierhofer Filipp		
	1749	Pangerl Sebastian		
	1773	Tomani August		
	1781	Tomani Franz		
	1803	Friedl Johann		Pächter
	1809	Tomani Franz		v. Stiefvater
	1835	Tomani Augustin		
	1879	Tomani Franz		
	1919	Tomani Emilie		die Witwe
	1925	Wagner Johann		Schw.Sohn
22	1820	war bis 1894 bei 21	Schröder Häusl	
	1894	Schröder Ignaz		
	1905	Schröder Maria		
	1909	Wachtfeitel Engelb.	Wachtfeitel	kauft
	1940	Wachtfeitel Josef		
23	1705	Lehrer Sebastian	Fuchshansl	
	1716	Lehrer Mathias		
	1754	Lehrer Heinrich		
	1772	Lehrer Benedikt		
	1803	Lehrer Mathias		
	1837	Lehrer Josef		
	1861	Schacherl Johann		kauft
	1886	Schacherl Jakob		Sohn
	1916	Schacherl Albert		Bruder
	1920	Rod Josef		Sohn v. Jakob Schacherl
	1931	Jungbauer Otto		kauft, ist aus Mugr.
24	1705	Schwarzbäker Josef	Steffl	
	1717	Pointner Sebastian		Schw.Sohn
	1721	Schwarzbäker Andreas		kauft
	1731	Lehrer Karl		
	1751	Lehrer Bartl		
	1775	Strempfl Wenzel		Schw.Sohn
	1788	Filzbauer Stefan		aus Höritz

Haus Nr.	Erbaut	Besitzer	Hausname	Anmerkungen
24	1805	Strempfl Josef		v. Stiefvater
	1845	übernimmt Witwe		f. d. Kinder
	1853	Strempfl Valentin		
	1899	Strempfl Johann		
	1936	Strempfl Franz		
25	1705	Brunner Josef	Handri	
	1743	Wallner Heinrich		Schw.Sohn
	1709	Studener Simon		aus Pernek
	1789	Studener Mathias		
	1820	Studener Anton		
	1852	Studener Johann		
	1889	Studener Albert		
	1904	Witwe Veronika		
	1928	Studener Leo		Sohn
	1932	Suko Franz		heiratet Witwe
26	1705	Poferl Sebastian	Poferl	
	1708	Poferl Augustin		aus Kärnten
	1736	Poferl Franz		
	1768	Poferl Mathias		Erbauer der Kirche
	1808	Poferl Josef		
	1846	Poferl Vinzenz		
	1887	Poferl Johann		
	1904	Schacherl Franz		Neffe der Vorigen
27	1806	Poferl Mathias	Wusl Franzl, dann Loisal	
	1837	Poferl Mathias		
	1840	Poferl Josef		
	1844	Hable Franz		
	1870	Hable Wenzel		
	1886	Schacherl Alois	Loisal	
	1920	Schacherl Karl		
	1930	Kathi, geb. Pachner		Witwe des Karl
28	1842	Pangerl Johann	Schopper	wurde weggebaut v. 62
	1850	Pangerl Mathias		
	1851	Wöss Jakob		aus Lichtenberg

Haus Nr.	Erbaut	Besitzer	Hausname	Anmerkungen
28	1869	Kary Josef		Böhm Sepp
	1879	Kaim Michael		von Schopperhaus 34
	1900	Kary Ferdinand		Böhm Ferdl
	1903	Ilk Adalbert	Binderwertl	
	1926	Plattetschläger Franz		aus Deutsch Haidl
29	1705	Tuschl Martin	Messner	
	1729	Tuschl Bartl		
	1795	Tuschl Simon		
	1808	Tuschl Johann		
	1851	Pangerl Martin		Schw. Sohn
	1866	Wegscheider Kajtan		
	1899	Wegscheider Andreas		
	1928	Wegscheider Ferdinand		
30	1704	Fuchs Veit	beim Fuchsen	
	1707	Rombs Wilhelm		
	1710	Fuchs Veit		
	1717	Peroprobst Tobias		
	1740	Tuschl Johann		
	1755	Pangerl Gregor		
	1787	Pangerl Leopold		
	1806	Schacherl Josef		aus Plattetschlag
	1856	Schacherl Kajetan		
	1899	Schacherl Jakob		
31	1775	Hirtenhaus	Hirtenhäusl	
	1862	Schacherl Johann		kauft
	1886	Schacherl Jakob		
	1916	Schacherl Amalia		
	1920	Schacherl Maria		
32	1838	Schule Glöckelberg		
33	1914	Pfarrhof		
34	1701	Kaim Andreas	Rauch	früher Schopper
	1707	Kaim Quiresio		Bruder
	1738	Kaim Lorenz		Sohn

Haus Nr.	Erbaut	Besitzer	Hausname	Anmerkungen
34	1781	Kaim Thomas		Sohn
	1802	Kaim Mathias		Sohn
	1857	Kaim Michael		Sohn
	1879	Rauch Feorg		Schw.Sohn
	1920	Rauch Johann		Sohn
35	1707	Kaim Quiresio	Schopper Stübl	
36	1788	Mauthäusl	Josal	
	1791	Micko Josef		kauft
	1800	Micko Mathias		
	1830	Micko Johann		
	1870	Micko Anton		
	1890	Micko Adolf		
	1935	Micko Anton		
37	1800	Pranghofer Andreas	Jagl Andresl	
	1846	Fink Josef		
	1870	Löffler Jakob	Kreuzwirt	kauft Lichtenberg/OÖ.
	1893	Löffler Ludwig		
	1940	Löffler Josef		
38	1702	Fischer Blasius	Ausnehmerstübl	
39	1712	Müller Albrecht	Neubaur	
	1726	Fischer Georg		
	1733	Studener Josef		
	1742	Pointner Bernhard		
	1743	Micko Paul		aus Groß-Zmirs
	1788	Micko Veit		
	1806	Dolzer Josef		Stiefvater v. Oswald
	1815	Micko Ziwald		
	1857	Micko Engelbert		
	1900	Micko Vinzenz		
	1928	Froschauer Johann		Schw.Sohn
40	1702	Koller Wenzel	Leanl	
41	1740	Philipp Leonhard		
	1770	Philipp Johann		

Haus Nr.	Erbaut	Besitzer	Hausname	Anmerkungen
41	1808	Philipp Mathias		
	1847	Philipp Anton		
	1864	Philipp Josef		
	1872	Philipp Franz		
	1891	Müller Julius		kauft
	1912	Müller Wenzel		Sohn
42	1670	Zollhaus	Resch, dann Schlosser	
	1675	Resch Veit		
	1696	Resch Albert		
	1729	Resch Valentin		
	1765	Resch Jakob		
	1795	Resch Gabriel		
	1820	Resch Genoveva		
	1840	Kari Johann	heiratet Genoveva	
	1860	Resch Josef		Stiefsohn
	1910	Zimmermann Jakob		kauft
	1913	Schlosser Josefa	Schlosser	kauft
	1930	Löffler Ludwig		Schw.Sohn
43	1780	Resch Gabriel	Gabriel	
	1809	Resch Karl		
	1834	Pangerl Bartl		
	1843	Pangerl Gabriel		
	1886	Schacherl Wenzel	Fuchsnwenzel	
	1914	Schacherl Leopold	Postpoidl	
	1935	Schacherl Alois		
44	1742	Hirtenhaus für Althäuser		
	1863	Wegscheider Johann	Wegscheider Hansl	
	1889	Stutz Mathias	Stutzhiasl	heiratet Tochter
	1912	Wegscheider Josef	Felixn Josef	kauft
	1935	Mitgutsch Jordan	Josefn Kathi	heiratet
45	1698	Hoffmann Paul	Altrichter	
	1731	Hoffmann Urban		
	1769	Hoffmann Lorenz		
	1793	Hoffmann Johann		
	1816	Hoffmann Mathias		
	1866	Petschl Franz		heiratet Tochter
	1914	Petschl Wenzel		bis 1946

Haus Nr.	Erbaut	Besitzer	Hausname	Anmerkungen
46	1690	Klinger Georg	Häusal	
	1712	Klinger Mathias		
	1755	Wegscheider Heinrich		Schw.Sohn
	1793	Wegscheider Franz		
	1824	Wegscheider Mathias		
	1869	Wegscheider Thomas		
	1902	Kaspar Alois		heiratet Nichte
	1914	Schacherl Wenzel		kauft
	1923	Schacherl Josef		Sohn
	1933	Schacherl Alois		Sohn
47	1604	Kaim Mathias	Jokob	aus Kärnten
48	1654	Kaim Andreas		
	1670	Kaim Mathias		
	1707	Kaim Quirin		
	1730	Kaim Kaspar		
	1762	Kaim Mathias		
	1793	Kaim Jakob		
	1843	Kaim Albert		
	1880	Kaim Jakob		
	1924	Kaim Johann		
49	1636	Mugrauer Tobias	Dobias	dann Odum
50	1697	Mugrauer Thomas	Stübl	
	1715	Pangerl Adam		
	1744	Reitinger Johann		Schw.Sohn
	1774	Reitinger Jakob		
	1797	Reitinger Jakob		
	1848	Reitinger Johann		
	1877	Reitinger Filipp		
	1922	Reitinger Franz		
51	1690	Pangerl Simon	Tomerl	
	1731	Pangerl Urban		
	1760	Pangerl Thomas		
	1797	Pangerl Thomas		
	1805	Pangerl Josef		und dessen Witwe
	1853	Pangerl Jakob		
	1894	Honetschläger Josef		heiratet Witwe
	1926	Honetschläger Karl		

Haus Nr.	Erbaut	Besitzer	Hausname	Anmerkungen
52	1854	Pangerl Kaspar	Tomerlkospa	
	1870	Pangerl Franz sen.		
	1899	Pangerl Franz jun.		
	1930	Hocholdinger Karl		heiratet Tochter
53	1690	Wegscheider Andreas	Radlmacher	
	1693	Wegscheider Bartl		
	1717	Wegscheider Bartl		
	1720	Kropsbauer Johann		kauft
	1770	Honetschläger Simon		
	1808	Honetschläger Johann		
	1841	Honetschläger Johann		
	1869	Honetschläger Franz		
	1890	Honetschläger Josef		
	1930	Pangerl Ludwig		
54	1894	Honetschläger Thomas	Posset	
	1814	Posset Johann		Schw.Sohn
	1842	Posset Josef		aus Schöneben in Bayern
	1888	Posset Franz		
	1932	Posset Johann		
55	1693	Pranghofer Georg	Jagl	
	1728	Pranghofer Franz		
	1760	Pranghofer Johann		
	1797	Pranghofer Johann		
	1806	Pranghofer Anton		
	1841	Pranghofer Franz		
	1870	Pranghofer Anton		
	1908	Pranghofer Wenzel		
	1930	Pranghofer Josef		bis 1946
56	1717	Wegscheider Bartl	Wegscheider	Erbauer
	1855	Wegscheider Anton	Stübl	
	1780	Wegscheider Franz		
	1790	Wegscheider Florian		
	1797	Wegscheider Florian		
	1835	Wegscheider Jakob		
	1879	Wegscheider Johann		
	1912	Wegscheider Leopold		

Haus Nr.	Erbaut	Besitzer	Hausname	Anmerkungen
58	1689	Stifter Adam	Krennmühle	
	1719	Prix Adam		
	1760	Prix Leopold		
	1795	Prix Wenzel		
	1839	Prix Heinrich		
	1868	Zach Karl		
	1882	Krenn Leopold		
	1903	Krenn Karl		
	1913	Krenn Karl jun.		
59	1800	Felix Johann	Schmiede	
	1810	Schönbauer Johann		
	1820	Krenn Leopold	Krennschmiede	kauft aus Rohrbach
	1830	Krenn Leopold		
	1892	Krenn Johann		
	1930	Krenn Ignaz		
	1940	Erhard Emil		
60	1804	Schina Josef	Melchenschuster	
	1826	Zach Jakob		kauft
	1880	Zach Oswald	abgebrannt 1892 und 1923	
	1935	Zach Johann		
61	1860	Pofel Josef	Nuibaunseppl	von Haus Nr. 26
	1866	Micko Josef		kauft v. Haus Nr. 38
	1882	Micko Josef	Blosei	
	1903	Steininger Anton		heiratet Witwe/ aus Österreich
	1918	Mitgutsch Rudolf		Schw.Sohn
62	1820	Pangerl Kaspar	Gospanhäusl	
	1846	Pangerl Engelbert		
	1870	Pangerl Johann		nimmt Haus Nr. 28-bek. Haus Nr. 69
	1871	Maierhofer Franz	Bauernfranzei	kauft
	1902	Maierhofer Hermann		
	1905	Filipp Ludwig		kauft
	1909	Hable Andreas	Wuslandres	kauft
	1923	Hable Johann		Sohn

Haus Nr.	Erbaut	Besitzer	Hausname	Anmerkungen
63	1861	Hochholdinger Mürtl	Ondrehäusl	
	1863	Hochholdinger Andreas		Neffe übern.
	1874	Hochholdinger Johann		Sohn
	1901	Hochholdinger Josef		Sohn
	1903	Kieweg Wenzel		kauft
	1926	Kieweg Johann		
64	1867	Müller Josef	Sandhäusl	aus Hs.Nr. 10
	1878	Müller Felix		
	1884	Müller Johann		
	1934	Müller Leopold		
65	1867	Poidinger Franz		Schürer in Hüttenhof-geh. zu Glöckelberg
	1894	Poidinger Lorenz		
	1918	Poidinger Josef		
	1926	Poidinger Johann		
66	1868	Kaim Jakob	Jakobl Häusl	
	1872	Tomani Albert	Augustini Albert	kauft
	1916	Tomani Franz		Sohn
67	1705	Karlshöfer Peter	Binder	
	1731	Fuchs Georg		
	1862	Lambacher Kaspar	Poidkaspar	v. Hs.Nr. 15
	1874	Lambacher Josef		
	1892	Lambacher Josef		
	1906	Lambacher Franz	Armenhaus	übergibt
	1920	Gemeinde	Gemeindehaus	
68	1868	Poferl Johann	unterer Wagner	
	1874	Poferl Josef		Sohn
	1876	Poferl Johann		Sohn
	1901	Poferl Ludwig		Sohn
	1910	Maierhofer		heiratet Witwe
	1916	Dichtl Johann		kauft
	1936	Dichtl Karl		Sohn
69	1869	Pangerl Leopold	Fuchsnluka	
	1873	Schacherl Johann		kauft
	1877	Schacherl Johann		
	1894	Schacherl Jakob		

Haus Nr.	Erbaut	Besitzer	Hausname	Anmerkungen
69	1918	Schacherl Albert		Bruder
	1941	Müller Adolf		kauft
70	1862	Micko Albert	Tomerl Albert	
	1871	Micko Wenzel	Tomerl Wenzel	
	1904	Fiedler Martin	Fiedler	Schw.Sohn
	1934	Fiedler Franz		Sohn
71	1865	Müller Leonhard		
	1878	Müller Kaspar		
	1881	Müller Kajetan		
	1909	Hable Franz		Schw.Sohn
72	1860	Poferl Josef	Fleischhacker	
	1868	Poferl Alois		
	1871	Poferl Josef		
	1901	Poferl Josef	Wagner	kauft
	1904	Poferl Johann		Sohn
73	1794	Stiepani Prokop	Stiepan Stübl	
	1853	Stiepani Franz		
	1868	Stiepani Ludwig		
	1905	Stiepani Johann		
	1931	Stiepani Otto		
	1935	Müller Josef		kauft aus Rindles
74	1804	Strempfl Valentin	Jungbauer	
	1860	Strempfl Johann		Sohn
	1894	Stutz Josef		kauft
	1924	Stutz Josef		Sohn
75	1860	Schacherl Johann	Fuchshaarstube	
	1865	Schacherl Kaijetan		
	1898	Schacherl Jakob		
76	1855	Hoffmann Mathias	Altrichter	Haarstube
	1866	Petschl Franz		Schw.Sohn
	1920	Petschl Wenzel		Sohn
77	1862	Pangerl Josef	Tomerl Stübl	
	1878	Pangerl Jakob		Sohn
	1898	Honetschläger Josef		heiratet Witwe

Haus Nr.	Erbaut	Besitzer	Hausname	Anmerkungen
77	1924	Honetschläger Karl		Sohn
78	1864	Schacherl Johann	Fuchshansl	Haarstube
	1885	Schacherl Jakob		
	1919	Roth Josef		S. d. Jakob
	1936	Hable Karl		kauft
79	1875	Ilk Kajetan	Gallikaitan	
	1904	Studener Franz		kauft
	1938	Studener Richard		Sohn
80	1867	Wegscheider Emanuel	Häusalmaniel	n. Amerika
	1885	Maierhofer Franz		kauft
	1903	Hochholdinger Josef		kauft
	1926	Hochholdinger Franz		Sohn
81	1869	Faschingbauer Raimund	Raimundn	n. Amerika
	1874	Pangerl Martin		kauft
	1882	Eisner Amalia		kauft
	1886	Müller Julius		kauft
	1891	Müller Ignaz		Bruder kauft
	1921	Schacherl Josef	Heisei Seppl	kauft
82	1869	Poidinger Michl	Poidstöckel	
	1878	Springer Karoline		kauft
	1884	Springer Mathias		
	1906	Gemeinde	Gemeindehaus	kauft
83	1871	Poidinger Josef	Poidjosef	
	1905	Müller Hermann		Schw.Sohn
	1925	Müller Wenzel		Sohn
84	1871	Studener Johann	Schofferhansl	
	1893	Studener Josef		Sohn
	1922	Studener Franz		
85	1872	Petschl Albert	Schuster	
	1880	Stifter Felizius		kauft
	1890	dessen Witwe		
	1906	Kary Franz	Karyfleischhacker	kauft
86	1872	Petschl Silvester	Schneider	
	1920	Petschl Anna		die Witwe

Haus Nr.	Erbaut	Besitzer	Hausname	Anmerkungen
86	1924	Micko Ignaz		Schw.Sohn
87	1884	Strempfl Valentin	Steffl Haarstube	
	1902	Strempfl Johann		Sohn
	1925	Strempfl Franz		Neffe
88	1872	Poferl Franz	Nandl Franzei	
	1895	Poferl Hermann		Sohn
	1926	Poferl Franz		Sohn
	1935	Poferl Emilie		Witwe
89	1873	Skola Jakob	Böhmisch Schmied	
	1895	Skola Wenzel		Sohn
	1943	Skola Franz		Sohn
90	1873	Binder Hermann	Postmeister	
	1891	Tahedl Wenzel		heiratet Nichte
	1909	Schwarz Julius	Julius Schwarz	kauft
91	1873	Auer Vinzenz	Maurer Vinzenz	
	1885	Auer Karl		Sohn
	1887	Studener Wenzel		kauft
	1890	Herbst Karl	Maurer Vinzenz	v.d. Witwe
	1896	Pangerl Kajetan	Honsakaitan	kauft
	1922	Petschl Franz		heiratet Tochter
92	1874	Lehrer Mauritz		
	1894	Lehrer Hermann		Sohn
	1916	Lehrer Karoline		
	1923	Kieweg Franz		Schw.Sohn
93	1874	Pangerl Josef	Tomerl Sepp	
	1906	Pangerl Maria		Witwe
	1936	Pangerl Franz		
94	1874	Tomani Josef	Augustini Sepp	
	1910	Tomani Hermann		Sohn
	1935	Tomani Franziska		Witwe
95	1874	Schröder Ignaz		
	1903	Schröder Rupert		Sohn
	1932	Fechter Wenzel		Schw.Sohn

Haus Nr.	Erbaut	Besitzer	Hausname	Anmerkungen
96	1875	Studener Anton	Schoffa Toni	
	1894	Studener		Witwe
	1904	Blechinger Johann		heiratet Tochter
97	1875	Kari Josef	Böhm Sepp	
	1893	Kari Ferdinand	Böhm Ferdl	Bruder
	1912	Jungwirt Wenzel		heiratet Nichte
	1936	Perfahl Franz	Perfahl	kauft
98	1875	Zappl Adalbert	Zapplbinder	
	1901	Filipp Franz	alter Leandl	kauft
	1928	Müller Rudolf		Neffe
99	1875	Poidinger Jakob	Totengräber	
	1898	Filipp Ludwig	Fiachtalbauer	kauft
	1905	Poferl Franz	Fleischhocker Jogl	kauft
	1933	Müller Wenzel	Mühlwenzel	kauft
100	1876	Schacherl Adalbert	Tischlerhäusl	
	1894	Schacherl Franz		Sohn
	1908	Nowak Marie		kauft
101	1870	Lambacher Johann	Lambacherschuster	
	1897	Turner Amalia		Enkelin
	1903	Borofka Bartl	Borofka	kauft
	1936	Zach Leopold		Schw.Sohn
102	1876	Stadler Franz		
	1907	Stadler Franz		Sohn
	1932	Joachimstaler Hermann		Schw.Sohn
103	1877	Kari Engelbert	Böhmengl	
	1880	Schmiedpepi und Gabriel Mariandl		kaufen
	1884	Zaummüller Wenzel	Schwarzmüllner	kauft
	1903	Ernecker Josef	Ernecker	kauft
	1909	Schwarz Josef	Schwarz	kauft
	1915	Jarosch Johann	Jarosch	kauft
	1926	Jarosch Johann		Sohn
104	1878	Nowak Lorenz	Nowak	
	1896	Nowak Johann		Sohn
	1924	Nowak Maria		Tochter

Haus Nr.	Erbaut	Besitzer	Hausname	Anmerkungen
105	1878	Petschl Alois	Schneiderloisl	
	1904	Jungwirth Johann		Schw.Sohn
	1926	Jungwirth Rudolf		Sohn
106	1879	Poferl Mathias	Nandlhiasl	
	1903	Poferl Johann		
	1918	Poferl Kathi		Witwe
107	1880	Wegscheider Franz	Uhrmacher Franz	wurde getrennt von 106
	1886	Wegscheider Franz		
	1915	Traxler Johann	Traxlerschneider	kauft
	1926	Noven Marie		Nichte übernimmt
108	1889	Poferl Josef	Wagner Sepp	
	1901	Fürstl. Hegerhaus	Hegerhäusl	verkauft
109	1894	Poferl Jakob	Schwarz Jogl	
	1915	Poferl Josef	Jogl Sepp	Sohn
110	1899	Lehrer Wenzel	Pali Wenzel	kauft von Nr. 28
	1918	Lehrer Ignaz		Sohn
111	1902	Froschauer Alexander	Tischlerxanderl	
	1926	Froschauer Rudolf		Sohn
112	1902	Kari Franz	Wegmacherfranzl	kauft von Nr. 10
	1936	Kari Alois		Sohn
113	1903	Lex Wenzel	Lex	
	1924	Lex Lorenz		Sohn
114	1903	Kari Johann	Wegmacher Johann	
115	1903	Faschingbauer	Simon Häusl	
116	1905	Lehrer Anton	Lehrer Toni	bis 1946
117	1920	Hocholdinger Ignaz	Fleischauer Nazl	
	1926	Poferl Josef	Amerikaner Sepp	kauft
	1932	Poferl		Witwe

Haus Nr.	Erbaut	Besitzer	Hausname	Anmerkungen
117	1938	Hable Josefin		Nichte der Witwe
118	1922	Janda Rudolf	Jandalehrer	
	1942	Konsum	Konsum	übernimmt
119	1923	Petschl Leo	Schneiderleo	bis 1946
120	1926	Petschl Eduard	Schuster Eduard	
	1935	Petschl Gisela		Tochter
121	1930	Fuchs Maria	Tabaktrafik	
122	1933	Tschech. Staat	Tschech. Zollhaus	
123	1943	Hable Josef	Wenzel Josef	

Im Ortsrayon und nahe an den Häusern von Glöckelberg waren die sogenannten Kanalhäusl, gehörten aber mit ihren Nummern zu Hüttenhof. Nach Fertigstellung des Schwemmkanals durch Glöckelberg kaufte ein Simon Pöschl, später Petschl, die Bierschankhütte und gründete das Häusl Nr. 25 - Kanalsimandl. Es wurden die Holzhauser angesiedelt mit den Häusln:

Haus Nr.	Erbaut	Besitzer	Hausname	Anmerkungen
23	1791	Poferl Hansl	Poferl Hansl	
	1830	Poferl Josef		
	1860	Poferl Johann		
	1876	Poferl Josef		
	1883	Kari Ferdinand	Böhmferdl	kauft
	1893	Studener Johann	Schoffahansl	kauft
	1923	Auer Hermann		heiratet Enkelin
24	1792	Ortner Josef	Schmiedsepp	
	1850	Ortner Josef		Sohn
	1892	Maierhofer Josef		heiratet Ziehtochter
25	1793	Pöschl Simon	Simandl	aus Stein
	1820	Pöschl Johann		Sohn
	1861	Pöschl Franz		Sohn

Haus Nr.	Erbaut	Besitzer	Hausname	Anmerkungen
25	1876	Pöschl Franz		Sohn
	1901	Jungbauer Karl		Schw.Sohn
56	1846	Poferl Johann	Waldhansl	
	1902	Poferl Anna		Tochter
	1921	Wachtfeitel Josef	Wachtfeitel	Schw.Sohn
71	1872	Poferl Franz	Schopper Jula	
	1878	Poferl Juliana		Witwe
	1901	Poferl Max		Sohn
	1928	Poferl Hugo		Sohn
85	1922	Poferl Anna	Fleischhacker Nani	
	1926	Schacherl Johann	Bäcker Hansl	kauft
92	1934	Studener Karl	Postkarl	baut

Hausbesitzer-Liste von Glöckelberg/Böhmerwald
  (Bearbeitet von J. Studener)

Haus Nr.:

1	Studener Johann und Maria	Schofferpeter
2	Studener Johann und Maria	
3	Jungbauer Karl und Hermine	Bierabauer
4	Pangerl Franz und Hermine	
5	Kary Josefa und Sohn Jordan	Böhm
6	Kary Franz und Franziska	Böhmkajetan
7	Stutz Josef und Maria	Miegl
8	Pachner Karl und Maria	Schwarzmüller
9	Pihale Franz und Hermine	Bernhardl oder Kili
10	Müller Ludwig und Maria	Doktor Ludwig
11	dito	
12	Hable Rudolf und Maria	Wusl
13	Joachimsthaler Otto	Fuchsheger
14	Philipp Johann und Maria	Fliedri
15	Pangerl Franz und Hermine	Poidinger
16	Müller Josef und Maria	Stiepan
17	Thaler Ludwig und Hermine	Baun
18	Pachner Lorenz	Bergjogl oder Englwacht
19	Froschauer Rudolf und Resi	Strohbauer

Haus Nr.:

Nr.	Name	Hofname
20	Fuchs Wenzl und Anna	Binder
21	Wagner Johann und Maria	Augustini
22	Wachtfeitel Engelbert und Josefa	
23	Jungbauer Otto und Anna	Fuchshansl
24	Strempfl Franz und Olga	Steffl
25	Suko Franz und Maria	Hanari
26	Schacherl Franz und Agnes	Poferl
27	Schacherl Katharina	Fuchsluisl
28	Plattetschläger Franz und Kreszentia	Binderalbert
29	Wegscheider Ferdinand und Anna	Mesner
30	Schacherl Jakob und Hedwig	Fuchsnwirt
31	Schacherl Karl und Rosa	Hirtenhäusl
32	Schule Oberlehrer Pascher	
33	Pfarrhof, Pfarrer	
34	Rauch Johann und Rosa	Graner oder Rauch
35	Rauch Johann und Rosa	Graner oder Rauch
36	Micko Anton und Emilie	Jousei
37	Löffler Josef und Amalie	Kreuzwirt
38	Froschauer Johann und Ida	Nuibauer
39	Frau Micko	
40	Müller Wenzel und Rudolfine	Leanl
41	Müller Karl	Leanlschneider
42	Löffler Franz und Emilie	Schlosser
43	Schacherl Alois und Rosa	Postpoidl
44	Mitgutsch Jordan und Kathi	
45	Petschl Wenzel und Maria	Altrichter
46	Schacherl Alois und Hedwig	Häusei
47	Kaim Anna und Sohn	Jokoum
48	zu Nr. 47 gehörig	
49	Reitinger Franz und Anna	Odum
50	Reitinger Leopold und Frau	
51	Honetschläger Karl und Rosa	Tomerl
52	Hocholdinger Karl und Mathilde	Kospern
53	Pangerl Ludwig und Maria-Agnes	Radlmacher
54	Posset Johann und Frau	
55	Pranghofer Josef und Hermine	Jagl
56	Wegscheider Leopold und Emilie	
57	dito	
58	Krenn Karl und Frau	Krennmühle
59	Erhard Emil und Anna	Krennschmiede
60	Zach Johann und Resi	Melchenschuster
61	Mitgutsch Rudolf und Anna	Grobauer
62	Hable Johann und Franziska	Katherlhanslschuster

Haus Nr.:

63	Kieweg Johann und Maria	Ondrehäusl
64	Zottl Wenzl und Resie	Sandhäusl
65	Poidinger Franz und Emilie	Schierer
66	Tomani Franz und Emilie	Annamari
67	Gemeinde- und Armenhaus	
68	Dichtl Johann und Maria	
69	Müller Adolf und Rosa	Fuchsnloka
70	Fiedler Franz und Lini	
71	Hable Franz und Anna	
72	Poferl Johann und Albine	Gastwirt und Wagner
73	Müller Josef und Maria	Stiepan
74	Stutz Josef und Franziska	Jungbaun
75	Schacherl Jakob und Hedwig	Haarstube
76	Petschl Wenzl und Maria	Haarstube
77	Honetschläger Karl und Rosa	
78	Hable Karl und Resi	Agnesn
79	Studener Richard und Frau	Gallikaitan
80	Hocholdinger Franz	Onari
81	Schacherl Josef und Resi	Jgnazn
82	Müller Ernest	Gemeindeamt
83	Müller Wenzl und Familie (Emilie)	Poidjosef
84	Studener Franz und Maria	Schofferhansl
85	Kary Franz und Juliane	Fleischer und Gastwirt
86	Micko Ignaz und Juliane	Schneidersylvester
87	Strempfl Josef und Franziska	
88	Poferl Juliane	
89	Skola Wenzl und Franz	Schmiede
90	Schwarz Julius und Rosa	Kaufmann
91	Petschl Franz und Maria	Schuster
92	Kieweg Franz und Frau	
93	Pangerl Franz und Frau	Tomerl
94	Tomani Hermann und Franziska	
95	Fechter Wenzl und Paula	Schröderschmied
96	Plechinger Johann und Frau	
97	Perfahl Franz und Aloisia	Jungwirth
98	Müller Rudolf und Anna	Leandl Rudi
99	Müller Wenzl und Johanna	Mühl Wenzel
100	Nowak Maria und Anna	Postamt
101	Zach Leopold und Anna	Porofka
102	Jochimsthaler und Stadler	
103	Scheschy Anna	Jarosch
104	Nowak Maria und Anna	Kolonialwaren
105	Jungwirth Rudolf und Maria	Schneiderloisl

Haus Nr.:

106	Hable Heinrich und Josefine	Hiasl
107	Janak Johann	Schneider
108	Hegerhaus	
109	Poferl Josef und Berta	Schwarzjogl
110	Lehrer Ignaz und Frau	Paliwenzel
111	Froschauer Rudolf und Maria	Tischler Xanderl
112	Kary Alois und Theresia	Wegmacher
113	Lex Lorenz und Maria	
114	Watzl Johann und Anna	Wegmacher
115	Faschingsbauer Anton und Maria	
116	Lehrer Anton und Elenore	Lehrer Toni
117	Poferl Josef und Frau	Nazl-Amerikaner
118	Janda Rudolf und Emilie	
119	Petschl Leo und Rosi	Schneiderleo
120	Petschl Gisela	Powerl
121	Fuchs Maria und Ottilie	Trafik
122	Tschechisches Zollhaus	von 1919 bis 1938, von 1939 bis Mai 1945 von Privatparteien bewohnt, nach 1950 abgetragen
123	Petschl Eduard und Theresia	

Hausbesitzer - Bewohner - Liste von Josefsthal/Böhmerwald
(Bearbeitet von J. Studener

Haus Nr.:

1	Hocholdinger Hermine und Söhne	Herrnhaus
2	Rodinger Liese	
3	Poferl Vinzenz und Anna	ehem Buchet
4	Deutscher Böhmerwaldbund Budweis	Jugendherberge
5	dito	Hotel
6	dito	Motorenhaus, Wirtschaftsgebäude
7	Jungwirth Ignaz und Emilie	ehem. buchet
8	Schink Wenzel und Frau	mit Sommerhäusl
9	Schaubschläger Franz und Hermine	Plankhaus
10	Dikl Wenzel und Albine	Sägewerk
11	Deutscher Böhmerwaldbund Budweis	Elferhaus
12	Hruza Franz und Schwester Anna	
13	Diozöse Budweis	Pfarrerhaus
14	Neulinger Franz und Gattin, vorher Tanzer Anton und Maria	
15	Janda Rudolf und Emilie	Großes Haus
16	Gemeindearmenhaus Glöckelberg	

Haus Nr.:

17	Studener Josef und Hermine	Untere Schleif
18	Deutscher Böhmerwaldbund	Gasthaus, Pächter A. Moherndl
19	dito	Versandpackerei, Turnsaal
20	Landspersky Karl, Budweis	"Waldheimat"
21	Löffler Ludwig und Josefa	Löfflerhaus
22	Deutscher Böhmerwaldbund	Jugendherberge
23	dito	dito

Hausbesitzer-Liste von Hüttenhof/Böhmerwald
(bearbeitet von J. Studener)

Haus Nr.	Name	Ortsteil
1	Wimmer Karl und Josefa (Wastl) (Mirchtei-Korl)	i. Hof
2	Auer Rudolf und Anna (Maurerwenzel) (Rudolf)	i. Hof
3	Schaubschläger Johann und Anna (Deutschpeter)	i. Hof
4	Springer Hermann und Maria (Bloslsepp) (Lepschi)	i. Hof
5	Auer Ferdinand und Anna (Hansgriglmothias) Maurer	Ferchtl
6	Jungwirth Lorenz und Resi (Hansljakob() - Lorenz	i. Hof
7	Stutz Rudolf und Rosi (Hackl) - Seppl - Rudolf	i. Hof
8	Hocholdinger Alois (Schindler)	i. Hof
9	Schläger Johann und Frau (Koschperl) - Goschpei	i. Hof
10	Micko Josef und Josefa (Hable)	i. Hof
11	Stutz Maria und Sohn (Schusterfranzeiwenzei)	i. Hof
12	Springer Johann (Bloslmichl)	i. Hof
13	Janko Johann (Wastlseppl) - Johann	i. Hof

Haus Nr.:		Ortsteil:
14	Springer Friedrich und Maria (Fritznwirt)	i. Hof
15	dito (Fronzn)	i. Hof
16	Philipp Ludwig und Agnes (Krejgei)	Grajzl
17	Jungbauer Johann und Amelia (Korl)	Zimmerw.
18	Jungbauer Wenzl und Lini (Kirchschläger)	Zimmerw.
19	Petschl Rudolf und Rosi (Moarhofer)	Zimmerw.
20	Neubauer Franz und Josefine (Odum) Franz	Ob. Ort
21	Wagner Johann (Quel) - Johann	unt. Ort
22	Wagner Johann und Resi (Kolmahüter)	unt. Ort
23	Auer Hermann und Aloisia (Schafferhansl)	Glöckelberg
24	Maierhofer Franz und Franziska (Schmiedsepp)	Glöckelberg
25	Jungbauer Karl und Josefa (Simandl) Kanal	Glöckelberg
26	Krenn Heinrich und Anna (Hofmühle)	Ob. Ort
27	Paletschek Franz und Johanna (Hegerhaus)	Ob. Ort
28	Micko Franz und Frau (Jirgal) - Jrgla	Wieshäuser
29	Studener Josef und Emilie (Wiesandresl)	Wieshäuser
30	Jungbauer Wenzl und Maria (Heuraffl)	Wieshäuser
31	Micko Franz und Frau (Tomerl) - Taumei Franzl	Wieshäuser
32	Jungwirth Josef und Maria (Jirgl) - Haunsirgl	Wieshäuser
33	Koller Rudolf und Maria (Wegscheider)	Wieshäuser
34	Jodl Jordan und Frau (Buhiner) - Buhina	Rossau
35	Springer Wenzel (Oltrichter)	Zimmerw.

Haus Nr.		Ortsteil:
36	Weiß Adolf (Schöllner)	Grajzl
37	Jodl Willibald und Josefa (Hausl)	Gston.
38	Jackowitzer Johann und Frau (Mosfranzl)	Gston.
39	Nodes Pius ((Schuster) - Woldschuasta	Gston.
40	Nodes Johann und Hermine (Bachtl)	Gston.
41	Essl Franz und Maria (Pfeffer)	Gston.
42	Wimmer Franz und Maria (Müchtei) - Mirchtei	Gston.
43	Oser Hermann und Maria (Galli)	Luka
44	Stutz Lorenz und Maria (Waldandresl)	Luka
45	Lustig Johann und Maria (Lustigwagner) - L-wonga	Luka
46	Oser Johann (Griasherman)	Luka
47	Oser Rudolf und Maria (Seppl) Seppla	Luka
48	Koller Rupert und Söhne (Urbanl) - Uhrwahl	Luka
49	Müller Johann und Hermine (Maxjogl)	Luka
50	Maierhöfer Johann (Buhiasei)	Wieshäuser
51	Jodl Karl (Saurgreger) - Saugreigern	Rossau
52	Springer Johann und Anna (Blosl) - Blosla	Gston.
53	Jungbauer Josef und Resi (Fechter) - Korlsepp	Luka
54	Ilk Rudolf (Fenzl) - Feinzla	Luka
55	Springer Johann (Häuslmartin) - Haisljohann, Trafik	Ob. Ort
56	Wachtfeitl Josef und Anna (Woldhansl)	Glöckelberg
57	Micko Rudolf (Irgl Rudolf)	Ob. Ort

Das letzte Haus von Glöckelberg wird gebaut
Nr. 123, Petschl Eduard und Theresia

Haus Nr.:		Ortsteil:
58	Studener Johann und Johanna (Neuhäusl) - Nuihaisla	Zimmerw.
59	Springer Matthias und Emilie (Hoiwies-Vinzenz)	Hochwies.
60	Jodl Matthias und Auer Thomas (Buhina)	Hochwies.
61	Ilk Johann (Gali-Johann)	Zimmerw.
62	Tanzer Adolf (Grieskajetan) - Griaskeidern	Ob. Ort
63	Auer Jakob und Anna (Maurerschmied)	Grajzl
64	Schauschläger Johann und Maria (Strohschneider)	Zimmerw.
65	Maierhofer Franz und Franziska (Schierer)	Luka
66	Jungbauer Wilhelm (Ausimon	Aue

67	Auer Wenzel und Agnes (Maurer)	Hochwies.
68	Schaubschläger Johann (Laun)	Ob. Ort
69	Schaubschläger Friedrich und Anna (Deutschenfritz)	Grajzl
70	Stutz Antinie und Ewald (Buhaschuasta)	Rossau
71	Poferl Hugo und Resi (Morxtn)	Glöckelberg
72	Hocholdinger Johann und Maria (Hacklmichl) — Wirt	Unt. Ort

Böhmen unter den Habsburgern

Im Jahre 1273 wurde Rudolf von Habsburg zum deutschen König gewählt und die "kaiserlose Zeit" nahm somit ein Ende. Zwischen ihm und dem König von Böhmen, Ottokar II., der selbst deutscher König werden wollte, kam es zum Kriege. Auf dem Marchfelde (nördlich von Wien) verlor Ottokar II. die Schlacht und Leben. Rudolf nahm die österreichischen Länder in Besitz und begründete hier die habsburgerische Monarchie, die von seinen Nachfolgern immer vergrößert wurde.

Im Jahre 1526 fiel der König Ludwig von Böhmen und Ungarn in einer Schlacht gegen die Türken. Infolge eines Erbvertrages kamen seine Länder an die Habsburger. Damit wurde die österreichische, die böhmische und die ungarische Ländergruppe zu einem Staat vereinigt, den man die Österreichische-Ungarische Monarchie oder kurz Österreich-Ungarn nannte. Dieser Staat bestand bis zum Ende des Ersten Weltkrieges 1918. Unter dem Habsburger Kaiser Rudolf II. (1576-1612), der, wie einst Kaiser Karl IV., seinen Regierungssitz in Prag nahm, erlebte Böhmen ein "silbernes Zeitalter", in dem die traurigen Folgen der Hussitenkriege überwunden wurden. Für die sudetendeutsche Geschichte im allgemeinen und die unserer Heimat im besonderen ist das Jahr 1620 von großer Bedeutung. Zum Beginn des Dreißigjährigen Krieges hatte sich der zum größten Teil protestantische Adel Böhmens gegen den Kaiser Ferdinand empört, wurde aber in der Schlacht auf dem "Weißen Berge" bei Prag besiegt. Die Anführer des Aufstandes, 27 an der Zahl, wurden auf dem Altstädter Ring in Prag hingerichtet, andere flohen. Ihre Güter verfielen der Beschlagnahme. Der Kaiser verschenkte sie an seine Anhänger, hauptsächlich an seine Generale. So erhielt der Oberbefehlshaber des kaiserlichen Heeres, der Graf Buquoy, die Güter Gratzen, Rosenberg und Sonnberg. Er begründete damit die Herrschaft dieses Geschlechtes in unserer Heimat. Die Herrschaft Krummau schenkte Kaiser Ferdinand seinem Rat, dem aus der Steiermark stammenden Freiherrn J.U. von Eggenberg. Krummau wurde zu einem Herzogtum erhoben. Von den Eggenbergern erbten im Jahre 1719 die Fürsten von Schwarzenberg die Herrschaft Krummau.

Damit befand sich der Teil der Rosenbergischen Güter, der in unserer Heimat lag, im Besitz der Fürsten von Schwarzenberg und der Grafen von Buquoy. Kaiser Ferdinand bestimmte in seiner "Verneuerten Landesordnung" die deutsche Sprache als zweite Landessprache und stellte so die Gleichberechtigung der beiden Völker in Böhmen wieder her. Auf dem religiösen Gebiet wurde die Gegenreformation, zum Teil mit Gewalt durchgeführt, in deren Verlauf das Volk wieder katholisch wurde.

Der Zerfall der österreich-ungarischen Monarchie

Die österreich-ungarische Monarchie, zu der unser Heimatland Böhmen bis zum Jahre 1918 gehörte, war ein Nationalitätenstaat. Sie wurde von vielen Völkern bewohnt, von den Deutschen in den Alpen- und Sudetenländern, von den Tschechen in Böhmen und Mähren, von den Polen und Ruthenen (Russen) in Galizien, von den Südslawen in Kärnten, Krain und Dalmatien, von den Italie- nern in Südtirol. Die genannten Länder nannte man österreichische Kronländer. Sie bildeten die eine Hälfte des Staates Österreich. Die andere Hälfte war Ungarn, das keineswegs nur von den Magyaren bewohnt wurde. Dort lebten auch die Slowaken, die Rumänen, die Serben, die Kroaten und die Volksdeutschen. Zu diesen gehörten die Siebenbürger Sachsen, die Schwaben im Banat und in der Batschka und in vielen Sprachinseln. Die Magyaren, die eigentlich in der Minderheit waren, hatten es verstanden, als Staatsvolk die genannten Völker zu beherrschen und zu unterdrücken. Es konnte nicht ausbleiben, daß es zwischen den genannten Völkern, die gleichsam als Parteien ein Haus bewohnten, zu Streitigkeiten kam. Lange hielten sich die Reibereien in erträglichen Grenzen, man fühlte sich als Österreicher oder Ungarn in einem gemeinsamen Staat mit einem gemeinsamen Herrscherhaus.

Die Kaiserstadt Wien übte auf alle Völker eine große Anziehungskraft aus, auch auf die Nichtdeutschen. Seit dem Jahre 1848 wurde die Lage anders. Der nationale Gedanke begann das Denken und Wollen der Völker zu beherrschen. Er entwickelte sich zu einem Sprengstoff, die Völker strebten auseinander. Die österreichische Regierung erkannte die Gefahr, die dem Nationalitätenstaat drohte, sie unternahm wohl Versuche, diese Entwicklung zu hemmen, aber sie tat nichts Entscheidendes und nichts mit dem notwendigen Nachdruck. So kam im Jahre 1914 der Erste Weltkrieg, dessen Ursache und Anstoß (Ermordung des österreichischen Thronfolgers in Sarajevo) in dem Kampf der Serben gegen Österreich liegt. Man hoffte in Wien, ein siegreicher Krieg würde die Staatsmacht stärken und die Völker wieder zusammenführen, aber gerade das Gegenteil trat ein. Die Niederlage ermöglichte es den österreichischen Völkern, ihre langgehegten Wünsche zu erfüllen. Sie gründeten eigene Staaten, wie die Tschechen, die Polen und die Ungarn, oder sie schlossen sich an bestehende Staaten an, wie die Rumänen, die Serben, Kroaten und Slowenen an Jugoslawien, die Italiener an Italien. Das war der Zerfall und das Ende der österreichisch-ungarischen Monarchie. Übrig blieben die Deutschen in den Alpenländern. Als sich diese auf Grund der von den Siegermächten feierlich verkündeten Selbstbestimmungsrechts an das Deutsche Reich anschließen wollten, wurde dies ihnen allein verweigert. Die Sudetendeutschen hatten eine eigene Landesregierung gebildet und forderten den Anschluß an Österreich, was ihnen gleichfalls verweigert wurde.

Gemeinde Glöckelberg 1914-1918 (Von Ernst Hable)

Die seinerzeitigen Bewohner der Gemeinde Glöckelberg hatten in den vier Kriegsjahren nicht mehr und nicht weniger zu ertragen wie die Menschen anderer Gemeinden der Habsburg-Monarchie. Auch wenn bis in den Böhmerwald der Kampflärm dieses Völkerringens nicht drang, so waren doch alle kriegstauglichen Männer fort und kämpften an allen Fronten für Ihre Heimat und den Fortbestand der Monarchie. Verhältnismäßig viele Männer dieser Gemeinde opferten ihr Leben in Galizien, Serbien, den Dolomiten und am Isonzo oder siechten dahin an Hunger, Typhus und Ruhr in der Kriegsgefangenschaft der Serben sowie bei den Russen in Sibirien. Tapfer haben sie sich für die Heimat geschlagen, wurden mit Medaillen dekoriert und trugen Blessuren an Leib und Seele mit nach Hause. Daheim hungerten die Angehörigen, je länger der Krieg dauerte, um so mehr! Groß waren die Abgaben an Lebens- und Futtermitteln. Rigoros die Eintreibungsmethoden und hart die Strafen. Nur alte Männer, Frauen und Kinder bestellten die heimatlichen Fluren und Äcker unter unsäglichen Anstrengungen. Witwen und Waisen weinten um ihre Männer und Väter. Ältere Menschen verloren den stützenden Sohn und sahen sich pöltzlich alleine. Es war ein tiefer Einschnitt in die Sozialstruktur der Gemeinde Glöckelberg. Der Krieg ging verloren, das Reich der Habsburger lag in Trümmern, jedoch die Tragödie der Sudetendeutschen begann erst am Ende dieses großen Leidens. Aus jedem Winkel unserer Waldheimat glotzte Not und Elend dem heimkehrenden Soldaten ins Gesicht. Politische Schatten der neuerstehenden Parteien senkten sich über den enttäuschenden Menschen unserer Waldheimat. Klassenhaß der Parteien zwischen Deutschen und Deutschen entzweiten unser Wäldlervolk oft so weit, daß Vater und Sohn Feinde wurden. Der nationale Völkerkampf zwischen den neuen slawischen Machthabern und der deutschen ortsansässigen Bevölkerung begann seinen verheerenden Lauf!

Unsere Heimat in der tschechoslowakischen Republik C.S.R.

Am 25. Oktober 1918 wurde in Prag der von Österreich unabhängige Staat der Tschechen, die CSR, ausgerufen. Die Tschechen hatten den größten Anteil zur Zerschlagenheit der österreich-ungarischen Monarchie beigetragen mit der Begründung, sie habe die einzelnen Völker unterdrückt. Nun gründeten sie selber einen Nationalitätenstaat, in dem sie keine Mehrheit hatten. Die Slowaken, die bisher zu Ungarn gehört hatten, wurden unter lügenhaften Versprechungen in die CSR gezwungen, wodurch man ein tschechoslowakisches Staatsvolk künstlich schuf. Fast ein Viertel der Bevölkerung war deutsch, 5 % magyarisch, 4 % ukrainisch (russisch), 2 % polnisch. War in Österreich die Staatsgewalt ehrlich bemüht, die Völker gerecht zu behandeln, so betrachteten die Tschechen ihren Staat als Werkzeug ihrer auf die Unterdrückung der "Minderheiten" ausgehenden nationalistischen Gewaltpolitik. Wie sich diese Politik in unserer Heimat auswirkte, soll an einem Beispiel gezeigt werden. Die Stadt Wallern war im Jahre 1918 rein deutsch. Zuerst wurden die staatlichen Ämter wie z.B. die Post, die Bahn, die Gendarmerie, das Bezirksgericht mit tschechischen Beamten und Angestellten besetzt. Diese hatten Kinder, für die eine tschechische Volksschule eröffnet wurde. In wenigen Jahren hatte Wallern eine beträchtliche Anzahl von

Tschechen, die vom Staat in jeder Weise unterstützt und bevorzugt wurden. So geschah es überall. Deutsche Beamte und Angestellte entließ man, oder man versetzte sie in das Landesinnere. 4000 deutsche Schulklassen wurden aufgelöst. Die Polizei der Gemeinden wurde durch eine tschechische Staatspolizei ersetzt, die die Aufgabe hatte, die deutsche Bevölkerung zu überwachen und zu bespitzeln. Um die bisher führende sudetendeutsche Industrie aus dieser Stellung verdrängen zu können, wurde eine tschechische Industrie aufgebaut, an die man alle Staats- und Rüstungsaufträge vergab. Als dann die Wirtschaftskrise ausbrach, war die Arbeitslosigkeit in den sudetendeutschen Gebieten groß, viel größer als in den tschechischen. Aus dem Gesagten geht hervor, daß sich die sudetendeutsche Volksgruppe in der CSR in einer hoffnungslosen Lage befand. Sie wurde als völkische Volksminderheit mit allen Mitteln einer formalen Demokratie unterdrückt, benachteiligt und musste, wenn dieser Zustand länger andauerte, mit schweren völkischen Verlusten rechnen. Wer sie aus dieser Lage befreite, der konnte auf begeisterte Zustimmung rechnen, einerlei, wer es war.

Der neue Staat C.S.R. - 1914-1918

Am 28.10.1918 hatten die Tschechen und Slowaken ihr seit Jahrhunderten verfolgtes Ziel erreicht. Die Habsburger Monarchie war zerschlagen, sie konnten die "Tschecho-Slowakische Republik" ausrufen. Ihr Präsident wurde Thomas G. Masaryk. Auf die 3,5 Millionen Sudetendeutschen in Böhmen und Mähren wurde keine Rücksicht genommen. Ab 24. November 1918 besetzten tschechische Truppen das Sudetenland. Es wurde annektiert. Es fand nie eine Volksabstimmung statt. Proteste und Demonstrationen wurde mit Gewalt verhindert, ja sogar Frauen und Kinder wurden niedergeschossen. Geschehen in Kaaden am 04.03.1919 mit 54 Toten. Dies, obwohl sich die Sudetendeutschen als Provinzen Deutsch-Österreichs im Oktober 1918 konstituierten und auf Beschluß der Deutsch-Österreichischen Nationalversammlung vom 21. Oktober 1918 Bestandteile Deutsch-Österreichs geworden sind. Dies, obwohl der amerikanische Präsident Wilson vom Selbstbestimmungsrecht für alle Völker sprach, Engländer und Franzosen sich jedoch durchsetzten und den wissentlichen Lügen der Tschechen Glauben schenkten. Die Tschechen gingen sehr geschickt vor, so daß zu nennenswertem militärischem Widerstand keine Gelegenheit mehr war. Die tschechischen "Waffenbrüder" des Ersten Weltkrieges desertierten scharenweise zu den Feinden, bildeten dort eigene Einheiten und waren am Kriegsende als geschlossene Kampfverbände sofort zur Stelle. So quartierte sich auch eine kleinere Einheit von ca. 30 Soldaten im "Glöckelberger Gemeindehaus" ein und terrorisierte die Bewohner. Einzeln und des Krieges müde kehrten die eigenen Soldaten heim. Sie wollten nichts weiter, als "friedlich arbeiten" und 4 Jahre Strapazen und Tod vergessen. Doch die Heimat war eine andere geworden. Wirtschaft und Handel lagen darnieder. Schwarzhandel, Diebstahl, Wilderei und sonstige Gesetzesübertretungen verdüstern den Alltag. Dort, wo heute noch der Rotbach rinnt, der jahrhundete alte Kammweg über Hochficht und Reischl zum Plöckenstein führt, die "Verwaltungsgrenze" zwischen Oberösterreich und Deutsch-Böhmen bildete, senkte sich nun die neue Staatsgrenze herab. Sie zerschnitt nicht nur gewachsene Wirtschaftsstrukturen, sondern trennte Menschen, Verwandte und Freunde. Der Paß von Schöneben hatte seine Bewohner verloren. Glöckelberg war zum Grenzort geworden, seine Bewohner Bürger eines fremden Staates, den die alliierten Siegermächte ihnen aufzwangen. Schwere Jahre gingen über das Land, denn Inflation, später Weltwirtschaftskrise, infolgedessen "Arbeitslosigkeit" bei fast allen Familien, insbesondere jedoch bei der Arbeiterschaft, politische "Unzufriedenheit" verursacht durch spürbare "Unterdrückung, Rechtlosigkeit" in völkischen Belangen und Hoffnungslosigkeit plagte die Menschen in allen Regionen der Sudeten. Das große Fabriksterben nahm seinen Anfang, und so mußte auch der einzige Industriebetrieb innerhalb der Gemeinde Glöckelberg, die Glasfabrik Josefsthal ihre Tore für immer schließen. Unermeßliche Armut innerhalb der Hüttenarbeiterfamilien war die traurige Folge, ohne daß die staatlichen tschechischen Stellen bemüht waren, eine Wende zum Besseren herbeizuführen.

Sprach Herr Masaryk noch von einer "Böhmischen Schweiz" in deren Grenzen alle Völkerschaften miteinander friedlich leben könnten, so hatte der 2. Präsident Dr. Eduard Benesch mit seinen Freunden schon längst einen Nationalstaat etabliert, der die Slavisierung aller Minderheiten zum Ziele hatte. Die Realität waren Gesetze und Verordnungen, die vorwiegend dem slawischen "Staatsvolk" Vorteile verschafften. Abstimmungen im Prager Parlament wurden zur Farce, da die deutschen Abgeordneten, selbst noch in mehrere Parteien aufgesplittert, ständig überstimmt wurden. Es gab keine ausgleichende Demokratie, sondern eine Diktatur der tschechisch-slowakischen Mehrheit. So ergaben sich als einzele Beispiele folgender Diskriminierungen, die auch Glöckelberger direkt betrafen. Staatsbediensteter konnte nur werden, wer außer den fachlichen Eignungen, einwandfrei der tschechischen Sprache mächtig war.

Für Deutsche ein großes Hindernis, da es immer einen tschechischen Mitbewerber gab, der natürlich besser seine Muttersprache beherrschte, als der Deutsche eben tschechisch. Deswegen waren fast alle Beamtenstellen in rein deutschsprachigen Gebieten von Tschechen besetzt. Die Unterwanderung von deutschen Orten und Städten durch Tschechen wurde mit System und "langem Atem" betrieben. Dazu diente z.B. der Bau von tschechischen Schulen in deutschen Gebieten, bei nur geringer Schüleranzahl, die meist durch Kinder von Beamten vorhanden waren. Danach setzte eine massive Werbung durch Notsituationen ein. Es gab Kleiderspenden, Schulmittelfreiheit, ja sogar Gewährung von Arbeitslosenunterstützung für die Eltern. Um die Erhaltung der deutschen Schuleinrichtungen mußte man sich mannhaft wehren. Man gründete den Deutschen Kulturverband. Dennoch wurde ab 1936 der tschechische Sprachunterricht auch in der Glöckelberger Volksschule eingeführt. Die Deutschen konnten ihr Brauchtum nicht mehr voll entfalten. Der Staat erließ Verbote. Zum Beispiel durften weder Pfingst- noch Maibäume gestellt werden, keine Sonnwendfeuer abgebrannt werden, sowie keine Trachten mit weißen Strümpfen getragen werden. Strafen, Gefängnis, hohe Steuerlasten und große Arbeitslosigkeit erzeugten ein Klima der Feindschaft, das irgendwann sich entladen mußte. So verging Jahr um Jahr, Konrad Henlein mit seiner "Sudetendeutschen Partei" wuchs zur stärksten deutschen politischen Kraft heran. Die Forderungen an den tschechischen Staat wurden schon längst direkt von Berlin aus formuliert. Da die Tschechen nicht nachgebend positiv reagierten, speicherte sich Haß auf beiden Seiten. Im Ort Glöckelberg lebte die jüdische Familie Julius Schwarz seit Jahrzehnten. Sie betrieben einen Gemischtwarenladen. Sie waren geachtete Bürger, die vielen Menschen in der Notzeit weiterhalfen. Bei manchem Glöckelberger hätten sie heute noch etwas gut. Es war zu bedauern, daß sie 1938 freiwillig in Anbetracht der kommenden Ereignisse den Ort verließen. Die Alten starben in einem KZ, nur der Sohn Willi konnte sich in die USA retten. Angeblich besuchte er im Mai 1945 Glöckelberg, gab sich aber nicht zu erkennen.

Die letzten Monate im tschechischen Staate waren an der Glöckelberger Grenze unruhig und aufregend. Tschechisches Militär in Kompaniestärke hatte wichtige Verteidigungspunkte besetzt (Bartlberg, Schwedin, Vorderglöckelberg u.a.). Oft stiegen in den Nächten Leuchtraketen hoch. Es fielen auch Schüsse, da auf österreichischer Seite Männer vom "Sudetendeutschen Freikorps lagen. Dieses Freikorps rekrutierte sich aus jungen geflohenen Männern, welche sich der tschechoslowakischenGeneralmobilmachung entzogen hatten. Andere versteckten sich in den Bergwäldern und warteten die Entwicklung ab. Parolen verschiedenster Art gingen von Mund zu Mund. Jeder ahnte, daß eine Änderung kommen mußte, doch niemand wußte Genaueres. Man hoffte auf friedvollen Übergang und sehnte den Tag alsbald herbei. Als dann in den letzten Septembertagen 1938 das "Münchner Abkommen" besiegelt wurde, stand einem Machtwechsel nichts mehr entgegen. Die tschechischen Truppen hatten sich in der Nacht zum 1. Oktober 1938 zurückgezogen. Es kam zu keinerlei Kampfhandlungen. Am Nachmittag des 1. Oktobers 1938 überschritten Truppen der Deutschen Wehrmacht (VII. Armeekorps) von Ulrichsberg kommend die Grenze nach Glöckelberg. Es waren Gebirgsjäger vom Regiment 100 aus Brannenburg in Oberbayern. Man sprach damals davon, daß die Welt aufgeatmet hätte, weil der Frieden erhalten geblieben ist. Nun, mehr wie die Sudetendeutschen selbst, konnte sich wohl niemand freuen. Dementsprechend herzlich war überall der Jubel.

Die "Befreiung"

Im Jahre 1933 kam in Deutschland Adolf Hitler mit seiner NSDAP zur Macht. Er hatte bis 1938 große politische Erfolge errungen, der größte war wohl der Anschluß Österreichs. Und dies alles ohne Krieg. Hitler kämpfte für die Befreiung der höchst ungerechten Bestimmungen des "Friedensvertrages" von Versailles. Soweit er dies tat, hatte er den Großteil des deutschen Volkes auf seiner Seite. Seine Gegner außerhalb Deutschlands waren unsicher, weil sie selbst fühlten, daß sie in Versailles ein Vertragswerk diktiert hatten, das in Mitteleuropa eine nicht lebensfähige Ordnung zur Folge hatte und weil sie ihr feierlich verkündetes Selbstbestimmungsrecht verletzt hatten. Die Erfolge Hitlers, der in einer Rede betont hatte, daß alle Deutschen außerhalb des Reiches unter seinem Schutz stünden, hatten auf die Politik der Sudetendeutschen stärksten Einfluß. Sie waren überzeugt, daß auch für sie die Stunde der Entscheidung schlagen würde. Auch die Tschechen merkten die Gefahr, die ihrem Staate drohte, sie zeigten jetzt ein Entgegenkommen. Aber alles, was sie taten, war nicht genug ausreichend und verspätet. Die Politik der Tschechen stand unter dem Einfluß ihres Präsidenten Benesch, eines Mannes von rücksichtslosem Geltungsbedürfnis, der zur Durchsetzung seiner Ziele von keinem verwerflichen Mittel zurückschreckte und von einem krankhaften Deutschenhaß besessen war. In dieser Lage fand man auch in Paris und London es für notwendig, etwas zu unternehmen. Die Engländer schickten Lord Runciman als Beobachter und Schiedsrichter nach Prag. Dieser empfahl die Lostrennung der sudetendeutschen Gebiete von der CSR und damit die in Versailles verhinderte Durchführung des Selbstbestimmungsrechtes. Im September des Jahres 1938 trafen sich in München die Vertreter von England (Chamberlin), Frankreich (Daladier), Italien (Mussolini) mit Hitler, und hier wurde im Münchner Abkommen beschlossen, daß unsere Heimatlandschaft und das gesamte sudetendeutsche Gebiet zum Reich kommen sollen. Unsere Heimat wurde bei diesem Anschluß leider in zwei Hälften geteilt; die beiden Landkreise

"Gott sei Dank, daß Sie da sind, Herr General!", sagt Bürgermeister Kary von Glöckelberg

Kaplitz und Krummau kamen zum Gau "Oberdonau" und die drei nördlichen Landkreise Prachatitz, Bergreichenstein und Eisenstein zum "Gau Bayrische Ostmark" mit der Hauptstadt Bayreuth.

Es herrschte allgemein eine große Freude über die Befreiung, auch deshalb, weil es ohne Krieg abgegangen war. Niemand weinte der CSR eine Träne nach. Sie hatte mit Recht das Schicksal erlitten, das sie vor zwanzig Jahren Österreich-Ungarn bereitet hatte. Die Wirtschaft in den angeschlossenen Gebieten bekam einen mächtigen Aufschwung, die bedrückende Arbeitslosigkeit nahm ein Ende. Neue Verkehrslinien entstanden. Somit schien alles gut, und man konnte zufrieden sein. Nach 20 Jahren Fremdherrschfat sind die Glöckelberger "Reichsdeutsche" geworden. Eingebettet zu sein in einen starken Staat gab nun Zuversicht und Hoffnung. Es ging ein Aufatmen durch das Land. Konkrete Anordnungen bescheinigten alsbald eine funktionierende Verwaltung. Die Währungsumstellung tat weh, das Verhältnis war 1 : 10. Im Dezember 1938 fand nachträglich eine Volksabstimmung statt. Die Glöckelberger bekannten sich 100 %ig für den Anschluß an das Deutsche Reich. Glöckelberg mit dem Kreis Krummau wurden verwaltungsmäßig dem Gau Oberdonau zugeordnet, mit Sitz in Linz an der Donau. Dadurch ergab sich eine Umorientierung größeren Ausmaßes. Die ehemalige Grenze ist zur Erinnerungslegende geworden. Selbst die Post erschloß mit Omnibuslinien von Wallern über Oberplan, Friedberg und Haslach diese neue Zentrale. Wirtschaftlich spürte man sehr bald Besserung. In Linz baute man die Hermann-Göring-Werke, wo etliche Glöckelberger Arbeit fanden. Andere zogen fort zum Autobahnbau ins Reich. Bahn, Post, Polizei und Verwaltung stellten Leute ein. Die Landwirte fassten wieder Mut, und nicht zuletzt profitierten auch Handel und Handwerk von der pulsierenden Reichsmark. Da im Dritten Reich alle Macht von Adolf Hitler und seiner NSDAP ausging, erreichten sehr schnell alle "Segnungen" auch die Gemeinde Glöckelberg. Von den einen immer ohne Vorbehalt begrüßt, von den anderen zunehmend skeptischer, da Zwang ablesbar war. Vom Pimpf, Hitlerjugend und BDM, bis hin zum RAD und Wehrmacht, sowie allen weiteren NS-Organisationen wie SA, SS, KDF, NSFK, NSKK usw. bis zur Mitgliedschaft in der NSDAP, war alles zur Mitarbeit offen. Für ärmere Glöckelberger wurde das WHW (Winterhilfswerk) eine spürbare Hilfe. So verging der Winter 1938/1939 in friedlicher Hoffnung.

Der 15. März 1939 brachte politisch eine kalte Dusche. Deutsche Truppen besetzten die Rest-Tschechoslowakei und errichteten ein Protektorat. Die Sudetendeutschen begrüßten dies nicht. Am 1. September 1939 überraschte der Feldzug gegen Polen nicht mehr. Das Wort Krieg drang brutal in die Familien ein und veränderte viele über Nacht. Die jungen Männer mußten fort, Opfer und Entbehrungen bestimmten von nun an das tägliche Leben. Der Ablauf und die Ereignisse des Zweiten Weltkrieges sind bekannt. Für das deutsche Volk war es die größte Katastrophe im Trümmerchaos aller Zeiten. Dazu kam das Stigma des Völkermordes an Juden und anderen Völkern. So waren die Glöckelberger nur ca. 7 Jahre "Reichsdeutsche".

Im März 1939 marschierte die Deutsche Wehrmacht in die "Resttschechei" ein, nahm sie kampflos in Besitz und Hitler bildete daraus das "Reichsprotektorat Böhmen und Mähren", ein autonomes Gebiet unter Deutscher Oberhoheit. Das war abgesehen davon, daß grundsätzlich die Freiheit eines jeden Volkes unantastbar ist, ein schwerer politischer Fehler, denn hatte die Welt die bisherigen Erfolge Hitlers als berechtigt hingenommen, so erkannte und befürchtete sie jetzt die Maßlosigkeit seines Wollens. Böhmen und Mähren wär auch ohne Anexion auf Gedeih und Verderb mit Deutschland verbunden gewesen, und sowohl die

Tschechen als auch das Ausland hätten sich mit dieser Tatsache abgefunden. Auch bei den Sudetendeutschen regten sich die ersten Zweifel, ob sie vielleicht nur eine Figur in dem Spiel eines größenwahnsinnigen Diktators geworden waren. Dieses Gefühl wurde verstärkt durch den Ausbruch des Zweiten Weltkrieges. Angesichts der unglaublichen Erfolge der deutschen Heere kamen die Zweifel vorerst zum Verstummen. Tausende Sudetendeutsche wurden zur Wehrmacht eingezogen, kämpften an allen Fronten, und sehr groß war der Blutzoll der diesen Volksstamm traf.

Die Vertreibung aus der Heimat

Das tschechische Volk hatte den mit der Gründung des Protektorates verbundenen Verlust der Freiheit verhältnismäßig ruhig hingenommen. Wirtschaftlich ging es ihm nicht schlecht, jedenfalls besser als den Sudetendeutschen, die die schwere Last des Krieges mitzutragen hatten. Es wartete ab, besonders so lange die Deutsche Wehrmacht ihre siegreichen Blitzfeldzüge führte. Erst als sich das Kriegsglück gegen Hitler wandte, wurden die Tschechen unruhig und aufsässig. Der Reichsprotektor Heydrich wurde bei einem Bombenattentat getötet, seine Mörder kamen aus England und wurden mit Flugzeugen abgesetzt. Darauf setzte von deutscher Seite eine Terrorwelle ein. Durch drei Wochen wurden Tschechen erschossen, ohne Gerichtsverhandlungen, ohne Urteil, nur auf Grund von Listen. Diese Vergeltungsmaßnahme erreichten ihren Höhepunkt in der Erschießung der männlichen Bewohner des Dorfes Lidice, wo sich die Attentäter aufgehalten hatten. Diese Gewalttaten benützte die Weltpropaganda zu einem wirkungsvollen Kampf gegen Hitler und das deutsche Volk. Die Angst der Tschechen war groß, aber auch der Haß. Als nun im Mai 1945 das Ende des Zweiten Weltkrieges kam und mit ihm die totale Niederlage Hitlers, da ahnten die Sudetendeutschen, was sie von dem Haß und der Rache der Tschechen zu erwarten hatten. Was dann kam, das übersteigt aber jedes Vorstellungsvermögen und alle Grenzen. Massenhinrichtungen, Todesmärsche, Greuel jeder Art wüsteten monatelang. Selbst nach tschechischen Angaben begingen 27.000 Sudetendeutsche in ihrer Verzweiflung Selbstmord.

Während jedes Verbrechen, das Deutsche begingen, von der Feindpresse in der ganzen Welt bekanntgemacht wurde, nahm die gleiche Weltöffentlichkeit diese tschechischen Greuel nicht zur Kenntnis, schwieg zu allen bis heute! Benesch gelang es, die Zustimmung von Stalin, Roosevelt und Churchill zu seinem schon lange geplanten Vorhaben der Austreibung der Sudetendeutschen zu erhalten, aber, wie immer, durch lügenhafte Vorspiegelungen. Er machte den Alliierten vor, es würden nur die Nazionalsozialisten ausgewiesen. Tatsächlich kam es dann zu eine totalen Raub des Eigentums der Deutschen und zur Vertreibung von über zwei Millionen Menschen. Die Ausweisung sollte nach den Wünschen der Potsdamer Konferenz "human" durchgeführt werden. Wenn man Menschen aus ihrer Heimat vertreibt, deren Vorfahren sie vor 600 Jahren gerodet und wohnlich gemacht haben, ihnen vorher den ganzen Besitz raubt, und dann einen solchen

Vorgang als "human" bezeichnet, so ist dies wohl eine bodenlose Gemeinheit und ein Gipfel der Heuchelei. Die Sudetendeutschen sollten nach dem Willen der Austreiber über das Gebiet der Bundesrepublik verstreut werden, um im deutschen Volk unterzugehen und aus der Geschichte getilgt zu werden.

Einmarsch der US-Truppen 1945 in Glöckelberg (Von E. Hable)

Im Jahre 1945, am 2. Mai betraten Soldaten der 3. US-Army die Gemarkung Glöckelberg. Sie kamen von Aigen i.M. über Haag, die Kanalstraße entlang nach Sonnenwald und überschritten hier, ihren Karten entsprechend, die Grenze zur C.S.R. Schon längst wehten von den Häusern weiße Tücher und signalisierten den Siegern totale Kapitulation. So geschah es, daß keine Soldaten und Bewohner der Gemeinde ums Leben kamen. Sie durchsuchten die Häuser nach deutschen Soldaten, nahmen die wenigen Gefangenen und sperrten sie in die Koppel oberhalb des Friedhofes, darunter auch den deutschen Polizisten vom Gendarmerieposten, Herrn Demel. Die Infanterie Kampftruppen teilten sich in 2 Gruppen: Die eine stieß über Vorderglöckelberg und Vorderstift in Richtung Neuofen vor, die andere ging über Josefsthal (10.00 Uhr vormittags), Hüttenhof nach Neuofen, wo sie sich wieder vereinten. Nach Josefsthal begleitete die "baumlangen Schwarzen" der damals 12jährige Alfred Mayerhofer, der ihnen beim Milchholen im Hause Jungbauer (Simandl) in die Arme lief. Die Ami's verhielten sich der Bevölkerung gegenüber sehr korrekt, später freundlich; sie waren humane Sieger. Da Männer des "Deutschen Volkssturmes" gefällte Bäume als Panzersperren zwischen Lichtenberg-Schöneben-Glöckelberg errichtet hatten, konnten erst 2 Tage später US-Panzer den Böhmerwald überqueren und über Glöckelberg hinaus bis Oberplan vordringen. Es war das 778. US-Panzer-Bataillon der 26. Infanterie-Division der US-Army 3. In Glöckelberg blieb davon die "C-Kompanie" mit 14 Shermanpanzern, welche später zwischen Kreuzwirt und Xanderl aufgereiht abgestellt standen. Die in Glöckelberg stationierten US-Soldaten logierten in der Volksschule, die bereits Monate vorher wegen der Unterbringung von Evakuierten geschlossen wurde. Die Küche befand sich in Jandas-Autogarage. Die kürzeste Verbindung wurde als Fahrstraße neu angelegt. Sie hatten Grund zum Feiern und taten es auch ausgiebig. Es wurde niemandem etwas weggenommen. Der bitteren Not ansichtig gaben sie manche Lebensmittel an Deutsche weiter. Freilich, meist in Form gewisser "Gegenleistungen" wie Waschen, Tausch von Eiern und auch der Liebe! So manche Episode wäre schmunzelnd wiederzugeben. Verständlich mancherorts der Abschiedsschmerz. Es war eine Zeit mit großer Not! An die 500 Menschen, Evakuierte und Flüchtlinge lebten zusätzlich in der Gemeinde. Es war schwer, diese mitzuernähren, da die Versorgung zusammengebrochen war. Dazu kam das bange Warten auf ein Lebenszeichen von Vätern und Söhnen, die irgendwo in Gefangenschaft geraten waren, wenn sie noch lebten. Dennoch ging ein Aufatmen durch das Land, da das Morden des Krieges zu Ende war. Damals wußte noch niemand von den Greueltaten des tschechischen Mobs an den Sudetendeutschen. Allein die Anwesenheit der US-Truppen verhinderten dasselbe Schicksal an den Deutschen im Böhmerwald. Die US-Besatzungsmacht übergab Mitte Juni 1945 die Zivilverwaltung der Gemeinde an einen tschechischen Kommisar. Am 2. August 1945 räumten die US-Truppen das nun wiedererstandene Territorium der C.S.R. Am 5. August 1945 verließen sie mit ihren

Die Vertreibung

Die Vertreibung der Menschen aus der Gemeinde Glöckelberg erfolgte im Laufe des Jahres 1946. Sie geschah zu den verschiedensten Terminen, fast wöchentlich, immer mehr Familien nach Gutdünken und wirtschaftlichen Interessen bzw. Zwecken festgelegt. Dadurch wurden Nachbarschaften, Verwandtschaften zum Teil sogar Familien getrennt. Der Aufruf dazu erfolgte schriftlich, meist 3 Tage davor. Die Sammelstelle war immer beim Kreuzwirt in Josefsthal, und für Hüttenhof die frühere Versandpackerei der Glashütte in Josefsthal, mit Angabe von Datum und Zeit. Was an persönlichen Habseligkeiten mitgenommen werden durfte, wurde vorgeschrieben. Säcke, Bündel, Koffer, Kisten, Truhen und Rucksäcke bargen die Heimat. Die Vollzugsorgane der Tschechen kontrollierten, wogen ab, stöberten nach verbotenen Dingen und ließen oft ganze Gepäckstücke zur Seite stellen. Manche Frau wurde auf der Suche nach Schmuck entblößt. Mancher Tscheche bereicherte sich dabei, wie man später erfuhr. Transportmittel zum Lager nach Krummau waren offene LKW's. Das Wetter spielte keine Rolle. Der Abschied von den zurückbleibenden Landsleuten kann in seiner Tragweite und Tragik und Gefühlen nicht wiedergegeben werden. Niemand kannte das endgültige Ziel, niemand wußte, ob und wann man sich je einmal wiedersehen würde. Auf schwankendem Gefährt trug der Fahrtwind manchen Klagelaut dahin, Tränen brannten kalt im Gesicht, Stoßgebete stammelten zusammengepreßte Lippen beim Vorbeifahren an eigenen Häusern, Feldern und Wiesen. Wieviele Ihren Fluch im Lande ließen, ist nur zu ahnen. Mit der Übersiedlung der österreichischen Staatsbürger und den letzten deutschen Familien, die 1947 in das Innere der CSR verschleppt wurden, ging die 350jährige Geschichte der Gemeinde Glöckelberg samt ihrer Pfarrei zu Ende.

Die Vertriebenen der Gemeinde Glöckelberg gelangten in mehreren Transporten mit anderen Landsleuten aus den Kreisen Krummau und Kaplitz in verschiedene Gebiete Bayerns, Hessens, Nordbadens und Württembergs. Nur wenige flüchteten nach Österreich und blieben dort. Der Weg der "Transportierten" führte über Auffanglager, Zwischenlager und Endlager in die zugewiesenen Unterkünfte in den Gemeinden. Dies dauerte mehrere Wochen. Vielfache ehemalige Trennungen erfolgten. Diese Bleiben waren meistens sehr schlecht, das Verhältnis zu den Einheimischenvoller Mißtrauen, teils Haß und Verdammnis aus Unwissenheit. Not und Entbehrungen vieler Art verdüsterten das Leben. Verzweiflung und Hoffnung - als Gegensätze des Seins - wechselten ständig und formten jung und alt. Wohin man blickte, überall Ausnahmesituationen als Folgen eines total verlorenen Krieges. Man wartete auf einen Anfang mit ca. 11 Millionen Vertriebenen und Flüchtlingen aus den deutschen Ostgebieten.

Laut den vorliegenden Erfassungsbögen aus Hüttenhof erfolgten Abtransporte in das Sammellager Krummau:

10. Juni 1946	05. August 1946	21. September 1946
20. Juni 1946	18. August 1946	27. September 1946
23. Juli 1946	20. August 1946	01. Oktober 1946
03. August 1946	26. August 1946	08. Oktober 1946
17. August 1946	28. August 1946	

Die meisten Landsleute wurden am 17. August, am 28. August und am 21. September 1946 von ihrer Heimat vertrieben.

Nach der Vertreibung

Von den rund drei Millionen Sudetendeutschen lebt heute der Großteil in der Bundesrepublik - auch in der ehemaligen DDR -, ein Teil in Österreich, eine kleine Gruppe in Schweden. Ihr Leidensweg war natürlich mit dem Verlassen der alten Heimat bei vielen nicht beendet. Völlig mittellos, in einem zerstörten Land, in dem das Wirtschaftsleben darniederlag, waren sie begreiflicherweise unerwünscht, und es wurde ihnen mit Mißtrauen begegnet. Erst als im Jahre 1949 die Währungsreform und damit die Aufhebung der Zwangswirtschaft durchgeführt wurde, bedeutete dies den Wiederbeginn des wirtschaftlichen Aufstieges, an dem die Sudetendeutschen lebhaft teinahmen.

Es stellte sich bald heraus, daß die Heimatvertriebenen keine Last, sondern ein Gewinn für Deutschland sind. Bald begann auch das politische Leben sich zu regen. Es bildeten sich Gesinnungsgemeinschaften auf weltanschaulicher Grundlage, so die Ackermanngemeinde, die Seligergemeinde, der Witikobund. Es entstand die Sudetendeutsche Landsmannschaft, und sie hält alljährlich die "Sudetendeutschen Tage" ab, auf denen das politische Wollen recht deutlich zum Ausdruck kommt. Die Böhmerwäldler gründeten ihren "Heimatverband", der ihre besonderen politischen und auch kulturellen Anliegen betreut und fördert. Die Heimatvertriebenen haben Anschluß an die großen politischen Parteien gefunden, unsere Landsleute sind Minister und Abgeordnete in Bonn und in den Länderparlamenten.

Das Recht auf unsere Heimat

Heimatliebe und Heimattreue sind vor allem Gefühlswerte. Sie müssen durch das Recht gestützt und untermauert werden. Prof. H. Raschhofer hat vom Standpunkt des Staats- und Völkerrechtes diese Frage untersucht und ist zu folgenden Ergebnissen gekommen:

1.

Böhmen gehörte seit dem 10. Jahrhundert zum Römischen Reiche deutscher Nation. Es war ein Lehen der deutschen Krone, die böhmischen Könige waren Kurfürsten des Reiches. Von 1815 bis 1866 gehörte es als Kronland des österreichischen Kaiserstaates dem Deutschen Bunde an.

2.

Der böhmische Landtag nahm im Jahre 1722 ein Gesetz an, nach dem Böhmen "unteilbar und untrennbar" mit den österreichischen Ländern des Hauses Habsburg verbunden war.

3.

Aufgrund des Manifestes des österreichischen Kaisers Karl vom 16. Oktober 1918 konnte jeder Volksstamm auf seinem Gebiete einen eigenen Staat gründen, also die Tschechen auf ihrem Gebiete, aber nicht einen tschechoslowakischen Staat mit Einschluß der sudetendeutschen Gebiete. Die Sudetendeutschen waren auf

Grund des vom Präsidenten Wilson verkündeten Selbstbestimmungsrechtes ebenso berechtigt, ihren Staat zu gründen, wie die Tschechen.

4.

Die Sudetendeutschen haben niemals auf ihr Selbstbestimmungsrecht verzichtet, auch dann nicht, als im "Friedensvertrag" von St. Germain" ihr Gebiet unter Bruch der von Wilson verkündeten Punkte zur CSR geschlagen wurde. Sie mußten sich dem Diktatfrieden fügen, gegen ihren freien Willen.

5.

Die Verfassung der CSR wurde ohne die Deutschen und von keinem gewählten Parlament gemacht.

6.

Am 21. September 1939 nahm die CSR-Regierung die Forderung der britischen und französischen Regierung nach Abtrennung der sudetendeutschen Gebiete an.

7.

Im Münchner Abkommen der vier Großmächte England, Frankreich, Italien und Deutschland wurde die Durchführung der Abtretung der sudetendeutschen Gebiete festgelegt. Dieses Abkommen verliert durch eine einseitige Kündigung seine Rechtskraft nicht.

8.

Das Recht der Sudetendeutschen auf Selbstbestimmung ist ein Naturrecht, es ist in den 14 Punkten des Präsidenten Wilson vom Jahre 1918 als Grundlage einer neuen Friedensordnung festgelegt, ebenso in der Charta der Vereinten Nationen, die auch von der Sowjetunion und von der CSR angenommen wurde.

9.

Um das Selbstbestimmungsrecht ausüben zu können, müssen die Sudetendeutschen vorerst ihr Heimatrecht erhalten. Die in barbarischer Weise durchgeführte Austreibung und Beraubung müssen rückgängig gemacht werden. Der Deutsche Bundestag hat sich auf den Boden des Heimatrechtes gestellt. Die kommunistischen Austreiber nennen uns, die wir die moralisch und rechtlich einwandfreien Rechte geltend machen, Kriegshetzer und Revanchisten. Was soll man von ihnen anderes erwarten? Aber auch in Deutschland gibt es Leute, die mit den Kommunisten der gleichen Meinung sind. In diesem Falle muß man von einem bedauerlichen Mangel an Rechtsbewußtsein sprechen, vielleicht hervorgerufen durch die Sattheit des "Wirtschaftswunders", das auf moralische Begriffe und Werte einschläfernd wirkt.

Der Begriff "Revanchismus" zeugt von der inneren Einstellung, daß jemanden, in diesem Falle die Sudetendeutschen, Unrecht zugefügt wurde und die sich dafür revanchieren, also rächen werden. Somit gibt man im eigentlichen Sinne bewußt zu, daß man jemanden Unrecht zugefügt hat! Denn für was soll sich jemand revanchieren, der dazu keinen Grund hat, weil ihm ja niemand ein Unrecht zufügte.

Übersetzung aus der Staatssprache:

Sie haben am *21. 9. 46* um *1/2 8* in der Sammelstelle *Kreuzwirt* zu erscheinen.

Mitzunehmen: 2 Decken - 4 Garnituren Leibwäsche - 2 gute Arbeitsanzüge - 2 Paar Arbeitsschuhe - 1 warmer Mantel - Eßschüssel - Tasse - Eßbesteck, 2 Handtücher und Seife - Nähzeug - Lebensmittelkarten und sämtliche Personaldokumente - Lebensmittel - Insgesamt 70 kg

Von der zurückgelassenen Habe ist eine dreifache Aufstellung zu machen. Eine Aufstellung wird einem Angehörigen des tschechischen Volkes, der im Hause oder Nachbarschaft wohnt, übergeben. Derjenige übernimmt die Verantwortung über sämtliches Hab und Gut. Wohnadresse des tschechischen Angehörigen ist zu melden. Die zurückgelassene Habe bleibt so in ihrer Wohnung bis eine Entscheidung vom MNV erfolgt.

Die beiden anderen Aufstellungen haben Sie mitzubringen. Sämtlichen Schmuck, Geld, sowie Einlagebücher haben Sie mit einer gesonderten Aufstellung abzugeben. Wohnungs- und Hausschlüssel sind mit Namen und Adresse auf einem Schildchen aus Pappendeckel in einem Kuvert mitzubringen.

Es wird mit besonderem Nachdruck darauf hingewiesen, daß Sie von Ihrer Habe nichts verkaufen, verschenken, noch verleihen dürfen.

Nichtbefolgung des Aufrufes wird strengstens bestraft.

Transportzettel

Tschechischer Ausweisungsbefehl 1946
Ergangen an Herrn Ludwig Petschl, Glöckelberg Nr.121.

Die Ausweisung erfolgte am 21.09.1946.

Die Ausweisung (Austreibung) erfolgte auf Grund des Abkommens der Siegemächte auf der Potsdamer Konferenz 1945 (Truman: USA; Stalin: UdSSR; Churchill:GB;)

Laut Dekret von 21.6. 1945 der CSR-Regierung wurde die Konfiskation des Vermögens der Deutschen, Magyaren und ›Verrätern und Feinden des tschechisch und slowakischen Volkes‹ beschlossen. 1945/46 vertrieben die Tschechen 3.250.000 Sudetendeutsche! An die 250.000 Sudetendeutschen wurden gepeinigt, geschändet oder ermordet. 650 ehemalige Ortschaften wurden dem Erdboden gleichgemacht und existieren nicht mehr oder bestehen nur noch aus Trümmern. Viele Landstriche und Dörfer lassen die Besetzer verkommen. Das deutsche Gesicht dieses Landes vermögen die Tschechen indes nicht auszulöschen. Sie müßten fast alle Dörfer, alle Städte und Märkte schleifen und die Kirchen, die Burgen und Schlösser dem Erdboden gleichmachen! Die Grabsteine mit deutschen Namen verwittern. Viele Friedhöfe wurden aufgelassen oder eingeebnet.

Přepravní lístek pro odsunované.
Transportationcard for evacuees.
Transportzettel für Evakuanten.

Jméno a příjmení / Name / Namen	Ludwig Petschl
Stáří / Age / Alter	62
Pohlaví / Sex / Geschlecht	man
Národnost / Nationality / Nationalität	German
Trvalé bydliště / Permanent residence / Ständige Adresse	Glöckelberg
Zaměstnání / Occupation / Beruf	tailor
Kam by si přál odejít? / Desires to go to? / Wünscht gehen nach?	Bavaria

Ausweisungsdokument

Zerstörte Sudetendeutsche Ortschaften
(Stand: 1. Juli 1961)

Im Jahre 1965 erschien ein von der Zentralverwaltung für Verkehr der Tschechoslowakei herausgegebenes Ortsverzeichnis, das in einem Ergänzungsband ein alphabetisches Verzeichnis aller seit 1945 aufgelassenen Gemeinden nach dem Stand vom 1. Juli 1961 enthielt. In diesem Verzeichnis wurden bereits 459 Ortschaften im deutschen Siedlungsgebiet als "gelöscht" (zanikla) bezeichnet. Eine Untersuchung über diese zerstörten Gemeinden und ihre Aufteilung nach den ehemaligen Gerichtsbezirken hat die erschütternde Tatsache ergeben, daß das Ausmaß des Verfalls und der gelenkten Zerstörung des Sudetenlandes seither in erschreckender Weise noch weiter fortgeschritten ist. Nach den letzten Untersuchungen muß angenommen werden, daß mindestens 650 ehemalige deutsche Ortschaften nicht mehr existieren. Mit Sicherheit wurden die folgenden, nach Gerichtsbezirken geordneten Ortschaften dem Erdboden gleichgemacht oder bestehen nur mehr aus Ruinen.

Allein im Gerichtsbezirk Oberplan verschwanden 34 Ortschaften:

Althütten, Böhmisch Haidl, Eisengrub, Fischbäckern, Fleißheim, Geißleitern, Glöckelberg, Grasfurt, Gromaling, Hundshaberstift, Hüttenhof, Hossen, Hossenschlag, Janketschlag, Irresdorf, Josefsthal, Kohlgruben, Kwitosching, Mayerbach, Neustift, Neutal, Ottetstift, Pernek, Pinketschlag, Reith, Sarau, Sonnberg, Ratschin, Stein, Stögenwald, Tichtihöfen, Uhlingstal.

Gemeinde-(Amts-)-Siegel
(Gemeinde Glöckelberg)

1. Amtssiegel

Vor 1850 war es rund und geteilt in einem kleinen oberen Teil. Dieser bildet eine kleine Glocke, welche unter einem Banderium (verschlungene Bande) von zwei Engeln (einer auf einer Seite) schwebend mit der Hand gehalten wird. Der größere untere Teil zeigt eine Berglandschaft (mehrere bewaldete Bergrücken) mit einem gotischen Kirchlein. Am Rande herum ist die Umschrift links oben: "Gemeinde", rechts oben: "Glöckl" und unten in der Quere (gleichsam den Boden bildend):"Berg" und eine Jahreszahl.

2. Gemeindesiegel

Es war ab dem Jahre 1850 ebenfalls rund. In der Mitte steht "Orts-Gemeinde-Glöckl-Berg". Die Wortteile stehen untereinander. Die Umschrift ist: "Gerichts-Bezirk-Krummau.

3. Gemeindesiegel

Das Gemeindesiegel ist rund und zeigt um 1900 in der Mitte eine größere Glocke. Die Rundumschrift lautet:" Gemeinde Glöckelberg".

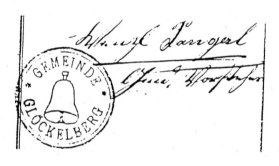

4. Gemeindesiegel

Ab 1903 zeigt das Gemeindesiegel ebenfalls in der Mitte eine kleinere Glocke wie das 3. Gemeindesiegel. Die Rundumschrift lautet gleich: "Gemeinde Glöckelberg".

5. Gemeindesiegel

Ab 1919 zeigt es in der Mitte eine Glocke. Die Umschrift lautet:"Gemeinde Glöckelberg".

6. Gemeindesiegel

(um 1935) ist ebenfalls rund, zeigt in der Mitte ebenfalls eine Glocke mit neuer Umschrift: "Obec-Gemeinde Glöckelberg". Zusatz: Für die Übergangszeit Oktober 1938 bis Anfang 1939 wurde das tschechische Wort "Obec" aus dem Stempelbild entfernt.

7. Gemeindesiegel

(ab X.1938-V.1945) ist rund, zeigt in der oberen Hälfte waagerecht und untereinander: *"Gemeinde-Glöckelberg-Landkreis Krummau an der Moldau"*. Die untere Hälfte zeigt den deutschen Hoheitsadler mit Hakenkreuz. Während der US-Besatzungszeit wurde vom 2.V.-VI. 1945 das 6. Gemeindesiegel verwendet. = 30.10.1943

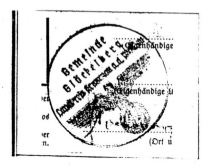

8. Gemeindesiegel

(Letztes Gemeindesiegel) Nach Übernahme der deutschen Ortsverwaltung in die tschechische Ortsverwaltung neuer Gemeindesiegel. Rundsiegel in Kreisringform mit tschechischer Umschrift: *"Mistni spravni Komise Glöckelberg"*. In der Mitte der böhmische Löwe.

Gemeinde-Vignette (Verschlußmarke)

Diese Vignetten dienten zum amtlichen Verschluß von Arbeitsbüchern, Reisepässen und ähnlichem, damit keine Blattentnahme aus diesen amtlichen Büchern möglich war. Sie hatten daher Siegelcharakter und waren gesetzlich geschützt.

9. Gemeindesiegel

(Ab 23.September 1946) zeigt das letzte Gemeindesiegel: Rundsiegel in Kreisform mit tschechischer Umschrift (übersetzt): "Komitee der Nationalen Sicherheit - Befehlsstand Glöckelberg".

Gemeindevorsteher - Bürgermeister von Glöckelberg
(Zusammengestellt von E. Hable, W. Franz und Franz Petschl)

19.07.1850 - 1856	Mayerhofer Johann
1857 - 1860	Johann Honetschläger
1861 - 1863	Josef Philipp
1864 - 1867	Michael Kaim
1867 - 1872	Engelbert Micko
1873 - 1876	Josef Poferl
1876 - 1879	Thomas Wegscheider
1879 - 1882	Franz Petschl
1882 - 1887	Johann Schacherl
1887 - 1891	Josef Kary
1892 - 1904	Müller Julius, geb. 1854, Bauer am Lealhaus Nr.40, gest: 28.1.1945 im 91. Lebensjahr. Sein Gemeinde-Sekretär: Andreas Wegscheider, Haus Nr. 29. Er war zugleich auch Mesner.
1904 - 1907	Pangerl Wenzel
1907 - 1908	Müller Julius (2. Amtsperiode)
1908 - 1921	Poferl Johann (Wagner)
1922	Pranghofer (Jagl)
1922 - 1923	Löffler Ludwig (Kreuzwirt)
1924 - 1931	Müller Wenzl (Leal)
1931 - 1934	Fuchs Wenzel, geb. 25.9.1892, Besitzer des Paulwenzelhauses Nr. 20, Vertreibung: 26.8.1946, gest.: 1.8.1979 in Benkendorf, BRD.
1934 - 1937	Lehrer Ignaz, geb. 1886, Besitzer des "Paulwenzlhauses" Nr. 110, gest.: 29.11.1960 in Rupertshof, BRD.
1937 - 1945 1945-46,	Kary Franz, geb.: 8.8.1892, Besitzer des "Böhmkajatanhaus" Nr.6 in Vorderglöckelberg, CS-Haft im KZ-Budweis ab Juli gest.: 12.8.1963 in Hampersdorf, BRD.

Weitere Ortsvorsteher, deren Zeit- und Reihenfolge nicht mehr feststellbar ist, waren:

Schacherl Franz (Poferl) - 1929 (?)

Honetschläger (Tomerl) - (?)

Letzter Gemeindesekretär:

1915 - 1945	Müller Ernest, geb. 1818, stammt vom "Leal-Haus" und war der Sohn vom langjährigen Ortsvorsteher Julius Müller. Er war Kriegsversehrter des Ersten Weltkrieges. Totkrank entging er der tschechischen Verhaftung 1945 und starb im September 1945 in Glöckelberg.

Ab 25. Mai 1945 bis 1955 fungierten mehrere tschechische Kommissare = (Mistni spravni Komise) - Sber narodni bezpeznosti Velitelstvi stanice Glöckelberg).

Es war Bürgermeister Johann Poferl, welcher nach den Ersten Weltkriegsjahren die Gemeindekanzlei im Gemeindehaus etablierte, weil früher bei jedem neuen Bürgermeister in dessen Wohnung ein transportabler Schreibtisch gebracht wurde. Obige Aufstellung erfolgte aufgrund mündlicher Überlieferungen und teilweise Aktenaufzeichnungen. Sie sind daher nicht vollständig!

Verschiedene Stempel

Erstes und letztes Gemeindesiegel von Hüttenhof:

Das damalige Gemeindesiegel war rund. In der Mitte sind die lateinischen Buchstaben ›G‹ = Gemeinde und ›H‹ = Hüttenhof. Vor dem ›G‹ steht ein Holzhauer mit einer Hacke in erhobener Hand; nach dem ›G‹ steht eine Fichte. Am unteren Teil läuft (unter dem Holzhauer, den Buchstaben und dem Baum) ein Hase.

Vom Jahre 1939 wurde eine Gemeindebücherei eingerichtet, die bis zur Austreibung 1946 bestand, jedoch ab 1945, nach dem Zusammenbruch, nicht mehr in Anspruch genommen wurde.

1. Pfarrsiegel von Glöckelberg

Der neue Seelsorger, Hochwürden H. Johann Menzinger ließ im Jahre 1853 ein neues Pfarramtssiegel schneiden: 'Es war rund. Die Umschrift war: *"Sig. Eccl. Lokal, Glöckelbergensis"* - der Kern (Mitte): St. Johann Nepomuk. (Figur).

Volksschulsiegel von Glöckelberg

(um 1925) Das Siegel war in liegender Ovalform mit der Rundumschrift:
Oben: Volksschule

Unten: Bezirk Böhmisch Krummau
In der Mitte mit großen Buchstaben: GLÖCKELBERG

2. Pfarrsiegel von Glöckelberg
Nach Einziehung des 1. Pfarrsiegels hatte das 2. Pfarrsiegel mit der Inschrift
"Sigill.Eccles.Parochialis Glöckelbergensis" bis zur Stillegung der Pfarre im Jahre
1946 Gültigkeit.

Arbeitsbuch für Ludwig Petschl
Ausgestellt von der Gemeinde Glöckelberg am 24. Mai 1903

Allgemeines: Arbeitsbücher wurden in der Kuk-Monarchie laut Gewerbeordnung an alle in einem Beruf stehenden Werktätigen und jugendlichen Hilfsarbeitern von deren Wohngemeinden und Aufenthaltsgemeinden ausgestellt und hatten amtlichen Charakter. Bei Arbeitsantritt wurde dies in das Arbeitsbuch eingetragen. Diese Eintragungen waren sozusagen das "Spiegelbild" der Berufslaufbahn des Arbeitsbuchinhabers während seines ganzen Lebens.

In den verschiedenen Kronländern der Monarchie waren die Arbeitsbücher in der jeweiligen Landessprache und in deutsch abgefaßt und somit ein Anfangsbaustein europäischer Zusammenarbeit.

Lehrzeugnis für Johann Poferl (1897)

Sr. Wohlgeboren

Herrn *Franz Springer, (sen.)*

Schwarzenberg'scher Oberheger

in

Neuöfen.

Der gefertigte Gemeindeausschuß hat Sie mit Ihrer ~~Familie~~ in seiner Sitzung vom *15. August* 19*25* laut Protokoll Z. *1096* auf Grund des § 2 des Gesetzes vom 5. Dezember 1896, R.-G.-Bl. Nr. 222, in den Heimatsverband der Gemeinde aufgenommen, wovon Sie hiemit verständigt werden.

Gemeindeamt *Glöckelberg*, am *16. August* 19*25*.

Der Gemeinde-Vorsteher:

Verleihung des Heimatrechts. Urkunde 1925

Aufenthalts-u-Ledigkeits-Zeugnis.

Vom Gemeindeamte in Glöckelberg wird bestätigt, dass

Herr Willibald P o f e r l ,
----

geboren am 29.Juni 1907 in Glöckelberg,Bez.B.Krumau,von Beruf Wagner,zuständig nach Glöckelberg,Bez.B.Krumau,seit seiner Geburt zum Aufenthalte in der Gemeinde Glöckelberg Nr.72 gemeldet
----
und l e d i g e n S t a n d e s ist.

Ferner wird bestätigt,dass gegen die Eheschliessung des Willibald Poferl mit der österreichischen Staatsangehörigen Fräulein Rosa Wagner,Förstertochter,wohnhaft in Linz,Pöstlingbergsxxxxxxx Nr.78 hieramts keine Anstände und Hindernisse bekannt sind.

Gemeindeamt Glöckelberg,am 20.VIII.1935.

Der Gemeindevorsteher:

Aufenthalts- und Ledigkeits-Zeugnis (1935)

Das Postwesen in Glöckelberg

Allgemeines

Seit urdenklichen Zeiten wurden Nachrichten von Haus zu Haus von Ort zu Ort und von Stadt zu Stadt durch Boten übermittelt, und so war es auch im Böhmerwald. Ein erstes Nachrichten- und Verkehrssystem postähnlichen Charakters schufen auf heutigem österreichischen Boden mit dem "cursus publicus" die alten Römer. Das nachrömische Mittelalter kannte ein individuelles Botenwesen aus höfischen, klösterlichem und städtischem, später auch aus bürgerlich-kaufmännischem Bedarf. Aus dessen Verdichtung entstand vor rund 500 Jahren unter Kaiser Maximilian I. ein frühpostalisches Nachrichtenwesen, von welchem sich unser heutiges Postwesen direkt herleitet. Karl VI. und Maria Theresia ärarisierten und reformierten das Postwesen. Ab der Mitte des 18. Jahrhunderts entfaltete sich unser modernes Postwesen mit allen seinen Formen des Brief-, Fahr- und Reisepostwesens. Später kommen Telegrafie-, Telefon-, Autobuswesen und Flugpost hinzu.

Im Jahre 1851 wurde das erste Oberplaner Postamt im Hause Prix eröffnet. Am 22.3.1851 wurde Josef Lindl zum Postexpedienten bestellt und er eröffnete im Hause "Lederer" Nr. 59 das erste Postlokal in Oberplan. Sämtliche Orte zwischen Salnau und Stein und zwischen Glöckelberg und Ogfolderhaid hatten hier ihre Postsachen abzuholen und abzugeben. Die Verbindung mit Krummau wurde durch Boten aufrechterhalten. Im Jahre 1857 richtete der erste Oberplaner Postmeister in seinem neuerbauten Hause Nr. 116 ein schönes Postzimmer ein. Die Eröffnung der ersten Fußbotenpost zwischen Oberplan und Glöckelberg erfolgte im Jahre 1864. Die Zustellung der Ortspost besorgten bis 1876 die Gemeindediener. Am 1. Juni 1878 wurde der "Landbriefträger" eingeführt.

Glöckelberg wurde ab September 1870 von Ulrichsberg aus postalisch versorgt. Über den Paß von Schöneben-Glöckelberg fuhr eine Postkutsche, im Winter ein Schlittengespann. Ab 28. September 1899 bestand in Glöckelberg auch ein Telegrafenamt, was wesentlich zur schnelleren Verbindung mit der Außenwelt beitrug. Wesentlichen Anteil für die Errichtung eines Postamtes hatte der Glasfabrikant C. Stölzle in Josefsthal. Vor dieser Zeit wurde die Postbeförderung auf dieser Strecke noch durch Fuß- oder Reitboten besorgt. In erster Linie kam dadurch nur Briefpost in Frage. Ab dem Jahre 1908 wurde jedoch der Postkutschenverkehr von Ulrichsberg über Glöckelberg nach Oberplan eingestellt, und die beiden Postämter von Glöckelberg und Oberplan konnten ihre anfällige Post vom nahen Bahnhof in Vorderstift abholen lassen. Die Postabholung und Zubringung zu dieser Bahnstation besorgte eine Postkutsche (im Winter Postschlitten) mit zwei Pferden. Sie war äußerst mühsam wegen der weiten Entfernung (5 km) und den Witterungsunbilden. Mit der Postkutsche konnten notfalls 1-2 Personen bis zur Bahnstation befördert werden. von 1939 bis Mai 1945 wurden die zwei kleinen Orte Sonnenwald und Schöneben vom Postamt in Glöckelberg versorgt. In dieser Zeit (Deutsche Reichspost) wurde auch eine Postkraftlinie (Autobus) von Oberplan nach Glöckelberg eingerichtet und verkehrte zweimal am Tage. Nach dem Zusammenbruch im Mai 1945 wurde diese Autobuslinie wieder eingestellt und nie wieder eröffnet. Nach Kriegsende wurde der Postverkehr von der Tschechischen-Postverwaltung übernommen, jedoch nach 1950, da kein Bedarf mehr bestand, wieder stillgelegt. Der Ort Ratschin wurde postalisch von Glöckelberg versorgt.

Postdokumente
Postamt Glöckelberg

Erster Poststempel vom Postamt Glöckelberg = Rundsiegel, Datum:2.2.1873

Von der Glashütte Sonnenwald (Hermegild Wagendorfer junior) Hüttenmeister von 1866-1900) wird an die Glasfabriks-Niederlage in Wien, Lichtensteinerstraße 124/4, der Empfang von Fl. 79.81 bestätigt.

Die Postversorgung der Glashütte Sonnenwald wurde damals über das Postamt Glöckelberg (siehe Tagespoststempel) durchgeführt.

Poststempel Postamt Glöckelberg

1. Poststempel von Glöckelberg: (Kuk-Monarchie) Der Poststempel ist, wie damals in der ganzen Monarchie, ein Strichformstempel. In der Mitte: GLÖK-KELBERG und unterhalb das Datum. Tagesdatum:1- 2 Ziffern Jahresdatum: nur in 2 Ziffern.

1. Poststempel von Glöckelberg: (C.S.R.) Der Poststempel ist ein Zweikreisstempel. Im oberen Ringteil: GLÖCKELBERG. In der Kreismitte, waagerecht: Datum

1. Poststempel von Glöckelberg: (Deutsche Reichspost) Nach der Eingliederung des Sudetenlandes im Oktober 1938 wurde von der Deutschen Reichspost ein einheitlicher Poststempel in Form eines Datumbrückenstempels eingeführt. Dieser war bis Mai 1945 in Verwendung.

Letzter Post-Amts-Stempel von Glöckelberg: (C.S.R.) Nach dem Zusammenbruch im Mai 1945 wurde der Postverkehr von der Tschechischen Postverwaltung übernommen, da aber keine Tschechische Namensänderung von "Glöckelberg" möglich war, wurde der alte Posttagesstempel noch weiter verwendet.

Am 15.4.1935 wurde das Telefon in der Post eingerichtet - Anschluß hatten Finanzwache und Gendarmerie.

Postamt Glöckelberg

1865-1868	Josef Lindl (Oberplan)
1868-1871	Kajetan Obermüller, Postmeister (Ulrichsberg)
1871-1892	Hermann Binder (ab 1.3.)
1892-1913	Wenzel Tahedl (ab 1.8.)
1913-	
1926-1938	Franziska Fuchs, geb. Domestle
1939-1945	Hermine Hocholdinger

Ab 1909-1945 Leopold Schacherl als Postillion von Glöckelberg

Diverse Namen über Funktions- und Berufsausübung im öffentlichen Dienst innerhalb der Gemeinde Glöckelberg. Sonstiges.

Orgelspieler: Oberlehrer Honzik, Oberlerer Pascher, Schaubschläger, Rosa.
Mesner: Wegscheider I., Petschl Ludwig, WegscheiderFerdinand,
Totengräber: Wegscheider II, Pangerl Johann,
Kaminfeger: Janak aus Oberplan,
Briefträger: H. Auer, Karl Studener, Otto Müller, Wenzel Jaksch,
Hebamme: Franziska Poferl (Josefsthal)

Namen tschechischer Gendarmen und Finanzer:
Kocarek, Hrnitschek, Ludwig, Zibula, Eismann, Stolfa, Vodovska, Hnick, Orsalek, Spina, Kaupa, Obic, Swoboda, Tomaschek, Tscherbig, Skola,

Namen deutscher Polizisten (1938-1945): Stögmüller, Demel.

Großbrand in Glöckelberg: 1928
Haus Nr. 74 - Jungbauer (Konsum)
Haus Nr. 23 - Fuchshäusl
Haus Nr. 31 - Hiatahäusl 1 Haus Nr. 21 (Wagner Johann) - Augustini

Kirchweihfeste in Glöckelberg: 16. Mai und 2. Sonntag im Oktober Jedes Jahr
Kirchenprivileg in Glöckelberg
Stift Schlägl hatte eigenen Stuhl für den Förster Wagner in Sonnenwald

Von den Tschechen im Sommer 1945 verhaftet:
Poferl Willi - Glöckelberg: Kreisgericht Budweis
Jungbauer Josef - Glöckelberg: Kreisgericht Budweis

Pascher Heinrich - Glöckelberg: Kreisgericht Budweis, ermordet nach der 2. Verhaftung
Schacherl Alois - Glöckelberg: Kreisgericht Budweis (Postkutscher)
Schaubschläger Fritz - Glöckelberg: Kreisgericht (Hüttenhof)
(...?) (Wiesandreis) - Glöckelberg: Kreisgericht Budweis(Hüttenhof)
Hruza Franz - Josefsthal: Kreisgericht Budweis - 1946 Flucht nach Oberösterreich
Palecek Heger - Hüttenhof: Kreisgericht Budweis
Kary Franz - Vorderglöckelberg: Kreisgericht Budweis - Bürgermeister
Max, VS-Lehr - Hüttenhof: Kreisgericht Budweis
Stutz Josef - Glöckelberg: Kreisgericht Budweis- Ortsbauernführer von Glöckelberg
Kari, Senior - Glöckelberg: Kreisgericht Budweis - Sohn war SA- Führ, geflüchtet
Wegscheider Rosl - Glöckelberg: Kreisgericht Budweis - Vieh nach Oberösterreich gebracht
Hable (Poferl) Heinrich - Glöckelberg: Kreisgericht Budweis - zwangsverschleppt nach Uranbergwerk in Joachimsthal 1946, Selbstmord: 1954

Auszug aus den Volkszählungsergebnissen am 1.12.1930

Flächenausmaß in Hektar: 3.165
Bevölkerung im Jahre:
        1869 = 1503
        1880 = 1619
        1890 = 1463
        1900 = 1583
        1910 = 1610
        1921 = 1525
        1930 = 1306
        1945 = rund 1800 mit ca. 500 Evakuierten und Flüchtlingen

Volkszählung vom 17. Mai 1939

Insgesamt:	1352	Personen
Männlich:	659	Personen
weiblich:	693	Personen
Haushalte:	322	Personen
Landw. Betriebe:	60	Personen

SNB Velitelství stanice Glöckelberg, okr. Český Krumlov.

Čís. jedn. 1595/46

P o t v r z e n í.

Potvrzuji, že Němka Růžena Pofferlová, roz. Wagnerová, nar. dne 31.8.1910 v Sonnenwaldu/Rakousko/, příslušná do Glöckelber, okr. Č. Krumlov, není vedena v trestním rejstříku zdejší stanic jako trestána a není námitel proti jejímu vystěhování z důvod stát. bezpečnostních.

Glöckelberg, dne 23. září 1946.

Velitel stanice:

Letzte gemeindeamtliche Bescheinigung - 1946
Übersetzung von Tschechisch ins Deutsche:

NB-Befehlsstand Glöckelberg Bez.: Böhmisch Krummau
Ausgaben Nummer: 1595/96

BESCHEINIGUNG

Ich bescheinige, daß die Deutsche Rosa P o f e r l, geb. Wagner, geb. am 31.8.1910 in Sonnenwald/Österreich, Bez. Böhmisch Krummau, wohnhaft in Glöckelberg, im hiesigen Strafregister nicht als Bestrafte geführt wird und es aus Gründen der Staatssicherheit gegen ihre Aussiedlung keine Einwände gibt.
Glöckelberg, am 23. September 1946 Rundsiegel

Komitee der Nationalen Sicherheit   Unterschrift Befehlsstand

Glöckelberg
Feuerwehrfest in Glöckelberg

Der Festzug, angeführt von der Feuerwehrmusikkapelle Glöckelberg, zieht am Feuerwehrgerätehaus und dem Gemeindehaus vorbei

Freiwillige Feuerwehr Glöckelberg

Der Verein der Freiwilligen Feuerwehr wurde mit Erlaß der kuk. Statthalterei vom 12.IV.1887, ZI: 25.765 bewilligt und verfügte damals über 2 Handfeuerwehrspritzen und dem notdürftigsten Schlauchmaterial.

Erster Obmann war Josef Stutz.

Erster Schriftführer war Karl Honetschläger

Leider sind nur mehr wenige Vereinsdaten bekannt.

Hauptmann: Vinzenz Micko (Neubauer) bis ca. 1923

Stellvertreter: Josef Müller (Bernhardl) bis ca. 1932

Lehrer Rudolf Janda: übernahm die Leitung ca. 1932

Stellvertreter: Ludwig Philipp (Gregai) aus Hüttenhof

In der Ära Janda wurde 1932 das Feuerwehrgerätehaus (Depot) erbaut, 1935 eine Motorspritze von der Firma Rosenbauer/Linz neu angeschafft. Im Jahre 1937 wurde die Feuerwehr mit einem gebrauchten Lastwagen ausgerüstet und mit Mannschaftssitzen versorgt. In dieser Zeit zählte der Verein 130 Mitglieder, davon ca. 70 Aktive.

Die Feueralarmierung erfolgte jedoch noch mit Hornsignal, denn eine Sirene war wegen Fehlens von elektrischem Strom nicht möglich.

Es bestand auch eine Feuerwehr-Musikkapelle mit 16-18 Mann, die bei verschiedenen Anlässen wie Begräbnisse, Bälle, Waldfeste u.a. aufspielte. Der Einsatz der Feuerwehr erfolgte fast ausschließlich zur Brandbekämpfung und Naturereignissen. Herr Janda übersiedelte berufsbedingt (Lehrposten) 1939 nach Oberösterreich. Als Feuerwehrhauptmann folgte Karl Honetschläger.

Nach der Übernahme der Verwaltung durch Tschechen im Jahre 1945 und nach der Vertreibung der Ortsbevölkerung war auch das Ende der Freiwilligen Feuerwehr Glöckelberg da. In den Maitagen war das Feuerwehrdepot für einige Tage Sammelpunkt der von den US-Truppen gefangengenommenen deutschen Soldaten.

Landwirtschaft in der Gemeinde Glöckelberg (Von E. Hable)

Ein Großteil der Gemeindebewohner war in der Landwirtschaft tätig. Es gab Vollerwerbsbetriebe und Häusler. Letztere mußten einem Beruf nachgehen, der oft außerhalb der Gemeinde möglich war. Man betrieb die "Dreifelderwirtschaft", baute Roggen, Hafer, Kartoffeln, Weißkraut und Rüben als Nahrung für die Menschen an und als Futtermittel für das Vieh. Desweiteren wurde "Flachsanbeu", jedoch in geringer Menge, betrieben, um den Eigenbedarf an Kleidung und im Haushalt zu befriedigen, da in Glöckelberg und den umliegenden Gemeinden ausgezeichneter Flachs gedieh. Größere Landwirte bauten diesen Jahr um Jahr an. Bis in die 30er Jahre wurde auch die Weiterbearbeitung von den Anbauern vorgenommen. Der Flachs wurde in eigenen "Flachsstuben" gedarrt und meist von Frauen "gebrechelt". In allen Bauernstuben ächzten die hölzernen Handwebstühle, und so wuchs Schuß um Schuß die Leinenbahn, teils als Aussteuer für die Töchter, teils zum eigenen Gebrauch. Der Sommer bleichte die braunen Bahnen auf grünem Anger zu weißem Leinen. Saubere Leinenwäsche war der Stolz jeder Bäuerin. Später, als in Vorderstift ein Flachsbrechhaus in Fabrikausführung erstellt wurde, übernahm man dort die Weiterverarbeitung des Flachses. Dort lagerten noch bis 1948 große Vorräte an Rohflachs, die während des Zweiten Weltkrieges von der deutschen Verwaltung angelegt wurden, und somit dem neuen tschechischen Staate zu Nutzen gereichten.

Die Wiesen waren größtenteils zweimahdig, erbrachten Gras, Heu und "Groamat" für die Viehhaltung. Außer am Bartlberg gab es Weidebetrieb nur im Herbst. Gedüngt wurde ausschließlich mit Naturdünger, wie Stallmist, Jauche, Kompost und Asche.

Die Viehhaltung umfasste Kühe, Ochsen, Pferde, Schafe, Ziegen mit entsprechendem Jungvieh dazu. Während des Zweiten Weltkrieges hielt man die Schafe der Wolle wegen. Schweinemast betrieb man meist nur für den eigenen Verbrauch, dasselbe galt für alles Geflügel und andere Kleintiere.

In vielen Häusern wurde eigenes Vollkornbrot in gemauerten Backöfen selbst gebacken. In der kalten Jahreszeit war das "Saustechen" an der Reihe. Sechs Wochen lang wurde der "Bocher" geräuchert, bis er kernig durch war, mit Wacholderduft durchsetzt und sich monatelang hielt. Milchverzehr gab es in allen Formen als Grundnahrungsmittel. Butter, handgemachte "Kasziegel" und Eier bereicherten den bäuerlichen Eßtisch für alle Familienangehörigen und Gesinde.

Der Schneider-Loisl (Jungwirth Rudolf und Marie) bei der Kornernte (Roggen)

Der "Wiesbam" wird g'legt!

Der Altrichter (Wenzel Petschl) dengelt die Sensen

Gedüngt wurde mit Mist und Jauche

(Fechter Haus)

Pflug und Egge mußten den Boden zur Saat bereiten

Bei der Getreideernte (Roggen)

Landwirtschaft bedeutete harte körperliche Arbeit, seinerzeit fast ohne Maschinen, viel Bewegung, viel Schweiß, frische Luft und natürliche Kost erhielten die Menschen gesund und ließen sie in dieser Höhenlage sehr alt werden.

Gemischte Gewerbegenossenschaft Glöckelberg (Von E. Hable)

Wiedergründung im Jahre 1919, nachdem vor dem Ersten Weltkrieg ein Verein mit ähnlichen Zielen bereits bestand. In der 1. CSR-Republik war eine Neugründung erforderlich. Sie war einem sudetendeutschen Dachverband unter der Leitung von Dr. Emil Enhuber eingegliedert. Herr Enhuber war alljährlich Sommergast im Gasthof Poferl und förderte das gesellschaftspolitische Leben dieses Vereins. Er wurde 1945 in Teplitz-Schönau von den Tschechen erschlagen.

Mitglied konnte jeder selbstständige Gewerbetreibender sein.

1. Vorstand 1919-1922 *Julius Schwarz*, Gemischtwarenhandlung

1. Vorstand 1922-1925 *Johann Poferl*, Schuhmacher

1. Vorstand 1925-1938 *Johann Schacherl*, Bäckermeister

Außer den jährlichen Hauptversammlungen, Unterhaltungs- und Tanzveranstaltungen wurden die beruflichen Interessen der Mitglieder untereinander geregelt und gegenüber Behörden vertreten.

Dieser Verein wurde 1938 nach der Eingliederung in das Deutsche Reich aufgelöst.

Hervorragendstes Ereignis in der kurzen Vereinsgeschichte war das Fest der "Fahnenweihe im Jahre 1934".

In der Gemeinde Glöckelberg gab es bis 1945 nachstehende Gewerbetreibende:

Wirtshäuser	Poferl, Kary. Schacherl, Löffler(Gbg.), Hochholdinger, Springer (Hüttenhof), Moherndl, Wirtshaus und Hotel (Josefsthal)
Bäckereien	Stiepani, Schacherl, Poidinger, Schacherl, (Glöckelberg)
Fleischhauer	Kary, Jungwirth, Hochholdinger, (Glöckelberg)
Mühlen	Krenn am Rothbach (Glöckelberg), Krenn (Hüttenhof)
Gemischtwaren	Rauch, Novak, Schwarz (Glöckelberg), Konsum (Glöckelberg, Hüttenhof, Josefsthal)
Huf und Wagen schmieden	Schröder und Skola (Glöckelberg), Auer (Hüttenhof)
Hammerschmiede	Krenn am Rothbach (Glöckelberg)
Tischlereien	Froschauer und Fechter (Glöckelberg), Froschauer (Hüttenhof)
Wagnereien	Poferl (Glöckelberg), Lustig und Jungbauer (Hüttenhof)
Schuhmacher	Hable und Poferl (Glöckelberg), Kößl (Hüttenhof)
Schneider	Petschl Leo, Petschl Ludwig (Glöckelberg), Schacherl (Josefsthal)
D.Schneider	Müller Karl (Glöckelberg)
D.Schneiderinnen	Stiepani Amalie, Petschl Anna (Glöckelberg)
Holzschuhmacher	Hochholdinger (Glöckelberg), Schaubschläger (Hüttenhof), Ilg Holzschuhmacher und Faßbinder (Hüttenhof)

Siebreifenerzeugung	Wachtveitel (Glöckelberg)
Pferdefuhrunternehmer	Krenn, Schacherl Leopold und Alois, Postkutsche (Glöckelberg)
Autofuhrunternehmer	Poferl Willi, Taxi (Glöckelberg)
Sägefeiler	Eggner Franz (Glöckelberg)
Sägewerk	Dickl Wenzel (Josefsthal)

Von 1939 bis 1945 wurde ein Autobus der Deutschen Reichspost zwischen Oberplan und Glöckelberg eingesetzt, mit Verbindung nach Krummau und Linz. Der Bus verkehrte zweimal täglich. Glöckelberg hatte seit 1871 ein eigenes Postamt und ab 1899 auch ein Telegrafenamt. Telefonanschluß seit dem Jahre 1937. In den beiden Krenn-Mühlen gab es elektrisches Licht seit 1930.

Im Gemeindehaus in Glöckelberg waren die Gemeindekanzlei, die Gendarmerie und die Wohnung des Gemeindesekretärs untergebracht.

Allgemeines über die Lebensumstände in der Gemeinde Glöckelberg (Von Ernst Hable)

Da im Jahre 1923 in der "Glasfabrik Josefsthal" die Schmelzöfen erloschen, verloren viele Menschen ihre Arbeit. Die Not rückte in die Familien ein. Manche zogen fort zu anderen Glashütten, viele aber blieben und versuchten mit Sparsamkeit über die Notzeit zu kommen. Jedoch waren kaum die Inflationsjahre überstanden, schüttelte die "Weltwirtschaftskrise" des Jahres 1929/1930 die gesamte Wirtschaft.

Im Gemeindegebiet Glöckelberg, mit meist "land- und forstwirtschaftlicher Struktur", gab es kaum weitere Arbeitsplätze. Die vielen jungen Menschen darbten in und mit den elterlichen Familien dahin. Sie lebten meist von kleinen und mittleren Landwirtschaften, nutzten "Saisonarbeiten" beim Forst-Schwarzenberg oder als "Taglöhner" mit verschiedensten Beschäftigungen.

Der Wald war ein Segen für die Menschen. Glücklich waren diejenigen zu nennen, die z.B. als "Holzhauer" arbeiteten und somit ein ständiges Einkommen hatten. Man nützte alles, was der Wald gab. Erwärmte die Stuben, spendete Beeren und Pilze in Hülle für den Eigenbedarf und Verkauf, und ließ die Langholzfuhrleute manche Krone verdienen.

Danken wir dabei auch den "Frauen und Müttern", welche mit dem Buckelkorb vor Tau und Tag in die vergrasten Holzschläge gingen, dort mühsam sich eilten und die schwere Last nach Hause trugen, dies nur, um ein Stück Vieh mehr über den Sommer zu bringen, damit das Leben für die Familie leichter wurde. Dazu mußten sie aber eine Bewilligung der Forstverwaltung kaufen.

Einige der jungen Mädchen verdingten sich in Haushalte nach Budweis und Prag, sowie in nordböhmische Städte. Sie schickten Geld nach Hause für Eltern und Geschwister.

Nur wenige der jungen Männer erlernten Berufe. Auch sie gingen fort in fremde Städte als Fach- und Hilfsarbeiter. Viele wanderten in die USA aus.

Im Sommer verbrachten meist Deutsche aus Budweis und Prag ihren Urlaub in Glöckelberg und Josefsthal. Nicht nur die Gaststätten Kary und Poferl richteten sich ein für den "Fremdenverkehr", sondern auch Private stellten von Jahr zu Jahr mehr Betten zur Verfügung.

Im Winter hatte "Josefsthal" den Hauptanteil am Fremdenverkehr. Der "Deutsche Böhmerwaldbund" kaufte die größeren Gebäude der aufgelassenen Glashütte und etablierte sie zu Hotels und Jugendherbergen. Herr "Moherndl" organisierte mit dem "Budweiser Skiclub" sportliche Skirennen und Skischulen. Einen wesentlichen Beitrag leistete dabei die Familie "Gschwandtner" aus Budweis.

Die "Hochfichtregion" war ein beliebtes "Tourengebiet", auch ohne daß eine Liftanlage vorhanden war. "Budweiser Skifahrer" erbauten im Sommer 1932 oberhalb Glöckelberg eine "Skisprungschanze".

Dennoch war es eine Zeit ärmlicher Verhältnisse, ein wirtschaftlicher Stillstand, der nur mit viel "Geduld" zu überwinden war. Diese Geduld war aber auch nicht grenzenlos. Unmut staute sich an, da von seiten des Staates keine Hilfe zu erwarten war.

Alpenaussicht vom Hochficht

Der Schwarzenbergische Schwemmkanal (Von Walter Franz)

Der Schwemmkanal beginnt am Nordfuß des Dreisesselberges in der Höhe von 918 Meter vom Lichtwasser, windet sich in vielen Krümmungen an den Berghängen zum Hirschberger Tunnel, zieht sich über den Dörfern Neoofen, Hüttenhof, Josefsthal und Glöckelberg weiter nach Sonnenwald, wo der Kanal vorher die Landesgrenze zwischen Böhmen und Oberösterreich überschreitet, und am Abhang des Schindleuerberges (Bärnstein) über den Rosenhügel dahin, wo er in 772,3 Meter Seehöhe die Wasserscheide Moldau-Elbe-Nordsee und Donau-Schwarzes Meer passiert und dann in den Buchsenbach mündet, der sich bei Haslach in einer Seehöhe von 663,28 Meter in die Große Mühl ergießt.

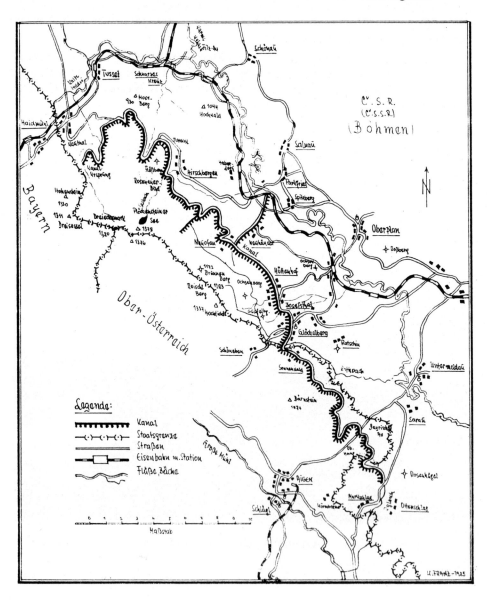

Die Schwarze Aist entspringt südöstlich der Dreiländergrenze Böhmen-Niederösterreich-Oberösterreich, mündet südlich St. Georgen in die Gusen und mit dieser südlich Schwertberg in die Donau. Während Rosenauer noch an der Aist baute, erstand nach seinen Plänen und unter seiner Leitung die "Stubenbacher Schwemme", die es ermöglichte, Holz nach Prag zu schwemmen. Dieser Flößkanal wurde in den Jahren 1799 bis 1800 angefangen, ist 7600 Klafter (15.433 1/2 m) lang, breiter als der Schwemmkanal im Dreisesselgebiet und hat ständig fließendes Wasser. Er beginnt an der Widra unterhalb Tettnau, geht eine Strecke längs derselben neben der Straße, wendet sich beim Antiglhof südwestlich gegen Schätzenreith, von wo er dann im Krümmungen nördlich läuft und durch den Seckerbach unterhalb Rehberg in den Kieslingbach mündet, welch letzterer sich bei der Vinzenzsäge in die Widra - hier schon Wotawa genannt - ergießt, auf der dann Holz nach Prag geschwemmt werden kann. Dieser Kanal ist also eine Umgehung der wildromantischen Widraschlucht Schachtelei. Rosenauer wollte durch einen Kanal die Teufelsmauer der Moldau bei Hohenfurt umgehen, doch kam dieses Projekt nicht mehr zur Ausführung, bis vor dem Ersten Weltkrieg die elektrische Hohenfurter Bahn diese Angelegenheit auf andere Art löste.

Die Gedenktafel, welche auf Rosenauers Geburtshaus Nr. 118 in Kalsching angebracht wurde, trägt die Inschrift:

Dem großen Sohne Kalschings
Josef Rosenauer
1735-1804
kaiserlich ernannter
Landmesser und Schwemmdirektor
Erbauer der F. Schwarzenbergischen Schwemmkanäle
(Gewidmet von Deutschen Böhmerwaldbunde.)
***
"Den Segen der Heimat erschloß er
auf kunstvoll geebneten Wegen der Wasser".

Im Jahre 1928 ließ die Schwarzenbergische Zentral-Forstverwaltung dem Erbauer des gewaltigen Kanales beim Kanalursprung am Lichtwasser ein Denkmal errichten. Ursprünglich war der Standort des Denkmals beim Kanal-Tunnel bei Hirschbergen geplant. Das Denkmal wurde am Montag den 8. Oktober 1928 im Beisein des Dr. Adolf Schwarzenberg, des Rates der politischen Bezirksverwaltung Krummau Josef Barcal, des Bürgermeisters von Kalsching Josef Schinko, des Obmannes des Deutschen Böhmerwaldbundes Josef Taschek und Verwandter Rosenauers enthüllt. Die Festrede hielt Zentralforstdirektor Wenhart. Das Denkmal ist ein Naturstein mit zwei Marmortafeln, welche die Inschrift in Goldbuchstaben tragen, und zwar auf der Vorderseite:

"Dem Andenken des geistvollen Schöpfers des Schwarzenberg-Kanals Josef Rosenauers, Fürst Schwarzenbergischen Ingenieurs und Schwemmdirektors" - auf der Rückseite: "Schwarzenberg-Kanal, erbaut 1779-1821."

Der Kanal ist längst verfallen, entlang seines rechten Ufers verläuft ein elektrisch geladener Stacheldrahtzaun (Neuofen-Hüttenhof-Josefsthal-Glöckelberg bis zur Staatsgrenze). Das ganze Kanalgebiet war tschechische Grenzsperrzone und der Zutritt für alle Personen verboten. Die Straße neben dem Kanal ist im schlechtesten Zustand und dient nur für Holztransporte und der tschechischen Grenztruppe als Verbindungsweg. Am Abhang des Schindlauerberges (Bärnstein) ist der Kanal noch relativ gut erhalten. Als Erinnerung seiner damaligen Funktion wurde eine Gedenktafel angebracht. Die Kanalstraße dient als wichtiger Verbindungsweg von Sonnenwald über Oberhaag nach Aigen und ist Eigentum vom Stift Schlägl bei Aigen/Mkr.

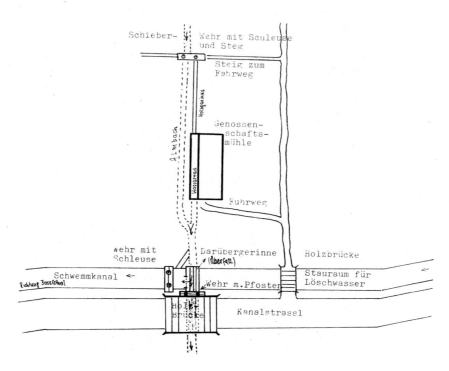

Kanalschleusenanlagen in Hüttenhof

Legende:

Oberhalb der Genossenschaftsmühle war ein kleines Wehr, wo man mit einem Schieber den Wasserzulauf zur Mühle regeln konnte. Dieses Wasser wurde in einer hölzernen Rinne zum Mühlenwasserrad geleitet. Bei dem Wehr war auch ein Brett, damit man darübergehen konnte. Während der Sommermonate wurde fast das ganze Wasser vom Almbach gebraucht. Das Bachbett verlief seitlich von der Mühle, aber einige Meter nach der Mühle vereinigten sich die beiden Gewässer. Mit einer hölzernen Rinne wurde der Almbach über den Kanal geleitet, dann unter einer hölzernen Brücke unterquerte er die Kanalstraße. Es bestand die Möglichkeit, einen Teil des Bachwassers in den Kanal zul eiten, wenn die Holzschwemme stattfand. Das Wasserrad war im Gebäude drinnen. Oberhalb der Genossenschaftsmühle betrieb der Almbach eine Privatmühle. Sein Ursprung befindet sich einige hundert Meter unterhalb des Hochfichtberges.

Über den Kanal führten zahlreiche Holzbrücken, die später durch massive Betonbrücken ersetzt wurden.

Schwemmkanal und
Straße unterhalb
des Herrenhauses
in Josefsthal

05.04.1990

So sieht der Kanal
vom Feuerwehrgeräte-
haus bis zur Trafik
in Glöckelberg
heute aus

08.04.1990

In Sonnenwald sind
Kanal und Straße
noch am besten
erhalten

Josef Rosenauer
Ingenieur und fürstlich Schwarzenbergischer Schwemmdirektor in Krummau. Erbauer der Schwemmkanäle im Böhmerwald, geboren 15. Juli 1735 in Kalsching.

Als vor 200 Jahren in den Tiefen des Böhmerwaldes noch Bären und Wölfe, Luchs und Wildkatze hausten, eine hie und da über dem grünen Meer von Tannen und Fichten aufsteigende Rauchsäule die Stätte einer Glashütte oder eines Kohlenmeilers anzeigte und nur auf vereinzelten Rodungen oder auf den Steigen, die nach Oberösterreich und Bayern führten, spärliche Ansiedlungen zu finden waren, wurde in diesem waldumgebenen Orte Kalsching - es war im Jahre 1735 - Josef Rosenauer geboren. Seine Eltern waren arm, vermutlich altem Waldbauerngeschlecht entsprossen, Not und Sorge mögen an seiner Wiege gewacht haben, doch schlummerten in dem Knaben auch schon Gaben, welche sich später in Werken offenbarten, welche Tausende von Menschen nicht nur im Böhmerwalde, sondern weit über die Grenzen desselben hinaus zum Segen gereichten.

Der Name des Schöpfers dieser für die damalige Zeit genialen Werke fiel aber beinahe in Vergessenheit. Nur in einzelnen wenig bekannten Schriften wurde er und sein Lebenswerk angeführt, und wenn ein längs des Schwarzenbergischen Schwemmkanals dahinschreitender Wanderer von der Rosenauer-Kapelle stehen blieb, wußte er kaum, wer der Mann war, dessen Name die einfache Andachtsstätte heute noch führt. Wurde sein Andenken von seinen Nachkommen auch gepflegt und hochgehalten, sein Name und sein Wirken war aber der Öffentlichkeit, ja selbst dem größten Teil der Böhmerwäldler ungekannt und lag in den Archiven begraben.

Erst dem Herrn Ministerialrat Karl Ebner und dem Schloßarchivar Dr. Karl Tannich ist es zu verdanken, daß der Name Rosenauers und die Entstehungsgeschichte seiner Werke ans Tageslicht gezogen und weiteren Kreisen bekannt wurde. Diesen beiden Herren, dem Deutschen Böhmerwaldbunde, dann dem Museumsverein in Oberplan wie der Marktgemeinde Kalsching gebührt das Verdienst, daß nach fast 200 Jahren dem verdienten Manne an dem Orte, wo er geboren wurde und seine Jugendzeit verbrachte, als einem der besten Söhne des Böhmerwaldes auch äußerlich das verdiente Denkmal gesetzt wurde. Von der Jugend Rosenauers wissen wir so gut wie gar nichts, das Wenige, was seinen Nachkommen noch von ihm bekannt war, ist nicht aufgezeichnet und mit ihnen begraben worden. So mag uns denn die Fantasie aus seinem späteren Werdegang ein Bild seiner Jugendzeit hervorzaubern und diese Lücke füllen. Hier vor seinem Geburtshaus Nr. 118 in Kalsching mag er mit den Genossen seiner Jugend gespielt, in den nahen Wäldern geträumt, den Holzhauern zugesehen, vielleicht auch mitgearbeitet haben, wodurch er Liebe zum Walde gewonnen und seinen vielseitigen Nutzen schon als Knabe erkannt haben dürfte. Als Gehilfe des Fasanjägers vom Rotenhof um 1750 sehen wir ihn das Weidewerk erlernen, später als Forstadjunkten beim Forstamte in Krummau, zu dem er 1758 ernannt wurde, als Jäger und Aufseher bei Holzarbeiten die Wälder durchstreifen und können uns wohl denken, daß der begabte junge Mann schon damals beim Anblick des in den weit entlegenen Forsten nutzlos verfaulenden Holzes nachdenklich wurde. Bei den Holzrechnungen in der Forstkanzlei werden ihm dann wohl verschiedene Gedanken und Pläne vorgeschwebt haben, wie das in den Urwäldern vorhandene Holz seinem Herrn und der Menschheit nutzbar gemacht werden könnte. Vermutlich hat er zu seinem Vorgesetzten darüber manches bemerkt, was diesen auffiel und sie wohl veranlasste, dem Fürsten Adam Schwarzenberg von seinen auffallenden Gaben Mitteilung zu machen, so daß sich dieser entschloß, Rosenauer auf fürstliche Kosten zur Ausbildung an die k.k. Wiener Ingenieur-Akademie auf der Leimsgrube zu schicken.

Dort oblag Rosenauer mit seltenem Fleiß und großer Ausdauer seinen Studien und beendete sie mit vorzüglichem Erfolg im Jahre 1770, worauf er, nach Krummau zurückgekehrt, 1771 hier zum fürstlichen Ingenieur ernannt wurde, welche Ernennung ihm bei dem großen Wohlwollen des Fürsten Johann Schwarzenberg jenen Wirkungskreis verschaffte, der zur Ausführung seiner vielen Projekte notwendig war. 1779 legte Rosenauer beim k. Landtafelamte in Prag die Prüfung als Landvermesser ab und wurde als solcher beeidet. In der fürstlichen Ingenieur-Kanzlei in Krummau wurden nun, vom Geiste Rosenauers geleitet, die verschiedensten Pläne entworfen und ausgeführt, die seinen Namen nicht nur in der Heimat, sondern auch weit über diese hinaus bekannt machten, so daß sein Rat vielfach und auch außerhalb Böhmens gesucht wurde. Die Vermessung der fürstlichen Herrschaften, die Entwässerung der Wittigauer Moräste, sowie der zahlreichen Sumpfwiesen auf der Frauenberger Domäne, Weg- und Straßenanlagen, die Wasserkunst in Krummau wie auch andere Bauten und technische Einrichtungen wurden von ihm durchgeführt, und es reiften in ihm auch schon die großen Pläne, die bisher unzugänglichen Holzmassen aus den Tiefen des Böhmerwaldes auf einem künstlichen Wasserwege herauszuführen und sie auf diese Weise nutzbar zu machen. Im Jahre 1774 legte er zuerst dem Fürsten Johann Schwarzenberg den großen Plan eines Kanals vor, durch welchen die Holzmengen des Plöckenstein- und der benachbarten Gebiete in die Große Mühl und dann weiter auf der Donau bis Wien geführt werden sollten. Unter mannigfachen Stockungen, die sich jahrelang hinzogen, bis der einsichtsvolle Fürst die Genehmigung zum Kanalbau erteilte, wurde er in dem für Europa schicksalschweren Jahre 1789 begonnen und mit einer großen Zahl von Arbeitern unter vielfachen Mühen und trotz vieler schier unübersteiglichen Hindernisse fortgesetzt, so daß schon im Jahre 1791 das erste Holz Wien zugeführt werden konnte. Die Fortsetzung des Kanls von Hirschbergen aufwärts und seine Vollendung in der ganzen Länge von 52 Kilometer erfolgte aber erst nach Rosenauers (am 10. März 1804 erfolgtem) Tode, im Jahre 1822 durch den Direktor Maier und dem Ingenieur Fanta nach Rosenauers Plänen. Aus der Tatsache, daß bis zum Jahre 1870 sieben Millionen Festmeter Holz nach Wien geschafft werden konnten, ergibt sich am besten die große Bedeutung der angelegten Wasserstraße. Der glänzende Erfolg des sogenannten "Wiener Kanals" führte dazu, daß Baron Hackelberg auf seiner oberösterreichischen Herrschaft durch Rosenauer auch einen Schwemmkanal erbauen ließ, die Wässer der Schwarzen Aist benützend, jährlich 15.000 Klafter Holz für Wien nutzbar machte, sodaß der Name des Erbauers in der Hauptstadt der ehemaligen Monarchie mit Dankbarkeit genannt wurde und auch zu Ohren des leutseligen Kaisers Franz drang, der als Dank für die den Wienern erwiesene Wohltat den ältesten Sohn Rosenauers aus der ersten Ehe vom Fähnrich zum Leutnant in dem aus den napoleonischen Kriegen bekannten Regiment "Sporck" ernannte. Während dieser zuletzt genannte Kanal noch im Baue war, arbeitete der unermüdliche Mann bereits an einem neuen Produkte, das vielleicht mit noch größeren technischen Schwierigkeiten als sein erstes verbunden war, nämlich an dem Plane, aus dem Zentrum der Stubenbacher Wälder das Holz der Hauptstadt Böhmens zuzuführen. Rosenauer, den das Projekt noch auf dem Totenbette beschäftigte, erlebte die Vollendung desselben nicht mehr, doch hat der Magistrat von Prag schon im

Jahre 1802 "In Einsicht der Bedeutung, welche das Projekt der Prager Bevölkerung zu bringen versprach", dem Fürsten, welcher später den ganzen Bau auf eigene Kosten ausführen ließ, seinen und den Dank der Prager Bevölkerung ausgesprochen. Rosenauer erhielt in demselben Jahre und aus demselben Anlaß das Prager Bürgerrecht zuerkannt. Das betreffende Dekret ist heute gewiß bemerkenswert, worin es heißt:..."daß der Prager Magistrat Männer, die ihre Kenntnisse zum Besten der Allgemeinheit verwenden, zu Ehren wisse und es seines Amtes zu sein befinde, Rosenauer in die Zahl seiner Bürger aufzunehmen."

Die Schwemme, welche erst lange nach Rosenauers Tode mit einigen Änderungen vollständig beendet wurde und auf ihrem Höhepunkt 45.000 Klafter Holz jährlich nach Prag zu liefern versprach, war daher für die Prager Bevölkerung von höchster Bedeutung. Aber noch ein viertes Projekt lag ihm am Herzen, gleich wichtig wie seine früheren, nämlich die Schiffbarmachung der Moldau von der Lippner Schwebe bis Hohenfurt mit Umgehung der Teufelsmauer. Die Pläne waren schon weit gediehen, der Fürst dafür gewonnen, das Projekt kam aber nicht zustande. Der wirtschaftliche Niedergang nach den napoleonischen Kriegen dürfte wohl die Hauptursache dafür gewesen sein. Welchen großen Vorteil die Ausführung auch dieses Projektes für die Holzzufuhr nach Böhmen gehabt hätte, wird jedermann klar, der den Holztransport mit seinen umständlichen und zeitraubenden, sowie kostspieligen Umladungen von der Lippner Schwebe nach Hohenfurt kennt. Es wurde nun in kurzem das große Lebenswerk Rosenauers geschildert, das sich in diesem damals noch stillen Erdenwinkel gerade zu einer Zeit entwickelte und zum Teil auch ausgeführt wurde, als das von Westen heranbrausende Gewitter ganz Europa in Unruhe zu setzen begann und später beinahe bis an die Ränder des Böhmerwaldes heranstürmte, ohne das Gelingen des Werkes glücklicherweise zu stören. Zähe Ausdauer und Tatkraft, gepaart mit der verständnisvollen Einsicht des Fürsten Schwarzenberg, haben gerade in jenen schweren Zeiten ein Werk zu Ende gebracht, das Dr. Tannich treffend als Schlagader des Böhmerwaldes bezeichnet hat. Ja wahrlich, es war eine Schlagader, die aus dem Herzen des Böhmerwaldes Wärme nach allen Seiten der damaligen Monarchie zuführte, belebend für weite Gebiete Böhmens wirkte und besonders für Wien und Prag von großer Bedeutung war. Tausende von Menschen hat das Werk Rosenauers Verdienst gebracht, viele Stellen des Böhmerwaldes sind mit tüchtigen arbeitsamen Menschen besiedelt, die Holzindustrie und viele andere Unternehmungen gefördert worden, und schwerlich hätten wohl die großzügigen Unternehmungen des Budweiser Schiffbaumeisters Adalbert Lanna, welcher in Holzzillen das kostbare oberösterreichische Salz, den Böhmerwaldgraphit und zahlreiche andere Waren bis Prag und darüber hinaus, sogar bis Hamburg führte, für Böhmen so nützlich werden können, wenn das Holz aus den bisher unzugänglichen Tiefen des Böhmerwaldes hätte nicht herausgeschafft werden können.

Unwillkürlich drängt sich dabei der Gedanke auf, ob nicht schon in der zweiten Hälfte des vorigen Jahrhunderts die Schiffbarmachung der Moldau für tiefer gehende Schiffe möglich gewesen wäre, wenn ein zweiter Rosenauer im Vereine mit Lanna, dem weitsichtigen und zielsicheren Unternehmer, gleich verständnisvoll vom Staate und Lande unterstützt, wie Josef Rosenauer im 18. Jahrhundert von den beiden Fürsten Johann und Josef zu Schwarzenberg, das Werk in Angriff genommen hätte und ob nicht damals bei den enormen Fortschritten der Technik eine Verbindung der Elbe mit der Donau schon erreicht wäre? Mag dies auch vielleicht ein Fantasiegebilde sein, so ist doch eines sicher, daß der fürstlich Schwarzenbergische Ingenieur und Schwemmdirektor von Krummau in der Geschichte des Wasserstraßenbaues stets einen achtungsvollen Platz einnehmen wird und daß Kalsching und der ganze Böhmerwald auch heute noch stolz sein können, daß er einer ihrer Söhne war.

Und nun noch einiges über den Menschen Rosenauer:

Rosenauer war nicht nur ein bedeutender Techniker, er war auch ein *Mensch* im besten Sinne des Wortes.

Er war von schlichtem treuem Sinn, der sich durch sein ganzes Leben gegenüber seinen Angehörigen, seinen Mitbürgern, seinen Arbeitern und seinem Herrn und Arbeitgeber immer wieder bewährte.

Sein tiefer religiöser Glaube hat ihn stets wieder bei den vielen Unglücksfällen in seiner Familie, die ihn gerade bei den Vorbereitungen seines Werkes getroffen , bei den zahlreichen Stockungen undHindernissen während des Kanalbaues aufgerichtet und mit neuer Zuversicht und Tatkraft versehen. Seine Rechtschaffenheit, gepaart mit wahrer Menschenliebe, war allgemein bekannt und verschaffte ihm die Achtung aller, die ihn kannten, auch die seines Fürsten, der in einem herzlichen Briefe diese Rechtschaffenheit besonders hervorhebt und für seine Frau und seine lebenden acht Kindern "väterlich" zu sorgen verspricht.

Das Handschreiben erhielt Rosenauer zwar nicht mehr, weil er an demselben Tage in Krummau die Augen schloß, als der Brief von Wien durch einen besonderen Boten abging. Das gegebene Versprechen hat Fürst Josef zu Schwarzenberg jedoch in hochherziger Weise den Nachkommen seines rechtschaffenen Dieners treu gehalten. Die Biederkeit seines Charakters und seine Menschenfreundlichkeit vererbte sich auch auf seine Kinder und die zahlreichen im Krummau und in Budweis ausgeübten Wohltätigkeitsakte seines Sohnes Johann dessen Erwähnung man pietätsvoll gedenken möchte. Josef Rosenauer liebte aber auch seine heimatliche Scholle, seinen heimatlichen Wald, dem er sein ganzes Leben gewidmet und wenn der "königliche Landesvermesser von Böheimb" - wie er sich öfter unterschreibt - fern von seiner Heimat weilte, zog es ihn immer mit Sehnsucht nach seiner Waldheimat, nach der Geburtsstadt seiner Pläne, nach Krummau zurück, wo er denn auch unter dem Rasen des auf dem alten Friedhofe neuangelegten Parkes ruht, unweit der alten ehrwürdigen Veitskirche, in welcher er und seine Kinder getraut und alle seine elf Kinder aus der Taufe gehoben worden sind. Wenn unsere Jugend innerlich richtig vorbereitet, den Böhmerwald durchwandert, nicht laut oder lärmend, wie es zuweilen geschieht, aber freudig ergriffen von der erhabenen Schöpfung der Natur, und wenn sich dann ihrem empfänglichen Herzen im Rauschen der Wälder, im Murmeln der Bäche und beim Anblick derwaldumsäumten Seen der Geist Adalbert Stifters offenbart, der die Seele des Böhmerwaldes so tief empfunden und denselben durch seine Dichtungen unsterblich gemacht hat, so möge sie auch, wenn sie einmal an der einsamen Kapelle am Schwemmkanal vorüberkommt, sich jenes Mannes erinnern, der hier so oft gekniet, um das Gelingen seines Werkes zu erbitten, und seiner Tugenden gedenken: seiner Einfachheit und Menschenliebe, seiner Arbeitslust und Tatkraft, aber auch seiner Liebe zur heimatlichen Scholle und seiner "unerschütterlichen Treue und Rechtschaffenheit" - seelische Güter, welche bei allem Wandel der Zeiten Ihren Wert beibehalten haben und gerade heute in unserer zerfahrenen Zeit die verläßlichste sittliche Grundlage für alles "Große, Gute und Edle" bilden!

Mit dem Wunsche, daß das Andenken nicht nur an den Techniker sondern auch an den "Menschen" Rosenauer hier und im "ganzen Böhmerwald" und insbesondere in den Herzen seiner Landsleute, mögen sie und die Nachkriegsereignisse des Zweiten Weltkrieges in alle Richtungen vertrieben worden sein, fortlebe und hochgehalten werde und möge auch sein einstiges geniales Werk und sein Denkmal nun für immer dem Verfall preisgegeben sein und Vergessenheit über seine Taten fallen, doch immer wieder bewahrheitet sich das deutsche Dichterwort:

"Die Stätte, die ein braver Mann bewohnt
ist eingeweiht und heilig!
Nach hundert Jahren klingt sein Wort dem Enkel wieder!"

Unterirdischer Schwemmkanal bei Hirschbergen
Erbaut 1821, Länge 420 m

s'Nuibauern Tännlin in Glöckelberg (Von Johann Micko)

Im Böhmerwald gibt es hie und da einzelne Bäume, welche infolge ihres hohen Alters, ihrer besonderen Form und Gestaltung, wegen ihrer Seltenheit oder geschichtlichen Bedeutung merkwürdig und weithin in der Umgebung bekannt sind. Ich erinnere nur an die im ganzen Oberplaner Bezirke üblichen Worte, wenn jemandem ein Unrecht geschieht: *"Woacht na, ba's Machtla Buha kema ma schaun zsaum!"*

Diese nun nicht mehr bestehende alte Buche beim Dorfe Melm bei Oberplan und der Spruch beweisen ganz deutlich, daß hier in grauer Vorzeit die alten Deutschen Gericht im heiligen Haine hielten. Das ist aber wieder ein Beweis, daß die Deutschen in unserer Gegend schon zur Zeit der Markomannen siedelten.

Am südwestlichen Rande des fast nur aus einzeln stehenden Häusern sich bildenden großen Kirchdorfes Glöckelberg, unweit des Kreuzwirtes, oberhalb des Hauses Nr. 38 "beim Nuibauern" des Vinzenz Micko, steht in 850 m Meereshöhe zwischen Feld und Wiese hoch aufragend ganz frei eine stattliche Tanne, welche jedem Wanderer sofort auffällt. Fast majestätisch ragt sie in ihrer Einsamkeit in den blauen Himmel auf, mit den weit ausgreifenden Ästen eine mächtige Pyramide darstellend. In Manneshöhe hat der Stamm noch einen Umfang von 3 3/4 m, nach der Schattenberechnung 24 m Höhe und ist so gut erhalten, daß er selbst dem Blitz widersteht. Nach einem starken Donnerschlag ohne ersichtliche Wirkung heißt es oft: *"Wird halt in's Nuibauern Tännlin gangen sein!"*

Zweimal erging es dem Baume aber doch hart. Im Jahre 1848 traf ihn ein Blitzstrahl und zerschmetterte das obere Drittel des Stammes (nach dem Zeugnisse des 1823 geborenen, im hohen Alter gestorbenen Nachbars Kajetan Wegscheider). Aber die Tanne bildete nun aus aufwärts strebenden Ästen zwei neue Gipfel, wie auch auf dem Bilde zu ersehen ist. Aber auch diese köpfte der Blitz im Jahre 1906, vielleicht auch noch zu einer anderen Zeit. Der alte Baum hatte aber nicht mehr die Kraft, einen neuen Gipfel emporzutreiben. Ohne diese und wahrscheinlich noch andere Schläge würde die Tanne noch viel höher sein. Die Äste greifen weit aus, stehen unregelmäßig, sind auf der Wetterseite im Südwesten kürzer als auf der Gegenseite und gleichen in Stärke und Aussehen den Ästen der Buche. Die untersten haben bis 15 cm Durchmesser, sind sehr knorrig, mehrfach gekrümmt und sich kreuzend. Die Zweige sind fast gedrungen, die Nadeln kurz, dick, enge beieinander stehend. Der Baum zeigt deutlich die Zeichen hohen Alters, das Bild eines noch rüstigen Greises. Zwischen den grünenden ragen viele dürre Äste heraus, welche die Tanne nur selten abwirft, ebenso wie die Nadeln. Daher reicht der Graswuchs bis an den Stamm. Das Alter des Baumes läßt sich schwer bestimmen. Vielleicht hat er schon die Erbauung der ersten Häuser am Glöckelberg im Jahre 1670 gesehen. Möglich, daß er sein jedenfalls hohes Alter dem Umstande verdankt, daß ein Teil des Stammes auf einem Grundstück der Herrschaft Krummau steht. Bis gegen das Jahr 1900 stand unter dem Baume, daran gelehnt, ein Flachsbrechhaus, eine sogenannte Haarstube, die zeitweise auch bewohnt war (vom jetzigen Jungbauer in Schöneben) und sogar einen Stall erhielt. Auf der anderen Seite war er beschirmt von einem Kirschbaum mit sehr wohlschmeckenden schwarzen Früchten.

Infolge seiner beherrschenden Höhe und seiner freien Lage ist der Tännling der beliebte Sammel- und Rastplatz verschiedener Vögel, insbesondere der Krähen. Aber auch Wildtauben, Habichte, sowie kleinerer Vogelarten sind zu treffen und nisten in den dichten Zweigen. In der Blütezeit singen und summen zahllose

s'Nuibauern Tännlin   vor 1945   1990

Bienen, Wespen, Hornissen und dergleichen um den gastlichen Baum. Im Jahre 1924 rastete auf dem breiten Gipfel sogar ein sonst in der ganzen Gegend unbekannter Storch.

Diese Tanne ist als Wahrzeichen der Umgebung bekannt. Selbst der verstorbene Fürst Schwarzenberg, der doch Millionen Bäume sein Eigen nannte, blieb davor stehen und betrachtete sie. Als der im Jahre 1871 nach Amerika ausgewanderte Alexander Keim (Schopper Xandl) zu Besuch kam und von Höritz den Fußweg gegen Mugrau benützte, erblickte er als erstes Heimatzeichen s'Nuibauern Tännlin mit inniger Freude, wie er selbst erzählte.

Hat diese alte Böhmerwäldler-Wettertanne bisher allen hier so argen Stürmen, Witterungsumbilden und Schneemassen, sogar dem Blitz standgehalten, so können wir hoffen, daß sich auch noch spätere Geschlechter ihrer erfreuen werden.

Ein Nachbar meinte, diese Tanne sei eine Kreuzung mit der Eibe. Nach den Mitteilungen meines Vaters Engelbert Micko sollen bei der früher bestandenen Steinmauer Eiben gestanden sein. Hier sei auch feststellend bemerkt, daß die letzte Eibe in Glöckelberg auf dem Gipfel 912 m hohen Bartelberges stand. Mit den Hirtenknaben habe ich öfter Zweige davon heimgebracht, andere haben sie mit Stöcken bearbeitet. Sie war nur etwas über 1 m hoch, mehrere Seitentriebe gaben ihr das Aussehen eines Strauches.

Kaiser Franz Josef-Denkmal in Glöckelberg
(Von Walter Franz)

Vielen jüngeren Landsleuten von unserer Gemeinde ist es neu, zu erfahren, daß an der gleichen Stelle, wo bis zum Jahre 1947 in Glöckelberg unser Kriegerdenkmal für unsere im Ersten und Zweiten Weltkrieg gefallenen Landsleute stand, bereits schon ein baulich ähnliches Denkmal stand. Es war das Kaiser-Franz-Josef- Denkmal. Damals wurden in fast allen größeren Ortschaften und Gemeinden zu seinem 60. Geburtstage (also 1890) oder zu seinem 50. Regierungsjubiläum (1898) oder auch zu 60. Regierungsjubiläum (1908) solche Gedenkstätten errichtet, um die Verbundenheit zum Kaiserhaus Habsburg zum Ausdruck zu bringen.

Das seinerzeit im Jahre 1898 errichtete 3 m hohe Denkmal war ein Granit-Obelisk; auf der Vorderseite der Kaiserkopf in Medaillonform, also ein plastisches Rundbild mit Einfassung, am Sockel eine rechteckige Gedenktafel mit Inschrift (?), umrahmt mit einem Eisengitter. Eine aus dem Jahre 1902 noch gut erhaltene Lithos-Correspondenz-Karte mit Postgitterstempel "GLÖCKELBERG" vom 07.02.02 an Fräulein Elis Langthaler in Ulrichsberg, Oberösterreich (siehe oben), zeigt diese seltene Aufnahme, diese Karte gilt als eine besondere Rarität!

Das Kaiser-Denkmal mußte aber wie überall im Sudetenland (früher Kronland Böhmen) nach dem Ersten Weltkrieg 1918/19 auf tschechische Anordnung entfernt werden. Das im Jahre 1923 eingeweihte Kriegerdenkmal wurde in der Ausführung ähnlich dem Kaiser-Denkmal am gleichen Standort, Nähe Gemeindeamt, im Jahre 1947 nach der Vertreibung der deutschen Ortsbevölkerung durch tschechische Organe entfernt. Diese Krieger-Denkmalentfernungen fanden in allen anderen Ortschaften und Gemeinden des Sudetenlandes statt und zeugen von dem großen und unstillbaren Deutschenhaß der Tschechen.

Der Haß an den Gräbern und an den Gedenkstätten ist aber der Tod des Friedens! Dieser Haß hat an allen Gräbern und Gedenkstätten halt zu machen. Und nur so und nicht anders kann der Friede beginnen! Ein Friede für die Menschen, die guten Willens sind.

"Verlorene Heimat". Gedenkstein in Schöneben

FÜR GOTT - KAISER - HEIMAT UND VATERLAND

ERSTER WELTKRIEG 1914 - 1918
Gefallene der Gemeinde Glöckelberg

Glöckelberg

Froschauer Franz
Hable Vinzenz
Hocholdinger Franz
Hocholdinger Josef
Kary Johann
Lehrer Otto 92
Lehrer Otto 116
Lex Martin
Micko Jakob
Müller Franz 71
Müller Franz 81
Müller Leopold
Meierhofer Johann

Pachinger Johann
Pangerl Alois
Pangerl Johann
Poferl Franz
Poferl Ludwig
Schacherl Alois
Schaubschläger Karl
Schaubschläger Ignaz
Stutz Johann
StutzJosef
Tomani Jakob
Weber Johann
Zaunmüller Franz

Hüttenhof:

Jungbauer Thomas
Jungwirth Johann 6
Jungwirth Johann 32
Jungwirth Otto
Köchl Josef
Koller Rudolf
Lachowitzer Franz

Meierhofer Josef
Pachner Karl
Philipp Kajatan
Schaubschläger Johann
Schaubschläger Michael
Schacherl Jakob
Stutz Wenzl

Josefsthal

Fuchs Johann
Chvatal Karl
Hagel Friedrich
Kainzinger Franz
Lumpe Ludwig
Pavlitschko Josef
Pangerl Franz

Matschiner Franz
Müller Sylvester
Müller Anton
NemetschekFranz
Macho Karl
Macho Rudolf
Steinek Ferdinand

ZWEITER WELTKRIEG 1939 - 1945
Gefallene und Vermißte der Gemeinde Glöckelberg

Glöckelberg

Eggner Franz
Hocholdinger Albin
Kaim Franz
Lex Otto
Petschl Robert
Schacherl Franz
Schacherl Walter

Fechter Wenzel
Hocholdinger Walter
Kapfer Rudolf
Micko Sylvester
Philipp Otto
Schacherl Ludwig
Strempfl Wilhelm

Hable Adolf
Kaim Adolf
Lex Johann
Petschl Ludwig
Poferl Ludwig
Schacherl Otto
Stutz Franz

Wachtveitel Franz	Wachtveitel Johann	Wegscheider Anton
Zodl Rudolf		

Hüttenhof

Auer Karl	Koller Willi	Philipp Alois
Auer Franz	Micko Ludwig	Schaubschläger Thomas
Auer Thomas	Micko Rudolf	Springer Willi
Auer Franz	Müller Alfred	Springer Friedrich
Danzer Rudolf	Müller Viktor	Springer Karl
Essl Rudolf	Müller Emil	Springer Sylvester
Hocholdinger Franz	Müller Johann	Springer Karl
Ilk Rudolf	Nodes Franz	Stutz Franz
Jodl Karl	Nodes Ludwig	Stutz Ewald
Jodl Karl	Nodes Reimund	Studener Franz
Jungbauer Alois	Nodes Josef	Wachtveitl Josef
Jungbauer Karl	Nodes Johann	Wimmer Franz
Jungwirth Willi	Oser Hermann	Wimmer Karl

Hüttenhof

Jungwirth Karl	Oser Adolf	Mayerhofer Franz
Kindermann Gustav	Petschl Rudolf	Tanzer Anton
	Koller Rudolf	

Josefsthal

Dichtl Josef	Kukral Alfred	Lehrer Johann
Petschl Ludwig	Petschl Wilhelm	Plank Rudolf
Schichtl Franz		

Es starben im KZ-Dachau: Unzeitig Engelmar, Pfarrer
KZ-Pilsen: Pascher Heinrich, Oberlehrer
KZ-Budweis: Schaubschläger Johann
in Dresden als Bombenopfer: Schacherl Paula
auf der Flucht: Schaubschläger Josef
an den Kriegsfolgen: Köchl Josef und Micko Franz
in der KZ-Sonderanstalt Linz: Macho Adolf

Nach der Musterung

Verein „Böhmerwaldmuseum" in Oberplan.

OBERPLAN, am 11ten April 1929.

Sr. Hochwürden,

dem Herrn, Hr. Dr. Alois Essl, Dechant, etc.

Glöckelberg.

Die Leitung obigen Vereines bestätigt die Uibernahme des Oelbildes "Johann von Nepomuk" und dankt herzlichst für die willkommene Zuwendung.
Gleichzeitig teilt sie auch mit, dass der Pfarre Glöckelberg das Eigentumsrecht an diesem Bilde gewahrt bleibt.
Mit dem Ausdrucke aller Hochachtung zeichnen

f. d.

Dankesschreiben des Oberplaner Vereins ›Böhmerwaldmuseum‹ an Pfarre Dr. Essl

Verbindungen zur Nachbargemeinde Oberplan:
Das Stifterhaus in Oberplan
(Von Franz Fischer)

So oft ich Adalbert Stifters prachtvolles Werk "Die Mappe meines Urgroßvaters" las, drängte es mich, zu erforschen, wer eigentlich sein Urgroßvater war, und als ich die verschiedenen Stifter-Biographien nachschlug, konnte ich mein Ziel nicht erreichen, da alle Biographien, die ich zu Rate zog, nur seinen Vater, höchstens seinen Großvater erwähnen. Da gelang es mir, aus alten Kirchen- und Grundbüchern die Abstammung des Dichters und die Besitzer des Stifterhauses zu erfahren und feststellen, wer auf dem Stifterhause als Besitzer lebte.

Das Stifterhaus in Oberplan, Haus Nr. 21, mit dem alten Hausnamen "Motzl", später "beim Sottler" (Sattler), ist ein Kleinhäuslerhaus, ausgestattet mit dem in früheren Zeiten wichtigen Bürgerrechte, dürfte schon um 1600 nicht auf Gemeindegrund erbaut worden sein. Es befand sich unter den 1610 genannten Kleinhäuslern ("Chalupper") der heutigen Hausnummern 19, 20, 21 und wahrscheinlich auch Nr. 70. Der Grund, auf dem es steht, gehörte zum Großbürgerhaus Nr. 18. Als erster urkundlich genannter Besitzer erscheint um 1670 Matthias Stifter mit seiner Ehefrau Elisabeth. 1654 hießen neun "Großbürger" von Oberplan "Stiffter oder Stüffter", und der Großvater des Matthias Stiffter war entschieden der Sohn eines Oberplaner Großbürgers, der sich ein eigenes Haus baute. Am 24. April 1670 ließ sich Matthias Stifter dieses Haus vom Krummauer Herrschaftsamte als "herrschaftlicher Unterthan" zuschreiben, nachdem er es "um 300 Schock Erkhauft" hatte. Bei der Übergabe des Hauses erlegte er sofort "in der Ersten Wehrung" 70 Schock und "Entricht die anderte Wehrung (1671) mit 30 Schock und den Überrest Jährlich zu 10 Schock bis zur völlig außzahlung" (etwa 1691). Er bewirtschaftete sein Haus, zu dem nur wenige Felder und Wiesen gehörten. Bis 1716 war er ein angesehener Weber, und seine Mitbürger wählten ihn öfter als "Ratsburger, Ratsverwandter oder Senator" in die Verwaltung der Marktgemeinde Oberplan. Erwähnt sei noch, daß er sehr oft als Taufpate begehrt wurde und 1720 starb.

Da er altershalber sein Haus nicht mehr bewirtschaften konnte, übergab er es seinem "eheleiblichen" Sohne Georg; ein jüngerer Sohn Valentin war "im Krieg", kam nicht nach Hause, und dessen Erbteil blieb auf dem Hause liegen. Von Georg Stüffter heißt es: "An Heünt (= heute) den 1. May 1716 übernimbt Georg Stüffter seines Vettern matthias Stüffters behausung in der Summa zu 350 Schock wehrungs zur bezalung." Er erlegte 70 Schock sogleich, die sein Vater bekam, 30 Schock im Jahre 1717 und bis zu Vaters Tode demselben noch 30 Schock, seiner Mutter Elisabeth die jährlichen "Wehrungen" bis 1730, in welchem Jahr sie, 93 Jahre alt, starb. Georg Stifter, der das Fleischhauergewerbe ausübte, starb Ende 1732, und seine Frau Maria bewirtschaftete das Haus bis 1744, das sie 1740 völlig ausbezahlt hatte. Das dem Valentin Stifter gehörende Erbteil bekam 1742, weil er "aus dem Kriege nicht zurückgekehrt war", ihr Sohn Kaspar Stifter.

Am 1. Mai 1744 übernahm des Georg Stifters ehelicher Sohn Kaspar Stifter das väterliche Haus um 350 Schock, zu welchem Betrage es "von Bürgermeister, Richter und Rath geschazt", wurde. Kaspar Stifter, ein ehrsamer Leinweber, heiratet die Weberstochter Agnes Stiffter (1743). Nach dem Tode seiner Mutter (1752) wurde ihm sein Erbteil nach ihr mit 90 Schock "Außgeschrieben und hat damit das Haus völlig außbezahlt". Dieser Kaspar Stifter ist der Urgroßvater des

Dichters Adalbert Stifter, den er in der "Mappe meines Urgroßvaters "die hohe Schule in Prag" besuchen läßt und ihn einen "weit berühmten Doktor und Heilkünstler" nennt, was natürlich dem Dichter erlaubt ist und dieses gefühlvolle klassische Werk durch seinen altertümlichen Ton dem Herzen des Lesers empfänglich macht. Er starb 1795 im Alter von 75 Jahren, übergab aber schon 1779 das Haus samt Grundstück seinem Sohne Augustin Stifter um 500 Gulden. Von seinen Nachkommen heißt es: "Sohn Augustin abgefertigt, Tochter Theresia hat 20 fl bevorbekommen, Margaret abgefertigt, auch Katharina, Barbara bekommt das Bergackerl, Baar Geld 97 fl und 37 kr". Eine Tochter Maria starb ihm schon mit 26 Jahren, Katharina heiratet den Oberplaner Bürger Christian Webinger vom Hause Nr. 42, Margarete den Bürger Joseph Friepes vom Haus Nr. 27. Augustin Stifter zahlte seinem Vater in Jahresrenten 345 fl. bis 1804 der "Witib Agnes" 155 fl und hatte somit das Haus schuldenfrei. 1780 heiratet er die Häuslerstochter Ursula Kary aus Glöckelberg, war Leinweber und betrieb auch einen kleinen Leinwandhandel. Er starb 1834 als "fürgewester Bürger und Ausnehmer" mit über 89 Jahren an Altersschwäche und war seinem Enkelkind Adalbert Stifter in dessen Jugend ein treuer Führer und Berater. 1806 erhielt "dieses Bürgerliche Häußl" samt aller Zugehör in der Kaufsumme per 800 fl. sein Sohn Johann Stifter, der sich am 13. August 1805 mit der Fleischhauerstochter Magdalena Friepes (geb. 26. Juni 1784, gest. 27. Feber 1858) aus Oberplan Nr. 16 vermählte. Das sind die Eltern des Dichters Adalbert Stifter, der im Oberplaner Taufbuche vom Pfarrer Karl Holzinger als "Albert" verzeichnet ist. Johann Stifter war Händler und Weber mit Flachs, Garn und Leinwand. Die in Oberplan gekaufte Leinwand brachte er nach Oberösterreich und hatte im November 1817, als er mit einer Ladung Flachs die Straße zwischen Wels und Lambach befuhr, das Unglück, von dem umstürzenden Wagen erdrückt zu werden, unter dem man ihn tot auffand. Seine Witwe Magdalena Stifter übernahm das Haus und vermählte sich 1820 im Alter von 36 Jahren mit dem Bäckermeister Ferdinand Mayer vom Altrichterhaus in Oberplan Nr. 50. Ihre Kinder waren: Adalbert, Anna Maria, Anton, Johann, Martin und Jakob. Sie ruht am alten Friedhofe links vom Haupteingang der Oberplaner Dekanalkirche. Am 12. August 1846 überließ sie ihr bürgerliches Haus ihrem Sohn Anton Stifter um 500 Gulden. Es gehörten dazu zwei "Bergackerl" im Außmaß von etwa 3 1/2 Joch und die Wiese beim Hause. Anton Stifter war Sattlermeister. Er hatte seine Mutter Magdalena Mayer auf ihr jedesmalige "Verlangen" die Kaufsumme für das Haus zu bezahlen. Der Dichter Adalbert Stifter hatte als Erbteil 25 fl. zu fordern, die ihm auf einen Teil des "Bergackerls" sichergestellt wurden, behoben hat er aber das Geld nie!

Am 4. Jänner 1867 übergab Anton Stifter das Haus seinem Bruder Johann Stifter und wanderte nach Oberösterreich aus. Durch gerichtliche Abschätzung wurde 1868 das Haus mit 5072 fl und 80 kt. bewertet. Auch Johann Stifter war Sattlermeister. 1851 vermählte er sich mit der Steinmetztochter Katharina Firnschrott von der Siegelmühle bei Neuofen, Bezirk Oberplan. 1888 übernahm das Haus sein Sohn Filipp, der Sattler war. Er war ein belesener Mann, der die Schriften seines Onkels Adalbert Stifter sehr genau kannte. 1899 überließ er das Haus seinem Bruder Anton Stifter. Nach dessen Tod erwarb es sein Bruder, Viehhändler Johann Stifter, der aber 1902 schon starb, und das Haus kam in die Hände ihrer Mutter Katharina Stifter. Im Dezember 1904 kaufte es der nach Oberplan zugewanderte Josef Hager, von dem es im November 1910 die Marktgemeinde Oberplan kaufte, dieses zur Erinnerung an ihren größten Sohn in Ehren hält. Bald nachdem am 28. Jänner 1868 zu Linz erfolgten Tode des Dichters

Ahnentafel (Vorfahrentafel) für Adalbert Stifter.

Von Franz Fischer, Bürgerschuldirektor i. R. in Oberplan.

		Georg Stifter, bürgerlicher Fleischhacker in Oberplan Nr. 21, geboren 9. April 1680, getraut 12. Feber 1715, gestorben 19. Feber 1730 in Oberplan 21	Leinweber Matthias † 1720 Elisabeth 1637—1730
	Kaspar Stifter, bürgerl. Leinweber in Oberplan Nr. 21, geboren 2. Jänner 1717, getraut 10. September 1743, gestorben 22. November 1780, gestorben 4. Feber 1790 an Schlagfluß	Maria Pable, bürgerl. Leinweberstochter in Oberplan Nr. 27, geb. 31. Jänner 1674, getraut 12. Feber 1715, gestorben 27. März 1752 in Oberplan 21 an Schlag	Simon 1643—1689 Veronika 1638—1714
		Sebastian Stifter, fürstlicher Hoffischer in Vorderstift Nr. 8 bei Oberplan, geboren 1659, getraut 9. Feber 1706 in Oberplan, gestorben 1. Juli 1743 an Altersschwäche	Paul 1623—1716 Agatha
Augustin Stifter, Bürger und Leinweber in Oberplan Nr. 21, geboren 28. August 1744 in Oberplan, getraut 21. November 1780, gestorben 22. Jänner 1834 in Oberplan an Altersschwäche	Ehefrau Agnes Stifter, Hoffischerstochter aus Vorderstift Nr. 8, geb. 10. September 1717, getraut 10. November 1743, gest. 10. November 1804	Juliana Zach, Bauerstochter aus Stuben Nr. 7 bei Oberplan, geb. 12. Feber 1680, getraut 9. Feber 1706, gestorben 26. Feber 1748	Andreas † 1710 Luzia 1661—1731
		Sebastian Chare, Bauer in Vorderglöckelberg Nr. 5, geb. 16. Jänner 1701 in Stuben Nr. 5 bei Oberplan, getraut 11. November 1722 in Oberplan, gest. 11. März 1743	Matthias 1650—1716 Agnes
	Martin Marz, Häusler in Vorderglöckelberg Nr. 5 bei Oberplan, geb. 30. Oktober 1725, getraut 8. Oktober 1750, gest. 11. März 1810 gestorben 30. Jänner 1775 in Oberplan	Margareta Kindermacher, Bauerstochter aus Stuben Nr. 19, geb. 3. Juni 1704, getraut 11. November 1722, gestorben 28. August 1767	Georg 1668—1737 Maria 1673—1733
		Urban Pangerl, Häusler in Glöckelberg Nr. 51, geb. 15. Mai 1697, getraut 27. Juni 1723, gestorben 17. März 1769 an Altersschwäche	Simon 1664—1737 Veronika 1675—1734
Ursula Marz, Häuslerstochter aus Vorderglöckelberg Nr. 5, geboren 18. Oktober 1756, getraut 21. November 1780, gestorben 6. März 1836 an Abzehrung in Oberplan		Katharina Hoffmann, Richterstochter in Glöckelberg Nr. 45, geb. 22. November 1698, getraut 27. Juni 1723, gestorben 30. November 1758	Paul 1667—1731 Agnes
		Christian Friepes, bürgerlicher Fleischermeister in Oberplan Nr. 13, geb. 15. März 1676, getraut 23. Jänner 1702, gestorben 25. Feber 1750 an Altersschwäche	Thomas 1632—1686 Juliana
	Franz Sales Friepes, bürgerl. Fleischhacker aus Oberplan Nr. 13, geb. 30. Oktober 1723, getraut 18. November 1742, gestorben am 21. Mai 1797	Susanna Pranghofer, bürgerl. Bäckerstochter in Oberplan Nr. 90, geb. 15. Mai 1678, getraut 23. Jänner 1702, gestorben 8. August 1748	Simon 1633—1687 Regina 1641—1690
		Andreas Jonak, fürstlicher Jägermeister in Oberplan Nr. 86	
Maria Barbara Jonak, Jägerstochter aus Oberplan, geb. 30. Oktober 1723, getraut 27. November 1742, gestorben am 21. Mai 1797		Maximiliane Jonak, dessen Ehefrau	
		Philipp Koch, Militärist, geboren 1684, gestorben in Oberplan Nr. 64 am 24. März 1759	
	Johann Koch, Inwohnerssohn in Oberplan Nr. 13, geboren 1710, getraut 5. November 1742, gestorben 19. April 1783	Johanna Koch, dessen Ehefrau	
		Hieronymus Reissinger, bürgerlicher Schneidermeister in Oberplan Nr. 5, geb. 15. Juli 1678, getraut 27. Jänner 1704, gestorben 25. März 1758	Blasius
Luzia Koch, Schneidermeisterstochter in Oberplan Nr. 13, geboren 12. Oktober 1750 in Oberplan Nr. 13, getraut 18. November 1783, gestorben 25. Feber 1858 in Oberplan Nr. 21	Maria Reißinger, Bürgerstochter in Oberplan, geboren 2. Juli 1711, getraut 5. November 1742, gestorben 19. April 1783 in Oberplan Nr. 13	Rosina Mayer, Einnehmers- und Bürgerstochter in Oberplan Nr. 58, geb. 18. Feber 1681, getraut 27. Jänner 1704, gestorben 9. Mai 1752	Georg 1632—1695 Regina 1624—1689

Johann Stifter, bürgerlicher Leinweber, Flachs- und Garnhändler in Oberplan Nr. 21, geboren 28. August 1781, getraut am 13. August 1805, gestorben November 1817, 1784, getraut am 13. August 1805, gestorben am 27. Feber 1858 in Oberplan Nr. 21 amtlichen Weis und Leumbach erdrückt.

Magdalena Friepeß, Fleischhackerstochter in Oberplan Nr. 13, Juller 16, geboren als Zwillingsbruder am 23. Jänner 1785, getraut 18. November 1783, gestorben am 22. Mai 1816 in Oberplan an der Lungenlähmung

Adalbert Stifter, geboren am 23. Oktober 1805 in Oberplan Nr. 21, Didier, getrauet im 15. November 1837 in Wien mit Amalia Mohaupt, gestorben am 28. Jänner 1868 als Hofrat in Linz an einem Leberleiden.

Geburtshaus von Adalbert Stifter in Oberplan, 8.4.1990

Adalbert Stifter. Aquarellzeichnung von Moritz Michael Daffinger, 1846

Adalbert Stifter beschlossen die Bürger Oberplans, sein Geburtshaus mit einer Gedenktafel zu versehen. Dies geschah auch, und die feierliche Enthüllung derelben erfolgte am 25. August 1868, bei der der damalige Arzt von Oberplan Dr. Josef Kadelburg, die Festrede hielt: *"Kaum sind es sieben Monde, daß das kühle Grab die Leiche des Verstorbenen in Linz beherbergt, und schon glänzt strahlend sein Name auf dem Geburtshause. Auf dieses edle Werk kann Oberplan stolz sein, daß es dieses Denkmal dem gefühlvollen deutschen Sänger gesetzt hat"*. Das Geburtshaus von Adalbert Stifter wurde in der Nacht vom 2. Juni auf den 3. Juni 1934 ein Raub der Flammen, wobei das rühmliche Eingreifen der Freiwilligen Feuerwehr von Glöckelberg besonders hervorgehoben werden muß, da sie trotz seiner 7 Kilometer Entfernung als erste Feuerwehr am Brandplatz eintraf und zu löschen begann. Nach dem Brand wurde das Geburtshaus genau nach dem alten Baustil wieder aufgebaut und dient zur Zeit als Stifter-Museum, jedoch unter tschechischer Verwaltung, was an und für sich als lobenswert zu beurteilen ist. Bei dem Brand war der ganze Dachstuhl ein Raub der Flammen geworden. Unversehrt am alten Gebäude blieben die Haus-Nummer "21", die Marmortafel "Adalbert Stifters Geburtshaus" und die Blechtafel "Gemein- debücherei", was man als "Omen" für spätere Zeiten werten könnte. Bedeckt vom Brandschutt war der Granittisch neben der Haustür, auf welchen der kleine Werchtl saß, als der Pechbrenner im Übermut die Sohlen des barfüßigen Knaben mit Pech bestrich.

Fast jeder Landsmann aus dem Böhmerwalde besucht während seiner Reise in die alte Heimat und durch den Böhmerwald das Geburtshaus von Adalbert Stifter in Oberplan, das zugleich auch als Stifter-Museum von tschechischer Seite eingerichtet wurde. Neben der Eingangstüre rechts wurde nach 1950 von tschechischer Seite auch eine Gedenktafel, jedoch in tschechischer Sprache angebracht. Vieles mag nach den Jahren der Vertreibung der deutschen Ortsbevölkerung von Oberplan in Verlust geraten ein. Von tschechischer Seite bemüht man sich ehrlich, in den verschiedenen Räumen eine Stifter-Atmosphäre so gut es eben noch geht, wieder herzustellen. Eigentlich müßten die verschiedenen Institutionen der CSSR, BRD und Österreich zusammenfinden und Mittel und Wege suchen, um den kärglichen Rest der Schaustücke, die das heutige Stiftermuseum noch zieren, zu vermehren und zu vervollständigen, läge bestimmt im Sinne von Adalbert Stifter, der ein Mann der Zusammenarbeit und der Toleranz war. Es wäre zugleich auch ein Prüfstein gutnachbarlicher Beziehungen aller drei Staaten und deren Verantwortlichen.

Ortsgeschichte von Hüttenhof

Die Gründungszeit dieser Siedlung war in der Zeit des Dreißigjährigen Krieges. Ein zeitlicher Hinweis dazu: Ein Marterl aus Granitstein, das unterhalb des "eingebauten" Hofes mit der Jahreszahl 1649 steht, auch mit "P. w", was auf Pranghofer Waldhauser hinweist. In alten Dokumenten wurde vor dem Jahre 1670 bereits ein Althüttenmeister Waldhauser (Balthasar) Pranghofer (gest. 3.7.1679) genannt.

Hier entstand also vor ca. 380 Jahren (1620) die nach einem Brunnen mit sehr kaltem Wasser benannte "Kaltenbrunner Hütte oder auch Ploner (Ober Planer) Gloshiten" benannt. Diese Glashütte ging um ca. 1724 ein, aber eine genaue Gründungszeit ist nicht bekannt, da erst im Jahre 1787 die Matrikenführung begann und nähere Angaben über Ortsgeschichten erst festgehalten wurden. Um das Jahr 1720 waren in der in Auflassung befindlichen Glashütte etwa 25 Personen beschäftigt. In der Oberplaner Trauungsmatrik steht 1670 "Khaltenprunner Gloshite" und unterm 5. Feber 1730 "villa Dominicale vulgo Hüttenhof" = d.h. Herrschaftsansiedlung, genannt Hüttenhof. Der zur Glashütte gehörende Meierhof wurde im Jahre 1792 in 15 einzelne Holzhauer-Häuser aufgeteilt. Die Grundstücke des Meierhofes erhielten 33 Holzhauer. Mit den Familienoberhäuptern wurde ein Pachtvertrag abgeschlossen. Diese Verträge sind am 23. Oktober 1792 für die Häuser Nr. 1-27 geschlossen und am 5. Jänner 1793 durch Seine Durchlaucht Josef, Fürst zu Schwarzenberg in Wien genehmigt worden. Weitere Kontrakte mit den Haus Nr. 28-33 ("Wieshäuser"), Nr. 34,35-54 wurden einige Jahre später abgeschlossen. Die Ortschaft Hüttenhof erhielt im Jahre 1792 bei der Verteilung des Meierhofes unter die Holzhauer ein eigenes Gericht und wurde somit selbstständige Ortsgemeinde. Auch wurden eigene Dorfrichter bestellt.

Grundablösung

Die Giebigkeiten der Herrschaft Krummau wurden am 2. März 1854 mit 7-9 fl abgelöst.

Hüttenhof

Bis zum Jahre 1792 war fast alles fürstlich, d.h. Eigentum der Herrschaft Krummau. Als der Schwemmkanal über Neuofen hinaus gediehen war (am 14. September 1789 wurde durch Glöckelberg durchgearbeitet), wurde der Meierhof, genannt "Hüttenhof", aufgehoben und das Gebäude unter 15, die Felder und Wiesen aber unter 33 Holzhackern zerstückelt. Es wurde mit den einzelnen Familienoberhäuptern ein Pachtvertrag abgeschlossen, der 17 pt. enthielt. Der Hauptinhalt ist:

1. Die Wohnung im Meierhofe gegen Bezahlung (Kaufsumme schwankte zwischen 61 und 170 fl.) oder die Bewilligung zum Häuslbau auf eigene Kosten.

2. Der Hauszins für jedes Haus 1 fl 20 kr. Gereuter Zins 4 fl 08 kr.

3. Robottage für jedes Haus 26 Tage

4. Felder wurden 2 Strich, Wiesen 7-9 Strich jedem Häusl zugewiesen (per Strich Feld 30 kr, per Strich Wiese 24 kr zu zahlen), wobei jedem die Haltung von 2 Kühen erlaubt war.

5. 10 Jahre können die Häusler umsonst Klaub- und Gipfelholz sammeln, Laubholz aber gegen die Untertantaxe.

6. Jeder Häusler (emphyteutischer Eigentümer) muß jährlich 100 echte N. Öst. Klafter (hart oder weich) mit einem Scheit Übermaß fällen und aufklaftern, wofür er für 1 Klafter 3 Schuh lang-hart, 23 kr, - weich 21 kr; 1 Klafter 2 1/2 Schuhl.- hart - 20 kr - weich - 16 kr; für 1 KL. 2 Sch. lang-hart 17 kr, -weich 15 kr bekommt.

7. Es kann jeder zum Ausschwemmen nach Neuhaus in Oberösterreich gegen täglich 16 kr verhalten werden; der Rauchfang ist öfter des Jahres zu kehren durch den Rauchfangkehrer gegen 3 kr. Zahlung.

8. Flachs darf im Hause nicht gedörrt werden.

9. Von jedem Neu- oder Zubau ist Zins zu zahlen. Geht die Wohnung, das Haus zu Grunde (durch Abtrennung u.a.) so trägt die Kosten des Neubaues allein der

Häusler.

11. Der Herrschaft steht es jederzeit frei, die Häuser und den Grund einzulösen.

12. Bei Raubschießen, Fischestehlen, Schwärzen etc. wird der Schuldige von seinem Grund und Boden abgeschafft.

13. Nur herrschaftliches Bier, Branntwein, Wein und Salz sind abzunehmen, zu mahlen ist in der angewiesenen Mühle.

14. Die Landesabgaben bestreitet der Häusler (Dominikalist), die Lieferungen dagegen die Obrigkeit (Herrschaft).

Die Verträge sind bis zu Haus Nr. 28 geschlossen, am 23.10.1792, von Seiner Durchlaucht Josef Fürst zu Schwarzenberg genehmigt, Wien am 5. Jänner 1793. Von Haus Nr. 28 bis 33 sind die Kontrakte vom 10. Juni 1795, genehmigt Rothenhof am 30.Juli 1798; Haus Nr. 34 hat den Kontrakt von 5. August 1798; von Haus Nr.35 bis Haus Nr. 54 sind die Kontrakte von 1. Juli 1805 genehmigt, Wien, am 2. April 1807. Den Nummern 34-54 wurde bereits die Haltung von 2 Kühen und 1 Ochsen oder 1 galten Rindes erlaubt. Die Giebigkeiten der Herrschaft Krummau wurden am 2. März 1854 abgelöst um ca. 7 fl - 9 fl.

Angesiedelt wurden dabei

1. Im Meierhofe (Wohnung) im Jahre 1792:

Nr.1 erhält Martin Nodes; von diesem kauft im Jahre 1803 Sebastian Janko,1825 Josef Janko, 1872 Johann Janko, jetzt Johann Petschl (9 fl 15 kr lt. Giebigkeitsablösungsbetrag im Jahre 1854). - Hausname Wastl.

Nr. 2 Matthias Koller; 1804 kauft Johann Strempfl, 1832 Ignaz Strempfl, 1869 Johann Strempfl, Franz Auer jetzt Wenzel Auer (16 fl) Hausname: Maurer-Wenzel

Nr.3 Franz Hafner; 1811 kauft Peter Schaubschläger, 1860 Matthias Sch., jetzt Johann Schaubschläger (7 fl 5 kr) Hausname: Deutsch-Peter

Nr.4 Johann Studener, 1810 Leonhard St., 1818 Franz Sellner, 1839 Josef Lehrer, 1877 Franz Sellner, jetzt Josef Springer (7 fl 15 kr), Hausname: Bloslsepp

Nr 5 Matthias Grill, 1840 Wolfgang G., 1871 Kajetan Sellner, im November 1871 Joh. Jungwirth, Matthias J., Josef J., jetzt Johann Janko. (7 fl 5 kr) Gr. Micko. Hausname: Hansjirgl-Mothias

Nr.6 Simon Jodl, um 1830 Hackel Michael, 1853 Hackel Josef, 1877 Johann Jungwirth, jetzt nach + Jakob Jungwirth, dessen Witwe Theresia (7 fl 5 kr) Haus-Name: Hansl-Jakob

Nr.7 Jakob Hackel, 1809 Josef H., 1850 Matthias Hackel, 1856 Jakob Wegscheider, Johann Wegscheider, jetzt Johann Wag ner (8 fl 25 kr)

Nr 8 Karl Oser, 1809 Albert Oser, 1837 vertauscht mit Andreas Schindler, des Adalbert von Hundshaberstift, 1872 Georg Hocholdinger, jetzt Johann Hocholdinger (7 fl 15 kr), Hausname: Schindler

Nr.9 Kaspar Mayerhofer, 1821 Anton M., 1862 Josef Jungwirth, 1877 Johann Jodl, jetzt dessen Witwe Josefa, (7 fl 15 kr) Hausname: Kosperl

Nr.10 Kaspar Teufel, 1800 Simon Hable, 1816 Franz H., 1854 Josef H., jetzt Josef Micko, (7 fl 15 kr), Hausname: Habli

Nr.11 Balthasar Phillip, 1803 Josef P., Jakob Schaubschläger, 1809 Peter Sch., 1813

Georg Sch., 1851 Simon Sch., 1871 Josef Hable, Paul Schaubschläger, Hermann Oser, jetzt Wenzel Stutz (7 fl 15 kr), Hausname: Schuster Franzei Wenzei

Nr.12 Adalbert Fischer, 1804 Franz Philipp, 1847 Gregor Ph., 1869 Michael Springer, jetzt Wenzel Springer, (7 fl 15 kr), Hausname: Blosl Michl

Nr.13 Peter Klamer, 1798 (?), Nikolaus Klamer, 1801 (?) Nikolaus Harstübler, 1803 Matthias Prinz, 1810 Sebastian Faschingbauer, 1819 Matthias Fb., Jakob Jungwirth, Josef Janko, jetzt Johann Janko (10 fl 40 kr) Hausname: Wastl Sepp

Nr.14 Andreas Esel, 1816 Martin Esel, 1860 Johann Essel, 1877 Matthias Springer, jetzt Friedrich Springer, (7 fl 15 kr) Hausname: Fritz

Nr.15 Sebastian Springer, 1808 Wenzel Spr., 1809 Simon Spr., 1826 Franz Spr., 1871 Matthias Spr., jetzt Friedrich Springer (7 fl 15 kr), Hausname: Fronz

II. Außerhalb des Meierhofes im Jahre 1792

Nr.16 Der auf der herrschaftlichen Wiese stehende Heustadl zur Errichtung einer Wohnung wird verkauft dem Josef Auer, 1818 Matthias A., 1846 Paul A., 1869 Gregor Philipp, Johann Ph., jetzt dessen Gattin (Witwe) Priska (33 fl 45 kr), Hausname: Gregerl

Nr.17 Auf eigene Kosten ein Häuschen zu bauen wird erlaubt Johann Harstübler, 1803 Kaspar Neubauer, 1814 Matthias Osen, 1832 Johann Osen, 1871 Jakob Jungbauer, (18 fl 40 kr), Hausname: Ko'l

Nr.18 Auf eigene Kosten ein Häuschen zu bauen wird erlaubt dem Franz Lepschy, 1809 Franz Teufel, 1814 Simon Teufel, 18-60 Adam Jungbauer, jetzt Franz Jungbauer, (24 fl 50 kr), Hausname: Kirchschläger

Nr.19 Auf eigene Kosten ein Häuschen zu bauen wird erlaubt dem Jakob Mayerhofer, 1810 Thomas Stutz, 1823 Thomas Petschl, 1868 Michael Petschl, jetzt Hermann Petschl, (8 fl 45 kr) Hausname: Moarhofer

Nr.20 (alt:2) Tritt in die Kategorie der Häusler. Seine schon 30. Oktober 1761 (erster empyhteutischer Vertrag mit ihm) bestehende Chaluppe wird belassen als Dominikalhäuschen dem Adam Osen (Rcihter, des Bartholomäus aus Pichlern), 1814 Kaspar Neubauer, 1829 Johann Neubauer, jetzt Johann Neubauer (5 fl 20 kr), Hausname: Odum

Nr.21 (alt: 1) Die alte schon 30. Oktober 1761 (emphyt. Kontrakt) bestehende Chaluppe wird als Dominikalhäuschen überlassen dem Bartholomäus Heim (d.h.Kaim), 1809 Johann Stutz, 1869 Jakob Stutz, jetzt Johann Wagner, (9 fl 45 kr), Hausname: Quell

Nr.22 (alt: 3) Die alte Passeken-(hirten) Wohnung wird am 28. August 1791 verkauft an den Franz Söllner, des Martin des Matthias aus Quitosching (er kann aus Stein ein neues Häuschen bauen) und bleibt Hüter des galten Viehes, Martin Sellner, 1842 Josef Sellner, 1854 Josef Binder, jetzt Johann Wagner, (7 fl 5 kr), Hausname: Kolmahiata

Nr.24 Wird die unweit von Glöckelberg stehende Kanalhütte verkauft dem Josef Leithner, 1803 Johann Ortner, 1856 Josef Ortner, jetzt Josef Maierhofer (7 fl 15 kr) Hausname: Schmiedsepp

Nr.23 Wird die unweit von Glöckelberg stehende Kanalhütte verkauft dem Johann Poferl, 1827 Jakob Poferl, 1871 Josef Poferl, Ferdinand Kary, Johann

Studener, 1914 Hermann Auer, (8 fl 50 kr), Hausname: Schaffer-Hansl

Nr. 25 Wird die unweit von Glöckelberg stehende sogenannte Kanal-Schank-Hütte verkauft dem Simon Pöschl, 1831 Johann Peschl, 1877 Franz Peschl (Petschl), jetzt Karl Jungbauer, (9 fl 15 kr), Hausname: Kanal-Simandl

III. Außerhalb des Meierhofes in Jahre 1793

Nr. 26 Es wird eine Mühle mit einem Gang auf eigene Kosten laut Kontrakt vom 1. Juni 1793 - wofür er jährlich 3 fl zahlen und 6 Strich Korn (eventuell nach Schwarzbach zu führen) zu entrichten hat, - bewilligt dem Matthias Geyer von Stuben, 1832 Johann Geyer, 1864 Josefa Geyer, 1867 Hermann Neubauer, jetzt Wenzel Krenn, (325 fl), Hausname: Hofmühl

Nr. 27 Wird der Hüttenhofer Gemeinde erlaubt, auf der oberen Kälberweid, oberhalb des Kanals eine Hüterwohnung von Stein oder Ziegeln zu erbauen. Wenn die Gemeinde die Hütte verkaufen wollte, wird daraus ein Holzhackerhäuschen. Der Hirt darf sich eine Kuh halten und muß das Vieh der Dörfler weiden. 1867 Paul Stutz, jetzt Hegerwohnung, Hausname: Heger

Außerhalb des Meierhofes im Jahre 1795

Auf der Grummetwiese ein Häuschen unter einem Dache wird erlaubt:

Nr. 27 siehe früher 1793

Nr. 28 Georg Micko, 1816 Lorenz Micko, 1854 Johann Micko, jetzt Andreas Micko, (7 fl 5 kr) Hausname: Jirgal

Nr. 29 Andreas Studener, 1828 Franz Studener, 1869 Johann Studener, jetzt Johann Studener (8 fl 25 kr), Hausname: Wies-Andresl

Nr. 30 Lorenz Pachner aus Vorder-Heurafl, 1809 Alois P., (geb. im Jahre 1790 in Vorder-Heuraffel Nr. 18), 1853 Jakob P. jetzt Johann P. (7 fl 45 kr), Hausname: Heuraffel

Nr. 31 (43) Thomas Miko, 1834 Josef M., 1847 Albert Lang, 1852 Jakob Springer, 1870 J. Sp., Johann Micko, jetzt dessen Witwe Theresia, (9 fl 45 kr) Hausname: Tomerl Nr. 32 Gregor Jungwirth, 1803 Johann Georg Jungbauer, 1828 Adalbert Jungbauer., 1877 Josef Jungbauer, jetzt Johann Jungwirth. (8 fl 25 kr), Hausname: Jans Jirgl

Nr. 33 Franz Wegscheider, 1814 Johann Wegscheider, 1870 Anton Wegscheider, Johann Wegscheider, dessen Witwe Theresia, jetzt Anton Maierhofer (7 fl 15 kr), Hausname: Wegscheider Nr. 34 Franz Kindl, 1798 Lorenz Schmied, 1816 Adalbert Micko. 1829 Adalbert Jodl, 1834 Johann Jodl, 1842 Wenzel Jodl, 1860 Johann Jodl, jetzt Jordan Jodl, (8 fl 25 kr) Hausname: Buhinger

Außerhalb des Meierhofes: im Jahre 1805

Wobei der Fürst das Bauholz umsonst verabreicht hat:

Nr. 35 Sebastian Springer, 1819 Paul Springer, 1870 Matthias Springer, jetzt Wenzel Springer, (7 fl 5 kr) Hausname: Altrichter

Nr. 36 Kaspar Teufel, 1819 Wenzel Teufel, 1871 Michael Jungbauer, jetzt Johann Jungbauer (7 fl 5 kr), Hausname: Jungbauer

Nr. 37 Matthias Prinz, 1809 Josef Philipp, 1849 Martin Philipp, Franz Sellner,

Josef Lackinger, jetzt Jakob Jodl, (7 fl 5 kr) Hausname:Hausl

Nr.38 Andreas Lachowitzer, 1814 Gregor Lachowitzer, 1854 Albert Lachowitzer, jetzt Franz Lachowitzer (7 fl 5 kr) Hausname: Moos-Franzl

Nr.39 Josef Stutz, 1829 Josef Stutz, 1870 Ferdinand Stutz, jetzt Pius Nodes, (7 fl 5 kr) Hausname: Schuster

Nr.40 Bartholomäus Nodes, 1826 Johann Nodes, 1875 Lorenz Nodes, jetzt Johann Nodes, (7fl5kr) Hausname: Hartl

Nr.41 Franz Hausbrand, 1821 Andreas Schindler, 1837 Albert Oser 1858 Matthias Essl, jetzt Raimund Essl, (7 fl 5 kr), Hausname: Pfeffer

Nr.42 Thomas Philipp, 1811 Martin Wimmer (von Lichtenberg), 1825 Sebastian Wimmer, 1868 Josef Wimmer, jetzt Josef Wimmer (7 fl 5 kr), Hausname: Mirtal

Nr.43 Gallus Watzl, 1808 Josef Watzl, 1829 Johann Ilk, jetzt Albert Ilk (9 fl 5 kr) Hausname: Gali

Nr.44 Andreas Stutz, 1839 Josef Stutz, Matthias Stutz, jetzt dessen Witwe Franziska, Hausname: Wald-Andresl

Nr.45 Matthias Michl, 1831 Josef Philipp, 1871 Matthias Philipp, jetzt Johann Lustig (7fl 5 kr) Hausname: Lustig-Wagner

Nr.46 Josef Lehrer, 1809 Josef L., 1826 Gregor Enger (Egner) 1839 Johann Oser, Wenzel Oser, jetzt Hermann Oser (8 fl 35 kr)

Nr.47 Josef Stutz, 1846 Laurenz Stutz, Wenzel Oser, jetzt dessen Witwe Anna, Hausname: Flidri-Seppl

Nr.48 Urban Koller von Stegenwalde, 1816 Adalbert Koller, Urban Koller Sigmund Koller, Rupert Koller, jetzt Wenzel Koller (7 fl 5 kr), Hausname: Uabanl

Nr.49 Jakob Poidinger, 1864 Anton Poidinger, Johann Oser, jetzt Johann Jungbauer (7 fl 5 kr) Hausname: Max Jogl

Nr.50 Simon Jodl, 1809 Johann Jodl, 1834 Theresia dessen Witwe Matthias Mayerhofer, Anton Mayerhofer, Josef Mayerhofer, jetzt desses Witwe Katharina, (8 fl 5 kr), Hausname: Buha-Hiasl

Nr.51 Gregor Pangerl, 1832 Andreas Pangerl, 1876 Johann P., Johann Jodl, jetzt Karl Jodl, (7 fl 5 kr), Hausname: Saur Grega

Nr.52 Adalbert Micko, 1835 Josef Fechter, 1856 Matthias Fechter, 1863 Adalbert Fechter, Johann Fechter, jetzt Josef Jungbauer, (7 fl 5 kr) Hausname: Fechter

Nr.54 Matthias Osen, 1838 Wenzel Osen, 1838 Josef Osen, 1870 Franz Ilk, jetzt Ludwig Ilk, (8 fl 15 kr) Hausname: Fenzl

Am 1. Juni 1793 wurde mit Kontrakt dem Matthias Geyer von Stuben die Errichtung einer Mühle mit einem Gang bewilligt. Für diese hatte der "Hofmüller" in einem Jahr 3 fl zu zahlen und 6 Strich Korn zu liefern. Der Gemeinde wurde noch erlaubt, auf der "oberen Kälberweid" eine Hüterwohnung aus Stein oder Ziegel zu erbauen. (Hegerhäusl). Der damalige Gemeidehirte durfte sich eine Kuh halten und das Vieh des Dorfes auf der zugewiesenen Weidefläche weiden. Für das sogenannte "galte" Vieh (für Weiterzucht nicht geeignet) war ein Hirte bestellt (Nr. 22 - "Kolma-Hirt"). Auch der im Wald Richtung Hochficht befindliche "Kolma-Teich" erinnert noch daran. Die Arbeit im Walde (Holzfällen, Scheiterhacken) Ausziehen der langen Scheiter und Stämme aus dem Wald, Schwemmen und Führen zur Verladestelle und vor allem die Landwirtschaft in kleinerem Umfang blieben stets die Hauptbeschäftigung der meisten Einwohner bis zur Vertreibung nach 1945. Lobenswert soll vermerkt werden, daß in der Ortschaft immer ein guter Gemeinschaftsgeist herrschte. So wurden ländliche Selbsthilfegenossenschaften gebildet. Die Häusler bauten sich eine Genossenschaftsmühle, auch gab es eine Tierseuchenkasse in Form eines "Notschlachtungsvereines", wobei dem betroffenen Häusler der Ersatz des Stück Viehs durch Ankauf des verwertbaren Fleisches an die Mitglieder gesichert wurde. Die Stierhaltung wurde ebenfalls genossenschaftlich organisiert. Auch eine Dreschgenossenschaft wurde ins Leben gerufen. Dieser Gemeinschaftssinn unter dem Motto: "Einer für alle - Alle für einen" geht zurück bis zur Ortsgründung (Weidegemeinschaft: "Hi(a)t(a)" und fand bei den Forstarbeitern in der gemeinsamen Waldarbeit als "Partie" ihre Fortsetzung. Nach dem neuen Gemeindegesetz vom 15. Juli 1850 wurde die Ortsgemeinde Hüttenhof an die Katastralgemeinde Glöckelberg angeschlossen.

Letzte Taufe von Hüttenhof in Oberplan

Dezember 1786 von Johann, Sohn des Kaspar Bramhäusl, Schaffers in Hüttenhof Nr. 1 und seiner Frau Elisabeth, geb. Modl.

Erste Taufe von Hüttenhof in Glöckelberg

8. November 1787 Martin, Sohn des Johann Matuska und der Veronika.

Letztes Begräbnis von Hüttenhof in Oberplan

12. Feber 1786, Margaret Osen, Mutter des späteren Richters Adam Osen in Hüttenhof Nr. 2

Erstes Begräbnis von Hüttenhof in Glöckelberg

6. Jänner 1789 (W. Siller)

Begräbnisgebühren in Oberplan um das Jahr 1780

Eine alte "Stola-Taxordnung" vom 23. April 1773 vereinbart zwischen dem Marktgericht in Vertretung der Oberplaner Gemeinde und den eingepfarrten Dörfern, wozu damals auch Glöckelberg und Hüttenhof gehörten, mit dem damaligen Pfarrer Anton Josef Kitzhofer enthält unter anderem folgende Bestimmungen: *"Es waren zu bezahlen: Für ein Begräbnis 1. Klasse bei Bürgern, Bauern und Waldhäuslern"* - damit waren die Bewohner von Glöckelberg und Hüttenhof - Kaltenbrunner Glashütte, gemeint - *" dann diese Ausnehmer: 4 Gulden; diese in der 2. Klasse, also weniger feierlich - 3 fl; dasselbe 3. Klasse, dann von Inleuten, Hütern samt Reqien 2 fl; die Bettel Arme aber nicht dabei Begriffen syin wollen"*.

In Hüttenhof wurde 1876 der Gymnasialprofessor und Volksschauspielforscher Adalbert Jungbauer geboren, ein Schüler von J.J. Ammanns. Anfang Mai 1945 besetzten amerikanische Truppen, aus dem oberen Mühlviertel und Bayern kommend, den Ort. Vom östlichen Ortsausgang (Wieshaus Nr.34 und 70) wurden die letzten Kanonenschüsse des Zweiten Weltkrieges auf die noch von deutschen Truppen besetzten Ortschaften Pernek und Oberplan abgefeuert.

Die Vertreibung der ortsansässigen deutschen Bevölkerung von 490 Einwohnern erfolgte 1945/46 über das Lager in Krummau nach Bayern. Einige Jahre später (1950/52) wurde der Ort mit 92 Häusern von den Tschechen zerstört und dem Erdboden gleichgemacht. Es blieben nur 3 Gebäude stehen: Konsum, Volksschule und Lustigwagner (Nr. 45). Entlang des früheren Schwemmkanals wurden Grenzsperren mit elektrischem Stacheldraht und Wachtürme errichtet. Das ganze Ortsgebiet wurde zur Sperrzone erklärt und der Zutritt für alle Personen verboten. Schafherden weiden nun auf den früheren Äckern und Wiesen. Der Wald nimmt sich wieder das zurück, was man ihm vor Jahrhunderten so mühsam abgerungen hat. Mundartlich: *Hittnhouf*, tschechisch seit 1918 *Hutsky Dvur.*

Die Martersäule von Hüttenhof (Von Josef Dichtl)

Was konnten die kleineren sinnreichen Denkmäler, die in unserer Heimat so zahlreich gesetzt waren, nicht alles erzählen?

In Hüttenhof, der alten (Ober-) Planer Glashütte Kaltenbrunn, in der Pfarrei Glöckelberg, stand bis zuletzt eine dem Material entsprechend herbe Martersäule (mit Dreifaltigkeitsbild) aus Granit. Gekrönt war sie mit Kapellchen und Knauf. Die Inschrift darauf lautet:

EIR (darunter) PW, MAR, (darunter) FSW und IHS

(über dem "H" ein Kreuzlein), (darunter) 1649

Da seit 1630 ein Vorfahre unserer Familie, Gregor der Prambhoffer aus Leopoldschlag in Oberösterreich, Glashüttenherr in Kaltenbrunn war, bin ich der Entzifferung der Inschrift nachgegangen. Wenn man annimmt, daß drei der achtzehn Buchstaben, wie sie die Krummauer Kunsttopographie überliefert, nicht richtig gelesen und wiedergegeben ist - schärfste Steinmetzarbeit bei den Buchstaben war durch das grobe Material behindert - besagt die Inschrift dieses: E(ternae), I(ndividuae), R(=T) (rinitati), Mar(iae)

I(esu), H(ominum), S(alvatori), P(rambhoffer), W = G

(regorius), F=B(eatae), S(emper), W(irigini), 1649

Zu deutsch: Der ewigen, ungeteilten Dreifaltigkeit, Maria, der seligen immer jungfräulichen, Jesus, dem Erlöser des Menschengeschlechtes, Prambhoffer Gregor, 1649.

Ob außer Frömmigkeit noch ein weiterer Grund für die Errichtung der Marter, die bei der weiten Entfernung von der Pfarrkirche in Oberplan zur Andachtsstätte gedient haben mag, maßgeblich war, ist nicht mehr festzustellen, da nirgends schriftliche Aufzeichnungen hinweisen oder deuten. Der 30jährige Krieg war zu Ende gegangen. Um diese Zeit war dem Hüttenmeister auch der Sohn und Nachfolger Balthasar Prambhoffer geboren worden. Seit dem 9. Dezember 1646 war die Hütte vom "Totenfall" befreit. Im Herbst 1670 brannte sie, nachdem Balthasar noch bei Lebzeiten des Vaters übernommen hatte, nieder. Zu ihr gehörten ein ausgedehntes Waldgebiet, 69 Joch Wiesen und ein großer Hutweidenbereich. Der Glashüttenherr hielt sich 10 Kühe, 22 Ochsen und 10 Stück

Galtvieh. Seine 15 Inleute besaßen 29 Kühe. 1686 wurde Sebastian Prambhoffer der Zins neu bemessen und übernatürlich stark erhöht. Vor Aufregung darüber starb er am 30. April 1886. Seine Witwe verkaufte die Hütte an Mathias Mayer. Sie kam später noch einmal in den Besitz der Prambhoffer. Mit dem Tode von Gregor des Jahres 1714 wurde der Betrieb in der Glashütte für immer eingestellt. Die vor dem alten Meierhof befindlichen steinerne Martersäule mit dem Bild der heiligen Dreifaltigkeit mit der Jahreszahl 1649 und den oben angeführten Buchstaben ist noch im Jahre 1968 am gleichen Platz gestanden, was Herr Walter FRANZ (früher wohnhaft in Josefsthal), der am 05.07.1968 von Oberplan kommend, den Ort in Richtung Josefsthal passierte, beobachtete.

So möge diese Martersäule inmitten der heutigen Waldwildnis am Fuße des Hochfichts noch als letzter Rest Zeugnis und Kunde ablegen an spätere Generationen, daß hier einstens ein rechtschaffenes, fleissiges und gläubiges deutsches Wäldlervolk, frei von Völkerhaß, seine Stammheimat hatte, jedoch 1946 enteignet, vertrieben und ihre Wohnstätten dem Erdboden gleichgemacht wurden.

Festschrift - 1921
Von Dr. Alois Essl

In einer von Pfarrer Dr. Dr. Alois Essl/Glöckelberg verfaßten Festschrift zur Feier des fünfzigjährigen Bestandes des Staats-Obergymnasiums in Krummau/M. wurde von ihm im Jahre 1921 eine umfassende Publikation mit dem Titel "Drei Glashütten, als Besiedler und Roder von Böhmerwaldteilen" verfaßt.

Diese Festschrift wurde 1985 in der Bibliothek des Stiftes in Schlägl/Mühlkreis gefunden (Bibliothekar Dr. Isfried Pichler) und ist somit ein wichtiger Bestandteil der Heimatkunde in unserem Gemeindebereich von Glöckelberg. Eine Abschrift dieser Publikation wurde dem Verfasser der "Heimatmappe Glöckelberg" in freundlicher Weise von Herrn Mag. Franz Haudum aus Wilhering/Oberösterreich zur Verfügung gestellt, deshalb hiermit öffentlich Dank zu sagen ist. Für die Besiedelung und weitere Entwicklung der Gemeinde Glöckelberg im Oberplaner Bezirke waren drei Glashütten von besonderer Bedeutung:

A.) Die Kaltenbrunner Glashütte, auch "Ploner (Oberplaner) Glashiten" genannt;

B.) Die Glashütte in Sonnenwald (Oberösterreich) = "Old Hiten" und

C.) Die Glashütte in Josefsthal = Nai Hit'n.

Zur Kaltenbrunner Glashüttengeschichte, die Dr. Alois Essl zumeist nur aus den Kirchenbüchern geschöpft hatte, habe ich dem hochwürdigen Herrn auf Grund der ihm nicht zugänglichen gewesenen Akten des Krummauer Herrschafts- archives (Signaturen I 7 G zeta 1-2; I 5 A E 27) cl; I 5 A S 58; 17 M beta 1) Ergänzungen zur Verfügung gestellt und wie es auch meine Pflicht als Archivar und Schriftleiter dieser Festschrift gewesen war.

Der Herr Pfarrer hat wohl, weil durch das vorhandene Aktenmaterial diese Er- gänzungen reichlicher ausgefallen waren, es abgelehnt, den Abschnitt über die Kaltenbrunner Hütte als seine Arbeit zu veröffentlichen. So bin ich zum Verfasser desselben geworden und muß mich dazu bekennen. Ich kann dies aber nur mit dem ausdrücklichen Hinweise auf die wertvolle Vorarbeit des Herrn Pfarrers tun, die mich dazu angeregt hat und es mir auch ermöglichte namentlich das Verzeichnis der Glashüttenmenschen so reichlich zu gestalten.

Krummau, im April 1921 Dr. Karl Tannich

Über die Entstehung der Kaltenbrunner Glashütte wurde bereits in Kurzform am Anfang des Heimatbuches berichtet. Genauere Einzelheien können in der Heimatmappe (Seite 186-192) in Ulrichsberg nachgelesen werden. Der vorgefundene Name der Glashütte ging auf die größer werdende Ansiedlung über - er gab der heutigen Ortschaft den Namen "Hüttenhof".

Gar viele tüchtige Arbeiter hatte die Hütte während ihres Bestandes beschäftigt. Ihre Namen verdienen der Nachwelt überliefert zu werden, schon deshalb, weil sie die Roder der freundlichen Gegend nennen an der Sommers und Winters über so viele zum Aussichts- und Skiberge, dem wundervollen Hochfichtl vorbeiwandern. Die Hüttenmenschen haben überdies durch ihre kunstreichen Erzeugnisse auch ihrerseits beigetragen, daß der Name des Böhmerwaldes, unserer Heimat in der Welt guten Klang bekommen hat. Dafür sollen wir Späteren ihnen dankbar sein. Im Nachfolgenden sei der Versuch gemacht, ihre Namen festzuhalten, soweit sie aus den durchgesehenen schriftlichen Aufzeichnungen, d.s. Kirchenbüchern, Akten im Schwarzenberg'schen Archiv jener längst vergangenen Zeit ersehen werden können. Über sie hat der Allmächtige bereits sein großes "Amen" gesprochen und mögen sie entweder im Friedhof zu Oberplan, später in Glökkelberg oder anderswo ruhen, ihre Gräber längst verfallen sein, aber ihre Kunstglaswerke werden, in allen Richtungen dieses Kontinents verstreut, noch künden aus vergangenen Zeiten von einer kleinen Glashütte im Böhmerwalde.

Es erscheinen als:

A.) Hüttenmeister:

Nach 1600 Niklas Preyssler, vor 1632 Christoph Preyssler (Anna), 1632 Gregor Prambhoffer (auf der Hütte schon 1630). 1646-1666 Balthasar (Waldhauser) Prambhoffer, gest. 3. Juli 1679, Kinder aus erster Ehe: P. Cressenz, Karl, Zacharias, Regina, P. Martinus, - zweite Ehe: Witwe Regina mit Sybilla und Nikolaus. Seit 21. März 1666 bis 30. April 1686 Zacharias Prambhoffer; bis Anfang 1688 seine Witwe Maria Magdalena, (Kinder: Regina, Gregor, Miedl, Theresia, Johanna, Sophia)). bis Feber 1692 Matthias Mayer (Agnes, seine Gattin, gest. 15.4.1688, "war vor 18 Jahren Schulmeisterin noch in Oberplan gewesen und jetzt 1 1/2 Jahr Hüttenmeisterin; sie wurde mit 12 Seelenmessen begraben". - Von 1692 bis 15.2.1694: Matthias Wimer (Wiemer, Winner).

Seit dieser Zeit bis zur Auflassung (Frühjahr 1714 wird die Glashütte auf herrschaftliche Rechnung betrieben.

Technische Leiter sind:

B.) Hüttenschreiber:

Von 1694-1803 Ferdinand Hauer, von 1703-1714 Gregor Prambhoffer, gest. 5.12.1719 (Sophie), der Sohn des 1686 gestorbenen Zacharias.

C.) Glasmacher:

Max Kastl (Tafelmacher 1698), arbeitete früher in der Mistelholzer Spiegelhütte, aufgelassen 1677. Wilhelm Greiner (1619 und Regina, 1698), und Andre Bartl (1708) (Kreidenglaser). Simon Scheibner (1671 und Maria). Thomas Tzitzmann (1670, kunstreicher Glaser - Gesöll). Johann Greiner (1671 und Klara). Tobias

Greiner (1771 und Klara). Gregor Greiner (1772 und Rosina, er ist später 1690 Scheibenmacher). Gregor Gayß (1681 und Rosina). Johann Greiner (1681, 1676 und Rosina, 1698). Bartl Wagner (1682). Wolf Greiner (1686, 1701 erscheint er als Glaser). Georg Gayß (1694 und Barbara, kunstreicher Gesell). Symon Scheymer (1686). Thomas Khisling (1696 und Klara). Johann Flattinger (Flädinger 1702, 1696 und Maria, 1698, 1708). Christoph Gayß (Geis, 1698). Andreas Bartl (Pärdl 1702, später 1708 und 1713 Kreidenglasmacher), Hans Georg Jilkh (Ilk, 1710 und Sybille Jlg 1713). Gregor Prix (1713). Simon Pangerl (1706 und Rosina).

Glasmacherjungen:

Michel Körzinger (1698), Georg Präha (1702), Franz Stallner (1713).

D.) Scheibenmacher:

Hänsl Scheibenmacher 1666, Balthasar Zitzmann (1681 und Eva). Er wird als Glasmacher genannt Tzitzmann). Johann Müllner (1681 und Eva aus Glöckelberg). Georg Wagner (1682). Wolfgang Gleisner (1687 und Rosina, 1698 Gleißner, 1702, Glaißner 1708). Wolfgang Nachtmann (1692 und Rosina, 1698, 1702, 1708). Andreas Schönberger (früher Galsmacher 1681), Jakob Görzinger (1698 wohl der Vater des Glasmacherjungen Körzinger 1698). Georg Zich (1711 und Sophia 1713 erbauen 1752 in Schwarzenberg das Haus Nr. 30 lt. Chronik S. 89). Gregor Pokh (1713). Johannes Mock (1713).

E.) Glasschneider:

Himmer (Hewner, Hafner). Nikolaus (1686 und Elisabeth).

F.) Glasmaler: Wolf (1683)

G.) Petterlmacher: = Perlenmacher: Christoph Schopper (1713)

H.) Schürer: Stephan Braumbart (1673 und Eva). Jakob Pleischl (1698). Leonhard Pangerl (1698). Bärtl Jlckh (1702, 1708). Veit Klinger (1702, 1705, 1708). Johann Haitz (1713). Philipp Pangerl (1713).

I.) Aschenbrenner:

Philipp Ellinger (1671 und Susanne). Wenzel Prix (1698, 1713). Bartl Jlg (1687 und Maria, Gylkh, Jlch 1698, 1713, war auch Schürer gewesen. Mathias Meindl (1698). Jakob Hailler (1713 in Glöckelberg).

J.) Kiespucher: Lorenz Pangerl (1698). Matthias Ziech (1702).

K.) Flußsieder: Michel Gleißner (1702). Hanns Flußsieder (1708).

L.) Zinngießer: Johann Georg Zopf (Zapf, 1679 und Maria). Reinhard Burghard (1706 und Barbara).

M.) Scheiterhacker:

Stephan Stifftlinger (1670 und Maria, Stifter). Johann Mindl (Mündl 1698) (1672 und Agnes). Martin Lang (1677 und Maria), Wenzel Prix (1681 und Maria, auch Pruchs, wird 1698 und 1713 als Aschenbrenner genannt). Christof Gayß (1683). Laurenz Tomani (Tomane, 1698 und Justina, 1702, 1708, 1713). Ambros Prumer (1698). Josef Prumer (1698, Bruner, 1713). Sebastian Lehrer (1698). Matthias Schwartzbeckher (1698, 1713). Josef Schwartzbeckher (1698, 1713). Veith Koller (1701 und Maria, 1702, 1708, 1713). Adam Jaksch (1706 und Rosina). Veith Klimger (1713). Lienhard Pangerl (1702, 1708, 1713). Philipp Pangerl (1700 und Elisabeth, 1702, 1708, 1713). Lorenz Pangerl (1702, 1708). Caspar Pangerl (1713). Bloßl Hoffmann (1713). Johannes Zeitz, (Heitz, Heintz 1705 und Veronika). Chaintz 1713). Jörg Oberauer (1702). Ruprecht Präha (1702).

N.) Glasträger:

Michael Scheibner (1670 und Elisabeth). Matthias Pruner (1670 aus Völklabruck). Christoph Khößl (auch Keßler, Kessel, Kassat 1672 und Christine). Paul Mayer (1675 als Glastrager und Glashändler). Hans Schredinger (1686).

O.) Glaseinbinder:

Magdalena (1702). Rosina Greiner (1706, eine Binterin).

Seitdem die Glashütte auf herrschaftlicher Rechnung betrieben wurde, war die Viehwirtschaft von der des eigentlichen Hüttenbetriebes getrennt, sie führte ein Schaffer, der zuerst Hüttenschaffer, nach Auflassung der Glashütte Hof = Hüttenhof = Schaffer genannt wird.

Von 1694-1703 war es Wenzel Novak (Novakh, Nobäg). Bis 1705 war es Simon Geißler. Von 1709 an war es Georg Thomandl, ab 1716 Georg Vallentin.

Um diese Zeit hörten die Taufen in der Glashütte auf. Von 1722-1733 erscheint wiederum Georg Vallentin. Ihm folgen: Bernhard Gabriel (erwähnt 1737).

Von 1741-1747 Veit Nahlinger (und Maria)

    1748-1754 Johann Jakschy (und Maria, kam nach Olschhof)

      - 1763 Bartholomäus Postl (und Katharina)

      - 1773 Thomas Marko (und Barbara)

    um - 1779 Heinrich Motzko (und Klara)

    um - 1782 Josef Widi

und zuletzt Caspar Bramhäusl (Braunhäusl und Elisabeth) um 1786 Schaffer auf dem herrschaftlichen Meierhofe, der aus der Glashütte entstanden war. (Mit Haus Nr. 2 schreibt der Lokalist Oswald Höbler).

Anmerkung:

Die Aufzählung ist keiner vollständige. Die in Klammern ( ) beigesetzte Jahreszahl deutet das Jahr an, in dem der Name in einem Amtsakt erscheint. Der Frauenname ist das Weib des Arbeiters.

Die Schlägler Glashütten
(Von Kons. Mag. Franz Haudum)

Schon zu Beginn des 16. Jahrhunderts hatte das Stift Schlägl in seiner unmittelbaren Nähe, am heutigen Glashüttenteich, seine eigene Glashütte wie einem Hinweis im Zechbuch der Frauenzeche Aigen im Jahre 1520 zu entnehmen ist. Unter Abt Martin Greysing kam es dann zur ersten Glashüttengründung im "Forst obers Glaffern", am Südhang des Plöckensteinmassives, durch den Waldviertler Hüttenmeister Hans Waltgruni. 1638 schlug damit die Geburtsstunde des Ortes "Sonnenschlag", dessen Name in Beziehung zu bringen ist zu Abt Martin, welcher als persönliches Wappen einen Mann mit der Sonne führte. Im Jahre darauf kam die Glashütte in den Besitz des bayrischen Hüttenmeisters Christoph Reichenberger, der sie 1654 seinem Stiefsohn Georg Landgraf übergab. Diesem gelang es, ein gut florierendes Unternehmen aufzubauen, das nicht nur entfärbtes und farbiges Hohlglas, sondern auch Perlen erzeugte, die für den Export in die Türkei bestimmt waren. Auf Georg Landgraf folgte sein Sohn Johann Anton, der sich auf die Herstellung des Goldrubin- und Kreideglases verstand und das in gutem Rufe stehende "Schlägler Glas" auf dem Umschlagplatz in Passau bei türkischen, venezianischen und böhmischen Händlern an den Mann brachte. Des Hüttenmeisters Bruder, Johann Georg Landgraf, übte das Zinngießerhandwerk in Sonnenschlag aus. Johann Anton Landgraf bemühte sich zwar vehement um einen Standortwechsel seiner Hütte, doch erfolglos; darum verließ er 1717 Sonnenschlag.

In der "Waltung am Schwarzenberg" ließ Abt Siard Worath 1719 die Nachfolgehütte errichten, die das Stift in eigener Regie, verwaltet von Kammerdienern des Abtes, bis 1749 führte. Der Name der Streusiedlung Sonnenschlag wurde entsprechend dem Flurnamen, der schon 1571 in Archivalien aufscheint, auf "Schwarzenberg" umgetauft. Wie die Bodenfunde vor dem Haus Schwarzenberg Nr. 93 zeigen, wurde dort *"ordinari glas"*, *"Kreideglas"*, gefärbtes Glas und milchiges *"Painglas"*, daneben auch Glasperlen, erzeugt. Zur Goldrubinfabrikation steuerte das Stift Golddukaten bei. Im Anwesen Schwarzenberg 89 entstanden Zinnmontierungen für die Deckelkrüge.

In Oberschwarzenberg stand neben dem Weißenbach die dritte Glashütte im Gemeindegebiet von Schwarzenberg. 1752 wurden in den Ulrichsberger Pfarrmatriken Arbeiter in der "Oberen Hütte" genannt, darunter Mathias Löffler aus Berdetschlag, der als Initiator dieser Hütte gilt. Nach wenigen Jahren stand die Produktion in Oberschwarzenberg wieder still, lange Jahre hindurch, ehe sie im Jahre 1821 von Johann Blechinger am selben Ort zu neuem Leben erweckt wurde. Nach den Hüttenbesitzern Maria Anna und Mathias Rosenberger vom Rosenbergergut in Lackenhäuser entfaltet sich von 1842 an rege Geschäftstätigkeit in der Glasfabrik. Das Geschlecht der Fieglmüller aus Chlumetz bei Wittingau in Südböhmen hatte alle wichtigen Positionen des Betriebes inne, zog in der Folge zahlreiche Fachkräfte aus böhmischen Nachbarhütten an.

Glas aus Oberschwarzenberg ließ sich in Oberösterreich, Wien, Czernowitz und Tarnow in Galizien gut absetzen. Bedingt durch den Konjunkturabschwung, die steigenden Holzpreise, die hohen Transportkosten für Grundmaterialien und Fertigprodukte nahte das Ende der letzten Schwazenberger Glashütten, das im Jahre 1864 durch den Verkauf an Privatleute besiegelt wurde. Heute ist an der früheren Stelle der Glashütte in Schwarzenberg und Oberschwarzenberg nichts mehr erkennbar. Nur ganz wenige Exemplare, die Raritäten sind, findet man noch in der Glassammlung von Frau Ilse Langthaler.

Den schon in Schwarzenberg tätig gewesenen Verwalter Jakob Obermüller treffen wir 1750 in der neuen, an der böhmischen Grenze gelegenen Glashütte in Sonnenwald (Gemeinde Ulrichsberg) wieder. Ihm zur Seite standen damals 3 bis 5 Gesellen, 2 Schürer, 1 Schürjunge, 1 Einbinderin und 1 Lehrbub, sowie 1 Glasschneider und 1 Zinngiesser.

Bis 1817 sind folgende "Hüttenmeister" bekannt:

Karl Nachtmann, Anton Hauer, Johann Blechinger und Leopold Schmudermayer, der von Sonnenwald aus die Glashütte in Josefsthal nahe Glöckelberg gründete. Nach einem 14jährigen Stillstand wurde Sonnenwald 1831 vom bayrischen Spiegelglasmacher Georg Mack wiederum in Pacht genommen. Er konnte den Öfen das Holz zuführen, das für die Triftung am Schwarzenberger-Schwemmkanal unbrauchbar war. Auf Mack folgten die Pächter Anton Blechinger und Hermegild Wagendörffer Vater und Sohn. Bis 1860 erlebte die Glashütte eine wahre Blütezeit.

In Sonnenwald waren 9 bis 11 Gesellen, 1 Schmelzer, 4 Schürer, 1 Formdrechsler, 1 Glasmaler, 8 Schleifer, 4 Uhrglasschleifer, 2 Stöpseleinbohrer, 1 Faktor, 2 Einbinderinnen und mehrere Tragbuben mit der Erzeugung von Uhrgläsern, Lampenzylindern und Glas für medizinische und chemische Zwecke beschäftigt. Zwar überstand Sonnenwald Flauten am Glasmarkt besser als Ober- schwarzenberg, doch zwangen der abgelegene Standort, die abgeholzten Wälder und die böhmische Konkurrenz schließlich auch Hermegild Wagendorffer jun. im Jahre 1900 zur Aufgabe des unrentabel gewordenen Industriezweiges.

An der Nahtstelle dreier Länder gelegen, waren die Schlägler Hütten den Einflüssen von allen Seiten her ausgesetzt. Rekrutierten sich die Glashüttenherren mehr aus Bayern, dem Lande ob und unter der Enns, so wanderten die Glasmacher vielfach aus böhmischen Hütten zu. Schon seit dem 17. Jahrhundert bestanden gute Beziehungen nach Winterberg in Böhmen, teils persönlicher, teils geschäftlicher Natur. Dort konnten immer der neueste Stand der Glastechnik erfahren und wichtige Rohstoffe, wie Kies und Kalk, bezogen werden, wie dies auch noch für die Sonnenwaldler Hütte geschah. Letztere war schon durch ihre Lage mehr dem Norden zugewandt. Auch die Hütte in Oberschwarzenberg geriet unter der Familie Fieglmüller ganz ins böhmische Fahrwasser.

Wie man das "Ältere Schlägler Glas" (vor 1750) einschätzen soll, ist schwer zu beurteilen, deswegen, weil man außer den Bodenfunden (Scherben und Glasperlen) keine Gläser mehr greifbar hat. Das Goldrubinglas zählte aber gewiß zu den reifsten Leistungen. Das "Jüngere Schlägler Glas" (nach 1750) erweist sich als volkstümliches Glas, nicht verspielt in seiner Form, sondern ernst und gediegen. Es konnte für alle Volkskreise in die Welt hinausgehen. Was man an Geschirr und Gerät für den täglichen Gebrauch und Bedarf herstellen konnte, bedurfte keiner Anschaffung aus einem anderen Material. Die Masse der Besteller verlangte nach Zweckmäßigkeit und Billigkeit, weil das Glas der "kleinen Leute" keine außergewöhnliche Repräsentationspflicht erfüllen brauchte. Dennoch enthält die seit nunmehr 30 Jahren aufgebaute Glassammlung der Frau "Ilse Langthaler" wahre Prachtexemplare und rare Stücke, die über das allgemeine Niveau des alltäglichen Glases hinausragen: vor allem die mit biedermeierlicher Rosenmalerei, dann die seltenen, figurativ gestaltete Rutschdekore und das kräftige kobaltblaue Glas. Allein im Jahre 1854 wurden in Sonnenwald 33 Tonnen Glas hergestellt. Bedenkt man, welche ungeheure Menge von Glas in den 262 Jahren der Schlägler Glashüttengeschichte mit Geschick und Fleiß hergestellt worden sein mag, so ist das, was erhalten blieb, ein verschwindend geringer Anteil. Um so mehr sollten wir das Erhaltene zu schätzen wissen. In Ulrichsberg, auf halber Wegstrecke zwischen Sonnenwald und Sonnenschlag, erinnert die Sammlung Langthaler an die gläserne Vergangenheit des Böhmerwaldes.

Über die Pachtungen oder Käufe von Glashütten-Objekten sind immer sogenannte "Contracte" zwischen den Grundherrschaften und den Glasmeistern abgeschlossen worden, die in ihrer Aufgliederung oft sehr umfangreich waren. Sie sind wertvolle Dokumente, die sowohl die damalige Feudalherrschaft als auch die soziale Stellung des Arbeiters widerspiegeln. Solche "Contracte" bzw. Verträge wurden von der Fa. Stölzle/Alt-Nagelberg dem Glasmuseum in Gmünd/Oberösterreich zur Verfügung gestellt und können dort von Interessenten eingesehen werden.

Glashütte Sonnenwald Oberösterreich
(Dieser Bericht stammt aus dem Archiv des Stiftes Schlägl, Kasten D. Lade: Glashütte, vom hochwürdigen P. Florian zur Verfügung gestellt.)

Für die Besiedlung und weitere Entwicklung der Gemeinde Glöckelberg war die nahe Glashütte Sonnenwald - nur durch den Rothbach vom Gemeindegebiet getrennt - von besonderer Bedeutung.

Schon um das Jahr 1639 herum hat das Prämonstratenser Stift Schlägl unter Abt Martin zur Ausnützung seiner Wälder in Schwarzenberg, Oberösterreich, eine Glashütte errichtet. Um die Nordabdachung des Böhmerwaldes (der Stiftwaldungen) dem Urwalde zu entreißen, wurde vom Stifte die Glashütte in Sonnenwald errichtet. Unter dem hochwürdigen Abte Franz II. Pehringer wurde am 1. Jänner 1751 der Pachtvertrag mit Jakob Obermüller abgeschlossen. Dieser Jakob Obermüller war vorher Kammerdiener unter dem (vorhergehenden) Abte Johannes Wöß und seit 1733 Glashüttenmeister in Schwarzenberg gewesen. Dieser "Bestandsverlaß-Kontrakt" betraf die neu errichtete Glashütte in Sonnenwald, die auf Stiftskosten mit einer Behausung für den Glasmeister und einem kleinen Häusl für den Glasschneider und Zinngießer bereits erbaut worden war, und lautete auf 5 1/2 Jahr. Der Pächter

a) konnte sich nach Bedarf, ohne den Wildstand und Wildwechsel zu schädigen Holz aus den umliegenden Stiftswaldungen zur Verarbeitung - nicht zum Verkauf - nehmen. 16 Stück Scheiter kosteten damals 16 kr. (Kreuzer)

b) mußte um die Hütte auf dem besten Grund Wiesen - eine einzige Wiese beim Puecher-Bachl wird um diese Zeit genannt - und Äcker anlegen.

c) mußte die übernommenen Werkzeuge nach Ablauf der Pachtzeit von der gleichen Menge und Beschaffenheit (in eadem qualitate et quantitate) rückstellen, die übrigen Effekten im Werte von 368 fl (Gulden) 8 kr in 3 Terminen ablösen.

d) hatte alljährlich dem Stifte das für das Haus nötige Glas zu liefern und alljährlich 450 fl Pachtzins in 2 Raten (zu Johann Bapt. und Katharina) zu zahlen;

e) mußte sein 2000 fl betragendes Kapital dem Stifte zur Sicherstellung verpfänden.

Jakob Obermüller richtete den Betrieb mit Gesellen (kunstreichen) von der Schwarzenberger Hütte ein. - Die Namen Stadler, Greiner, Blechinger, Ziech begegnen uns in Sonnenwald wieder. - Dazu kam ein Lehrjunge Nachtmann, 2 Schürer, 2 Schürjungen und eine Einbinderin. Unter dem höchwürdigsten Abte Hugo Schmidinger wurde bei der Glashütte in Sonnenwald eine Kapelle erbaut und am 16. September 1762 eingeweiht. Am 4. IV. 1787 ist in Glöckelberg der hochwürdige Herr Oswald Höbler, der für diese Lokalie ernannte Seelsorger, eingetroffen. Damals war aber in Glöckelberg weder ein Kirchlein noch eine Lokalistenwohnung. Er war daher "genöthiget" (lt. Glöckelberger Pfarrgedenkbuch, Seite 14), einstweilen auf der Herrschaft Schlägler Glashütte (in Sonnenwald) ein Unterkommen zu suchen, das er auch fand, und dort bis zur gänzlichen Herstellung der hölzeren Kapelle am 29. April 1787 Messe zu lesen.

Da nun bei der Lokaliekirche zu Glökelberg sich weder ein Kelch noch ein Meßkleid befand, so wurde etwas indessen aus Oberplan ausgeliehen. Der Kelch aber wurde von der Hauskapelle der Schlägler Hütte in Sonnenwald erborget. Als sich unterm 28. Oktober eben dieses Jahres (1787) Seine Hochwürden und Gnaden Herr Prälat zu Schlägl - Siard - nebst tit. Herrn Landrath Eibel auf schon erwähnter Glashütte befanden, machte ihnen Herr Seelsorger Höbler seine Aufwartung und bat um Verleihung obigen Kelches, der auch sogleich gnädigst der Lokaliekirche geschenkt wurde. Am 30. Dezember 1790 wurde auch die Herrschaft Schlägler-Glashütte, welche Anton Hauer in Pacht hatte, aufgehoben (so meldet das Glöckelberger Pfarrgedenkbuch auf Seite 16). So wurde auch eben dieses Jahr (d.i. 1792) von Joh. Blechinger die schon obengenannte, durch zwei Jahre kassiert gewesene Herrschaft Schlägler-Glashütte in Sonnenwald wieder eingerichtet und zu arbeiten angefangen. Nach Anton Hauer übernahm die Glashütte der Glasmacher Johann Blöchinger (Blechinger) - wahrscheinlich aus der Hütte zu Schwarzenberg, Oberösterreich stammend. Der Pachtvertrag wurde auf 12 Jahre (v. 1790 bis 20.Mai 1802) geschlossen. Ihm wurde aufgetragen, einzig und allein im Holzschlag beim Klafferbach und in den Holzschlägen, die Holz für den "Krummauischen Kanal" erzeugten, das liegengebliebene Prügel-, Stock-, Ast- und Wipfelholz zu veraschen. An dieser Stelle soll vor Augen geführt werden, daß aus 1000 Teilen Fichtenholz nur 1/2 Teil Pottasche gewonnen werden konnte. Der Pächter

a) soll Reparaturen an Stadel und Stallungen vornehmen und die persönlichen Abgaben und landesfürstlichen Naturallieferungen übernehmen;

b) soll 2 Zimmer im Herrenhause neben der Kapelle den Stiftsherrn reservieren;

c) übernimmt die umliegenden Ökonomiegründe (71 Joch, 718 Klafter) um 334 fl 36 kr jährlichen Zins; (im Jahre 1802 waren 108 Joch 734 Klafter und 372 fl 15 kr Pacht).

Im Jahre 1817 übernimmt für Johann Blechinger Herr Leopold Schmudermayer, Kattunfabrikant in Linz, Oberösterreich, eine Schuld von 2943 fl Wiener Währung, wird dessen Schwiegersohn und Nachfolger. Herr Johann Blechinger bewarb sich nämlich um 1817 beim Abte Adolf um die Bewilligung, in Oberschwarzenberg am sogenannten "Denkort" eine Glashütte errichten zu dürfen, wo vor 75 Jahre bereits eine Hütte gestanden hatte. Das Glöckelberger Pfarrgedenkbuch (S.31) schreibt: 1822 ließ Herr Schlägler-Abt Adolf Frey im angrenzenden Sonnenwald ein neues Jägerhaus errichten; dagegen geriet die allda bisher bestandene Glashütte nach dem Abtritte des Herrn Glasmeisters Plechinger, welcher samt seiner Frau Maria hiesigem Gotteshause manches Gute erwies, in völligen Verfall; diese sowohl, als mehrere dem Einsturz bereits drohende Glaserwohnungen fielen vollends zusammen. Die Glasfabrik wurde gänzlich kassiert, die hiezu gehörigen Äcker und Wiesen den hiesigen und alldort verbliebenen Ansiedlern durch Auction zur Benützung überlassen, welchen letzteren von hier aus, so wie vorhin nebst allen übrigen geistlichen Funktionen - die Leichenbegräbnisse ausgenommen - administriert wurden. Die Glashütte wurde durch Vermittlung eines Linzer und Prager Advokaten ausgeschrieben. Es waren damals in Sonnenwald schon 16 Wohngebäude; die Kapelle hatte Altar und Glocke; der reelle Wert der gesamten Gebäude wurde auf 3940 fl W.W., der beim Herrenhaus angelegte Obst-Baumgarten auf 250 fl, der Neubau der Glashütte auf 2000 fl geschätzt. Es bestand eine gute Kommerzialstraße zur Donau. Für die Glashütte in Sonnenwald hatte Leopold Schmudermayer die Glashütte in Josefsthal gegründet und den größten Teil der Arbeiter nach

Josefsthal (bei Glöckelberg) übernommen. Manche Arbeiter kehren bald wieder zurück und erscheinen als Holzhauer. Im Jahre 1831 wurde auf neun Jahre ein Pachtvertrag mit Georg Mack, Spiegelglasmacher zu Schwarzenthal, Landgericht Wolfstein in Bayern, abgeschlossen. Der Pächter

a) hat 100 fl C.M. als Pacht zu zahlen;

b) erhält zum Baue der Hütte das Bauholz zu Brennholzpreisen, das er wie andere Abnehmer bezahlen muß, nur werden die Scheiter anders geschnitten;

c) darf Vieh nicht hüten, noch grasen in Wäldern, noch Streu rechen;

d) hat die geistigen Getränke vom Stift zu beziehen.

Erst der Initiative des bayrischen Spiegelglaserzeugers Georg Mack verdankt Sonnenwald den Neubau seiner Glashütte im Jahre 1831. Während die ursprüngliche Anlage vor dem Herrenhaus unterhalb des Kanals gestanden war, erhob sich die neue Anlage oberhalb des "Wiener Kanals". Da der Glasofenbetrieb hauptsächlich die Verwendung des zur Schwemme unverwendbaren Holzes bezwecken sollte, mußte der Glasmeister mit jeder Holzanweisung, sowohl hinsichtlich des Schlages als auch der Qualität, zufrieden sein. Unter Mack und seinen Nachfolgern Wagendorffer und A. Blöchinger konnte sich die Hütte, der nur der Betrieb eines einzigen Glasofens erlaubt war, zu einem pulsierenden Unternehmen entwickeln, welches in den Jahren 1859 bis 1863 eine eigene Fabriksschule unterhielt, geleitet von Lehrer Johann Paul Weitz. Es war dies - parallel zu Oberschwarzenberg - jene Blütezeit, in der die Fabrik mit dem Glasofen, mit 1 Aschenofen, 1 Bratofen, 3 Damperöfen, 1 Streckofen, 1 Zuricht- kammer, 1 Hafenstube, 1 Flußhütte und 1 Einbindstube bestückt war. Das Pochergebäude über dem Rothbach bestand aus 9 Stampfen, große Kiestruhe und der Radstube, darüberliegend aus Stube, Kammer und Stall für 2 Rinder. In nächster Nähe befand sich unter eigener Hütte der Kiesofen zum Erhitzen des aus Groß-Zdickau herbeigeschafften Quarzes, doch wurde auch an Ort und Stelle der Versuch unternommen, diesen Rohstoff zu schürfen. Der Flurname "Kiesgrube" im Waldteil Kajetan-Au östlich der Hütte bezeichnet eine Stelle, wo nach probeweiser Nutzung eine Quarzader noch heute ein beträchtliches Depot an Quarzbrocken lagert. Mit einer Behausung für den Hüttenverwalter und einem kleinen Häusel für den Glasschneider und den Zinngießer, hatte die Glashüttenepoche in Sonnenwald begonnen. Nach 20 Jahren umstanden bereits 10 Wohnhäuser, 1792 dann 16 Häuser die Glashütte. Das Forsthaus war 1822 das letzte der in der Glashüttenzeit errichteten Gebäude, von denen derzeit nur noch 6 stehen. Entsprechend entvölkert wirkt daher heute die einst blühende Industriesiedlung, wo im Jahre 1857 173 Personen lebten. Deren Lebensablauf war wegen der Nähe zu Glöckelberg viel stärker auf die böhmischen als auf die oberösterreichischen Nachbarorte bezogen. Dies lag wohl daran, daß Sonnenwald zum Pfarr- und Schulsprengel Glöckelberg gehörte. Als 1787 Glöckelberg zur Lokalkaplanei erhoben wurde, mußte P. Oswald Höbler bis zur Fertigstellung der Kapelle im Herrenhaus der Schlägler Glashütte Messe lesen und Quartier beziehen. Nach der Stiftung eines Meßkelches aus der Hauskapelle des Herrenhauses und weitere Wohltaten des Stiftes Schlägl waren Kindstaufen ab 1822 und Trauungen von Glasmachern ab 1843 in Glöckelberg die Regel. Aus Sonnenwald Verstorbene wurden erst ab 1892 ausschließlich auf den Gottesacker in Glöckelberg beerdigt. Die Ausweisung der Sonnwalder Bevölkerung aus der Pfarr- und Schulgemeinde Glöckelberg fand im Jahre 1924 statt.

Der Jahresertrag der damaligen Produktion belief sich im Jahre 1857 auf 19.231 fl 26 1/2 kr. Eine Lieferung nach Wien mit einem Glaswagen dauerte 4 Wochen, auf der Rückfahrt wurden Rohmaterial und Lebensmittel befördert. Schafften es die Hüttenpferde nicht, die schwere Fuhre über den Haagerberg hinaufzuziehen, mußten die Pferde von der Krennschmiede am Rothbach Vorspann leisten. Im übrigen war der Hüttenmeister für die Instandhaltung der sogenannten "Hüttenstraße" zwischen Sonnenwald und Aigen selbst verantwortlich.

Am 1. September 1840 übernahm die Glashütte Anton Blöchinger, auch Blechinger genannt, unter denselben Bedingnissen. Sein Bürge war Alois Veicht, Gasthausbesitzer in Aigen Nr. 36. Diese beiden und Hermegild Wagendorffer von Aussee beschlossen am 24.Juli 1843 einen Gesellschaftervertrag: Herr Blöchinger bleibt Eigentümer des Glasvorrates; Herr Wagendorffer übernimmt die Geschäfts-Buchführung und Kasse; Veicht und Herr Blöchinger den Holzkauf, die Zufuhr, die Aufsicht über die Arbeiter und die Führung des Gasthauses. Die Gründe teilten sie sich unter sich auf. Die Gesellschaft nannte sich *"Alois Veicht und Comp."*. Der Gewinn wird in 3 Teilen geteilt. Herr Wagendorffer erhält außerdem 80 fl. für die Geschäftsführung. Schon im Jahre 1844 trat Herr Blöchinger aus und verzichtete auf seine Rechte. Er kam nach Ernstbrunn bei Salnau, wo eine neue Glasfabrik gegründet wurde. Es war auch die Zeit des letzten Aufschwunges: 9-11 Gesellen, 1 Schmelzer, 4 Schürer, 1 Formdrechsler, 1 Glasmaler, 8 Schleifer, 4 Uhrglasschleifer, 2 Stöpseleinbohrer, 1 Faktor, 2 Einbinderinnen und mehrere Tragbuben waren mit der Erzeugung von Uhrgläsern, Lampenzylindern und Glas für medizinische und chemische Zwecke beschäftigt. Hermegild Wagendorffer übergab 1866 die Geschäfte und Rechte seinem gleichnamigen Sohn, der das Handikap des abgelegten Standortes seiner Hütte immer stärker zu spüren bekam. Die zunehmende Holzknappheit - immerhin verbrauchte die Hütte im Jahr (z.B. 1860) 1250 Klafter Brennholz - war ein großes Problem. Auch die verkehrsmäßig günstiger gelegenen und uneingeschränkten

›Schlägler-Motiv‹
Gerutschtes Dekor auf einer Karaffe
Originalgröße, 1720

Konkurrenzfirmen - in Sonnenwald durfte nur mit einem Ofen gearbeitet werden - förderten das wirtschaftliche Sichtum der Hütte. Die teure Zufuhr der Rohmaterialien aus allen Teilen der Monarchie zwangen zu endgültigen Aufgaben des unrentablen Geschäftes. Die letzten konkreten Angaben über die Zustände in der Hütte stammen aus dem letzten Jahrzent des vergangenen Jahrhunderts:

"1 Glasofen, 7 offene Häfen, direkte Feuerung, Holz, Wasserschleiferei, Gravierung, Malerei, Vergoldung, 37 Arbeiter, diverses Hohlglas weiß, Medizinglas, Schleifglas, chem. und pharmazeutische Apparate und Gerätschaften, Apothekerstandgefäße, Jahresproduktion ca. 60 000 fl. Die ausgeräumten Wälder und die aufwendige Zufuhr der Rohmaterialien waren neben den technisch veralteten Anlagen, die im Winter 1900/1901 durch den Schneedruck ihren Dachstuhl einbüßte, die Ursachen für das Erlöschen der letzten Schlägler Glashütte Sonnenwald.

Im Sommer 1917 wurde eine Schar Schulbuben von Josefsthal mehrere Tage nach Sonnenwald zum Hüttenplatz neben dem Kanal geschickt, mit dem Auftrag, mit Hauen nach dem noch in der Erde befindlichen Glas zu graben, die Scherben mit Sieben im Kanal zu reinigen und sie nach Farbe in Haufen zu sortieren. Die Grabungsaktion diente dazu, die Bruchglaskisten der Josefsthaler Fabrik ein wenig auszufüllen. 1904 stand noch ein Glasdepot neben dem Herrenhaus, das bis unters Dach hinauf mit Glas voll war, jedoch ohne detaillierte Aufstellung, was die spätere Datierung und Zuschreibung der Glasfunde wesentlich leichter machen könnte. Solche Glasfunde befinden sich im Linzer Schloßmuseum.

Nach den ersten Rodungswellen vom Anfang des 13. bis zur Mitte des 15. Jahrhundert - vorangetrieben durch die Falkensteiner und das Stift Schlägl - setzt seit dem 17. Jahrhundert im nördlichsten Teil des oberen Mühlviertels erneut eine kontinuierliche Urbarmachung ein. Die Bodengewinnung war allerdings nicht das Hauptanliegen bei diesen Vorstößen. Vielmehr dachte man an die Nutzung des schier unerschöpflichen vorhandenen Holzpotentials. Die Besiedlung der Gegend folgte auf den Fuß.

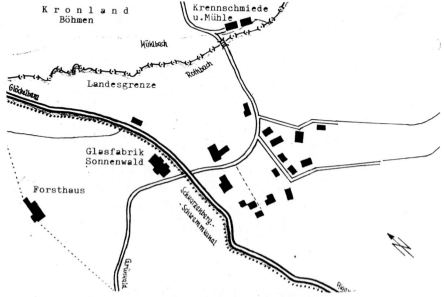

Ortschaft Sonnenwald (mit Glasfabrik, 1888)

Verzeichnis der Hüttenmeister:

1751- ?   Jakob Obermüller
1778-1790   Anton Hauer
1790-1817   Johann Blöchinger, Hermeg. Wagendorfer
1817-1822   Leop. Schmudermayer
1831-1840   Georg Mack
1840-1843   Anton Blöchinger
1843-1844   Anton Blöchinger - Alois Veicht - Hermegild Wagendorffer sen.
1844-1847   Alois Veicht
1847-1866   Hermegild Wagendorffer sen.
1866-1900   Hermeg. Wagendorfer

Ortsgeschichte von Josefsthal/Böhmerwald

Die Entstehung dieses Ortes als Glashütte steht mit dem Auflassen der Glashütte des Stiftes Schlägl im nahen Sonnenwald im Zusammenhang. Im Jahre 1822 drohte die Glashütte in Sonnenwald im völligen Verfall bereits dem Einsturze.

Der damalige Glasermeister Johann Plechinger (Blechinger) trat deshalb ab. Die Wiesen und Äcker wurden den verbliebenen Ansiedlern durch eine Auktion zur Benützung überlassen. Dessen Schwiegersohn Leopold Schmudermayer schloß dafür am 10. September 1822 einen Hüttenbauvertrag mit dem Direktorial- und Forstamte der Fürstlichen Schwarzenberg'schen Herrschaft Krummau ab, der von Seiner Durchlaucht Herzog Josef II. Johann, Fürst zu Schwarzenberg dto. Wien vom 17. Dezember 1822 genehmigt und am 30. April 1826 als Nr. 56 in Hüttenhof einverleibt wurde. Zufolge dieses Baukontraktes wurde Herrn Leopold Schmudermayer in dem Vorderstifter Revier im Bärnlochwalde, bei der sogenannten Schlacht unterhalb des Schwemmkanals, ein Glashüttenwerk samt allen dazu gehörenden Nebengebäuden auf eigene Kosten bewilligt. Dieser Vertrag dauerte an sich 20 Jahre (vom 1. Jänner 1823 bis 31. Dezember 1842); dann mußte um Erneuerung angesucht werden.

Bauholz bekam er aus der nächsten Umgebung zum Preise der bestehenden Untertanentaxe. Doch wurde ihm 1/4 als Unterstützungsbeitrag abgeschrieben. Die Begünstigung bezog sich auf den Bau der Glashütte, des Sandbuchers, der Schleifmühle, des Wohn- und Wirtschaftsgebäudes für den Unternehmer und der 10 Wohnhäuser für 20 Hüttenfamilien und Glasmacher. Gemäß den bestehenden Gesetzen waren alle Wohngebäude bis unters Dach von Mauerwerk zu errichten. Für diese verlangte die Herrschaft einen jährlichen Grundzins von 5 fl. C.M. Die Glashütte wurde von ihr nur zu dem Zwecke bewilligt, daß die in den Kanalschlägen rückbleibenden unschwemmbaren Abfälle und Rückstände, dann die zu Boden liegenden oder noch stehenden dürren anbrüchigen und alten Stämme (stärkste und schwächste) der Verwesung entrissen und durch Aufarbeitung die nachfolgenden Kulturen vorbereitet werden. Das Holz für den Hüttenbereich mußte durch eigene Arbeiter, also nicht fürstliche Holzhacker, aufgebracht werden und zwar jährlich 1500 Klafter in 2 1/2schuhigen Scheitern. Der Preis für die ersten 10 Jahre war: für 1 Klafter 2 1/2schuhiges stammdürres, aber noch nicht anbrüchiges: hartes Holz 1 fl, für weiches 45 kr, für anbrüchiges hartes und weiches 24 kr. Zum Heimfördern konnte die Kanal- und Moldau-Schwemme benützt, eventuell beim "Spitzenberger Rechen" ohne Gefährdung der Holzvorräte eine Filialglashütte errichtet werden. Der Bedarf des Brennholzes für die Hüttenfamilien und Arbeitsleute wurde gegen Zahlung ausgewiesen und für Viehhaltung 60 Strich Wiesengründe gegen Zins angewiesen. Bier, welches aber von Schwarzbacher fürstlichen Bräuhause zu beziehen war, Wein und Branntwein konnten geschenkt werden. Die Hüttenfamilien - waren sie Untertanen - unterlagen dem Robotgelde - waren sie Fremde - dem Schutzgelde.

Auf den Stöcken des umgelegten Waldes wurde also gemäß Vertrag die Glashütte in ihren ersten Umrissen fertiggestellt. Doch ein heftiger, brausender Wirbelsturm deckte durch eine plötzliche Erschütterung die schlecht befestigte Bedachung ab. Mit weit schallendem Getöse stürzte sie nieder. Die drinnen befindlichen Personen kamen alle mit gefährlichen Quetschungen lebend davon. Bald aber war das Dach wieder erneuert. Am 2. Dezember 1822 wurde sie vom Orts - seesorger P. Franz Freudenschuß in Beisein des Glasfabrikanten, mehrerer Beamten und einer großen Volkszahl unter einer Standrede und den hierbei herkömmlichen Zeremonien eingeweiht. Am nächsten Tage (3. Dezember 1822) wurde am Ofen unter Musikbegleitung die Arbeit begonnen. Diese Glashütte erhielt nach dem Namen des Grundherrn (Josef Fürst zu Schwarzenberg) den Namen *Josefsthal*. In Amtsbüchern - wie Tauf-Sterbe-Traubuch - erscheint zuerst der bloße Name "Glashütte"; nach dem Jahre 1831 der Name "Josephsthaler Hütte"; erst im Jahre 1835 (2 mal) und 1836 " Josephsthal"; im Jahre 1843 "Josefsthal".

Im Volksmund hieß und heißt diese Glashütte bloß "Hütte (Hitt'n); wird sie aber in Zusammenhang mit der Glashütte von Sonnenwald ("alte Hütte") gebracht - "neue Hütte" ("nai Hitt'n). Die Bewohner der Ortschaft nannte man im Volksmund auch "Hütterer". Die Arbeiter wurden zumeist von der Sonnenwalder Glashütte übernommen, kehrten aber bald wieder zurück und wurden dann Holzarbeiter. Einige Arbeiter kamen auch von der Ernstbrunner Hütte bei Salnau. Im Jahre 1863 wurden im ganzen 68 männliche und 72 weibliche, zusammen also 140 Köpfe gezählt. Sie verteilten sich auf die Herkunftsgemeinden wie folgt:

Schrems - Harmannschlag - Nagelberg - Lietschau = Niederösterreich

Aigen - Schwarzenberg = Oberösterreich

Suchenthal - Schüttenhofen - Slawatin - Chlumetz - Winterberg und Glöckelberg = Böhmen.

Es waren durchwegs deutsche Arbeiter und sprachen die oberösterreichische/bayrische Mundart bis zu der Vertreibung in den Jahren 1945/1946.

Nach Leopold Schmudermayer führte sein Sohn Johann Schmudermayer die Glashütte. Als er 1842 starb, führte die Witwe den Betrieb weiter. Sie heiratete 1843 Ricci aus Linz. Der Ertrag der Hütte verschlechterte sich, als das zur Trift ungeeignete Holz aufhörte und teureres Holz verwendet werden mußte. Der Betrieb wurde 1847 vorübergehend eingestellt, bis ihn dann Herr Wagendorffer erwarb. Es kam zu einem Aufschwung: erzeugt wurden Uhrgläser, Lampenzylinder und Medizingläser. 1862 kaufte "Carl Stölzle" die Glashütte um 25.000 Gulden, erweiterte die Produktion um einen Ofen, so daß um diese Zeit 68 männliche und 72 weibliche Arbeitskräfte beschäftigt waren. Es wurden drei Schleifmühlen, ein Pocherwerk mit 70 Stampfen und ein kleines Sägewerk mit der Wasserkraft des Hüttenbaches betrieben. Das Polieren der geschliffenen

Gläser geschah mit dem Borstenrad, mit Pappelholz- und Korkscheiben, wofür man als Poliermittel Triepel (Tripel), feinstgemahlenen Polierschiefer vom Tripelberg in Böhmen verwendete. Später bekam die Hütte eine Säurepolieranlage. Auch eine Hafenstube war eingerichtet und die Häfen und das Ofenzeug nach eigenen Rezepten angefertigt worden. Den Belegschaftsstand ergänzte Carl Stölzle mit Facharbeitern aus seinen Glashütten im Waldviertel. Erzeugt wurde vor allem feinstes Schleifglas, aber auch gewöhnliches Hohlglas. 1863 gab Carl Stölzle die Glashütte Josefsthal seiner Tochter Amalia, sozusagen als Heiratsgut, die sich mit dem Glasmeister Josef Palfinger verehelichte. Palfinger kam aber in finanzielle Schwierigkeiten, von denen er sich nie erholte.

Glasarbeiter am Glasofen in Josefsthal 1924

1878 bot er die Glashütte dem Fürsten Schwarzenberg zum Kauf an, der aber das Angebot nicht annahm. Zu allem Unglück brannte auch ein Teil der Hütte ab und er konnte nur notdürftig die Betriebseinrichtung wieder herstellen. 1891 setzten ihm seine Gläubiger eine Frist zur Zahlung, die er nicht erfüllen konnte. Es kam zur Einsetzung eines Gläubigertreuhänders, der die sukzessibe Liquidierung des Unternehmens durchführen sollte. Von den Sorgen zermürbt, erlitt er einen Nervenzusammenbruch und starb am 31. März 1892. Die Witwe mußte den Betrieb gänzlich einteilen. Der Wert der Hütte mit ihren Einrichtungen und dem Warenlager wurde amtlich mit 63.038 fl geschätzt. Um diesem Betrag erwarben die Brüder C.Stölzle's Söhne (Rudolf und Ernst), im Jahre 1894 die Glashütte Josefsthal. Frau Palfinger starb 1897. Ihr Bruder Rudolf Stölzle vermachte in seinem Testament "den Kindern seiner verstorbenen Schwester Amalia Palfinger, Anna, Carl, Hermine, Amalia und Marianne je sechstausend Gulden ö.W.". Als Verwalter wurde Emanuel Wagner eingesetzt. Es wurde feinstes Kristallglas geschliffen und graviert, auch gewöhnliches Hohlglas erzeugt.

Im Adreßbuch "Die Glashütte" wird die Glashütte Josefsthal im Jahre 1907 folgendermaßen beschrieben:

"C. Stölzle's Söhne, Aktiengesellschaft für Glasfabrikation." Glashütte Josefsthal bei Glöckelberg, Böhmen P. u. T. Glöckelberg, E. Oberplan der Budweiser-Salnauer Bahn. Eigentümer die Firma. Verwalter Emanuel Wagner.

1 Ofen, 12 Häfen, System Siebert, Torf und Holz, 3 Schleifereien mit 50 Werkstellen. Wasserkraft, 1 Dampfmaschine, 1 Motor, 200 Arbeiter, Ätzerei, Guillochierung, Schliff. Jahresproduktion 250.000 Kronen. Kranken- und Versorgungskasse.

Fabrikat: Kristall- und ordinäres Hohlglas, Service und Luxusartikel.

Die Glasfabrik wurde aber nicht zum Besten geführt. Am 7.1.1893 ging die Fabrik in die Regie der Gläubiger unter fürstlich Schwarzenberg'scher Aufsicht über. Direktor wird Karl Belohoubek. Am 8. Mai 1894 wurde der Fabrikbetrieb eingestellt und gegen 200 Personen zogen fort, um Arbeit anderwärts zu suchen. Bei der ersten exekutiven Feilbietung am 5. Juni 1895 fand sich kein Lizitant.

Als die Glashütte in Sonnenwald Ende Dezember 1900 ihren Betrieb einstellte, baute man in Josefsthal dür die in Schwarzthal (Pfarre Theresiendorf) auch von den Herren Stölzle aufgelassene Glashütte einen Glas-(streck)ofen für drei Tafelmacher (von Schwarzthal kamen 10 Familien hierher), der aber dann nicht in Betrieb gesetzt wurde. Im Jahre 1902 wurde eine neue Schleife mit Benzinbetrieb (unter Herrn Schinagl), am 25. Mai 1913 aber ein Panthograph eingerichtet. 1917 mußte die Glasfabrik wegen Kriegsfolgen (Arbeiter- und Materialmangel) vorübergehend stillgelegt werden. Im Jahre 1919 wurde der Betrieb wieder voll aufgenommen. 1924 wurde der Ofenbetrieb eingestellt. Nur die drei Schleifereien und die Pantographiewerkstätte weitergeführt. Das Rohglas wurde von Suchenthal a.d.L. und von der Hermannshütte bezogen; in Sonderfällen wurde auch von Fremdfirmen Rohglas gekauft. Im Jahre 1930, im Zuge der weltweiten Wirtschaftskrise hat Zentraldirektor Kralik von Meyerswalden die Hütte Josefsthal zur Gänze aufgelassen, die dort verbleibenden Arbeiter und Angestellten entlassen, die Gebäude teilweise abgerissen oder an siedlungswillige Interessenten verkauft und so zu Wohnstätten umgebaut. Die Sprengung des hohen Fabrikschornsteines im Jahre 1930 war somit der Auftakt für die beginnende Arbeitslosigkeit in diesem Gebiete. Viele Glasarbeiter von Josefsthal zogen fort oder mußten sich um einen anderen Broterwerb umsehen, und bei vielen Familien herrschte große Not. Nach dem Ersten Weltkrieg erfreute sich auch der nahe Hochfichtl mit seinen 1337m Seehöhe als Wintersportgebiet immer größerer Beliebtheit. Josefsthal wurde daher zu einem begehrten Aufenthaltsort für Skifahrer, vor allem aus Budweis und Krummau. Der Deutsche Böhmerwaldbund kaufte darum einen Teil der Verwaltungs- und Fabrikationsgebäude der aufgelassenen Glasfabrik und baute sie zu einem Gastwirtschafts- und Beherbergungsbetrieb (Hotel) um, der vor allem den Deutschen aus Prag, Budweis und Krummau als willkommener Erholungs- und Wintersportaufenthalt diente. Vom freiwilligen Arbeitsdienst wurde am oberen Waldstraßl eine Sprungschanze angelegt und dort auch Sprung- und Skiwettkämpfe ausgetragen. An den Sonn- und Feiertagen im Winter, sowie den Weihnachtsfeiertagen war der Ort mit Wintersportlern aus Budweis und Krummau, die fast alle mit der Bahn bis Oberplan anreisten, voll belegt. Skiausflüge wurden besonders auf den Hochfichtl und bis Holzschlag/Oberösterreich unternommen. Da es noch keine Autobusverbindung vom Bahnhof in Oberplan nach Glöckelberg oder Josefsthal gab, so mußten alle Skifahrer die 5 km lange Loipe von Vorderstift nach Josefsthal und zurück befahren, was oft in stürmischen Wintertagen sehr gefährlich war.

Der Beherbergungsbetrieb mit Hotel, Jugendherberge und Gasthof war bereits mit elektrischem Licht, das mit einem Aggregat erzeugt wurde, ausgestattet. Die Schneelage war jeden Winter voll gesichert. Im Sommer gab es viele Touristen und ständige Sommergäste, die mit dem damaligen Hotelbetrieb der Familie A. Moherndl vollstens zufrieden waren. Der Platz des Kesselhauses (Glasofen) mit Schornstein wurde zu einem Turn- und Tennisplatz eingeebnet. Die Versandpackerei diente nach 1937 als Turnhalle, der Brunnen daneben versorgte fast den ganzen Ort mit vorzüglichem Trinkwasser. Das Sägewerk Dickl, mit Wasserkraft angetrieben, stand noch bis 1945 in Betrieb und versorgte alle drei Ortschaften mit Schnittholz. In den Kriegsjahren von 1940-1945 wurde ein kleiner Rüstungsbetrieb der Handgranatenholzstiele erzeugte, errichtet. Ein Wehrertüchtigungslager der Hitlerjugend war ebenfalls dort bis 1945 in Betrieb. Am 2. Mai 1945 besetzten US-Truppen, von Glöckelberg und Ulrichsberg kommend, den Ort, wobei die letzten Kanonenschüsse (US-Flak beschoß eine deutsche JU 87, die vom Protektorat kommend, nach Bayern flog) in den weiten Wäldern des Böhmerwaldes verhallten. Die Geschichte von Josefsthal wurde geprägt durch Fleiß, zähe deutsche Arbeit und Bescheidenheit ihrer Bewohner. Die Vertreibung der ortsansässigen deutschen Ortsbevölkerung erfolgte 1945/1946 über die Lager in Krummau und weiter nach Bayern. Wer zum Abtransport bestimmt war, erhielt vom Gemeindeamt eine grüne Karte mit Angabe des Sammelplatzes (in Glöckelberg: Gasthaus Kreuzwirt; in Josefsthal die ehemalige Versandpackerei neben dem Hotel) und den Hinweis auf die bewilligten 50 Kilo Freigepäck pro Person. Aller anderer Besitz mußte ersatzlos zurückgelassen werden. Brüllendes Vieh, herrenlose Hunde und anderes Hausgetier durchzogen nach Nahrung suchend Wiesen, Felder und Wälder! Mit Tränen und voll Schmerz und Verzweiflung im Herzen nahmen die Bewohner Abschied von ihrer geliebten Heimat, doch noch in der Hoffnung auf eine spätere Heimkehr. Alle Häuser, bis auf die Versandpackerei, wurden dem Erdboden gleichgemacht. Technische Grenzsperren mit elektrisch geladenem Stacheldraht durchzogen den Ort entlang des früheren Schwemmkanales in Richtung Glöckelberg und Hüttenhof. Mächtige Waldbestände wurden abgeholzt. Schafherden mit deren Hirten und Grenzwächter sind die einzigen Lebewesen in der einst so blühenden Ortschaft. Über dem verödeten, versteppten und verwilderten Land weht nur mehr der böhmische Wind. Wildnis und Urwald wachsen wieder wie früher.

Carl Anton Stölzle
(Gründer des Glasimperiums)

Geboren am 19. September 1802 in Granitz bei Gratzen/Südböhmen. Sohn des Hans Thomas Stölzle und geb. Maria Hauer, aus zweiter Ehe. Studierte Forstvermessungswesen und war in Graz und Krems a. D. als K.K. Kastral-Forstschätzungskommisär tätig. Besitzer des Goldenen Verdienstkreuzes mit der Krone, Gemeinderat von Harmanschlag bei Weitra, Niederösterreich, Gestorben am 28. März 1865 und begraben in Brand/Nagelberg.

1. Ehe: 2.11.1830 mit Amalia Waldmann, sie starb 1831, Kinder: Carl, 1830

2. Ehe: 13.5.1835 mit Elisabeth Senflechner, gestorben 1849 in Harmanschlag, Kinder: 1836 Ferdinand, 1837 Ernst, 1839 Wilhelm, 1843 Rudolf, 1844 Amalia, verehelichte Palfinger, 1845 Maria Elisabeth, 1849 El. Karolin.

3. Ehe: 1850 mit Anna Sterba (1814 - 1890), Kinder: 1851 Heinrich, gestorben 1852, 1895 Ernestine, gestorben 1895.

Rudolf Stölzle

1843 in Joachimsthal/Harmanschlag geboren , ? getraut mit Maria Sandor

Er war ein ausgezeichneter Glasfachmann und eine dynamische Persönlichkeit, großer Arbeiterfreund und förderte das Schulwesen in Alt-Nagelberg. 1892 Verleihung des "Ritterkreuzes des Josef-Ordens" durch Kaiser Franz Josef I. in Anerkennung seiner industriellen Leistungen. Am 31. März 1898 verstarb er plötzlich und unerwartet während einer Theatervorstellung in Venedig.

Kinder: (außerehelich): Richard Franz, geb. 02.04.1898 in Alt-Nagelberg, gestorben 23.02.1969 in Linz/D.

Ernst Stölzle
1837 in Joachimsthal/Harmanschlag geboren
1863 getraut mit Maria Kührer
1896 in Wien gestorben
Er war Leiter der Hauptniederlassung in Wien und Verkaufsleiter

Glasfabrik Josefsthal Böhmerwald
Älteste Aufnahme der Glashütte um 1920

Der "Rest" von Josefsthal
Letzte Aufnahme, Sommer 1966 (Josefine Hable):
Die ehemalige Versandpackerei

(Siehe Abhandlung: "Das graue Manndl von Josefsthal")

Glasfabrik Josefsthal - Fabrik ist in vollem Betrieb. Um 1920.

Sprengung des Fabrikkamines der Glashütte Josefsthal Herbst 1930

Glasarbeiter von der Glashütte Josefsthal

Glasschleifer von Josefsthal

Kainzinger Karl, Kainzinger Rudolf, Franz Heinrich, Macho Wilhelm, (?), Bumpe Eduard, seine Kinder Adolfine und Erich, Kainzinger, Franz Richard

"Josefsthal"
Verwaltungsgebäude, Gasthaus, Herrenhaus (im Hintergrund)

Bleikristallglas von der Glashütte Josefsthal

Gasthaus Josefsthal - Gastwirt Stich

Früheres Verwaltungsgebäude
Ab 1943 Hitlerjugendwehrertüchtigungslager bis 1945

Josefsthaler Kinder vor dem Gasthaus. 1934.

Ältere Generation von Josefsthal. Um 1920.

Aufbruch zum freiwilligen Skisprungschanzenbau 1932 in Josefsthal
1. Reihe: Walter Mikuiasch, Arzt, gefallen, Alfred Bilowitzky, Dr. Erich Weigl
2. Reihe: Slunecko, Mascheck Alois, Lehrer, dzt. Augsburg, Wunderlich Wolf, Ing., dzt. Salzburg
Alle waren Skifahrer aus Budweis

Glashütten Josefsthal. Verwaltungsgebäude. 1930

Berufe, die mit der Glashütte zu tun hatten

Holzhacker: Holz schlägern, transportieren und ofenfertig machen

Puchermann (Pocher): Betreuer der Kiesstampfe

Schürer: Das Feuer mußte an Arbeitstagen rund um die Uhr geschürt werden

Schmelzer: Verantwortlich für die Glasschmelze

Glasmacher/Kreidenglasmacher/Tafelmacher: Formten das Glas je nach Auftrag

Glasarbeiter: Hilfsarbeiter in der Hütte

Modelmacher/Formdreher: Hersteller der Hartholzformen, in die das Glas eingeblasen wurde und so bestimmte Formen erhielt.

Tragbuben: Trugen das fertige Glas vom Ofen in die Magazine

Glasschleifer/Uhrglasschleifer/Stöpseleinbohrer: Glasbearbeitung mit verschiedenen Schleifscheiben zum Endprodukt

Glasschneider: für notwendigen Glasschnitt zuständig

Glasmaler: für den Glasdekor zuständig

Zinngießer: für Bierdeckelguß u.a. ähnliches zuständig

Einbinderin: vor Abtransport wurde das Glas in Stroh und Holzwolle eingebunden und in Holzkisten verpackt

Faktor: Werkführer mit Oberaufsichtsbefugnissen, Kanzleidienst, Abrechnung und Auszahlung an Arbeiter und an Handwerker

Glasmeister: Glashüttenherr und Eigentümer der Glashütte

Werkzeuge der Glasmacher

Hohlglasmacherpfeife, Stielschere, Anfangeisen, Pitsche, Kelchmacherpfeife, Kelch, Hefteisen, Handbalett, Wälzplatte, Henkeleisen, Abschneidschere, Löffel, Lochschere, Wassertrog, Auftreibschere

Entlohnung der Hüttenarbeiter

Der Lohn wurde nicht regelmäßig den Arbeitern in bar ausbezahlt, sondern auf ein Lohnkonto gutgeschrieben. Schlußabrechnung erfolgte nach Ablauf einer "Hitze" (Zeitraum zwischen Neuzustellung und Inbetriebnahme des Ofens bis zu seinem Erlöschen). "Ofenreise" = dauerte zwischen 25 und 50 Wochen. Während dieser Zeit entnahm der Arbeiter seinem Konto das "Kostgeld" (Betrag für Lebensunterhalt und größere Ausgaben, wie Hochzeit, Taufe usw.). Die Hüttenleute bezogen vom Glasmacher auch Waren des täglichen Bedarfes, wie Fleisch, Korn, Tuch, Salz u.a. zu Lasten ihres Kontos. "Baaderrechnung" = Schulden beim Schuster, Schneider und Wirt u.a. "Robisch" = Verrechnung des Bierkonsums im Hüttenwirtshaus. Der Robisch waren zwei gleich lange Brettchen ineinanderpassend, bei Verbrauch wurden in beide Brettchen 1 Kerbe geschnitten. Abrechnung erfolgte auf dem Lohnkonto in der Hüttenkanzlei. Durch diesen bargeldlosen Bezug erfolgte übermäßig großer Bier- und Branntweinkonsum der Glasarbeiter. Um 1880 wurde der Robisch behördlich untersagt, dafür wurden in Wichsleinwand gebundene, kleine Einschreibbüchel eingeführt. Neben der Guldenwährung gab es auch Bezahlung mit *"Banco Zettel"*, ein inflationistisches Papiergeld, das zur Finanzierung der Kriege emittiert wurde.

Versand:

Das fertige Hohl- und Tafelglas wurde mit Holzwolle in Kisten, für den Seetransport in Fässern aus weichen Dauben verpackt, die mit gespaltenen Birkenruten zusammengehalten wurden. Zentrale Figur in der Hüttengemeinschaft war der Glasmeister: Er verfügte über ein universelles Wissen und Können über Ofenbau, Hafenherstellung, Tonaufbereitung, Glaszurichtung und Schmelzvorgang. Ihm zur Seite stand der Hüttenschreiber. Er hatte die Kassengebarung, Lohnverrechnung, Lohnkonti der Arbeiter, sowie am Ende der "Hitze" (Laufzeit) eines Ofens die sogenannte "Hitzerechnung" aufzustellen.

Formenmacher: Ihm oblag die Anfertigung der Glasformen, Model aus Buchenholz.

Schmelzer: Ihm oblag die Durchführung der Schmelze; er trug eine weiße Schürze (Fürta). Von seinem Können hing die Güte des Glases ab. Das Rezeptbuch der Gemenge war sein Geheimnis und oft in Geheimschrift abgefaßt. Schierer oder Schürer: Er war verantwortlich für die Heizung des Ofens. Als "Antriebskraft" für Schleifereien, Pochert und Sägen wurden Wässer aus Bächen und Teichabflüssen benützt. Erst später wurden Dampfmaschinen oder Motoren miteingebaut, um bei Wassermangel die Produktion weiterzuführen. Als Heizstoff war anfangs nur Holz, Holzstücke und Torf, später auch Kohle und Gas verwendet worden.

Temperaturen im Glasofen:

Schmelztemperatur: 1500 Grad Celsius Arbeitstemperatur: 1.200 Grad Celsius

Dauer: 12 Stunden

Glasfluß: geschmolzenes Glas, bereit zur Verarbeitung

Allgemeines über Glaserzeugung:
Für die Herstellung des Glases benötigt man bekanntlich Quarzsand, Pottasche, Soda, auch geringfügig Glaubersalz und Kalk oder Bleioxyd. Während Pottasche, Soda und Glaubersalz als Flußmittel bei der Schmelze dienen, verleiht Kalk oder Bleioxyd dem Glas nicht nur den schönen Glanz, sondern macht es auch gegen atmosphärische Witterungseinflüsse widerstandsfähig.

Quarz: (Kieselsteine). Dieser wurde im Kiesofen geglüht, mit kaltem Wasser abgeschreckt und so im Gefüge weich gemacht. Der "Pucher" (Pocher) zerstampfte die Steine zu Sand. Auch Glasreste von gereinigten Hafenschalen wurden aufbereitet.

Pottasche: Die Erzeugung war meistens ein Nebenbetrieb. Die Holzasche wurde in der "Flußhütte" in große, mit Wasser gefüllte Bottiche gegeben, woraus sich Lauge bildete. Diese wurde verdampft, und die "schwarze Pottasche" blieb übrig. Im "Kalzinierofen" brannte man diese zur "blauen Pottasche" (geeignet für gewöhnliches Glas). Aus der blauen Pottasche wurden weiters durch verschiedene Prozesse "weiße Pottasche" erzeugt (geeignet für feineres Glas). Der Bedarf an Pottasche war groß, weshalb solche von Haushalten, Aschenbrennern und vom Ausland angekauft werden mußte.

Soda: Dieses Flußmittel mußte zuerst aus Schottland, Spanien und Frankreich eingeführt werden. Später wurde Soda künstlich hergestellt und Glaubersalz zur Glasschmelze herangezogen.

Kalk: Er ist ein weiterer Rohstoff für die Glaserzeugung, bezogen wurde er von Kalköfen oder naheliegenden Kalksteinbrüchen.

Glasmischung: vom 9. Juli 1928 laut Schloßarchiv Großpertholz/Waldviertel: 100 Pfd. Sand, 60 Pfd. Oberalmer Glaubersand, 200 Pfd. Glasscherben, 19 Pfd. Kalk, 9 Pfd. Smalte = eine Glasmasse mit Kobalt -(II)-oxyd geschmolzen, in Wasser gelöscht, pulverisiert und dem Gemenge beigemischt. Glas ist also ein aus dem Schmelzfluß amorph. erstarrtes Gemisch von Kieselsäure und Silikaten und besteht aus Quarz, Pottasche, Soda und Kalk in einem bestimmten Mischungsverhältnis.

Der Glasmacher

Die Arbeit des Glasmachers spielt sich vor der Arbeitsöffnung des Hafens, der sogenannten "Werkstatt" ab. Dort bildet der "Gesell", der in Wirklichkeit der Meister war, mit seinen Gehilfen, Körblmacher und Einträger eine Arbeitsgruppe. Der Glasmacher hatte sich einer Lehre zu unterziehen; meist waren es Glasmachersöhne, die schon in frühester Jugend als Einträger dem Glasmacherberuf zugeführt wurden und schon viele Stunden des Tages und auch der Nacht in den heißen, rauchigen, staubigen und zugigen Hütten zubringen mußten. Die Lehre dauerte beim Schleif- und Kreidenglasmacher fünf, beim Tafelglas- und

Flaschenmacher vier Jahre. Die Zahl der Ausbildung von Glas- machern war eine Beschränkung unterworfen. Auch Auswanderungsverbote wur- den verhängt, um diese Kunst dem Inland zu erhalten. Das Lernen der Ausfertigung der verschiedenen Glassorten war die eigentliche "Lehre" des Glasmachers. Sie verlangte von ihm nicht nur Übung und Geschicklichkeit, sondern auch ein natürliches Formgefühl, eine Art von Kunstbegabung, die im Handwerklichen ihr Wesen hat. Nicht jedem Glasmacher war diese Fähigkeit zu eigen, und so mancher mußte sein Dasein lebenslang als Gehilfe fristen. Nach beendeter Lehrzeit wurde der Lehrling unter mannigfaltigen Zeremonien vom Glasmeister freigesprochen und bekam einen "Lehrbrief". Er war damit berechtigt, eine Werkstatt zu führen, durfte auch heiraten und auf einer anderen Glashütte Arbeit annehmen. Der "Obergesell" war der beste Glasmacher der Hütte und hatte ob seiner Autorität eine Art Vertrauensstellung zwischen Hüttenherrn und Arbeiterschaft inne. Das wichtigste Werkzeug des Glasmachers ist nach wie vor die Glasmacherpfeife, die, je nach Glassorte, eine unterschiedliche Rohrstärke hat. Die Pfeife des Hohlglasmachers hat zum Unterschied von der des Kelchglasmachers ein Mundstück aus Messing und ein Handstück aus Buchenholz, um einerseits der Hand des Glasmachers vor dem heißen Pfeifenrohr Schutz zu bieten, aber andererseits die Hantierung beim Vorformen, vor allem das Drehen, zu erleichtern. Durch die vielen Nebenarbeiten betrug die Arbeitszeit der Glasmacher im vorigen Jahrhundert 14 bis 16 Stunden. Der Schmelzprozeß währte 24 bis 36 Stunden. Während der Arbeit mußten öfters Pausen eingelegt werden. Die Glasmacher mußten jeden Tag die Hafen vollständig ausarbeiten und die vorgeschriebene Zahl von Gläsern anfertigen. *(Entnommen aus "150 Jahre Stölzle-Glas" von Alois Gratzl, 1985)*

Wie entstand Glas?

Reiner Quarzsand wird unter Beigabe von Kalk, Soda und Pottasche bei einer Temperatur von 1500 Grad Celsius geschmolzen.

Was ist Glas?

Glas ist resistent gegen die meisten chemischen Einflüsse - es bleibt durch Jahrhunderte unverändert - es ist lichtdurchlässig und druckfest um 80 kg/mm (wie Gußeisen) - es ist hart wie Stahl - es ist thermisch und elektrisch sehr gut isolierend.

Der Glasschmelzofen war das Herzstück einer jeden Glashütte. Er stand stets in der Mitte einer Hütte und an ihm wurden mit Ofen zu 6 oder 8 Hafen gearbeitet. Im südböhmischen Raum war der mit Scheitholz gefeuerte, "böhmische Ofen" in Verwendung. Seine Bauart soll um 1680 in Südböhmen entwickelt worden sein. Um 1681 wurde er auf der "Buquoyschen Glashütte" in Gratzen zum erstenmal in Betrieb gesetzt. Er mußte auf trockenem Boden stehen und bei den Häfen ist ein guter feuerfester Ton erforderlich. Geheizt wurde mit 1,25 m langem w. Scheitholz, was vorher gedörrt wurde. Für die Schmelze wurde das gedörrte leicht entflammbare Fichtenholz verwendet, während für das Ausarbeiten der Glasmasse das langsam verbrennende, aber mehr Hitze gebende Buchenholz besser geeignet war. Pro Ofen waren 5.000 Raummeter Holz im Jahr erforderlich.

Beschäftigte Arbeiter aus den Jahren 1824/1825
(Von Walter Franz)

a) Glasmacher

Josef Plechinger (Barbara Prexl), Josef Koller (B. Prexl), Josef Pankratz (Franziska Plechinger), Josef Bock (A.M. Tischer), Anton Pankratz (M. Anna Schwingenschlögl), Andreas Holetz (1827 aus der Ernstbrunner Hütte, Anna Blechinger), Franz Blechinger (1827 Elisabeth Simon).

b) Glastafelmacher

Matthias Kirsch (Magdalena Graf), Michael Freysmuth (Rosina Nachtmann), dessen Sohn Josef Freysmuth (M. Anna Sommer).

c) Glasschleifer

Josef Müller (M. Anna Hocholdinger), Karl Müller, dessen Vater (Margarete Honetschläger).

d) Glasschneider

Ignaz Kraml, (1824, Theresia Resch).

e) Schürer

Theresia Häusler und 2. Margarete Auer), Michael Keim (M. Hofmann), Michael Grois (1830,M. Hofann), Johann Grois.

f) Holzhauer

Franz Graf (Elisabeth Mayerhofer), Sebastian Graf (Barbara Poferl), Franz Prexl (M. Anna Pangerl).

g) Glasschmelzer:

Philipp Prexl (Elisabeth Pfeffer), Jakob Prexl, Georg Feichl (1851),

h) Faktor:

:(1828 Werkführer: Anton Blechinger (Theresia Kiesenbauer),

i) Bucher (= Pocher) = Mann: Wenzl Pröll (1830).

Beschäftigte Arbeiter aus den Jahren 1863

Glasschleifer Johann Oberhofer, Josef Müller, Ig. Winter, Herm. Friedrich, K. Kreiner,

Glasmacher: Anton Beck, Anton Pankratz, Jos. Schneider, Joh. Apfelthaler,

Tafelmacher: Michael Freysmuth, Matthias Fechter, Georg Riebl, G. Biebl,

Schmelzer: Sebastian Graf 1858,

Schürer: Johann Groiß, Karl Blechinger, 1860 Johann Blechinger,

Glasschneider: Josef Jungbauer, 1859;

Müller: 1844 Mathias Gayer, 1860 Heliodor Stifter,

Formdrechsler: Martin Jarosch

Die Glashütten Sonnenwald, Hüttenhof und später Josefsthal bedingten nicht nur den wirtschaftlichen, sondern auch den kulturellen Aufschwung des Ortes. Ursprünglich im tiefsten Urwald versteckt, mußten erst Wege gebahnt werden, um zum Aufstellungsort der Hütte zu gelangen, von wo aus die Hüttenerzeugnisse zur Donau und weiter nach Linz und Wien oder zur Moldau und dort weiter nach Prag, Dresden und Hamburg geliefert werden konnten und von wo aus auch die Hüttenleute für ihre leiblichen und geistigen Bedürfnisse versorgt werden konnten. Die Glasmacher kamen meist von weit her, brachten nicht nur Licht durch die Rodungen, sondern auch Bücher, Volkslieder, Musik u.a. in den Urwald.

Nach Fertigstellung des Schwarzenberg'schen Schwemmkanals 1793 begann die Holztrift übern Rosenhügel, Mühl zur Donau und weiter nach Linz und Wien. Bei der Vorbereitung des Holzes für die Schwemme mußte anbrüchiges- und Gipfelholz ausgeschieden werden, da es sich für die Schwemme nicht eignete. Der Abfall betrug ca. 16 % des schwemmbaren Holzes. Dieser Abfall wurde in der ersten Schwemmperiode, da man für ihn keine Verwendung und Absatz fand, der Vermoderung freigegeben. Später kam man auf den Gedanken, dieses Abfallholz für die Glasfabrikation zu verwerten. So entstand bei der Einmündungsstelle des Bärnlochbaches in den Schwemmkanal die Glashütte (1822) Josefsthal, in der jährlich bis 2000 Klafter des Abfallholzes verwertet wurden.

Für die Glaserzeugung brauchte man viel Holz, dann Pottasche und Quarzkies. In den umliegenden Ortschaften wurde fast in allen Häusern Asche zu "Fluß" (Pottasche) gesotten und in den Bächen der angeschwemmte Kies gesammelt und an die Glashütten zu guten Preisen verkauft. Um den Kies zum Schmelzen zu bringen, wurde "Fluß" (also Pottasche) verwendet, den man aus Asche gewann. In früheren Jahrhunderten wurden ganze Waldstrecken zu Asche verbrannt, damals oft die einzige Verwendungsmöglichekeit für das viele Holz, weil der Abtransport fast nicht möglich war. Die Holzasche wurde in großen Kesseln gekocht, abgelaugt und der zurückbleibende Satz wurde "Fluß" genannt. Manchmal lagen diese Sudhäuser abseits von der Glashütte. Zwischen Hinterhammer und Vorder-Glöckelberg wurde eine Häusergruppe nach dieser Beschäftigung "Sudlstatt" (Sudlstadt) benannt. Den Kies brannte man zuerst in großen Öfen. Noch im glühenden Zustand warf man ihn in Wasserbottiche und wurde so zum Stampfen (pochen) fertig. Der gepochte und gesiebte Kies wurde mit "Fluß" vermischt und im Schmelzofen zur Glasmasse geschmolzen. Nun konnten die Glasmacher die benötigte Menge (Glasfluß) mit der Glasmacherpfeife aus den Schmelztiegeln entnehmen und daraus ihre Formen arbeiten. Die Glashütte Josefsthal wurde später (1822), als die sogenannten "Kanalhäuser" angelegt wurden, erweitert, lag aber zwischen den beiden Teilen von Hüttenhof und umfaßte folgende Gebäude:

2 Hüttengebäude, 2 Gasometerhäuser, 2 Kamine, 1 Beamtenhaus, 2 Pocher mit Wasserantrieb, 1 Herrenhaus mit Nebengebäude, Schleifereien f. Glasschleiferei, ein Gasthaus, 1 Gattersäge mit Wasserantrieb, 11 Arbeiterwohnungen (Gebäude), eine Kreissäge mit Wasserantrieb.

Als leitende Herren waren bis zur Stillegung im Jahre 1930 tätig:

Leopold Schmudermayer von 1822 als Eigentümer

Carl Stölzle von 1862-1863 als Pächter

J. Palfinger von 1863-1894 als Besitzer

K. Belohoubek (F. Sch.) von (?)-1894 als Direktor

Rudolf u. Ernst Stölzle von 1895-1930 als Besitzer

Emanuel Wagner von 1897-(?) als Verwalter

Julius Wotzel von 1912 als Verwalter

J. Beran von als Verwalter

H. Rodinger von 1902-1930 - Raffinerieführer bis zur Stillegung

Wasserkraft: Bärnlochbach - Hüttenbach

Oberhalb Josefsthal und westlich des "Kolmateiches" zweigt sich ein künstlich angelegter Wasserlauf als "Mühlgraben" ab zur "Hüttenhofmühle", um genügend Wasserkraft dieser Mühle zuzuführen und vereinigt sich hier mit dem "Almbach". Die sinnvolle Anlegung des Gerinnes und Nützung seiner Wasserkraft für die Glashütte war wie folgt: Ein Seitenarm im Wald oberhalb der Ortschaft wurde zum "Pocher" umgeleitet. Dort wurden durch Wasserkraft mittels Wasserrad die Quarzsteine zu Quarzsand samt dem Bruchglas zerkleinert, um dieses Material der Glashütte für die Erzeugung von Glas zuzuführen. Dieses Wasser des Seitenarmes wurde in einem Holzgerinne über den Schwemmkanal weiter zum Betrieb der Hüttensäge geleitet; und wieder weiter floß das Wasser zur "Oberen Glasschleife". Dort trieb die Wasserkraft ein fast 6 m im Durchmesser großes Wasserschaufelrad die gesamte Glasschleife mit ca. 20 Schleifständen an, vereinigte sich wieder mit dem Hüttenbach und floß entlang von vier Arbeiterhäusern, denen sie Nutzwasser für Haushalt und Viehhaltung zur Verfügung stellte, eine Art Freiwasserleitung, in einem Holzgerinne zur sogenannten "Dickl-Säge". Diese Säge, genannt nach dem Besitzer, versorgte wiederum den Bedarf der Glashütte und deren Umgebung bis Hüttenhof und Glöckelberg mit Brettern und Bauholzzuschnitten. Das Wasser des Hüttenbaches floß weiter und setzte nach ca. 100 m eine Mühle in Betrieb. Fast unglaublich, immer noch war die Kraft dieses Bachwassers nicht erschöpft! Auf einer ca. 400 m langen Holzbrettrinne im Durchmesser von ca. 80 cm im Geviert und auf bis 10 m hohen Steinmauersäule in Abständen von 5 m lagernd, floß das Bachwasser zur "unteren Glasschleife" mit wohl dem größten Wasserschaufelrad im ganzen Glashüttenbetrieb. Dort zeigte es letztmalig seine Kraft und setzte viele Transmissionen und Schleifanlagen innerhalb der von der Glashütte erzeugten

Glaswaren verschiedenster Art, insbesonders Bleikristallgläser, in Bewegung. In Zeiten, wo nicht genügend Wasser zur Verfügung stand, den Betrieb all dieser sechs Werke in Bewegung zu setzen, wurden an den zwei letzten Schleifbetrieben zusätzlich "Motorhäuser" installiert, in denen kräftige Dieselmotoren die Arbeitsfunktion der stillstehenden Wasserräder übernahmen. Somit wurde durch genaue Durchplanung und Ausnützung des Gefälles eine fast das ganze Jahr zur Verfügung stehende Wassermasse zum Vorteil der Glashütte genützt, ohne daß eine andere Energiequelle benötigt wurde und insbesondere ohne Anfall von Kosten, denn das Wasser stellte die Natur kostenlos zur Verfügung. Wahrlich ein Beispiel sinnvoller Einsparung für die kostenaufwendigen Industrieanlagen in der heutigen modernen Zeit. Oft gab es im Sommer nach heftigen Gewitterregen auch Probleme mit der Abführung der großen Wassermassen, um Schäden an den Betriebsanlagen zu vermeiden. In den kalten Wintermonaten waren durch Zufrieren der Wasserrinne und totale Vereisung der Wasserräder viele Arbeitszeitausfälle zu verzeichnen. Die Wasser des Hüttenbaches waren eher nicht nur für den Betrieb der Glashütte so wichtig, fast lebensnotwendig. Im oberen Bärnlochwald wurde für die Viehtränke der Almwirtschaft auf den Abhängen und Almwiesen des Hochfichtes und Gupferten Berges ein großer Teich angelegt. Der Wasserzulauf für diesen oft 3 - 4 m tiefen Teich, den "Kolma-(Kälber) Teich" erfolgte ebenfalls vom Bärnlochbach. Der Teich selbst war nach Auflassung der Almwirtschaft durch die Fürst Schwarzenbergische Herrschaft für die Aufzucht von Bachforellen verwendet worden und bot uns Jungen Gelegenheit, so manche Forelle verbotenerweise daraus zu fischen. Aber auch als Bademöglichkeit im Hochsommer war sein stehendes Gewässer inmitten von Wald bestens geeignet. Er galt als beliebtes Ausflugsziel von allen Sommergästen und Einheimischen, insbesonders aber an Sonntag-Nachmittagen. Verschiedene Sitzgelegenheiten am schattigen Teichdamm wurden errichtet. Er bot inmitten des Hochwaldes einen Ort der Stille und Erholung. Seine Wasser waren aber auch

Der ›Kolmateich‹

eine große und unentbehrliche Notwendigkeit zum Betrieb der Käserei auf der Alm am Hochficht. Das Wasser des Bärnlochbaches war rein und klar und hatte nach heutigen Begriffen Trinkwasserqualität. Ähnliche Eigenschaften dieses Bergwassers findet man fast nirgends mehr in den jetzigen Waldregionen. Im Bach selbst gab es eine Unmenge Bachforellen aller Größen - ein Fisch-El-Dorado für uns Buben. An seinen Bachufern wurden von uns Jungen kleine selbstgebastelte Wasserräder fast aller Größen in Betrieb gesetzt und erfreuten fast alle Bubenherzen. Sein Wasser diente dem Haushalt und der Viehtränke vieler Hüttenarbeiter. Wiesen und Äcker, die an trockenen steinigen Hängen lagen, wurden mit seinem Wasser begrünt und lieferten so reichere Ernte. In den untersten Talwiesen wurde sein Bachbett erweitert und angestaut und daraus ein Badebecken angelegt. In den heißen Sommertagen tummelten sich alt und jung in seinem reinen und frischen Wasser. Er war der Lebensnerv unserer Ortschaft im wahrsten Sinne des Wortes.

Nachtrag zur Ortsgeschichte von Josefsthal

Auch nach der Vertreibung der deutschen Ortsbevölkerung von Josefsthal ging das "Leben" in diesem einsamen Walddorf doch noch einige Jahre weiter, aber in einem anderen Rhythmus, in einer anderen Art und durch andere Menschen. So berichtet Herr Robert Franz, Linz/D. als letzter Zeuge deutscher Zunge noch folgendes:

"Ich war damals 12 Jahre alt, mit meinen Großeltern Richard und Agnes Franz noch bis 1940 als österreichischer Staatsbürger in Josefsthal Nr.14 verblieben. Mein Großvater war bei der Gemeinde Glöckelberg (Narodny Vibor) als Hilfskraft beschäftigt und wurde auch von dort entlohnt. Ich selber war bei der von den Tschechen neu errichteten Kolchoswirtschaftsstelle als "Pferdebetreuer" in Verwendung. Meine Aufgabe bestand darin, ca. 12 Pferde, die im Stall von Haus Hruza Nr. 12 untergebracht waren, zu füttern und zu versorgen. In den Sommermonaten von 1947-1949 und auch noch später waren viele tschechische Studenten in Josefsthal, Glöckelberg und Hüttenhof zu Ernstearbeiten eingesetzt. Ihre Unterkunft befand sich im "Großen Haus Nr. 15, im Pfarrhaus Nr. 13 und im Löfflerhaus Nr.21". In der "Waldheimat" Nr. 20 war der Verwalter mit seiner Familie untergebracht. Auch versuchte man, Zigeuner in den drei Ortschaften anzusiedeln, was jedoch auf Grund deren Wandertriebes zum Scheitern verurteilt war. Ein weiterer Versuch war, die Schaf- und Rinderzucht als zukünftigen Erwerbszweig einzuführen, wobei die Tiere in der früheren Versandpackerei Nr. 19 ihre Stallungen hatten. Aber auch dieser Versuch mißlang später. Die erforderlichen Maschinen stammten alle aus den USA. Das Futter für die Tiere wurde von den Studenten im Sommer eingebracht und am Dachboden der Versandpackerei für den Winter gelagert. Einige wenige Familien, die als "Antifaschisten" galten, wohnten noch bis 1948 in den drei Ortschaften, wurden aber dann in das Landesinnere (B. Krummau - Budweis) übersiedelt. Meinem Großvater wurde die Wahl gestellt, entweder auch in das Landesinnere oder nach Österreich auszuwandern. Wir entschieden uns, nach Österreich zu gehen. In Josefsthal waren wir (Fam. Franz) und in Glöckelberg die Fam. Kary/Gasthaus, die letzten deutschen Bewohner im Jahre 1949. Hüttenhof war völlig entvölkert, die umliegenden Wiesen und Felder wurden nicht mehr bearbeitet und dienten so als Weidefläche für Schafe und Kühe."

Blick vom
Verwalterhügel
in Richtung
Haus Nr. 14

Josefsthal

Traurige Reste der ehemaligen Versandpackerei
(vom Hotel aus aufgenommen am 05.04.1990)

Familie Heinrich und Marietta Rodinger, Josefsthal Nr. 2

Auszüge, entnommen dem handgeschriebenen Familiengedenkbuch vom Jahre 1929 und 1952, mit Zustimmung von Frau Lisl Stiny, 2. Tochter von Rodinger

Heinrich Rodinger

Am 2.07.1874 erblickte ich als ehelicher Sohn des Glasmachers Eduard Rodinger und seines Eheweibes Maria, geb. Köck, in Nagelberg/Niederösterreich das Licht der Welt. Meine Mutter erkrankte beim vierten Kind an einer Lungenentzündung. Mit 10 Jahren verlor ich meine Mutter. Wir waren drei Geschwister: Ich, mein älterer Bruder und meine Schwester Maria. Mit 12 Jahren wurde ich als Einträger zum Mitverdienen herangezogen. Da ich körperlich dieser schweren Arbeit nicht gewachsen war, sollte ich bei meinem Onkel das Schneiderhankwerk erlernen. Später wurde ich durch die Protektion des Hr. Direktors Bergner mit Kanzleiarbeiten betraut. Da es zu Hause immer Streit gab, zog ich zu meinem Großvater und Tante Mathilde. Im Oktober 1897 verließ ich den Posten in Nagelberg und nahm eine Stellung in Moosbrunn bei Wien an. Da man mich dort immer mehr in Verdacht hatte, ein Betriebsspion der Fa. Stölzle und Söhne zu sein, ging ich im Jänner 1899 als Hüttenmeister nach Pirano zur Fa. Salvetti und Co.. Doch schon im Mai 1900 trat ich wieder aus und ging nach Neunagelberg zu meiner Stammfirma als Manipulant. Im Feber 1902 wurde ich nach Georgenthal versetzt und von dort im Juli 1902 nach Josefsthal abberufen. Am 15. März 1902 starb mein Vater. Nun gab es für mich kein Zuhause mehr. So gründete ich einen eigenen Hausstand: Am 8.11.1903 fand meine Trauung mit Marietta, geb. Inwinkl, Tochter des Jakob Inwinkl und seiner Ehefrau Elisabeth, geb.Glocker, statt. Dieser Ehe entsprossen folgende Kinder: Elisabeth: 28.08.1904 - Guido: 15.12.1905 - Maria: 06.08.1912, alle geboren in Josefsthal. Meine Tochter Elisabeth (Lisl) verheiratete sich 1925 mit Hans Stiny, Schwarzenbergischer Forstverwalter. Sie hatte die Bürgerschule, die Handelsschule und eine Haushaltungsschule in Budweis besucht. Mein Sohn Guido (Wido) besuchte die Bürgerschule, die Lehrerbildungsanstalt und den Kurs für Glashüttentechnikerin Haida/NB. Nachdem er zwei Jahre als Glashüttentechniker in Saxen/OÖ. tätig war, mußte er den 18monatigen Militärdienst der CSR ableisten, ehe er nach seiner Rückkehr als Volksschullehrer in den Orten Ogfolderhaid und Ratschin angestellt wurde. Im Zweiten Weltkrieg war er Soldat und geriet im Mai 1945 im Kurland in russische Kriegsgefangenschaft, kehrte nach 10 Jahren zurück, war in Heidelberg Studienrat und starb 1986 dortselbst nach Hinterlassung von vier Kindern. Die jüngste Tochter Mizzi besuchte die Bürgerschule in Oberplan und Klagenfurt, sowie die Haushaltungsschule in Prachatitz. Im Jahre 1930 wurde die Glashütte Josefsthal gänzlich stillgelegt, der Ofen abgetragen und der Kamin durch Pioniere gesprengt. Die einzelnen Häuser kamen durch Verkauf an Privatleute und den Deutschen Böhmerwaldbund. Dadurch erreichte ich, daß die Ortschaft den Deutschen erhalten blieb. Ich selbst kaufte das Haus Nr. 2, übersiedelte aber am 24.10.1930 nach Suchenthal, wo ich die dortige Glasraffinerie als Leiter übernahm. Die Firma C. Stölzle existiert heute nur mehr dem Namen nach. Das Kapital ist in den Händen einer Bank. Als Generaldirektor fungiert Herr Gottlob Kralik v. Mayerswalden. Das Jahr 1931 kann als besonderes Krisenjahr bezeichnet werden.

Im Jänner 1932 wurde auch in Suchenthal der Betrieb eingestellt, nachdem vorher noch ansehnliche Summen in Neu- und Umbauten gesteckt wurden. Ich selbst übersiedelte mit den Einrichtungen und einem Teil der Belegschaft im

April 1932 als Raffinerieleiter in das Schwesterwerk Hermannshütte. Suchenthal ging teilweise in tschechische Hände über. einige Wohnhäuser wurden an abgebaute Arbeiter verkauft. Mit dem Verkauf dieses Werkes ging auch Eugen Stölzle, letzter Chef dieser Gründerfirma, durch Abbau in Pension.

Mit dem Tode Dr. Adolf Stölzles, des letzten Präsidenten, war das Schicksal der alten Firma besiegelt. Die Gesellschaft zerfiel in zwei selbstständige Teile, einer österreichischen und einer tschechischen Aktiengesellschaft mit großem Bankeinfluß. Mit der alten Gemütlichkeit war es vorbei. Im Juli 1934 erreichte ich das 60. Lebensjahr und damit die Altersgrenze zur Pensionierung. Ich ersuchte um die Enthebung vom Diesnt und kam ab 1.10.1934 in den Genuß der Pension. Am 7.10.1934 übersiedelten wir wieder zurück in unser Heim in Josefsthal. Unsere jüngste Tochter Mizzi heiratete am 16. Mai 1932 Ludwig Wolfrum, der damals Oberlehrer an der Volksschule in Suchenthal und später Oberlehrer an der Volksschule in Raudnig bei Aussig war. Unser Sohn Guido verehelichte sich als Schulleiter in Ratschin mit seiner Braut Johanna, geb. Macho aus Obermoldau (Gasthof). Datum: 28.04.1934.

Bemerkung des Sohnes Guido:

Da ich im Gedenkbuch nichts über den Tod meines Vaters finde, möchte ich dies hier nachtragen: Mein Vater starb am 11.02.1938 in Josefsthal an einer Grippe, die letztlich eine verkapselte Jugend-Tbc zum Ausbruch brachte. Als leidenschaftllicher Jäger hatte er an einer winterlichen Treibjagd teilgenommen, war im Fürst Schwarzenbergischen Schwemmkanal eingebrochen und hatte trotz nasser Kleider die Jagd nicht abgebrochen. Nach einer darauffolgenden Grippe zeigte sich allmählich Atemnot, und bei einer Durchleuchtung wurde eine kronengroße TB-Stelle festgestellt. Da er es in einem Sanatorium in Nordböhmen nicht aushielt, kam er in sein Heim zurück. Trotz Fürsorge und guter Pflege war er nicht mehr zu retten. Er wurde im Familiengrab auf dem Friedhof zu Glöckel- berg beigesetzt. Krieg und Vertreibung blieben ihm erspart. Er hatte sich aus dem Arbeiterstand emporgearbeitet und zeichnete sich durch seine große Treue zu seiner Firma aus. Sein Sinn für Rechtlichkeit war besonders ausgeprägt. Trotz seiner unbestechlichen Volkstreue war er auch von den Angehörigen des Nachbarvolkes geschätzt und geachtet. Vielleicht war es eine Gnade, daß er den Raub seines Lebenswerkes nicht mehr erleben mußte.

Marietta Rodinger, geb. Inwinkl

Am 6.11.1876 erblickte ich das Licht der Welt in St. Jakob im Lesachtale/ Kärnten. Mein Vater, der am 21.12.1846 in Untervillach/Pustertal (Tirol) als Sohn des Besitzers Sebastian Inwinkl und dessen Ehefrau Apollonia, geb. Mitteregger, geboren wurde, studierte an der Lehrerbildungsanstalt in Bozen. Er wurde in St. Jakob angestellt, später war er provisorischer Schulleiter in Kötschach und Mühldorf im Möltale.

Reise nach Josefsthal/Böhmerwald:

Am 3.11.1903 fuhren wir, meine Mutter, Bruder und ich von Villach nach Budweis. Am 7.11. fuhren wir weiter nach Oberplan. Nun wurde die Heimat meines Lieblingsdichters Adalbert Stifter auch meine Heimat. Hier sollte ich den vielbesungenen grünen Böhmerwald mit seinen lieblichen Ortschaften, den stillen dunklen Wäldern kennen und lieben lernen. Geliebt hatte ich ihn ja schon lange, denn die Sprache des Dichters hatte sich zutiefst in mein Inneres eingegraben. In Oberplan erwartete uns mein Bräutigam mit einem mit zwei Schimmeln bespannten Wagen. Auf dem Bock thronte ein uniformierter Kutscher. als wir durch das Bärnloch gegen Josefsthal kamen, sahen wir einen Feuerschein und glaubten, im Ort sei irgendwo ein Feuer ausgebrochen. Aber es waren nur Männer mit Fackeln, die sich am Ortseingang aufgestellt und unseren Eingang mit Hochrufen feierten. In einem mit Tannenreisig bekränztem Gasthaus erwartete uns die Beamtenschaft der Firma. Ich dachte an meinen Vater, der nicht mitkommen konnte und die Ehrung, die seiner Tochter zuteil wurde, nicht miterleben durfte. Wie hätte er sich gefreut und alle Freunde mit ihm, die mich so ungern scheiden sahen. Am nächsten Tag, den 8. November, war die Trauung. Ein Kollege meines Mannes und mein Bruder fungierten als Trauzeugen. Wieder fuhr uns der Kutscher mit Schimmeln zur Kirche. Nur langsam kamen wir vorwärts, denn überall spannten sie uns vor, und die Jugend balgte sich um das hingeworfene Geld. Ich sah in dem weißen Kleid mit Schleier und dem Kranz wunderschön aus, und ich war die erste Braut, die man dort so gekleidet sah. Herr Hochwürden Pfarrer Essl sagte: "Dieser Braut sieht man ihre Unschuld an". Mit fester Stimme sprach ich mein Ja und gelobte vor dem heiligen Altar, meinem angetrauten Gatten immer die Treue zu halten. Jede Rückerinnerung war in dieser Stunde ausgeschaltet, für mich zählte nur das Jetzt und die Hoffnung auf eine glückliche Zukunft. So konnte ich der Tränen Herr werden, die mir unwillkürlich in die Augen traten. Als wir dann mit den Kollegen meines Mannes beim Mahl saßen und der Arbeiter-Gesangverein ein Ständchen darbrachte, war es bei dem Liede "Teure Heimat, sei gegrüßt!" doch um meine Fassung geschehen. Alle Gäste fühlten mit mir und es wollte lange Zeit keine richtige Stimmung aufkommen. Erst als mein Mann, der ein guter Gesellschafter war, zu tanzen begann, wurde es gemütlicher. Am nächsten Tag besuchten wir unsere zukünftige Wohnung, die wiederum äußerlich festlich geschmückt war. Zwar bestand sie nur aus Küche und Zimmer, da damals Wohnraumnot herrschte, aber die Räume waren frisch getüncht und die Öfen neu gesetzt. Als dann die Möbel ankamen und die Wohnung komplett eingerichtet war, nahmen Mutter und Bruder Abschied von mir, um wieder nach Kremsbrücken zurückzukehren. Der Abschied war schwer, jedoch die Angestellten und Arbeiter, die Honoratioren von Glöckelberg mit ihren Frauen taten auf nette Art alles, um mir den Heimwehschmerz zu erleichtern. Jeden Sonn- und Feiertag kamen wir im Fabriksgasthaus zusammen, wo es immer sehr lustig zuging. Bald verband uns eine gute Freundschaft mit dem jungverheirateten Försterehepaar Wagner aus Sonnenwald bei Glöckelberg. Der Winter verlief auf diese Art ganz rasch. Vater besuchte mich Ostern. Am 28. August bekam ich ein Mädchen, das den Namen meiner Großmutter erhielt. Inzwischen hatten wir einer größeren Wohnung erhalten, die von der Firma bestens hergerichtet worden war. Es war das Haus Nr. 2, das geteilt worden war. Unsere Wohnung bestand aus Küche und drei Räumen, der Wonhungswechsel war auch notwendig geworden, denn am 15. Dezember 1905 wurde bereits unser zweites Kind geboren. Am 6.August 1912 wurde uns das 3. Kind, eine Tochter, geboren, das auf den Namen Maria Helene getauft wurde. Mein Mann bekam nun endlich auch eine Gehaltserhöhung, und zwar im doppelten Umfang, gemessen an den Erhöhungen der anderen Beamten. Dies trug ihm Feindschaft unter den Kollegen ein, besonders bei Rudolf Dürrhammer und Kollegen Robel. Damals stand Verwalter Wotzel dem Betrieb vor, er war ein seltsamer Mensch, der sich von seiner Frau, einer Preußin, sehr beeinflussen ließ. Daher fielen Verleumdungen bei ihm auf fruchtbaren Boden. Es war eine schreckliche Zeit, in der mein Mann und ich mit den Kindern sehr litten. Meine Tochter Elisabeth und mein Sohn Guido besuchten unter unsagbaren Strapazen seiner unbestechlichen Volkstreue war er auch von den Angehörigen des Nachbarvolkes geschätzt und geachtet. Vielleicht war es eine Gnade, daß er den Raub seines Lebenswerkes nicht mehr erleben mußte.

Marietta Rodinger, geb. Inwinkl

Am 6.11.1876 erblickte ich das Licht der Welt in St. Jakob im Lesachtale/ Kärnten. Mein Vater, der am 21.12.1846 in Untervillach/Pustertal (Tirol) als Sohn des Besitzers Sebastian Inwinkl und dessen Ehefrau Apollonia, geb. Mitteregger, geboren wurde, studierte an der Lehrerbildungsanstalt in Bozen. Er wurde in St. Jakob angestellt, später war er provisorischer Schulleiter in Kötschach und Mühldorf im Möltale.

Reise nach Josefsthal/Böhmerwald:

Am 3.11.1903 fuhren wir, meine Mutter, Bruder und ich von Villach nach Budweis. Am 7.11. fuhren wir weiter nach Oberplan. Nun wurde die Heimat meines Lieblingsdichters Adalbert Stifter auch meine Heimat. Hier sollte ich den vielbesungenen grünen Böhmerwald mit seinen lieblichen Ortschaften, den stillen dunklen Wäldern kennen und lieben lernen. Geliebt hatte ich ihn ja schon lange, denn die Sprache des Dichters hatte sich zutiefst in mein Inneres eingegraben. In Oberplan erwartete uns mein Bräutigam mit einem mit zwei Schimmeln bespannten Wagen. Auf dem Bock thronte ein uniformierter Kutscher. als wir durch das Bärnloch gegen Josefsthal kamen, sahen wir einen Feuerschein und glaubten, im Ort sei irgendwo ein Feuer ausgebrochen. Aber es waren nur Männer mit Fackeln, die sich am Ortseingang aufgestellt und unseren Eingang mit Hochrufen feierten. In einem mit Tannenreisig bekränztem Gasthaus erwartete uns die Beamtenschaft der Firma. Ich dachte an meinen Vater, der nicht mitkommen konnte und die Ehrung, die seiner Tochter zuteil wurde, nicht miterleben durfte. Wie hätte er sich gefreut und alle Freunde mit ihm, die mich so ungern scheiden sahen. Am nächsten Tag, den 8. November, war die Trauung. Ein Kollege meines Mannes und mein Bruder fungierten als Trauzeugen. Wieder fuhr uns der Kutscher mit Schimmeln zur Kirche. Nur langsam kamen wir vorwärts, denn überall spannten sie uns vor, und die Jugend balgte sich um das hingeworfene Geld. Ich sah in dem weißen Kleid mit Schleier und dem Kranz wunderschön aus, und ich war die erste Braut, die man dort so gekleidet sah. Herr Hochwürden Pfarrer Essl sagte: "Dieser Braut sieht man ihre Unschuld an". Mit fester Stimme sprach ich mein Ja und gelobte vor dem heiligen Altar, meinem angetrauten Gatten immer die Treue zu halten. Jede Rückerinnerung war in dieser Stunde ausgeschaltet, für mich zählte nur das Jetzt und die Hoffnung auf eine glückliche Zukunft. So konnte ich der Tränen Herr werden, die mir unwillkürlich in die Augen traten. Als wir dann mit den Kollegen meines Mannes beim Mahl saßen und der Arbeiter-Gesangverein ein Ständchen darbrachte, war es bei dem Liede "Teure Heimat, sei gegrüßt!" doch um meine Fassung geschehen. Alle Gäste fühlten mit mir und es wollte lange Zeit keine richtige Stimmung aufkommen. Erst als mein Mann, der ein guter Gesellschafter war, zu tanzen begann, wurde es gemütlicher. Am nächsten Tag besuchten wir unsere zukünftige Wohnung, die wiederum äußerlich festlich geschmückt war. Zwar bestand sie nur aus Küche und Zimmer, da damals Wohnraumnot herrschte, aber die Räume waren frisch getüncht und die Öfen neu gesetzt. Als dann die Möbel ankamen und die Wohnung komplett eingerichtet war, nahmen Mutter und Bruder Abschied von mir, um wieder nach Kremsbrücken zurückzukehren. Der Abschied war schwer, jedoch die Angestellten und Arbeiter, die Honoratioren von

Glöckelberg mit ihren Frauen taten auf nette Art alles, um mir den Heimwehschmerz zu erleichtern. Jeden Sonn- und Feiertag kamen wir im Fabriksgasthaus zusammen, wo es immer sehr lustig zuging. Bald verband uns eine gute Freundschaft mit dem jungverheirateten Försterehepaar Wagner aus Sonnenwald bei Glöckelberg. Der Winter verlief auf diese Art ganz rasch. Vater besuchte mich Ostern. Am 28. August bekam ich ein Mädchen, das den Namen meiner Großmutter erhielt. Inzwischen hatten wir einer größere Wohnung erhalten, die von der Firma bestens hergerichtet worden war. Es war das Haus Nr. 2, das geteilt worden war. Unsere Wohnung bestand aus Küche und drei Räumen, der Wonhungswechsel war auch notwendig geworden, denn am 15. Dezember 1905 wurde bereits unser zweites Kind geboren. Am 6.August 1912 wurde uns das 3. Kind, eine Tochter, geboren, das auf den Namen Maria Helene getauft wurde. Mein Mann bekam nun endlich auch eine Gehaltserhöhung, und zwar im doppelten Umfang, gemessen an den Erhöhungen der anderen Beamten. Dies trug ihm Feindschaft unter den Kollegen ein, besonders bei Rudolf Dürrhammer und Kollegen Robel. Damals stand Verwalter Wotzel dem Betrieb vor, er war ein seltsamer Mensch, der sich von seiner Frau, einer Preußin, sehr beeinflussen ließ. Daher fielen Verleumdungen bei ihm auf fruchtbaren Boden. Es war eine schreckliche Zeit, in der mein Mann und ich mit den Kindern sehr litten. Meine Tochter Elisabeth und mein Sohn Guido besuchten unter unsagbaren Strapazen die von Josefsthal fast zwei Stunden entfernte Bürgerschule in Oberplan. Jeden Tag gingen sie um 3/4 6 Uhr von zu Hause fort, um abends todmüde nach Hause zu kommen. Nach dem Essen mußten sie bei einem kleinen Petroleumlämpchen ihre Hausaufgaben machen. Petroleum war damals sehr knapp bemessen. Lisl übersprang die dritte Klasse der Bürgerschule und kam an die Handelsschule nach Budweis. Es war gerade die Zeit des Umsturzes im Oktober 1918. Sie war stets Vorzugsschülerin und kam nach Absolvierung der Schule für kurze Zeit nach Hause. Im Dezember 1920 trat sie ihren ersten Posten an der Centrale der Verbrauchs- und Konsumgenossenschaft in Prag an. Später war sie in der Buchhaltung der Fa. C. Stölzles Söhne in Josefsthal tätig. Im Juli 1925 verehelichte sie sich mit Hans Stiny.

Mein Sohn Guido kam 1920 an die Lehrerbildungsanstalt in Budweis und an die staatliche Glas-Fachschule, Abteilung Glashüttentechniker, nach Haida. Die mit Vorzug abgelegten Prüfungen wurden mit der Stelle eines Betriebsassistenten in der Lambertschen Glashütte in Saxen bei Grein an der Donau entlohnt.

Der Krieg mit seinem furchtbaren Greueln steht nun vor unserer Tür. Alles was meine Eltern, mein Mann und ich mit Fleiß und großer Sparsamkeit erarbeitet haben, steht nun auf dem Spiel. Meine Kinder befinden sich in großer Gefahr: Mein Sohn steht in Kurland an der Front gegen Rußland, meine Tochter Lisl befindet sich in Böhmisch Röhren, nahe der alten Reichsgrenze mit ihrer Familie in unmittelbarer Gefahr. Mizzi, meine jüngste Tochter, lebt mit ihrer Familie (Kinder 11 und 1/2 Jahr alt) in Stankau im Protektorat.

Böhmerwald - Saga
›Das Graue Manndl von Josefsthal‹
(Von Walter Franz, Pöllau)

Jeder kennt unser Heimatlied "Tief drin im Böhmerwald....", ob er nun Böhmerwäldler ist oder ein anderer Landsmann. Und dort tief im Böhmerwald stand einstens ein kleines Dorf mit einer Glashütte: Josefsthal.

Sie verdankt ihrer Gründung dem Waldreichtum der tiefen Wälder an den Hängen des Hochfichtmassives an der böhmisch-oberösterreichischen Grenze. Die Hütte selbst wurde 1822 eingeweiht, nachdem die Nachbarglashütten in Sonnenwald und Hüttenhof, also in unmittelbarer Nähe stillgelegt wurden. Am 3. Dezember 1822 wurde der Glasofen angeheizt und unter Musikbegleitung die Arbeit begonnen. Den Namen erhielt sie nach dem damals regierenden Fürsten Josef Schwarzenberg, der Eigentümer dieser großen Waldgebiete war. Der Ort selbst war klein, er zählte nur so um die 150 Seelen mit 23 Gebäuden. 1850 wurde der Ort und auch der Nachbarort Hüttenhof nach Glöckelberg eingemeindet.

Mein Vater war damals als Unterbeamter in der Glashütte tätig und hatte seine Kanzlei in dem großen Gebäude gleich neben der Glasofenhalle. Man nannte dieses Haus die "Versandpackerei" (H.Nr. 19). In diesem Gebäude wurde das Glas versandfertig gemacht, also in Holzwolle und in Kisten abgepackt und bis zum Versandtag gelagert. In der Mitte des Gebäudes befand sich ein großer Durchgang, durch den das Rohmaterial für die Glaserzeugung, gelagert in eigenen Räumen, zum Glasofen befördert werden konnte. Die Versandpackerei wurde ausschließlich von fleißigen Frauenhänden bewerkstelligt, und an diesem Nachmittag, kurz vor Arbeitsschluß, lief alles seinen gewohnten Lauf. Ganz plötzlich ein greller Frauenaufschrei. Mein Vater, mit der Leitung dieser Versandpackerei betraut, und die übrigen Frauen eilten sofort in den Mittelgang des Gebäudes, um notfalls Hilfe zu bringen. Dort stand nun eine Arbeiterfrau (angeblich Kainzinger mit Name), ganz bleich im Gesicht und bebte am ganzen Körper vor Schreck! Was war nun geschehen? Erst später konnte sie nur mühsam folgendes erzählen: Ganz plötzlich aus dem Fußboden emporsteigend, stand ein kleines graues Männlein vor ihr und sagte: "Alle Häuser dieses Ortes werden einmal niedergerissen und dem Erdboden gleichgemacht - aber nur dieses Haus bleibt stehen!" - und verschwand wieder zurück in die Erde, und der "Spuk" war zu Ende!" Damals, um dieses Jahr 1925 stand die Glasfabrik in fast noch vollem Betrieb, alle hatten ihre sichere Arbeit. Keiner dachte an schlechtere Zeiten, am allerwenigsten an eine Zerstörung der Ortschaften. Man lachte nur darüber, da ja niemand aber auch wirklich niemand glaubte. daß dieser "Spuk" (oder wie man es auch immer nennen möge) in ca. 30 Jahren später tatsächliche Wirklichkeit werden könnte! Auch die Geschicke des kleinen Glasmacherdorfes im Böhmerwald nahmen ihren weiteren Verlauf: 1930 Auflassung und Demontage der Glasfabrik.

Der Zweite Weltkrieg ging im Mai 1945 zu Ende. Die gesamte Bevölkerung des Ortes wurde in den Jahren 1945/46 über die Lager in Krummau und weiter nach Bayern übersiedelt oder ausgesiedelt, wie es immer so "schön" heißt, doch war es eine Vertreibung, da sie gegen den Willen dieser Bevölkerung erfolgte. Und nun soll sich das bewahrheiten, was das "Graue Manndl" vor 30 Jahren einer Arbeiterfrau offenbarte: Alle Häuser von Josefsthal wurden um 1950/55 niedergerissen, alles dem Erdboden gleichgemacht - aber nur das eine Haus (Versandpackerei) blieb vorerst stehen. Das ist jenes Haus, wo das "Graue Manndl" der Frau das weitere Schicksal dieses Dorfes voraussagte!

Und noch etwas, was man in diesem Zusammenhang vermerken muß: Vor diesem Haus, obwohl noch alle anderen Gebäude des Ortes standen, fand sozusagen der "Letzte Akt des Dorfes" statt: Hier vor diesem Haus fanden die letzten Vertreibungsformalitäten statt. Hier wurden die Landsleute mit ihrem 30-kg-Gepäck gesammelt, überprüft, ihnen noch vieles abgenommen und in dessen Lagerräumen vorübergehend deponiert. Von hier aus mußten sie die Lastautos besteigen, und die letzte Berührung mit der Heimaterde war hier zu Ende! Und von diesem Gebäude aus begann die Fahrt in eine ungewisse Zukunft und vor diesem Hause begann die Heimatlosigkeit dieser unschuldigen Menschen! Und hier endete auch das jahrhundertelange Recht auf die angestammte Heimat! Was war dieses Geheimnis um dieses Haus, das so tief in das Schicksal dieser Menschen eingriff?

Die älteren noch lebenden Landsleute aus Josefsthal werden sich bestimmt noch an diese Geschichte erinnern. Viele andere mögen darüber schmunzeln oder darüber auch lachen! Für mich ist diese "Saga" eine Geschichte, eine Realität und eine Wahrheit geworden, da ich keinen Augenblick an etwas Unwahres glauben kann, was uns Kindern unser Vater einst von dem "Grauen Manndl" erzählte: Es hat sich alles wie vorausgesagt genauso zugetragen. Es klingt fast wie ein Märchen, aber es ist keines! Nun möge es jedem Leser selbst überlassen bleiben, Unerklärliches dieser Welt so zu deuten, wie es uns der Allmächtige offenbart!

Der Dorfbrunnen von Josefsthal

(Von Walter Franz)

Nach fast 40 Jahren ist es oft schwer, Jugenderinnerungen aus unserer verlorenen Heimat im Böhmerwald zu wecken und bestimmte Örtlichkeiten aufzuzeigen oder zu beschreiben, die es nicht mehr gibt. Ich will aber doch versuchen, solche bestimmte Begebenheiten und Orte aus unserer Jugendzeit, die sich in unser Gedächtnis unauslöschbar eingeprägt haben und viele andere Erinnerungen weit überragen, zu Papier zu bringen. Und so ist es auch mit unserem Dorfbrunnen in Josefsthal. Er stand in einer Ecke der Glasofenhütte und dem Haus der Versandpackerei in unscheinbarer Einfachheit: Ein aus dem Boden ca. 1 Meter emporragender Holzstamm, entrindet, im rechten Winkel das Ausflußrohr, ein Holzgitterrost über einer aus Holz abgedeckten, aus Ziegel ummauerten viereckigen, ca. einen halben Meter tiefen Wanne, in der das Wasser jedoch nicht gestaut wurde, sondern sogleich abfloß. Seine Quelle lag aber viele hundert Meter oberhalb der Glashütte auf einer Wiese, wo das untere und obere Forststraßl sich trennten. Man hatte diese Quelle in breite Brunnenbetonrohre gefaßt, wovon eine Holzrohrleitung zum Gasthaus und die andere Holzrohrleitung zum Dorfbrunnen bei der Glashütte führte. Das Gefälle war ausreichend, um einen guten Abfluß des Wassers zu gewähren, eine eigene Pumpanlage war daher nicht erforderlich. Die Wasserschüttung der Quelle war überaus stark, wobei für das

---

Der Artikel über die Glashütte Josefsthal wurde zusammengestellt von Walter Franz, früher Josefsthal Nr. 14; Zw. Gr. Insp. i.R. - 2825 Pöllau b.H.Nr. 71 mit Beihilfe der Fa. STÖLZLE-Glasindustrie AG/Wien, durch Herrn Komm. Rat Alois GRATZL, Vorstandsdirektor i.R.; A-8580 Köflach/Stmk. Piberstr. 44

Gasthaus und für den Dorfbrunnen ununterbrochen abfließendes Wasser im armdicken Strahl aus den Rohren floß und außerdem am Brunnenschacht selbst der Überlauf ebenfalls immer noch genügend Wasser abgab, um den durstigen Kehlen der müden Wanderer, die vom Hochficht kamen, Labsal zu geben. Oft war es nötig, durchgemorschte Holzstammrohre auszuwechseln, wobei ein eigener Zimmermann mit einem drei Meter langen und ca. 6 cm dicken Holzdrehbohrer die Stämme der Längsrichtung nach von beiden Seiten durchbohren mußte. Die Einstellung der Bohrrichtung mußte so stimmen, daß die gegenseitige Bohrung genau erreicht wurde. Die so durchbohrten fünf Meter langen Baumstämme wurden mit einem Eisenring dazwischen gegeneinander gestoßen. Somit schloß sich der Zwischenraum der beiden Stammenden wasserdicht zusammen. In frostsicherer Tiefe wurde so Stamm um Stamm bis zum Brunnen gelegt. Für uns Buben war dies einmal eine wunderbare Abwechslung in unserer eintönigen Wäldlerjugendzeit. Natürlich waren wir stets dabei und auch die fleißigsten und billigsten Helfer für den Zimmermann. Oft gab es dafür einen Krone oder ein Stück Bauernbrot mit Speck, der uns Jungen ganz besonders mundete. Der Brunnen spendete ganz klares und kaltes Wasser ohne irgendwelche Zusätze, also ein Gebirgswasser, was man heutzutage fast nirgendsmehr findet. Fast alle Bewohner bzw. Haushalte, in deren Häusern kein eigener Brunnen vorhanden war, holten sich fast jeden Tag mit Eimern dieses köstliche Naß für Trink- und Kochzwecke. Das andere Gebrauchtwasser für Haushalt und Vieh wurde von dem durch das ganze Dorf führenden Hüttenbach geholt. So kamen sie vom Elferhaus, von der "Waldheimat", vom Neulinger - Haus, vom Löffler-Haus, vom Pfarrer-Haus, vom Plankhaus und vom großen Haus zu diesem Dorfbrunnen, wo es dann auch beim Zusammentreffen mit den Nachbarn großen Neuigkeitsaustausch, aber auch viel Dorftratsch gab. Aber auch das Gemeindeamt machte sich diesen Treffpunkt der Ortsbevölkerung zunutze und gab in einem Holzverschlag neben dem Brunnen auf einer Tafel ihre Kundmachungen bekannt. Ich selber habe mir mit sieben Jahren im Frühjahr 1928 durch das hastige Trinken dieses kalten Wassers im erhitzten Zustand eine Lungenentzündung zugezogen und konnte deswegen über zwei Monate die Schule nicht besuchen. Eine Minderung meines Wissensstandes war aber nie die Folge. Viele Glashüttenarbeiter haben sich bei dem Brunnen ihre hitzigen Körper abgekühlt, ihren brennenden Durst gelöscht; und so manches Liebesgespräch zwischen der verliebten Dorfjugend wurde beim Wasserholen geführt. In den Anfangstagen des denkwürdigen Oktobers 1938 haben an diesem Brunnen deutsche Landser ihre Morgenwäsche erledigt, als sie im nahen Turnsaal für eine Nacht ihre Unterkunft fanden. Aber auch Tschechen und Amerikaner haben im Sommer 1945 von diesem Brunnen das köstliche Naß geholt. Das letzte Mal stand ich am 10. Juni 1969 vor dieser Brunnenstelle. Es war ein Sonntag-Nachmittag, als ich mit meiner Gattin und einer Bekannten aus Oberplan zum letztenmal (3 Mal) nach 1945 Josefsthal besuchen durfte. Es gab aber keinen Dorfbrunnen mehr! Im Laufe der langen Jahre seit 1948, als die letzte Familie den Ort verlassen mußte, ist die Zuleitung und der Brunnen selbst vermodert und verfallen, Gestrüpp und Unkraut wucherten an seiner Stelle.

Skipioniere und Skitouristik
(Von W. Franz)

Josefsthal, der kleine Ort mit 23 Häusern, inmitten des Böhmerwaldes war der Mittelpunkt aller Skitouristik im Hochfichtgebiet. Durch die günstige Lage mit 820 Meter Seehöhe und dem Vorhandensein der Hotelanlagen und anderen Beherbergungsmöglichkeiten, 1930 umgebaut aus der aufgelassenen Glashütte, war Josefsthal gegenüber an deren Nachbarorten wie Glöckelberg und Hüttenhof jener Ort am Nordabhange des 1337 Meter hohen Hochfichtes, wo jeden Winter Hunderte von Skifahrern und anderen Wintersportlern aus der inneren Region Böhmens, so vor allem aber aus Krummau, Budweis und Prag ihrem Hobby frönen konnten. Diese Hotelanlagen entstanden nach der Stillegung der Glashütte und wurden vom Deutschen Böhmerwaldbund großzügig, so auch mit elektrischem Licht ausgebaut. Als die Pächter und Leiter dieses Beherberungsbetriebes wurde Hr. Alexander Moherndl bestellt. Er war selber mit seiner Familie einer der geeignetsten Hoteliers in diesem Gebiete. Es war ein fast ausgesprochener Familienbetrieb und durch sein Organisationstalent und ökonomischen Betriebsweise erlangte er in kürzester Zeit volle Beliebtheit bei seinen Sommer- und Wintergästen. Diese Gäste waren fast ausschließlich Deutsche aus Prag, Budweis und Krummau. Aber auch aus Linz und Wien kamen sie in den Sommermonaten, so auch bekannte Persönlichkeiten, wie der Dichter Urzidil und der bekannte Böhmerwaldmaler Wilhelm Fischer, den ich so oft bei seinen Malarbeiten begleiten durfte. Bis auf die denkwürdige Wintererstbesteigung mit Skiern auf den Hochfichtgipfel im Jahre 1892 durch die ersten Skipioniere, dem Fürst-Schwarzenbergischen Heger Karl Paleczek und dem Dorfschullehrer aus Hüttenhof Hartwig Hruza, beide wohnhaft in Hüttenhof, kam es am Hochfichtmassiv bis vor dem Ersten Weltkrieg zu keinerlei nennenswerter Skitouristik im heutigen Sinne außer der Dorfjugend von Hüttenhof, Josefsthal und Glöckelberg mit ihren zaghaften Versuchen und mit primitivsten Mitteln, bedingt durch die Unkenntnis der Skitechnik der damaligen Zeit. Erst nach dem Ersten Weltkrieg erfreute sich der nahe Hochficht mit seiner sicheren Schneelage von Anfang November bis Ende März als Wintersportgebiet dank beherzter Männer und auch Frauen immer größerer Beliebtheit. Die volle Skitouristik setzte aber erst nach dem Jahre 1930 so richtig ein und dauerte bis 1938, Ende 1939. Ein fast allen Bewohnern, insbesondere aber von Josefsthal, bekannter Skipionier war Hr. Emil F. Schwandtner aus Budweis mit seiner Frau. Ihnen war vor allem Josefsthal ganz besonders ans Herz gewachsen. Für uns als Skijugend war er der Inbegriff des Skisportes, und wir waren seine ständigen Begleiter und Helfer bei der Durchführung vieler Skiwettkämpfe. Wie oft gab er uns dafür ein Stück Schokolade, einen Apfel oder gar manchmal eine Orange von seiner Sport- verpflegung - für uns arme Wäldlerbuben ein unvergeßliches Geschenk! Wir dankten es ihm immer wieder mit unverbrüchlicher Treue und Liebe zum Skisport. Er war für uns das Idol unserer Skijugendzeit. Jeden Freitag nach 17 Uhr standen wir Buben am Zaun neben unserem Wohnhaus am Dorfrand von Josefsthal und blickten erwartungsvoll über die tiefverschneiten Felder, Wiesen und Auen in Richtung Oberplan. Dann kamen sie: vorerst nur als winzige Punkte erkennbar, vorher dem Zug in Vorderstift entstiegen, in langen Kolonnen querfeldein über den Hüttenhofer Almbach beim "Hoftümpel" auf Josefsthal zu. Meistens zählten wir so um die 50 Personen, und sie waren für uns fast alles Bekannte aus früheren Zeiten. Nach dem 5 Kilometer langen Loipenlauf bezogen sie ihre Quartiere in dem Hotel oder Touristenheim. Eine beachtenswerte Tatsache: In den Jahren

Skipionier Otto Paleczek am Hochfichtgipfel im Jänner 1922

Vom Hochficht hatte man einen wunderbaren Ausblick bis zu den Alpen

Skipionierzeit zur Verfügung. Der Vater von Dr. Bilowitzky wurde 1945 von den Tschechen als Deutscher erschossen. Herr Schwandtner war der Führer der Jungmannschaft und der erste und einzige geprüfte Skilehrer seit 1927.

Er berichtet weiter:

Unsere erste Skisprungschanze haben wir aus Schnee gebaut, und zwar auf den "Eisfeldern", eine Stunde Aufstieg von Neuofen (dies war eine große Waldblöße/ Wiese zwischen Hochficht und dem Reischlberg auf dem nördlichen Bergrücken). Die zweite Schanze aus Baumstämmen gezimmert, wurde 1923 am Ochsenberg (1154 m) oberhalb Hüttenhof mit Unterstützung von Herrn Tannich, Forstmeister der Fürst Schwarzenberschen Forstverwaltung erbaut. Höchstweite 24 Meter, gesprungen von E. Schwandtner; ein Riesengebirgler Hable aus Gablonz war der erste Instruktor und seinerzeit Bankbeamter der Böhm. Escompbank in Budweis. Die eigentlich entscheidende Sprungschanze wurde im Jahre 1932 vom Freiwilligen Sudetendeutschen Arbeitsdienst (Unterkunft war in Josefsthal/Jugendherberge) oberhalb von Josefsthal an der Pfoserberg-Forststraße erbaut. Der weiteste Sprung war 36 Meter und diese Schanze war technisch die beste Anlage. Ein bekannter Springer war Herr Ascher/Römerstandt. Glöckelberg war immer das Skigebiet der Budweiser Deutschen und ich selbst im Verein, teils nach Skilehrerbüchern, haben nordischen Skilauf geübt, also mit zwei Stöcken. Die ersten Ski im Böhmerwald wurden übrigens 1908 von einem Glöckelberger Huf- und Wagenschmied (Schröder) hergestellt, und zwar aus Ahornbrettern mit einer geschmiedeten Sohlenbindung, die sich aber durch den darunter festgebackenen Schnee, leicht brüchig, nicht durchgesetzt hatte. Es wurde aber nicht nach der Alpine-Lilienfelder Technik mit einem 2 m langen Skistock, unten mit bierdekkelgroßem Eisenteller, gefahren und die Bögen durch Stockeinsatz (Zirkeln) gemacht. Von 1930 bis 1934 hatte ich eine Skischule in Josefsthal gehabt und in Budweis ein Sportgeschäft, das dann 1935 nach Prag verlegt wurde. In der früheren Glashütte Josefsthal, im Beamtenhaus hatten wir 1925/1926 unser erstes Ski-Standquartier bzw. Jugendherberge benützt. Ab 1927 hatten wir in Hüttenhof in einem Ausgedinglerhaus ein Landheim des Wandervogels eingerichtet. Dieses Landheim ging erst mit der Vertreibung 1945 verloren. Mit diesen kurzen Ausführungen, für mehr bin ich derzeit noch nicht im Stande, will ich Ihnen, ein wenig Aufschluß geben über das Geschehen der Budweiser Skigemeinde und der Jugend im "Wandervogel".

Uns - also nicht nur mir allein - wird Glöckelberg/Josefsthal und Hüttenhof als der Begriff unserer Böhmerwald-Heimat immer in treuer Erinnerung bleiben. Glöckelberg-Josefsthal-Hüttenhof war meine tiefste Jugend-Heimaterinnerung. Erwähnenswert wäre noch, daß auch im Nachbarort Neuofen (Hotel Springer) ein Skizentrum betrieben wurde, jedoch fast ausschließlich von Tschechen aus Krummau und Budweis besucht. Unweit des Hotels am Nordabhang des Reischelberges wurde eine aus Holzstämmen gebaute Sprungschanze größeren Umfanges in Betrieb genommen und ausschließlich vom tschechischen Militär, welches im Hotel Springer ein Trainingslager unterhielt, benützt. Im 1. Kriegswinter 1939/1940 wurde es still in der Skiregion Hochficht, denn die begeisterten Skisportler von früher mußten zur Deutschen Wehrmacht einrücken und Kriegsdienst in fast allen Teilen von Europa leisten. Vielen mag das Können des Skilaufes während ihrer Soldatenzeit da und dort eine entscheidende Hilfe gewesen sein. Die Skitouristik im Raume Josefsthal kam im Laufe der Kriegsjahre somit völlig zum Stillstand."

›Rupert Schröder, der Schmied‹
Von Hermine Kimbacher, geb. Springer

Rupert Schröder, geprüfter Huf- und Wagenschmied, sou is g'stoundn af'n Schüld. In Glöckelberg, i da Bogossn is gwen. Da Binda Weachtl is da Nochba danebn.

Da Schröder is a g'schickta Mounn, mit'n Blosbolg facht er's Feuer oun, damit er's Eisn gliahn koun. Af'n Amboß schlogt er in Takt mit san G'sülln, und biagt dos Eisn noch san Wülln.

's Kaiblzuign koun koana sou wia er? drum brauchan's in Glöckelberg koan Viahdokta mehr. Va weit und broat kejman's za eahm um an Rot, wonn's Rouß nit recht tuat oda da Oix wos hod.

Am Sunnta bindt da Schröder koan Lederschurz um, er geht zan schworzn Kastl, oum i da Stubn. Durt hod er sei Glosaugn, dejs setzt er si ein, dej lejdani Augnbindn legt er is Kastl drein.

Oft geht er is Wiachthaus und vagunnt sie a Bier, wird lusti und singt gen a Liadl mit dir. A seini siebn Kina singan ulli gen, ouft hod ma's af da Hutschn am Lindnbam g'segn.

A sunst is da Schröder a fidöla Mounn, er schwounzt gen dej Leit, wou er nea koun. Do geht er amol recht zeidi i da Friah in's Riaweieck umi, umara Fuada für's Viah.

Do muaß er ban Binda Weachtl vorbei. Der steht grod in Hejmad heraußt und denkt nix dabei. Er beidlt seini Flöh eine in Ground. Dej houmt'n recht plogt i da Nocht, stundnlong.

"Guadn Morgn, Weachtl!" schreit do da Schröder recht laut. Da Weachtl schrejckt si und hod long g'schaut, loßt's Hejmad folln und vaschwindt i da Tür. Da Schröder geht weida und schmunzlt, sou kimmt's ma wuhl für.

Sou long d'Hüttn gonga is, geht Orwat nit aus. Fuhrwagn, Herrnkutschna, a Wosserrod siagt ma ban Haus. In Noitstoll stehngan d'Rouß, dej hand glei zan b'schlogn. Gnua gibt's zan toun, da Schmied koun nit klogn.

Owa af oamol 's gor, d'Hüttn bleibt stejh. D'Orwat wird weng, und da G'süll muaß gejh. Koa Kullnhaffn raucht mehr ban Pforrbachl int. Da Noitstoll bleibt lahr, weil koa Fuhrmounn mehr kimmt.

Dejs Hammern, dejs Klinga, dejs lustigi Singa is füa ullwei vorbei. Koa Ki af da Hutschn, koan Schmied, koan Weachtl gibt's mehr, d'Bogossn is ausgtorbn, öd und leer.

Ground = Wassertrog / Hüttn = Glashütte Josefsthal / Riaweieck = Flurname für Rübeneck / Ki = Kind, / oft = nachher / ouft = oft

Der erste Skifahrer am Hochficht
(1890-1900 Otto Paleczek)

Um die notwendigen Dienstgänge durch sein Revier auch bei hoher Schneelage durchführen zu können, mußte sich mein Vater der Schneereifen bedienen. Sie waren damals die einzigen Mittel, um den tiefen Schnee zu bewältigen. Das breitspurige Gehen mußte man erst lernen. In den Zeitungen wurde damals von Schneebrettern berichtet, die man in den nordischen Ländern zum Schneelaufen verwendete. Mein Vater hatte in der Holzfachschule zu Wallern das Tischlerhandwerk erlernt. Im Hegerhaus zu Hüttenhof hatte er sich eine Werkstätte eingerichtet. Dort versuchte er sich mit der Herstellung von solchen Schneebrettern, die man auch Ski nannte. Aus trockenem Eschenholz geschnittene Bretter wurden fein gehobelt, dann wurden die Spitzen mit heißem Wasser getränkt, in die Hobelbank eingespannt und aufgebogen. Sobald die Bretter die Form hielten, wurden in ihrer Mitte Schlaufen für die Schuhspitzen angebracht. Daran befestigte man auch die Haltriemen. Der damalige Dorfschullehrer *Hruza* war von dem Schneelaufen so begeistert, daß ihm mein Vater auch Bretter machen mußte. Als Stöcke verwendeten nun die beiden gut gewachsene Haselnußstecken mit Eisenspitzen und Holztellern. Mit Schaftstiefeln trat man in die Bindungen und befestigte daran die Ski. Nun galt es zu üben. Das lockte die ganze Dorfjugend auf die Übungswiese. Bald stellten die beiden Pioniere Mängel fest. Eine Rinne längs der Mitte der Laufflächen war notwendig; die Bindung mußte verstärkt, eben so auch versetzt werden. Immer wieder waren Verbesserungen erforderlich. Sehr schnell erkannte man auch, daß bei verschiedenen Schneeverhältnissen eine Behandlung der Gleitflächen erforderlich war: Bei Neuschnee Kernseife, bei Tauwetterter Wachs oder Schusterpech. Bei Pulverschnee war kein Hilfsmittel erforderlich. Öfter wurden die Bretter in die Hobelbank eingespannt und nachgebogen, damit sie elastisch blieben. Mit steigender Sicherheit unternahmen mein Vater und sein Freund immer gewagtere Touren, die immer in höhere Lagen des Hochfichts führten. Unter viel geringeren Mühen konnte nun die Wildfütterung durchgeführt werden. Bei weiteren Ausfahrten stellten die beiden fest, daß der Nußstock viel zu schwer war. Sie ersetzten ihn durch einen Bambusstock. Man fuhr zu jener Zeit nur mit einem Stock, der mußte aber fest und auch leicht sein. Die Schaftstiefel wurden gegen feste Bergschuhe ausgetauscht und wurden mit Filzgamaschen abgedeckt.

Beide Freunde waren inzwischen etwa 35 Jahre alt geworden. Sie träumten von einer Skiwanderung auf die Alm und zum Stingelfelsen auf dem Hochficht. Der Aufstieg mit den Bretteln von 800 m auf 1.330 m zur Hochfichtspitze war ein mühsames Unternehmen. Die beiden schafften aber diesen 500 m Anstieg, es war dabei schönster Sonnenschein. Der Rundblick vom Stingelfelsen gewährte eine überwältigende Schau: über das Mühlviertel im Süden und die Dunstbank des Donautales, darüber die Alpenkette, nach Westen über die tiefverschneiten Bergwälder vom Plöckenstein bis zum Lusen und Kubani und Schreiner; im Norden breitete sich das Moldautal und grüßte der Sternwald, der Lissi, der Chum und der Fürstensitz; im Osten grüßten der Bärnstein, St. Thoma mit der Ruine Wittinghausen und der Sternstein und lagen das Moldautal mit der Hochfläche von Kirchschlag und Lagau und schließlich der Schöninger und die Hohe Lisl. Voll Stolz über die erste Winterbesteigung des Hochficht mit Skirn - sie geschah im Jahre 1892 - begaben sich die beiden Männer auf die Abfahrt. Das war eine Aufgabe für sich, denn die Bindungen waren für die Führung der Bretter nicht fest genug - es gab Stürze und Stürze. Mit gegenseitiger Hilfe schafften die beiden Strecke um Strecke, schließlich verwendeten sie den Stock als Reitstock und so kamen sie endlich ohne Unfall in Hüttenhof an. Manchen blauen Fleck hatten sie wohl davon getragen, doch gab es, wenn mein Vater von dieser Abfahrt erzählte, immer wieder helles Gelächter. Meine beiden älteren Brüder erhielten in den Jahren 1895-1900 auch Bretter und tummelten sich an den Hängen um Hüttenhof. Die Jugend des Dorfes sah begeistert zu und es blieb nicht allein beim Zuschauen. Bis zum Jahre 1901, als mein Vater als fürstschwarzenbergischer Waldheger nach Scheureck in das Revier Fürstenhut versetzt wurde, gab es in Josefsthal und Glöckelberg und auch in Oberplan viele begeisterte Skifahrer. Die Forstleute des Böhmerwaldes lernten für die Ausübung ihres Berufes den Skilauf; die Zollbeamten und die Postboten wurden Brettelrutscher. Auch in der Gegend von Fürstenhut betätigte sich mein Vater wieder als Skipionier. Gerade in jener Gegend, wo der Schnee oft bis an die Dächer lag. war der Schulweg für die Kinder oft kaum zu schaffen. Alle meine schulpflichtigen Geschwister hatten Ski und wurden so zum Beispiel für viele Schulkinder. Als mein Vater 1904 nach Eleonorenhein versetzt wurde, konnte er Urlaubsgäste, die auch im Winter aus Prag, Wien und anderen Städten im Touristenhaus abstiegen, für das Skilaufen begeistern, und so waren die Wiesenhänge mit Übenden belebt. Die Jugend von Eleonorenhein, Hüblern und Schattawa lernte das Skilaufen; ich selber hatte mit 5 Jahren meine ersten Ski bekommen (1909) und wurde ein guter und sicherer Skiläufer. In den Jahren 1912 und 1914 kamen die Soldaten des österreichischen Heeres - ganze Kompanien von Gebirgsjägern - die im Touristenhaus einquartiert waren und bekamen Skiunterricht. Für uns Buben war das eine stolze Abwechslung: Die Offiziere forderten uns immer wieder auf, unsere Künste vorzuführen - auch ohne Stöcke - das taten wir mit voller Begeisterung.

Nachschrift

Josefsthal, Glöckelberg und Hüttenhof waren in den Dreißigerjahren die Orte der Skilager der Turnerjugend-Mädchen und -Jungen - und so können wir von damals her die Leistungen jener Pioniere gut verstehen! (E. Hans)

Nach dem Zweiten Weltkrieg hat sich auf der Südwestseite des Hochfichtes in Holzschlag ein Skiparadies entwickelt.

Diverse Ereignisse
(Von Walter Franz)

Viele für mich unvergeßliche Ereignisse und Begebenheiten aus meiner Jugendzeit möchte ich doch hier wiedergeben, um sie der Nachwelt zu erhalten.

Wenzel Schink

Er wohnte mit seiner Gattin in Josefsthal Nr. 8 und war früher Glasarbeiter in der Glashütte Josefsthal. Wenzel Schink war in unserer Gegend ein weit bekannter Naturheilpraktiker. Fast jeder, ob jung oder alt, der sich einen Bruch zugezogen hatte und Heilung suchte, begab sich zu Wenzel Schink, der mit seinen Naturheilnethoden wieder alles in Ordnung brachte, ohne daß der Patient sich zum Arzt oder in Krankenhausbehandlung begeben mußte, was damals in Zeiten der großen Arbeitslosigkeit aus finanziellen Gründen für so manchen fast unerschwinglich war. Auch die verschiedensten Salben und Säfte mischte er selber nach eigenen Rezepten mit Zuhilfenahme der in der freien Natur wachsenden Kräuter zusammen und verschenkte sie meist an Kranke und Heilungssuchende. In seinem selbstgeschriebenen "Kräuterbuch" aus dem Jahre 1927 steht folgendes: "Mit Gott! Tausende von armen Kranken könnten ihr Blut erneuern, wenn sie Kenntnis hätten von den Kräften und Heilwert der Kräuter, welche unbeachtet auf Wiesen und Feldrainen stehen." Niedergeschrieben am 15. Juni 1927 - W. Schink.

Er selber war ein ausgesprochen gutmütiger, hilfsbereiter Mensch, was auch so zum Ausdruck kam, daß er ein Waisenkind (Emil) an Kindes Statt annahm und somit große Opfer und Entbehrungen freiwillig in Kauf nahm. Nach der Vertreibung der deutschen Ortsbevölkerung wurden er und noch andere Bewohner als "Antifaschist" von Josefsthal nach Krummau a. M. umgesiedelt. Er ist in den 50iger Jahren in Weichseln bei Krummau verstorben und auch dort begraben. Sein handgeschriebenes "Kräuterbuch" ist auf Umwegen von der Schwägerin, der Rosl Schwarzbauer (geb. Poferl, Glöckelberg Nr.78), an Rosl Schwarzbauer (D-8162 Schliersee, Unterleiten 32, B.R.D.) übergeben worden und wurde somit als Zeitdokument der "Glöckelberger Stube" in Ulrichsberg Oberösterreich zur Aufbewahrung übergeben. Das Kräuterbuch befand sich bei der Übergabe in einem nicht besonders guten Zustand und wurde so gut es ging, restauriert, um es der Nachwelt zu erhalten. So möge sein Kräuterbuch mit seinem Bilde dazu beitragen, einem hilfsbereiten und uneigennützigen Böhmerwäldler ein kleines Denkmal zu setzen und späteren Generationen Verpflichtung zu sein, der Natur jene Achtung zu zollen, die der alten Generation in ehrfurchtsvoller Weise als selbstverständlich galt!

Verlorene Heimat

Drin im Böhmerwald, nit weit von der österreichischen Grenz,
liegt ein Dörflein am Berg, bold ein jeder von uns kennt's.
Dort is unsere Hoamat, dort san ma gebor'n,
Glöckelberg - kloans Dörfel, wos is aus dir woarn?

Fort san deine Menschen, die so friedlich dort glebt,
deine Wiesen und Felder san voller Gestrüpp.
Deine Häuserln san ein'gfalln, verlossen und leer,
und die Menschen von einstmols, die sieh'st nimmer mehr.

Wie der Sturmwind das Herbstlaub noch ollen Seiten verwaht,
a so hots uns olle in der Welt verstraht.
Den Nochborn, manch Schulfreund wirst nie wieder seh'n,
so mancher is heut jo nimmer am Leb'n.

Jung und olt, orm und reich,
bei uns dahoam worn olle gleich.
Es gab keinen Feind, es gab nur Freund,
Gesang und Klang hot uns vereint.

Dos wor der Hoamat tiefster Quell, die uns Kraft und Trost gegeben,
wos hilft und Reichtum, vieles Geld, wir sind jo hoamatlos im Leben.
Wor dos Glück uns nur kurz bemessen,
droben is einer, der wird uns nicht vergessen.

Wenn wir einst von dieser Erde geh'n,
im Himmel droben gibt's ein Wiederseh'n.
Ein Wiederseh'n für Jung und Alt,
dann schau'n wir herunter auf unseren schönen Böhmerwald!

*

Aufgefunden und entnommen aus einem mit Hand geschriebenen "Kräuterbuch" von Wenzel Schink/Josefsthal Nr. 8 aus dem Jahre 1927. Der Verfasser des Heimatgedichtes ist unbekannt. Der Text wurde erst nach 1947 in das Buch geschrieben und dürfte von einem ehemaligen Glöckelberger Landsmann stammen, der nach 1945 in das Landesinnere von Böhmen zur Arbeit bei tschechischen Bauern verschleppt wurde. Möglicherweise handelt es sich um Herrn Karl Poferl, früher Glöckelberg Nr.78, verstorben im Jahre 1972 mit 63 Jahren in Krummau a. M./CSSR.

Wichtige Daten 1938 - 1950

In den Sommermonaten 1938 errichteten die Tschechen entlang der der bayrisch-österreichischen Grenze eine dichte "Bunkerkette", insbesondere im Grenzraum von Wallern und Kalsching. Die sogenannte "Tschechenkrise" war voll ausgebrochen. Teilweise wurde das Strafrecht verhängt. Das Budweiser Tor in B. Krummau wurde von tschechischer Artillerie beschossen und mehrere Treffer erzielt. Es wurde auch eine "Teilmobilisierung" angeordnet, wobei die einberufenen, deutschen Männer der Einberufung nicht Folge leisteten und es vorzogen, sich nach Österreich (Oberdonau) abzusetzen. Fast alle traten dem "Sudetendeutschen Freikorps" bei, deren Stationierung in Rohrbach, Aigen und Ulrichsberg war. Die Angehörigen des Freikorps wurden mit einer grünen Jacke adjustiert und größtenteils bewaffnet. Die Bewaffnung waren österreichische Karabiner des früheren Bundesheeres. Die Freikorpsabteilung in Ulrichsberg umfaßte Ende September 1938 ca. 250 Mann aus den Bezirken Oberplan, Kalsching und teilweise Krummau, Militärisch erfahrene Angehörige wurden dem "Deutschen Zollgrenzschutz" in Schöneben, Haager Berg und Schwarzenberg zur Grenzsicherung zugeteilt. Die Unterkunft in Ulrichsberg befand sich in der alten Volksschule. Am 1. Oktober 1938, 14 Uhr, erfolgte auf Grund des "Münchner Abkommen" der Einmarsch deutscher Truppen in die Zone I (Südböhmen). Es war dies das Gebirgsjägerregiment Nr. 98 (Mittenwald) mit Oberst Schörner. In Josefsthal waren zeitweilig deutsche Soldaten einquartiert. Am 8. Oktober 1938 traf die Truppe in Kalsching und Krummau ein. Am 3. Oktober 1938 erfolgte die geschlossene Rückkehr des Sudetendeutschen Freikorps von Ulrichsberg auf der Paßstrasse nach Glöckelberg und weiter in Richtung Oberplan. Die Entlassung erfolgte formlos je nach Durchmarsch der einzelnen Ortschaften. Nach dem erfolgten Anschluß des Sudetenlandes wurden in allen Bezirken einschneidende "Organisationsmaßnahmen" nach deutschem Muster durchgeführt:

1.) Die frühere Bezirkshauptmannschaft Krummau wurde in "Landratsamt" umgewandelt.

2.) Die frühere Stadtbezeichnung Böhm. Krummau wurde auf "Krummau a.d. Moldau" beschlossen. Der Beschluß erfolgte durch die 1. Stadtratssitzung.

3.) Die Handwerksinnungen wurden ab 01.04.1940 gleichgeschaltet. In Krummau hatten ihren Sitz: Bäcker, D. + H. Schneider, Fleischer, Müller, Schmiede, Schuster, Wagner und Tischler.

4.) Anfang Feber 1939 wurde in Krummau ein Arbeitsamt errichtet mit Nebenstellen in Hohenfurt, Kaplitz und Oberplan. Die Arbeitsbücher wurden zwei Monate später eingeführt.

5.) Neu für den Böhmerwald war die Errichtung von Standesämtern in Krummau, Kalsching, Oberplan und Hohenfurt.

6.) Laut Gesetz zur Neuorganisation vom 25. März 1939 wurde an das ehemalige Oberösterrich, später Oberdonau vom Böhmerwald angeschlossen: das Gebiet von der ehemaligen Staatsgrenze bis zu den Gemeinden Zmietsch, Kschischowitz, Christianberg, Altspitzenberg, Ogfolderhaid, Pernek, Parkfried, Salnau und Neuofen. Die beiden Gemeinden Hinterring und Tusset kamen zum Kreis Prachatitz. Auf Grund oben zitierten Gesetzes trat im Kreis Krummau mit dem 1. Juli 1939 das "Reichsrecht" in Kraft.

7.) Am 14. April 1939 wurden zwei Gesetze über die Verwaltungsänderung in der

Ostmark erlassen. Das Amt des Reichsstatthalters wurde geschaffen. Der Reichsstatthalter war der oberste Funktionär der Partei und war für die gesamte öffentliche Verwaltung verantwortlich. Die Oberaufsicht hatte das Innenministerium in Berlin.

8.) Am 5.11.1938 erfolgte die Überführung der Sudetendeutschen Partei mit Wirkung vom 1.12.1938 in die NSDAP.

Im Oktober 1938 erfolgte eine Meldestelle des RAD (Reichsarbeitsdienstes). RAD-Männerlager waren in Schwarzbach, RAD-Frauenlager gab es in Stritschitz, Höritz, Priethal. Seit Oktober 1938 wurden an Stelle der früheren Gendarmerieposten die Deutsche Schutzpolizei installiert. Auch ein Wehrmeldeamt wurde in Krummau a.d.M. errichtet, und am 1.12.1938 erfolgte die erste Rekrutenaushebung in Krummau. Der organisatorische Aufbau dieser Reform war Ende Feber 1939 abgeschlossen. Die wirtschaftlichen Verhältnisse besserten sich schlagartig, und die jahrelange Arbeitslosigkeit wurde schnell beendet, da fast alle Arbeiter durch die Bautätigkeiten im Bezirk und teils in Oberdonau/Linz Beschäftigungen fanden. Auch die Graphitgrube in Schwarzbach nahm die Arbeit wieder auf, doch wegen Unrentabilität 1940 wieder geschlossen. In Oberplan wurde ein größeres Molkereigebäude errichtet, da die Milchanlieferung anstieg. Die vielen Arbeitslosen fanden auch Beschäftigung bei der Post, Bahn und sonstigen Staatsämtern, was in der früheren CSR für Deutsche schon lange nicht mehr möglich war. Lebensmittelkarten wurden am 1. August 1939 ausgegeben, Kleider und Schuhkarten folgten einige Zeit später. Die vollkommene Verdunkelung wurde angeordnet, sowie das Verbot des Abhörens fremder Sender, WHW-Sammlungen wurden durchgeführt. Am 4.12.1938: Volksabstimmung über den Anschluß des Sudetenlandes. Im Bezirk Krummau gab es 19.596 Ja-Stimmen und keine Nein-Stimme. Am Vortage (3.12.1938) führte das Luftschiff "Graf Zeppelin" einen Propagandaflug für die Volksabstimmung über Südböhmen durch. Am 8. Jänner 1939 war erster Eintopfsonntag! Im Frühjahr 1939 erfolgte die Installierung einer Kraftpostlinie von Oberplan nach Glökkelberg und zurück. Somit war der Anschluß an das übliche Verkehrsnetz für die weit abgelegenen Ortschaften positiv gelöst. Am 15.3.1939 erfolgte die Errichtung des Protektorates Böhmen und Mähren und der Einmarsch deutscher Truppen in Prag. Am 17. Mai 1939 wurde im ganzen Reichsgebiet eine Volkszählung durchgeführt. Am 01.September 1939 Kriegsausbruch mit Polen (Beginn des Zweiten Weltkrieges). Am 1.1.1940 wurden 46 deutsche Pfarreien von der Diözese Budweis der Verwaltung der Diözese Linz unterstellt. Am 22. Juni 1941 begann der Krieg mit Rußland, der bedeutende Anforderungen an die Bevölkerung stellte. Am selben Tage wurde in Vorderstift das neue Flachsbrechhaus in Betrieb genommen. Der größte Teil der männlichen Bevölkerung wurde zum Kriegswehrdienst an allen Fronten eingezogen. Viele Landsleute blieben auf den Schlachtfeldern in ganz Europa. Vom 16. bis 18. Oktober 1944: Die noch in der Heimat befindlichen Männer, die bereits der SA-Wehrmannschaft eingegliedert worden waren, wurden zum "Volkssturm" verpflichtet und vereidigt. Jeden Sonntag fanden militärische Übungen statt, und sie wurden im Gebrauch der Waffen unterwiesen. Herbst 1944: Viele deutsche Volksgenossen aus den bombenbedrohten Städten des Rhein- und Ruhrgebietes, sowie aus Wien suchten bei uns Schutz vor den Bomben. Um Allerheiligen kamen Banat- und Batschkadeutsche mit ihrem Pferdegespannen an und wurden in den größten Ortschaften des Bezirkes (Kr.) untergebracht. In den folgenden Wochen kamen auch Schlesier zu uns. Feber 1945: Der Schulunterricht wurde eingestellt und die Schulgebäude zur Unterbringung von Evakuierten verwendet. Auch Reservelazarette wurden in den größeren Schulgebäuden, wie Bürgerschule und Landw. Fachschule in Oberplan, installiert. Vor den Ortseingängen wurden Straßensperren errichtet. Da die Front und Kampfhandlungen aus dem Westen immer näher rückten, wurde am 1. Mai 1945 spätnachmittags die eiserne Moldaubrücke in Vorderstift gesprengt und der Moldauübergang somit gesperrt, da auf dem linken Moldauufer und Gebiet noch deutsche Truppen sich aufhielten. Am 2. Mai 1945 in den frühen Vormittagsstunden erfolgte der Einmarsch der USA-Truppen mit Infanterie- und Panzerverbänden. Kampflose Besetzung von Glöckelberg, Josefsthal und Hüttenhof. Am Vortage wurden im HJ-Lager Josefsthal alle ca. 120 HJ-Angehörige in ihren Zivilkleidern entlassen, vorher alle Infanteriewaffen am "Kolmerteich" versenkt. Das Lager wurde freigegeben und teilweise geplündert. Im Lager befanden sich aber nur mehr Wehrmachtskleidung, keine Waffen. Der weitere US-Vormarsch in Richtung Oberplan und Krummau stockte wegen des Widerstandes von deutschen Truppen am linken Moldauufer und der gesprengten Moldaubrücke bei Vorderstift. Am 5. Mai 1945 erfolgte der letzte Kampfeinsatz der US-Truppen: US-Flak beschoß Josefsthal (Dicklhügel) als ein deutsches Kampfflugzeug (JU-87), das vom Protektorat in Richtung Bayern flog. Ein Trefferergebnis wurde nicht erzielt. Am späten Nachmittag beschoß die US-Artillerie von Hüttenhof (Wieshäuser) aus die Ortschaften Pernek und Oberplan, welche noch von deutschen Truppen besetzt waren. Somit verhallten die letzten Kanonenschüsse des Zweiten Weltkrieges bei uns in den weiten und tiefen Wäldern unseres Böhmerwaldes. Am 8. Mai 1945 erfolgte der Waffenstillstand und das Kriegsende. Beim Einmarsch der USA-Truppen erwarteten diese die Beflaggung der Häuser mit tschechischen Fahnen, da sie sich bereits auf tschechischem Staatsgebiet befanden. Den Amerikanern wurde seitens der Gemeinde klar gemacht, daß der Ort rein deutsch seit über 300 Jahren ist, und nirgends ein Tscheche wohnt. Erst auf Überprüfung am Friedhof und den Taufbüchern konnten sie überzeugt werden, daß das Randgebiet der CSR von deutschen Menschen bewohnt ist. Am Tag des Waffenstillstandes und Kriegsende wurden von allen Bewohnern nur amerikanische Fahnen gehißt. Tschechische Amtsorgane kamen erst später und übernahmen die Gemeindeverwaltung. Die Versorgung der Ortsbevölkerung mit Lebensmitteln war nur auf Grund von Vorräten notdürftig gewährleistet. Eine Postzustellung gab es nicht. Am 2. Juni 1945 begann die Vertreibung der deutschen Ortsbevölkerung in Oberplan gemeinsam mit den Amerikanern, zunächst nach Krummau in ein Lager und später turnusweise nach Bayern. Im Juni 1945 übergaben die Amerikaner den Tschechen die Zivilverwaltung in den Gemeindestuben. Alle Deutschen bekamen Lebensmittelkarten mit Überdruck "Deutscher", und alle mußten eine weiße Armbinde mit den Buchstaben "N", frühere Parteigenossen mit "NN" (Deutscher Nazi) am linken Arm tragen. Österreichische Staatsbrüger mußten eine rot-weiß-rote Kennmarke tragen und außerdem einen Ausweis der österreichischen Gesandtschaft in Prag bei sich haben. Die Türen und Fenster durften nachts nicht verschlossen werden. Von 21 Uhr bis 6 Uhr war Ausgangssperre. Alle Wertgegenstände mußten den Tschechen abgeliefert werden. Österreichische Staatsbürger, die eine Bescheinigung der Gesandtschaft in Prag hatten, bekamen tschechische Lebensmittelkarten ausgehändigt Tschechische SNB-Garden besetzten die Gemeinde Glöckelberg. In Josefsthal "Waldheimat" bezogen sie mit ca. 30 Mann ihr Quartier und unterstützten die Gendarmerie und Finanzwache. Es kam aber zu keinem nennenswerten Zusammenstößen mit den tschechischen Besetzern. An improvisierten Tanzunterhaltungen nahmen sogar tschechische Soldaten teil. Ab und zu erfolgten Hausdurchsuchungen bei früheren NS-Funktionäre, gesucht wurde nach deutschem Wehrmachtseigentum. Im Gasthaus Kary in Glöckelberg erfolgte die

Verköstigung der tschechischen Gendarmerie- und Finanzbeamten, so auch der tschechischen Amtspersonen. Besondere schikanöse Maßnahmen der Tschechen, an der deutschen Ortsbevölkerung konnten nicht festgestellt werden, was aber auch auf das persönliche Einwirken von Herrn Richard Franz als österreichischer Staatsangehöriger, wohnhaft in Josefsthal Nr. 14 seit 1900, zurückzuführen ist. Er war als einziger noch im Gemeinderat (seit 1940) tätige "Nicht-Tscheche" mit der Lebensmittelkartenstelle betraut worden und führte sie auch während der tschechischen Verwaltung bis zu seiner Übersiedlung im Jahre 1948 weiter. Es muß somit nach so vielen Jahren der Wahrheit die Ehre gegeben werden. Er verdient hier somit eine kleine Würdigung seiner Verdienste. Dazu nachfolgend sein Wirken: Er war unter den früheren (vor 1938) tschechischer Amtsorganen (Gendarmerie) und Finanzwache) eine bekannte unpolitische und loyale Persönlichkeit und hatte somit ein großes Vertrauensvotum. Seine menschlichen Argumente gegenüber dem amtierenden tschechischen Kommissar in Glöckelberg waren überzeugend. Viele angeordnete Maßnahmen, die dem Kommissar von Krummau aufgetragen wurden, sind oft nur sporadisch befolgt worden, weshalb dieser 1. Kommissar auf Treibens einer tschechischen Genossen seines Amtes enthoben wurde. R. Franz kannte über 40 Jahre alle Gemeindeangelegenheiten und wurde daher von tschechischer Seite immer wieder zu Befragungen und Beratungen herangezogen. Wie dem Verfasser bekannt ist, wurde dem vorübergehenden enthafteten Schulleiter Herrn Pascher von R.Franz die Flucht nach Österreich angeboten, um einer weiteren Verhaftung zu entgehen. Diese Fluchthilfe wurde leider von Herrn Pascher mit dem Argument seiner Schuldlosigkeit abgetan. Herr Pascher wurde ca. 14 Tage später neuerlich verhaftet und ist im tschechischen Gefängnis in Budweis eines gewaltsamen Todes gestorben. Vielen persönlichen Freunden wurde von ihm über Dritte immer rechtzeitig ihre Aussiedlung (Vertreibung) mitgeteilt. So konnten diese noch rechtzeitig ihre wertvolle Habe über die Grenze bringen, oder flüchteten selbst vor der gewaltsamen Vertreibung. Diese Verständigung war eine Vertrauenssache und für R. Franz sehr riskant. An den Flüchtlingssammelpunkten beim Kreuzwirt in Glöckelberg und bei der Versandpackerei in Josefsthal wurden noch viele von den tschechischen Kontrollorganen abgenommene wertvolle Dinge durch R. Franz auf geheime Art und Weise den Eigentümern zurückverschafft, ohne daß den tschechischen Kontrollorganen dies auffiel, denn eine Evidenzhaltung der abgenommenen Gegenstände wurde nicht geführt. Sein Wirken erfolgte in aller Stille und wurde von den Betroffenen nachher nur wenig oder gar nicht gewürdigt. Dies verdient vermerkt zu werden!

Am 1.August 1945 verliert die Deutsche Mark (Reichsmark) ihre Gültigkeit als Zahlungsmittel, und es begann die Enteignung des gesamten deutschen Besitzes. In den Herbstmonaten wurde der Postverkehr wieder aufgenommen, jedoch unter tschechischer Verwaltung. Der alte Poststempel blieb weiterhin in Verwendung, da die Ortsbezeichnung "Glöckelberg" nicht ins Tschechische übersetzbar ist. Später wurde die Ortsbezeichnung "Svonkov" eingeführt.

Wintermonate 1945/1946: In den Wintermonaten bis zum Frühjahr 1946, aber auch später, wurden die jungen deutschen Burschen und Mädel fast jede Woche durch nächtliche Razzien aus den Wohnungen abgeholt und in das Innere von Böhmen verschleppt, wobei sie nur so viel mitnehmen durften, was sie, nachdem sie unerwartet geweckt wurden, rasch an sich nehmen konnten. Sie mußten, ihrer Habe und Freiheit beraubt, bei tschechischen Bauern oder in den Bergwerken schwerste Arbeit verrichten. Viele wurden in die Uranbergwerke ins Erzgebirge deportiert und mancher hat aus Verzweiflung Selbstmord begangen.

Im Gasthaus Kary in Glöckelberg erfolgte die Verköstigung der tschechischen Gendarmerie- und Finanzwachbeamten, so auch der übrigen tschechischen Amtspersonen.

Nachrichtenwesen 1945-1947

Ab Ende April 1945 gab es für die deutsche Grenzbevölkerung im Raume Glöckelberg, so auch im südlichen Böhmerwald, keine Zeitungen mehr. Vereinzelte Besitzer von Batterieradios konnten zwar noch Nachrichten empfangen, die große Masse der Bevölkerung blieb aber in Unkenntnis der damaligen politischen und militärischen Lage.
Auch nach dem Einmarsch der US-Armee, Anfang Mai 1945, gab es an die deutsche Bevölkerung keinerlei Nachrichtenübermittlungen. Nur vereinzelt kamen Zeitungsmeldungen aus Oberösterreich und teilweise aus Bayern, mitgenommen von Landsleuten, die den illegalen Grenzübertritt dorthin wagten, oder auch vereinzelt von zurückkehrenden Heimkehrern aus den US-Gefangenenlagern. Alles war verwirrend und widersprechend und keiner konnte sich ein halbwegs genaues Bild der kommenden Ereignisse zurechtlegen. Nach der Übernahme der allgemeinen Verwaltung durch die Tschechen im Juli 1945 mußten alle Besitzer von Radios, Fotoapparate, Schreibmaschinen und sonstigen höherwertigen Geräten und Gegenständen, diese unter Strafandrohung an das Kommissariat ersatzlos abliefern. Alles galt als Eigentum des Staates. Vieles wurde daher vernichtet oder über die Grenze gebracht. Über das politische Weltgeschehen drang somit keinerlei Nachricht an die Ohren dieser Menschen. Man erfuhr nichts über die Greueltaten der Tschechen im Inneren des Landes, man erfuhr nichts von den für alle Sudetendeutschen so verhängnisvollen Beschlüssen der Austreibung, bestimmt von den Siegermächten im Sommer 1945 aus Potsdam, von den Enteignungsdekreten der tschechischen Führung unter dem neuen Staatspräsidenten Benesch in Prag, von dem Atombombenabwürfen der Amerikaner über Japan und dem Kriegsende. Erst in den Herbstmonaten 1945 verdichtete sich die Tatsache, daß Vorbereitungen für die im Frühjahr 1946 beginnende Austreibung getroffen wurden, doch wollte man dies alles nicht glauben und wahrhaben.

Aussaat und Ernte 1945-1946

So war die Hoffnung und der Glaube auf ein Verbleiben in der angestammten Heimat, in diesen Menschen immer noch so groß und mächtig, daß im Herbst 1945 und sogar noch im Frühjahr 1946 die Felder mit Getreide und Kartoffeln bestellt wurden. Nur ganz wenige Menschen erkannten den Ernst der Lage und die Zeichen der Zeit und begannen, fast jede Nacht, Ihre Sachwerte, soweit sie transportabel waren, dem Zugriff der tschechischen Raubgier zu entziehen. So begannen sie in mühevoller Arbeit, die großer Gefahr der Entdeckung verbunden war, all dies über die Grenze nach Oberösterreich oder nach Bayern zu verbringen. Im Sommer, eigentlich schon im Frühjahr 1946, war für alle klar, daß alle Deutschen die CSR verlassen mußten. Ihre Felder waren bestellt, und das Getreide und andere Feldfrüchte reiften heran, doch die, die gesät und die Felder bestellt hatten, mußten fort. Bis spät in den Herbst 1946 hinein wurde diese Ernte zwar von den noch zurückgebliebenen Deutschen, und wenigen Tschechen teilweise eingebracht, wobei alle männlichen und weiblichen Bewohner jüngeren Alters an jedem Sonntag über Anordnung des tschechischen Kommissariates mit LKW des tschechischen Militärs zu den noch nicht abgeernteten Feldern nach Neuofen und Salnau gebracht wurden. Große Militärfeldküchen versorgten die Arbeiter mit einem warmen Essen. Die Teilnahme an diesen Erntearbeiten war verpflichtend, ansonsten gab es keine Lebensmittelkarten. Ich selber war daran als österreichischer Staatsangehöriger genau so verpflichtet, wie jeder Deutsche auch. Die geernteten Kartoffeln wurden in großen Haufen im Freien an den Bahnhöfen Oberplan und Schwarzbach ohne Frostschutz gelagert und sollten die in Bayern herrschende Lebensmittelnot, hervorgerufen durch den Zustrom der Vertriebenen, lindern. Doch nach den ersten Herbstfrösten 1946 verfaulten diese riesigen Kartoffelmengen in den Bahnhofsanlagen. Selbst auf den vergessenen und daher nicht abgeernteten Feldern und in den Scheunen der leerstehenden Gehöfte verfaulten in den Winter- und Sommermonaten 1946/1947 Getreide und andere Feldfrüchte. Herrenlose Hunde und anderes Hausgetier durchstreiften nahrungssuchend Wiesen, Felder und Wälder. Eine tiefe Schneedecke überzog all dieses Grauen inmitten von Europa. Es bleibt eine Schande für ewige Zeiten.

Besuch in der alten Heimat 1967-1968-1969

Ich selber bin nach dem Verlassen meines Heimatortes Josefsthal im Mai 1947 noch dreimal in den drei Ortschaften Glöckelberg, Josefsthal und Hüttenhof trotz Sperrgebietsbestimmungen (Betretungsverbot) gewesen, und zwar in den Jahren 1967, 1968 und 1969, worüber ich im folgenden berichten will. Obwohl diese Besuche schon über 20 Jahre zurück liegen, möchte ich doch noch darüber alles zu Papier bringen, damit meine Landsleute sich ein beiläufiges Bild über ihre frühere Heimat machen können. Denn im Grund genommen wird sich der Zustand unserer drei Ortschaften fast nicht verändert haben, ja im Gegenteil, es wird bestimmt alles noch mehr verwildert und verwahrloster sein als damals bei meinen Besuchen.

Sommer 1967

Die Fahrt ging mit dem PKW von Linz über Freistadt zur Grenze bei Wullowitz. Die Grenzabfertigung vollzog sich wie damals üblich, ohne besondere Schwierigkeiten, wir befanden uns auf Hochzeitsreise und nahmen in einem Hotel in Schwarzbach unser bestelltes Quartier. Die Gegend am Stausee war herrlich, gleichzeitig fand auch ein tschechischer Segelbootwettbewerb statt. Der Moldaustausee war voller Boote. Wir machten mit unserem Auto Ausflüge in die nähere Umgebung. Einmal fuhren wir zur Fähre nach Oberplan, erkundigten die Lage und setzen mit dem Auto einfach auf das andere Ufer über. So fuhren wir auf der Straße in Richtung Neuofen, bogen aber nach dem Gayer-Haus nach Hüttenhof ab und kamen beim "Lustig-Wagner" zum Kanalstraßl. Die Versuchung war zu groß, und wir beschlossen einfach weiterzufahren, bis wir angehalten wurden. Doch eine solche Anhaltung gab es nicht. So fuhren wir in Richtung Hüttenhof weiter. Rechts vom Schwemmkanal befanden sich elektrische Stacheldrahtverhaue und in bestimmten Abständen Warnschilder in tschechischer Sprache. Vom Ort Hüttenhof stand damals nur mehr der Konsum und die Schule. Dann ging es am Kanal weiter nach Josefsthal. Dortselbst stand nur mehr das große Fabriksgebäude (Versandpackerei) beim Tennisplatz und ein kleines Gebäude, das

ebenfalls schon fast verfallen war. Ein Verlassen der Kanalstraße war nicht möglich. Die Gegend schaute trostlos aus, da alles verwildert und verwachsen war und der Ort selbst völlig dem Erdboden gleichgemacht ist. Der Schwemmkanal ist total verfallen. Die Straße besteht nur mehr aus Schlaglöchern und großen Wasserlachen. Oft mußten wir mit einem Stab die Tiefe der Pfützen messen, damit wir überhaupt die Gawähr hatten, mit dem Auto durchzukommen. Der Wald nach Glöckelberg ist bei- derseits des Kanals abgeholzt, rechts vom Kanal ebenfalls Stacheldraht und Wachtürme. Der Stacheldrahtverhau zieht sich vom Krouberg-Bucherberg" kommend nach Josefsthal, entlang dem Kanalufer über Hüttenhof bis nach Neuofen weiter. In Josefsthal, wo er die beiden Waldstraßl überquert, wurden große Tore angebracht, sind aber immer abgesperrt. Auf unserer Fahrt aber sahen wir jedoch keinen tschechischen Soldaten, und so setzen wir unsere Fahrt in Richtung Glöckelberg fort. Das ganze Gebiet ist völlig unbewohnt und daher auch völlig verwahrlost und fast nichts mehr zu erkennen. In Glöckelberg das gleiche Bild! Dort standen nurmehr folgende Häuser: Das Haus vom Briefträger Studener, Das Jandahaus, die Trafik, die Volksschule, der Pfarrhof, das Hegerhaus und die Kirche. Als wir zur Schule kamen, stießen wir das erstemal auf tschechische Soldaten, die dort ihre Unterkunft hatten. Ich wußte zwar dies, doch die Soldaten waren völlig überrascht, als ich dort plötzlich auftauchte. Sie spielten gerade Fußball. Der Situation entsprechend, mußte ich etwas "Theaterspielen", um meine Absicht, meine Heimat wiederzusehen, zu verschleiern. Ich stellte mich daher als "verirrter" österreichischer Tourist den Soldaten vor und gab an, den Weg nach Oberplan zu suchen, da ich mich hier nicht auskannte. Für meine Gattin war es köstlich, dieses Theater mitzuerleben, nur bekam sie etwas Bauchweh aus Angst der Entdeckung über meine Absicht. Nach langem Hin und Her gelang es mir, die Soldaten davon zu überzeugen, daß wir uns tatsächlich verfahren hatten. Man kontrollierte meine Reisepapiere, notierte meinen Namen. Während dieser Zeit sah ich mir die Gegend näher an. Die Kirche ist völlig mit Gebüsch umgeben, verwahrlost, das Dach durchlöchert. Leider war es mir nicht möglich, dorthin zu gehen, das Grab meines Bruders zu besuchen, um meine Absicht nicht zu verraten. Die Soldaten waren aber sehr nett, erkannten meine "verzweifelte" Lage. Es wurde vom Kommandanten angeordnet, daß ich von einem Jeep und zwei Soldaten bis zur Fähre nach Vorderstift begleitet werde. Während dieser Fahrt über Vorderglöckelberg und Hinterhammer konnte ich nur ungenügend Näheres beobachten, da das ganze Augenmerk auf die schlechten Straßenverhältnisse zu richten war. Das "Lufthaus" in Hinterhammer wurde zu einem Erholungsheim für Soldatenfamilien umfunktioniert, alle anderen Häuser vor dem Lufthaus stehen nicht mehr, das "Spitzwirtshaus" stand jedoch noch. Bei der Moldaufähre in Vorderstift angelangt, wurde mir noch gesagt, daß in einer Viertel Stunde die Fähre ankommt. Wir verabschiedeten uns, ich bedankte mich für ihre Hilfe und setzten mit der Fähre über den Stausee. Wir fuhren tief ergriffen und zufrieden über das Gelingen unseres Vorhabens zurück nach Schwarzbach. Die damals "belogenen" tschechischen Soldaten mögen uns ver- zeihen, wir wollten nur unsere alte Heimat wiedersehen! Und noch vielen Dank dafür!!! Meines Wissen gelang es noch niemanden, nach Hüttenhof, Josefsthal und weiter nach Glöckelberg in einer Tour zu fahren, da dort militärisches Sperrgebiet ist. Man sah auch überall Warnungstafeln mit Totenkopf, aber ich versuchte es trotzdem. Ich war froh und überglücklich, daß mir dieser langersehnte Wunsch in Erfüllung ging. Diese Fahrt in meine frühere Heimat im Böhmerwald war für mich, und sie ist es immer noch, unvergeßlich, zugleich ein kleines Abenteuer inmitten von Europa im 20. Jahrhundert.
Im Juli 1968 gelang es mir ein zweitesmal, trotz Sperrzone bis zu unseren

Heimatdörfern vorzustoßen, sie zu durchschreiten, wenn auch nur für ganz kurze Zeit. Verändert hat sich dort nichts: Alles verwildert, überwuchert und verwachsen mit Gebüschen und fast nichts mehr zu erkennen. Ein schockierender und zugleich auch ein trauriger Anblick bot sich uns!. Immer wieder aber stelle ich mir die Frage, warum gerade unsere Dörfer diesem furchtbaren Schicksal unterworfen wurden?

Juli 1969

Meine dritte und auch letzte Fahrt in meine alte Heimat wurde schon im Frühjahr geplant und vorbereitet. Aber diesmal mußte ich eine andere Taktik anwenden, denn man kann nicht dreimal hintereinander als "verirrter" Tourist immer wieder im gleichen Gelände oder Gebiet auftauchen, wo man eigentlich schon alles kennen müßte. So ließ ich durch eine Bekannte (Fr. Stranska), wohnhaft in Vorderstift, die gute persönliche Beziehungen zum Grenztruppen-Kommandanten von Glöckelberg hatte, diesen bitten, mir als österreichischer Kollege zu ermöglichen, während meines Aufenthaltes in Schwarzbach, meinen früheren Geburts- und Heimatort Josefsthal für kurze Zeit zu besuchen. Im Laufe des Sommers erhielt ich von ihr in einem Brief eine zusagende Antwort. Wir fuhren daraufhin mit dem Auto wieder über Freistadt zur Grenze und weiter nach Schwarzbach, um unser Quartier zu beziehen. Am 13. Juni 1969, es war ein Sonntag, wurde mit dem tschechischen Kommandanten ein persönlicher Kontakt aufgenommen, als er die Fähre nach Oberplan benützte. Wir erhielten tatsächlich die Erlaubnis, wenn auch nur mündlich, mit Frau Stranska für eine halbe Stunde Josefsthal zu besuchen. Fotoaufnahmen durfte ich keine machen, das war eine der Auflagen zur Bewilligung zum Besuch von Josefsthal. Beim sogenannten "Verwalterhügel" fand ich durch Zufall einen Korpus, (Christuskörper), den ich mitnahm, so auch ein Stück Stacheldraht und bei unserem früheren Dorfbrunnen eine verwitterte Holzlatte. Aus diesem Material fertigte ich erst später unser "Waldheimat-Kreuz" an, welches nun seit 1985 unsere "Heimatstube Glöckelberg" in Ulrichsberg schmückt. Am Kanal trafen wir dann noch einen unbewaffneten tschechischen Soldaten; Frau Stranska wechselte mit ihm einige Worte, scheinbar war er von unserem Besuch informiert. Meiner Neugier folgend, begab ich mich schnell noch in den alten Turnsaal in der Versandpackerei, wo seinerzeit das "Graue Manndl" einer Arbeiterfrau erschienen ist. Das ganze Gebäude war seinem Zustand nach ein Schafstall, jedoch ohne Tiere. Auf einer Wand im Turnsaal war noch deutlich das Zeichen des Deutschen Turnvereines (4 "F" in Kreuzform) sichtbar. Vom Dorfbrunnen war nichts mehr vorhanden. Die Erde war jedoch von einem Kettenfahrzeug aufgewühlt. Dort fand ich auch ein paar Glasstücke in verschiedener Form und Farbe, einige davon sind in einer Vitrine in unserer Heimatstube ausgestellt. Nach ca. einer halben Stunde veließen wir, meine Gattin und Frau Stranska, zu tiefst beeindruckt den einstigen Heimatort meiner Jugend.

Diese drei Besuche in unseren früheren Heimatdörfern vor ca. 25 Jahren sind für mich immer noch unvergeßliche Stunden von höchster Spannung, Enttäuschung und auch Trauer. Gleichzeitig aber doch auch ein Lichtblick für die Gesamteinstellung vieler Tschechen, wie diese positive des damaligen Glöckelberger Grenztruppenkommandanten. Möglicherweise wurden ihm für seine humanitäre Tat, und so kann man seine Tat wohl bezeichnen, berufliche Nachteile auferlegt, weshalb ich nicht nachstehe und ihm noch nach so vielen Jahren meinen Dank und Anerkennung ausspreche! So mögen kommende Generationen solche Taten, entgegen ihren dienstlichen Auftrag, jene Anerkennung nicht verweigern, die beispielgebend sein soll für Gegenwart und Zukunft. Denn nur Toleranz, Güte und Achtung gegenüber seinen Mitmenschen, ganz gleich welcher Rasse oder Volkszugehörigkeit, sind die Garanten und Fundamente für Friede und Freiheit in dieser Welt, in der wir alle miteinander und nicht gegeneinander leben müssen! Mögen wir alle miteinander wünschen und hoffen, daß dieser Same der Menschlichkeit weiterkeime und heranwachse zu einem mächtigen Baum in unserem gemeinsamen Vaterland Böhmen, denn Böhmen gehört nicht alleine den Tschechen, es ist auch immer noch unser Vaterland, unter dem wir alle Zufriedenheit, Schutz und Geborgenheit finden mögen, wenn auch jetzt man uns diese fundamentalen Rechte eines jeden Menschen vorenthält. Der Allmächtige wird uns seine Hilfe nicht verweigern, nur wir Menschen müssen den Anfang setzen.

Schlußwort des Verfassers Franz Walter

Es wäre menschlich und historisch nicht entschuldbar, all dies was sie nun in meiner "Glashüttengeschichte" gelesen haben, nicht niedergeschrieben zu haben. Vieles mag von dem eigentlichen Thema irgendwie abweichen, und manche Sätze mögen grammatisch nicht richtig formuliert sein, doch gehört alles zu einem Ganzen vereint, um zu verstehen, was unsere Heimat einst war und was sie uns Lebenden heute immer noch bedeutet. So habe ich nach bester Überzeugung versucht, ein möglichst getreues "Spiegelbild" meines Heimatortes "Josefsthal" niederzuschreiben und hoffe, es ist mir auch gelungen.

All die früheren Bewohner von diesem Ort, die heute noch unter uns Lebenden weilen dürfen, werden die von mir geschilderten Örtlichkeiten aus früheren Jahren noch in lebhafter Erinnerung haben. Die Zeitgeschichte ist über dieses kleine Stückchen Erde mit all ihrer Liebe, Geborgenheit und Elternhaus, später Macht, Verlogenheit und Haß hinweggerollt und hinterläßt nur mehr das ewige Rauschen ihrer Wälder, ihre Stille, aber auch ihren Fluch ihrer vertriebenen Menschen an die neuen Machthaber.

So möge aber trotzallem der Allmächtige seine schützende Hand über diese so schöne einstige Waldheimat halten, und es mögen in vielen Jahrzehnten wieder Menschen deutscher Zunge dort Heimat schaffen!

Dieses Kreuz mit der Stacheldrahtumrahmung und den drei Ortsnamen "Glökkelberg-Josefsthal-Hüttenhof" soll uns und andere Landsleute an unsere drei zerstörten Waldheimatdörfer im Böhmerwald erinnern, durch die nun entlang des früheren Schwemmkanals der Stacheldrahtverhaus der neuen Machthaber verläuft!

Sämtliches Material dieses Kreuzes stammt aus Josefsthal. Bei dem gefundenen Herrgott könnte (?) es sich auch um jenen handeln, der seinerzeit das "Janda-Kreuz" in Josefsthal schmückte.

Die Waldheimat unserer Kindheit und Jugend, sie rauscht, lächelt und weint!

Beim Holzschuhmacher

Scheiterschwemme auf der Moldau

Die Holzschuherzeugung im Böhmerwald
(Von Walter Franz)

Der Böhmerwald war das Haupterzeugungsgebiet für Holzschuhe. Die Herstellung derselben beschäftigte zahlreiche Kleinhäusler, besonders im Winter. Allerdings ist diese Zeit längst vorbei, denn die ortsansässige Bevölkerung gibt's seit 1946 nicht mehr im Böhmerwalde und somit auch keine solche Holzschuherzeugung wie damals. Der Verdienst eines Holzschuhmachers war ein unzulänglicher, denn damals brauchte er nur den Bedarf seines Dorfes und höchstens noch den der umliegenden Nachbarortschaften zu decken. Die heranwachsende Jugend strömte meist in die Fabriken, und das Tragen des Holzschuhes war daher unschicklich, oft jedoch auch umständlich. Nur in Orten, die, mitten im Hochwald gelegen, vom Verkehr fast ganz abgeschnitten waren, hat sich diese Hausindustrie noch erhalten und beschäftigt besonders die "Inwohner", so namentlich in Unter-Lichtbuchet, Ober-Lichtbuchet, Kesselhäuser, Schillerberg, Leimsgrub, Fürstenhut, Schaureck, Buchwald und vielleicht noch andere kleine Böhmerwalddörfer wie Josefsthal, Glöckelberg, Hüttenhof, Neuofen u.a. Also meistens Ortschaften, die in unmittelbarer Nähe der bayrischen oder oberösterreichischen Grenze lagen. Diese Erzeugnisse, meistens in Heimarbeit angefertigt, wurden von der einheimischen Bevölkerung sehr gerne getragen, man kann dies immer wieder an alten Fotos feststellen. In den Schulen gab es eigene Holzschuhständer, wo wir Kinder die Holzschuhe abstellten und mit warmen Socken oder zum Teil auch mit Hausschuhen den Unterrichtssaal oder das Klassenzimmer betreten durften. Der Verfasser dieses Berichtes kann sich genau noch an seine Jugendzeit erinnern. In seinem Heimatdorf Josefsthal bei Glöckelberg gab es den alten Dickl mit Familiennamen, der diese Holzschuhe für das ganze Dorf erzeugte. In seiner Werkstatt hat der Verfasser oft viele Stunden verbracht und dem alten Meister mit Handlangerdiensten bei der Anfertigung der Holzschuhe mitgeholfen. Dafür bekam er bei Ankauf eines Holzschuhpaares einen kleinen Preisnachlaß zugestanden. Unvergeßliche Stunden waren dies damals, draußen stürmte und schneite es. In der alten Werkstatt war es anheimlich warm, holzpechige Luft, vermischt mit Pfeifentabakrauch strömte ein eigenes Fluidum, Behaglichkeit und Geborgenheit gegenüber den Unbilden dieses Winterwetters aus. Oft gab's vom alten Meister auch etwas zu essen, insbesondere einen sogenannten "Zelten". Dieser war aus gekochten Kartoffeln, Mehl, Eier und Salz zu einem Teig verarbeitet und in Butterschmalz wie Schnitzel herausgebraten. Diese Fladen hatte der Meister in einem Holzkastl aufbewahrt. Sie waren oft schon mehrere Tage alt und hart, aber sie ersetzten das spärliche Brot. Die damalige Werkstatt, unter einer mit Wasserkraft angetriebenen Brettsäge, war einmalig, heute würde dies alles samt den rustikalen Werkzeugen und anderem Inventar ein Stück Museum abgeben. Die Herstellung der Holzschuhe erforderte mühsame Arbeit und wurde eigentlich gering bezahlt. Für ein Paar wurden gewöhnlich je nach Größe 6-10 Kronen verlangt, wobei der Holzschuhmacher das Holz selbst gab. Es mußte nur astfreies und noch feuchtes Holz sein, um es leichter bearbeiten zu können. Meistens war es Fichten- oder auch Tannenholz, aber oft wurde auch Buchenholz verwendet. Jedoch mußten diese Holzschuhe aus Buchenholz in einer "Holzschuhselch"(Schuahsoich) getrocknet werden. Sie wurden dadurch leichter und hatten demnach auch ein bräunliches Aussehen. Meistens wurde über den Ristrahmen des Holzschuhes ein Draht gespannt, um das Aufbrechen des Ristrahmens zu verhindern. Oft wurden auch auf den Laufflächen verschieden starke Nägel eingeschlagen, um beim Gehen nicht auszurutschen. Daß der Holzschuh das hauptsächlichste Fußbekleidungsstück des Böhmerwäldlers war, das nur an Sonn- und Feiertagen vom Lederschuh abgelöst wurde, hat seine Gründe in der großen Haltbarkeit, Billigkeit und Problemlosigkeit in Bezug auf Reparatur gegenüber anderem Schuhwerk und die völlige Wasserundurchlässigkeit. Seine besonders gerühmte Eigenschaften sind, daß der Holzschuh den Fuß dauernd warm hält. Wie aus alten Unterlagen zu entnehmen ist, wurden in den Jahren des Ersten Weltkrieges von den angeführten Ortschaften an der böhmisch-bayrischen Grenze an die 20.000 Paar Holzschuhe an die deutsche Militärverwaltung geliefert. Auch der Verfasser hat sich während eines Fronturlaubes im Zweiten Weltkrieg ein Paar solcher Holzschuhe nach dem Baltikum mitgenommen, und so gab es nachts beim Wache stehen nie kalte Füße. Der Holzfabrikant O. Lanner führte so um 1900 in der Gegend bei Krummau a.d.M. mit Mistelholz aus dem Planskerwald die Anfertigung von Holzschuhen in größerem Umfang nach belgischer und französischer Art und Form ein, und in Budweis wurde von ihm sogar eine eigene Niederlage errichtet. Heute gehört diese damals so wichtige Heimindustrie im Böhmerwald längst der Vergangenheit an. In ganz wenigen Ortschaften im österreichisch-bayrischen Grenzraum werden noch solche Holzschuhe erzeugt. Sie werden noch da und dort in allen Größen als Reiseandenken in einschlägigen Geschäften zum Kauf angeboten, insbesonders in Waldkirchen und Aigen/M.

Das Holzschwemmen und die Flößerei auf der Moldau
(Von Thomas Gallistl, 1920)

Das Holzhauergewerbe nährte zwar seinen Mann, war aber schwer und auch gefahrvoll. Die Fällzeit war für alle Waldorte der Herbst. In dieser Jahreszeit wurde das erforderliche Holz gefällt und zur Abfuhr für den Winter vorbereitet. Sobald Schlitten fortkommen konnten, begann man das gefällte Holz aus den Schlägen nach seinen Bestimmungsorten, namentlich nach den Einwurfplätzen flößbarer Gewässer und Kanäle fortzuschaffen, um es im Frühling, wo alle Gewässer durch die Schneeschmelze beträchtlich angeschwollen waren, weiterhin zu verschwemmen. Um die Wassermenge der zum Schwemmen bestimmten Bäche zu vermehren, wurden in höheren Gebirgen an vielen Orten sogenannte "Schwellen" (Teiche durch Anstauung der Bäche) angelegt, deren Schleusen dann gezogen wurden, wenn der die Schwelle speisende Bach zum Schwemmen benutzt werden sollte. Bemerkenswert sind die sogenannten Wasserriesen. Die großartigste Wasserriese befand sich bei Hirschbergen. Sie war ein ausgemauerter Kanal von 305 Meter Länge mit einem Gefälle von 57 Meter und mündete bei dem Hirschberger Jägerhaus in den berühmten Schwarzenbergischen Schwemmkanal.

Das auf der Moldau aus den oberen Gebirgen herbeigeflößte Holz wurde beim Spitzenberger Holzrechen geländet und dann auf Wagen eine Stunde weit bis zum Kanal bei Neuofen geführt, wo es erst weiter verschwemmt wurde. Die Einrichtung der Holzflöße im Kanale und die Art und Weise ihrer Durchführung war großartig und einzig in ihrer Art. Das Schwemmen des Scheitholzes daselbst, namentlich aber des Langholzes, sowie die rührige Tätigkeit der zahlreichen Arbeitskräfte bot ein anziehendes Schauspiel, insbesonders von der Moldaubrücke in Vorderstift. Auch großartig waren die Triftanlagen auf der Moldau selbst. Die

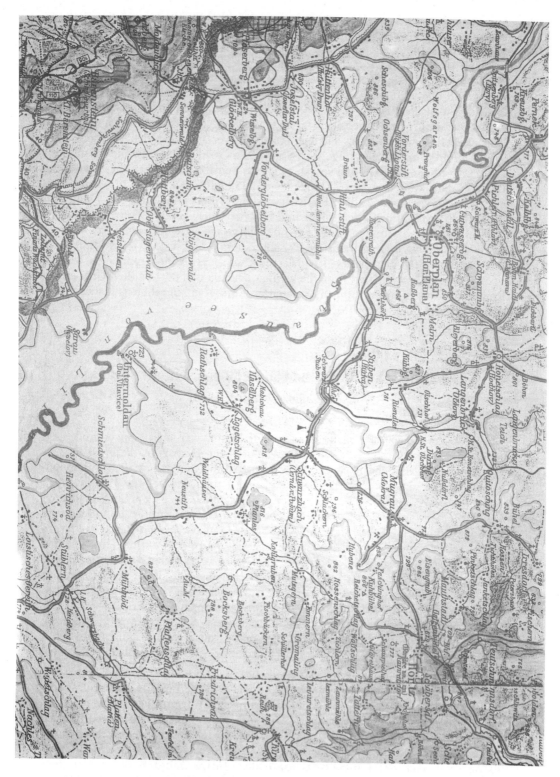

Im Moldaustausee versanken viele Dörfer

Flößerei mit Prahmen begann auf der vereinten Moldau schon bei dem Dorfe Humwald. Um das Wasser zusammenzutreiben, hat man lange Steindämme im Flußbette, namentlich von Hohenfurt bis unterhalb Krummau aufgeführt, um auf diese Weise die Schwemme zu erleichtern. Hemmend trat der Holztriftung die Teufelsmauer vor Hohenfurt entgegen. Unterhalb Friedberg mußten die Prahmen in die einzelnen Stämme aufgelöst, aus dem Wasser herausgehoben und mittels Wagen bis Hohenfurt geführt werden. Von da ab stand der Flößerei nichts mehr im Wege, wenn nicht sonst ein trockener Sommer die Wassermenge im bedenklichen Grade verringerte.

Da viele Glöckelberger nicht nur Holz fällten, sondern auch in der Papierfabrik tätig waren, sollten wir auch erfahren:

Wie die Bäume zu Papier wurden
(Von Alois Meerwald)

Im anmutigen Moldautale, etwa eine Wegstunde oberhalb von Krummau, flußaufwärts liegt die Pötschmühle, eine der größten Papierfabriken in der damaligen Zeit des europäischen Festlandes. Ergötzte uns schon das Äußere der Fabrik durch ihre herrliche Lage und durch ihre überwältigende Bauart, so mußte uns die Inneneinrichtung und die Arbeit, die in der Fabrik geleistet wurde, geradezu wunderbar erscheinen, denn dort wurden die Bäume des Böhmerwaldes zu Papier verwandelt. Unaufhörlich wurden, die zu 1-2 Meter langen Stücke zerschnittenen Stämme, vornehmlich Fichten, nach der Fabrik geführt, und unaufhörlich verarbeiteten die Maschinen das zugeführte Holz. Die Fichtenstämme wurde zuerst von einer Schälmaschine ihrer Rinde entledigt und wanderten dann in die Hackmaschine, ein Ungetüm, weniger seiner Größe als seiner zerstörenden Arbeit nach. Die Hackmaschine fraß das Holz bildlich gesehen, direkt auf. Ihre Zähne waren wie scharfe Beile, die über die in der Maschine eingeführten Stämme herfallen und sie im Nu in kleine Späne und Splitter zerhackten. Die Geschwindigkeit der Maschine ist dabei so rasend, daß sie ihre Arbeit im Handumdrehen erledigt, um schon wieder über den nächsten Stamm herzufallen. Die Holzstücke wandern von der Hackmaschine in eine Schleudermaschine, welche die Zerkleinerung des Holzes fortsetzt und die Späne vollends zerfasert. Eine dritte Maschine sondert die Aststücke ab, welche wieder von einer anderen Maschine zermahlen und zur Herstellung minderwertigen Papier verwendet werden. Das nun zerfaserte Holz wird nun in einer aus Dampf und Schwefelgasen hergestellten Lauge gekocht, wobei zugleich dem Holz das Harz entzogen wird. Ist dies geschehen, so kommt die ganze Masse in die Wäscherei und wird dort von Schmutz und Sand gesäubert. Die nächste Maschine zerquirlt das gekochte Holz vollends zu einem Brei und wieder eine andere Maschine, die ein feines Sieb und eine ganze Reihe von Walzen besitzt, erwartet schon den Brei und nimmt ihn auf. Der Holzbrei gleitet vorerst über das feine Sieb, hier fließt das dem Brei anhaftende Wasser vollends ab, und der Brei läuft dann durch die Walzen, welche die Masse gänzlich trocknen und glätten. Der Holzzellstoff, die Zellulose ist fertiggestellt und wird nun in Rollen zusammengepreßt. Der Holzstellstoff ist eine dem Papier bereits ähnliche Masse, ist aber zum Druck noch ungeeignet und muß neuerlich verarbeitet werden. In großen, mit Wasser gefüllten Behältern, den sogenannten Hollandern, wird die Zellulose wiederum auseinandergerissen.

Der Brei, der sich aus ihr bildet, wird mit Porzellanerde, Leim und anderen Bindemitteln vermischt, damit der Brei zu einer fest zusammengehaltenden Masse wird. Nun beginnt ein ähnlicher Vorgang, wie er bei der Zelluloseherstellung beobachtet werden konnte. Der Brei wird wiederum von einer Maschine, der Papiermaschine, die wieder ein sehr feines Sieb und eine ganze Reihe von Walzen enthält, aufgenommen. Wiederum gleitet die Masse über das Sieb, und das dem Brei anhaftende Wasser sickert durch. Dann gelangt die Masse unter die Walzen, die das noch übriggebliebene Wasser herauspressen. Schließlich besorgt ein Heißluftzylinder das Verdampfen des letzten Wasserteilchens, und die Maschine gibt das fertige Papier von sich. In der nächsten Maschine wird das Papier nur noch gepreßt und geplättet, worauf es zusammengerollt wird.

Aus den Fichtenstämmen ist nun Papier geworden, Menschengeist und Menschenhände haben Wunderbares geleistet. Gingen wir mit einem Buch in der Hand in den Wald und riefen dort aus: "Sehet an ihr immer grünen Fichten, dieses Büchlein wurde aus Euresgleichen erzeugt!", so würden die Bäume, wenn sie unsere Sprache verstünden, die Wipfel schütteln, als wollten sie es nicht glauben und zurufen: "Haltet ein diesen Wahnsinn!" - doch leider ist es so.

Auch im Graphitwerk in Schwarzenbach fanden früher einige Männer aus unserem Heimatdorf Arbeit.

Das Graphitbergwerk in Schwarzbach
(Von Vinzenz Schoeps, um 1920)

Erwartungsvoll langten wir am Ziel unserer Wanderung an, es ist Schwarzbach, um das weltberühmte Graphitbergwerk zu besichtigen. Wir schritten über schwarzglänzenden, schlüpfrigen Boden an vielen Bauten vorbei zu einem langgestreckten Bau mit turmartigem Aufsatz, dem Förderhaus. Als wir den oberen Stock des Turmes erreicht hatten, standen wir vor zwei schwarzen Löchern im Boden, in deren Mitte je ein Drahtseil hängt. Es ist der tiefe Schacht. Ein Glockenzeichen ertönt, und die Förderschale mit einem Wägelchen ("Hunt") voll Graphit steigt empor. Im Nu hat es ein Bergmann herausgerissen und zu einem Schienenstrang geführt, auf dem der Graphit zur Halde befördert wird, wo er liegen bleibt, bis er verwittert. Ein anderer Mann schiebt einen anderen Hunt auf die freie Förderschale. Wieder ein Glockenzeichen, und er verschwindet in der Tiefe. Nun erscheint er auf der anderen Seite mit einem Hunt. Und so geht es fort, Tag und Nacht. Jetzt legen wir in einem Nebenraume graphitglänzende Grubenkittel an und bekommen einen Lampe, denn wir dürfen "einfahren". Wir besteigen die Förderschale, die langsam in die Tiefe sinkt. Das Tageslicht verschwindet. Nun zeigt uns der Steiger den Aufbau des Geländes. Die oberste Schicht besteht aus Torf, darunter liegt Lehm oder Sand, dann folgen Kalk und Gneis. Zwischen den Gneisschichten ist die linsenförmige Masse des Graphits eingelagert, deren Mächtigkeit (Dicke) bis zu 10 und 20 m beträgt. Da wird ein beleuchteter Hohlraum sichtbar, von dem Gänge zur Graphitlinse führen. Es ist ein "Füllort". Wir sind beim ersten "Lauf" oder "Horizont"; 12 m tiefer liegt der zweite "Lauf" u.s.f. Plötzlich ein leichter Aufschlag, wir fühlen wieder festen Boden unter der Erde. Wir schreiten auf schlüpfrigem Bretterboden, unter dem Wasser rieselt, durch eine gemauerte Strecke in eine große Halle zur "Wasserhaltungsmaschine". Das Grubenwasser ist der größte Feind des Graphitbergbaues. Es wird an der tiefsten Stelle (im "Sumpf") gesammelt und von hier durch ein Pumpwerk obertags heraufgehoben. Gegenwärtig stehen alle Schächte bis auf einen unter Wasser. Zu dessen Ableitung wird ein 7 km langer Stollen von Höritz aus unter den tiefsten Schacht getrieben. Wir kehren zum Füllort zurück, um durch einen mit Balken und Brettern ausgekleideten Gang zum Graphitlager zu gelangen. Hier "am Ort" hauen zwei Bergleute mit Spitz- und Berghaue das wertvolle Mineral heraus, das andere Arbeiter auf Hunten zum Füllort schaffen, wo diese in die Förderschale geschoben und aufgezogen werden. Als wir die finstere, unheimlich stille Grube verlassen hatten, führte uns der Steiger in die "Kutterschale", die in eine Halle mit Tischen, an denen die Lehrlinge, die wie kleine schwarze Teufel aussehen, die Bleistiftgraphite sichten, die man getrocknet in Fässer schüttet. Hierauf lernten wir die Aufbereitung des Raffinadengraphits kennen, der für Gießereien unentbehrlich ist. Der Rohgraphit wird zerkleinert, mit Wasser gemengt und kommt sodann in Setzkästen, wo das schwere Material sich absetzt, das leichtere aber in andere, größere Wasserbecken abfließt. Der Graphitschlamm wird in die Presse gepumpt, aus der die Graphitziegel herausgenommen und im Trockenhaus getrocknet werden. Zuletzt besuchen wir die Graphitmühle, wo der schuppenförmige blättrige Flinsgraphit, der zur Schmelztiegelerzeugung dient, gemahlen wird. Mit Staunen betrachten wir den Vorgang. An 5.000 Siebe, von den größten bis zu den kleinsten, von verwirrender Mannigfaltigkeit, klappern durcheinander und rütteln das schwarze Mehl so lange, bis der reine Flins den letzten Siebgang verläßt. 100 kg Rohgraphit liefern nur 5 kg Flinsgraphit.

Wenzel Hable, geboren am 24.09.1877 in Glöckelberg Nr. 15, schreibt in seinen "Erinnerungen an unsere Heimat Glöckelberg" 1962 auch über seine Arbeit im Graphitwerk Schwarzbach:

Als ich im April 1906 zu arbeiten anfing am Graphitwerk, kam ich gleich zur Grubenmannschaft auf das frühere Mugrauer Bauernwerk zur Mauerung des "Josefistollen", der vom Olschtal nach Südost in den Berg von Mugrau getrieben wurde, um die alten Schächte Ferdinand Agnes, Anna- und Emilie, die von den Lanna-Eggert 1886 gekauft wurden, unter Tags zu erreichen. und zu verbinden. Das dauerte in den Monaten April - November 1906-1910. Wir waren damals 11 Maurer am Werk, acht Grubenarbeiter und es wurden die Schächte Neuer-Olschschacht, Paulschacht, Hauptschacht, Prinz Johann Neuschacht zuletzt Ferdinand und Agnesschacht gemauert und unterirdisch womöglich durch Stollen und durch Strecken verbunden. Wir waren damals zwei Parteien zu je 4 Maurern und drei waren am Tag bei den Reparaturen am Betrieb und Wohnhäusern beschäftigt. Im Jahre 1912 wurde der 100jährige Bestand gefeiert, und da gab der Bergdirektor Herr Hermann eine Festschrift heraus, aus der ich vieles herausfinden konnte.

Fast zur gleichen Zeit, um 1811, begannen die Bauern von Stuben nach Graphit zu graben, so wie die Fürst zu Schwarzenbergschen und nicht lange danach die Gesellschaft Lanns-Eggert mit drei anderen Genossenschaften, die nahe an den fürstlichen Schächten, den Adolf-Josefschacht, Peterschacht und Moritzschacht errichteten. Am Auwerk hatten sie auch eine Wäscherei-Raffinerie, die sie aber 1886 mit den vorhin genannten Schächten in Mugrau samt dem Herrnhaus verkauften. Zur gleichen Zeit hatten auch die 8 Bauern von Mugrau angefangen mit der Graphitgewinnung, 1892 kaufte aber der Fürst das Werk mit den vom Betrieb beherrschenden Grund, sodaß das Werk mit der Bahnstation Schwarzbach-Stuben, sowie über das Auwerk auch das Mugrauer Werk mit einer schmalspurigen Bahn verbunden werden konnte und auch die Brettsäge am

Auwerk und Ziegelei in der Nähe miteinbezog. Während die Beheizung bis in die 70-Jahre meist mit Scheitholz geschah, kam nach 1876 die Torfheizung aus der nächsten Umgebung. So wurde schließlich die Torfau bei Fleißheim und Maierbach aufgeschlossen, sie war 200 ha groß mit 3-5 Meter tiefen Torfschichten. Es wurden in den Monaten April bis September meist 35.000-40.000 Meter gestochen von ungefähr 350-400 Personen, wo auch Leute von Glöckelberg, Hüttenhof, sogar Leute aus Österreich und Bayern arbeiteten. Für die Bahn zur Torfau wurde 1894 die Brücke über die Moldau gebaut, sie war aus Holz und war nach der Karlsbrücke in Prag die längste Brücke in Böhmen. Die Torfau wurde 1888 erschlossen, die schmalspurige Bahn mit Lokomotiven war 7 km lang. Vorher wurde der Torf mit Pferdegespann im Winter geliefert.

Zu der Beheizung des Betriebes am Werk, bei der Trocknung des Graphites und den Förderungsmaschinen und den Dampfwasserpumpen brauchte man viel Torf, und auch der Antrieb der elektrischen Anlage "Centrale" wurde mit Torf betrieben bis in die Kriegszeiten 1914-18 und 1939-45, wo die Leute fehlten und Kohle verbraucht wurde. Zum Werk gehörten 1912: 124.344 ha Grundbesitz, 22 Wohnhäuser mit 65 Wohnungen, 2 Gasthäuser, 2 Kanzleien, 63 Betriebsgebäude, 3 Kesselhäuser, 7 Maschinenhäuser, 5 Schachthäuser, 1 Sägeanlage, 1 Torfstreufabrik u.s.w.. Auch eine elektrische Zentrale seit 1906, Werkstätten für Schneider, Schmiede, Schlosser, Elektriker, Tischler und Faßbinder. Ich habe während meiner Arbeitszeit am Werk allerhand mitgemacht und einige Unfälle erlebt. Die letzten Jahre meiner Zeit war ich meist in dem Abraum auf Graphit, bis ich 1933, als ich allein als Maurer dastand, noch den Agnesschacht 52 m hoch herausmauerte, von Mai bis November unter viel Plage und Einsturzgefahr. Da habe ich aber mit lauter Anstrengung und Aufregung mein Herz ruiniert, was mir bis heute nicht gut ist. Meine Kameraden sind bereits alle tot, und ich hätte nie gedacht, daß ich so alt werden würde und soviele Jüngere überleben würde.

Die Bleistifterzeugung
(Von Willibald Böhm)

Die wegen ihrer Güte weit und breit bekannten Hardtmuth-Bleistifte wurde auf folgende Weise erzeugt:

In einer Abteilung der Fabrik wurden die schwarzen Minen erzeugt. Diese bestanden aus Graphit und geschlemmtem Ton, die fein zermahlen in einem bestimmten Verhältnis gemengt wurden, denn von diesem Verhältnis hängt die Härte der Mine ab. Das Gemenge wurde gerieben, dann im feuchten Zustand gepreßt und in Fadenform gezogen. Auf diese Weise erhält man runde oder eckige Minen, die hier auf die entsprechende Länge geschnitten, sodann an der Luft getrocknet und schließlich gebrannt wurden. In einer anderen Abteilung wurde das zur Erzeugung von Bleistiften bestimmte Holz, meist Zederholz, aber auch verschiedenes weiches, einheimisches Holz, wie Espen, Erlen, Linden, Fichten und Tannenholz, verarbeitet. Es wurde vorerst zu Brettchen geschnitten und mit Rinnen, den sogenannten Nuten, versehen, deren Form und Ausdehnung der hergestellten Mine entspricht. Nachdem die "genuteten" Flächen mit Leim bestrichen wurden, wurden die Minen in die Nuten und darauf entsprechend geformte Brettchen gelegt. Nun werden die zusammengeleimten Brettchen getrocknet und gepreßt, worauf sie in die Hobelmaschine kommen, aus welchem die Stifte rund oder eckig herausfallen. Jetzt wurde die Stifte mittels Sandpapier geglättet und hernach in verschiedenen Farben poliert. Die derart gefertigten Bleistifte wurden an den Enden glatt abgeschliffen oder abgeschnitten, weil sie daselbst rauh sind und schließlich mit einer Aufschrift versehen, die in der Regel den Namen des Erzeugers und den Ort der Erzeugung enthält, sowie den Härtegrad der betreffenden Mine angibt. Dies ist in Kürze der Hergang der Bleistifterzeugung, die jedoch keineswegs so einfach ist, wie oben angeführt. sie erfordert vielmehr zahlreiche und mühevolle Arbeitsgänge und die ganze Geschicklichkeit der Arbeiter.

Bei den Glasmacherleuten
(Von Josef Schramel, 1920)

Nach fröhlicher Wanderung durch den grünen, duftenden Wald tönt plötzlich ein Dröhnen an unser Ohr. Dem Schalle folgend, gelangen wir zum "Pucher", eine Hütte, in welcher der Quarz durch hölzerne Stampfsäulen mit eiserner Sohle zermalmt wird. Eine durch das vobeifließende Bächlein in Drehung versetzte Welle hebt die Säulen mittels ihrer "Nasen" bis zur Hubhöhe, worauf die Stampfbalken herabfallen und den Kies in der Stinne zerpochen. Weiterschreitend gelangen wir auf eine große Waldblöße, in deren Mitte sich verschiedene Gebäude erheben, darunter das hohe Hüttengebäude. Wir treten in das letztere ein; denn es wird eben gearbeitet. Doch der erste Anblick gewährt keinen Einblick in das Getriebe. Wohl sehen wir in der Mitte des ziemlich düsteren Raumes den großen Kuppelbau mit seinen glühenden Augen, den "Arbeitslöchern", und zahlreiche Arbeiter, die da hantieren. Doch die Arbeiten selbst in ihren verschiedenen Abschnitten der Entstehung und Vollendung können wir von unseren, nahe dem Eingangstore eingenommenen Standorte nicht genau verfolgen. Es glitzert und glüht und leuchtet. "Eintragbuben" mit mehreren Meter langen Stangen huschen vor und hinter uns mit affenartiger Behendigkeit vorüber. Deshalb heißt's einem der Bläser nähertreten und unser Augenmerk nur ihm allein und der Entwicklung seines Stückes zuwenden. Es ist in wenigen Minuten fertig, und dann sehen wir einem anderen Meister zu, der etwas anderes erzeugt und so fort, bis wir um den Ofen herum sind. Das gibt ein klares Bild. Unser Meister ergreift ein langes eisernes Rohr mit hölzernem Mundstück, die sogenannte Glasmacherpfeife, taucht sie in den dicht hinter seinem Arbeitsloche befindlichen Hafen und nimmt eine zu bildenden Gegenstand, z.B. einen Becher, entsprechend große Menge geschmolzenes Glas auf. Hierauf wird das Klümpchen so aufgeblasen, wie wir es beim Seifenblasenspiel der Kinder sehen. Durch Senken und Schwenken und öfteres Erwärmen der sich rasch abkühlenden Masse wird die Glasblase länglich und erhält durch sanftes Aufsetzen auf die sogenannte "Marbelplatte" eine ebene Grundlage. In der Mitte dieser Platte schmelzt der Gehilfe ein Glaskügelchen an. Durch Formen desselben mittels der "Zwickschere", was auf einem Holzgestelle und bei fortwährender Drehung und waagerechter Pfeifenlage geschieht, entsteht der wulstige Stiel des Bechers. An diesem wird wieder eine Glasblase angeschmelzt, deren untere Hälfte abgesprengt und deren anhaftender Teil zum Fuße angehoben wird. In diesem Fuße heftet der Geselle eine zweite Pfeife, worauf der Becher am entgegengesetzten Ende abgesprengt wird und von dem "Eintrager" auf hoher Gabelstange in den Kühlofen geschafft wird. Das ist nun allerdings eine sehr oberflächliche Beschreibung. Es bedarf vieler Griffe und Geschicklichkeit, um einen einfachen

Becher zustande zu bringen, und anderer, um beim nächsten Stück die Henkel und Füße zu formen und anzuschmelzen, den Rand zierlich zu kulmen u.s.w. Die ausgekühlten Sachen werden später geschliffen, geglättet und verziert, sowie bemalt, also lauter Künste, die jahrelang gelernt werden müssen. Darum sind auch die geschickten Hüttenleute stolz auf ihre Künste, und sie bilden, wo sie auch ihre Kunst betreiben mögen, ein eigenes Völklein, das anders lebt und webt als die übrigen Menschen.

Die Verarbeitung des Flachses

Obwohl in Glöckelberg noch bis zur Vertreibung der Deutschen Flachs angepflanzt wurde, so fand man doch nur noch in wenigen Häusern einen Webstuhl. Das "Spinnrad" dagegen wurde in unserer Jugendzeit noch fleißig gedreht, und die Frauen gingen, besonders in den Wintermonaten, noch ganz gerne auf die "Rockaroas" (Rockenreise), denn da konnte man neben der Arbeit die Meinungen austauschen und Neues erfahren. Dabei ging es oft recht lustig zu.

Zu Lebzeiten unseres Heimatdichters Adalbert Stifter (1805-1868) wurde in unserer Gegend viel Leinen gewoben. Der Vater des Dichters war bürgerlicher Leinweber-, Flachs und Garnhändler in Oberplan. Auch der Groß- und Urgroßvater Stifters waren Leinenweber. Darum sollen wir auch über "Die Weberei im Böhmerwald" etwas erfahren.

Guter Flachs wuchs bei uns. "Harlegen" nannte man die Erntearbeit.

Die Weberei im Böhmerwald
(Von Walter Franz)

Wohl jeder ältere Böhmerwäldler kennt das Sprüchlein "Arbeiten muß man, sonst lebt man auf einem Steinhaufen".

Nur einem kleinen Völklein, den Webern im Böhmerwald, wollte es selbst bei härtester Arbeit nie gelingen, den Steinen auch nur den dürftigsten Bissen Brot abzuringen, obwohl sie das ganze Jahr oft bis zu 20 Stunden täglich am Webstuhl werkten. Sie kämpften den aussichtslosesten Kampf gegen die Profitgier ihrer Brotherren und gegen die Gewalt der Maschine, die die Arbeit ihrer Hände immer mehr entbehrlich machte. Diese Menschen ergaben sich still in ihr Schicksal: Not, Elend, Entsagung und Ergebung. Uralt ist die Webkunst, so alt wie die Menschheit selbst. Viele Funde beweisen dies. Nach der Völkerwanderung drangen die Webgeheimnisse des Orients langsam ins germanische Land. Zuerst in Oberösterreich mit Linz an der Spitze erkannte man die Bedeutung, die dortige gediegene Leinenerzeugung über den Hausbedarf auszudehnen. Das Leinenge- werbe nahm einen großartigen Aufschwung, Linz war Stapel- und Handelsplatz für Webwaren. Oft gingen jährlich über 4.000 Ballen Leinwand nach Bozen, Triest und Fiume, von wo sie in alle Welt verschickt wurden. Den größten Aufschwung nahm die Leinenweberei erst um 1650. Ihre Blütezeit reichte bis an das Ende des 18. Jahrhunderts. Um 1790 nannte man Böhmen "eine einzige Linnenfabrik", deren Dach der Himmel sei. Die Kontinentalsperre Napoleons stürzte diesen Himmel, der Absatz ging zurück und konnte sich nicht mehr erholen. Um 1790 arbeiteten in den Kreisen Klattau, Pilsen, Prachin und Budweis fast 4.800 Meister mit 3.200 Gesellen und Gehilfen an 5.560 Webstühlen. Ein bescheidener Wohlstand und eine beschauliche Spinnstubenromantik überzogen die Bürger dieser Gaue. Der Einzug der Maschine und andere Arbeitsweisen formten von Grund aus alles um. Die Menschen wurden Sklaven dieser Unge- heuer, die ihre eigene Schöpfer- und Erfinderkraft geboren hat. Somit kehrte allenthalben "Frau Sorge" bei unseren Böhmerwaldwebern ein. Die Nachfrage sank, und die schlechtesten Preise für ihre Arbeit zahlte der Leinwandhändler an die Weber. Die Hausweberei geriet fast gänzlich in Verfall. Viele Weber wanderten aus und suchten sich Arbeit in den Fabriken der größeren Städte. In dem Haus der Zurückgebliebenen, in dem noch ein Weberschiff klapperte, grinste die Not durch die wackligen Fenster und schlugen Krankheit und Siechtum ihre bleibenden Quartiere auf. Bettelarm im wahrsten Sinne des Wortes waren die Weber des Böhmerwaldes geworden, Wasserspuppe und Kartoffeln wurden ihre Nahrung. Der Zwischenhändler zahlte Spottpreise. Ihm war der Weber willfähiger, wenn er hungerte. Er vergab die Ware mit 200 Prozent Gewinn an die Hausierer weiter. Diese Not der Weber erregte nun endlich auch durch Zeitungsartikel die Aufmerksamkeit weiter Kreise. Die fürchterlichsten Zustände herrschten in den Pfarren D. Beneschau und Friedberg. Sie waren eine der Ärmsten unserer Waldheimat und weder der Staat noch die Kirche nahm sich ihrer an. In diesem engen Rahmen meiner Darlegung ist es fast nicht möglich, all das ungeheure Elend auch nur annähernd zu schildern. Weber brachen beim Abliefern ihrer Ware erschöpft im Schnee zusammen und erfroren. Weberkinder gingen betteln, derweil ihre Eltern 20 Stunden am Tag arbeiteten um 3-5 Kronen in einer Woche zu verdienen. Achtköpfige Familien hausten in einer Stube ohne Bett, ihr Hausrat war der Webstuhl und der Spulrahmen. Die meisten unterernährten Kinder verblödeten, wenn sie nicht schon frühzeitig die TBC dahinraffte. Und wurden sie groß, so harrte das Los ihrer Eltern auf sie: Hunger, Arbeit und Furcht, ob es morgen überhaupt noch Arbeit geben wird. Ein "Fabrikant", ein reicher angesehener Mann wies einen armen Reichenauer Weber, der bei ihm um Arbeit bat, vor die Tür mit den Worten: "Lernt Moos fressen. Erst dann wird Ruhe sein, bis 1000 Weber im Böhmerwald verhungert sind!" In Josef Blaus Werk "Böhmerwäldler Hausindustie und Volkskunst" sind Tagespresseveröffentlichungen aus den Jahren 1900-1902 wiedergegeben: Sie allein sind erschütternd!" Erst durch das tatkräftige Eingreifen des Direktors der Weberschule in Haslach, Herrn Franz Schmidt, der die Weber zum genossenschaftlichen Zusammenschluß führte, änderte sich ihre Notlage beträchtlich. Die Haslacher Fachschule wurde gegründet, zwar im Ersten Weltkrieg aufgelöst, 1926 jedoch wieder eröffnet. Schmidt schuf 1900 in D. Beneschau eine Genossenschaft. Er regte gemeinsamen Garneinkauf und gemeinsamen Absatz an. Der Böhmerwaldbund und sein Obmann Josef Taschek versprachen Förderung und Unterstützung. Von den 400 Webern wurden in kurzer Zeit 300 davon auch Mitglieder. Schmidt richtete nun Jacquardstühle ein, zeichnete Entwürfe und Muster und ließ danach Patronen anfertigen und neue Maschinen wurden aufgestellt. Schmidt suchte um Heereslieferungen an, knüpfte Geschäftsverbindungen mit großen Geschäftshäusern an, führte die Roßhaarweberei ein u.a.m. Werktätigste Unterstützung fand er bei den damaligen Landtagsabgeordneten Dr. Gustav Schreiner, Hofrat Ritter von Förster-Streffleur und vor allem bei dem Obmann des Deutschen Böhmerwaldbundes, Josef Taschek. Schmidt hat die Weber zu neuem Leben wachgerüttelt und ihren Unternehmungsmut gehoben. Die Not und "Frau Sorge", die aus jedem Eck der Weberhütten glotzte, war verschwunden, obwohl beide sich im Böhmerwald immer heimisch fühlten. Die ländliche Bevölkerung, die schon lange das Spinnen aufgegeben hatte, hat die Spinnräder wieder hervorgeholt. Denn sie hatte die Erfahrung gemacht, daß das Tüchel aus der Fabrik zwar billiger und schöner war, aber nicht so dauerhaft und gut. Sie kamen zu der Ansicht, daß man sich auf die Industrie und den Welthandel nicht immer verlassen kann, und daß es besser war, unabhängig von ihnen zu bleiben. Und damit war der Weberei im Böhmerwald viel geholfen, und der alte Spruch kam wieder zu Ehren: "Selbst gesponnen, selbst gemacht, ist die beste Bauerntracht." Und so sind die vielen Jahrzehnte über ihre Böhmerwaldheimat dahingezogen, wie die Wolken seit Jahrhunderten. Die Weber vom Böhmerwald der damaligen Zeit und auch ihre Kinder schlafen in den Friedhöfen ihrer Dörfer und die Zeit hat alles verändert. Es ist nichts mehr geblieben, was ihnen trotz Armut, Not und Elend doch noch lieb und heilig war: ihre Hütten, ihre Webstühle und ihre Liebe zur Heimat! Uns, von einem solch harten Schicksal verschonten Landsleuten mögen doch diese Zeilen auch nur annähernd verkünden, wie einstens unsere Ahnen ihr Leben meisterten. Und vom Winde und Sturm sind verweht ihre Spuren.

Volkskundliches aus früherer Zeit

Die an der Glöckelberger Volksschule wirkende Halshaltungs- und Handarbeitslehrerin Rosa Rienmüller, gebürtig aus Oberplan, stellte folgende Aufzeichnungen zur Verfügung:

Einfache Küche: Unsere Vorfahren verzehrten größtenteils "Kartoffelspeisen" mit "Kornmehl" verarbeitet und Kraut oder Rüben.

Mahlzeiten des Alltags: Morgens gab es meist Milchsuppe mit "Foafln" aus Gerstenteig.

Mittags: Erdäpfelsuppe, gekochte Krautrüben und geschälte Kartoffeln oder Erdäpfelsuppe, Erdäpfelzelten, Erdäpfelnudeln, Erdäpfelsterz und dazu immer Kraut; auch "Faunznudeln- oder knödeln (Reibernudeln). Sonntags gab es Selchfleisch, Erdäpfelknödel und Kraut.

Abends gab es Mehlsuppe oder eine Milchsuppe. Als "Festgericht" galt "Houmafleisch" (Schinken), Knödel aus weißerem Kornmehl und Kraut. Ebenso galten Grießschmarren, aus grobem Gerstengrieß und "Ofenschädel" oder Ofenknödeln (Buchteln) als etwas Besonderes. Besondere Gebäcke waren z.B. Krapfen, Strauben oder breite Krapfen genannt, Schneeballen, Strizel, "Hullastrauben" aus den Holunderblütendolden. "Seelwecken" sind kleine ovale Brote für Almosen aus Semmelteig. "Herzen" und "Kranzeln" für Patenkinder als Geschenke zur Allerseelen und Allerheiligen. Zum Backen der Krapfen und Strauben, sowie auch zur Zubereitung anderer Speisen wurde statt Schmalz auch Leinöl verwendet. Krapfen wurden gar oft nicht am Herd, sondern in der "Leuchten" gebacken. Die Leuchte ist eine kleine Mauernische, die wohl früher auch zum Beleuchten des Raumes verwendet wurde. Über dem offenen Feuer stand eine dreibeinige eiserne Pfanne mit einem langen Stiel. Geheizt wurde mit Ahorn- oder Buchenholzspänen.

Einiges von der alten Volkstracht

Die Stoffe für die Bekleidung wurden aus Flachsgarn und Schafwolle hergestellt. Wer mehrere Felder hatte, baute selbst Flachs. Der Leinsamen wurde gesät, das Feld mußte "gejätet" werden (Unkrautentfernung), was eine langwierige Arbeit auf dem kalten Boden war. Zur Ernte wurden die Stengel "gerafft" ausgerissen und am Felde getrocknet. Dann kam er heim, wurde "geriffelt", dabei wurden die Samenkapseln beim Durchziehen der Stengel durch kammartige, eiserne Riffeln getrennt. Das ergab den Rohflachs. Der kam zum "Rösten" wieder ins Freie, auf abgemähte Wiesen und Haferfelder und mußte gewendet werden, bis er recht brüchig wurde. Anschließend kam er zu den sogenannten "Hoarstuben" zum Brechln. Zeitig früh, oft schon um 3 Uhr morgens wurde damit begonnen. Hier wurde der Flachs geschwungen und gehechelt, wobei die kurzen Fasern, als "Werg" bezeichnet, als Abfall galten und der reine, lange Flachs als Edelflachs übrig blieb. Den Leinsamen trugen die Leute nach Österreich, wo in manchen Mühlen das Leinöl "ausgeschlagen" wurde. Dieses Öl roch man schon auf eine gewisse Entfernung. In Österreich bauen die Bauern eine eigene Sorte von Flachs an, der hauptsächlich zum Ölausschlagen verwendet wird und viel kürzere Stengel hat, dagegen vom eigenartigen Leinölgeruch weniger spüren läßt. Im Winter wurde dann der Flachs versponnen. Überall gab es Spinnrad und Rocken. Als Beleuchtung zum Spinnen wurden am Fußboden stehende Leuchten benützt, diese waren unten aus Holz, oben aus Eisen, zum Aufstecken der Holzspäne. Die Holzspäne machte man aus Ahorn- und Buchenholz. Sie waren 1 m lang und wurden mit einem Hobel geschnitten. Es kamen die Spinnerinnnen aus mehreren Häusern in einer Bauernstube zusammen, um gemeinsam zu spinnen, das war die "Roukarois" (Rockenreise). Dabei wurde viel erzählt, die Männer sagten "gedrischelt". Später wurde, als das Spinnen nicht mehr so allgemein war, ein mehr geselliger Nachmittag daraus. Aus dem Flachs wurde Garn und Zwirn gesponnen. Es gab gebleichten und ungebleichten Hauszwirn. Das fertige Garn wurde gewaschen, gekocht und nach dem Trocknen gestrichen. Das Spinnen war Frauenarbeit, die Männer besorgten dann das Weben. Webstühle gab es fast in jedem Haus. In manchen Häusern, wie z.B. beim Augustini, Nuibaurn und Simandl (Hausnamen), wurde eine besondere Leinwand gewoben, "Zwill" (Zwillich) genannt. Die gewobene Leinwand mußte entweder selbst im Hause oder in anderen dazu eingerichteten Häusern gebleicht werden, wo in der Nähe ein Bach war. Die Leinwand mußte nach dem Weben oft bis dreimal gekocht, gebleicht, geschweift und trocken dann "gestrichen" werden. Zum Streichen nahm man ein glattes Brett aus Buchenholz, 3/4 m lang, 4 Finger breit. Auch Schafwolle (es gab früher viel mehr Schafe in den Ställen) wurde im Hause verarbeitet. Vor Gewinnung der Wolle wurden die Schafe gewaschen, und dann geschoren. Anschließend wurde diese Wolle mit den Fingern auseinandergezupft (Zwieseln) und mit einer kammähnlichen Vorrichtung, der Wollkämpe durchgekämmt und dann gesponnen. Die Wolle wurde nun zum Stricken von Wollstrümpfen und Fäustlingen verwendet. Gleiche Teile von Flachsgarn und Schafwolle ergaben gewoben den "Turitai" aus dem für den Winter Hosen und Röcke für Männer, sowie Jacken für die Frauen gemacht wurden. Dieser Turitai kam nach dem Weben in die Walch- und Walkmühle. Dort war ein Holzbottich, in den der Mischling kam, darüber wurde heißes Seifenwasser geschüttet und mit einem Holzschlägel bewegt, durch ein Wasser und Schwungrad, fest gestampft, wodurch er weich wurde und durch Verfilzen der Wolle haltbar. In Ogfolderhaid hat sich eine solche "Walkmühle" längere Zeit erhalten. Als Werktagstracht galt: Leibwäsche und Kleider aus Leinen - auch Strümpfe waren aus Leingarn. Kleiderleinen wurden gefärbt. Von den Handwerkern waren auch hier sogenannte Blausieder vertreten. ein Teil der Vorderhäuser heißt heute noch "Sudlstadt", und dort werden auch 2 Blausieder genannt (sieden = sodeln). Auch bedruckt wurde die Leinwand mit Blumen oder Kreisemuster. Solche Druckereien waren in Aigen, Ulrichsberg, Salnau und Oberplan. Die Frauen hatten weite Röcke, oft 2-3 Meter breit, manche ein Leibchen dran, darüber eine Joppe mit Schesseln oder eine weite Bluse. Ein Kopftuch aus Leinen - schwarz oder blau - trug man nach rückwärts gebunden. Die Enden waren nach vorne geschlagen und nochmals gebunden. Als Schürze diente ein Blahl oder Fürfleck. Als Fußbekleidung trug man Holzschuhe. Die Kleidung der Männer war auch aus Leinen - blau oder weiß - oder beides (Kette blau - Schoß weiß). Die Hosen waren lang, Rock mit Schesseln, eine Weste mit zwei Knopfreihen, Blahl, breitkrempiger Filzhut und Holzschuhe. Das "Paraplü" (großer Regenschirm) war rot, blau und grün gemustert mit Randbordüre. Die Sonntagstracht war anfangs auch aus Leinen: Die Frauen trugen alles lang, die Röcke schleppend, bis zum Hals geschlossen; wochentags glatte, sonntags Bauschärmel. Später wurde auch die Woll- und Baumwollkleidung getragen. Die Hemden waren aus "Kamatuch" mit langen Ärmeln, gesticktem Halskragen und Manschetten. Seidenschürzen waren mit Spitzen und Perlen verziert. Die Kopftücher waren aus schwarzer Seide. Im Winter kam noch ein anderes Tuch darüber. Mädchen trugen im Sommer weiße, geschlungene und gestickte Kopftücher aus "Kamatuch". Die Strümpfe reichten nur bis zum Knie und waren im Sommer aus weißer Baumwolle (manchmal gehäkelt) und im Winter aus Schafwolle und selbst gefärbt (schwarz oder blau). Die Lederschuhe waren schwarz. Im Winter trugen manche Stoffschuhe. Reifenröcke wurden nur im Sommer getragen (2-3 Stahlreifen unter Leiste eingearbeitet). Im Winter trugen die Frauen auch Watteröcke. Der Rock war aus Futterstoff - Rock als Überzug und dazwischen eine Watteeinlage. Die Jacken

Erneuerte Böhmerwaldtracht
links: Tochter von Sepp Müller
rechts: Heidi Müller geb. Rössler

Zu Ostern wurden viele bunte Eier verschenkt. Über die schönen gekratzten "Scheckeln" freute man sich besonders. In der Scheckelnacht (Karsamstag) durften sich die Burschen bei ihren Mädchen die "Scheckln" holen.

Vor den "Brechlstuben"

waren im Winter innen mit Pelz gefüttert und außen mit Pelz verbrämt. Die Männer trugen ein zeugenes Gewand - Leinen und Zwirnzeug - später auch Baumwoll - Wollkleidung. Die Hemden hatten eine sogenannte "Brust", Schmisal, mit einem senkrechten Streifen bestickt, ein Halsbündchen, gestickte Ecken, darunter ein seidenes Tuch gebunden. Die Halsbündchen und die Manschetten waren immer weiß und gestärkt. Der Hut war aus Filz. Die Lederstiefel waren entweder Halbstiefel bis zur Wade oder Wadlstiefel bis zum Knie. Im Winter waren auch die Röcke der Männer mit Pelz gefüttert. Die Frauen beschäftigten sich mit Handarbeiten, die stickten und häkelten sich ihre Wäsche und dergleichen und verwendeten auch dazu viele Glasperlen, die in der nahen Glashütte erzeugt wurden. So gab es im Sommer Baumwollhandschuhe, die am Handrükken einen Kranz aus bunten und in der Mitte das Monogramm aus Goldperlen hatten. Auch Pulswärmer trugen Perlenschmuck. Auch das Weißsticken und Häkeln zeigte schöne Muster, wie aus den beiliegenden Aufzeichnungen zu ersehen ist. Die früher einmal üblichen Sitten und Gebräuche haben sich bis auf die heutige Zeit erhalten oder werden wieder neu ins Leben gerufen. Seelweck gibt's heute noch zu Allerheiligen. Zu Weihnachten kommt noch vielfach das "goldene Rößl", welches Geschenke auf die Schüssel legt. Zu Neujahr gehen die Kinder "Neujahrswünschen". Zu den Heiligen 3 Königen gibt es Krapfen, es ist die "foaste Rauhnacht". Da wird das Haus mit Weihwasser besprengt und mit geweihter Kreide werden die Buchstaben K + M + B (Kaspar, Melchior und Balthasar) an die Türen geschrieben. Am Königstag war dann das "Lesseln". Da wurden die Tannenzweige, mit denen man besprengte, ins Feuer gelegt und man nannte dabei Feldfrüchte. Wenn bei den einzelnen Namen das Feuer recht schnalzte, gab es bei dieser Feldfrucht eine gute Ernte. Faschingshudeln und Faschingsumzüge gibt es bis heute noch. In der darauffolgenden Fastenzeit gab es in den Friedensjahren Beichtsemmeln und Beichtzucker. In den Beichttagen steckten sich Burschen und Mädchen gegenseitig bei trübem Wetter sogenannte

"Sonnen" (Strohkranz) auf einen Baum oder ein Haus. Zu Ostern wird geratscht und es gibt buntfarbige Eier. Auch gekratzte Eier, sogenannte "Scheckl" mit schönen Zeichnungen und Sinnsprüchen werden gefertigt. Die Burschen holen sich in der Osternacht "Poidingerin" am Spinnrad das "Osterpackerl." In Friedenszeiten wird mit den Eiern auch gebeckt. Pfingstbäume sieht man auch heute in vielen Orten. Zu Fronleichnam wurden Birkenreiser in die Flachsfelder gesteckt, und zu Ostern, Pfingsten, Fronleichnam und Peter und Paul wurden die Kornfelder mit Weihwasser besprengt. Beim Einbringen der Ernste wurde früher auch die 1 Fuhre Korn und Heu mit Weihwasser besprengt.

Wer beim Handdreschen zum Schluß den letzten Schlag machte, bekam den "Denglboast", das sind faule Rüben und Kartoffeln. Nach dem Flachsbrechen gab es den "Brechlsterz". Beim Hinaustragen des letzten Flachses aus der Brechstube wurde gesungen. Die letzte

Verlorene Heimat

Alpenglöckchen (soldanella alpina) waren vielleicht die "Glöckerln vom Berg"

Brechlerin wurde schnell eingesperrt und mußte drinnen singen: "O, heiliger Florian, wir sagen dir Dank, daß wir so glücklich ausgebrechelt ham." Es kam öfter leicht zu Haarstubenbränden, wenn die Öfen überheizt wurden. Bei der Taufe wurde dem Kinde vom Paten ein Geldstück ins Tauftuch eingebunden, hernach gab es einen Taufschmaus. Zu den Paten und Verwandten wurde der "Saumkas" (Käse und Brot) getragen. Die Paten brachten das "Weißat", meist Lebensmittel. Auch die Hochzeiten hatten ihre bestimmten Bräuche, die sich vielfach heute auch noch so abwickeln. Der festlich geschmückte "Hochzeitslader" lud zur Hochzeit ein. Nach der Hochzeit durfte die Dorfjugend mit bunten Bändern "fürzuigen." Der Hochzeitszug konnte erst weitergehen, wenn er sich durch kleine Gaben (meist Hartgeld) den Weg freimachte. Das gleiche geschah beim "Brautgüter fahren." Da wurde oft neben Kleingeld auch Kleingebäck in die "vorziehende" Menge geworfen. Bei einem Todesfall ließ man die Uhr stehen. Vom Kirchturm kündeten die Glocken an, ob ein Erwachsener oder ein Kind gestorben ist. Am Abend wurde im Sterbehaus gebetet. Der "Leichenbitter" lud die Gemeinde (vor allem in den Nachbardörfern) zum Begräbnis ein. Nach dem Begräbnis gab es für die Verwandten die Totensuppe.

Idyllische Dorfszene aus Hüttenhof

Alte Volksbräuche zu Allerheiligen und Allerseelen:
(Von Walter Franz)

Die Feste Allerheiligen und Allerseelen waren früher sehr bewegte Tage. Da wimmelte es auf den Straßen und in den Dörfern von einheimischen und auswärtigen "Seelweckern", d.h. Seelweckensammlern. Gleichwie am Allerseelentage ganz besonders der Seelen der Abgeschiedenen gedacht werden sollte, so sollte dieser Festtag auch Anlaß zur Erinnerung an die armen Lebenden sein und zu Werken der Nächstenliebe mahnen. Versehen mit Säcken oder "Polsterziechen" (Polsterüberzügen), zogen die großen und die kleinen "Seelwecker" familien- oder truppweise von Dorf zu Dorf, von Haus zu Haus mit dem vielstimmigen Rufe: "Wir taten bitten um an Seelweck!", dem die Kinderstimmen noch hinzufügten: "Gebt's uns an long', an kurz'n konn mar nit g'long'n (erreichen); - gebt's und an weiß'n, an schworz'n konn mar nit beiß'n!" drangen sie in die Stube, die sich oft derart mit Leuten füllte, daß sich die mit der Verteilung der Seelwecken vertraute Person oft nicht zu helfen wußte. Die Seelwecken, weiße und schwarze, länglich runde Brote von der Länge eines Mittelfingers wurden schon ein paar Tage vorher in schätzungsweiser Anzahl von der Hausfrau hergestellt: zehn- bis zwölfhundert schwarze für die Fremden, etwa dreihundert weiße für die Ortsarmen und die Fremden, etwa dreihundert für die Bekannten aus der Ferne. In Häusern, wo man Obst hatte, gab man noch den Bekannten Äpfel, Bäcker gaben Polliner. Das Sellwecksammeln begann schon am 31. Oktober und am Allerheiligentage in aller Frühe und dauerte bis spät am Allerseelenabende. Um Mitternacht vor dem Allerseelentage wurden die Hausbewohner vom Schlafe geweckt. Es läutete die Dorfglocke und lud zum Gebete für die armen Seelen ein, "weil sie um diese Stunde das Fegefeuer verlassen und bis zur Mitternacht des folgenden Tages, aller Qualen los, unsichtbar in die verlassenen irdischen Wohnstätten zu ihren lebenden Angehörigen zurückkehren und bis zur Rückberufung ins Fegefeuer bleiben dürfen, weshalb im Hause zur Schonung der armen Seelen das Zuschlagen der Türen, jedes gewaltsame Stoßen und Stampfen sorgfältig zu vermeiden ist." Die Hausleute mit Ausnahme der kleinen Kinder, die noch nicht beten konnten, versammelten sich in der Stube und knieten vor den Bänken. Der Hausvater aber vor dem Tische auf einem Schemel nieder. Beim Lichtscheine eines geweihten Wachsstockes, der vor einem Kruzifixe auf dem Tisch stand, wurden nun der Rosenkranz und die Litanei, nebst je einem "Vaterunser" für die verstorbenen Familienmitglieder gebetet. Nach einer Stunde, so lange dauerte die mitternächtige Andacht, während der mit der Dorfglocke geläutet wurde, ging es wieder zu Bette.

Der Maibaum

Zu den beliebtesten Pfingstbräuchen im Krummauer Bezirk gehörte die Aufstellung des Maibaumes. Dieser schöne Volksbrauch war eine Erinnerung an die öffentlichen, unter einem Baume, dem sogenannten "Malbaume", angehaltenen Versammlung der alten Deutschen, in denen auch über Gesetze beraten und Streitfälle geschlichtet wurden. Damals wurde noch in der Gegend von Tisch der Maibaum auch "Malbaum" genannt. Die Burschen, die sich vorher schon im Walde eine schlanke, hohe Fichte ausgewählt hatten, fällten den Baum und zogen ihn auf einem Pfluggeräder ins Dorf, wo sie ihn bis auf den Gipfel entasteten und

Das Kirchenfenster der erneuerten Glöckelberger Kirche

entrindeten. Inzwischen banden die Mädchen bunte Bänder an die Wipfeläste und dann stellten die Burschen den Baum mitten im Dorfe unterm Armenhaus auf, indem sie ihn mit Holzscheiten im Boden verkeilten. Darunter wurde dann fröhlich gesungen und getanzt.

Kirtag in Glöckelberg
(Von Walter Franz)

Am 16. Mai jeden Jahres gedachte man des Heiligen Johannes v. Nepomuk. Er war der Brückenheilige und auch gleichzeitig Diözesan- und Landesheiliger/ Patron von Böhmen. Die Kirche zu Glöckelberg war ihm geweiht. Ein großes Altarbild des Märtyrers zierte den Hauptaltar unserer Kirche. An diesem Tage gab es schulfrei für alle Schüler der Volksschule, jedoch nicht für die Bürgerschüler, die in Oberplan die Schule besuchten, was immer wieder große Unzufriedenheit bei den betroffenen Schülern hervorrief." Die tollsten Entschuldigungsgründe für das Fernbleiben vom Unterricht in Oberplan wurden in den Köpfen dieser Schüler ausgedacht. Schon am Vortage wurde die Kirche feierlich auf Hochglanz gebracht, Gassen und Wege gekehrt und benötigte Wiesenflächen abgemäht, damit die Krämer ihre Buden und Standl aufstellen konnten, um das teure Gras nicht zu zertreten. Manches Häuschen wurde frisch geweißt, die Gastbetten wurden gelüftet, Kuchen wurden gebacken. An allen Zäunen flatterte die sauber gewaschene Wäsche, denn zu "Kirtag" kamen auch viele Gäste und Bekannte. Es mußte daher für ausreichende Nahrung und Unterkunft gesorgt werden. Am Vortage kamen schon die ersten Fremden, Topfhändler, Gaukler, Ringelspiel- und Schießbudenleute u.a.m. Sie beeilten sich, ihren alten Platz, den sie im Vorjahr hier belegten, auch diesmal wieder zu sichern. Neue Händler und Krämer kamen dazu. Überall wimmelte es von schreienden und lärmenden Dorfkindern. Da wurden schadhafte Holzpferde notdürftig ausgebessert, dort wurde ein dickes Tau von Baum zu Baum gespannt, hier wieder Pflöcke eingeschlagen, Buden, Ringelspiele und Schaukeln aufgestellt. Und so verging bei eifriger Arbeit dieser Vortag des kommenden großen Festes. Leuchtend ging meist am Festtagsmorgen die Sonne über die Bergrücken des Schöninger auf und grüßte mit ihren ersten Strahlen unser Gotteshaus. Eilig kamen noch die letzten Krämersleute aus dem nahen Oberplan: Zuckerbäcker, Schnittwarenhändler, Hutmacher, Buchhändler, Uhrmacher u.a. Und nun kamen sie herbeigeströmt, die Kirchweihgäste, alt und jung, in sonntäglichen Kleidern. Bekannte begrüßten einander, wurden aber gleich wieder auseinandergerissen; denn immer größer wurde das Gedränge, das hin und her wogte. Kreischend lärmten die Leierkästen, Trommeln und das Schreien der Ausrufer durcheinander. Meist vormittags, aber auch nachmittags kamen von weit her, aus den umliegenden Dörfern Ratschin, Stögenwald, Sonnenwald, Schöneben, Josefsthal und Hüttenhof die Kirchengänger und nahmen teil am Hochamt und Nachmittagsegen. Ehrfurchtsvoll betraten sie die Kirche; heilige, erhabene Ruhe empfing sie alle. Überwältigend war der große und hohe Kirchenraum mit dem mächtigen Bau des Hochaltars und dem großen Bild des Landespatrons und Kirchenheiligen, an dessen Fuße soeben der Priester die Messe las. Nach dem Gottesdienste strömte alles durch das große Portal ins Freie, Gräber verstorbener Familienangehöriger wurden besucht, die ersten Frühjahrsblumen an die Stelle der ewigen Ruhe gelegt und kurze Gebete gesprochen. Bei den Standlern begann nun das große Feilschen und Handeln zwischen den Käufern und den Händlern: Uhren,

Kleider, Stoffe, Schuhe, Töpfe und vieles andere alltäglich Benötigte wechselte den Bestitzer. Ein Lachen und Raunen durchzog die "Kirchtagsstraße" vom Pfarrhof zur Schule und weiter bergauf bis zum Feuerwehrhaus und Kanal. Für uns Kinder waren das Ringelspiel und die Schaukel die wichtigsten Aufenthaltsorte des ganzen Tages. Das Geld für eine Ringelspielfahrt war meistens nicht mehr vorhanden, so kletterten wir hinauf in das Gestänge des Ringelspieles und fungierten als "Antreter". Auf das Glockenzeichen des Bei- sitzers wurde fest angeschoben und das ganze Werkl setzte sich im Kreis herum in Bewegung. Die an Ketten befestigten Sitze mit ihren Benützern flogen einmal höher, einmal tiefer im Kreise herum, bis wieder durch Glockenzeichen das Ende der luftigen Fahrt angezeigt wurde. So mußte man 5-6 Mal die Runden treten, bis man umsonst einmal richtig "Ringelspiel" fahren konnte. Damals brauchte man keinen Motor oder andere Antriebskräfte, das ging alles ganz problemlos und einfach! In der Mittagszeit gab es ein kleinen Abflauen des Trubels und der Heiterkeit. Zu Hause wurde der Tag auf seine Weise gefeiert: Gutes und reichliches Essen, fast wie zu den Weihnachtsfeiertagen! Aber so um 14 Uhr ging es von neuem los. Die Preise der Krämer wurden von Stunde zu Stunde gesenkt, um doch noch einiges an den Mann oder Frau zu bringen. Des Kindes "Kirtagsgeld" war schon ziemlich zusammengeschrumpft. Da wurde noch schnell ein "Stopelrevolver" mit deren Munition (Stopeln) oder ein paar Knallerbsen gekauft, um für den kommenden Abend gewappnet zu sein. Ein paar Stunden nach dem Nachmittagssegen sind bereits die ersten Anzeichen des großen Aufbruches erkennbar. Immer eiliger begannen die Krämer ihre Waren einzupacken, die Buden, Standeln, Zelte, Ringelspiele und Schaukeln wurden zerlegt und auf Karren verstaut, Pferde eingespannt, aber nur selten wurden Autos für den Transport verwendet, Weiber und Kinder schoben und zogen mit. Und fort gings zu andern kommenden Jahrmärkten und Kirtagen in entfernte Städte und Orte. Gegen Abend lag wieder Ruhe über unseren lieben Dörfchen. Im Abendwind flatterten noch bunte Papierfetzen, die letzten Überreste des großen Festes. Im tiefen Frieden stehen wieder Kirche und Dorf. Die scheidende Abendsonne zieht sich über das Hochfichtmassiv zurück und küßt noch mit den letzten Strahlen Turm und Kreuz unserer Kirche. Der Abend sank hernieder. Für die Kinder ein unvergeßlicher Tag, für die Großen ein freudiger Tag, und für das Vieh und andere Getier im Stall und Hof ein stiller Tag - ging zu Ende.

Sonnwend' im Wald

(Von Franz Walter)

Schon ein paar Abende hindurch haben wir Burschen und Kinder des Dorfes dürres und halbdürres Holz zusammengeschleppt, über den hohen Sandgrubenrand hinabgestürzt und auf einen großen Haufen geschichtet. Mitten in diesem Haufen, stand ein 6-7 Meter hoher Baum, bis zu dem Wipfel entästet und entrindet, vorher vom Heger ausgesucht und kostenlos zur Verfügung gestellt. So war es von alters her Brauch und Sitte. Gegen Abend, die Sonne versank bereits hinter Hochficht und Reischlberg, strebt alles der Sandgrube am Berghange zu, wo das Sonnwendfeuer angezündet werden soll. Ein Lachen und Jauchzen hallt von allen Steigen und allen Wegen. Auf dem Waldesrand der großen Sandgrube sammelte sich jetzt das junge Volk. Ein lauer Lufthauch streicht über die Hänge und Bergrücken und säuselt und raunt im Geäst der Fichten, Tannen und Linden. Da loht das erste Feuer auf, weit draußen in den Vorbergen um Oberplan zeigt sich ein zweites. Ein drittes wird im Tale der Moldau unten bei Schwarzbach entzündet, und so geht es dahin bis fast die ganze Waldgegend ringsum ausschaut, als wären die Sterne vom Himmel gefallen und verglimmten nun hiernieder auf der nachtenden Erde. Sonnwendkäferchen schweben wie glühende Fünkchen im trägen Fluge durch die Bäume und Sträucher. Abseits des lachenden und scherzenden Haufens sucht einer die Springwurz, die in der Sonnwendnacht blühen soll und sich durch ihren strahlenden Schein verraten soll. Sie soll Glück und Freude schaffen und jeden rechtschaffenen Wunsch erfüllen. Aber sie finden? Bislang hat sie noch keiner zu erspähen vermocht. Die Sichel des Mondes begann sich im Osten zu erheben, um Gast zu sein und der bereits versunkenen Sonne zu künden, daß nach uraltem germanischem Brauch das Volk der Böhmerwäldler "Sonnwend" feiert! Einundzwanzig Feuer stellt einer fest, nachdem er lange in die Runde geschaut. - "Und das unsere muß das schönste werden ..." hofft ein anderer ..." denn nach Norden, Osten und Süden hin ist es zu sehen. "Zündet an!" - und einer ritzt das Streichholz und steckt es ins dürre Gereis, der andere und der Dritte, Vierte macht das gleiche. So flammt rund um den Haufen zugleich, von Ast zu Ast und von Prügel zu Prügel die Flamme empor, bis sie hinauswächst über den haushohen Holz- und Reisighaufen und mit hunderttausend Funken emporloht zum sternbesäten Nachthimmel. Feurige Glost breitet sich über die weite Sandgrube. Auf ihren Rändern darauf huschen gespenstige Schatten hin und her, auf und nieder. Ein alter, wildbärtiger Mann sagt den Sonnwendspruch, wie er ihn allemal von seinem Vater gehört hatte: "Es war ein Mensch von Gott gesandt, der hieß Johannes. Dieser kam, daß er Zeugnis gäbe vor dem Lichte, auf daß alle an es glauben. Er war aber nicht das Licht, sondern Zeuge des wahren Lichtes, das da leuchtet über alles Erdenrund bis zu ewigen Zeiten ...!" In weiterer Folge, im Scheine des großen Feuers gelangten oft Kurzaufführungen germanischer Heldensagen, von einheimischen Laiendarstellern zur Aufführung, ergreifende Gedichte und Lieder der Heimat, gesungen im großen Chor aller Anwesenden, folgten diesen Darstellungen. Mit pechgetränkten Besen und getrockneten Birkenrindenbündeln an Stecken befestigt, kamen sie herbei zum flammenden Feuer und zündeten sie an, um sie nachher im weiten Bogen über die Sandgrube zu werfen, und ein Schreien und Jauchzen hallte weit hinaus in die Stille der Mittsommernacht.

Allmählich verglimmten und verlöschten die Feuer in der Runde. Nach und nach brannte auch das in der Sandgrube zusammen. Der feurige Glost schwindet mählig, die Schatten dehnen und breiten sich, bis sie völlig ineinander verschwimmen. Die Leute sammeln sich zu Gruppen und ziehen wieder talwärts ihren Behausungen zu. Über die Hänge und den Wald hallt noch ab und zu ein lebensfroher Jauchzer, und dann wird es still. Das Schweigen der Mittsommernacht breitet sich über Berg und Höhen, über Gefilde und Täler, und aus dem Gluthaufen des Sonnwendfeuers züngelt nur hin und da mehr ein spannlanges Flämmchen. Vom Nachthimmel hernieder gleißen und funkeln die Sterne im alten Glanze. Im Nordwesten zeigt sich noch immer der lichte Schein und er zeigt an, daß sich die Sonne nun wieder nach Süden wendet.

Die "Ratschnbuam" von Glöckelberg

Fronleichnam

Fronleichnamsprozession in Glöckelberg

Die Ratschnbuam
(Von Walter Franz)

Am Gründonnerstag Mittag schweigen alle Glocken in Glöckelberg, es heißt ... die Glockensind nach Rom geflogen! Und nun beginnt das Ratschen der Dorfbuben und erinnert an die Verrichtung der Gebete an Stelle des Glockenläutens. Im allgemeinen waren bei uns Hand-, Stand- und Schieberatschen in Verwendung, die von Generation zu Generation weitergereicht wurden und somit Allgemeinbesitz der Dorfjugend waren. Die Handratsche wurde durch schwunghafte Kreisung zum Tönen gebracht; die Schieberatsche auf dem Boden aufgesetzt und durch Fortbewegung beim Gehen zum Knarren gebracht. Die Stand- oder Kreuzratsche war ein kreuzförmiges Gestell aus Holz, in der Mitte die Rillenwelle mit der Handkurbel, welche durch das Drehen auf der Welle aufliegenden dünne Holzbrettchen ebenfalls zum Knarren brachte und den typischen Ratschenton erzeugte. Der "Vorbeter" oder auch "Erster" genannt, also der Anführer der Gruppe verwendete ein sogenanntes *"Taferlglöckerl"* oder auch *"Klapperl"*. Es bestand aus einem Handgriff mit einem quergestellten Brettchen auf welches ein Hämmerchen durch die Handbewegung vor- und rückwärts schlug und dadurch Klappertöne erzeugte, somit auch den Takt des Gebetes angab, und nur er durfte dieses Gerät in Verwendung haben. In Josefsthal gab es nur eine Ratschenbuamgruppe. Aber in den anderen Dörfern meistens zwei Gruppen, so in Glöckelberg und in Hüttenhof. Jede Gruppe hatte ihren eigenen Rayon. Diese Einteilung wurde als alte Überlieferung auch immer genau eingehalten. Keiner der Teilnehmer durfte älter als vierzehn Jahre sein. Jeder Junge im Dorf hatte das Anrecht, daran teilzunehmen. Die Führung oblag meistens dem Ältesten. Er war für alles verantwortlich und nahm auch am Schluß die Verteilung der Gaben vor. Das Ratschen begann schon um 4 Uhr morgens, dann um 11 Uhr mittags, sowie um 18 Uhr abends, am Karfreitag jedoch auch um 15 Uhr, zur Sterbestunde Jesus Christus. Vor jedem Haus wurde geratscht, dann wurde unterbrochen und folgendes Gebet gemeinsam gesprochen: "Wir läuten (ratschen), wir läuten den englischen Gruß, auf daß ein jeder Christ beten muß ...". Am Karsamstag, nach dem Frühratschen wurde wiederum von Haus zu Haus und von Haushalt zu Haushalt das "Ratschengeld" eingesammelt. Dabei gab es meistens bunte Eier und Geld, ganz selten andere Gaben. Die so eingesammelten Eier und Gelder wurden auf alle Teilnehmer ganz genau aufgeteilt. Nur der "Erste" oder "Vorbeter" erhielt für seine Arbeit das Doppelte. Dies waren einige Sitten und Gebräuche in unserer Waldheimat im südlichen Böhmerwald. Ihre Wurzeln gehen zurück in heidnische Vorzeit, aber teilweise sind sie doch im Böhmerwald reiner erhalten geblieben, als in anderen deutschen Gauen und Gebieten. Denn das Leben und Arbeiten unserer meist bäuerlichen Vorfahren war ausschließlich vom Christentum geprägt und durchdrungen. Gegendweise wichen die Sitten und Bräuche voneinander etwas ab, beinhalteten aber meistens den gleichen Sinn. So gab es das ganze Jahr hindurch noch viele solcher Bräuche und Sitten, wie Neujahrswünschen - Heiligen Dreikönigspiele - Faschingsumzüge - Fronleichnamsprozession - St. Nikolaus - um nur die wichtigsten zunennen. Eine lückenlose Aufzählung beinhaltet das Heimatbuch *"Der Kreis Krummau an der Moldau - die Heimat Adalbert Stifters"* von Rupert Essl.

Berichte, Erzählungen, Persönlichkeitsbilder, Erinnerungen aus unserer Heimat im Böhmerwald

Um ein möglichst vollständiges Vergangenheitsbild unserer in Schutt und Asche versunkenen Waldheimatdörfer Glöckelberg-Josefsthal und Hüttenhof den zukünftigen Generationen zu erhalten, werden in die dem Abschnitt des "Heimatbuches" alle Berichte, Schilderungen, Erzählungen, Persönlichkeitsbilder, Jugenderinnerungen u.v.m. verfasst und unseren Landsleuten (mit vollem Namen und frühere Heimatanschrift) niedergeschrieben und bilden somit einen wichtigen Baustein dieses historischen Heimatwerkes. Vieles, sehr vieles mag hier nicht mehr die verdiente Würdigung erfahren, da unsere älteren Landsleute nicht mehr unter uns sind. Sie haben, so vieles uns nicht mehr Bekanntes, mit ins Grab genommen, was somit für uns unwiederbringlich verloren ist.

Koller Franz, 1921 - Hüttenhof Nr. 73

Im Mai wollte mein Nachbar Josef Schaubschläger, Hüttenhof Nr. 68 auch einige Kleider und Wäschestücke über die Grenze bringen. Er wurde aber von einer Militärstreife entdeckt und rannte nach Hause, um sich zu verbergen. Aber die Soldaten waren hinter ihm her. Vor dem Haus stand ein Birnbaum ganz bei der Mauer. Vom Dachboden kletterte er auf den Baum und stieg hinab und hoffte, durch den Garten zu entkommen. Aber auf der Straße stand ein tschechischer Soldat, welcher auf ihn schoß, obwohl es dunkel war. Dabei wurde er tödlich getroffen. Anschließend gingen die Soldaten zum Krennmüller, der mußte einspannen und den Toten nach Glöckelberg zum Friedhof fahren. Seine Mutter wollte ihn in der Früh noch rufen, aber der Sohn war nicht mehr da. Er wurde "sang- und klanglos" im Glöckelberger Friedhof ohne Beteiligung der Bevölkerung beigesetzt, denn die Anteilnahme wurde von den Tschechen verboten.

Ähnlich den Weissagungen von Grauen Manndl aus Josefsthal, haben auch vor vielen Jahren Zigeuner über den "Hof" (Meierhof) in Hüttenhof wahrgesagt, daß er nie abbrennen wird. Auch das hat sich im Laufe der Zeit bewahrheitet. Er ist nie seit seinem Bestand abgebrannt, obwohl 16 Wohnparteien in ihm mit einer großen Kinderzahl wohnten, nur die Tschechen haben alles 1950/55 dem Erdboden gleichgemacht.

Im Hüttenhof soll früher eine Weißgerberei gestandne haben. Diese stand unterm Kanal, wo der Mühlbach herunterfließt. Ich kann mich noch gut erinnern, daß ein altes Holzhaus dort stand und ein gebrochenes Wasserrad war auch noch zu sehen. Es hätte darüber noch viel Wissenswertes gegeben, worüber aber nur mehr die älteren Ortsbewohner erzählen könnten, aber die sind leider nicht mehr unter uns. Somit fällt viel Interessantes aus dem Dorfe der Vergessenheit anheim.

Strahlenkreuz über Glöckelberg - 1947 (Von Walter Jungwirth)

Was ich hier zu Papier bringe, habe ich bislang nur im engsten Bekanntenkreis erzählt. Vielleicht hauptsächlich aus dem Grunde, daß ich nicht verdächtigt werden möchte, ich binde den Leuten doch nur einen Bären auf. Anderseits aber auch, weil man in derartigen Fällen nicht so recht ernstgenommen und allzu schnell als Phantast abgestempelt wird. Sogar die Worte meiner Mutter waren an jenem Vorfrühlingsmorgen des Jahres 1947 dahingehend gemünzt. Denn als ich sie damals bat, recht schnell in die Stube zu kommen, um auch zu sehen, welch unfaßbarer Anblick sich mir bot, meinte sie zunächst nur:"Ach was, du siehst immer was; deine Phantasie geht wohl wieder mit dir durch." Um von vorne zu beginnen: Am oberen Ende meines Heimatdorfes Glöckelberg, am Kronberg, stand das Haus meiner Eltern und man nannte es beim "Schneider Loisl." Diese Hausbezeichnung ging zurück auf meinen Urgroßvater väterlicherseits, den Erbauer Alois Petschl. Er nämlich war ein Abkömmling der früheren Schneiderei in Glöckelberg. Da die Häuser zur damaligen Zeit zumeist etwa 80 Zentimeter dicke Außenmauern hatten, ergab sich, daß trotz Doppelfenstern in den Fensternischen ein sehr breites oder - wie bei uns - zwei abgestufte schmalere Fensterbretter waren. Die erhabene Aussicht über den südöstlichen Teil des Dorfes und in die Ferne führte bei uns Kindern dazu, daß wir mehr auf diesen Fensterbänken als auf Stühlen oder auf der Eckbank im Herrgottswinkel saßen. Und da ich diese mir so lieb gewordene Angewohnheit auch als beinah Siebenjähriger noch nicht abgelegt hatte, hockte ich auch an diesem unvergeßlichen Märzmorgen am Fenster und bewunderte die Farbenpracht des jungen Tages. Meine mir zugedachten Arbeiten im Stall, bei der einen uns noch verbliebenen Kuh, hatte ich erledigt, und so wartete ich auf das Frühstück, während mein Blick auf dem damals beinahe menschenleeren Dorf ruhte und ich mich fragte, was wohl der kommende Tag in dieser unsicheren Zeit mit sich bringen mochte. Denn wir gehörten zu den wenigen Familien, welche noch zu landwirtschaftlichen und forstlichen Arbeiten, insbesonders aber zur Versorgung des verwaisten Viehbestandes zurückbehalten wurden. Jäh wurde ich von der sich am östlichen Himmel aufbauenden Szenerie aus meinen Gedanken gerissen: Durch das Zusammenspiel der kaum merklich wandernden Wolken, des leichten Morgendunstes, sowie der noch schräg stehenden Sonne entstand nach und nach ein leuchtendes Strahlenkreuz. Unglaublich war die exakte Symmetrie des Quer- und Längsbalkens, wobei letzterer nach unten hin verbreiterte und wie ein Finger genau zum hinteren Kirchenschiff zeigte, um sich dann unmittelbar davor im Dunst aufzulösen. Im Schnittpunkt der beiden Strahlenbalken stand milchig verschleiert der Sonnenball, der in Richtung Himmel hell gekrönt wurde, vergleichbar mit dem Strahlenkranz über dem Haupt des Erlösers. Auf mein aufgeregtes Drängen hin kam Großmutter, die soeben in der Küche die abgekochte Milch vom Herd gezogen hatte, zu mir; ihre erste Äußerung war: "So alt ich bin, sowas habe ich meiner Lebtag noch nie gesehen. Das ist ja wie eine Erscheinung." Erst als ich meine Mutter, die sich noch draußen aufhielt, wiederholt hereingebeten hatte, gesellte sie sich endlich zu uns. Doch schon löste sich das sonderbare Phänomen von Sekunde zu Sekunde unaufhaltsam in nichts auf. Jetzt meinte auch meine Mutter bedauernd: "Schade, daß ich nicht gleich gekommen bin." Dieses grandiose Erlebnis hat mich zutiefst bewegt. Da ich damals in meiner Freizeit das Buch "Die letzten Tage von Pompeji" las, höre ich mich noch heute sagen: "Jetzt kommen die letzten Tage von Glöckelberg." Wie recht sollte ich leider damit behalten! Wann immer ich in diesen Tagen vor unserer Trümmerkirche in Glöckelberg stehe, so beschäftigt mich jedesmal jenes unvergessene Erlebnis aus meiner Jugendzeit: Ist all das wirklich nur reiner Zufall oder doch Bestimmung?

Vertreibung

Bald wird die Stunde schlagen,
wo's heißt: "Heut müßt ihr fort."
Dann schnüren wir das Bündel
und ziehen an fremden Ort.
Auf Leiterwagen ladet
dann uns und auch das Glück
und nehmet uns von dem bißerl
das halbe auchnoch weg!

       Wir weinen keine Träne,
       wenn wir von hier weggehen,
       das Weh in unseren Herzen,
       solln nicht die Tschechen sehn.
       Wir tragen unser Schicksal,
       sind tapfer, hart und stolz,
       wir sind ja Böhmerwäldler
       aus kerngesundem Holz.

Dann bringen uns die Züge   Wohin sie uns auch bringen,
weit über Berg und Tal.   es macht und doch nichtsaus.
Wir fragen uns schon immer,   Denn nirgends ist die Heimat,
"Wann nimmt's ein Ende mal?"   Wir sind dort nicht zuhaus!

       Wenn wir im Reich ankommen
       Nehmt uns dort freundlich auf,
       Ihr müßt doch nur dran denken,
       wir haben kein Zuhaus.
       Wir wären gern geblieben,
       Wo wir Zuhause sind,
       dort hat man uns vertrieben,
       nur weil wir Deutsche sind!

Glöckelberg, 13. 09.1946
Aloisia Kienweg und Maria Petschl (Altrichter)

Obschiad va dahoam
(Von Alfred Poidinger, Hüttenhof, jetzt 8890 Obernbornbach)

Es ist der 17.8.1946. An diesem Tag geht auch für uns im Böhmerwald die Sonne ein letztes Mal über unserer Heimat auf. Die Kisten und Truhen sind schon auf dem Leiterwagen verladen. Der Onkel holt die Ochsen aus dem Stall und spannt sie an. Ich schaue noch einmal in die Stube zurück. Hier bin ich geboren. Eine Wanduhr haben wir an der Mauer hängen lassen. Die Mutter hält den Perpendikel an, weil für uns die Zeit in unserem Haus abgelaufen ist. Auch die Heiligenbilder in der Stubenecke über dem Tisch nehmen wir nicht mit. Im Vorhaus lassen wir die Oberlicht offen, damit die Schwalben weiterhin zu ihrem Nest fliegen können, solange das Haus noch steht. Die Tiere im Stall müssen wir auch zurücklassen. Auch ihre Zeit wird bald zu Ende sein, denn niemand ist mehr zum Füttern ist da. Die Zeit des Abschieds ist für die ganze Familie eine Zeit der unbeschreiblichen Trauer und des Schmerzes, als würde die ganze Welt um uns sterben, denn so wie wir unsere Heimat jetzt verlassen, werden wir sie nicht mehr sehn. Langsam rattert der Leiterwagen zur Straße hinauf nach Glöckelberg zu. Viele Gene- rationen unserer Vorahren sind diesen Weg schon gegangen in Freud und Schmerz, aber eine Vertreibung aus der Heimat hat es noch nie gegeben. Ein Wind kommt auf und treibt schwarze Wolken über das Tal zum Zeichen der Trauer von Himmel und Erde. Von allen Seiten fliegen die schönsten Vögel von den Bäumen herab, setzen sich auf die Holme des Leiterwagens und begleiten uns mit ihrem Gesang auf unseren schweren Weg in die Fremde. Als wir Kinder die schönen Blumen am Wegrand sehen, brechen wir sie ab und schmücken damit den Wagen und die Ochsen als letzten Gruß von der Heimat. Vom Hochwald läuft ein Rudel Rehe herab und sie schauen uns mit traurigen Augen an. Als uns noch ein letzter Blick zu unserem Haus vergönnt ist, sagt meine Mutter zu uns: "Schaut noch einmal hin zu unserem Haus, jetzt haben wir keines mehr und bald werden wir es nicht mehr sehn!" Und mir ist, als wäre das Haus auch traurig, weil wir es verlassen haben und niemand hat es in dieser Zeit geglaubt, daß es auch bald von dieser Erde verschwinden wird, als hätte es sich schuldig gemacht an den Verirrungen der Menschen. Ich mußte daran denken, wie wichtig es für die große Welt schon war, solange wir darin lebten. Als ich sechs Jahre alt war, kamen die bayrischen Soldaten zu uns und sechs Jahre später die Amerikaner. Wir aber wollten nichts, wie in Frieden leben, wie alle Generationen vor uns, die dieses Haus bewohnten. Als der Leiterwagen am ersten Wegkreuz vorbeifuhr, blickte ich zum Herrgott auf und mußte daran denken, wie oft die Ratschenbuben zu Ostern hier gekniet und gebetet haben, und ich dachte mir, warum hat uns Gott nicht geholfen, unser Schicksal abzuwenden. Und plötzlich wurde es ganz hell um das Kreuz und eine Stimme sang: "Weine nicht, weil du mußt scheiden, gib dich ganz in Gottes Hand, er wird dich auf deinen Weg begleiten, in ein neues Heimatland." Und ich sah mich am Kreuze knien und um mich meine Freunde, die ich jetzt alle verlassen muß und vielleicht nicht mehr wiedersehen werde, und wenn ich sie wiedersehe, werden sie vielleicht nicht mehr meine Freunde sein. Und ich dachte an den Tag, als ich mit den anderen Kindern an der Abschiedsmesse in unserer Kirche teilnahm, und daß Gott weiß was mit uns und unseren Land geschehen wird. Daß dort, wo jetzt die Gräber unserer Toten sind, Bäume aus dem Boden wachsen werden, so dicht wie ein Urwald und daß Jahrzehnte vergehen werden, eh wieder ein Mensch dieses Land betreten wird und daß die, die kommen werden ihre Heimat nicht mehr erkennen werden. Aber Gott steht unter uns Kindern auch dem Knaben, der als

Mann wiederkommen wird, mit dem brennenden Wunsch im Herzen die Kirche und den Friedhof wieder herzurichten, damit Gott wieder zurückkehren kann in sein Haus zur Freude aller Menschen, die es erleben dürfen.

Hermine Kimbacher, geb. Springer, 1912 Glöckelberg, Neuofen
Greutterweg 5, 4451 Garsten/Oberösterreich

Mein Vater Franz Springer war von 1908 - Juli 1923 Heger in Glöckelberg und dort heimatberechtigt. Er liebte Glöckelberg sehr und wollte auch dort begraben werden. Also wurde er am 1.10.1939 von Neuofen nach Glöckelberg überführt und dort beigesetzt. Auch meine Mutter Rosalia Springer, geb. 23.5.1874 ist am 21.12.1947 in Neuofen verstorben. Wegen großer Schneeverwehungen konnte sie erst im Jänner 1948 (ca. 14 Tage später) nach Glöckelberg zur Beisetzung gebracht werden. Meine Schwester holte einen Pfarrer aus Oberplan. Da auch keine Einheimischen mehr in Glöckelberg waren, holte sie von der Straße tschechische Straßenarbeiter, die dann den Sarg in das Grab senkten. Dabei ließen sie den Sarg fallen, so daß er sich wie zum Protest, im Grab aufstellte. So wird meine Mutter wohl eine der letzten Glöckelbergerinnen gewesen sein, die dort begraben wurde. Ich bin 1912 in Glöckelberg geboren und blieb dort bis Juli 1923. Ich besuchte 3 Klassen der damaligen 4 Klassenvolksschule. Eingeschrieben hat mich 1918 noch Oberlehrer Honzik, dann dürfte er in Pension gegangen sein. Sein Nachfolger war Oberlehrer Heinrich Pascher von 1918-1945. Hüttenhof hatte vorerst kein eigenes Schulgebäude. Hartwig Hruza unterrichtete im 1. Stock des "Tanzerhauses" in Hüttenhof, als das Schulhaus gebaut wurde, auch dort. 4 Jahre besuchten die Kinder aus Hüttenhof diese Schule, die letzten Jahre wurden sie in Glöckelberg unterrichtet. Außer der freiwiligen Feuerwehr gab es noch den Deutschen Kulturverein und die Deutsche Landjugend. Diese veranstaltete vom 1.1.1929 -16.2.1929 einen Koch- und Haushaltungskurs im Gasthof Kary, der sehr gut besucht war. Lehrerin war eine Frau Prencka (Prag). Auf meinem Zeugnis steht am Stempel: Landeskulturamt Böhmen, Deutsche Sektion. In meinen Erinnerungen ist das alte Glöckelberg noch recht frisch. Obgleich ich nur 10 Jahre in Glöckelberg gelebt habe, ist es doch für mich der Inbegriff der Heimat! Oft betrachte ich die alten Fotos mit Wehmut!

Erinnerungen an meine Jugendzeit bis zur Flucht

Rosl Schwarzbauer, geb. Poferl 1927, Glöckelberg Nr. 78, (jetzt D 8162 Schliersee Unterleiten 32, Oberbayern)

Wenn man vom Moldaublick hinüberschaut nach Glöckelberg, so erblickt man noch unseren alten vom Sturm, Regen und Schnee, dem nahen Zerfall preisgegebenen Kirchturm unserer Kirche. Man empfindet diesen Anblick als letzten Gruß aus der Heimat. Diese Kirche war für unsere Glöckelberger Gemeinde, der Mittelpunkt der Lebenden und Toten. Der Blick zum Kronberg erweckt in mir wehmütige Erinnerungen. Die Häuser sind verschwunden, die meterhohen Steinmauern, die die Grundstücke begrenzten (gerodete Steine aus den umliegenden Feldern) wurden von den Planierraupen beseitigt. Der "Vögltent" war für uns Kinder am Kronberg, der Tummelplatz. Man verspürt einen innerlichen Drang, doch noch einmal in diesen Heimatgefilden zu wandern. Wir Kinder wuchsen dort zwar arm und bescheiden aber frei und glücklich auf. Wir liefen vom Frühjahr bis zum späten Herbst meistens barfuß oder sonst mit

Holzschuhen herum. Auch in die Schule gingen wir mit Holzschuhen, diese wurden in große Regale abgestellt. Unsere Lehrkräfte waren bestens geschult, sie vermittelten uns das Rüstzeug fürs spätere Leben. Besonders möchte ich Fr. Rienmüller hervorheben, die uns Mädchen mit ihrer Engelsgeduld Handarbeit, Haushaltung und Kochen beibrachte. Herr Oberlehrer Heinrich Pascher war ein strenger aber gerechter Schulleiter. In der 1. Klasse wollte ich unbedingt beim Schülerwettlauf mitmachen. Mein Bruder Heinrich fertigte mir aus Buchenbrettern ein Paar Ski, nagelte Holzpantoffel mit Riemen drauf und strich sie braun an. Ein Paar Haselnußstecken mit runden Holztellern und fertig war die Ausrüstung. Ich übte ehrgeizig und wurde ausgelacht, aber ich machte trotzdem mit und gewann einen Federhalter, Bleistift und Skiwachs, das herrlich roch, um das mich dann die anderen beneideten. Wenn Budweiser und Prager Skifahrer zu uns nach Glöckelberg kamen und auf ihren Touren die Pome- ranzenschalen wegwarfen,, so stürzten wir Kinder uns drauf, um den Duft derselben zu riechen oder sogar daran zu nagen. Apfelsinen gabs bei uns derzeit nicht zu kaufen. Auch faszinierten mich die Kerben der hinterlassenen Skispuren. Ich wolte auch an meinen Brettln solche haben, so schnitzte ich mir mühsam mit dem Messer an der hinteren Kante eine Wölbung hinein und verfolgte immer nach hinten schauend, meine Spur. Als Kleidung hatten wir damals beim Schlittenfahren und Skifahren nur Rock, Jacke und Holzschuhe an. Abends, wenn wir heimkamen, waren der Kleidersaum beinhart gefroren, die Beine oberhalb des Knies rot und blau angelaufen (Strümpfe waren nur kanpp übers Knie mit einem Strumpfband gehalten), dieselben waren oft vor Nässe zum "Auswinden". Erst mit 15 Jahren bekam ich meine erste Skihose (Überfallhose), die ich mir selbst beim Bäumelsetzen verdiente. Unser Herr Pfarrer, Alois Essl, wurde von uns Kindern in der Schule oft sehr geärgert. Dann lief er durch die Reihen mit seinem Staberl (was oft von den Buben eingeschnitten wurde), fuchtelte herum und schlug auch öfters fest zu und rief: "Ihr seid's ja wie die Stiere." In seiner Kanzlei duldete er nur Mädchen, manchmal spielte er auf seiner Zither und erzählte uns Geschichten. Er erteilte auch kostenlos Unterricht im Zitherspielen. Oft tobten wir herum um seinen Schreibtisch, aber er saß da wie ein gütiger Vater und machte ruhig seine Schreibarbeiten. Auch kaufte er für uns Kinder Bälle und Springschnüre zum Spielen. Lorenzn Marie und ich konnten gut Bäume klettern, deshalb mußten wir in seinem Garten, Zwetschgen und Birnen ernten, wovon er wiederum, die Hälfte verschenkte. Herr Pfarrer Essl war ein so gütmütiger und hilfsbereiter Mensch, er verschenkte alles, sodaß die Köchin am Ende des Monats kaum mehr Geld hatte. Einmal war der Mesner nicht da, so erteilte er Lorenzn Marie und mir nach der Religionsstunde den Auftrag, Mittag zu läuten. Im Glockenturm war es so finster und unheimlich, daß ich mich fürchtete, doch Marie wußte Bescheid wie man das macht. Wir hängten uns einfach beide an den Glockenstrang und schwangen uns auf und nieder. Es machte uns solchen Spaß, daß das Mittagsläuten länger als sonst dauerte. Einige Tage vorm Palmsonntag wurden in seiner Kanzlei die Palmbuschn gebunden, alles auf seine Kosten. Am Palmsonntag wurde dieselben in der Kirche auf einen großen Tisch aufgestapelt, um sie nach dem Gottesdienst an die Kirchenbesucher zu verteilen. Damit auch alle Leute Palmzweige erhielten, wurden sie nach hinten geworfen. Wir Kinder saßen in der Nähe des Tisches, so erhaschten wir mehrere, die wir dann außer der Kirche wiederum großmütig verteilten. Zweimal im Jahr war Kirchweih in Glöckelberg. Mitte Mai und Oktober. Eine Straße war beiderseits besetzt mit Standl. Wir Kinder waren schon frühzeitig unterwegs, um zu sehen was los ist. Unser nächstes Ziel war damals noch das primitive von Buben geschobene Ringelspiel. Zwischen den Klängen des Werklkastens (Drehorgel), hörte man das Gepolter der schiebenden Buben durch.

An niedrigen Stellen während der Fahrt, die 20 Heller kostete, bremste man mit den Beinen, um ein bißchen zu fliegen und sich dann auch gegenseitig einen Schubser zu geben. Das Ringelspiel, war damals für uns Kinder das Haupterlebnis. Die drei Gasthäuser beim Poferl, Fuxn und Kreuzwirt waren gesteckt voll, es gab Musik, Tanz und zum Schluß oft Raufereien. Den Winter über, waren die Frauen und wir Mädchen öfters in manchen Häusern zum Federnschleißn eingeladen. Dabei gab's so manche lustige Unterhaltung, nur lachen durften wir nicht, sonst wären die Federn geflogen. Eines Abends im Jahr 1937, als wir den Heimweg antraten, war übern Kronberg ein riesiges Nordlicht zu sehen. Es war direkt unheimlich, die Leute sagten damals, es wäre ein böses Zeichen, es wird Krieg geben. Der folgende Sommer 1938 brachte uns eine sehr nervös politisch gespannte Zeit. Die Tschechen ordneten die Mobilmachung an, daraufhin flohen viele junge Männer nach Österreich und Bayern, um sich zum Freikorp zu melden. Etliche Familien mit Kindern flohen damals nach Österreich, bis Bregenz und Dornbirn (Vorarlberg). Einige Männer hielten sich in den grenznahen Wäldern (Baunaschlag) auf, so auch mein Bruder Karl, den ich immer mit Essen versorgte. Bei einem Versorgungsgang wurden Rauch Steffi und ich einmal von der tschechischen Grenzwache erwischt und festgenommen. Nächsten Tag kam zu uns ein Gendarm, und es erfolgte eine Anzeige. Daraufhin wurden wir nach Oberplan zur Geheimpolizei vorgeladen. Jede bekam eine Strafe von 2.000 Kronen oder 14 Tage Arrest in Budweis. Zum Glück wurde diese Strafe hinfällig, durch den Einmarsch der deutschen Wehrmacht. Am Abend vor dem 1. Oktober schossen die Tschechen beim Kreuzwirt Leuchtkugeln ab, ein Zeichen zum Abzug der tschechischen Soldaten. Noch in derselben Nacht kamen unsere Glöckelberger Freikorpsmänner und befreiten ihren Heimatort, darunter auch mein Bruder Adolf. Am 1. Oktober 1938, um ca. 14 Uhr, empfingen wir beim tschechischen Zollhaus begeistert die deutsche Wehrmacht. Ganz Glöckelberg war auf den Beinen, denn sowas hat es noch nie gegeben. Überall waren Soldaten, sie waren in jedem Haus willkommen, die Leute waren durch die Befreiung erleichtert und schrien begeistert:"Sieg Heil, Sieg Heil." Nach einigen Tagen kam auch mein Bruder Heinrich vom tschechischen Militär heim, wo er 2 Jahre diente. Auf Drängen meines Bruders Adolf: "Du mußt unbedingt zum Arbeits- dienst, das sind alle so strammen Mädel", meldete ich mich freiwillig zum Arbeitsdienst. Ich kam im April 1939 nach Sonneberg/Thüringen und war die jüngste Maid im Lager. Trotz großen Heimwehs war ich begeistert über die Kameradschaft untereinander. Etwa zwei Jahre war ich in der Verbrauchergenossenschaft Böhmerwald in Vorderstift beschäftigt. Anfangs Februar 1942 kam ich nach Wien zu den Nachrichtenhelferinnen und wurde dort ausgebildet zur Fernschreiberin. Nach der Heeresschule Gießen, kam ich zum 1. Einsatz nach Berlin. OKW/OKH, Bendlerstraße. Das war eine sehr schwere Zeit, wegen der vielen Bombenangriffe. Nach 2 Jahren wurde ich nach Oslo versetzt und zum Schluß noch nach Holland, wo ich zum Kriegsende durch einen Bombenangriff verwundet wurde. Beim Rückzug schleppte mich meine Truppe mit bis Schleswig Holstein. Nach einem Monat Lazarettaufenthalt und Entlassung, trat ich den Heimweg an und brauchte bis Passau, teils in Viehwaggons, 5 Tage. Da eine Eisenbahnbrücke zerstört war, ging ich allein zu Fuß über Waldkirchen und Haidmühle heim. Hungrig, jedoch glücklich daheim, kam nach ein paar Tagen eine Ungarndeutsche zu uns uns sagte, ich solle verschwinden, die Tschechen suchen mich. Daraufhin ging ich mit ein paar Glöckelbergern über die Grenze nach Bayern. Nach ein paar Tagen Aufenthalt auf einem Heuboden, zog es mich wieder heim. Alle Leute wußten oder ahnten, daß wir die Heimat verlassen mußten, doch die Älteren wollten es nicht wahrhaben und dachten, es wäre nur vorübergehend. Deshalb versuchte jeder das Wichtigste heimlich über die Grenze zu bringen, anfangs nach Österreich. Ab 01. August 1945, besetzte der Russe Oberösterreich, so waren wir gezwungen den unendlich, schwierigen, langen Kammweg nach Bayern zu gehen, oft in Kolonnen bis zu 25-30 Personen. In grenznahen Häusern wurden die Rucksäcke eingestellt. Einmal wurde eine Gruppe von den Finanzern gestellt, alles wegwerfend, entkamen alle bis auf einen (Petschl Ludwig), der von der Grenzwache verhaftet wurde und trotz Schlägen mannhaft blieb und niemanden verraten hat. Inzwischen kam Walter, mein jetziger Mann, schwerverwundet heim. Nach seiner Genesung, suchte er in Bayern Arbeit und fand sie hier in Schliersee in einer pharmazeutischen Fabrik. Wir beschlossen nicht in Schliersee, sondern in unserer Heimat zu heiraten. Während die Gendarmen und Finanzer beim Kary ihr Mittagsmahl einnahmen, ließen wir uns in der Kirche von Herrn Pfarrer Bieberle trauen. Es war eine der letzten, jedoch verschwiegenste Hochzeit. Einen einsamen von mir nie vergessenen Grenzgang, möchte ich noch kurz schildern. Anfang Dezember 1945 wollte ich mir meine geliebten Ski nach Schliersee holen. Am 5. Dezember (Krampustag), in der Morgendämmerung machte ich mich auf. Mein Bruder Heinrich begleitete mich und trug mir den schweren Rucksack mit Lebensmitteln. Unterdessen stellte ich fest, daß ich meine Papiere daheim vergessen hatte, ich ging zurück und holte sie mir. Inzwischen kam mir mein Bruder entgegen und sagte: "D' Traga hant grissn." Er holte einen anderen Rucksack und begleitete mich noch ein Stück, als er sich dann verabschiedete, war ich allein mit Ski, schwerem Rucksack und noch zusätzlich mit einer Tasche voll Lebensmittel. Ich beschloß eine Richtung querfeldein, Hochficht u. Reischl links liegenlassend zu umgehen. Wegen der großen Strapaze hätte ich gern die Tasche auf einen Ast gehängt, jedoch die Lebensmittel waren zu dieser Zeit eine Rarität. Im Wald war es still, und es lag massenhaft Schnee, ab und zu krachte ein Ast von der Schneelast. Von den vielen Grenzgängen hatte ich mir eine gewisse Orientierung angeeignet, fand mich aber trotzdem nicht zurecht. Ermüdet und durstig setzte ich mich in den Schnee, trank von dem Ribiswein, den mir meine Mutter noch in den Rucksack steckte, und weinte. Es wurde langsam finster, da hörte ich plötzlich Stimmen, es waren die Holzhacker von Pfaffetschlag, meine Rettung! Die nahmen mich mit ins Tal. Dort ging ich in ein Haus und bat um ein Nachtquartier. Die Leute saßen bei der Abendsuppe, und sie luden mich dazu ein. In einer Kammer fiel ich buchstäblich in ein Bett und schlief so fest wie noch nie in meinem Leben. Am nächsten Tag verabschiedete ich mich von den netten Leuten, die Tochter begleitete mich bis zur Grenze, die ich auch wieder umgehen mußte, um nach Breitenberg zu kommen. Meine Mutter ist 1961 aus Krummau zu mir nach Schliersee ausgesiedelt worden und ist 1967 verstorben und liegt hier begraben. Mein ältester Bruder Karl ist mit 63 Jahren, 1972 in Krummau verstorben. Bruder Adolf ist in der Osterwoche 1945 in Italien gefallen, das haben wir erst nach 17 Jahren durch's Rote Kreuz erfahren. Bruder Heinrich wurde 1946 zwangsverschleppt nach Joachimstal ins Uranbergwerk. Wegen einer mysteriösen unheilbaren Krankheit hat er 1954 seinem Leben ein Ende gemacht. 1964 waren wir mit unseren zwei Kindern in der Heimat und sind bis zum Glöckelberger Pfarrhof gekommen. Man sah damals noch die von Brennesseln umwuchernden Mauerreste von den Häusern, es war ein erschütternder Anblick.

Wie ich ein Glöckelberger wurde
(Von Walter Schwarzbauer geb. 1918 in Wallern, jetzt 8162 Schliersee
Unterleiten 32, Oberbayern)

Trotzdem ich ein geborener Wallerer bin, in St. Thoma aufgewachsen, in Rosenhügel gelebt habe, bin ich ein echter treuer Glöckelberger geworden. Im Sommer 1937 wurde mein Vater von der Hegerstation Rosenhügel nach Glöckelberg versetzt. Er löste hier den Heger Schuster, der nach Krummau ging, ab. Ich selbst war zu dieser Zeit in Wallern beschäftigt und kam zu einem kurzen Wochenende nach Glöckelberg.Ich galt natürlich anfangs, als Fremder. Ende 1937 wurde ich arbeitslos und kam deshalb nachhause. Nur zögernd, mit "Stejwlschlachten" unterbrochen, akzeptierte mich die Jugend. Es dauerte nicht lang, und ich fand gleichgesinnte Freunde. Gemeinsam Wandern, Skifahren und auch Skiwandern, Spazierengehen am Kanalstraßl und ins Kinogehen nach Oberplan, vertiefte und vergrößerte meinen Bekanntenkreis bei Burschen und Mädchen. 1938, in der so spannenden Zeit wurde ich politisch bei der Sudetendeutschen Partei tätig, half die Jugendgruppe mit aufzubauen und den Josefsthaler Sportplatz zu erschließen. Wir, der Jahrgang 18, mußten zur Musterung für's tschechische Militär nach Oberplan. Zum Einrücken kam es dank des Einmarsches nicht mehr. Ich war zu dieser Zeit anstatt zum Freikorps zur Arbeit am Obersalzberg eingeteilt worden. Nach dem Anschluß des Sudetenlandes, meldete ich mich zur Wehrmacht und kam mit einigen Glöckelbergern nach München. Ich wuchs in die Glöckelberger Dorfgemeinschaft so hinein, als hätte ich schon immer hier gelebt, daß ich mit Stolz sagen konnte: " Ich bin ein Glöckelberger." Es kam der Krieg, der mich nach Polen, Frankreich und anschließend nach Russland bis an den Kaukasus führte. Vom Kaukasus über die Krim zurück nach Bessarabien, Rumänien-Karpathen, Ungarn in die Slowakei. Hier war mein letzter Einsatz. Ich wurde so schwer verwundet, daß der Krieg für mich zu Ende war. Feldlazarett, Lazarett Brünn und Kriegslazarett Sachsen, waren meine Stationen. Amerikikanische Gefangenschaft im Kriegslazarett und schließlich Kriegsende. Das Lazarett wurde, wegen Übergabe an die Russen, geräumt. Ich wurde mit 42 kg aus dem Lazarett entlassen und von den Amerikanern, Gott sei Dank, wie alle anderen Verwundeten auch, mitgenommen. Über Gera, Erfurt, in einem Viehwaggon, der vollgepfercht mit Gefangenen war, nach Frankfurt/ Babenhausen ins Gefangenenlager. Unterwegs gabs zur Verpflegung für je einen Waggon einen Beutel Paranüsse, den man einfach in den Waggon schüttete. Ein paar Nüsse bekam auch ich davon ab. In Babenhausen war gerade bei den Amerikanern, die das Lager verpflegten, Divisionswechsel, sodaß es nochmals eine Woche lang nichts zu essen gab. Schon beim Morgengrauen suchten wir in den Spargelfeldern, die sich innerhalb unseres Lagers befanden, nach Spargel, um unseren großen Hunger zu besänftigen. Gerade für uns Verwundete, da manche halbtot aus dem Lazarett entlassen wurden, war diese Zeit besonders schwer und mancher mußte es mit dem Leben bezahlen. Nach einigen Wochen wurden wir aus der Gefangenschaft entlassen und jeder versuchte auf eigene Faust, nachhause zu kommen. Mit einem Wallerer, den ich im Lager traf, machte ich mich entkräftet und mit Krücken nach Frankfurt auf, um irgend eine Möglichkeit zur Heimfahrt zu finden. Ein Amerikaner, der nach Passau fuhr, nahm uns mit. Von Passau fuhr ich mit einem Bus nach Breitenberg, so war ich Glöckelberg schon "zum Greifen" nahe. Noch am gleichen Abend ging ich halbverhungert, müde und zerschlagen mit Krücken, Richtung Ulrichsberg. Unterwegs zwischen Breitenberg und Mühl, holte mich eine Frau von der Straße und fragte mich: "Nu

Bua, wo megst denn du no hi?" - "Nach Glöckelberg" antwortete ich. "Na Bua, du gehst heit mimma weida, du bleibst heit bei uns über d'Nocht und ruahst di a bissl aus." Mir kamen die Tränen, und wenn ich ehrlich bin, heute noch, wenn ich daran denke, so war ich gerührt von der Güte, die mir nach diesen harten Jahren entgegen gebracht wurde. Am nächsten Morgen machte ich mich "auf die Krücken" und ging langsam über Ulrichsberg nach Schöneben. Unterwegs überholte mich ein Soldat, der auch seiner Heimat zustrebte. Ich erklärte ihm mein Elternhaus und bat ihn, meine Eltern zu verständigen. Erschöpft und doch glücklich kam ich in Schöneben an. Steiniger, Tuifl-Goschban, österreichisches Zollhaus, Rotbachl, dann der erste Blick zum tschechischen Zollhaus. Von weitem sah ich schon die amerikanische Wache, dann dahinter die Schranke, und ich traute meinen Augen kaum, hinter der Schranke meine Eltern und meine Schwestern, sie erwarteten mich. Der Soldat hat Wort gehalten. Von weitem schon ein freudiges beklemmendes Zuwinken, endlich daheim - doch es sollte anders kommen. Kontrolle bei den Amerikanern, alles in Ordnung, jedoch als ich weitergehen und meine Eltern begrüßen wollte, hieß es plötzlich "Halt", und ich durfte nicht mehr weiter. Nach einem Wortwechsel zog der Amerikaner seine Pistole und sagte: "Zurück"! Ich mußte nun zurück, trotz den Zurufen meiner Eltern und sogar der tschechischen Finanzer, die dieses Trauerspiel beobachteten. Ein amerikanischer Soldat mußte mich zurück begleiten. Ich war daheim und doch so weit von dort entfernt, es brach für mich eine Welt zusammen. Was war geschehen, warum durfte ich nicht heim? Es ist für mich bis heute ein Rätsel geblieben. Was sollte ch tun, in meinem elenden Zustand konnte ich unmöglich durch den Wald nachhause gehen. Am nächsten Tag suchte mich mein Vater und fand mich beim Tuifl-Goschban, die mich sofort bereitwillig beherbergten. Es gab endlich ein richtiges Essen, aber leider vertrug ich es nach dem langen Hungern nicht. Ich wurde krank, sterbenskrank. Nur der guten Pflege der Goschban-Leute habe ich es zu verdanken, daß ich diese schwere Krise überstanden habe. Es ist bestimmt einmalig, einen so heruntergekommenen, sterbenskranken, fast fremden Menschen aufzunehmen, beherbergen und zu pflegen. So was ist kaum gut zu machen, man kann ihnen nur ewig dankbar sein. Nach 4 Wochen hatte ich mich so weit erholt, daß ich durch den Wald nachhause gehen konnte. Endlich war ich wieder daheim.

Mein Vater Josef Schwarzbauer wurde am 1.7.1919 als Jungheger in der Spannhegerei Igelbach, Revier St. Thoma bei Fürst Schwarzenberg angestellt. Am 1.7. 1923 nach St. Thoma versetzt, am 1.4.1925 nach St.Thoma "Bärenkar", am 1.8.1931 nach Rosenhügel, am 17.7.1937 an die Stelle des Oberhegers Heinrich Schuster auf die Hegerstation Glöckelberg. Ab Mai 1945 bis zur Aussiedlung (Vertreibung) am 8.10.46 unter tschechischer Nationalverwaltung im Forstdienst des ehemaligen Fürst Schwarzenbergischen Reviers Glöckelberg. Am 19.7 1953 im Krankenhaus Augsburg verstorben. Meine Mutter Justine Schwarzbauer ist am 28. Mai 1978 im Aichacher Krankenhaus verstorben.

Schliersee, den 19. März 1986

Die letzte Aufnahme vom Heger-Haus in Glöckelberg

Forstmänner-Sippe Paleczek
(Von W. Franz - Otto Paleczek)

Eine beachtenswerte Forstmänner (Heger)-Sippe kann man wohl die der Paleczek nennen. Diese Sippe stand seit dem Jahre 1888 in ununterbrochener Folge im Dienste der Fürst Schwarzenbergischen Forstverwaltung in der Region Hochficht-Böhmerwald. Innerhalb bestimmter Zeitabschnitte hat es im Forsthaus Vorderstift einige Jahre gegeben, wo zwei und auch drei der Sippe Paleczek zugleich im Forstdienst standen und der Chef der Revierverwaltung diese gleichnamigen Heger nur mit dem Vornamen ansprach, damit keine Verwechslungen vorkommen konnten. Zurückbleibend hat somit die Sippe der Palaczek einen wesentlichen Anteil an der Rodung, Kultivierung und den geordneten Ablauf des Forstwesens im südlichen Böhmerwalde. All die Verdienste und Nennung ihrer Namen wären bestimmt der Vergessenheit anheim gefallen, hätte nicht Otto Paleczek diese wichtigen Daten seiner Sippe zu Papier gebracht, um es der Nachwelt zu erhalten. Auch einige seiner Publikationen wurden in die Heimatmappe aufgenommen, da diese Ereignisse sich in unmittelbarem Bereich unserer Heimatgemeinde zugetragen haben. Seine weiteren schriftlichen Aufzeichnungen wurden in eine Broschüre gebunden und dem Böhmerwaldmuseum Passau zur Aufbewahrung überlassen. Er war ein ausgezeichneter Kenner seiner Böhmerwaldheimat und dem Forst- und Jagdwesen im Revier Vorderstift/Oberplan. Seine

Heimatliebe und Heimatverbundenheit möge beispielgebend für seine Nachkommen aber auch für alle andern Landsleute sein! Ihr Försterleben und ihr Wirken von 1888 bis 1945 vollzog sich fast ausschließlich im Raume Hüttenhof/Hochficht wie nachfolgende Zusammenfassung uns zeigt:

Johann Paleczek = Hegerei Glöckelb. (Hegerhaus) 1888-1898

Karl Paleczek = Hegerei Hüttenhof (Hegerhaus) 1889-1901

Alois Paleczek = Hegerei Hüttenhof (Hegerhaus) 1901-1918

Heger Jellinek = Hegerei Hüttenhof (Hegerhaus) 1918-1929

Franz Paleczek = Hegerei Hüttenhof (Hegerhaus) 1929-1945

Josef Paleczek = Hegerei Melmerweide (Hegerhaus Melmerweide) 1915-1945

Alfred Paleczek = Jungheger im Revier Vorderstift 1935-1937

Das Verwandtschaftsverhältnis zu Otto Paleczek war folgend:

Karl Paleczek, in Hüttenhof von 1889-1901 war mein Vater und der Ski-Pionier vom Hochficht. Geboren: 1859, gestorben: 1937 Franz Paleczek, in Hüttenhof von 1929-1945 war mein Bruder (1896-1981), Johann Paleczek, in Glöckelberg von 1888-1898 war mein Onkel (1855-1950), Alois Paleczek, in Hüttenhof von 1901-1918 war ein Cousin meines Vaters. Josef Paleczek, von der Melmer-Weide 1915-1945 war ein Cousin meines Vaters. Alfred Paleczek, Jungheger 1935-1937 war mein Stiefcousin (1901-1979).

Personalia zu Otto Paleczek

Geboren am 20.09.1904 in Eleonorenhain bei Wallern. Nach dem Schulbesuch Forstlehre von 1919-1924. Von 1924-1926 bei der Agrarbank als Holzmanipulant, 1926 Aushilfsheger. Ab 1926 als Beamter bei der Firma Spiro & Söhne, Papierfabrik Pötschmühle bei Krummau bis 1945. Von den Tschechen im Konzentrationslager Budweis eingesperrt bis 1946. Flucht vom KZ nach Österreich und von dort 1946 mit der Familie nach Westdeutschland: Weiskirchen/Rodgau 6. Verstorben am 19.1. 1986 im Krankenhaus Offenbach.

Der Schlingenleger
Eine Jagdgeschichte von Otto Paleczek

Mein Vater hatte als Waldheger von der Hegerei Hüttenhof auch die Jagdaufsicht über die Revierteile, die unter dem Schwemmkanal in der Richtung zur Moldau lagen. Bei seinen Kontrollgängen in diesen Revierabteilungen fand er eine Schnellschlinge, in der eine Rehgeiß hing. Um den Schlingensteller festnehmen zu können, wartete mein Vater viele Stunden in einem Versteck auf den unbekannten Wilderer. Für diesen Fall präparierte mein Vater eine Patrone mit Salz und in einem Wachspropfen eingegossene, kurzgeschnittene Schweineborsten. Nach langen Stunden, die Tag und Nacht bei der in der Schlinge hängenden Rehgeiß verbracht wurden, kam der Schlingensteller und wollte das elend verendete Stück Rehwild aus der Schlinge lösen. Es war eine helle Mondnacht, doch das Mondlicht reichte nicht aus, den Wilderer zu erkennen, und so blieb meinem Vater nur die eine Wahl, dem Mann einen Denkzettel zu verpassen. In dem Moment, wo der Wilderer die in der Schlinge hängende Rehgeiß abnehmen wollte, gab mein Vater auf das Hinterteil des Wilderers den Schuß mit Salz und Sauborsten ab, worauf der Mann fluchtartig im Wald verschwand. Mein Vater nahm die Rehgeiß aus der Schlinge und brachte sie nach erfolgten Aufbruch in das Forsthaus nach Vorderstift und gab seinem Oberförster über diesen Fall einen genauen Bericht, ohne jedoch einen bestimmten Täter angeben zu können. Nach einigen Wochen erfuhr mein Vater von einem Arzt aus Oberplan, daß ein junger Mann, der Sohn eines reichen Müllers mit einer schweren Verwundung am Gesäß bei ihm in Behandlung war. Zuerst wollte der Mann zu keinem Arzt gehen, doch das Salz und die Sauborsten hatten Vereiterungen hervorgerufen, wonach jede Borste einzeln entfernt werden mußte. Dieser Fall sprach sich in der Umgebung herum, und eines Tages bekam mein Vater eine Vorladung zum Bezirksgericht nach Oberplan. Bei der Einvernahme erfuhr mein Vater, daß der Müller von der Hengrimühle, der Vater des verletzten Wilderers eine Anzeige wegen lebensgefährlicher Verletzung bei dem Gericht erlassen hatte. Der reiche Müller hat einen Rechtsanwalt beauftragt, Klage zu führen. Das Amtsgericht hat meinen Vater zu Gefängnis verurteilt, da dieser Schuß mit Salz und Borste ein untaugliches Mittel war, um damit gegen einen Menschen zu schießen. Bei der Gerichtsverhandlung nahm auch meine Mutter teil. Durch eine resolute Stellungnahme meiner Mutter gegen das Gerichtsurteil- und zwar, sie würde alle 8 Kinder dem Richter nach Oberplan in sein Haus bringen - wurde die Situation kritisch, und nach einem Tumult im Gerichtssaal gab das Gericht bekannt, daß die Verhandlung abgebrochen und vertagt werde. Die Schwarzenberg'sche Forstdirektion in Oberplan hat gegen das Urteil bei dem Gericht einen Einspruch erhoben und für meinen Vater um Freispruch gebeten. Der Fall wurde bei Gericht niedergeschlagen und mein Vater wurde freigesprochen. Es gab wegen diesem Vorfall in der Umgebung von Oberplan in allen Ortschaften darüber große Debatten, denn eine Gruppe ergriff die Partei für die Wilderer, die andere

für das Forstpersonal. Auf jeden Fall hat der Schlingenleger einen schmerzhaften Denkzettel für seine Tat erhalten, Mein Vater hat sich durch den Schuß mit Salz und Sauborsten auf keinen Fall in der Umgebung Freunde geschafft. Doch die Zeit heilt bekanntlich alle Wunden. Auch dieser Fall wurde nach einigen Monaten vergessen. Nur die Betroffenen und seine Sippe haben meinem Vater mit Vergeltung gedroht. Durch die Versetzung nach Scheureck bei Fürstenhut im Jahre 1901 hatte mein Vater von diesen Leuten nichts mehr zu befürchten. Damit ist auch dieses Kapitel wahrheitsgemäß nacherzählt und abgeschlossen.

Hochficht-Wilderergeschichte
Herbst-Treibjagd am Hochficht längs der österreichischen Grenze - nach einer Erzählung von meinem Vater, aus den Jahren um 1895
(Otto Paleczek, D-6061 Rodgau 6)

Bei einer Herbsttreibjagd längs der Landesgrenze nach Oberösterreich, zu der viele Jagdgäste aus Oberplan, Glöckelberg und Hüttenhof eingeladen waren, ereignete sich folgendes Jagddrama:

Nach einem Treiben versammelten sich alle Schützen und Treiber. Dabei wurde festgestellt, daß ein Schütze fehlte, der knapp an der Grenze seinen Stand hatte. Bevor die Jagd weiterging, schickte mein Vater einen jüngeren Schützen mit einem Treiber zurück, um nachzusehen. Der fehlende Schütze war ein älterer Herr aus Hüttenhof, der die Gegend gut kannte, d.h. daß ein Verirren im Walde auszuschliessen war. Mein Vater konnte den Standplatz dieses Rückschützen genau angeben, wonach die Männer den fehlenden Schützen auch fanden. Der Anblick ließ sie erstaunen! Mit Schlingendraht an einen Baum gefesselt und blutüberströmt stand der alte Mann bewußtlos, den Mund mit einem Taschentuch zugebunden. Nachdem das Tuch gelöst war, sahen die Männer, daß beide Ohrmuscheln abgeschnitten waren und in der Mundhöhle steckten. Nachdem die Ohrmuscheln aus dem Mund geholt wurden, konnte der alte Mann erst richtig atmen und kam wieder zu sich. Als er wieder sprechen konnte, schilderte er sein furchtbares Erlebnis mit einer Wildererbande von fünf Männern, die ihn am Stand einkreisten und entwaffneten. Gesichter konnte er nicht erkennen, da alle mit Ruß unkenntlich gemacht waren. Dem Dialekt nach waren die Wilderer aus dem Mühlviertel. Das Gewehr und die Patronen hatten die Burschen ihm abgenommen. Nachdem der alte Herr von den Drahtfesseln befreit war, nahmen die 2 Männer den vom starken Blutverlust geschwächten Mann unter die Arme und brachten ihn auf dem kürzesten Weg nach Hüttenhof und von dort mit einem Fuhrwerk zum Arzt nach Oberplan. Die Ohrmuscheln wurden an den glatten Schnittstellen angenäht, so daß nach einiger Zeit diese wieder anheilten. Das Erlebnis dieses Schützen, der ein guter Freund meines Vaters war, hat die Jagdgesellschaft erst später am Abend im Gasthaus beim Nachtrieb erfahren. Die zwei Männer, die den alten Herrn in seiner furchtbaren Lage gefunden hatten, erzählten es im Gasthaus den anderen Jagdgästen. Mit diesen oberösterreichischen Wildererbanden hatte mein Vater in seinem Revier am Hochficht im Laufe seiner Dienstjahre große Sorgen. Längs der österreichischen Landesgrenze (Böhmen war damals Kronland der Monarchie) gab es mit diesen Wilderern aus dem Mühlviertel laufend ernste Plänkeleien.

So gibt es bestimmt noch andere Wilderergeschichten aus dieser waldreichen und wildreichen Gegend um den Plöckenstein, Hochficht und dem Bärenstein, doch bestimmt keine solche unmenschlichen und grausame Geschichte wie im oberen Abschnitt nacherzählt wurde. Bedingt durch die unermesslichen Wälder unserer Waldheimat und den unermesslichen Reichtum der Waldeigentümer, wie Stift Schlägl und dem Fürsten Schwarzenberg war in den früheren Zeiten das Wildern fast als ein "normaler Nebenerwerb" armer und kinderreichen Familienerhaltern gang und gäbe gewesen, ein krimineller Delikt war es in den Augen der Bevölkerung auf keinen Fall. Das Wild wurde meistens unter Benützung von Schlingen und Netzen zur Strecke gebracht, da die Verwendung von Gewehren durch den hörbaren Knall den Standort des Wilderers verriet und somit ein leichtes Ergreifen durch die Berufsjäger der Jagdeigentümer möglich war. Bedingt durch die Verstaatlichung der Fürst Schwarzenbergischen Forste und dem Sperrgebiet entlang der Grenze zu Bayern und Österreich auf tscheschischer Seite ist das Wildern in dieser Region zum Stillstand gekomen.

Hochficht-Alm 1898

(Eine Jagdgeschichte von Otto Paleczek)

Von der Forstdirektion Oberplan wurden in der Blattzeit auf den Rehbock jeden Sommer die Jagdgäste in die einzelnen Reviere zugeteilt. Auch mein Vater mußte einen Gast führen. Da dieser noch ein junger Mann war, konnte mein Vater diesem Gast zumuten, auf die Alm aufzusteigen. Dies war ein Revierteil mit großen Flächen an jungen Fichtenbeständen an der österreichischen Grenze. Diese Fichtenschonungen gaben dem Wild eine gute Deckung und damit einen sicheren Einstand. Diese ruhige Lage trug dazu bei, daß in diesem Revierteil sich immer Rehwild aufhielt. Meinem Vater war dies gut bekannt und er wollte diesen Jagdgast zur Belohnung für den beschwerlichen Aufstieg mit einem sicheren Erfolg abschließen. Auf einer Schneiße in guter Deckung, wurde mit dem Ruf der brunftigen Geiß der Rehbock angelockt. Aus dem sicheren Versteck heraus beobachtete mein Vater, daß über die Schneiße in einer größeren Entfernung einige dunkle Gestalten sprangen. Für meinen Vater war dies Alarmstufe und er mußte in dieser Situation etwas unternehmen. Wäre er alleine gewesen, hätte er der Übermacht ausgewichen und sich abgesetzt. In seiner Situation, in der Gegenwart des Jagdgastes, mußte er etwas unternehmen, damit der junge Mann keine Geschichte von Feigheit erzählen konnte. Kurz entschlossen, gab mein Vater dem Jagdgast den Auftrag auf dem Platz zu bleiben und abzuwarten. Mein Vater lief in gute Deckung bis zu der Stelle, wo die Wilderer über die Schneiße sprangen. Bevor mein Vater jedoch den Jagdgast verließ, wurde noch kurz ein Plan durchgesprochen, der unbedingt durchgeführt werden mußte. Sobald der erste Schuß vom Vater abgegeben wird, muß der Jagdgast ebenfalls in die Luft schießen und dabei schreien. Sobald er den zweiten und dritten Schuß von meinem Vater hört, muß er ebenfalls weitere Schüsse abgeben, aber seinen Platz nicht verlassen. Durch diese Schüsse, von verschiedenen Stellen abgegeben, wurden die Wilderer verunsichert und verließen fluchtartig den Revierteil über die Grenze in Richtung Oberösterreich. Auf der Alm am Hochficht war diesen Tag die Jagd vorbei. Auf dem Heimweg nach Hüttenhof hatte mein Vater noch an einigen Stellen mit dem Ruf gelockt und bevor sie die Ortschaft erreichten, hat es auf der letzten Stelle doch noch geklappt. Es stand ein noch guter Sechserbock auf den Ruf zu, den der Gast auf die Strecke brachte. Nach einem kräftigen

Waidmanns-Heil und einem Bruch auf den Hut wurde dieser aufregende Jagdtag angebrochen. Der erlegte Bock wurde nächsten Tag in die Forstdirektion nach Oberplan gebracht. Der junge Jagdgast war ein Sohn des Herrn Forstdirektors, ein Student an der Universität in Wien.

Fuchsleber auf dem Glöckelberger Feuerwehrball
(Von Otto Paleczek)

Mein Vater hatte ein Rezept für eine Flüssigkeit, mit der Bauernleute im Falle eines kranken Ochsen oder Kühe sich ohne Tierarzt helfen konnten! Es war bekannt, daß die im trockenen Zustand auf einem Reibeisen pulverisierte Fuchsleber in einer bestimmten Menge Wasser aufgelöst, dieses immer wirkende Mittel bei Verstopfung angewendet werden kann. Mein Vater sammelte von allen angeschossenen oder im Eisen gefangenen Füchsen die Leber und trocknete diese, um daraus das Pulver für diese Medizin zu gewinnen. Da die Bevölkerung aus der Umgebung von Hüttenhof über dieses Mittel informiert war, kamen bei derartigen Vorfällen die Leute im Laufe des Jahres zu meinem Vater und holten meist immer nur ein solches Abführmittel in Flaschen abgefüllt. Dabei war natürlich meist immer nur ein krankes Stück Vieh im Gespräch. Eines Tages in der Faschingszeit passierte bei einem Feuerwehrball in Glöckelberg folgendes: Wie in allen Ortschaften zwischen den einzelnen Einwohnern verfeindete Parteien sich mit Bosheiten das Leben schwer machten, gab es diese Feindschaften auch in Glöckelberg. Ein Bezieher von meines Vaters Fuchslebermedizin kam auf den Teufelsplan, sich an der ihm feindliche gesinnten Gesellschaft zu rächen, und dazu nutzte der Mann die Gelegenheit, bei dem Feuerwehrball dieses Abführmittel in das Bier zu schmuggeln. Das Resultat war ein durchschlagender Erfolg, denn zwischen 10 und 11 Uhr abends war der Tanzsaal und alle Gastzimmer leer. Es gab zu dieser Zeit - im Feber - sehr viel Schnee in Glöckelberg, und die ausgetretenen Fußsteige im Schnee, vom Gasthaus zu den einzelnen Häusern und Höfen die verstreut lagen, waren unverkennbar mit Rückständen der Fuchslebertinktur markiert. Die Bevölkerung, d.h. die Teilnehmer dieser Unterhaltung waren schockiert und hatten den Wirt im Verdacht, ein verdorbenes Bier ausgeschenkt zu haben. Die Schadenfreude des Tinkturmixers war so groß, daß der Mann im alkoholisierten Zustand seine boshafte Heldentat, die er am Feuerwehrball beging, der Bevölkerung bekanntgab. Es gab im Dorf über diesen Vorfall in der Folgezeit große Aufregung und noch mehr Feindschaft untereinander. Die Fuchslebermedizin von meinem Vater spielte in diesem Falle natürlich dabei eine große Rolle, obwohl er sich auf diesen Mann, der diese Medizin schon vor längerer Zeit im Hegerhaus in Hüttenhof abholte, begreiflicherweise nicht mehr erinnern konnte.

Erinnerungen aus längst vergangenen Zeiten nach 1918
(Von Otto Paleczek)

Nach dem verlorenen Ersten Weltkrieg im Jahre 1918 und den Jahren danach kamen unsere Väter und Brüder von den Fronten im Süden und dem Osten wieder in ihre Waldheimatdörfer zurück in der festen Hoffnung, nun endlich friedlich mit ihren Familien und Nachbarn einer ehrlichen Arbeit nachzugehen.

In dieser Zeit aber waren die Tschechen, einst ihre Waffenbrüder durch Verrat und Desertation zur früheren Heimkehr begünstigt, schon bei uns im Böhmerwald als "Besatzung", insbesonders längs der Landesgrenze zu Bayern und Österreich in den größeren Ortschaften einquartiert. Auch in Glöckelberg (Gemeindehaus) gab es eine solche tschechische Soldateneinquartierung. Die heimkehrenden deutschsprachigen Soldaten der alten Monarchie kamen nun von den Fronten und Gefangenenlagern zurück und fanden nun in der Heimat einen Terror vor, der von dieser Besatzungsmacht gegen die ortsansässige Ortsbevölkerung ausgeübt wurde. Es gab keine Arbeit für diese Heimkehrer, denn die Wirtschaft war in der Umsturzzeit völlig lahmgelegt. In dieser traurigen Nachkriegszeit, wo alle Ordnung im Leben der Bevölkerung verschwunden war, gab es einen schonungslosen Kampf um das Überleben. Schwarzhandel, Diebstahl und die Wilderei waren an der Tagesordnung, und es gab sehr viele Verbrechen gegen die Gesetze, auch noch gegen die Gesetze der alten Monarchie, die vom neu installierten Staat fast ausschließlich übernommen wurden. Es dauerte noch viele Jahre bis sich alles so halbwegs ins richtige Lot gesetzt hat, denn Diebstahl, Mord und andere Delikte gelten überall in den zivilisierten Staaten als Verbrechen und werden daher in jedem Staate vom Gericht als solche geahndet. Viele Probleme wirtschaftlicher und menschlicher Natur gab es damals für einen Heger zu lösen, der auf sich alleine in seinen Entscheidungen dastand, ohne erst beim Vorgesetzten nähere Weisungen oder Befehle einzuholen.

Das Hegerhaus in Hüttenhof mit den Familien Paleczek und Krenn

Der Schmuggel im südlichen Böhmerwald
(Von Walter Franz, 1988)

Jeder Besitzer, jeder Eigentümer kennt die Grenze seines Besitzes und die Grenzen seiner Nachbarn. Sie trennten von einander, was eigentlich ihre primäre Aufgabe ist. Es gibt Grenzen der Vernunft und Grenzen der Willkür, um seinen Machtbereich zu erweitern. Aber nur die Grenzen der Vernunft sind die Voraussetzung für Harmonie und friedliches Zusammenleben innerhalb einer Familie, einer Gemeinde, eines Volkes und Staates. Sie, die Grenzen trennen die Staatengebilde voneinander, die natürlichen durch die von der Natur selbsterrichteten Hindernissen wie Meere, Gebirge, Flüsse; die künstlichen durch die von menschlicher Hand geschaffenen Scheiden, wie die chinesische Mauer, römischer Limes oder in der betagten Zeit der "Eiserne Vorhang". Der moderne Verkehr hat jedoch ihre trennende Wirkung gemildert, die beliebten Flußgrenzen sogar zu Verbindungswegen gemacht. Unter Nationalitätengrenze versteht man die Grenze der Siedlungsgebiete der verschiedenen Nationalitäten, unter historischen Grenzen solche, die früher einmal schon bestanden haben. Grenzen gibt es überall, der Mensch hat sie erfunden, errichtet und oft wieder entfernt. Und jene Menschen, die all dies überwachen, Sorge tragen, daß für jedes ihrer Länder die Souveränität gewahrt bleibt, sind die "Grenzer" und seit alters her ein eigener Berufsstand. Im Volksmund werden sie auch "Zöllner" genannt, auch die Bibel gibt Kunde von ihnen. Sie bewachen die Grenze, um den Personen- und Warenverkehr über die Grenze und im Grenzbezirk in jene Bahnen zu lenken wie ihre Gesetzeslage es bestimmt. Die all diese Ordnung aber nicht haben wollen, all diese Ordnung brechen oder nicht anerkennen, sind die "Schmuggler", "Schwärzer" oder "Pascher". Ihre Handlungen, Waren illegal, also verbotenerweise über die Grenzen zu bringen, um sich den Zoll und andere Abgaben die an den Staat zu entrichten wären, zu ersparen, betrachten sie nie als kriminellen Akt, und im Grunde genommen sind sie es ja auch nicht. Eine solche Grenze, eine solche politische Linie, durchschneidet seit urdenklichen Zeiten den Böhmerwald zwischen Bayern, Österreich und dem Kronland Böhmen, später den neuen Staatengebilde der CSR. Sie hinderte aber seit Jahrhunderten nicht diesseits und jenseits dieser Grenze die Bewohner, sie zu überschreiten, legal oder auch illegal, selbst der in den letzten 40 Jahren errichtete "Eiserne Vorhang" mit all seinen technischen Raffinementen, ist nicht in der Lage, den Grenzübertritt gänzlich zu verhindern. In der Vorkriegszeit versorgte man sich im Mühlviertel bei den Kaufleuten in Ulrichsberg, Aigen Rohrbach und Haslach mit den verschiedenen Artikeln des täglichen Gebrauches. Mühlviertler "Streckenmänner" kauften wiederum böhmische Einstellochsen. Pferde und Gänse brachten sie auf die abenteuerlichste Weise durch die tschechische und österreichische Überwachungslinien. Das war aber nur möglich, wenn ein gesunder Menschenverstand und Logik Hand in Hand zu greifbaren Ergebnissen führte. Böhmische Marktfahrer aus dem Inneren des Landes kommend, machten ihre guten Geschäfte in den Grenzdörfern Untermoldau, Friedberg, Schwarzbach, Oberplan und Glöckelberg, wenn aus dem nahen Mühlviertel zum Kirtag Besucher kamen, die sich bei ihnen mit billiger Arbeitskleidung und Schuhwerk versorgten. Kurz nach der Ausrufung des neuen Staates CSR im Jahre 1918/1919 begannen die Tschechen ihre neue Staatsgrenze gegen Österreich und Bayern mit Soldaten abzusichern. So wurden in fast allen größeren Orten Militäreinheiten stationiert. Auch in Glöckelberg war dies der Fall. Sie führten ein ruhiges Leben, solange sie sich um die örtlichen Belange der einheimischen Jugend nicht kümmerten. Sie waren gegenüber der einheimischen Ortsbevölkerung "Fremde". Grundsätzlich wurde von tschechischer Seite kein Deutscher in ihre Grenzwache aufgenommen, damit wurden völkische Barrieren aufgebaut. Neben dem "Wildern" war "Schwärzen, Paschen-Schmuggeln" ein unumstößliches und ungeschriebenes Recht der Wilderer an den drei Grenzen. Ihr Einkommen war auf den kargen Boden des Böhmerwaldes immer dürftig, und so haben die meistens ihren Lebensunterhalt für sich und ihre Familien in irgend einer Form durch Schmuggel und Wildern aufbessern können. Schmugglertrupps, oft bis zu 40 Personen, manchmal bewaffnet, durchquerten meistens bei Nacht die Grenzwaldregionen nach drüben und hüben. Ihre Anführer waren ortskundige Männer und wurden dafür gut entlohnt. Ein bekannter "Schwärzersteig" führte über Schöneben ins Böhmische hinüber. Das Zusammentreffen von Schmugglern und Zöllner war hart und erbarmungslos. Es gab regelrechte Gefechte mit Toten, Verwundeten und Gefangenen. Racheaktionen und Befreiungsversuche waren die Folge, wenn Schmuggler in die Hände der "Grünröcke" gerieten. Oft wurden den "Grünen" falsche Hinweise zugespielt, um sie abzulenken und an einer anderen Stelle größere und wertvollere Schmugglerware über die Grenze zu bringen. Oft aber gelang den "Grünen" gegenüber den Schmugglern ähnliche Tricks anzuwenden, es kam immer darauf an, wer den besseren Trick und die bessere Idee zur Irreführung ausgedacht hatte. Der Erfolg, so oder so, war dann immer auf seiner Seite. Aber fast in jedem Fall waren die "Grünen" in der Minderheit bei solchen Zusammenstößen und gerieten daher fast immer ins Hintertreffen. Sie standen oft oder fast immer alleine auf "weiter Flur", was sich aber auch in ihrem außerdienstlichen Dasein bemerkbar machte. Aber auch kein Mädel hätte sich damals mit einem Grenzer eingelassen. Man zog um sie einen Insolationsring, der nur schwer durchbrechbar war, denn das Grenzvolk war fast immer gegen sie eingestellt. Es kam aber auch in vielen Fällen so, daß die Grenzer doch aufgeschlossener und zugänglich waren, ja oft zechten sie mit ihren Rivalen, so daß es nur wenige Zusammenstöße gab und somit für beide Teile vorteilhaft war. Diese Zusammenhänge waren immer ein wohlgehütetes Geheimnis beider Kontrahenten. Nach 1929 flaute der einträgliche Schmuggel allmählich ab, weil der österreichische Schilling im Verhältnis zur Tschechenkrone in der Kaufkraft viel niedriger war, oft bis zur Hälfte, hervorgerufen durch den Verlust der Einkünfte aus den Kronländern, den Reparationsleistungen an die Siegermächte, den inneren Wirren und der Inflation. Aus dem Mühlviertel war hauptsächlich der Schmuggel von Sacharin und Spirituosen, Tabak, Salz, Stoffe und Seidenwaren. mit einem lohnenden Verdienst verbunden. Aus Böhmen nach Österreich kamen Ochsen und Kalbinnen, Federvieh und Flachs sowie billiges Schuhwerk (Bata), oft auch Glas und Graphit. Von den vielen Schmugglergeschichten, die sich in den dichten Böhmerwaldgrenzregionen zugetragen haben, möchte ich nur zwei vom Verfasser Alex. Lindorfer (HOAM-1988) wiedergeben: So um 1920 wurde auf dem Wege von der Bahnhaltestelle Stögenwald, unmittelbar an der Grenze zu Oberösterreich ein Tscheche, der noch damals aus dem Prager Finanzministerium stammte, mit einem Rucksack voll österreichischer Banknoten von den tschechischen Grenzern gestellt und nach einem Kampf erschossen. Ein unscheinbarer Korbflechter versorgte einen großen Rayon des Kreises Krummau mit österreichischem Sacharin. Bei Nacht und Nebel faßten die ihn einmal auf dem Heimwege von Fleißheim und wollten mit ihm auf die tschechische Zollstelle nach Untermoldau. In der Velberallee riß er aus und flüchtete über die Torfauen. Aus meiner Jugendzeit kann ich mich an zwei Begebenheiten erinnern, bei denen ich persönlich mit dem tschechischen Zoll in Berührung kam: Wir wohnten in Josefsthal, Gemeinde Glöckelberg, also in unmittelbarer Nähe der tschechisch-österreichischen Grenze: Kurz vor Weihnachten 1935 sollte ich mit meiner Schwester ein Spielzeugauto, daß unsere ältere Schwester in Wien für ihren einjährigen Sohn, der bei unseren Eltern großgezogen wurde, von Sonnenwald abholen und nach Hause bringen. Am Kanalstraßl nach der Grenze bei der Krennmühle wurden wir abends beim Heimgang von einem tschechischen Finanzer aufgegriffen, zum tschechischen Zollamt gebracht, und unser Vater mußte uns durch Bezahlung des Zolles auslösen. Für uns Kinder war damals dieses Erlebnis fast schockierend im heutigen Rückblick fast romantisch, und es ist somit eine unvergeßliche Jugenderinnerung. Während der Schulferien gab es für uns Kinder nur eine Aufgabe, Beeren zu sammeln, zu verkaufen und mit dem Erlös bei Schulbeginn im Herbst unsere Schulsachen zu kaufen. Wichtig dabei war, Plätze ausfindig zu machen, wo viele Beeren vorhanden waren. So erfuhren wir, daß in Grünwald bei Aigen, solche Schwarzbeerplätze fast unberührt reichliche Ernte versprachen. Eine Gruppe aus unserem Dorf, der auch ich angehörte, wagte das Unternehmen nach Österreich, und so ging es schon frühmorgens am Kanalstraßl bis Sonnenwald zur Grenze, weiter am Kammweg nach Grünwald. Erst als jeder sein "Geschirr" voll hatte gings den gleichen Weg zurück nach Hause. An der Grenze bei Sonnenwald wurden wir von einem tschechischen Finanzer angehalten und zum tschechischen Zollamt Glöckelberg begleitet, aber wegen Geringfügigkeit der Warenmenge wurden wir alle mit einer Verwarnung nach Hause entlassen. Beides harmlose Begebenheiten an unserer Grenze. Und so gäbe es noch eine Menge Schmugglergeschichten aus dem Böhmerwald, lustige, aber auch solche mit oft tragischem Ausgang. Vieles wurde dazugedichtet, doch vieles mehr war Wahrheit, denn seit eh und je wurden über den Kamm des Böhmerwaldes, der Grenze zwischen den drei Ländern Güter ausgetauscht, die in Hülle und Fülle auf der einen Seite vorhanden waren, auf der anderen Seite jedoch Mangelware waren. Verkehrsgünstige Pässe wie der "Wuldapass", der "Pass von Glöckelberg", der "Schwarzenbergischen Schwemmkanal" und schließlich die "Pferdeeisenbahn von Linz nach Budweis" waren einstmals die Hauptschlagadern des Böhmerwaldes der damaligen Zeit. Sie pulsierten und trieben abwechselnd jahrhundertelang die Wirtschaft und prägten wesentlich den Menschen dieser Waldregion. Die Bewohner dieser Grenzregion sind in ihrer deutschen Nationalität die gleichen geblieben wie vor vielen Jahrhunderten. Die Bewohner der böhmischen Grenzregion waren bis 1946 ebenfalls der deutschen Volksgruppe in Sprache, Abstammung und Lebensweise die gleiche wie drüben in Bayern und Mühlviertel. Erst seit dem Kriegsende 1945 und den Jahren danach wurde diese angestammte deutsche Volksgruppe auf "Befehl der Siegermächte" von ihren Häusern, Dörfern und Städten, also ihrer angestimmten Heimat, vertrieben und an ihrer Stelle wurden Menschen der tschechischen Nationalität "angesiedelt", oder wie es die Tschechen immer wieder gerne hören wollen - "ausgetauscht" und die Grenze zu ihren Nachbarn hermetisch abgeriegelt. Einen Schmuggel wie in früheren Jahren gibt es nicht mehr. An der einstens romantischen Waldgrenze des Böhmerwaldes ist es still und unheimlich geworden - nur ein Torso ist übrig geblieben. Grenzen haben immer nur getrennt und können niemals verbinden.

Aus unserer Waldheimat im Böhmerwald
(Aufzeichnungen von Johann Mayerhofer, Hüttenhof)

Nach dem Ersten Weltkrieg bis 1938

Die beiden tschechischen Professoren gründeten schon während des des 1. Weltkrieges im Ausland mit Hilfe der Feindmächte den tschechoslowakischen Staat. Gleich nach Kriegsende kamen tschechische Soldaten als Besatzung in unser Land, das nun Grenzland gegen Österreich geworden war. Alles was noch an die vergangen stolze Kaiserzeit erinnerte, wurde abgeschafft. Die Aufschriften an den öffentlichen Gebäuden, wie z.B.: K.u.K.-Bezirksgericht oder K.u.K. Post- und Telegraphenamt, wurden heruntergeschlagen. Mit den Aufschriften fiel auch das Wappen mit dem Doppeladler, der das Sinnbild des Doppelreiches war. Die Tschechen in ihrem "Siegestaumel" und in ihrer blinden Wut zerstörten sogar das Denkmal Kaiser Josefs I. in Glöckelberg. Aber gegen die deutsche Bevölkerung nahmen die tschechischen Soldaten keine feindliche Haltung ein. Die Leute gingen ihrer friedlichen Arbeit nach, und Friede war wieder im Lande wie ehedem. Unter der Regierung des 1. Staatspräsidenten Prof. Thomas G. Masaryk blühte das wirtschaftliche Leben im Lande weiter. In den Wäldern gab es viel Arbeit und auch in den Torfauen, das Vieh hatte einen guten Preis und der Handel mit demselben war sehr rege, denn gar bald füllten sich wieder die Lücken im Viehbestand, die während des Krieges entstanden waren. Das Jahr 1919 brachte einen der bedeutendsten Wandlungen im Leben des Zinsgründlers und Holzhauers im Böhmerwalde. Durch die große Machtstellung der Sozial- demokratie kam es durch Gesetz zur Ablösung des Zinsgrundes. Bis zu dieser Zeit gehörte Grund und Boden in den Walddörfern nicht den Holzhauern, sondern der Fürst Schwarzenberg'schen Herrschaft und die Holzhauer hatten den Grund zur Nutzniesung zugeteilt. Nach dem Gesetz durften sich die Leute über acht, aber nicht ganz neun Hektar einlösen. Die Menschen waren nicht mehr der Herrschaft untertan, sondern waren Freie auf ihrer eigenen Scholle. Nicht mehr konnte ihnen von einem herrschaftlichen Oberförster gesagt werden, wenn sie irgend eine Arbeit nicht gleich machen wollten: "Wenn ihr das nicht sofort macht, so nimmt man euch den Grund weg." Es wurden Kollektivverträge zwecks Festsetzung von Arbeitslöhnen abgeschlossen. Was die herrschaftliche Forstverwaltung bisher den Holzhauern als Lohn für ihre Arbeit gezahlt hatte, mußte denselben recht sein. Zwölf Stunden am Tag mußten die Leute früher im Taglohn arbeiten, wie beim Bäumerlsetzen und dergleichen Arbeiten. So wurde der Achtstundentag auch für die Waldarbeiter festgesetzt, gleich den Arbeitern in der Industrie. Dadurch geschah es erstmalig, daß die Holzhauer gemeinsam mit den Arbeitern der Glasfabrik von Josefsthal gemeinsam am 1. Mai, dem Weltfeiertag der Arbeit, nach Oberplan marschierten. In diesen Jahren ging es den Menschen unseres Landes gut, es war viel Geld unter den Leuten, und überall ein fröhliches Leben. Das dauerte so einige Jahre bis allmählich von der großen Welt her eine Wirtschaftskrise kam, von der manche nicht wußten, in welchem Lande sie zuerst entstand. Die Glasfabrik in Josefsthal ist in dieser Zeit aufgelassen worden, wo auch einige leute, besonders junge Burschen als Glasmacher und Schleifer beschäftigt waren. Das Torfstechen auf der "Schachlau" hörte auf und im Walde war nicht mehr soviel Arbeit wie in den vorherigen Jahren. In dieser Zeit war es nun, wo fast unauffällig und unbemerkt der nationalpolitische Kampf von der Seite der Tschechen gegen die Deutschen des Sudetenlandes anfing. Selten erhielt ein Deutscher einen Staatsposten. Außer den Lehrern in den deutschen Schulen oder Postämtern in den deutschen Gebieten, waren die Staatsämter auch in den rein deutschen Gebieten nur von Tschechen besetzt. In größeren Ortschaften des Sudetenlands wurden tschechische Schulen errichtet. Wohl war es für die Deutschen kein Zwang, diese Schulen zu besuchen, doch durch Lockungen, in dem sie den deutschen Kindern, wenn sie die tschechischen Schulen besuchten, Kleider und Bücher gaben, brachten es die Tschechen dahin, daß einige Deutsche ihre Kinder in solche Schulen schickten. In Oberplan wurde ein "Cesky - Dum" = Tschechisches Haus erbaut, obwohl dieses Land und seine Menschen um diesen Ort Deutsche waren. Nur die Beamten vom Steueramt und der Eisenbahn und die Gendarmerie waren Tschechen, aber hier nicht seßhaft. Die Bauern hatten übermäßige Steuern und Abgaben zu leisten. Übernahm ein junger Bauer den Hof, so mußte er schon hohe Abgaben für den Staat leisten. Selbst für jedes Schwein, das im Haus geschlachtet wurde, mußte Steuer gezahlt werden. Wenn auch ein Bauer oder Handwerker glaubte, er habe nun seine vorgeschriebnen Steuern in Ordnung gezahlt, so bekam er doch wieder eine Aufforderung vom Steueramt, daß er noch Steuern rückständig sei. Wer aber diesen Zahlungen nicht nachkam, dem wurde ein Stück Rind oder Schwein gepfändet und vom Stalle weggeführt. All diese Zustände und Umstände leiteten die großen Geschehnisse ein, von denen nun erzählt werden soll, und die soviel Leid über unser Land und Volk brachten. Gleichsam aus der Not des Volkes heraus sammelten dich diese in nationale Parteien. Zuerst war es die "Deutsche nationalsozialistische Arbeiterpartei", die jedoch von den Tschechen verboten wurde. Im Jahre 1936 wurde die "Sudetendeutsche Heimatfront" gegründet, die jedoch auf Druck der Tschechen hin umbenannt werden mußte in "Sudetendeutsche Partei." Der politische Druck von seiten der Tschechen wurde immer stärker. Jede Versammlung, die die Deutschen abhielten, mußte bei der tschechischen Staatspolizei gemeldet werden. Sogar das Abbrennen der Sonwendfeuer mußte gemeldet werden, und es war die Staatspolizei bei unserer völkischen Feier, die ihren Ursprung in einem alten Brauch hatte, zugegen. Aber gerade dieser Druck bewirkte, daß die "Sudetendeutsche Partei" immer stärker wurde. Im Frühjahr 1938 lösten sich die deutschen Klassenparteien, wie Bund der Landwirte und Sozialdemokratie auf, und am 1. Mai dieses Jahres marschierten die Deutschen dieses Staates als ein Volk mit ihren Fahnen auf. So auch bei uns in Oberplan. Aus den entlegenen Wald- und Bauerndörfern kamen die Menschen geschlossen nach Oberplan zu einer Kundgebung. Henlein, der Führer der SDP, forderte damals in Karlsbad die Autonomie (Selbstverwaltung) der Deutschen im tschechischen Staat. Nun hatte der politische Kampf seinen Höhepunkt erreicht, und fast schien es, als ob es zu einem Kriege kommen würde.Im Mai des Jahres 1938 kamen einige tschechische Soldaten in unser Dorf, die in des "Vinzenzn Hoarstubn" am Hochwiesberg lagerten. Bald aber zogen sie wieder ab. Die Menschen gingen wie sonst ihrer Arbeit nach, doch der Kampf ging weiter. In den letzten Tagen des Septembers war es, als das letzte Grummet in den Wiesen gemäht wurde, das Winterkorn gebaut und die Kartoffeln gegraben wurden, da kamen wiederum tschechische Soldaten in unser Dorf. Diesmal mehr als im Frühjahr, und auch nicht in die Flachsbrechstube, sondern in des "Vinzenzn-Wohnstube". Die Leute von Vinzenzn mußten in einem kleineren Stüberl ihres Hauses wohnen. Auch auf dem "Bartlberg" in Glöckelberg waren diesmal tschechische Soldaten schon seit Sommer verschanzt hinter dem Gestein des Berges, die Rohre der Maschinengewehre gegen den Rotbach gerichtet, der die Grenze zwischen der Tschechei und Österreich bildet, denn damals gehörte Österreich zum Deutschen Reich. Nun kamen schon die ersten Einberufungen an die jungen wehrfähigen Männer zur tschechischen Armee. Aber, anstatt daß sie zu den Tschechen einrückten, gingen sie über die Grenze nach Österreich. Nun schlugen die Tschechen Plakate in den deutschen Dörfern an mit dem Aufruf: "Im Ernstfalle sind wir alle Soldaten." Das sollte heißen, daß auch alle wehrfähigen deutschen Männer im Falle eines Krieges gegen Deutschland zu den Tschechen einrücken müßten. In diesen Herbsttagen war es nun, als die Burschen und jungen Männer unseres Dorfes, sowie auch aus allen anderen Dörfern über die Grenze gingen. Dann hieß es wieder, auch ältere Männer würden zu kriegszwecklichen Arbeiten, wie Schanzengraben und dergleichen herangezogen. Einer um den anderen der Männer ging damals über den Wald hinaus nach Österreich und Bayern. Schöne sonnige Tage waren es in diesem Herbst, ein Tag schöner als der andere. Die Sonne stand jeden Tag leuchtend über dem Lande und über dem Walde, der sein schönes sanftes Blau in den Äther hineinwob und es war über ihm eine Stille und Ruhe wie in allen anderen Tagen und Zeiten. Aber niemand hat sich in dieser stillen Schönheit der Natur gefreut wie sonst, sondern im Gemüte der Menschen lag Sorge und Bangigkeit. Außer den Frauen und Kindern sind nur noch ganz alte Männer im Dorf geblieben. Auch aus den anderen Dörfern sind die Männer durch unser Dorf über den Wald nach Österreich gegangen. Da sie aber der Waldsteige über die Grenze nicht kundig waren, so hat sie ein Mann aus unserem Dorf hinübergeführt. Die so geflüchteten Männer sind teil zu den oberösterreichischen Bauern gegangen und haben diesen beim Erdäpfelgraben und Grummetmähen mit geholfen. Manche sind aber auch zum "Freikorps" gegangen, das aus den geflüchteten Männern zusammengestellt wurde und dazu bestimmt war, mit der deutschen Wehrmacht zusammen im Ernstfalle die Heimat zu befreien. Zuerst war der "Freikorps" in Rohrbach stationiert, später wurde er nach Ulrichsberg verlegt. Manchmal ging einer der Männer bei Nacht zurück in unser Dorf zu seiner Familie, um zu sehen wie es daheim aussah, denn in Österreich ging das Gerede, die Tschechen wollten die Häuser der Deutschen anzünden. Die noch zurückgebliebenen Menschen er Walddörfer gingen zwar ihrer Arbeit auf den Äckern nach, aber nicht freudig und emsig, wie sonst in den anderen Jahren, sondern fast scheu taten sie die Arbeit, die gerade sein mußte, und zeitlich machte jeder Feierabend. Trotz der schönen sonnigen Tagen, die in jenem Herbst waren, war es, als ob das Land ausgestorben wäre, so eine unheimliche Stille lag überihm und Angst im Gemüt der Menschen. Wenn sich die Leute begegneten, so war wohl gegenseitig die Frage: "Wie wird es noch weiter gehen?". Des Abends bei anbrechender Dunkelheit, durfte niemand mehr im Freien sein, und es durften auch beim Tag nicht mehrere Leute beisammen stehen und miteinander reden. Stets streifte die tschechische Finanzwache und Gendarmerie auf der Kanalstraße und hielt streng darauf, daß ihre Befehle und Anordnungen von der Bevölkerung befolgt wurden. Die Leute gruben die Kartoffeln und bauten das Winterkorn, aber so manche von den Frauen packte Wäsche und Kleider für sich und die Kinder und wollte auch vor Bange und Angst über den Wald nach Österreich. Immer unheimlicher und stiller wurde es so auf den Äckern und im Dorf, denn so manche gingen nicht mehr weit von ihrem Hause weg. Dann, eines Tages nachmittags schnitten tschechische Soldaten Bäume über den Stifterweidweg und zwar bei des "Wiesandresei" Wiese eine mächtige Birke und von der gegenüberliegenden Seite einen anderen Baum. Dies sollte verhindern, daß die deutsche Wehrmacht, wenn sie nun schon kommen sollte, ihr Vormarsch nicht schnell vorwärts gehe. Die Leute unseres Dorfes, die noch die letzten Kartoffeln aus den Stifterweidäckern heimgefahren hatten, mußten abseits des Weges über die Wiesen fahren. Der Eisenbahnverkehr auf der Strecke von Krummau nach Salnau war in diesem Tagen schon eingestellt und man wußtenun geht es der Entscheidung entgegen. In der Nacht des letzten Septembertages war es, als zwei der geflüchteten Männer die Leute weckten und uns verkündeten, es komme zu keinem Krieg und das Sudetenland gehöre zum "Großdeutschen Reich." Das "Münchner Abkommen" wurde von den vier Großmächten in Europa Frankreich, England, Italien und Deutschland abgeschlossen, wonach die Sudetengebiete an das Deutsche Reich abzutreten sind.

Straflager bei den Tschechen 1945
(Von Willi Poferl, Glöckelberg)

Ich habe bei den Tschechen eine 16monatige Straflagerhaft im Kreisgericht Budweis verbüßen müssen und möchte darüber kurz berichten. Dieser Bericht ist in kurzen Worten gehalten, denn er würde viele Blätter füllen, wenn alles niedergeschrieben würde, was man in dieser Zeit erlebte, verstehen kann es nur, der es persönlich erlebte. Nach dem Abzug der Amerikaner im Juli 1945 (Sonntag) wurden wir gleich am nächsten Tag um 5 Uhr früh aus den Betten heraus von den Tschechen verhaftet. Ich, Lehrer Hruza, Heger Paleczek aus Hüttenhof und Oser, ebenfalls aus Hüttenhof. Wir wurden zum Polizeiposten in Glöckelberg gebracht und dort einzeln verhört. Abends brachte uns ein Lastwagen nach Krummau ins Kreisgericht. Die Zellen waren vollkommen belegt, so daß wir stehend schlafen mußten. Nächsten Tag ging es nach Budweis ins Kreisgericht. Dort wurden wir von einem Schlägertrupp von Polizisten mit Gummiknüppeln empfangen, die in zwei Reihen standen und auf uns einschlugen. Ich bekam durch einen Schlag eine 2 cm lange Wunde oberhalb des linken Auges. Mit einer gelbe Farbe wurden wir mit einem Kreuz am Rücken des Rockes gezeichnet. In den Zellen lag man auf dem Fußboden geschichtet wie die Heringe. In kleinen Trupps wurden wir jeden Tag zur Arbeit in die Stadt getrieben. Als Bewachung waren kaum 18jährige Tschechen mit schußbereitem Gewehr. Öfters wurden wir von den Tschechen beschimpft und angespuckt. Nach der Rückkehr von der Arbeit mußten wir uns zu Kontrolle gänzlich entkleiden. Die Berichte vom Volksgericht lauteten: Tod durch den Strang oder 30, 20, 10 Jahre. Der Galgen stand im Gerichtshof in Budweis.

Wounn's Winta wird im Böhmerwold
Aus der Zeit um 1920 (Glöckelberg)
Hermine Kimbacher, geb. Springer

D'Wind waht va dej Hobaholma her, d'Schwolma san furt,
koa Vougei singt mehr. D'Erdäpferl
und d'Ruam wern in Kölla owig'schleppt,
's Kraut wird g'schreflt und g'houblt, nocha i d'Boudin eintret.

Hi und do wird nou drouschn, i d'Hoastubm dirrt d'Hoa,
bold wird a brechtl und d'hechlt, wia's Brau(ch) is jeds Johr.
Nouvo(r)n Hirschkirchta wird Stu(b)m gweißingt und d'Sau og'stoucha,
Oa(r)wat gnua - loßt si denga - für fost die gounz Woucha.

Af d'Sölwecktag hod's ouftmols schou g'schneibt.
Owa dalebt houn i's nia, daß d'Schnee hiazt a liegn bleibt.
D'Stolltür, d'Saustoll und d'Heastoll wern mit Schaubstroih vamocht.
D'Voda hod van Wold a Binkei Mous zuwabrocht.

Dos legt er zwischn dej Fensta, daß Kühln nit einamog,
weil af'gmocht wern's nid i dej koltn Wintatog.
Heraußt wird longsoum d'Oa(r)wat gor,
a i d'Stu(b)m gibt's gnua zan oan jedn Winta im Johr.

Erdäpflsäck flicka, stricka und spinna, federnschleißen
wird ma wieda bold kinna. D'Mounna bindn Bejsn,
mochan Hockastül oun,
setzn Rechlzähnt ei und wos a Mounnaleit sunst nou uls kounn.

D'oldi Dichtl stüllt i d`Stu(b)m in Wejbstuhl eini,
gouzn Winta wejbt er Lejwad, groubi und feini.
Af d'Oufnbeng sitzn mit d'Pfeifn in Mal,
wa owa a nit sou schlecht hi und do z rechta Wal.

D'Hülzschuahmocha muaß a nou kejmma af d'Stör.
D'Schneida und d'Schuasta kejmman e nimmermehr.
Für jedn a Poor Hülzschuah und in Vorrot a Poor,
sou daß ma hult gnua houm für un's gounzi Johr.

Weißi Weihnochtn houm man nit ullweil g'hod.
Erst wonn d'Tog wochst, wochst d' Schnee, wonn i eng sog.
's Sitzn i d'worma Stu(b)m hört si nocha bold af.
D'Hulzoa(r)wat wort no dej Feichta, oder glei a Woucha draf.

Do muaß ma wieda aussi bei Sturm und bei
Wind und houfft stüll und hoamli, daß 's
Fruijohr bold kimmt.

Hobaholma = Haferhalme/Kraut schrefln = Krautstengel einschneiden
dirrt d'Hoor = Flachs dörren/Hirschkirchta = Herbstkirtag/Schaubstroih = Strohgarbe
d'Sölwecktog= Allerheiligen

Das letzte Weihnachtsfest daheim in Glöckelberg
(Von Edeltraud Woldrich)

Über dreißig Jahre ist es her, daß wir unsere Heimat im Böhmerwald verlassen mußten. Aber zu bestimmten Zeiten wandern wohl bei den meisten von uns wie unter einem geheimnisvollen Zwang die Gedanken zurück in das Land unserer Kindheit. Für mich sind die Tage des Advent von Jahr zu Jahr häufig Tage des Rückblickes. Im Juli 1945 waren wir eine der ersten Familien, die in Oberplan ihre Wohnungen räumen mußten. Alles außer den Möbeln durften wir mitnehmen. Nur mit Hilfe unserer Freunde schafften wir die Räumung in der festgesetzten Zeit. Als wir nach wochenlangem Suchen nach einer neuen Bleibe uns endlich bei Färbers unterm Dach wieder notdürftig eingerichtet hatten, kam der geheimnisvolle Befehl zur Abreise ins Ungewisse, mit dem Gepäck, das man innerhalb zweier Stunden zusammensuchen konnte. Wir wurden mit unseren ganzen Habe auf ein Lastauto verfrachtet. Das Ziel der Reise war keinem bekannt. Wie erleichtert waren wir, als wir im acht Kilometer entfernten Glöckelberg ausgeladen wurden. Es waren nämlich die wildesten Gerüchte kursiert. In Glöckelberg entstand nach und nach eine ganze Kolonie vertriebener Oberplaner. Wir gehörten zur ersten Gruppe - es hatte mit uns viele alleinstehende Frauen mit Kindern und alte und kranke Leute getroffen. Wer keine Verwandte in den umliegenden Dörfern hatte, mußte in der Gemeinde Glöckelberg bleiben. Die zweite Vertreibungswelle traf die Oberplaner Hausbesitzer. So zogen acht Tage nach uns Färbers und die Familie Zeman zu uns in die alte Post nach Glöckelberg. Wir waren froh, daß es zwei Familien waren, zu denen wir schon in Oberplan engste Kontakte hatten, und denen wir vertrauen konnten. Die Verbindung zu den wenigen Freunden, die noch in Oberplan bleiben durften, waren fast abgerissen. Deutsche durften sich nicht weiter als 7 Kilometer von ihrem Wohnort entfernen, falls sie nicht eine Sondergenehmigung hatten. Firnschrott Hilde, die einen österreichischen Paß besaß und Tischler Fredi, den seine tschechische Mutter jetzt zum Vorteil gereichte, waren in den letzten Herbsttagen die einzigen, die sich zu einem Besuch zu den Verwandten aufgeschwungen hatten. Sehr früh begann es in diesem Jahr zu schneien. Das "Hableschusterhaus" hinter der alten Post, eines der typischen Böhmerwaldhäuser, war schon bald im Schnee versunken. Nur an der Rauchfahne, die aus dem Kamin empor stieg, merkte man, daß unter den Schneemassen noch Menschen wohnten. Es schneite und schneite. Man konnte sich gar nicht vorstellen, wo all der Schnee herkam. Nun wurde die Färberstube der Treffpunkt für alle Oberplaner in Glöckelberg, Hüttenhof und Josefsthal. Färbers hatten nämlich, dank vieler alter Freundschaften mit Glöckelbergern, immer ein warmes Stübchen. Bei den geringen Holzvorräten, die die anderen Familien hatten, wurde das natürlich sehr geschätzt. Außerdem hatten sie eine uralte Nähmaschine mitgebracht, die wir alle als einen wahren Schatz hüteten. Wer etwas zu nähen hatte oder zu flicken, erledigte das gleich hier. So waren an manchen Spätnachmittagen der Adventswochen in der Färberstube alle Stühle, Truhen, Bettränder und auch Fleckerlteppiche besetzt mit Besuchern. In diesem "Geheimsitzungen" wurden oft sehr wichtige Entschlüsse gefaßt, und so mancher Fluchtplan mag hier Gestalt angenommen haben. Viele unserer Freunde nutzten die Nähe der österreichischen Grenze und verließen heimlich ihre Heimat. Einige rechneten damit, daß ihnen Geschäftsfreunde in Österreich weiterhelfen könnten. Der Viehhändler "Stifter Toni", der Bäcker Schilhansl und Quieks warteten die Ausweisung nicht ab. Sie setzten sich, ebenso wie die Familie

Bayer/Ginzel schon sehr bald über die Grenze ab. Familie Feichtinger bekam eine Ausreisebewilligung nach Österreich. Für die Familie Webinger, die ins Tschechische verschleppt worden war, wurde die Flucht anläßlich ihres Weihnachtsurlaubes von Glöckelberg aus geplant. In den letzten Adventstagen war das Häuflein derer, die noch in Glöckelberg ausharrten, nur mehr sehr klein: Frau Feil, Hoffman und Prewratil, die Familien Zeman/Linhard, Webinger Heinrich, Färbers und wir. Wir hatten die Flucht wegen unseres kleinen Siegfried nicht gewagt. Auch die russische Besatzung jenseits der Grenze jagte uns Furcht ein. Der Hauptgrund aber, warum wir bis zuletzt aushalten wollten, war der, daß wir bis jetzt noch keine Nachricht von unserem Vater hatten. Wir hofften, daß er uns leichter finden würde, wenn wir noch daheim wären. Bei den zwanglosen Zusammenkünften in der Färberstube ging es aber auch oft sehr lustig her. Um Petroleum zu sparen, saßen wir oft stundenlang im Dunkeln. Ab und zu zündete der Färber mit einem Span vorm Ofentürl seine Pfeife an. Diese durfte nie kalt werden, und wenn er Heilkräuter oder Torf rauchen mußte. Dann wurde erzählt und in Erinnerungen geschwelgt: Wie es im alten Oberplan im Fasching und zu Kirchweih zuging, was man sich gegenseitig für Schabernack gespielt hatte; was die Leute früher für Freud und Leid tragen mußten. Wenn ich am nächsten Tag in den Gesamtwerken Stifters las (was Färbers als einziges Gedrucktes nach Glöckelberg mitgebracht hatten), meinte ich, Stifters Großvater mit Färbers Stimme erzählen zu hören. - Und über die Geschichten um Oberplan, den "beschriebenen Tännling" etwa, oder "Granit", fand ich zu allen Werken Stifters Zugang und lernte ihn damals, fünfzehnjährig, lieben, wie keinen anderen unserer Dichter. So verlebten wir einen sehr beschaulichen Advent. Wir hatten etwas, was man heute nicht mehr hat: Zeit. Zeit zum Lesen, zum Basteln, zum Zuhören, aber auch Zeit zum Singen und Fröhlichsein. Und so nahte der Heilige Abend. Frau Hedwig, die "Post-Hedwig", dieses Oberplaner Original, die keiner, der sie kannte, je vergessen wird - war, solange ich mich erinnern kann, unsere Ersatzmutter gewesen. Ihr Henkelkorb, der heute noch in meiner Wohnung einen Ehrenplatz einnimmt, war in diesen Tagen in Glöckelberg ein Symbol für uns geworden. Täglich machte dieser Korb auf Karys Milchauto den Weg von Oberplan nach Glöckelberg oder in umgekehrter Richtung. Erst hatte Frau Hedwig aus unerfindlichen Quellen Mehl und Zucker für Weihnachtsbäckerei herbeigezaubert. Aber nach und nach gelangten immer neue Köstlichkeiten in unser Exil: Hagebuttenmarmelade und Rinderfett, Schlehenschnaps und selbstgesammelte Nüsse, Tannensirup und Kandiszucker. Frau Firnschrott schickte uns ein halbes Kilo Salz mit, ein Geschenk, das erst der richtig zu schätzen weiß, der wie wir, monatelang nur ausgewaschenes Viehsalz zum Salzen hatte. Der Müller von Hüttenhof zeigte auch eine offene Hand. Er machte fein ausgemahlenes Gersten- und Roggenmehl locker. Nun fehlte kaum mehr etwas - wir konnten mit der Weihnachtsbäckerei beginnen. Was wurde da nicht alles erfunden. Aus nur einer Tasse Kaffeesatz (Rückstände aus amerikanischen Feldküchen, einer Tasse Zucker, einer Tasse Mehl, einem Ei und einem Teelöffel Hirschhornsalz zauberte unsere Mutter einen Kuchen von einer Schwärze und Flaumigkeit, daß jede Sachertorte vor Neid davor erblassen mußte. Und erst die Plätzchen aus Stärkemehl (einem Abfallprodukt von Reiberknödel), das wochenlang gesammelt worden war, und Roggenmehl. Wie duftete das Gebäck durch das Haus. Kurz vor dem Heiligen Abend durfte sich jede Familie mit kleinen Kindern im Wald einen Christbaum holen. Mutter kam mit einem winzigen Fichtlein nach Hause, ganz erschöpft. Bis zu den Hüften war sie im Schnee eingesunken. Am Morgen des Heiligen Abends machten wir uns zu dritt auf den Weg zum Melmer Heger: Werner, (Färbers Ferienjunge aus Berlin), Prinz, der Hund und ich. Wir wanderten querfeldein über die verharrschten Schneefelder, Prinz fest an der Leine. Das Hegerhaus im Wald sah aus wie das Nikolohaus aus dem Märchenbuch. Und die Hegersleute erschienen uns wie der Weihnachtsmann persönlich, als sie jedem von uns ein Glas Honig, ein Stück Butter und 5 Eier in den Rucksack steckten. Zur Stärkung gab es noch Milch und Honigbrot. Wir kamen uns vor wie im Märchen. Auf dem Heimweg waren wir froh, daß wir Prinz, den ich immer gefürchtet habe, mitgenommen hatten. Er zog uns mit fort, wieder querfeldein in immer schnellerem Tempo. So kamen wir zurück nach Glöckelberg, noch ehe die Dämmerung eingefallen war. Mutter hatte mittlerweilen das Christkind getroffen. Es kam in Gestalt von Frau Kary und brachte einen großen Topf Suppenknochen, an denen noch wesentliche Fleischreste hingen und ein etwa faustgroßes Stück Kalbfleisch. Es war das erste Fleisch, das wir seit einen halben Jahr zu Gesicht bekamen. Nun konnten wir für den ersten Feiertag einen Braten, für den zweiten einen Hackbraten planen. Was für ein Schlemmerfest! Das Essen für den Heiligen Abend war schon vorbereitet: Kartoffelsalat, wie jedes Jahr, Dörrzwetschgen (auch sie stammten aus dem Korb von Frau Hedwig), und einpanierte Kartoffelzelten. Wer eine gute Einbildungskraft besaß, dem schmeckten sie wie der beste Krapfen. Nach dem Essen mußte Siegfried bei Färbers auf das Christkind warten. Mutter und ich holten das am Vortage geschmückte Fichtlein aus der Nachbarwohnung. Es sah mit seinem Schmuck aus Papiersternen, eingewickelten Zuckerln und den vielerlei Plätzchen ganz allerliebst aus. Pro Person hatte es zwei Kerzlein zu kaufen gegeben. Eine Kerze bekamen wir von Färbers, eine von Zemans. Aus acht Kerzen kann man sechzehn Kerzen in unserem ärmlichen Zustand machen. Welch strahlenden Glanz verbreiteten doch diese sechzehn halben Kerzen in unserem armseligen Zimmer. In den letzten Wochen hatten wir uns oft mit dem Licht begnügen müssen, das aus den geöffneten Ofentürchen gefallen war. Nun saßen wir alle drei Oberplaner Familien aus dem Haus um unser kleines Bäumlein. Es leuchtete ein kleiner Hoffnungsschimmer auf. Es war in diesen Tagen so viel Liebe zwischen den Menschen sichtbar geworden. Jeder hatte versucht dem anderen mit dem Bißchen, was er hatte, eine kleine Freude zu machen. Die zwei Zinnsoldaten für Siegfried, das alte Buch für mich und der Schal für Mutter waren Geschenke von irgendwoher, von Frau Hedwig aufgetrieben und nach Glöckelberg nachgeschickt. Dank Frau Hedwigs "Kräuterweiblein-Eigenschaften gab es für alle noch einen Tee mit selbstgebranntem Schlehenschnaps zu unseren "Wunderplätzchen" und Hausfraus Stritzel mit "Heinibuda" (Honigbutter). Herma, die auch bei einem tschechischen Bauern arbeitsverpflichtet war, war zum erstenmal im Kreise ihrer Lieben. Familie Fuchs, sie Tschechin, er Deutschamerikaner, die auch im Hause wohnten, feierten ebenfalls mit uns. Frau Fuchs beteuerte ein ums andere Mal, daß sie noch nie ein so schönes Weihnachtsfest gefeiert hätte und noch nie einen so schönen Christbaum gesehen hätte. Wir vermißten unseren Vater sehr, waren wir nun die einzige "unvollständige Familie" der Runde. Gerüchte hatten uns erreicht, daß er in einem englischen Kriegsgefangenenlager gesehen worden sei. Wir hofften ihn deshalb noch am Leben und hofften auch, daß er auch mit Menschen zusammen Weihnachten feiern konnte, die die Botschaft des Festes begriffen hatten. Zu Mitternacht gingen wir alle, außer der Hausfrau und den Kindern, in die Kirche. Das Gotteshaus war voll bis auf den letzten Stehplatz, das war schön, war keine sentimentale Geste. Man spürte, daß sich jeder hier die Kraft holen mußte für die ungewisse Zukunft. Man merkte und spürte aber auch, daß die Menschen hier die Weihnachtsbotschaft begriffen hatten, weil sie die Armseligkeit des Kindes in der Krippe teilen durften und die helfende Liebe der Hirten nachempfinden konnten. Dreißig Jahre sind seither vergangen, die Jahre der Not sind vergessen, weil wir sie vergessen wollten. Die Gabentische quellen über vor Geschenken. Die Lichtreklame der Adventszeit übertrifft den Glanz des Christbaumes. Freude schenken ist schwer geworden, weil die Wünsche ins unermeßliche steigen.

Hat nicht Peter Rosegger recht, wenn er einmal sagt: "Wie reich war ich damals, als ich arm war."

D-8644 Pressig, Weihnachten 1975

Die wiedergefundenen Glocken der Glöckelberger Kirche

Ins Schauen versunken...
(Von Grete Rankl)

Vom Sulzberg bei Ulrichsberg in Oberösterreich eröffnet sich dem Auge ein weiter Blick in das Moldautal und seine Aulandschaften. Er gleitet über Glöckelberg, das zumeist in Ruinen steht, ruht auf Oberplan, dem Geburtsort Adalbert Stifters, und freut sich an den herübergrüßenden Dörfern Pernek, Salnau und Schönau, deren Wiesen und Äcker in herber Schönheit vor den dunklen Grenzwäldern des Plöckensteins hingebreitet liegen. Dahinter ruhen die vertrauten Bergschwünge des Kubani und Schreiner. Das Herz der Moldau hat aufgehört zu schlagen. Ihr silbernes Band wurde vom Stausee verschlungen. Und dann verschattet sich der Blick. Vergeblich sucht er nach Stögenwald, Fleißheim, Ratschlag, Mayerbach, Untermoldau und Sarau. Auch wo das Wasser des Sees nicht hinreicht, öden leere Flächen; wo einst tüchtige Menschen wohnten und das Land zum Blühen brachten. Der bedeutendste Böhmerwäldler und beeindruckendste Erzähler der Weltliteratur, Adalbert Stifter, geboren am 23. Oktober 1805 in Oberplan, hat in einer seiner schönsten Erzählungen, im "Hochwald" (1841), unserer Heimat ein unsterbliches Denkmal gesetzt. Eine tiefe Liebe

verband den Begnadeten zeit seines Lebens mit seiner Heimat, die zu einem wesentlichen Impuls seines Schaffens wurde. Immer wieder erinnern mich die in seinen Werken vorkommenden Namen an all die Orte, die uns einmal Heimat waren: Berg der drei Sessel, der Plöckenstein mit dem See, Glöckelberg, Oberplan, Hirschbergen, Parkfried, Pernek, Spitzenberg, Salnau, Seewand, Seebach, Friedberg, St. Thoma, Wittinghausen. Er schildert die Grenzberge unserer Heimat mit unnachahmlich schönen Worten: "Da ruhen die breiten Waldesrücken und steigen lieblich schwarzblau dämmernd ab, gegen den Silberblick der Moldau; - es wohnet unsäglich viel Liebes und Wehmütiges in diesem Anblicke!". Was wir empfinden, wenn unser Blick von der Aussichtswarte "Moldaublick" am hohen Sulzberg in die Heimat schweift, kann niemand ergreifender ausdrücken als unser großer Heimatsohn: *"Sehnend sitze ich hier und hefte das Auge in die Ferne. Dort, wo des Himmels Blau sanft sich mit den Bergen vermischt, dämmert das freundliche Land der verlassenen Heimat herüber. Dort der neblige Streif, o, ich kenne ihn gut, dort ist hoch aufragend der Wald, der die Heimat beginne. Glänzendes Jugendland, wäre ich doch wieder in dir....."*
Ja, Adalbert Stifter ist nach Herkommen, Gemüts- und Denkart einer von uns! Er ist zeitlebens seiner geliebten Böhmerwaldheimat treu geblieben und bediente sich auch in der Fremde seiner heimischen Mundart. Das Heimweh nach dem Land unserer Kindheit und Jugend gräbt sich immer tiefer in unsere Herzen und hinterläßt eine Wunde, die niemand mehr heilen wird, denn wie es schon unser verehrter Stifter offenbarte: "... meine ganze Seele hängt an der Gegend ..."

Im stillen Schmerz grüßen wir von unseren Patenschaftsgemeinden im Mühlviertel, den Böhmerwald, unsere liebe Heimat.

Sie gehört uns nach göttlichem und menschlichem Recht!

Unvergeßliche Heimat im Böhmerwald
Auszüge aus den Aufzeichnungen von Joh. Mayerhofer aus Hüttenhof

Fast sind diese Notzeiten des Zweiten Weltkrieges und die Vertreibung aus der Heimat vergessen, und die jüngeren Leute, die damals noch Kinder waren, können sich des traurigen Zustandes jener Jahre kaum mehr erinnern. All die Härten und all das Traurige jener harten Jahre beginnen sich allmählich aus dem Gedächtnis der Menschen, die dieses Drama durchgemacht haben, zu verwischen. Nur eines bleibt in gleicher Größe und gleicher Lebendigkeit bestehen: Die Sehnsucht nach der Heimat - In bangen Heimwehstunden steht das traute Bild der Heimat vor uns. In unseren Herzen lebt die Heimat fort und ist uns unverlierbar. Da lebt jeder Stein und Strauch, da geht man auf steinigen, einsamen Feldwegen durch die Fluren der Heimat, man ist mitten im Gewoge von blühendem Korn und Kirschenbäumen und buntblühenden Wiesen. Da rinnt das silberklare Wasser der Bergbächlein, und im Herzen rauschen die großen Wälder der Heimat im Böhmerwald. Berge und Wälder blicken trauernd in das verlassene Land unserer Väter, das nun öde ist und leer von Menschen. Aus den Fenstern wachsen Brennesseln und oft auch das Gesträuch der Himbeeren. In manchem Hause sinkt schon ein Teil einer Mauer zusammen, und es stürzt auch das Dach in das Gemäuer des Hauses. Die Tore der Scheunen stehen offen und geben dem Sturm und Schnee Einlaß in das leere Haus. Die Wege sind mit Gras überwachsen und kein Gespann fährt über sie. Als ich noch ein Schulbub war, haben die alten Leute oft von den Prophezeihungen und Weissagungen der Sybilla erzählt, in denen zu lesen ist, daß einmal eine Zeit kommen werde, wo in dieser Waldgegend die Brennessel aus den Häusern wachsen werden. Aber niemand ahnte damals, daß schon wir die Generation sind, die in diese große Zeit hineingeboren ist und die das große historische Trauerspiel erleben mußte. Unvergleichlich schön ist dieses Land, seine Berge, seine Wälder, seine Täler mit all den Wiesenfluren: Welch ein Reichtum an Schönheit. Grün ist er, grün ist noch der Wald, selbst die Wege in ihm sind von einem grünen, samtenen Teppich des Waldmooses überzogen und auch das graue Gestein der Waldberge ist von grünem Moos überdeckt. Grün ist das Tal und grün bewachsen sind die Steinmauern, die um die Äcker stehen oder neben den Feldwegen entlang führen. Es grünt und blüht das ganze Land. Urdeutsches Land ist unser Böhmerwald. Kein anderes Volk als wir Deutschen haben jeweils diesen Boden bewohnt und zu Eigen gehabt. Deutsche waren es - unsere Vorfahren - die als Erste in dieses Land gekommen sind.

Leitspruch

Wurzle fest im Heimatgrunde wie der Wald der Blöckenwand, der da niederschaut zu jeder Stunde auf unser deutsches Land.

Bleibe treu den Vätersitten, bewahre unsere Wäldlersprach, daß die Heimat, die so viel erlitten, nicht lang mehr liege brach.

Johann Mayerhofer

Im Heimatlied der Böhmerwäldler erklingt die Bitte:

"Nur einmal noch o Herr, laß mich die Heimat sehn, den schönen Böhmerwald, die Täler und die Höh'n. Dann kehr ich gern zurück und rufe freudig aus, behüt dich Böhmerwald, ich bleib zu Haus."

Böhmerwäldler mit ihren handgeschnitzten Pfeifen

Heimat, das kann keiner sagen ...
(Von Dr. Klemens Gall)

Sei gegrüßt, du schönes Ländchen,
wo mein Vaterhaus einst stand,
die Mutter meine Händchen
faltete in ihrer Hand!

Was sie einst mich beten lehrte,
hab' im Herzen ich bewahrt:
Treue zu der Heimaterde,
Väterbrauch und Väterart.

Ja, es ist nicht nur die Erde,
nicht nur Fluß und Vaterhaus,
was ich liebte, was ich ehrte,
auch die Ahnen ruh'n dort aus!

Kindheit, Jugend, Spiel und Liebe,
alles ließ ich dort zurück.
Und wenn mir auch manches bliebe,
ohne Heimat ist kein Glück.

Heimat, ich muß dein gedenken,
stets wird ein Gebet daraus:
"Herrgott, du kannst alles lenken,
führe uns dereinst nach Haus!"

Wenn das Dörflein nicht mehr stünde,
wenn das Herz zerfallen wär',
wenn ich auch kein Grab mehr finde,
Heimat, Heimat ist viel mehr.

Heimat, das kann keiner sagen,
und kein Lied besingt es ganz,
nur die Heimatlosen tragen
in den Augen ihren Glanz

Es sind ungeweinte Tränen,
die die ander'n nicht versteh'n,
es ist unnennbares Sehnen,
ewiges Nachhausegeh'n ...

WIR HÜTEN DAS ERBE
Was von der Heimat noch verblieben ist, wollen wir erhalten

Entstehung der Heimatstube der Gemeinde Glöckelberg

Bei einem Urlaubsaufenthalt in Ulrichsberg 1982 besuchten die Familien Hable, Müller und Petschl die Kapelle der Heimatvertriebenen in Guglwald, in der die Heimatmappe Friedberg aufliegt. Wir haben dieselbe sorgfältig durchgelesen, und es ist uns dabei zum Bewußtsein gekommen, daß auch wir es unseren Verstorbenen und Gefallenen schuldig sind, etwas Ähnliches anzulegen. Herr Hable sagte uns, er würde gleich nach der Rückkehr vom Urlaub Erfassungsformulare ausarbeiten und diese dann den noch lebenden Angehörigen schicken mit der Bitte um Eintragung der erforderlichen Daten. Herr Müller und meine Frau haben sich sofort bereiterklärt, mitzuhelfen beim Adressensammeln und Verschicken der Formulare. Es konnten ungefähr 90 Prozent der Gemeindeangehörigen erfaßt werden. Im Winter 1983 traf ich im Gasthaus in Schöneben Herrn Gendarmeriegruppeninspektor Franz Frattner aus Ulrichsberg. Herr Frattner erzählte mir, daß er sich für die verlorene Heimat der Glöckelberger sehr interessiere, da ja seine Schwiegermutter aus Glöckelberg stammt und seine Frau in Glöckelberg die Schule besuchte, somit war Frau Frattner eine Schulfreundin meiner Frau. Unter anderem sagte mir Herr Frattner, daß er sogar schon eine Abhandlung über die Gemeinde Glöckelberg geschrieben habe. Auf meine Frage, von wem er die Informationen dafür habe, da er doch Österreicher war, erfuhr ich, daß in der Familie und mit seinen Schwiegereltern öfters darüber gesprochen wurde. Mit Herrn Poferl aus Glöckelberg, wohnhaft in Aigen, habe er sich auch unterhalten und außerdem bekam er von Frau Olga Bureck, geb. Petschl aus Glöckelberg, die Heimatchronik über die Entstehung der Gemeinde Glöckelberg, gesammelt von unserem Herrn Pfarrer Essl. Nach einiger Zeit traf ich Herrn Frattner wieder in Schöneben und er erzählte mir, daß er in Ulrichsberg einen Heimatverein gegründet habe und die Ulrichsberger würden sich freuen, wenn auch Glöckelberger, Hüttenhöfler und Josefsthaler dem Verein beitreten könnten.

Zu dieser Zeit wurde in Ulrichsberg ein neues Rathaus gebaut, bis Ende 1984 sollte es bezugsfertig sein, das alte Rathaus war vorgesehen als Heimathaus der Ulrichsberger. Da machte mir Herr Frattner den Vorschlag, ob wir nicht im alten Rathaus eine Heimatstube der Gemeinde Glöckelberg errichten möchten. Mit diesem Vorschlag war ich sofort einverstanden, und ich habe Herrn Ernst Hable davon unterrichtet, der war ebenfalls begeistert und sagte mir am Telefon, daß er baldmöglichst kommen werde, um die nötigen Vorbereitungen zu treffen. Obwohl der Umzug vom alten in das neue Rathaus noch gar nicht abgeschlossen war, lud uns Herr Frattner zu einem Gespräch mit Herrn Bürgermeister Pröll ein. Zu dieser ersten Aussprache trafen sich Herr Bürgermeister Pröll, Herr Frattner, Herr Architekt Hable, sowie Herr und Frau Petschl. Herr Bürgermeister Pröll war von Herrn Frattner bereits über unsere Absicht, im alten Rathaus eine Heimatstube der Gemeinde Glöckelberg einzurichten, in Kenntnis gesetzt. Herr Bürgermeister Pröll begrüßte dieses Vorhaben sehr, nachdem ja zwischen den beiden Grenzgemeinden Ulrichsberg und Glöckelberg schon jahrhundertelang gute Beziehungen bestanden, sowohl in wirtschaftlicher, gesellschaftlicher und kultureller Hinsicht. Einer Errichtung der Heimatstube stand somit nichts mehr im Wege. Hable erklärte uns dann, wie er sich die Ausstattung der Stube vorstellt: Durch Bild-Dokumentation soll den Nachkommen gezeigt werden, wie in unserer

Direktor a.D. Franz Pröll
ehem. Bürgermeister
des Marktes Ulrichsberg

Franz Frattner
Gendarmerie-
gruppeninspektor a.D.

Silvester Petschl
Betriebsleiter a.D.

Ernst Hable
Architekt
gest. 11. November 1988

verlorenen Heimatgemeinde die Leute gelebt, gearbeitet und gefeiert haben, und er wolle auch die Polit-, Schul- und Kirchengemeinde dokumentieren, aber auch das Kulturelle dürfe nicht zu kurz kommen, so erläuterte es uns Herr Hable. Nach diesem Gespräch gingen wir gemeinsam in das alte Rathaus, um an Ort und Stelle einen geeigneten Raum zu finden. Dieser Raum sollte vom Flur aus begehbar sein; man entschied sich daher für das Zimmer, wo früher das Standesamt untergebracht war. Um unseren Vorstellungen gerecht zu werden, mußten wir eine Mauer versetzten; der Raum war in einem sehr schlechten Zustand und mußte erst gründlich renoviert werden. Herr Hable meinte kurz und bündig, "lieber Silvester, diese Arbeit mußt Du übernehmen, denn von Waldkirchen nach Ulrichsberg sind es ja nur 35 Kilometer".

Wir haben uns verpflichtet, alle Arbeiten selbst auszuführen. Nach dem Versetzen der Mauer brach ein Teil der Decke und des Fußbodens durch. Der Verputz mußte an den Seitenwänden bis auf die Grundmauer abgetragen werden. In vierzehntägiger Schwerstarbeit, manchmal dem Ersticken nahe in der staubigen Luft, gelang es mir, mit Unterstützung von Herrn Bürgermeister Pröll und Herrn Frattner, die Stube fertigzustellen. Herr Architekt Hable, der in Reutlingen als Innenarchitekt arbeitete, erstellte die Pläne für die Einrichtung der Stube. Herr Sepp Müller und meine Frau durchstöberten bei allen Verwandten und Bekannten die Fotoalben nach brauchbarem Bildmaterial. Herr Müller war in Esslingen als Verkaufsleiter im Maschinenbau tätig, er beschäftigte sich ab sofort damit, das gefundene Fotomaterial durch Reproduktionen in brauchbare Bilder zu vergrößern, was ihm auch vorbildlich gelungen ist. Ich selber war auf der Suche nach einem Schreiner, der uns möglichst unentgeltlich die Einrichtung anfertigen könnte. Herr Franz Müller (Pedanschneider Tischler nannten wir ihn daheim) war damals bereits 80 Jahre alt und betrieb in Erlauzwiesel bei Waldkirchen eine Schreinerei. Da Herr Müller mit mir entfernt verwandt ist, fiel es mir nicht schwer, ihm mein Anliegen vorzutragen, er stimmte sofort zu und sagte mir, er gehöre zwar zu Ratschin, Gemeinde Stögenwald, aber die Verbundenheit mit Glöckelberg war durch den Kirchgang und auch geschäftlich schon immer sehr groß. Das für die Errichtung benötigte Holz haben wir vom Großhandel gekauft. Im April 1985 transportierte ich mit den beiden Söhnen von Herrn Müller, Karl und Adolf, die gesamte Einrichtung über die Grenze nach Ulrichsberg. Nach einem Tag harter Arbeit war alles eingebaut. Die Verglasung, das Auslegen der Vitrinen und die Fleckerlteppiche besorgten meine Frau und ich. Herr Hable kam im Mai 1985 zu mir nach Waldkirchen und brachte die von ihm angefertigten Bildtafeln mit, die wir gemeinsam in der Stube eingebaut haben. Durch große Mithilfe von Frl. Regina Hable (Tochter von Ernst Hable) konnte die Heimatstube zum Großteil zum Treffen im Juli 1985 eingerichtet werden. Herr Sepp Müller, der in Schöneben ein Grundstück gekauft hatte und im Herbst 1985 ein Wochenendhaus errichten wollte, konnte an der Eröffnung der Heimatstube leider nicht mehr teilnehmen, da er durch eine plötzlich auftretende schwere Krankheit ins Krankenhaus eingeliefert wurde; man hat ihn noch operiert, konnte ihn aber nicht mehr retten. Wir hätten unseren Sepp noch dringend gebraucht, aber Gott der Herr hat ihn zu sich in die ewige Heimat gerufen. An dieser Stelle sage ich ihm im Namen aller Glöckelberger ein herzliches "Vergelt's Gott". Seine Aufgabe, die Reproduktionen zu vergrößern, übernahm Herr Karl Kari, Angestellter im Lagerhaus in Mainburg, er ist der Sohn unseres letzten Bürgermeisters, Franz Kari, aus Vorderglöckelberg; auch er macht uns sehr schöne Bilder, sodaß wir damit die Stube weiter ausschmücken können. Als wieder einmal, trotz der großen Spendenfreudigkeit unserer Landsleute, die Kasse leer war, kam mir die Idee, Herrenmützen anzufertigen. Das habe ich bei meinem Vater, Schneidermeister Leo Petschl in Glöckelberg, gelernt; ich bin gelernter Schneider und war 22 Jahre in einer Textilfirma in Waldkirchen als Betriebsleiter tätig. Mit dem Erlös der Mützen wollte ich den Geldnotstand aufbessern. Da diese, von mir gefertigten Mützen überwiegend in Ulrichsberg und Umgebung sehr großen Anklang fanden, bekam ich auch einen neuen Namen: "Der Kapplmacher aus Bayern". Bei der Eröffnung der Heimatstube 1985 boten uns einige Landsleute ihre Mitarbeit ab. Herr Walter Franz, Zollinspektor. R. aus Pöllau in der Steiermark (früher Josefsthal) hat in unermüdlicher Arbeit die Ortschronik von Glöckelberg, Vorderglöckelberg, Hüttenhof und Josefsthal geschrieben und dieselbe in einer bereits 300 Seiten umfassenden Heimatmappe zusammengestellt. Auch das Waldheimatkreuz für die Stube hat Herr Franz aus Fundmaterial von Josefsthal bei einem seiner Besuche von dort mitgebracht und selbst angefertigt. Die Schulgeschichte wurde von Herrn Konrektor i.R., Franz Petschl, wohnhaft in Erdmannhausen, (früher Glöckelberg) erstellt. Herr Willi Poferl, bereits 80 Jahre alt. Wagnermeister und Mietautounternehmer aus Glöckelberg, jetzt wohnhaft in Aigen, fertigte in mühevoller Arbeit mehrere Schlitten und Wagen maßstabgerecht in Miniatur und auch eine Kutsche für unsere Heimatstube, damit die Nachkommen sehen können, mit welchen Fuhrwerken früher gefahren wurde. Diese Kutsche in Großformat hat Herr Poferl als Meisterstück für seine Meisterprüfung gemacht. Herr Poferl fertigte außerdem ein Relief von unserem Heimatort Glöckelberg an. Herr Otto Pachner aus Forchheim (früher Glöckelberg) schnitzte für die Stube einen wunderschönen, naturgetreuen, pflügenden Bauern und sein Bruder Herr Karl Pachner aus Würzburg, kratzte uns zwanzig Scheck'ln (Ostereier) für die Heimatstube, so, wie es früher bei uns Brauch war an Ostern. Herr Johann Jungbauer aus Ellwangen (früher Hüttenhof) hat immer sehr fleißig mit Ernst Hable zusammengearbeitet; verschickte die Fragebogen an seine Landsleute, sammelte Fotos und berichtete im "Hoam!" von Hüttenhof.

Unsere Heimatzeitschrift "Hoam!" erscheint monatlich zum Monatsanfang und kann beim Verlag "Hoam!", Postfach 1208, 8932 Waldkirchen bestellt werden. Der Jahresbezugspreis beträgt 36,00 DM (halbjährlich 18,00 DM), in Österreich 260,00 Schilling (halbjährlich 130,00 Schilling). Die Heimatzeitschrift "Glaube und Heimat" kann bei der Verwaltung "Glaube und Heimat", Josef-Pilland-Straße 2, 8432 Beilngries bestellt werden. Bezugspreis halbjährlich 21,-- DM, Österreich 158 Schilling. Als Herr Hable im Juni 1988 zu uns nach Waldkirchen kam, brachte er 4 Vitrinen mit für die Heimatstube; Ernst und ich haben sie dann mitgenommen nach Ulrichsberg und mitsammen eingebaut. Herr Hable klagte mir gegenüber, daß im Geschäft der Streß immer größer werde, und er sich auch sonst nicht gesund fühle. Er ermüdete sehr schnell und mußte viel schwitzen. Bei einem Gespräch sagte Ernst: "Es wird jetzt Zeit, daß wir einige Landsleute der jüngeren Generation dazugewinnen, die sich um die Stube und die Gedenkstätte kümmern." Wir beschlossen, auch bei der Gemeinde Ulrichsberg die Patenschaftsübernahme zu beantragen. Herr Ernst Hable hatte diesbezüglich den Herrn Bürgermeister Natschläger der Marktgemeinde Ulrichsberg, sowie den Altbürgermeister Herrn Direktor Pröll und Herrn Polizeiinspektor Frattner und mich um eine Aussprache gebeten. Von Seiten der Gemeinde wurde uns berichtet, daß man sich wegen der Patenschaftsübernahme von Ulrichsberg über Glöckelberg auch schon beraten habe, und wir sollten im Namen der Heimat.-vertriebenen der Gemeinde Glöckelberg bei der "Marktgemeinde Ulrichsberg - Antrag auf Patenschaftsübernahme" stellen. Am 15. November 1988 hat der

Gemeinderat der Marktgemeinde Ulrichsberg, den Vorsitz führte Herr Bürgermeister Natschläger, die Patenschaftsbernahme beschlossen. Leider kann diese Freude unser Landsmann, Herr Architekt Ernst Hable, nicht mehr mit uns teilen, da er am 11. November 1988 in Mähringen gestorben ist. Am 15. November 1988 wurde er auf dem Friedhof in Immenhausen zur letzten Ruhe geleitet. Unter den Trauergästen waren viele Glöckelberger und Böhmerwäldler. Als letzten Gruß sangen wir für ihn das Lied "Auf'd Wulda". Im Namen aller Heimatvertriebenen aus der Gemeinde Glöckelberg möchte ich unserem Ernstl ein herzliches "Vergelt's Gott" sagen für alles, was er für unsere Heimatstube und den Gedenkstein geleistet hat und damit auch für unseren geliebten "Böhmerwald".

Silvester Petschl

Glöckelberg - das war einst ein blühendes Pfarrdorf mit 123 Häusern

Erstes Glöckelberger-Treffen in Ulrichsberg
Im Spiegel der lokalen Presse

Das erste große Treffen der ehemaligen Bewohner des Grenzdorfes Glöckelberg am 23. Juli in Ulrichsberg war sehr gut besucht. Das 123 Häuser zählende Pfarrdorf lag gleich jenseits der Grenze an der Straße von Ulrichsberg nach Oberplan. Heute erinnert dort nur noch die dem Verfall entgegensehende Pfarrkirche an die einstige blühende Siedlung im Böhmerwald. Der Glöckelberger-Abend im Hotel Böhmerwaldhof wurde vom Ulrichsberger Viergesang mit dem Lied "Gott zum Gruß im Böhmerwald" eröffnet. Dann begrüßte Architekt Ernst Hable seine Landsleute, wobei er Sinn und Zweck eines solchen Treffens aufzeigte und an das Leben im Böhmerwald und das Ende durch Ihre Aussiedlung und ihre Hintergründe erinnerte. Hable dankte auch der Gemeinde Ulrichsberg für die Erbauung der Moldaublickwarte auf dem Sulzberg, die es den Vertriebenen ermöglicht, in ihre verlorene Heimat zu schauen. Er gedachte auch der Toten seiner Heimatpfarre, die weit verstreut in allen deutschen Landen ihre letzte Ruhestätte gefunden haben. Bürgermeister OSR Franz Pröll verwies in seiner Ansprache auf die enge Verbindung, die zwischen den beiden Grenzgemeinden in wirtschaftlicher, aber auch gesellschaftlicher und kultureller Beziehung bestanden hatte. GI Franz Frattner hielt einen Diavortrag über alte Aufnahmen von Glöckelberg, ihren Vereinen und Bewohnern. Der Vortrag wurde durch ein von ihm verfaßtes und besprochenes Tonband über die Geschichte von Glöckelberg von der Gründung bis zum Ende 1945 begleitet. Vorträge von Heimatliedern und Gedichten aus dem Böhmerwald bereicherten den Abend, der mit dem Lied *"Tief drin im Böhmerwald"* seinen offiziellen Abschluß fand. Vor dem Auseinandergehen wurde mit dem Ulrichsberger Bürgermeister noch vereinbart, daß man in Zukunft alle zwei Jahre ein solches offizielles Treffen der Glöckelberger organisieren werde. Den Organisatoren dieses ersten großen Treffens, allen voran Erna Petschl, geb. Dichtl, die die Hauptlast trug, wurde der besondere Dank aller Teilnehmer ausgesprochen.

Herr Ernst Hable zum
1. Glöckelberger-Treffen in Ulrichsberg (Rührnößlsaal)

Meine Damen und Herren!

Sehr geehrter Herr Bürgermeister der Gemeinde Ulrichsberg, liebe Ulrichsberger, meine lieben Glöckelberger aus allen Ortsteilen wie Vorderglöckelberg, Althäuser, Neuhäuser, Josefsthal und Hüttenhof!
An dieser Stelle wollte heute unser Freund, der Stipan-Seppl, stehn und sprechen. Er ist aus traurigem Anlaß und beruflichen Verpflichtungen nicht in der Lage, mit seiner Familie hier sein zu können. Er läßt euch alle herzlich grüßen.
Nehmt deswegen als Notlösung mit mir vorlieb, und gestattet mir ein paar grundsätzliche Gedanken aussprechen zu dürfen, um einmal der Höflichkeit genüge zu tun und zum anderen, Euch alle an Geschehenes zu erinnern.
Ich meine, wir Glöckelberger haben erst einmal zu danken, zu danken der Erna für die Initiative und Organisation dieses Treffens. Dadurch erhält unser bereits seit vielen Jahren praktiziertes Zusammenkommen in Schöneben zum ersten Mal einen offiziellen Charakter.
Ich möchte hier namentlich Herrn Frattner aus Ulrichsberg begrüßen und unser aller Freunde zum Ausdruck bringen, daß er als Österreicher so viel Anteil an unserem Schicksal und unserer Vergangenheit nimmt. Er wird uns im Laufe des Abends einen kleinen Lichtbildervortrag halten.
Wie ihr aus der Begrüßung schon entnehmen konntet, befindet sich Herr Bürgermeister Pröll in unserer Mitte, dem unser besonderer Gruß gilt. Die Gemeinde Ulrichsberg heißt damit offiziell die Menschen der ehemaligen Nachbargemeinde Glöckelberg willkommen. Wir freuen uns sehr darüber.
Hier, Herr Bürgermeister, hat sich ein Teil der noch lebenden und nicht unterzukriegenden, heimatlosen Glöckelberger eingefunden. Sogar einer der ehemaligen Lehrer, Herr Engel, der hiermit besonders begrüßt sei. Hunderte von Kilometern hat fast jeder von uns zurückgelegt, um sich hier in Ulrichsberg wiedersehen - und miteinander reden zu können, um von Moldaublick oder Pernstein

ins verwilderte Land hinüberschauen zu können. Kurzum, für ein paar Stunden oder Tage den Atem der Heimat zu spüren. Wir denken in diesem Jahre 1983 zum 37. Male an die Vertreibung der Menschen aus der Gemeinde Glöckelberg, die wir - wie weitere 3,5 Millionen Sudetendeutsche aus den Ländern Böhmen und Mähren - ohne Hab und Gut der Fremde überlassen wurden.

Ja, wie kam es dazu - nur kurz zur Erinnerung - damit es nie vergessen wird. Politische Dummheit und Haß der Aliierten nach dem Ersten Weltkrieg hat den Sudetendeutschen das Selbstbestimmungrecht vorbehalten und uns in den tschechoslowakischen Staat gezwängt, den wir nicht wollten. Wir waren darin eine geknebelte Minderheit. Die Korrektur dieser Dummheit geschah 1938 am 1. Oktober unter wenig erfreulichen Machtverhältnissen in Europa. Wir atmeten auf und freuten und des entledigten Joches - doch es war ein Trugschluß. Eine weitere politische Dummheit stürzte Europa und weite Teile der Welt in einen fürchterlichen Krieg - den von uns niemand wollte. Das katastrophale Ende für das deutsche Volk ist bekannt. Auch Glöckelberg hat einen beachtlichen Blutzoll an Gefallenen, Vermißten und Verwundeten geleistet. Doch es sollte noch schlimmer werden. Den erneut, in noch größerem Umfang, aufgetretenen Haß der Tschechen gegen alles Deutsche und insbesondere den Sudetendeutschen beglückte ein 2. Mal die politische Dummheit der Engländer und Amerikaner, diesmal mit der Genehmigung zur Vertreibung.

So geschah es dann - durch Unrecht an einem unschuldigen Teil der Deutschen wollte man Recht und Frieden herstellen. Die Geschichte hat uns bereits ein anderes gelehrt. Das ›Requiem von Potsdam‹ - für uns Sudetendeutsche angestimmt, klingt inzwischen auch in der CSSR weiter. Trotzdem können wir darüber nicht froh sein. Doch bleiben wir in Gedanken bei der Austreibung der Glöckelberger - erinnern wir uns an die menschenunwürdigen und demütigenden Szenen. Das Durchwühlen der genehmigten winzigen Habe - mit Spott und Hohn auf den Gesichtern der sogenannten tschechischen Durchführungsorgane - die sich dabei durch Diebstahl persönlich bereicherten. Einer davon - wir nannten ihn "Knick" - büßte wenigstens dafür in Joachimsthal im Bergwerk. Doch ohne Erbarmen belud man die Lastwagen - ein vorläufig letztes Händeschütteln mit Verwandten und Nachbarn - Tränen in den Augen - ein letztes Winken - bis Glöckelberg hinter dem Wald verschwand. Zurück blieb aller Besitz, Grund und Boden, Vieh und Häuser - als seelenlose Hüllen. Der Winter 1946 legte sich wie ein Leichentuch über den gesamten Böhmerwald. Nichts als ein notdürftiges Bündel für jeden begleitete den Elendszug der Verstoßenen in eine ungewisse Zukunft, in ein geschlagenes Land. Manche von uns, nicht nur Glöckelberger, aus welchen Gründen auch immer, warteten nicht auf die Aussiedlung, schnürten vorzeitig ihr Bündel, nützten die Nächte und kamen über Schleichwege in österreichisches Land über eine gefährliche Grenze. Sie waren Flüchtlinge - und ich selbst gehörte als 17jähriger dazu. Dieses Land und seine Menschen - selbst unter russischem Besatzungsjoch - halfen, wo sie nur helfen konnten.

Ich glaube im Namen aller Betroffenen zu sprechen, wenn ich mit jahrzehntelanger Verspätung besonders den Sonnenwäldern und Schönebenern unseren tiefsten Dank ausspreche. Wie oft hat es es nachts an ihre Fenster geklopft und auf die Frage: "Wer ist denn draußt?" die Antwort kam: "I bin vo Glöckelberg" - auch jedes Mal geöffnet wurde - ohne Licht versteht sich und leise, damit niemand etwas hörte. Wieviele Bündel unter Schweiß, Angst und Mühsal getragen - wurden für späteres Abholen verstaut und aufbewahrt! Namentlich möchte ich eine Familie nennen - Tuifel Gospern Balli - mit Glöckelberg von jeher fest verbunden, als Einschichtbauer und Viehhändler - uns aus guten und schlechten Tagen bekannt. Diese Familie hat nicht nur todkranke Heimkehrer gesundgepflegt, damit sie nach Glöckelberg weiterkonnten, sondern Tag und Nacht Einlaß gewährt, Unterschlupf gegeben und den Weiterweg gezeigt, ja sogar als Fuhrmann geholfen. Alles umsonst, man hätte ihn ja sonst beleidigt. Leider gab es für solche menschliche Taten keinen Orden.

Unser Dank geht noch weiter an diejenigen Österreicher, die uns aufgenommen haben, und bei denen wir unser Essen fürs Überleben verdienen durften. - Leider konnten wir nicht bleiben - denn wir sind in diesem Lande zu Ausländern geworden und durch Versagen von Aufenthaltsgenehmigungen unerwünscht geworden.

Unser Weg des Flüchtlings ging weiter, bis wir in Deutschland irgendwann und irgendwo wieder zur inzwischen angesiedelten Familie fanden. Ebenso mühsam und ungewiß war der Weg meistens aus Kriegsgefangenschaft entlassenen Heimkehrer, die die Heimat nicht wiedersahen. So hat sich für jeden Glöckelberger das Schicksal gerundet, der Kreis geschlossen. Aus tiefster Armut, seelischer Verzweiflung, Heimweh, Unverstandensein in fremder Umgebung - viele gebrochen an Leib und Seele - begann sich das Leben zu entwickeln. Ob harter Arbeit auf tschechischen Kolchosen, im Uranbergbau in Joachimstal oder als ehemals freier Landwirt nun als Knecht auf fremden Höfen - oder als ehemals selbstständiger Handwerker nun als Hilfsarbeiter in fremden Betrieben - für jeden war es ein Neubeginn. Wir, damals Jüngeren, mußten Abschied nehmen von Wunschberufen und uns den Gegebenheiten fügen. Am schwersten hatten es die jungen Kriegswitwen. Ihnen gebührt noch heute unser Respekt, wie sie, meist mit kleinen Kindern, ihr Leben ertrugen. Ja, war die Austreibung schon an und für sich ein Verbrechen an der Menschheit, so war die ratenweise Dorfräumung und Transportzusammenstellung - nämlich das Zerreißen einer gewachsenen Dorfgemeinschaft - das zweite große Verbrechen an uns. Nachbarschaften, Verwandtschaften, Freundschaften, ja sogar Familien mußten sich suchen und fanden sich mühevoll - aber blieben meist getrennt. Die Menschen von Glöckelberg leben heute zerstreut in allen deutschen und österreichischen Bundesländern, ja sogar in Übersee und Südafrika. Jeder von uns hat irgendwo ein Zuhause gefunden, hat jahrzehntelang hart gearbeitet und gespart, es zu Besitztum gebracht und eine neue Generation großgezogen - doch Heimat im ureigensten Sinne hat, so glaube ich, keiner gefunden - Heimat heißt für uns Glöckelberg.

Deswegen zieht es uns immer wieder an die Grenze, um hinüberzuschauen. Je älter wir werden, desto öfter. Hier möchte ich zum letzten Male danken. Diesmal der Gemeinde Ulrichsberg für die Erbauung des Aussichtsturms: Moldaublick.

Die Väter dieses Bauwerks ahnten wohl, daß es ein Bedürfnis war und immer noch ist, die Möglichkeit des Schauens zu geben. Für die Fremden und Gäste ist es das Erschließen einer wunderschönen Landschaft, für die Böhmerwäldler jedoch ist es ein Seelenerlebnis - verknüpft mit tausendfachen Erinnerungen. Stundenlang, vom Raunen des Waldes begleitet, ruhte schon manch suchend Auge auf Bäumen, Sträuchern, Feldern und Wiesen, Wald und Wegen - in Gedanken der Erinnerung gewesenes Leben nachvollziehend.

Noch steht unsere Glöckelberger Kirche und weist uns den Mittelpunkt des einst lebendigen Ortes. Was würden wohl unsere Ahnen sagen, die friedlich um diese Kirche ruhen, wenn sie nur einen Blick aus dem Grabe tun könnten. Sie würden sagen: "War es des Schweißes wert, diese Wildnis zu roden, um die Felder für das tägliche Brot zu bereiten? Welches Recht, nimmt sich dieses fremde Volk der Tschechen, diese Mühsal zu vernichten?" Man muß schon einen großen Glauben besitzen, um derartiges verzeihen zu können. Dies muß wohl jedes von uns mit sich selbst ausmachen. Ich weiß nur, daß viele unserer Eltern, die in fremder Erde ruhen - dies nicht konnten und dieses Nicht-Verzeihenkönnen mit ins Grab nahmen. Ob es die Tschechen wollen oder nicht, der Fluch von Tausenden liegt auf ihrem Land. Vertrauen wir einer höheren Gerechtigkeit und hoffen wir, daß es immer Menschen geben wird, die an die Vertreibung der Böhmerwäldler denken - auch wenn wir einmal nicht mehr sind.

Vielleicht helfen uns die Ulrichsberger dabei!

der Glöckelberger in Ulrichsberg

Ansprache von Herrn Ernst Hable zum Treffen der Glöckelberger in Ulrichsberg (Pfarrsaal) am 27.7.1985

Liebe Glöckelberger, liebe Ulrichsberger, liebe Gäste,

Große Freude überkommt mich beim Anblick all der lieben Menschen, Schulfreunde, Nachbarn, Verwandten und Bekannten aus der Gemeinde Glöckelberg - aus einer vergangenen Zeit.

Habet Dank, daß Ihr Euch wieder so zahlreich nach zwei Jahren unseres letzten Treffens, eingefunden habt. Was ist es, das uns immer wieder zusammenführt, nach all den vielen vergangenen Jahren, mit ihren Schwierigkeiten und Sorgen, die sicher jeder einzelne von uns hat. Welche Kraft muß doch noch ausgehen von dem Wort "Heimat", das so viele in Bewegung setzt und zueinander finden läßt? Es wird ein Rätsel bleiben - so wie die Liebe zur Mutter es ist. Oder ist es ein innerer Aufschrei der Ohnmacht gegenüber Gewalt und Unrecht? Ich glaube, es ist beides, denn sonst wären wir keine fühlenden Menschen, hätten kein Herz und kein Empfinden. So danke ich Euch für Euer Hiersein - und nun laßt mich liebe Gäste begrüßen. In unserer Mitte hat sich der Bürgermeister von Ulrichsberg, Herr Pröll, mit seiner Gattin eingefunden. Seien Sie beide herzlich willkommen und lassen Sie sich danken für all Ihre Mühen, für das Verständnis und große Entgegenkommen all unseren Glöckelberger Belangen gegenüber. Wir wissen, was Sie für uns getan haben und freuen uns, daß sie sich Zeit für uns genommen haben.

Des weiteren ein herzliches Willkommen Herrn Frattner und seiner Gattin. Man kann ihn, und er wird mir sicher nicht böse sein, als halben Glöckelberger zu bezeichnen. Seinen Anregungen und Hilfen verdanken wir unsere Stube. Er ist Vorstand des Ulrichsberger Heimatvereins und damit auch Hausherr als Träger des Heimatmuseums. Seine Frau, die Steininger Rosa, ist mit uns in Glöckelberg zur Schule gegangen und somit eine von uns. Wir hoffen, daß Herr Frattner auch weiterhin uns hilft und zu uns hält.

Unsere älteste Glöckelbergerin Theresia Hochholdinger (Uhrmacher Resi) aus Josefsthal feierte am 23.1.1991 mit ihren Verwandten ihren 100. Geburtstag.

Eine besondere Freude bereitet uns sicher allen die Anwesenheit wohl unserer ältesten Glöckelbergerin, der Theresia Hochholdinger (Uhrmacher Resi) aus Josefsthal. Jedes von uns kann sich die physische Anstrengung vorstellen, die diese Frau, mit ihrem 94 Jahren, mit einer über 500 km weiten Reise auf sich genommen hat. Wir wünschen ihr viel Freude in unserer Mitte und wünschen ihr noch viele gesunde Lebensjahre, auf daß wir wieder einmal eine Hundertjährige in unserer Mitte haben können.

Nun laßt mich einen Mann aus unseren Reihen grüßen und ehren, denn er wird morgen 80 Jahre alt in guter Rüstigkeit, guter Laune und Gesundheit - den Petern Schneider Tischler - . Er hat uns in der "Stum" alle senkrechten Wandbretter, Pfosten und Vitrinen noch hergestellt und sich damit verewigt. Ich glaube, daß wir ihm alle Dank schulden, ihm weiterhin alles Gute wünschen, damit er noch recht oft zu unseren Treffen kommen kann. Als kleines Geburtstagsgeschenk für kühle Tage möchten wir Dir diese Flasche überreichen.

Herzlich danken möchte ich dem Herrn Pfarrer aus Ulrichsberg für die Überlassung dieses herrlichen Saales, für den wir keine Miete entrichten brauchen. Ich hoffe, daß der Verzehr von Speisen und Getränke die Unkosten mildert und wir als gesittete Menschen uns für das nächste Treffen empfehlen können. Besonders begrüßen möchte ich den "Ulrichsberger Viergesang" und die Mitglieder der

Tanzgruppe, die sicher Interessantes für unsere Unterhaltung geben werden. An dieser Stelle möchte ich an unsere Hüttenhöfler ein besonderes Wort richten. Es freut mich, daß so viele gekommen sind, waren doch wir Glökkelberger im vorigen Jahr in Baldern/Ostwürttemberg in sehr kleiner Minderheit nur vertreten. Dieses Treffen in Baldern hat mich sehr beeindruckt, ja ich bekam das Gefühl, daß die Hüttenhöfler eine große Familie sind, die gemeinsam etwas auf die Beine bringt. Daher auch das Bemühen unsererseits, die Bopfinger Heimatgruppe unter der Leitung von Lm. Stoiber zu bitten, hier nach Ulrichsberg zu kommen und unser Zusammensein zu verschönern. Ich begrüße daher besonders herzlich Herrn Stoiber mit Leuten aus der Bopfinger Heimatgruppe.

Die Glöckelberger und Josefsthaler möchte ich bitten, das nächste Treffen der Hüttenhöfler in Baldern zahlreich zu besuchen, so würde man sich jährlich wiedersehen und eine gewisse Tradition entwickeln. Nun laßt mich ein paar Gedanken ernster Art sagen - über unsere Herkunft, unser Sein, sowie über unsere Zukunft. Für viele von Euch ist es nichts Neues, doch jüngere Menschen möchte ich besonders damit ansprechen. Unser aller Leben bildet innerhalb der Zeitepochen nur einen kleinen Abschnitt. Nur Weniges können wir tun in der kurzen Zeit des Wirkens, gemessen an den Jahrtausenden menschlicher Entwicklung. In uns schlummern die vorausgegangenen Geschlechter und die nach uns Kommenden - so wie es auch im Wachstum und Sein des Waldes ist. Ein Zyklus des Werdens und Vergehens also durcheilt Raum und Zeit. Unsere Ahnen haben Heimat gerodet - wie Watzlik sagte - aus "wilder Wurzel" - einem Rufe böhmischer Könige folgend, die ihr Volk der Tschechen aus einer geographischen Isolation und Trennung durch gewaltige Wälder vom Westen des Heiligen Römischen Reiches Deutscher Nation - führen wollten. Man rief nach deutschen Siedlern, um gesicherte Handelswege zu erhalten, zum Vorteil und Nutzen beider Völkerschaften. Das schier undurchdringliche Gebirgsland im immergrünen Mantel erhielt menschliche Rodungen, mit saftigen Wiesen und Bachläufen, fruchtbaren Feldern an sonnigen Lagen, üppige Weiden an Hängen und Schlägen. Blauleichter Rauch entstieg den Köhlerstätten, Schmelzöfen entstanden zum Herstellen kostbaren böhmischen Glases. An plätschernden Bergbächen ging das Mühlrad, Sägen formten rohe Stämme zu Brettern und Balken. Des Wassers Kraft ließ Schmiedehämmer erklingen, die Sensen, Pflugscharen und manch anderes Gerät der Arbeit schufen.

Der Wald war kein Feind mehr; er barg menschliches Leben, wurde zum Freund und Spender von Gütern des täglichen Seins. Neues Leben wurde geboren, nahm Besitz von seiner angeborenen Heimat und gab Leben immer wieder weiter, von Generation zu Generation. So vergingen Jahrhunderte relativen Friedens in den Tälern des Böhmerwaldes. Starke Fürstengeschlechter waren die Garanten dafür, Klöster und Kirchen die Zufluchtstätten weltlicher Bedrängnisse. Durch die Zunahme der Zahl der Menschen bedingt, wuchsen die Lichtungen zu größeren Lebensräumen - und zwei verschiedene Völker trafen aufeinander, ihre Lebensräume berührten sich, man lebte nebeneinander als Nachbarn. So wie es in Gottes Schöpfung Licht und Schatten gibt, leidet die Menschheit unter Neid und Zwist, Haß und Liebe..

Trauten sich die Slaven vorher nicht in die tiefen Wälder, da die Ebenen und sanften Höhen Böhmens ihnen genug vorteilhafter Lebensraum waren, so blickte man erstmals mit Neid auf die deutschen Nachbarn - sie wurden sich ihrer Grenzen bewußt und reagierten sehr bald mit religiösen und nationalen Übergriffen. Die Habsburgischen Kaiser, als Obrigkeit aller Bewohner Böhmens, stellten zwar immer wieder Ordnung her, doch die von Tschechen ausgeteilten

Schläge in den Hussitenkriegen trafen meist die deutschen Siedler und hinterließen tiefe Wunden. Damals wurden erstmals Rufe laut: "Deutsche raus - Böhmen ist unser". Ich möchte hier keine Geschichtsstunde abhalten, sondern ganz grob skizzieren, wie beide Völkerschaften sich im Laufe ihres Zusammenlebens verhielten. Es gab bekanntlich nicht immer Konflikte. Die Kulturgeschichte Böhmens im Mittelalter hat gemeinsame große Werke hervorgebracht, ja es war zeitweise kultureller Mittelpunkt Europas - sprich des Reiches. Die düsteren Epochen jedoch waren meist Resultate von Konflikten, die ins Land getragen wurden. Dennoch mußte es zwangsläufig zu Verschlechterungen im Verhältnis zueinander kommen, als der tschechische Nationalstaatsgedanke immer heftiger Fuß faßte, und die Habsburger immer schwächer wurden. Der Erste Weltkrieg mit dem Zusammenbruch der Monarchie ließ die Tschechen triumphieren - sie bekamen den geforderten eigenen Staat - auf unsere Kosten. Unsere Heimat, wenn ich es recht bedenke, ging bereits 1918 verloren. Von Anfang an gab es für die Tschechen nur das eine Ziel - die deutsche Minderheit von 3 1/2 Millionen Menschen zu Slawen umzuformen. Vielfältig waren dabei die angewandten Mittel, ein Katalog von Menschenrechtsverletzungen, Betrügereien auf internationaler Ebene und Diskriminierung waren an der Tagesordnung. Wen wundert es, wenn sich die Deutschen wehrten und ihrerseits in Abwehr gingen, sich Rückhalt suchten beim inzwischen wiedererstarkten Deutschen Reich.

20 lange Jahre dauerte die Schmach für uns, gepaart mit einem rapiden wirtschaftlichen Niedergang. Wir erwähnten uns erlöst im Jahre 1938 - ja, wir jubelten und schrien "Heil" - weil wir nicht ahnen konnten, daß das größte Völkermorden aller Zeiten erst beginnen würde. An dessen Ende - mit der totalen Niederlage des Deutschen Reiches - hat uns eine gewaltige Brandung panslavistischer Wucht mit haßerfüllter Gischt samt Wurzeln und ohne Habe über die Böhmerwaldberge in ein uns fremdes Land gespült. Wie Treibholz fanden wir uns am von Siegern zertrampelten Strandrest des untergegangenen Deutschen Reiches. Wie Strandgut sammelte man uns auch auf und benutzte uns vielerorten. Doch dieses Strandgut war Hartholz des Böhmerwaldes, zäh und nicht kleinzukriegen.

Es begann sich zu regen und seine Umwelt zu erkennen. Zuerst unterwürfig umsichschauend, mit Bescheidenheit und Fleiß sich selbstordnend, um später mit Verstand und Talent anteilmäßig in die Geschicke des aus Ruinen sich neuformenden Lebens gestaltend einzugreifen. Wir alle haben als Einzelmenschen diesen Orkan der Völkerstürme überlebt, doch als Volksgruppe mit all den gewachsenen Kulturgütern, Sprachen, Ordnungen und sonstigen Tugenden, sind wir dem Untergange geweiht. Es ist nur eine Frage der Zeit - wann der letzte im Böhmerwald geborene Deutsche seine Augen für immer schließt. Darauf warten mit Erfolg bereits seit 40 Jahren die Tschechen. Die Zeit arbeitet für sie, löst Probleme und begangenes Unrecht zu ihren Gunsten. In ihren Geschichtsbüchern beschreiben sie die Vertreibung der Deutschen aus Böhmen und Mähren als friedliche Umsiedlung. Der Grund dafür ist die Korrektur der begangenen Fehler seiner mittelalterlichen Könige und Zurückgewinnung ihnen von Deutschen genommenen Lebensraumes. - So einfach ist das.

Vergessen sein wird das viele Leid, das Meer vergossener Tränen unschuldiger Menschen, die Schmerzen geschundener Leiber und Todesqualen erschlagener Geschöpfe Gottes. Noch nie hat auf dieser Welt die Gerechtigkeit regiert, das Recht war immer die fixierte Macht der Sieger, also der Stärkeren. Diese Macht liegt nicht bei uns, sie liegt in den Händen anderer, die willkürlich zu ihren

Gunsten damit umgehen. Gerade, weil wir dies wissen und nicht wollen, daß alles dies an uns begangene Unrecht der Vertreibung im großen Meer des Vergessens versinkt, müssen wir mit letzter Kraft Gewesenes der Erinnerung entreißen. Wir Glöckelberger haben hier in Ulrichsberg die ehemalige Chance, unseren Nachlaß der Nachwelt zu übergeben. Einmal, weil hier die Nachbargemeinde die unmittelbare Nähe Glöckelbergs vermittelt, und selbst Fremde vom einst Hier und vom Jetzt vom Moldaublick aus sich überzeugen können. Unser Tun ist ein Versuch, von nur Wenigen bisher getragen, die spärlichen Reste zu ordnen, aufzuarbeiten und würdig darzustellen. Es ist nicht einfach, Überblicke zu vermitteln, wenn elementare Unterlagen fehlen und sich dadurch große Lücken ergeben.

Deshalb hier und heute die große Bitte an alle Anwesenden, bei der Beschaffung von Bildmaterial Eure Fotoalben genau durchzusehen, ob nicht doch noch das eine oder andere Bild für uns wichtig wäre. Größe und Zustand spielen keine Rolle. Alles wird wieder zurückgegeben. Weiterhin sind alle Dokumente über die Vertreibung wichtig. Fotokopien würden genügen. Die Hüttenhöfler werden besonders gebeten, für ihren Ortsteil die Bilder zu sammeln und mir zukommen zu lassen.

Es werden gesucht:

Bilder über landwirtschaftliche und handwerkliche Tätigkeiten. Aufnahmen vom Viehhüten, Haarjäten, Leinenbleichen, Erdäpfelgraben, in der Mahd, Kornmandl, Federnschleißen, Schoibelbinden, Dreschen mit der Drischel, mit der Maschine, mit dem Göpel, Putzmühle und sonstigen Gerätschaften, Hoazlbank.

Handwerk - Gewerbe

Holzschuhmachen, Schindelmachen, Röhrenbohren, Siebreifenerzeugung, Schmieden, Mühlen, Sägen, Gasthäuser, Scheiterschwemme.

Vereine

z.B. Feuerwehrauto, Motorspritze, Umzüge, Übungen.

Landschaftsaufnahmen aller Art

im Winter wie Sommer - Wegkreuze und Kapellen. Von der Sprungschanze, Kolmerteich, Roßteich, Bäche. Alpenfernsicht vom Pfoserberg oder Hochficht. Blick vom Krouberg zum Bartlberg, von Hochfichtholzturm nach Glöckelberg, Moldaublick, Plöckenstein - s. Nuibaurn Tännling.

Aus kirchlichem Bereich

Fronleichnamsumzüge - Altäre - Kirchweihstände, Ringelspiel, Hochzeitszüge, Versehgänge, Wallfahrten, Kirchefahnen, Kircheninnenaufnahmen.

Im Ort die Häuserpartie Novak, Postamt, Schwarz, Postauto 1939 - Postkutsche vorher mit Postpoitl.

Leider ist dazu auch Geld erforderlich. Bisher haben insgesamt 5 Personen zusammen ca. DM 6.000,-- investiert. Vom Zeitaufwand ist sowieso keine Rede. Ich bitte daher jeden einzelnen von Euch, einen angemessenen Betrag zu spenden, damit diese Kosten von allen getragen werden. Die ehemaligen Glöckelberger sind heute meist keine armen Leute mehr, es wäre doch gelacht, wenn dies nicht finanzierbar wäre. Eine weitere Bitte dient der Werbung um die Mitgliedschaft im Heimatverein Ulrichsberg. Eine Anzahl von uns sollten Mitglieder werden, damit die Unkosten und Miete der Stube gesichert werden. Jahresbeitrag = 100 Schilling = DM 15,--. Antragsformulare sind im Saal erhältlich.

- Wir gedenken aller toten Glöckelberger
  Ich bitte, sich von den Plätzen zu erheben.
- Wir denken an unsere Ahnen, welche in geweihter Erde rund um die Glöckelberger Kirche ruhen
- Wir denken an alle unsere Verstorbenen, die an unzähligen Orten der Bundesrepublik, Österreich und sonstigen Ländern bis nach Südafrika - ihre letzte Ruhestätte gefunden haben.
- Wir denken an all die gefallenen den vermißten jungen Männer und Frauen - die fern der Heimat - als Unbekannte an unbekannten Orten ihr Leben geopfert haben.
- Wir denken an jene, die in Konzentrationslagern - ob deutscher oder tschechischer Art - starben oder ermordet wurden.
- Wir denken an all diejenigen, die in den Schicksalsjahren 1945 und 1946 an der Grenze ermordet wurden
- Sie mögen ruhen in Frieden.

Meine Damen und Herren - ich komme zum Ende. Das nächste Treffen in Ulrichsberg findet wiederum in 2 Jahren statt und wird im ›HOAM!‹ bekanntgegeben. Bleibt bis dahin alle gesund, unterhaltet Euch anschließend recht gut und denkt daran, daß morgen in Passau auch unsere Anwesenheit notwendig ist. Ich danke fürs Zuhören.

Die Eröffnung der ›Glöckelberger Stube‹ im alten Amtshaus in Ulrichsberg

Begrüßungsschreiben für die Heimatstube in Ulrichsberg
(Von Ernst Hable)

"Herzlich Willkommen in der Glöckelberger Stube!"

Die ehemalige Gemeinde Glöckelberg, bestehend aus den Teilorten Vorderglöckelberg, Glöckelberg, Josefthal und Hüttenhof, liegt jenseits der österreichischen Staatsgrenze in Böhmen als Nachbargemeinde zu Ulrichsberg. Die Gemeinde gehörte zum Kreis Krummau/Moldau, Gerichtsbezirk Oberplan. Heute liegt deren Gemarkung im militärischen Grenzsperrgebiet der CSSR und kann vom Moldaublick aus eingesehen werden. Die Häuser wurden geschleift. Die gesamten Bewohner waren Deutsche, deren Vorfahren vor über 350 Jahren durch friedliche Rodung der Urwälder Heimat schufen. Sie wurden im Jahre 1946 von den Tschechen laut Potsdamer Abkommen der Siegermächte aus ihrer Heimat vertrieben. Ihr Schicksal teilten sie mit 3,5 Millionen Sudetendeutschen aus Böhmen und Mähren. 40 Jahre nach diesen Ereignissen wird hier der Versuch gemacht, die Geschichte dieser Gemeinde für die Nachwelt darzustellen. Diese Stube befindet sich im Aufbau. Bis zur Fertigstellung wird es noch Jahre dauern. Es ergaben sich bisher große Schwierigkeiten, da die "wissenden Alten" längst verstorben sind und alle Originalunterlagen in tschechischem Besitz sind. Die dennoch mühsam zusammengetragenen Fotos und Dokumente wurden von vielen im Vertreibungsgepäck gerettet oder als Flüchtlingserinnerungen nachts über die Grenze getragen. Heute leben die Glöckelberger und deren Nachkommen weit verstreut in allen Ländern der Bundesrepublik Deutschland und Österreichs.

Sie danken der Gemeinde Ulrichsberg für diese Stube!"

Sehr geehrter Herr Bürgermeister Pröll!

Anläßlich der Einweihung des neuerbauten Rathauses der Gemeinde Ulrichsberg, erlaube ich mir im Namen der ehemaligen Glöckelberger, Ihnen u. der Gemeinde dazu alles Gute zu wünschen.

Möge dieses Frieden u. Freiheit bedingt, es immer ein offenes Haus sein für alle Schichten der Bürger u. sonstigen Menschen, die Rat u. Hilfe suchen.

Möge der Zeitenwandel es zulassen, daß die Gemeinde Ulrichsberg auch wieder auf der böhmischen Seite einen gesprächsbereiten Nachbarn erhält, der im Sinne guter Nachbarschaft ein freundschaftliches Nebeneinander ermöglicht.

Wir ehemaligen Glöckelberger bedauern sehr, daß wir Ihre Nachbarn nicht mehr sein können. Wie gerne wären wir wohl über Schöneben heute zu Euch gekommen um zu diesem Feste die Glückwünsche zu überbringen.

Der Müller-Sepp ist gestorben
(Von Erich Hans)

Das hat uns alle zutiefst erschüttert. Da ist ein junger Mann, der mit uns ging, seit das erste Jugendlager im Jahre 1951 auf der Kangler-Alm am Dreisessel stattgefunden hat. Wir haben eigentlich wenig nach seinem Beruf und seinen privaten Dingen gefragt. Der Müller Sepp war da, er war mit uns, er war unserer Sache zutiefst verbunden, er war der Treuesten einer. Er machte nicht viel Getue um seine Arbeit für unsere Sache. Von Anfang an erfreute er uns mit seinen Aufnahmen, seinen Fotografien und Dias. Da haben wir gleich in den ersten 50er Jahren unseren Landsleuten die Heimat in Bild zeigen wollen. Durchstrahlbilder haben wir angefertigt; aber wir hatten keinen Bildwerfer. Der Müllersepp wußte zu helfen. Er fand eine alte Optik von einem Fotoapparat. Unter seinen geschickten Händen entstand ein Bildwerfer, ein Projektor. Jahrelang haben wir diesen Apparat benützt.

Von Anfang an wirkte er in der Böhmerwaldjugend; bei den Landesjugendtreffen in Baden-Württemberg freute er sich über die Sportwettkämpfe. Er hielt sie in Bildern fest und zeigte sie in Vorträgen. Seine Dia-Reihen waren für die Landsleute von höchstem Wert. Nach der Zeit in der Böhmerwaldjugend wirkte er im Landesverband Baden-Württemberg des Deutschen Böhmerwaldbundes im Kulturausschuß. Aufgrund seiner langjährigen Arbeit konnte er zur 100-Jahrfeier des DBB eine Farbdia-Dokumentation über die Arbeit des Bundes zu Verfügung stellen.

Josef Müller wirkte auch im Heimatkreisrat Krummau mit und war Stellvertreter des Kreisbetreuers. Seine Mitarbeit bei der Herrichtung des vorgesehenen

Vereinsheimes im ›Wolfstorturm‹ zu Esslingen, wo auch eine Krummauer Stube eingerichtet werden soll, war selbstverständlich. Und alles in seiner stillen, ruhigen Weise.

Sepp Müller wurde am 3.1.1931 in Jägertal bei Langenbruck geboren. 1932 kauften seine Eltern das Stiepan-Haus in Glöckelberg. Dort besuchte Sepp die Volksschule und ging dann in die Bürgerschule Oberplan. Die Vertreibung beendete seinen Weg in der Böhmerwaldheimat.

Als 15jähriger fand er in Esslingen zunächst Beschäftigung als Hilfsarbeiter. 1947 trat er in die Feinmechaniker-Lehre bei einer Technisch-Physikalischen Werkstätte ein. 1956-59 besuchte er in Stuttgart eine Abendschule und bildete sich so zum Maschinentechniker aus. Seit 1959 arbeitete er in einer Hydraulik-Firma. Durch zähen Fleiß und harte Arbeit erreichte er 1967 den Ingenieur-Titel. 1984 konnte er sein 25jähriges Jubiläum feiern. Zu seinem Tode meldete seine Firma, daß sie in Ing. Prokurist Josef Müller eine hervorragende, führende Kraft verloren habe. In einem Brief knapp vor seinem Tode schrieb er, daß er auch beruflich noch Pläne habe. Daß ihm der Beruf große Lasten auferlegte, das wußten wir alle; und so nahmen wir seine Mitarbeit immer als Geschenk an. 1960 hat Sepp Müller geheiratet. Seine Frau Helli schenkte ihm einen Sohn und zwei Töchter. Sie waren sein Stolz, er fand die rechte Art eines guten Mannes und Vaters. Nie eigentlich war er krank. So ruhig wie seine Wirksamkeit war auch seine Lebensführung. Da begann vor '85 das Leiden - seines und das der Familie. Die Krankheit wurde erst im Endstadium erkannt. Am 4. September 1985 ist der Müller Sepp gestorben. Am 9. September wurde er auf dem Friedhof zu Berkheim begraben. Wortlos standen die überaus vielen Böhmerwäldler um sein Grab, als sich die Fahnen darübersenkten. Für uns alle und vor allem für die Familie gibt es ohne Unterlaß die Frage "Warum?".

Sepp Müller, der seine Geburtsheimat liebte, wirkte bis in seine letzten Tage an der Glöckelberger Heimatstube in Ulrichsberg (Mühlviertel) mit. Er bereicherte sie besonders auch durch seine Fotografien.

Mit großer Liebe hing Sepp Müller auch an seinem Gartengrundstück in Wäldenbronn. Er bearbeitete seine Bäume und Sträucher im zeitigen Frühjahr und freute sich über ihr Blühen und über ihre Früchte. Und sie gediehen: Wie denn auch anders, wenn doch alle sonstigen Dinge um ihn unter freundlichen Zeichen standen.

Ein Freund, das ist ein höchster Lebenswert. Und wenn ein solcher seine Augen schließt, dann ist die Welt weniger geworden. Aber der echte, gute Freund läßt als goldnen Schatz die Erinnerung zurück, und das ist unendlich viel. Für uns, für mich, klingt aus vielen Jahren her der gute Name Sepp Müller - und das ist ein goldenes Geschenk, das uns leuchtet, bis wir selber in die Erinnerung eingehen.

200 Jahre Kirchweihe Glöckelberg mit Gedenksteineinweihung
(Von Walter Franz)

Eine neue Perle im Kranze der bisher errichteten Heimatgedenkstätten entlang des Bayrischen Waldes und des Böhmerwaldes gegenüber unserer verlorenen Waldheimat in Böhmen wurde am 25. Juli 1987 in Schöneben/Mühlviertel hinzugefügt: Der Gedenkstein der Gemeinde Glöckelberg. Der Anlaß zu dieser Gedenksteinerrichtung war die 200 Jahre Kirchweihe von Glöckelberg, Bezirk Krummau a. M.

Dieser von dem Innenarchitekten Herrn Ernst Hable, aus Glöckelberg stammend, entworfene Gedenkstein befindet sich gegenüber dem Gasthof "Böhmerwald", rechts neben der Straße zum "Moldaublick". Der gespaltene Granitfindling versinnbildlicht das Symbol der gewaltsamen Trennung und die Vertreibung. Das aufgesetzte Kupferkreuz stellt über den Spalt hinweg die Verbindung zur verlorenen Heimat dar. Am rechten Stein befinden sich die Worte: "Verlorene Heimat - Glöckelberg-Hüttenhof-Josefsthal." Vor dem Stein liegend ein behauener Granitquader mit drei Bronzeplatten. Die mittlere größere Platte beinhaltet alle Gefallenen, Vermißten und Zivilopfer des Zweiten Weltkrieges, des NS-Regimes von 1938-1945 und des CSR-Terrors vom Mai 1945. Vor und rund um dem Stein eine grobe Steinplattenaufschichtung mit Gräsern- und Blumenzwischenpflanzung soll die drei Ortschaften, die von den Tschechen zerstört wurden, versinnbildlichen.

Auf den beiden anderen Platten steht in Erz gegossen:

"Unseren in der Fremde Verstorbenen, welche nach der gewaltsamen Vertreibung im Jahre 1946 in alle Winde zerstreut, an vielen Orten Deutschlands, Österreichs und anderwo ihre letzte Ruhestätte gefunden haben."

Siegerwillkür und Mißachtung von Menschenrechten von Alliierten und Tschechen ließen ca. 3,5 Millionen Sudetendeutsche heimat- und besitzlos werden. Davon ca. 1.400 Bewohner der Gemeinde Glöckelberg als nunmehr zerstörte Nachbargemeinde von Ulrichsberg. Wir gedenken besonders jener Verstorbenen, die in den frühen Jahren nach diesem Unrecht voller Heimweh, arm, einsam, krank und verzweifelt von uns gingen. Unsere in der Heimat ruhenden Toten, die einst aus Urwald Heimat schufen, deren Gräber nun verwaist und von Unkraut überwuchert sind - diese unsere Ahnen bewahrten über Jahrhunderte hinweg ihre Muttersprache und lebten bäuerliches Brauchtum im katholischen Glauben. Sie gaben die Heimat weiter von Generation zu Generation. Unvergessen sei ihr Wirken, ihre Liebe, ihr Glaube! Aus diesen Wurzeln erwuchs uns die Kraft zum Weiterleben in der Fremde mit der Verpflichtung, das Recht auf Heimat für Jedermann in aller Welt zu fordern!" *25. Juli 1987*

Dieser Gedenkstein wurde nach jahrelanger Vorbereitung am 25. Juli 1987 nachmittags in Anwesenheit von ca. 500 Landsleuten aus diesen drei zerstörten Ortschaften und vielen Freunden des Böhmerwaldes, die aus allen Teilen Deutschlands und Österreichs herbeigeeilt sind und nach einem Festprogramm des Heimatvereines Ulrichsberg, seiner Bestimmung übergeben. Die Musikkapelle Ulrichsberg besorgte den musikalischen Rahmen dieser eindrucksvollen Feier mit ihrem vorzüglichen Können vor der Gedenkstätte auf der Wasserscheide zwischen Moldau und Donau.

Begrüßt wurden die Ehren- und Festgäste durch den Obmann des Heimatvereines des Marktgemeinde Ulrichsberg, Herrn *Franz Frattner*, der auch maßgeblich an der Errichtung dieser Gedenkstätte mitwirkte. Sodann folgten Grußworte des Bürgermeisters von Ulrichsberg, Herrn *Josef Natschläger*, auch ihm gebührt herzlicher Dank für sein Verständnis uns Heimatvertriebenen gegenüber und Grußworte eines österreichischen Abgeordneten an die hohe Geistlichkeit, Vertretern des öffentlichen Lebens und an alle Festgäste. Die Heilige Messe und Predigt wurde vor der Weihe der Gedenkstätte durch EG. Abt des Stiftes Schlägl, Dipl.Ing. *Florian Pröll* und seinen Begleitern gehalten. In seinen Ausführungen wurde insbesondere auf das 200jährige Bestehen der Pfarre Glöckelberg mit deren engen Verbindung zum Stift Schlägl hingewiesen, daß der neuerrichteten Pfarre immer helfend zur Seite stand. Einen besonderen Höhepunkt dieser Feier erreichte die Festansprache des Vertreters der Glöckelberger Landsleute, Herr Archtikt *Ernst Hable*. Seine Rede umfaßte die Entstehungsgeschichte der Gemeinde Glöckelberg mit allen geschichtlichen Höhen und Tiefen dieser Wäldlergemeinde, wobei fast alle Landsleute aus Glöckelberg mit ihren Tränen zu kämpfen hatten - ohne Scham und ohne Scheu! Seine Festansprache finden Sie im Anschluß dieses Berichtes in vollem Wortlaut wieder. Sie soll auch vor aller Welt Zeugnis ablegen: "Noch leben wir Glöckelberger - und halten zusammen!"

Nach seiner ergreifenden Ansprache, der die Vertreibung aus seiner Heimat selbst persönlich miterlebte, wurde von dem Glöckelberger Landsmann *Franz Petschl* in spontaner Weise im Namen aller Landsleute der Gemeinde Glöckelberg, jenen Männern und Frauen in herzlichen Worten Dank und Anerkennung für ihr bisheriges selbstloses Wirken für die Errichtung der Heimatstube in Ulrichsberg und dieser Gedenkstätte, insbesondere Herrn Ernst Hable und der Familie *Erna und Silvester Petschl*, ausgesprochen und dies durch minutenlangen brausenden Beifall der Festgäste bestätigt. Ebenfalls ein Höhepunkt der Feier war das Totengedenken mit Kranzniederlegung durch junge und ältere Glöckelberger Landsleute in ihren historischen Heimattrachten. Dazu intonierte die Musikkapelle Ulrichsberg das "Lied von guten Kameraden".

Die Feier neigte sich, vom Wettergott während dieser Regentage besonders begünstigt, dem Ende zu. Die Musikkapelle in ihrer schmucken Tracht spielte unser in der ganzen Welt bekanntes Heimatlied "Tief drin im Böhmerwald", wobei fast alle Festgäste mitsangen - voll und mächtig - und so zu einem gewaltigen Chor inmitten des rauschenden Böhmerwaldes vereinte; Text und Melodie dieses Liedes vom Winde in Richtung Glöckelberg weitergetragen und dort verhallte - als letzter Gruß seiner einstigen Bewohner! Mit dem "Abblasen" eines Trompeters dieser Musikkapelle klang diese Feier für alle Anwesenden in unvergeßlicher Weise aus. Nach diesem Festakt gab es noch ein gemütliches Beisammensein und Wiedersehen mit alten Freunden aus der früheren Heimat im Freien vor dem Gasthaus "Böhmerwald" und um 19.00 Uhr trafen sich die Landsleute zu einem gemeinsamen netten Abend im Saal des Hotels "Böhmerwaldhof" in Ulrichsberg mit Musik, Speis und Trank, ähnlich den einstigen Kirchweihfesten in der früheren Heimat. Mögen unsere drei Heimatdörfer dem slawischen Germanenhass zum Opfer gefallen sein und mögen "Sie" uns inmitten von Europa den Zutritt zu unseren Ruinendörfern verwehren - unsere Heimatliebe und unser Anrecht auf unsere geraubte Heimatscholle bleibt unauslöschbar und ewiglich!

Und mögen die Jahre, die uns Älteren der Allmächtige noch schenkt, nur mehr von kurzer Dauer sein, und mögen wir nach einem kurzen Verweilen hier im Blickfeld unserer verlorenen Heimat wieder in alle Herrgottswinkeln von Deutschland, Österreich und von anderswo und im üblichen Alltagsgetriebe untergehen, so wollen wir doch für all diese stillen Stunden und den ergreifenden Festakt, den wir hier in unmittelbarer Nähe unserer zerstörten Waldheimatdörfern erleben durften, unserem Allmächtigen danken!

Ansprache anlässlich der 200. Kirchweihe und Einweihung eines Gedanksteines der ehemaligen Pfarrgemeinde Glöckelberg am 25.7.1987 durch Ernst Hable in Schöneben

Werte Gäste!
Liebe Glöckelberger, Hüttenhöfler und Josefsthaler!

Ich habe zu danken - den bereits durch Herrn Frattner begrüßten Ehrengästen für ihr Erscheinen.
Hochwürdigen Herrn Abt Florian Pröll vom Stift Schlägl für den Gottesdienst, der Weihe und Predigt.
Dem Musikverein Ulrichsberg für die musikalische Gestaltung der Feier, sowie dem Ulrichsberger Kameradschaftsbund für die Ehrung auch ihrer einstigen Kameraden durch ihre Anwesenheit.
Dank dem Herrn Frattner für die Organisation dieser Festveranstaltung als Vorsitzender des Ulrichsberger Heimatvereins.
Dank Herrn Bürgermeister Nathschläger für die großzügige Unterstützung mit gemeindeeigenen Ausstattungen zur technischen Durchführung dieser Feier, aber noch mehr für die Baugenehmigung dieses Steines.
Dank an Euch - meine Landsleute, für das Kommen von weither, in so großer Zahl.

200 Jahre Kirchweihe Glöckelberg und Einweihung unseres Gedenksteines sind Grund genug, in dieser hochsommerlichen Zeit ein wenig innezuhalten und nachzudenken. Laßt mich vorher noch ein paar Worte des Dankes sagen den Männern mit den helfenden Händen als Erbauer dieses Gedenksteines - bei Regen- und Schneeschauer Mitte Mai dieses Jahres.
Allen voran unserem Silvester Petschl aus Waldkirchen - dem Alois Hussinger vom Haus Wittiko aus Grünwald - dem Janko Franz aus Schöneben und dem Ernst Studener aus Lichtenberg (ehemals Vorderglöckelberg). Wir miteinander - durchnäßt und voller Dreck - manchmal mutlos in diesem Sauwetter, glaubten kaum, daß wir es schaffen werden innerhalb einer Woche meines Hierseins, das Mahnmal im Rohen zu erstellen.
Dem Wirt Stückerjürgen sind wir tief zu Dank verpflichtet. Auf seinem Grundstück, für 99 Jahre vertraglich verpachtet, steht dieser Gedenkstein. Seine Hilfe

darüber hinaus mit Bauhilfsmaterial und Gerätschaften sei besonders erwähnt.

Dank auch dem Mesner von Ulrichsberg, der etliche Arbeitsstunden durch Zurichten einer Steinfläche uns schenkte.

Dank an zwei Ulrichsberger Firmen für das Entgegenkommen beim Steintransport, Betonlieferung und Aufstellungshilfe.

Die Steine selbst sind ein Geschenk vom Abt des Stiftes Schlägl.

Euch aber meinen lieben Landsleuten für die vielen zum Teil großzügigen Spenden ist es zu verdanken, daß die entstandenen Kosten aufgebracht wurden. Für die Sorge und Pflege der Anlage - so lange sie leben und es gesundheitlich tun können - haben sich der Silvester und Erna Petschl bereit erklärt. Wir schulden ihnen dafür Dank und Hilfe. Nach dieser Zeit übernimmt der Heimatverein Ulrichsberg diese Aufgabe. Sowit alle aufklärenden Details. Vergänglich und dennoch zeitlos gleiten die Geschehnisse auf dieser Erde ins Nichts. Doch der Mensch bedenkt es kaum bei seinem Tun, da er leider meist handelt, bevor er denkt.

Deswegen stehen wir Glöckelberger als Opfer einer bösen Zeit abermals unter freiem Himmel hier in Schöneben - heimatlos seit 41 Jahren. Unser Blick geht westwärts ins Tal der Mühl, und weiter ins bayrische Land. Ostwärts erahnen wir das Tal der jungen Moldau, nordwärts wirft sich der Pfoserberg und der Hochficht auf. Wir stehen an einer uralten Paßstraße, die einst Bayern mit Böhmen verband, einem wichtigen Handelsweg an einer Wasser- und Wetterscheide Mitteleuropas. Heute eine Sackgasse, endend an einer imaginären Wand.

Dort drüben rauscht im Wald der Rotbach zu Tal, läuft sanft durch Wiesen weiter bis hin zur Moldau. Seine dunklen Bergwasser zerschneiden das Land, weil Menschen sie als Grenze mißbrauchen. Hinter diesem Bach und hinter dem Kamm des Hochfichts liegt unsere Heimat, dem Lande Böhmen zugehörig von altersher. Diese Grenze ist unser Schicksal geworden. Deswegen stehen wir hier und nicht dort drüben. Ergraut sind inzwischen unsere einst jugendlichen Häupter, und viele der Unseren von damals sind nicht mehr. Die Erinnerung malt an der Heimat Bild. Tief in unserem Herzen schlummert das Erlebte und kann nicht frei werden im Schmerz des Unrechts. Denn, nimm einem Menschen seine Heimat, und du nimmst ihm damit alles, was er hat. Gar viele schon deuteten das Wort Heimat, doch niemand kann Gefühle und Empfindungen wiedergeben. Heimat ist etwas Einmaliges. Nur wer sie verloren hat, weiß um die in ihr schlummernden Tiefen.

Diese unsere Heimat war das Ergebnis des Fleißes und harter Arbeit vieler Generationen, denn Urwald bedeckte einst die Täler und Hänge. Steine behinderten den Pflug. Gottes Segen war nötig für das tägliche Brot. Oberösterreichische, steirische und bayrische Mundart formten die Böhmerwälder Muttersprache - weich und ausdrucksstark. Aus diesen Wurzeln entstand auch unser Sein, durcheilten unsere Kinderbeine eine glückselige Zeit - bis allzu Böses in dieser Welt geschah.

Was uns bleibt, ist das Gedenken. Das Erzählen davon, das Anklagen und Mahnen. Doch schwerhörig ist unsere Welt geworden. Man hört uns kaum, ja man will uns nicht mehr hören - geschweige denn verstehen. Wahrheit ist nicht mehr gefragt.

So laßt uns denn in Form von Steinen und Erz von dieser Zeit den Menschen berichten. Sie als stumme Zeugen reden lassen zu jenen Vorübergehenden, die gewillt sind, zu begreifen. Wir reihen uns ein mit diesem Mahnmal in die Kette der bereits bestehenden entlang der österreichischen und bayrischen Grenze zu Böhmen. Sie alle künden vom gemeinsamen Schicksal der Böhmerwäldler. Unseres hier mit Blickrichtung nach Glöckelberg, symbolhaft die Gewalt der Trennung durch den gespaltenen Stein ausdrückend. Der rechte Teil bereits hinübersinkend, ja eins zu werden mit dem Haufen Steingeröll, die Schutthaufen unserer zerstörten Häuser darstellend. Nur das Kreuz als christliches Zeichen verbindet uns noch mit den Toten in der Heimat und steht für uns alle als Ziel. Im Steinhaufen ruht das Vergangene. Darin eingebettet das Gedenken an unsere Toten. Denen in der Heimat, unseren Opfern des 2. Weltkrieges und den Verstorbenen in der Fremde. Ich habe versucht, ein paar Worte, in Bronce gegossen, zu formen zu Inhalt und Aussage, ohne Emotion - freilich unvollkommen, wie eben alles Menschenwerk ist. Diese Steine mögen für uns ein Standort sein zum Nachdenken, zur inneren Zwiesprache mit unseren Toten, ein Punkt der Orientierung für unsere Kinder, Enkel und alle, die nach uns kommen.

Vielleicht spüren sie, wenn sie hier stehen auf dieser Anhöhe zwischen West und Ost den Atem der Heimat ihrer Eltern, Großeltern und Ahnen, deren Gräber in der Heimat geblieben sind.

Vor 200 Jahren standen unsere Ahnen zum ersten Male unter dem Dach einer eigenen Kirche, einem Provisorium aus Holz. Es war dies der Anfang unserer Pfarrgemeinde aus den Orten Hüttenhof, Josefsthal und Glöckelberg. Diese Siedlungen zählten zu den jüngsten im Böhmerwald um 1600. Dort, wo später unsere Schule erbaut wurde, scharten sich am 29.4. im Jahre 1787 Menschen um den geweihten Altar, deren Gesichter durch harte bäuerliche Arbei in der rauhen Luft des Waldes und der Gluthitze der Schmelzöfen geprägt waren. Es war eine Zeit relativen Friedens. Ärmlich waren die Verhältnisse - wie der Chronik zu entnehmen ist. Doch zufrieden eingebettet im katholischen Glauben wurde das Diesseits in Gläubigkeit gelebt. Das große Weltengeschrei mag ihnen fremd gewesen sein. Sie waren treue und ergeben Untertanen der k.u.k. Monarchie zu Wien. Im Lande Böhmen lebten zwei Völker, Tschechen und Deutsche friedlich nebeneinander. Die einen in den fruchtbaren Niederungen Innerböhmens, die anderen in den Böhmen umgebenden Mittelgebirgen, die nie durch Eroberungen, sondern durch den Pflug zu ihrer Heimt wurden. Die Macht der Habsburger verbürgte den Frieden. Ja, bis Jahrzehnte später die Zeit der tschechisch-nationalen Hetzer anbrach, Haß und Neid das Nebeneinander verbitterten.

Am Ende des 1. Weltkrieges fiel diese eine Macht der Ordnung und riß alle Deutschen Böhmens und Mährens in einen ungewolltenm fremden Staat. Hier begann auch der Untergang unserer Gemeinde, ohne daß de Menschen es ahnten. 20 Jahre unter fremder Herrschaft waren bereits eine Leidenszeit, gepaart mit mannigfachen, weltweiten Krisen.

Laßt mich hier bitte vorerst dieses Kapitel beenden - mit dem Dank an alle unsere Vorfahren, die in dieser langen Zeit gelebt, gearbeitet und die Heimat für die nachfolgenden Generationen erhalten haben. Die ihre deutsche Kultur, Muttersprache und Religion gelebt haben. Die sich tapfer gewehrt haben gegen alle Anfeindungen von tschechischer Seite. Ihre Gräber liegen auf geweihtem Gottesacker rund um die Glöckelberger Kirche. Ich möchte hier einen Auszug aus einem Bericht von der Hials Josefine zitieren, die mit dem Hanri zusammen im Jahre 1966 als Letzte Glöckelberg besucht haben. Sie lebten damals noch in Nordböhmen und Pilsen, standen vor der Übersiedlung und wagten die Wanderung durch Glöckelberg zum Plöckensteiner See und wieder zurück. Tschechische Posten kannten sie bereits, daher dies am Rückweg. Ich zitiere: *"Ich sagte,*

Hanri Vater, wir gehen nun mit Genuß und großer Andacht durch Glöckelberg" und habe nebenbei der Maxn Emma ihr Haus fotografiert als Ruine. Alle anderen Häuser waren nicht mehr. Als wir abbogen auf den Fuchsen Hübl, kamen zwei Posten entgegen. Der Hanri sagte nur: "Kirche" Der andere antwortete: "Ich frage". So gingen wir durch den Friedhof. Am Weg zur Kirche war ja Jasmin auf beiden Seiten gepflanzt, deren Sträucher nun so groß waren, daß sie einen Tunnel bildeten. Steine der abgerissenen Friedhofsmauer und auch Grabsteine lagen am Weg. Ich öffnete mit großer Andacht die schwere Eichentüre unserer Kirche. Wie groß war die Enttäuschung. Kahle Wände, kein Bodenpflaster, keine Altäre, keine Orgel, kein Gestühl - nichts. Bei schlechtem Wetter spielen die Soldaten Fußball darin. Ich sagte dem Posten, daß das Dach beschädigt sei, es geht alles kaputt. Doch dieser meinte, daß alles sehr massiv sei und noch lange halte. Im Turm fehlten die Treppen und Glocken. So gingen wir in die Sakristei - wo früher Stufen ins Freie führten. Ich sagte: "Da ist mein Vater begraben" - und der Hanri Vater: "Da drüben liegt mein Vater." Wir beide machten das Kreuzzeichen und beteten in großer Andacht ein Vaterunser für alle unsere Verstorbenen. Wir konnten den Friedhof neben dem Weg nicht betreten. Mannhohes Unkraut, vom nächtlichen Gewitter durchnäßt, mitsamt dem Jasmin, bildeten eine Wand, sodaß ich weder das Grab vom Pfarrer Essl und meinem Amerika Onkel sehen konnte. Ich sammelte Steine, auch Zweige von Sträuchern, die ich bis heute noch haben und in die Ewigkeit mitnehmen werde."

Soweit das Zitat. Dies ist daraus geworden. Der Verfall zu einer Kirchenruine ist nur eine Frage der Zeit. Wo Menschenhände nicht mehr ordnend wirken, legt die Natur den Schleier des Sanften um alles Menschenwerk. Unsere Toten aber daheim um die Kirchenruine gebettet, werden wir nie vergessen. Die zweite Gruppe unserer Toten bereitete uns nach so vielen Jahren große Schwierigkeiten. Es sind unsere Opfer des Zweiten Weltkrieges. Niemand wußte, wieviele es sind. Nirgendwo waren ihre Namen verzeichnet, nirgendwo das Leid vermerkt. Ein Aderlaß der Gemeinde, der unterging in der Katastrophe der Vertreibung und doppeltes Leid für die Angehörigen bedeutete. Wir verneigen uns in Demut vor ihrem größten Opfer, das ein Mensch für seine Heimat geben kann. Das Unheil zog im September 1939 herauf. Die Reichsregierung begann einen Krieg, dessen Ausmaß unvorhersehbar war. Wir Sudetendeutschen waren 11 Monate vorher erst heimgekehrt ins Reich. Arbeit und Frieden erhofften wir uns. 20 Jahre Fremdherrschaft lagen hinter uns. Hunderte von Männern der Gemeinde Glöckelberg mußten damals für das Vaterland den grauen Rock anziehen. Es gab kaum eine Familie, wo nicht mindestens ein Sohn, Vater oder Ehemann fort mußte. Je länger der Krieg dauerte, umso mehr holte man zu den Waffen, sodaß selbst wir damals 16-17jährigen noch als letztes Aufgebot eingezogen wurden. Über 5 1/2 Jahre dauerte das Ringen, Zeit der Angst und Sorgen weltweit und auch daheim. Überdeckten noch anfangs die Siegesmeldungen von den Fronten das erste Leid einzelner Gefallener und Verwundeter, so wuchsen im Laufe der Jahre die Zahlen zu unerträglicher Höhe. Erst viele Jahre nach der Vertreibung konnte manches Schicksal über den Suchdienst und durch ehemalige Kameraden endgültig geklärt werden. Von manch einem blieb alles im Dunkeln, wir wissen nichts. Die kalte Statistik vermerkt folgendes mit Vorbehalt der Endgültigkeit: Der Ort Glöckelberg mit Vorderglöckelberg hat 30 Soldaten, Hüttenhof 57 und Josefsthal 10 als Gefallene und Vermißte zu beklagen. Drei weitere Hüttenhöfler sind heimgekehrt und an den Kriegsfolgen verstorben. Sieben Bewohner der Gemeinde kamen als Zivilisten während und nach dem Kriege ums Leben. Insgesamt 107 Menschen, bei 1.400 Einwohnern der Gemeinde fand demnach ca. jeder 13. den Tod.

Hinter diesen Zahlen verbirgt sich menschliches Leid. Von den Toten erlitten und erduldet an allen Fronten, wo deutsche Truppen kämpften. Dies war in der Weite Rußlands bis Stalingrad, in der Wüste Nordafrikas, in den Schluchten und auf den Bergen des Balkans und Griechenlands, in den Wäldern Kareliens, an der Invasionsfront im Westen, in Norwegen und Italien. Zuletzt in Kurland, Ostpreußen, Schlesien, Böhmen, Mähren, ja sogar noch in Bayern. Sie verbrannten in Panzern, wurden von Granaten zerfetzt, von Tieffliegern gejagt und von MG-Salven niedergemäht. Sie starben schwer verwundet auf den Verbandsplätzen. Sie erfroren in der Kälte Rußlands. Man ermordete sie in Gefangenschaft, starben da auch an Hunger und Krankheit. Man gab ihnen auf sogenannten Todesmärschen den Genickschuß. Das Sterben vollzog sich meist nie so, wie es in den Benachrichtigungsschreiben zu lesen war, wo vom Heldentod für Führer, Volk und Vaterland heroisch gesprochen wurde. Nein, es war sicher qualvoll, bevor junge, gesunde, in der Blüte des Lebens stehende Menschen starben. Vorahnungen aus Briefen lassen tiefe Sehnsucht nach Frieden und einem Ende dieses Krieges erkennen. Fragen nach dem Sinn ihrer Anwesenheit in fremden Ländern, deren Menschen sie Tod, Not und Elend mitbrachten. Der einzelne wollte dies nicht. Wir heute noch Lebenden kannten sie alle - die Väter, Söhne, Brüder, Onkeln, Cousins, Nachbarn und Schulkameraden. Wir alle sind mit ihnen ein Stück ihres meist kurzen und hoffnungsvollen Lebens gegangen. Für uns haben sie heute noch Gesichter, fröhliche und ernste, so wie das Leben sie ihnen gab. Vergessen wir dabei nicht die Frauen und Mütter der Soldaten. Wie oft wohl durchlebten sie in wachen Träumen der einsamen Nächte den Tod ihrer Männer und Söhne. Wieviele Gebete mögen gesprochen worden sein, in der Hoffnung erhört zu werden, für eine glückliche und gesunde Heimkehr, die nicht allen gegönnt war. Der Fuchsn Walter war es, der mir 1944 im Urlaub sagte: "Ich glaube ich komme nicht mehr heim, behaltet mich in guter Erinnerung." Es war dann auch so. Er ruht in Schlesien, und wir wollen es hiermit tun - für alle der Unseren - mit jahrzehntelanger Verspätung. Nun laßt mich auch ein Wort des Dankes und der Anerkennung an die Kriegerwitwen richten. Sie haben ihren Mann und die Kinder den Vater verloren. Allein standen sie nun da - in der Fremde nach der Vertreibung. Kaum jemand konnte ihnen helfen, da jeder mit sich selbst zu tun hatte. Sie waren die Tapfersten von uns allen. Von vielen waren die Männer vermißt. Jahrelanges Warten, Bangen, Hoffen, Tag für Tag und die Sorge um die Kinder, um das tägliche Brot. Woher nahmen diese Frauen die Kraft dazu? Es war wohl der Wille zu leben und die Verantwortung für die Zukunft der Kinder. Aus allen sind anständige Menschen geworden, die wissen, was ihre Mütter geleistet haben.

Unsere Gemeinde hat auch Zivilopfer zu beklagen. Unser Pfarrer Engelmar Unzeitig wurde 1940 verhaftet und verstarb 1945 im NS-KZ-Dachau an Typhus bei der Pflege von russischen Kriegsgefangenen. Unser Oberlehrer Heinrich Pascher verhungerte im tschechischen KZ Pilsen. Paula Schacherl starb im Bombeninferno von Dresden. Josef Schaubschläger wurde von den Tschechen hinter dem Elternhaus erschossen. Leni Jungbauer wurde oberhalb dem Zollhaus auf der Flucht gestellt und hinterrücks vom einem tschechischen Soldaten ermordet. Sie war schwanger. Ebenfalls an der Grenze, jedoch bei Joachimsthal, erschossen Tschechen den jungen Oser Hermann aus Hüttenhof gebürtig. Mit ihm 2 Brüder namens Honetschläger, deren Vater aus Glöckelberg stammte. Macho Adolf endete in einer NS-Sonderanstalt in Linz. So mögen sie nun alle - unsere Gefallenen, Vermissten und Zivilopfer, mit ihren in Erz gegossenen Namen, Zeugnis geben von einer außerordentlichen, schweren, ja bösen Zeit. Von der man glauben wollte, daß es keine Steigerung mehr gibt. Aber es gab sie noch. Über diese Paßstraße nach Glöckelberg, wo 1938 am 1. Oktober deutsche Truppen uns befreiten, rasselten im Mai 1945 amerikanische Panzereinheiten gegen Böhmen. Sie beendeten den Krieg als Sieger und bewahrten uns unbewußt vor tschechischem Massaker. Auch dies sei hier dankbar vermerkt. Denn - zögerlich kamen ab Juni bereits die Tschechen zu uns und zeigten, was ihr wiederbegründeter Staat uns für 1938 heimzuzahlen gewillt war. Alle Schikanen, die vorher von Nazis an Juden verbrochen wurden - außer Vergasung - wendete man an den Sudetendeutschen an. Erspart mir die Details. Ich möchte keine Wunden aufreißen. Im Juli 45 saßen die Sieger in Potsdam zusammen und teilten Europa. Amerikanische Soldaten sagten es uns, daß wir alle von Daheim fort müßten. Niemand wollte es glauben. Großbritannien und die USA haben sich mitschuldig gemacht am Verbrechen gegen alle Menschenrechte. Benesch war am Ziel und hat als Zugeständnis sein eigenes tschechisches Volk an Stalin ausgeliefert. Die tschechische Regierung erließ Gesetzte, wonach die Sudetendeutschen der Kollektivschuld der Naziverbrechen angeklagt und das Gesamteigentum dem tschechischen Staat zufiel. Dieses Verbrechen an uns Deutschen wurde auch später zum Verbrechen an seinem eigenen Volk. So ist es heute noch, so wird es noch lange, sehr lange sein. Was Tschechen unserer Volksgruppe antaten, sagen stumm die 241.000 Menschen, die fehlen. Die Vertreibung als Leidensweg der meisten von uns führte in mehreren Schüben über das Sammellager in Krummau, Grenzübertritt Furth im Wald, mit immer unbekanntem Ziel eines Auffanglagers in Bayern, Hessen, Franken, Nordbaden und Württemberg. Transportmittel war der Viehwaggon mit ca. 30 Personen, samt den 30 kg Bündeln und Kisten an Habe, die man zuließ. Nach dem Auffanglager gab es Zwischenlager und Endlager, bevor die Einweisung in eine meist miserable Stube erfolgte. Denn Deutschland war ein besiegtes Land, zerbombt, zerstört, die Menschen vom Hunger gezeichnet, und immer mehr Menschen brachten die Transporte ins Land. So möchte ich allen unserer Angehörigen, die nach der Vertreibung in der Fremde von uns gegangen sind, besonders gedenken. Ich meine zuerst diejenigen alten Menschen, welche unverschuldet in Not gekommen sind, Gott und die Welt nicht mehr verstehen konnten, ob des Unrechts, das man ihnen angetan hat. Meist waren ihre Söhne vom Krieg noch nicht heimgekehrt, bzw. man wußte noch gar nicht, ob sie überlebt haben. Hilflos und unverstanden, oft ohne Heiz- und Kochgelegenheiten, ohne finanzielle Hilfe, kaum zu essen, Not wohin man schaute in leider auch teilweise feindseliger Umgebung, durchlitten sie die Tage als gebrochene Menschen. Des Nachts, wenn die Sehnsucht und das Heimweh nagte, der innere Schmerz bis zum Halse stieg und nur die Tränen Linderung brachten, waren sie daheim. Wie oft fragten sie in vollkommener Verkennung ihrer Situation - "Wann kommen wir wieder heim?" Selbst wir Jüngeren konnten kaum helfen. Jeder von uns wußte oft nicht, was und wo er am nächsten Tag essen wird. Wir konnten nur versuchen zu trösten, daß es ja auch einmal wieder besser werden wird. Sie erlebten diese Tage nicht mehr. Der Tod war ihnen Erlösung. Daheim wären ihnen sicher noch ein paar Jahre geschenkt worden. So brachen die Umstände der Vertreibung ihren Lebenswillen. Wären sie daheim von den Menschen des ganzen Ortes zu Grabe begleitet worden, so standen in der Fremde nur Wenige um den einfachen Sarg, und als Ruhestätte waren ihnen mancherorts nur die Friedhofswinkel zugedacht.

Freilich - als die Jahre ins Land gingen, das Kisten- und Säckedasein zu Ende ging, als Tisch, Stühle, Schrank und Bett die Stuben wieder wohnbar machten, als allmählich durch Neubauten menschenwürdige Wohnungen auch für uns gebaut wurden, weil man merkte, daß wir keine Zigeuner und Taugenichtse sind, daß wir hart arbeiten konnten, fleißig, sparsam und ehrlich waren, daß wir mit dem mitgebrachten Können und dem Ordnungssinn sehr wohl bestehen, begann sich das Leben zu einem Neubeginn zu normalisieren. Auch unsere älteren Menschen, meist waren sie unsere Eltern, begannen wieder Mut zu fassen und wurden gar oft zum Segen unserer Familien. Sie halfen manches Haus zu bauen für ihre Kinder und fanden selbst Obdach darin. Sie waren wieder freie Menschen, der Staat half ihnen mit bescheidenen Unterhaltshilfen und durch ihre Kinder und Enkel hatten sie meist Betreuung im Alter. Doch auch bei Ihnen - bis ihns hohe Alter hinein - war immer das Gespräch von Daheim. Auch sie starben in der Fremde und ihre letzten Gedanken waren "Daheim". So mag es auch bei uns einst sein.

Zum Ausklang dieser Feierstunde möge für uns alle die Erkenntnis stehen und der Wille kundgetan werden, daß wir trotz aller uns durch Tschechen zugefügten Leiden zur Aussöhnung mit ihnen bereit sind. Jedoch die Voraussetzung dazu ist die Anerkennung unseres Rechtes auf unsere Sudetendeutsche Heimat.

Denn, es gibt weder für uns, noch für die Tschechen eine Kollektivschuld für alle in ihrem und unserem Namen begangenen Untaten. Vielleicht erleben unsere Nachkommen einst den Tag, an dem diese uralte Paßstraße wieder eine Fortsetzung nach Böhmen findet und diese Steine keine Anklage mehr darstellen, sondern für alle Menschen ein immerwährendes Mahnmal bleiben.

Gott möge es fügen!

Einweihung des Gedenksteines in Schöneben am 25.7.1987

Ernst   Silvester   Erna   Johann
Hable   Petschl   Petschl Jungbauer

Totengedenken und Kranzniederlegung am Gedenkstein

IN MEMORIAM ERNST HABLE (Glöckelberg-Böhmerwald)

Für uns alle unfaßbar!

Unser Landmann Ernst HABLE ist für immer von uns gegangen!

Mit Bestürzung haben wir alle diese Trauernachricht vernommen. Eine sehr schwere Krankheit hat seinem Leben am 11. November 1988, viel zu früh, ein Ende gesetzt, und am 15. November 1988 wurde er in Immenhausen/BRD zu Grabe getragen. Eine überaus große Trauergemeinde, darunter viele Landsleute aus unserer früheren Gemeinde Glöckelberg, folgten seinem Sarg und nahmen Abschied von ihm.

Viele Grabreden wurden gehalten und seine Verdienste in seinem neuen Heimatort und um die alte verlorenen Heimat gewürdigt. Am Ende der Trauerfeier sang man an seinem Grab das "Böhmerwaldlied" und das "Wuldalied". Sein Leben war voll Sorge um seine Familie, galt seinen Freunden und vor allem seiner einstigen Waldheimat. Es ist hier schwer, die richtigen Trostworte für seine Familie zu finden: Das ganze Leben ist ein ständiges Abschiednehmen, und keine Stunde kehrt jeweils wieder zurück! Den Angehörigen unser innigstes Beileid!

Zurücklassen hat er 1946 seine Heimat im Böhmerwald müssen und zurückgelassen hat er nun seine Heimat, seine Freunde und sein Lebenswerk: Die Heimatstube Glöckelberg, den Heimatgedenkstein in Schöneben und die Vor- arbeiten für die geplante Partnerschaft zwischen Ulrichsberg und Glöckelberg, die im kommenden Sommer vollzogen werden soll. All das bedarf noch weiteres Bemühen bis zum endgültigen Abschluß! Dies alles wollte er im kommenden Jahre vollenden, aber der Allmächtige hat vorzeitig über ihn das "Große Amen" gesprochen! All seine Verdienste für unsere gerechte Sache, für die Heimatstube und den Heimatgedenkstein sind von mir für alle Zeiten in unserer Hei- matmappe Glöckelberg niedergeschrieben und sollen für spätere Generationen Zeugnis ablegen! Seine letzte Sorge am Sterbebett war: Wer wird seine begonnene Arbeit übernehmen und weiterführen? Wer wird das Heimatbuch der Gemeinde Glöckelberg bearbeiten? Diese Frage ist an uns noch Lebende gerichtet. Wir alle müssen die Antwort geben! In unserer Mitte muß sich jemand aus freiem Entschluß finden, der sein Lebenswerk weiterführt und vollendet. Dazu ist unsere Jugend aufgerufen, denn wir "Alten" werden eines Tages nicht mehr sein, aber sein so mühsam erarbeitetes Werk soll weiterbestehen und soll nicht in ein paar Jahren im Trubel dieser rastlosen Zeit untergehen.

Ernst HABLE, begraben in Immenhausen/BRD. war es nicht vergönnt, wie es in den letzten Worten unseres "Wuldaliedes" geschrieben steht: ".......vom Böhmerwald kriagn will i .... und a Truha af d'Letzt".

In diesem Sinne verneigen wir Landsleute aus Glöckelberg, Josefsthal und Hüttenhof uns vor Ernst Hable, den wir nicht alle auf seinem letzten Weg begleiten konnten! - Er ruhe in Frieden. Er war einer von unseren Besten!

Marktgemeinde Ulrichsberg
Bezirk Rohrbach, Ob.Öster.   Ulrichsberg, am 21. Juli 1989
Postgebühr bar bezahlt!
An einen Haushalt!

Einladung

zur

Gründung der Patenschaft

der

MARKTGEMEINDE ULRICHSBERG

über die

BÖHMERWÄLDLER der ehemaligen PFARRGEMEINDE

GLÖCKELBERG

am SAMSTAG, 29. Juli 1989

Festablauf:
======================

10 Uhr   Messe in Schöneben (Böhmerwaldkapelle)
         anschließend Treffen beim Gedenkstein mit
         Kranzniederlegung

19 Uhr   Einweihung der Glöckelbergerstube / altes Amtshaus
         anschließend Aufstellung zum
         Festzug in den Pfarrsaal

20 Uhr   **Festabend im Pfarrsaal**
         Übergabe der Patenschaftsurkunde
         Musik, Gesang, Brauchtum -
         nach dem Festakt gemütliches Beisammensein

Ich ersuche die Bevölkerung von Ulrichsberg und unsere Urlaubsgäste am Geschehen teilzunehmen.

[Unterschrift]
Bürgermeister.

Vorschau:
4. bis 6. August - Zeltfest der Union Ulrichsberg -
                   Sportzentrum
14. u.15. August - Patenschaftsfeier mit den
                   Böhmerwäldlern aus Oberplan.

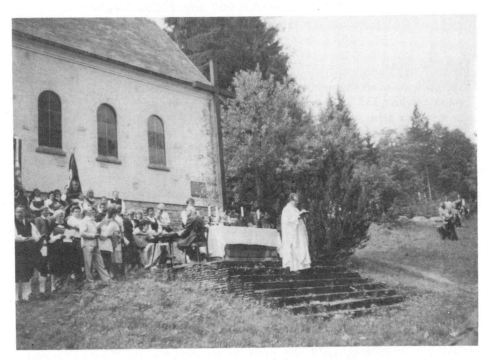

Messe in Schöneben vor der Böhmerwaldkapelle

Einweihung der Glöckelberger Stube im alten Rathaus
Am Rednerpult: Herr Franz Frattner
In der ersten Reihe Fam. Hable. Einer fehlt - uns allen!

Festrede zur Einweihung der Heimatstube
(Von Walter Franz)

Liebe Festgäste!

Eigentlich sollte an meiner Stelle unser Landsmann Ernst Hable stehen und diese Festrede halten! Doch er ist nicht mehr unter uns! Am 11. November vorigen Jahres wurde er abberufen - viel zu früh für uns alle! Er hinterläßt in unseren Reihen eine fast nicht schließbare Lücke!

Lieber Ernst Hable - Deine letzte Ruhestätte ist in Immenhausen. Es war Dir nicht vergönnt, in der Heimaterde begraben zu sein.

Wir danken Dir und verneigen uns vor Dir. Du warst einer unserer Besten! Ich bitte alle, sich zu einer Gedenkminute zu erheben! - Ich danke allen!

Wie schon der oberösterreichische Landeshauptmann Dr. Ratzenböck in einem seiner Geleitworte vermerkte, daß ohne aktive Beteiligung des einzelnen Menschen die Kultur eines jeden Volkes zum Absterben verurteilt ist - so kann man diese Erkenntnis auch auf die Gründer unserer "Heimatstube Glöckelberg" in Verbindung bringen: Beherzte und um die weitere Zukunft unserer Heimattreue und Heimatliebe besorgte Landsleute aus unserer früheren Gemeinde Glöckelberg haben sich mit dem Gedanken einer Gedenkstätte in Form einer Heimatstube für unsere drei zerstörten Waldheimatdörfer Glöckelberg - Josefsthal und Hüttenhof vertraut gemacht, um nicht all das, was für uns "Heimat" bedeutet, der Vergessenheit anheim fallen zu lassen! Diese Überlegungen von Ernst Hable, Sepp Müller und Silvester Petschl - liegen Jahre zurück! Mit ihren Vorhaben standen sie zunächst alleine da! Sie begannen mit dem Sammeln von alten Heimatfotos aus Bekanntenkreisen und schufen so den Grundstock für unsere Fotowandbilder in der Heimatstube. Ihre Überlegungen über einen zentralen Sammelort gingen sehr bald in Richtung Ulrichsberg/Gemeindearvchiv. So kam es zu Gesprächen mit dem damaligen Bürgermeister Herrn Franz Pröll und dem späteren Obmann des Ulrichsberger Heimatvereins Herrn Franz Frattner. Dabei wurde auch die Gründung eines Heimatvereines beschlossen, mit dem Ziel, in Ulrichsberg ein Heimatmuseum zu schaffen. Viele unserer Landsleute sind heute Mitglieder dieses Heimatvereines. Beide Herren waren sofort grundsätzlich bereit, den Gedanken einer solchen Heimatstube miteinzubeziehen, wofür wir immer wieder zu Dank verpflichtet sind! Denn ohne ihr Wohlwollen wäre eine solche Gedenkstätte für uns Glöckelberger wohl nicht möglich gewesen! Beim 1. Hei- mattreffen 1983 wurde vom Ulrichsberger Bürgermeister die konkrete Zusage abgegeben, daß die Gemeinde bereit sei, den Glöckelbergern einen Raum im Alten Rathaus zur Verfügung zu stellen. Gleichzeitig wurde unsererseits versprochen, daß der Gemeinde dadurch keinerlei Kosten entstehen werden. Gemeinsam mit Erna und Silvester Petschl, Sepp Müller, tatkräftig unterstützt von den beiden Herren Franz Frattner und Altbürgermeister Franz Pröll, machten sie sich an die umfangreiche Arbeit auf völlig neuer Basis, ohne Erfahrung und ohne Geldmittel. Erstes Ziel war die Erfassung aller Landleute aus unserer Gemeinde und die Dokumentation der Heimatorte Glöckelberg, Josefsthal und Hüttenhof in einem genügend großen Raum in Ulrichsberg. Trotzdem ihm Silvester und Erna Petschl in allen Fragen helfend zur Seite standen, Sepp Müller alle Fotoarbeiten übernahm, und ich mich in jahrelanger Kleinstarbeit um die "Heimatchronik" in Form der bekannten "Heimatmappe Glöckelberg" bemühte, wurde doch die Hauptlast der Arbeit von Ernst Hable bewältigt. So verwendete er fast seine ganze Freizeit für die Planung und Ausgestaltung unserer Stube. Der Tod unseres Landsmanns Sepp Müller im September 1985 ergab neue Probleme in Bezug auf die termingerechte Fertigstellung der Stube. Die erforderlichen Fotoarbeiten übernahm nun unser Landsmann Franz Kari in uneigennütziger Weise. Wir sind ihm dafür ein hohes Maß an Dank und Anerkennung schuldig!

Neben Ernst und Sepp standen aber auch Erna und Silvester Petschl fast in gleichem Ausmaß an Planung, Arbeit und Organisation - und auch an Sorge für das Gelingen dieses Vorhabens bereit. Außerdem finanzierten sie so manche fällige Rechnung, ohne zu fragen, ob und wann das Geld refundiert wird! Überhaupt war das Ehepaar Erna und Silvester Petschl von Anfang an die wichtigste Stütze und Verbindung zwischen uns und den in allen Himmelsrichtungen zerstreuten Landsleuten und unserer Gönnergemeinde Ulrichsberg unter der damaligen Führung ihres Bürgermeisters Franz Pröll und der Gemeinderäte aller politischen Parteien. Dies bedarf wirklich einer besonderen Würdigung! Als "Pfleger und Hüter" unserer Heimatstube sind uns Erna und Silvester unentbehrlich geworden. Möge den Beiden ihre Gesundheit die Kraft dazu noch viele, viele Jahre geben. So kann ich heute im Namen aller Glöckelberger Landsleute Euch beiden unseren besonderen Dank und Anerkennung für Eure selbstlose Arbeit aussprechen. Einen Orden kann ich Euch leider nicht verleihen, dazu fehlt mir die offizielle Berechtigung, doch gebühren würde Euch beiden ein solcher! Aber auch andere Landsleute haben tatkräftig mitgeholfen, die Stube ab Juli 1986 besuchsfertig zu machen! Unter diesen zählt auch der über 80 Jahre alte Franz Müller aus Erlauzwiesel - unser "Peternschneider Tischler", der einen großen Teil der Einrichtung samt den Vitrinen anfertigte. Sein Spruch bei der Anprobe, wenn etwas nicht so genau stimmt, war: "Hau's dauni - hau's umi - hau's owi!"

Viele Geldspenden unserer Landsleute und Freunde unserer Walsheimat sicherten die finanziellen Ausgaben ab, denn ohne diese Spenden wäre ein solches Vorhaben schwerlich zustande gekommen, obwohl es aber auch - leider - viele Landsleute gibt, die abseits stehen; die Gründe dazu mögen verschieden sein, sie sind aber doch unverständlich! Und so haben wir alle auf Grund unseres Könnens und Wissens und unserer finanziellen Lage freiwillig mitgeholfen, diese Heimatstube so zu gestalten, wie wir sie heute vor uns finden: Fast wie ein Juwel, in dem sich Hunderte alte Bilder der alten Vitrinen wiederspiegeln. Fast wie eine Schatztruhe, in der sich unser "Waldheimatkreuz", zusammengefügt aus letztem Josefsthaler Fundmaterial, alten Dokumenten, Schriften und sonstigen Erinnerungsstücken, von vielen Landsleuten im Vertreibungsgepäck gerettet oder als Flüchtlingserinnerungen nachts über die Grenze getragen und letztendlich, in der sich auf fast 600 Seiten niedergeschriebene "Heimatmappe" und der "Glashüttengeschichte von Josefsthal", befinden. Es würde aber den Rahmen dieser Feier weit überragen, auch nur das Wichtigste aus der Heimatchronik unserer Gemeinde hier darzulegen. Viel Diesbezügliches ist in unserer Festschrift enthalten. Seit über 43 Jahren ist der Pulsschlag unserer Waldheimatgemeinde Glöckelberg still geworden. Lange nach unserem Tode soll aber diese Stätte Begegnungs- und Besinnungsort unserer Jugend sein!

Träume, Hoffnungen, Illusionen und Visionen eines möglichen Wiedersehens mit altvertrauten Stätten unserer früheren Heimat kommen und entfliehen in die Unendlichkeit dieser Welt!. Werden mit unserem Ableben unsere Erinnerungen ausklingen und wird Stille einkehren in den Herzen unserer Nachkommen????

Legt sich dann der Schleier der Vergangenheit auf all das, was uns Alten noch heilig und teuer war??? Dann hätte sich der Kreis der Geschichte unserer drei

Böhmerwalddörfer geschlossen, begonnen vor über 300 Jahren, als unsere Vorfahren aus der Waldwildnis Heimat schufen. Und mit diesen besinnlichen, für den einen oder anderen unter uns traurigen Worten, will ich meine Festrede beenden und Euch allen ein gesundes Wiedersehen in 2 Jahren hier in unserer Obhutsgemeinde wünschen.

Festrede zur Übernahme der Patenschaft der Gemeinde Ulrichsberg am 29. Juli 1989

Liebe Festgäste!

Wie sie alle wissen, pilgern alljährlich Hunderttausende Gläubige nach Rom, um persönlichen und geistigen Kontakt mit ihren Kirchenoberhaupt und den historischen Bauten der gesamten Christenheit zu erleben, aber auch fast alle anderen Religionen haben solche Stätten ihres Glaubens und Verweilens.

Wir Heimatvertriebene sind gleichfalls solche Pilger, die fast alljährlich aus dem immer noch geteilten Deutschland, aus Österreich und vielen anderen Ländern Europas, aber oft auch aus Übersee, wo sie ein neues Zuhause gefunden haben, hierher, um diesen persönlichen und geistigen Kontakt mit unserer früheren Heimat zu erleben.

So ist für Ulrichsberg im Mühlviertel heute ein ganz besonderer Tag in seiner Heimatgeschichte: Es feiert die Patenschaft mit den rechtmäßigen Bewohnern der einstigen Gemeinde Glöckelberg, um diesen seit über 40 Jahren vertriebenen Menschen eine neue "symbolische" Heimat zu geben, und in der sie aber auch jederzeit erwünscht und gerne gesehen sind! Unsere Gemeinde Glöckelberg mit den Orten Glöckelberg selbst, dann Josefsthal und Hüttenhof gibt es nicht mehr! Ihre Bewohner wurden damals fortgejagt.

Ihre drei Ortschaften wurden in den Jahren um 1950 von den Tschechen dem Erdboden gleichgemacht. Man verwehrt uns, den rechtmäßigen Eigentümern, dieser Gemeinde, seit dieser Zeit den Zutritt! Und immer wieder werden wir es in die Welt hinausschreien, daß fast 3,5 Millionen Sudetendeutsche in den Jahren 1945/1946 von den Tschechen mit Duldung der sogenannten Siegermächte ausgeraubt, ihre Wohnungen geplündert, von Haus, Hof und Hütte unter Zurücklassung von lebendem und totem Inventar aus ihrer rechtmäßigen angestammten Heimat vertrieben wurden. Dabei kamen etwa 240.000 Menschen bei dieser Vertreibung durch Erschöpfung, Hunger, erschlagen oder erschossen, ums Leben. Hunderte von Ortschaften, so wie unsere Gemeinde, wurden dem Erdboden gleichgemacht und eingeebnet. Diese Vertreibung nach dem Krieg war ein lang geplantes, vorbereitetes und von den Siegermächten genehmigtes Verbrechen - mitten in Europa und im 20. Jahrhundert! Über diese historische Wahrheit wollen, können und werden wir nicht zur europäischen Tagesordnung schreiten können - niemand, der auch nur einen Funken Rechtsgefühl in sich trägt, kann dies von uns verlangen! Die Gegenseite kann dies wieder mit "Revanchismus" bezeichnen, doch mit dieser Bezeichnung klagt ja sie sich selber an, gibt offen zu, daß jemand, und das sind wir Sudetendeutschen, ein Unrecht angetan wurde, worüber sich der Betroffene - und das sind ebenfalls wir, auf eine erlittene Schädigung, sich mit gleicher Art vergelten will!

Aber wir haben vor aller Welt diese Vergeltung abgeschworen und wollen nur das fundamentale Recht auf Selbstbestimmung und Heimat, wie es jedem Kolo- nialvolk von der UNO gewährt wird! So sind nur mehr wenige dieser Menschen - und wir werden immer weniger - die dort drüben über den Paß von Schöneben ihre rechtmäßige Heimat hatten, mit ihren Kindern und Freunden heute hiergeeilt, um diese Feierstunde mitzuerleben - mitzuerleben unter Freunden unseresgleichen!

Und nun - nur einige Worte zu dem Begriff "Patenschaft". Was sagt uns dieses Wort? - Es ist die freiwillige Übernahme eines Schutzschirmes, eine Art Verpflichtung, im Interesse einer Person oder einer Gemeinschaft. Man könnte diesen Begriff Patenschaft auch als "Geborgenheit" verstehen!. Man darf ihn nicht verwechseln mit dem Begriff "Partnerschaft"! Partnerschaft drückt etwas ganz anderes aus: Darunter versteht man die Freundschaft zwischen zwei Gleichberechtigten - zwei gleichstarken Freunden - die sich ein gemeinsames Ziel, eine gemeinsame Aufgabe stellen!

Und so hat die Marktgemeinde Ulrichsberg mit ihrem Bürgermeister, Herrn Nathschläger an der Spitze, und seinen Gemeinderäten diesen Beschluß gefaßt und freiwillig diese Pflicht des Schutzschirmes übernommen! Diese Freundschaft - mit der Übergabe der Urkunde offiziell bekundet - will so ihre schützende und fördernde Hand über die Gemeinschaft unserer Landsleute aus der früheren Nachbargemeinde Glöckelberg halten. Wir und unsere Nachkommen sind somit nicht mehr schutzlos dieser gnadenlosen Zeit voller Intrigen, Lügen, Haß und Willkür ausgeliefert und haben endlich ein "symbolisches Zuhause"! Es ist aber auch die Patenschaft des guten Willens, mit der Ulrichsberg eine neue geistige Heimat für uns und den kommenden Generationen der früheren Glöckelberger Gemeinde sein wird. Somit wird ein würdiges und vorallem ein "menschliches" Blatt der Heimatgeschichte beider Gemeinden aufgeschlagen. Und so wollen wir in Zukunft gemeinsam Gottesdienste und Gedenkfeiern eines noch intakten Gemeinschaftsbewußtseins und ungebrochener Heimattreue veranstalten. Aber auch der sonst in weiter Zerstreuung lebenden Landsleute aus der alten Heimat gedenken! Ich möchte Ihnen auch jene Daten aus der Vergangenheit nicht vorenthalten, da Ulrichsberg und Glöckelberg in enger Verbindung standen: So zunächst die historische Straßenverbindung über den Paß von Schöneben/Glöckelberg. Unter den vielen Übergängen von Böhmen nach Oberösterreich hatte diese Straße in früheren Zeiten eine ganz besondere Bedeutung, weil sie auch die Verbindung mit Bayern, insbesondere aber mit Passau herstellte. Neben dem "Goldenen Steig" war sie berufen, Südböhmen mit Salz aus den Salzburger Werken, die in Passau ihre Stapelplätze hatten, zu versorgen. Dieser Salzhandel hat wahrscheinlich schon in Zeiten, von denen keine Kunde mehr zu uns kam, bestanden, weil Böhmen keine Salzvorkommen hatte und die ungeheuren Salzlager in Salzburg und Berchtesgaden am nächsten lagen. Urkundenmäßig verlieh am 1. Juli 1349, also vor 640 Jahren, Kaiser Karl IV. dem Ort Oberplan das Marktprivilegium samt "Stock und Galgen", sowie die "freie Straße" nach Passau. Dieser Weg hieß in Böhmen "die Planer Straße", in Bayern "die Passauer Straße" und in Oberösterreich "die Klafferstraße". Adalbert Stifter fuhr am 30. August 1866 von Lackenhäuser kommend über den Paß von Schöneben/Glöckelberg nach Oberplan zu seinem Elternhaus und am 3. Septemberg des gleichen Jahres wieder zurück nach Lackenhäuser. Von dieser Fahrt schrieb er am 1. September 1866 in einem Brief an seine Frau nach Linz: *"Was für Eindrücke in meiner Seele waren, als ich bei Glöckelberg in meine Heimatfluren hinaus kam, kann ich Dir nicht sagen. Fast war Wehmut vorherrschend, wer weiß, wann ich wieder einmal hierherkomme?"* Welche Ähnlichkeit mit Adalbert Stifters Wehmut und Sorge nach einem Wiedersehen mit seiner Oberplaner Heimat - damals vor 100 Jahren - ist da. Wenn wir heute vom Moldaublick oder vom Bärnstein hinüberschauen in unsere Heimatfluren! Wahrlich eine bewegte Geschichte dieser heute fast vergessenen Straße über den Kamm des Böhmerwaldes. Vorläufig ist sie eine Sackgasse, aber irgendwann wird sie es nicht mehr sein: - Wenn Menschen zu einander wollen und dürfen, denn die Zeichen dieser Wandlung sind in Europa bereits sichtbar! In weiterer Folge dieser Verbindungen unserer beiden Gemeinden ist noch das Post- und Schulwesen zu erwähnen: Ab 1870 wurde Glöckelberg von Ulrichsberg aus postalisch versorgt. Über den Paß von Schöneben/Glöckelberg fuhr damals eine Postkutsche, im Winter ein Schlittengespann bis weiter nach Oberplan, aber auch einzelne Postboten zu Fuß oder mit Pferd brachten Post aus aller Herren Länder. Ab 1908 wurde diese Verbindung eingestellt, weil das im Jahre 1899 errichtete Postamt Glöckelberg seine anfällige Post zum Bahnhof nach Vorderstift bringen konnte. In den Kriegsjahren 1939 bis Mai 1945 wurden die beiden einstigen Grenzweiler Sonnenwald und Schöneben vom Postamt Glöckelberg versorgt. Aber auch die Schulkinder von diesen beiden Orten besuchten seit 1870 die Volksschule in Glöckelberg und die damaligen Landesgrenzen zwischen Oberösterreich und dem Kronland Böhmen und in späterer Folge die Staatsgrenze zwischen der Republik Österreich und der CSR vermochten es nicht, diese enge Bindung zu trennen. Nach der großen Vertreibung 1945/1946 war Ulrichsberg für uns Heimatvertriebene immer jenes Ziel, das wir seit über 40 Jahren in zunehmendem Maße besuchen und durch die Errichtung der "Moldaublick-Aussichtswarte" nun endlich auch die Möglichkeit haben, ungehindert hinüberzuschauen in unsere alte Waldheimat. Unstillbare Sehnsucht schwingt in unseren Herzen, manchmal sind es aber auch romantische Träume und Zerrbilder fern aller Wirklichkeit! Wir älteren Landsleute aus der Gemeinde Glöckelberg, die alles noch von früher her kannten, und die ihre Jugend dort verbrachten, würden uns überglücklich schätzen, wenn uns die Möglichkeit gegeben würde, auch nur auf eine halbe Stunde an den Trümmern und Resten unserer zerstörten Heimstätte verweilen zu dürfen, - im Gegensatz zu allen anderen Landsleuten, deren Ortschaften nicht zerstört wurden und nicht im Grenzsperrgebiet liegen. Die Krummauer, die Oberplaner und viele andere Landsleute, deren Orte noch bestehen, haben es leichter, wenn sie ihre alte Heimat besuchen, denn sie können unter Umständen zu ihren früheren Häusern und Wohnungen gehen, sie sogar oft betreten und brauchen keine Sperrzonen mit Verhaftungen bei deren Betreten zu befürchten - uns ist dies alles verwehrt! Diese Tatsachen sollen jedoch keine Neidgefühle gegenüber den anderen Landsleuten wachrufen, doch nur die Feststellung treffen, daß uns diese Unmenschlichkeit der Vertreibung doppelt und schmerzhafter trifft, als alle anderen! Schon Adalbert Stifter sagte in seiner Zeit: "Was Gutes und Schlechtes über die Menschheit gekommen ist, haben Menschen gemacht!" Trotz alldem, was man uns Heimatvertriebenen angetan hat, wollen wir uns einer derartigen nationalen Würdelosigkeit, wie sie in unseren Tagen so oft und so beschämend von einigen unserer Politiker gegenüber dem Osten immer wieder gezeigt wird, um keinen Preis der Welt unterwerfen! Auch das muß einmal ganz offen ausgesprochen werden!

So feiern wir heute gemeinsam die Einbindung unserer früheren Gemeinde Glöckelberg mit der Obhutsgemeinde Ulrichsberg in das Patenschaftsverhältnis! Diese Patenschaftsübernahme reiht sich würdig in die vielen, vielen anderen Patenschaften bayrischer und österreichischer Gemeinden entlang der Landes- grenze zu Böhmen. Sie alle übernahmen freiwillig diese Verpflichtung und wir Landsleute aus der Gemeinde Glöckelberg danken den Bürgern, dem Bürgermeister und seinen Gemeindevätern und all jenen - aber ohne Absicht nicht namentlich genannten Mitbrügern aus Ulrichsberg, aus Glöckelberg, Josefsthal und Hüttenhof - für ihre großen und verantwortungsvollen Vorbereitungsarbeiten um das Gelingen dieser Feier. Für die große Geste der Freundschaft und Gastfreundlichkeit, die uns hier immer wieder entgegengebracht wird, sagen wir ein herzliches "Vergelt's Gott"! Dank aber auch an Euch alle aus unserer früheren Heimat für Euer Kommen! - Vielen Dank, euch Freunden des Böhmerwaldes! Ein Dankeschön auch an unsere Jugend! Mögen die Jahre, die uns der Allmächtige noch schenkt, nur mehr von kurzer Dauer sein - und mögen wir nach einem kurzen Verweilen und Miterleben hier im Blickfeld unserer verlorenen Heimat wieder in alle Herrgottswinkel unseres Erdteiles zurückkehren und im üblichen Alltagsgetriebe untergehen. so wollen wir doch auch für all diese stillen und besinnlichen Stunden, die wir hier erleben durften, unserem Allmächtigen danken!

Meine Bitte zum Abschluß meiner Worte: Tragt weiterhin in Euren Herzen die Liebe und die Treue zu unserer Böhmerwaldheimat Glöckelberg - So wahr uns Gott helfen möge!!!

Patenschaft Ulrichsberg-Glöckelberg

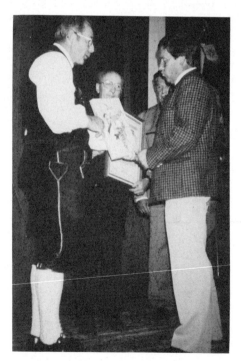

Übergabe der Patenschaftsurkunde

Ulrichsberg nimmt sich der Glöckelberger an

Die Heimatvertriebenen der südböhmischen Pfarrgemeinde Glöckelberg haben sich in ihrer ehemaligen Nachbargemeinde Ulrichsberg eine zweite, geistige Heimat gefunden. Dies sagte der Sprecher der Glöckelberger Walter Franz bei seiner Festansprache anläßlich der Übergabe der Patenschaftsurkunde durch Bürgermeister Josef Nathschläger.

Die Marktgemeinde Ulrichsberg hat mit einstimmigem Beschluß des Gemeinderates die Patenschaft über die ehemaligen Bewohner der Pfarrgemeinde Glöckelberg übernommen, deren Ortschaften nicht mehr existieren und im militärischen Sperrgebiet liegen. Über 400 ehemalige Glöckelberger, Hüttenhöfler und Josefsthaler waren nach Ulrichsberg gekommen, um bei der Paten- schaftsfeier dabei zu sein. Der aus Hüttenhof stammende Missionspriester Rudolf Wimmer zelebrierte von der Böhmerwaldkapelle eine Feldmesse, zu der der Ulrichsberger Kirchenchor unter Franz Frattner junior die Wäldlermesse von Ferdinand Neumaier sang. Anschließend legten die Heimatvertriebenen einen Kranz an ihrem Gedenkstein in Schöneben nieder. Pfarrer Dechant Augustin Keinsberger segnete den Gedenkraum der Glöckelberger im Heimathaus. Unter den vielen Gästen waren auch Bezirkshauptmann Hofrat Dr. Karl Winkler, Landtagsabgeordneter Engelbert Lengauer, sowie Vertreter der Sudetendeutschen Landsmannschaft. Nach dem Weiheakt bewegte sich der Festzug unter Vorantritt der Marktmusikkapelle und den Abordnungen der örtlichen Vereine zum Pfarr- saal, wo der Bürgermeister in feierlicher Form die Patenschaftsurkunde übergab. Neben der Blasmusikkapelle sorgte auch die Brauchtumsgruppe für einen würdigen Ablauf der Feier, bei der Vizebürgermeister Fritz Scherrer Regie führte. Altbürgermeister Franz Pröll, der wesentlich zu dieser Verbindung beigetragen hatte, erinnerte an die Zeit, als Glöckelberg noch bestand, und wie es damals hier im Böhmerwald war. Zwischen den beiden Grenzgemeinden gab es enge nachbarschaftliche Beziehungen, sowohl in wirtschaftlicher, kultureller und gesellschaftlicher Hinsicht.

1989/1990 brachte die große Wende

Der eine Welt erschütternde Umsturz in den noch kommunistischen Ländern Osteuropas und die deutsche Wiedervereinigung haben vieles in Bewegung gebracht. Europa ist im Aufbruch. Die Tschechoslowakei, die Heimat der Sudetendeutschen, entwickelt sich zu einem demokratischen Staat. Wir begrüßen diese Entwicklung und hoffen, daß jetzt ein "Neuanfang" möglich wird. Da die Sudetendeutschen im Jahre 1919 nicht das Recht auf Selbstbestimmung bekommen haben, und auch die Sieger des Zweiten Weltkrieges dieses elementare Menschenrecht nicht beachteten, sind 13 Millionen Deutsche aus ihrer Heimat vertrieben worden. Trotz allen Leides durch die Vertreibung haben die Heimatvertriebenen in der Charta vom August 1950 in Bad Cannstatt auf Rache und Vergeltung verzichtet. Das war damals schon das erste und größte Friedensangebot.

Die Veränderungen im Osten ermöglichen jetzt einen Neuanfang, auch in den Beziehungen zwischen Tschechen und Sudetendeutschen, die über Jahrhunderte in diesem Raum friedlich zusammengelebt haben. Die Worte des neuen Präsidenten,

Vaclav Havel, über das Unrecht der Vertreibung sind bei den Sudetendeutschen dankbar aufgenommen worden und bilden eine gute Grundlage für friedliche Verhandlungen. Wir stehen am Anfang einer neuen Entwicklung, die seither noch niemand voraussehen konnte. Darum loben wir doch die Bereitschaft der neuen Bürgerbewegung in der Tschechoslowakei und hoffen, daß die gewählten Vertreter beider Volksgruppen miteinander ins Gespräch kommen, um die Vergangenheit aufzuarbeiten. Es hat wenig Sinn, jetzt massive Forderungen zu stellen. In der Tschechoslowakei muß erst die innenpolitische Konsoldierung erfolgen. Wir Glöckelberger sind vorerst schon froh und dankbar, daß wir die alte Heimat wieder frei und ohne Angst besuchen dürfen, und wir hoffen, daß die Grenze am Rotbach geöffnet und ein regulärer Grenzübergang von Ulrichsberg nach Glöckelberg wieder errichtet wird. Und leben wir dereinst im Vereinten Europa, an dem wir alle mutig mitbauen wollen, dann wird sich manches leichter regeln lassen. Wichtig ist, daß endlich der Völkerhaß, der so viel Leid brachte, besiegt wird, und wir alle in Frieden und Freiheit leben dürfen.

Glöckelberg soll ein Sinnbild der Versöhnung werden

Erst durch die große politische Wende 1989 im Ostblock wurde die Grenzsperrzone ausgehoben und der Zutritt zu allen Ortschaften an der Grenze zu Österreich und Bayern möglich, nachdem die technischen Grenzsperren (Eiserner Vorhang) im Frühjahr 1990 von den tschechischen Grenzsoldaten entfernt wurden.

Horst Wondraschek kam als einer der Ersten mit seinen Verwandten nach der Grenzöffnung nach Glöckelberg. Sie waren alle auf Schlimmes gefaßt. Fassungslos standen sie vor den Trümmern des einst so schmucken Grenzdorfes. Der Heimatort ist brutal und sinnlos vernichtet worden. Die Häuser wurden geschleift und sind nun von Bäumen und Gestrüpp überwuchert. Die Kirche, aus deren Dach bereits Birken sprießen, ist den Verfall überlassen, und der darum liegende Friedhof ist verwüstet und vom Wald überwuchert. So schlimm hatten sie es sich alle nicht vorgestellt. "Das kann man nicht so lassen", war der erste Entschluß. "45 Jahre lang haben wir sehnsüchtig von der Grenze herübergeschaut in die alte Heimat. Jetzt haben wir die Chance etwas zu tun", ermunterte Horst Wondraschek seine Verwandten.

Und so reifte bei allen, die da kamen, der Wunsch, daß wenigstens die Kirche und der Friedhof als Ort der Versöhnung erhalten bleiben soll.

Horst Wondraschek ergriff nun die Initiative und forderte in mehreren Aufrufen alle Glöckelberger und alle Freunde des Böhmerwaldes auf, bei allen Maßnahmen zur Erhaltung der Kirche und zur Kultivierung des Friedhofes mitzuhelfen.

Die Aufrufe hatten Erfolg!

Wenn man den Glöckelbergern auch alles genommen hat, und sie in alle Winde zerstreut wurden, eines konnte man ihnen nicht nehmen: das Zusammengehörigkeitsgefühl und die Liebe zu ihrer Heimat.

BISKUPSTVÍ ČESKOBUDĚJOVICKÉ

370 21 Č. Budějovice, Biskupská 4, pošt. schránka 8, tel. ORDINÁŘ 38162, KURIE 38765

Č. j.: 1176/90

Dne den 5. September 1990

Liebe Freunde jenseits der Grenze!

Vor kurzem habe ich eine wehmütige Wallfahrt in die vernichteten Kirchen im Südgrenzgebiet unserer Diözese unternommen. In meiner Seele hat es den tiefsten Eindruck hinterlassen. Wenn jemand um ein Vermögen, Haus, Felder, Wälder kommt, ist es sehr schmerzlich - als ob er die Erde unter den Füßen verliert. Wenn jedoch die Leute ihre Heimat verlieren, ihre Heiligtümer, Gräber ihrer Lieben - das ist unaussprechlich schmerzlich.

Mit solchen Gefühlen bin ich durch Gebüsch zu der zerstörten und verlassenen Kirche in Glöckelberg (Zvonkova) durchgedrungen. Eine kleine Kerze, die mit ihrem Flämmchen auf der Erde flimmerte, hat mich aufmerksam gemacht: ich bin im Friedhof ...

Das ganze Gebiet, das ich damals durchfahren habe, scheint mir ein großer Friedhof der Menschlichkeit und des Kulturstandes unseres Volkes zu sein. In der vernichteten Kirche bin ich ihren Leuten begegnet, die nicht vom berechtigten Zorn gesprüht haben, sondern haben mit Trauer im Gesicht und Schmerzen im Herzen begonnen, den Ausweg aus dieser grossen Grabstätte der gegenseitigen Beziehungen zu suchen. Ich habe gesehen, daß sie in Liebe gekommen sind. Allmählich haben wir die Wege gefunden. Mit Freude habe ich den Gedanken empfangen, schrittweise diese Stellen zu renovieren. Ich weiß, daß sie in der momentanen Situation uns in ganzer Funktion nicht dienen können, aber sie können ein Ort gemeinsamer Zusammenarbeit bei der Erneuerung werden, ein Ort des gemeinsamen Gebetes, der Versöhnung, des Zusammentreffens ....

Aus diesem Grunde lade ich Sie herzlich ein: kommen Sie, wir beginnen wieder gemeinsam. Durch gemeinsame Bemühungen beginnen wir zu beseitigen, was Ungunst der Zeit, organisierter Haß zwischen uns gehäuft haben. Ihre Vertreter, mit welchen wir verhandelt haben, geben Ihnen konkrete Dispositionen.

Den gemeinsamen Weg zur Erneuerung und Versöhnung segnet

Bischof von Budweis

Horst Wondraschek und der Bischof von Budweis, M. Vlk, besprechen die Renovierung der Kirche und des Friedhofes

Aufruf an alle Glöckelberger, deren Nachkommen und alle Freunde des Böhmerwaldes

45 Jahre Kommunismus und Atheismus, 45 Jahre Regen und Frost, haben es nicht geschafft, die Kirche von Glöckelberg gänzlich zu zerstören.

Allen jenen, die beim traurigen Anblick des Friedhofes und der Kirche resignieren und in der Erhaltung keinen Sinn mehr sehen, möchte ich zu bedenken geben, daß doch nicht wir Glöckelberger es sein dürfen, welche durch ihre Inaktivität die Kirche endgültig dem Verfall preisgeben. Ich habe bereits Maßnahmen zur Restaurierung der Kirche gesetzt und den Auftrag erteilt, den Dachstuhl zu reparieren. Ich bitte Sie, lassen Sie mich nicht im Stich! Ich bin hier einig mit Bischoff Vlk aus Budweis, daß die Kirche Glöckelberg in Zukunft ein Ort der Begegnung und Versöhnung sein kann.

Sie sollten wissen, daß diese Worte ein 50jähriger schreibt, also einer, der den Heimatort seiner Mutter Karoline Wondraschek, geb. Petschl, kaum mehr in Erinnerung hat, der aber weiß und spürt, daß die alten Glöckelberger aus Altersgründen nicht mehr die Kraft haben, diese Aufgabe zu bewältigen.

Ich hoffe daher insbesondere, daß Nachkommen von Glöckelbergern meines Alters und deren Kinder die Kraft und den Willen aufbringen, hier mitzuhelfen, damit wir zu Ehren unserer Vorfahren die Erinnerung an den Ort durch Erhaltung des Friedhofes und der Kirche weiterleben lassen.

Geben Sie diesen Aufruf vor allem jenen zu lesen, die, genauso wie ich, bis zu ihrem 45. Lebensjahr nichts von diesen Dingen wissen wollten, aber mit zunehmendem Alter sich für die Wurzeln ihrer Herkunft zu interessieren beginnen. Liebe Altersgenossen und deren Nachkommen! Nehmen Sie jetzt die Chance wahr, an einem konkreten Projekt mitzuarbeiten! Werden Sie Mitglied der Arbeitsgemeinschaft Sumava-Böhmerwald "ARGE S/B"!

Spenden erbitte ich in der BRD:
Sparkasse Waldkirchen
Kto.Nr. 848.846
in Österreich:
Sparkasse Linz
Kto. Nr. 2310-053208 (BLZ 20320)

Wenn Sie an einem Wochenende mitarbeiten wollen, wenden Sie sich bitte an Erna und Silvester Petschl in Waldkirchen oder direkt an mich:
Horst Wondraschek, A-4040 Linz, Hoppichlerstraße 25, Telefon 32-23 21 64.

Mit freundlichen Grüßen   Horst Wondraschek   September 1990

Ein Bericht über die bisherigen Aktivitäten für den Friedhof und die Kirche in Glöckelberg

Nach mehreren Besuchen in Glöckelberg wurde mir klar, daß man insbesondere den Friedhof, aber auch die Kirche nicht ihrem Schicksal überlassen darf. Durch glückliche Umstände war es mir möglich, mit den Verantwortlichen von Kirche und Staat Gespräche zu führen. Am 23. Juli 1990 fand eine Zusammenkunft mit

Bischof Miloslav Vlk und dem Kreisvorsitzenden von Krummau Herrn Dr. Miroslav Svoboda mit entsprechender Begleitdelegation in der Kirche in Glöckelberg statt. Herr Bischof Vlk erklärte, daß er es gerne sehen würde, wenn die Kirche von Glöckelberg so weit restauriert werden könnte, um einen Stätte der Begegnung vor allem aber der Versöhnung sein zu können. Auch die staatliche Seite, Herr Dr. Svoboda erklärte seine positive Einstellung zu diesem Vorhaben. Beide Seiten konnten jedoch keine finanzielle Hilfestellung zusagen.

In weiterer Folge fand am 24.08. im bischöflichen Amt in Budweis ein Treffen zwischen Herrn Bischof Vlk, Herrn Ing. Karl Groulik, als technischem Sachverständigen aus Budweis und von österreichischer Seite dem Bezirkshauptmann von Rohrbach, Herrn Dr. Karl Winkler, Herr Dr. Otmar Hanke und mir statt. Bei dieser Besprechung wurde nochmals die Absicht bekräftigt, dieses Vorhaben mit allen zur Verfügung stehenden Kräften zu unterstützen. Herr Ing. Karl Groulik hat zugesagt, die Kirche zu begutachten, und einen Bericht über eine mögliche Sanierung zu liefern. Am Montag darauf, also am 27.08. fand ein offizielles Treffen zwischen dem Bezirkshauptmann von Rohrbach Dr. Karl Winkler und im Rang vergleichbaren Herrn Dr. Svoboda in Krummau statt. Offizielles Thema dieser Begegnung war die Errichtung eines Grenzüberganges zwischen Schöneben und Glöckelberg und die praktische Durchführung der Erneuerung des Friedhofes und einer möglichen Reparatur der Kirche von Glöckelberg. Das Gespräch fand in einer äußerst positiven Atmosphäre statt. Von österreichischer Seite waren die gleichen Personen, wie am Freitag, beim Bischof anwesend. Zu unserem Erstaunen hat Herr Ing. Groulik bereits Pläne der Kirche angefertigt, ein Gutachten erstellt, und einen geschätzten Kostenvoranschlag für die ersten Maßnahmen zur Kirchensanierung vorgelegt. Herr Ing. Groulik ist am dazwischenliegenden Wochenende nach Glöckelberg gefahren, und unter Lebensgefahr ohne Zuhilfenahme von Leitern im Dachgebälk herumgeklettert, um sich ein Bild zu machen.

Ergebnis 1: Die Bausubstanz, also das Mauerwerk, ist im erhaltungswürdigen Zustand und gut.

Ergebnis 2: Der Dachstuhl muß nicht erneuert werden, sondern kann oben durch Auswechslung von Balken repariert werden.

Ergebnis 3: Es wird versucht, die wertvolle Dacheindeckung mit Naturschiefer zu erhalten.

Herr Ing. Groulik und wir waren uns einig, daß diese Arbeiten nicht von freiwilligen Helfern durchgeführt werden können, sondern nur von einer Baufirma. Er gab uns den Rat, sofort eine Entscheidung zu treffen, da die Preise in der CSR innerhalb weniger Monate enorm steigen werden. Die Preisschätzung ergab ca. 500.000 Kronen. Daraufhin habe ich, die Chance der Stunde nützend, den Auftrag erteilt, mit den Arbeiten zu beginnen, und habe die persönliche Haftung für die finanziellen Mittel übernommen. In der Hoffnung, daß mich die Glöckelberger aber auch öffentliche Stellen nicht im Stich lassen, und dieser Betrag durch Spenden aufzubringen sein wird.

Bereits für den 31. 08. wurde eine Begehung des Friedhofes vereinbart mit dem Zwecke, alle zu entfernenden Bäume zu markieren. Die Entfernung der Bäume wird von tschechischer Seite durchgeführt und bezahlt. Am 31 08. waren Erna und Silvester Petschl und ein Gartengestalter von Oberösterreich dabei. Von tschechischer Seite waren dabei: der Kulturreferent des Kreises Krummau Herr Frantisek Nejedly, ein Sekretär des Kreisamtes, Herr Ing. Groulik, der Bürgermeister von Oberplan, der zuständige Forstbeamte und andere. Etwas später kam auch noch Herr Vikar Emil Soukup von Krummau als Vertreter von Bischof Vlk dazu. Nachdem die Bäume bis 15. September entfernt werden, wurde für Samstag, den 22. September der erste Arbeitseinsatz freiwilliger Helfer von hüben und drüben fixiert. Herr Vikar machte den Vorschlag, die Arbeiten um 9.00 Uhr mit einem Gottesdienst zu beginnen. Herr Bischof Vlk wird versuchen, eine tschechishe Jugendgruppe als Arbeitsbrigade zu mobilisieren. Es wird angestrebt, soweit es die Witterung zuläßt und genügend helfende Hände kommen, daß der Friedhof bis Allerheiligen in einen erfreulicheren Zustand gebracht wird. Falls dies gelingt, wird man für Allerheiligen ein Treffen in Glöckelberg organisieren. Vom ORF-Studio Oberösterreich hat Herr Dr. Jetschgo seine Mitwirkung und die Gestaltung einer Sendung zugesagt.

Horst Wondraschek
Hoppichlerstr.25
A - 4040 Linz Österreich

In diesem Zustand präsentierte sich unsere Kirche vor der Erneuerung

Das Innere der Kirche: Ausgeräumt und dem Verfall preisgegeben

Zum Glück fand man auch den Grabstein von Johann Menzinger und Dr. Alois Essl

Am 22. September 1990 fand um 9.00 Uhr vormittags die 1. gemeinsame BETANDACHT in der Ruinenkirche in Glöckelberg mit den geistlichen Herren, Vikar von Krummau Emil Soukop und den Herrn Dechant Augustin Keinberger aus Ulrichsberg in deutscher und tschechischer Sprache statt. Nachdem Herr Horst Wondraschek und Herr Hofrat Dr. Karl Winkler, Bezirks- hauptmann von Rohrbach, Oberösterreich, über den Sinn der Erhaltung der Kirche und des Friedens sprachen und über weitere Zukunftspläne berichteten, erfolgte anschließend der erste ARBEITSEINSATZ aller freiwilligen Helfer.

Die Nachbarn aus Österreich kamen zum Helfen. Sie beteten und sangen in der zerstörten Kirche

An die 100 Grabsteine
legten die freiwilligen Helfer
in Glöckelberg frei.
Sie lagen oft in einer
Tiefe bis zu einem
Meter. Leider sind viele zerstört.

Allerheiligen - Allerseelen, 3. und 4. November 1990

Nachdem die vielen fleißigen Helfer aus nah und fern den Friedhof unter größten Anstrengungen wieder in einen erfreulichen Zustand gebracht hatten, konnte er am 3. November 1990 eingeweiht werden. Der Gottesdienst wurde wieder von den Herren Pfarrern aus Krummau und Ulrichsberg zweisprachig zelebriert und stand unter dem Leitgedanken des "Projektes Glöckelberg":

BEGEGNUNG - VERSÖHNUNG - GEDENKEN

Die vielen Teilnehmer, die wieder aus aller Herren-Länder herbeigeeilt kamen, wurden Zeugen einer historischen Stunde. Dort, wo noch vor einem Jahr ein "Eiserner Vorhang" unsere Länder trennte, reichen sich jetzt die Menschen die Hand zur Versöhnung und helfen mit ein neues vereintes Europa in Frieden und Freundschaft aufzubauen. Nach dem Gottesdienst sprachen Herr Horst Wondraschek und Herr Dr. Hanke zu den versammelten Gläubigen. Herr Dr. Hanke aus Linz sprache besinnliche Worte der Völkerverständigung und betonte, daß dem Teufelskreis der Schuldzuweisung und gegenseitiger Aufrechnung ein Ende gesetzt werden muß.

Herr Dr. Hanke aus Linz sprach besinnliche Worte der Völkerverständigung und betonte, daß dem Teufelskreis der Schuldzuweisung und gegenseitiger Aufrechnung ein Ende gesetzt werden muß.

Nach mehr als 45 Jahren: Taufe in Glöckelberg

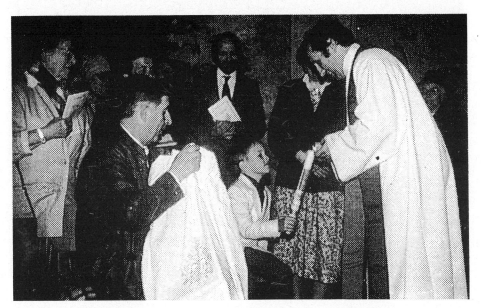

Auf Johann Rudolf wurde der Bub aus Minneapolis/USA getauft. Sein Großvater hieß bereits so und auch ein gebürtiger Glöckelberger, der jetzt Missionar in Südamerika ist.

Ein weiteres Zeichen der neuen Freundschaft über alte Grenzen hinweg wurde zu Pfingsten in der ehemaligen Pfarrkirche von Glöckelberg in der CSFR gesetzt. Erstmals nach mehr als 45 Jahren fand wieder eine Taufe statt.

Getauft wurde das Enkelkind einer ehemaligen Glöckelbergerin, das mit seinen Eltern eigens aus den USA angereist kam. Mit der Taufe ihres vierten Kindes wollten Dr. Rosemarie und Charles Carodenuto aus Minneapolis in den USA einen besonderen symbolischen Akt setzen. Da die Mutter Rosemarie Carodenutos, die in Aigen lebende Hermine Kari, Heimatvertriebene aus Glöckelberg ist, sollte der jüngste Nachwuchs in diesem Ort getauft werden - als Zeichen der Versöhnung und des Aufbruches in eine neue Zeit der Zusammenarbeit durch eine neue Generation. Eine Sondergenehigung der tschechischen und österreichischen Grenzbehörden ermöglichte der Taufgemeinde am Pfingstsonntag die Wanderung von Schöneben durch das ehemalige Niemandsland nach Glöckelberg. Die Taufe selbst, vorgenommen von Pfarrer Engelbert Kobler aus Klaffer, fand in ebenso ungewöhnlichem Rahmen statt: Mitten auf der Baustelle der ehemaligen Pfarrkirche von Glöckelberg, die derzeit vor dem Verfall gerettet wird, aber noch ohne Boden, Türen, Fenstern und Verputz ist. Der Initiator der Kirchenrenovierung Horst Wondraschek aus Linz, sprach während der Tauffeier noch einmal den Grundgedanken dieses besonderen Festes aus: In Glöckelberg dürfe man nicht an das Prinzip "Auge um Auge, Zahn um Zahn" aus dem alten Testament denken. Glöckelberg solle ein Ort der Versöhnung und den Begegnungen werden.

"Völkerverbindende Veranstaltung"

Über Anregung des Bürgerforums und der sozialistischen Partei der Marktgemeinde Oberplan (Horny Plana) unter Herrn Kotouc wurde mit dem Ulrichsberger Bürgermeister für dem 29. April 1990 ein Treffen der Bevölkerung von hüben und drüben in Sonnenwald vereinbart. Dieses Treffen übertraf alle Erwartungen, den weit über eintausend Menschen trafen sich bei schönen Frühlingswetter auf der Festwiese an der Grenze. Für die Bewirtung hatten beide Seiten vorgesorgt. Für Stimmung sorgten böhmische und Ulrichsberger Musikanten. Zur Eröffnung begrüßte Bürgermeister Natschläger die Gäste und sagte, daß dies der erste offizielle Anlaß sein soll sich gegenseitig kennen zu lernen, Freundschaften einzuleiten und zu vertiefen.

E I N L A D U N G

zum GLÖCKELBERGER TREFFEN

am Freitag, 26. Juli 1991 und Samstag, 27. Juli 1991

P R O G R A M M :

Freitag, 26. Juli 1991: 19,00 Uhr im Pfarrsaal in Ulrichsberg:
Videovortrag von Horst Wondraschek, Linz.
Thema: Glöckelberg, Kirchen-und Friedhof -
Sanierung der "ARGE Sumava - Böhmerwald".

Samstag, 27. Juli 1991: 10,00 Uhr in Glöckelberg:
Messe für den Ehrendomherrn
Dr.Dr. Alois Eßl zum 55. Todestag.
Die Messe wird zelebriert von:
Herrn Vikar Emil Soukup, Krumau,
Herrn Dechant G.R. Augustin Kein-
berger, Ulrichsberg und
Herrn Kaplan Anton, Ulrichsberg
(Bauernmesse, gesungen vom
Frauenchor - Lackenhäuser)

Ansprachen: Herr Präsident des Oberlandesge-
richtes von Oberösterreich und Salzburg,
Herr Dr. Othmar Hanke,
Herr Bezirkshauptmann von Rohrbach,
Herr Dr. Karl Winkler,
Herr Horst Wondraschek, als Vertreter der
"ARGE Sumava - Böhmerwald".
Hr. Halter Franz

Tagsüber: Wanderungen durch Glöckelberg, Josefstal, Hüttenhof.

Samstag, 27. Juli 1991: 17,00 Uhr beim Gedenkstein in Schöneben:
Totengedenken mit Gebet (Trompeter)
durch Herrn Walter FRANZ und anschließend
Kranzniederlegung.

Samstag, 27. Juli 1991: 20,00 Uhr im Pfarrsaal in Ulrichsberg:
Treffen zu einer Geburtstagsparty mit
Musik - Unterhaltung und Tanz.
Alle Einwohner von Ulrichsberg und Umgebung
sind dazu herzlich eingeladen, auch die Mitglieder der "ARGE Sumava - Böhmerwald", sowie
alle Freunde unserer Heimat.

Der Bürgermeister:

Herr Walter Franz dankt im Namen der Glöckelberger allen Mitwirkenden, Helfern und Spendern

Totengedenken am Gedenkstein in Schöneben 27.7.91

Die Versöhnungskirche in Glöckelberg

Erst 1990 konnten die vertriebenen Glöckelberger zum ersten Mal wieder ihre ehemalige Heimat besuchen. Was sie vorfanden, war trostlos: Der Friedhof, völlig zerstört, und die Kirche, völlständig geplündert, dem Zerfall nahe. Eine Arbeitsgemeinschaft wurde gegründet: ARGE Böhmerwald - Projekt Glöckelberg. Der Geschäftsführer der ARGE erzählt: Wer als Außenstehender nach Glöckelberg kam und sah, wie es sich ihnen darbot, fand es äußerst romantisch, inmitten des dichten Waldes die Kirche zu finden. Aber für die alten Glöckelberger galt es, den Friedhof und die Kirche wieder instandzusetzen. Auch Bischof Miloslav Vlk von Budweis besichtigt Glöckelberg, das ja zu seiner Diözese gehört. Die Begegnung mit den ehemaligen Glöckelbergern, die nun schrittweise den Friedhof und die Kirche erneuern, bedeutete für den Bischof ein erfreuliches Zeichen des gemeinsamen Weges zur Erneuerung und Versöhnung. - So wird die Kirche von Glöckelberg ein besonderer Ort des Friedens und der Versöhnung sein - die Versöhnungskirche an der Grenze zwischen der CSFR und Österreich. Und damit ist eine Verbindung mit Pater Engelmar Unzeitig CMM leicht zu finden. In den vier Jahren im KZ Dachau ist er zu einem Mann des Gebetes, der Nächstenliebe und der Versöhnung unter den Menschen und mit Gott herangereift. Für ihn gab es keine Feinde. Selbst seine Peiniger entschuldigte er - nach Aussage eines Mit-Häftlings - als "Verirrte". Mit dieser Gesinnung ging Pater Engelmar in den sicheren Tod. Allen wollte der eifrige Priester die Barmherzigkeit Gottes verkünden und Versöhnung und Heil bringen. Auch die alten Glöckelberger haben ihren früheren Pater nicht vergessen, der durch ein offenes Wort bei einer Predigt seinen Grund zur Verhaftung gab. Seiner wollen die Glöckelberger neu gedenken, indem im Altarraum der Kirche ein Fenster den Kirchen-Patron St. Nepomuk und ein anderes Pater Engelmar darstellen soll..Hier hat Pater Engelmar vor 50 Jahren gepredigt: "Es gibt noch ein höheres Wesen als die, die an der Macht sind." So genau erinnern sich alte Glöckelberger an den Wortlaut. Dieser Satz genügte für die Verhaftung am 21. April 1941. Bei einem Besuch in Glöckelberg im Frühjahr 1991 wurde der kleinen Mariannehiller Gruppe klar,daß sie sich mühen müssen, ihren Mitbruder besser kennenzulernen. Er zählt zweifelsohne zu den Großen der Kirche, so sehr er auch ein schier unauffälliger, stiller und schweigender Mitbruder war. Aber nicht nur die Mariannhiller sollten Pater Engelmar ehren, sondern alle, die auf seine Fürsprache bei Gott vertrauen .....

Pater Eugen Krismer CMM   *Maria Gugging bei Wien*

*Pater Engelmar Unzeitig CMM
wirkte für kurze Zeit in
Glöckelberg/Böhmerwald,
heute CSFR, ehe er in Linz/Donau inhaftiert
und anschließend ins KZ Dachau verschleppt wurde.*

Erinnerung an Pater Engelmar Unzeitig
Seelsorger der Pfarrei Glöckelberg vom Herbst 1940 bis zu seiner Verhaftung
am 21. April 1941

Als einer der jüngsten Zeitzeugen möchte ich meine Erinnerung an Pater Engelmar Unzeitig kundtun.

Ich wurde im Juni 1934 geboren, und somit begann im Herbst 1940 meine Schulzeit in der Volksschule in Hüttenhof Gemeinde Glöckelberg. Unser Klassenlehrer war ein sehr nationaldenkender Mensch, wie eben damals viele dem Geist dieser Zeit huldigten. Nicht diesem Geist verfallen war Pater Engelmar Unzeitig, bei dem ich die ersten Religionsstunden erleben durfte. Ich erinnere mich noch an den jungen Geistlichen, der in den Wintermonaten in die fast vier km entfernte Schule nach Hüttenhof kam. Oft musste er sich erst einen Weg durch hohe Schneeverwehungen bahnen, trotzdem brachte er jedesmal ein größeres Gemälde, in ein Tuch eingewickelt mit, um uns an Hand dieser Bilder die Biblische Geschichte zu erläutern. An diese Bilder kann ich mich noch sehr gut erinnern, es waren Darstellungen aus dem Alten Testament so zu Beispiel die Erschaffung der Welt, die Versuchung im Paradies, die Vertreibung von Adam und Eva aus dem Paradies, der Brudermord Kain erschlägt seinen Bruder Abel, die Sintflut mit der Arche Noah und einige mehr.

Man spürte an der Art des Unterrichtes, daß er seine ganze Liebe und Kraft einsetzte, uns Kindern die Geschichte von der Schöpfung der Welt, der Liebe und Güte Gottes, aber auch die Gebote Gottes und das Empfinden für Gut und Böse lehrte. Es waren nur wenige Monaten an denen ich seinen Religionsstunden beiwohnen durfte, ich möchte aber trotzdem sagen, daß gerade diese Stunden mein religiöses Leben prägten, und deshalb ist es nicht verwunderlich, daß ich mich 50 Jahre danach, noch an diese Religionsstunden, an die Bilder und an den jungen Pater Unzeitig erinnere.

Ich bin froh darüber, wenn auch nur kurze Zeit doch ein Schüler von Pater Unzeitig gewesen zu sein. Möge der Herr über Leben und Tod seine Mühen sein aufopferndes Leben für die Menschen seiner Zeit und all die Liebe und Treue zu Gott und den christlichen Glauben vergelten.

Ich wünsche mir innigst, daß Pater Engelmar Unzeitig als Heiliger unserer Zeit und als Märtyrer der Nächstenliebe zur Ehre der Altäre erhoben wird.

Ellwangen, den 24. September 1991   Johann Jungbauer

Herr gib Frieden
(Von Johann Jungbauer, Juli 1991)

Herr gib Frieden
Uns im Herzensgrund
und unseren Familien
in jeglicher Stund.

Herr gib Frieden
den Völkern der Welt
auch allen Volksgruppen
in die Du uns gestellt

Herr gib Frieden
in unserer Zeit
segne alle Menschen
die zum Frieden bereit

Herr gib Frieden
so bitten wir Dich,
verzeih unsere Schwächen
und erbarme Dich.

1. „Tief drin im Böhmerwald"
(Ältere oder bodenständige Weise)

Innig

1. Tief drin im Böh=mer=wald, da ist mein
2. O sel'=ge Kin=der=zeit, kehr' ein=mal
3. Nur ein=mal noch, o Herr, laß mich die

1. Heimat=ort, es ist schon lan=ge her, daß ich von
2. noch zu=rück, wo spie=lend ich ge=noß das al=ler=
3. Hei=mat sehn, den schö=nen Böh=mer=wald, die Tä=ler

1. hier bin fort, doch die Er=in=ne=rung, die bleibt mir
2. höch=ste Glück, das war im Böh=mer=wald, wo mei=ne
3. und die Höh'n, dann scheid' ich gern von dir und ru=fe

1. stets ge=wiß, daß ich den Böh=mer=wald gar nie ver = giß.
2. Wie=ge stand, wo ich der Kind=heit Glück so ganz emp = fand.
3. freu=dig aus: Be=hüt'Gott, Böhmerwald, ich geh' nach = haus!

Von Andreas Hartauer
(war Glasmacher in Eleonorenhain)

Messe für den Ehrendomherrn Dr. Dr. Essl. 20.7.1991

Die renovierte Glöckelberger Kirche

Literaturnachweis

Für die Ausarbeitung des vorliegenden Buches wurden folgende Arbeiten benutzt und gelegentlich wörtliche Auszüge eingefügt:

Domherr Dr.Dr. Alois Essl	Gedenkbuch der Pfarre Glöckelberg Geschichte von der Entstehung der Gemeinde Glöckelberg Festschrift 1921. Ergänzt von Dr. Karl Tannich
Oberlehrer Heinrich Pascher	Gemeinde-Gedenkbuch
Walter Franz	Heimatmappe von Glöckelberg, Hüttenhof und Josefsthal und der Glashüttengeschichte Josefsthal
Kom.Rat. i.R. Alois Gratzl	Die Glashütte Josefsthal
Kons. Mag. Franz Haudum	Die Schlägler Glashütten
Archiv Stift Schlägl	Glashütte Sonnenwald
Fürst Schwarzenbergisches Archiv in Murau/Stmk.	Älteste Landkartenaufzeichnungen vom südlichen Böhmerwald
Ministerialrat Dr. Otto Paleczek	Aus den Schriften meines Vaters
Kons.Rat. Josef Dichtl	Unsere Matriken
Zeitschrift "Waldheimat" Dr. Rudolf Kubitschek	Die Besiedlung des südlichen Böhmens
Franz Fischer	Das Stifterhaus in Oberplan
Eduard Brazda	Die Konsumgenossenschaft in Oberplan